中国阐释传统叙论

ZHONGGUO
CHANSHI
CHUANTONG
XULUN

李春青 等／著

现当代中国阐释学
清代朴学阐释学
宋明理学阐释学
魏晋玄学阐释学
西汉经学阐释学
先秦儒学阐释学

山东教育出版社
·济南·

图书在版编目（CIP）数据

中国阐释传统叙论 / 李春青等著. -- 济南 ：山东
教育出版社，2025. 1. -- ISBN 978-7-5701-3347-5

Ⅰ．B089.2

中国国家版本馆 CIP 数据核字第 202496TD10 号

责任编辑：苏文静
责任校对：刘　园
装帧设计：吴江楠

ZHONGGUO CHANSHI CHUANTONG XULUN

中国阐释传统叙论

李春青　等著

主管单位：山东出版传媒股份有限公司
出 版 人：杨大卫
出版发行：山东教育出版社
　　　　　地址：济南市市中区二环南路 2066 号4区1号　　邮编：250002
　　　　　电话：（0531）82092660　　网址：www.sjs.com.cn
印　　刷：济南精致印务有限公司
版　　次：2025年1月第1版
印　　次：2025年1月第1次印刷
开　　本：710 毫米×1000 毫米　1/16
印　　张：35.75
字　　数：470 千
定　　价：146.00 元

如印装质量有问题，请与印刷厂联系调换
印厂电话：0531-88783898

作者名单

李春青（华南师范大学文学院特聘教授、北京师范大学文艺学研究中心研究员）：

绪论（第一节、第二节）、第一章（第一节、第二节、第三节）、第四章（第四节、第七节）、

第五章（第二节）、第六章（第一节、第三节）

袁晶（四川外国语大学副教授）：第三章（第一节、第二节、第三节、第四节）

李有光（湖北师范大学教授）：第三章（第五节）、第四章（第一节、第六节）、

第五章（第一节）

郑伟（山西大学教授）：第二章（第一节、第二节、第三节）

窦可阳（吉林大学教授）：第六章（第二节、第四节、第五节、第六节）

刘思宇（北京师范大学副教授、北京师范大学文艺学研究中心专职研究员）：

第四章（第二节、第三节、第五节）

目 录

绪 论

第 ❶ 章　子学时代的阐释思想与实践

第 ❷ 章　经学语境下的儒家经典阐释

绪

论

第一节　经典传注的阐释学意义

如果说"阐释是人的存在方式"这样的表述过于哲学化的话，那么说"阐释是人们交往的基本方式"就容易理解了。因为人是"类"的存在物，只是由于"类"他才是人，而阐释恰恰是"类"得以存在的基本条件之一。离开了阐释行为，"类"不成其为"类"，人也就不成其为人了。在西方，阐释学（hermeneutics）一词来自古希腊神话中的赫尔墨斯（Hermes），他是奥林匹亚山上诸神的信使，负责把神的信息传递给人世间。由于人神之间语言存在差异，这种传递也就意味着翻译和解释。有意思的是，中国古代阐释学的最早称谓是"传"，而"传"也是信使的意思。《说文解字》："传，遽也。"《段注》："遽也。辵部曰：'遽，传也。'与此为互训。此二篆之本义也。《周礼·行夫》：'掌邦国传遽。'注云：'传遽，若今时乘传骑驿而使者也。'《玉藻》：'士曰传遽之臣。'注云：'传遽，以车马给使者也。'《左传》《国语》皆曰：'以传召宗伯。'注皆云：'传，驿也。'"[①]就是说，"传"之本义就是驿使，后来引申为经典阐释。清儒王兆芳释云：

---

　　① ［汉］许慎撰，［清］段玉裁注，许惟贤整理. 说文解字注 ［M］. 南京：凤凰出版社，2007：660、661.

"传者，驲遽也，转也，传也，转传经训，若驲遽也。公羊子曰：'主人习其读而问其传。'主于转移受授，依经传训。源出《礼经·丧服传》《春秋传》，流有魏文侯《孝经传》，汉申公《鲁诗传》，伏生《尚书大传》，毛公《诗故训传》。"[①] 驲遽就是驿递，即信使。所不同的是，赫尔墨斯是神与人之间的信使，而驿递则是人与人之间的信使。二者的共同之处在于他们都具有传达、转达的中介作用。这也正是阐释的根本意义之所在。任何阐释都是一种传达，是两者的中介。阐释使单个人成为群体，也使无数具有独立性的文化因子构成一种文化传统。因此阐释是文化传承的基本手段。在中国，几千年的主流文化传统（大传统）是通过一代又一代学人的传注之学建构起来的。传注作为中国古代的经典阐释学与西方现代阐释学有诸多相通之处，也存在不少差异，有其独特性。以西方阐释学的观念和术语为参照，在"间距与之间"的框架下对传注之学予以新的认识[②]，对于我们今天建构当代阐释学理论来说，无疑是不可或缺的一个环节。

一、传注之学的基本形态

有西方哲学家说，两千年的西方哲学史都是柏拉图的注脚。我们也可以说，两千多年来的中国儒学史都是周代礼乐文化的注脚。换句话说，对经典的阐释是西方哲学史的基本言说方式，也是中国儒学史的基本言说方式。在西方哲学史上先是形成了文献阐释学和圣经阐释学，后来产生了一般阐释学和哲学阐释学，在中国儒学史上则存在着源远流长的传注之学。可以说传注之学就是中国古代的经典阐释学。

周公"制礼作乐"是重大的历史事件，是一项具有划时代意义的文化和制度建设的宏大工程。其成果，即作为贵族等级制外在形式的礼乐制度

---

① 曾枣庄. 中国古代文体学·附卷5·近现代文体资料集成［M］. 上海：上海人民出版社，2012：81.

② "之间"是借用法国哲学家、汉学家弗朗索瓦·朱利安的概念，意指在两种文化的"对视"或"间距"中审视其各自特点的思考框架，目的在于避免站在某种单一立场所造成的片面性。见［法］弗朗索瓦·朱利安著，卓立、林志明译. 间距与之间：论中国与欧洲思想之间的哲学策略［M］. 台中：五南图书出版公司，2013.

和相关联的文化符号系统，被史官记载下来，这便是为后世儒家顶礼膜拜的"六经"之中的"礼"、"乐"和"诗"的最初形态。他们用"八卦"占卜的结果，形诸文字，便是《周易》的最初形态。往代遗留下来的重要政治文献以及西周贵族们的重要政教举措被整理并记载下来，便是"书"的最初形态。因此"六经"的形成，除了《春秋》之外，皆于西周初期周公摄政的时代已经初具规模了，此后代代相传，不断增减删削，及至孔子生活的春秋末期已有五百多年了。在这漫长的五百多年中，贵族们出于政治和教育的需要，不仅保存了这些文献，而且不断进行解释与阐发，否则就会因为年代久远而其义难明。因此我们对周代典籍的传注很可能在孔子之前就已经大量存在了。吕思勉先生尝云："然孔子以前，《诗》确已自有传，《史记·伯夷列传》引《轶诗传》是也。以此推之，《孔子世家》称孔子序《书传》，书传二字，盖平举之辞？孔子序《书》，盖或取其本文，或取传者之辞。故二十八篇，文义显分古近也。"①吕先生此说是有根据的。现存先秦典籍中有大量"传曰"之类的引文，历代注者都不明其出处，皆可视为孔子前后关于经典的解读性文字，即所谓"传"。随便举几例，《孟子》："齐宣王问曰：'文王之囿方七十里，有诸？'孟子对曰：'于《传》有之。'"朱熹注云：'《传》，谓古书。'"②这个"传"很可能是孔子之前就有的。又："周霄问曰：'古之君子仕乎？'孟子曰：'仕。'《传》曰：'孔子三月无君，则皇皇如也，出疆必载质。'"③此处的"传"则是孔子之后、孟子之前的。又："志意修则骄富贵，道义重则轻王公；内省而外物轻矣。《传》曰：'君子役物，小人役于物。'此之谓矣。"④又："君子小人之反也……《传》曰：'君子两进，小人两废。'此之谓也。"⑤又："《传》曰：'唯君子为能贵其所贵。'此之谓也。"⑥对于这里的"传"，以往注者往往笼统地称之为"传闻"，其实它们都是指西周至春秋时期数百年间产生的关

①吕思勉. 吕思勉读史札记（中册）[M]. 上海：上海古籍出版社，2005：749.
②[宋]朱熹. 孟子集注·梁惠王下//[宋]朱熹. 四书集注[M]. 长沙：岳麓书社，1987：309.
③[宋]朱熹. 孟子集注·滕文公下//[宋]朱熹. 四书集注[M]. 长沙：岳麓书社，1987：309.
④[战国]荀子. 荀子·修身//王先谦. 荀子集解（诸子集成本）[M]. 上海：上海书店，1936：16.
⑤[战国]荀子. 荀子·修身//王先谦. 荀子集解（诸子集成本）[M]. 上海：上海书店，1936：27.
⑥[战国]荀子. 荀子·修身//王先谦. 荀子集解（诸子集成本）[M]. 上海：上海书店，1936：55.

于经典的传注之作，只是久已失传而已。关于这个问题蒙文通先生亦曾提
供若干有力证据：

> 司马谈言："六艺经传以千万数，累世不能通其学，当年不能究其
> 礼。"……《封禅书》云："孔子讲述六艺经传。"是孔子之定六经，已
> 自有传。故《公羊》定公元年《传》曰："主人习其读而问其《传》。"
> 若《书传》称："《传》曰高宗居凶庐三年不言，子张曰何谓也。"《周
> 语·太誓》故曰："朕梦协朕卜。"此尤单襄公、子张以前之故传，更
> 在孔子之前者也。秦汉间经师作传，皆取古传记而自为一家之传，而
> 古传于是废也。"①

这里的"传""经传""传记"都是指关于周代典籍《周易》《尚书》
及《礼》《乐》之类典籍的注释解读类文献。在中国古代经典阐释学史上，
"传"是最早的阐释方式。概括言之，自周公制礼作乐之后，王室史官整
理制作了一批记载先王事迹与政教典章的文献，颇有存档备查之意，后来
这些文献便成为贵族子弟教育的基本内容，所谓"六艺"是也。久而久之，
时移世易，这些文献就不那么容易看懂了，因此便出现了传注之学。传注
之学的出现则标志着中国古代经典阐释学诞生。可以想见，从西周中期至
春秋后期，这四百多年中此类"千万数"的文献，不仅是孔门儒学之嚆矢，
亦无疑是诸子百家之滥觞。可惜的是这些文献经过后学们吸纳改造之后，
其本来面目早已湮没无存了。从宽泛的意义上说，相对于《礼》《易》《诗》
《书》之类的西周典籍而言，先秦儒家著述都可以称之为"传"，如此则我
们现在能够看到的最早的"传"就应该是孔子的《论语》。古人亦持如此
看法，班固赞扬雄云：

> 实好古而乐道，其意欲求文章成名于后世，以为经莫大于《易》，
> 故作《太玄》；传莫大于《论语》，作《法言》；史篇莫善于《仓
> 颉》，作《训纂》；箴莫善于《虞箴》，作《州箴》；赋莫深于《离

---

① 蒙文通. 经学抉原［M］. 上海：上海人民出版社，2006：63–65.

骚》，反而广之；辞莫丽于相如，作四赋：皆斟酌其本，相与放依而驰骋云。①

在汉儒眼中，《论语》是"传"而非"经"，即使到了《论语》等"四书"地位大有凌驾于"五经"之上的明清时期，也还是有人从学术史的角度判定《论语》作为"传"的本来面目。如章学诚尝言之：

> 夫子有德无位，则述而不作，故《论语》《孝经》皆为传而非经，而《易·系》亦止称为《大传》。其后悉列为经，诸儒尊夫子之文，而使之有以别于后儒之传记尔。周末儒者，及于汉初，皆知著述之事，不可自命经纶，蹈于妄作；又自以立说当秉圣经以为宗主，遂以所见所闻，各笔于书而为传记。若二《礼》诸记、《诗》、《书》、《易》、《春秋》诸传是也。盖皆依经起义，其实各自为书，与后世笺注自不同也。②

实斋此论洵为真知灼见，孔子"述而不作"之谓并非谦词。经与传其实是相对而言的。在西周史官整理彼时政典、记载周王政绩之时并没有把这些文献视为"经"，由于周代贵族秉承敬天法祖、慎终追远之文化精神，常常把祖先的事迹、言论神圣化，予以格外的尊崇，久而久之那些记载了先王政典和事迹的文献就成了经典。当对这些文献的解读出现以后，便有了经、传之分。作为解读经典的"传"在相当长的时期里或许都没有形诸文字，只是口口相传，后来才被记载下来的。又久而久之，前辈的"传"也渐渐获得尊崇，被后学加以注释解读，从而也升格为"经"。"十三经"中的《论语》《孟子》《春秋三传》《尔雅》《礼记》《孝经》都是此类著述。

孔子本人屡次声称自己一生的志向就是继承、阐发西周典籍，诸如"周监于二代，郁郁乎文哉！吾从周。"（《论语·八佾》）"克己复礼为仁，

---

① ［汉］班固. 汉书·扬雄传［M］. 北京：中华书局，1962：3583.

② ［清］章学诚. 文史通义·传记 //［清］章学诚著，仓修良编. 文史通义新编［M］. 上海：上海古籍出版社，1993：191.

一日克己复礼，天下归仁焉。"（《颜渊》）"述而不作，信而好古，窃比于我老彭。"（《述而》）等等，都表明他作为一个古代经典阐释者的自觉意识。这里的"述"就是"传"的意思。朱熹注云："述，传旧而已。作，则创始也。故作非圣人不能，而述则贤者可及……盖信古而传述者也。孔子删《诗》《书》，定《礼》《乐》，赞《周易》，修《春秋》，皆传先王之旧，而未尝有所作也，故其自言如此。"① 这说明"述"和"传"都是指对古代典籍的传承与阐述，与"作"，即"制礼作乐"意义上的创造相区别。

然而孔子所代表的儒家绝非仅仅是传述古人的思想而已，他们在传述中融进了新的思想观念。用朱熹的话来说就是"夫子盖集群圣之大成而折衷之。其事虽述，而功则倍于作矣"②。为什么孔子之"述"，其功竟"倍于作"呢？那是因为他能够"集群圣之大成而折衷之"，这"折衷之"便包含了他的创造。儒学之所以为儒学并不是因为它在一定程度上继承了周人的礼乐文化传统，而是因为提出了一套新的价值观而为后世所接受。自孔子以降，阐释便成为儒家学说发展传承的基本方式。经典阐释学也就成为中国古代学术传统的重要组成部分。

章学诚说《论语》属于"传"而非"作"，是在比较宽泛的意义上使用"传"这一概念的。因为《论语》《孟子》《荀子》《孝经》之类的先秦儒家著述都不是为某一具体典籍来作传注的。说到作为一种文体的"传"，现存最早的一批应该是《诗》之《毛传》、《春秋》之《三传》、《周易》之《十翼》、《礼》之《礼记》、《乐》之《乐记》等。这些"传"或"记"应该都是战国后期儒者根据古代流传下来的各种传注整理加工而成的。对于"传"的发展演变及其功能，张舜徽先生论之甚详：

> 注述之业，肇自仲尼，下逮两汉，涂辙益广，举其大较，盖有十科：曰传，曰注，曰记，曰说，曰微，曰训，曰故，曰解，曰笺，曰章句。传者传也，传者所以传示来世也（《史通·六家篇》语）。自仲尼作《十翼》，而《易》道大明，汉人引其文，辄称《易大传》（《太

① ［宋］朱熹. 论语集注·述而 // ［宋］朱熹. 四书集注 ［M］. 长沙：岳麓书社，1987：133.
② ［宋］朱熹. 论语集注·述而 // ［宋］朱熹. 四书集注 ［M］. 长沙：岳麓书社，1987：133.

史公自序》引《系辞》），传之肇端，斯为最朔。后来绍述，其体复殊。有论本事以明经意者，《春秋左氏传》是也；有阐明经中大义者，《公羊》、《穀梁传》是也；有循文解释者，《诗·毛氏传》是也；有不必循文解释，而别自为说者，伏生之《书传》是也。其或语无涉乎本书，事有资于旁证，则别录以成编，名之曰外传。①

除《易传》未必是孔子所作，也未必是最早的"传"之外，这里关于"传"之功能与类型的阐述是很准确的。《易传》，即古人所谓《十翼》或《易大传》，与《论语》《孟子》等相近，都是通过具有充分创造性的论说来阐明古代典籍所蕴含的某种道理，即所谓"道"或"大道"、"先王之道"。不像汉儒的章句之学那样逐章逐句注释解读，看上去似乎主观发挥极强，虽名为"传"，实近于"作"。然而从思想内核来看，这些"传"的继承性因素绝不会弱于其创造性因素。虽然孔子"仁"的思想，孟子的"仁政"思想确实具有很大的创造性，但作为儒学内核的等级观念、官本位思想与周代贵族是一脉相承的。宋代以前儒者常常"周孔"并称，把周公视为儒学的开山鼻祖，并不是没有道理的。

相比之下，"传"的其他形式与"经"的文本的关系似乎更密切一些。例如与《易传》不同，《左传》乃是通过"属辞比事"，即借叙事来阐明经义。《左传》把《春秋》这个"文章提纲"扩充为文情并茂的丰满文章，在人物与事件的描写中蕴含了礼乐文化的基本价值观念。虽属于"传注之学"，却开了后世"史传"传统之先河。《公羊》《穀梁》二传虽然开启了为后来汉代经生所热衷的"章句之学"的形式，但其对《春秋》之"微言大义"的挖掘却充满了想象力，其创造性甚至不亚于《易传》，其"过度阐释"之处比比皆是。唯有《毛传》比较尊重经典字句的本义，近乎后世的训诂之学，至今依然是欲读懂"诗三百"所不可或缺的参考。

从以上分析中可知，从言说方式说，儒学从一开始就是一种传注之学，用今天的概念来说也就是一种阐释学。然而从思想内涵来看，儒学又毫无疑问是一种不同于周代贵族礼乐文化的思想系统，是贵族文化与平民

---

① 张舜徽. 广校雠略：汉书艺文志通释［M］. 武汉：华中师范大学出版社，2004：45、46.

文化交融、重构之后的新的文化形态，与道家、墨家文化一样，是处于社会"中间位置"的士人阶层的文化。这种从周代贵族文化向士人文化的转换主要就是依靠这样的阐释的中介来实现的。从某种意义上说，中国传统文化就是一种阐释性文化，在其发展过程中，创造性总是受到传统性强有力的限制与牵扯。即是在三千年后的今天，西周礼乐文化的印记依然清晰可见。

除"传"之外，较早的经典阐释方式还有"记"和"说"。《说文》："记，疏也。"又"疏，通也。"可见"记"字原有"疏通"之义。吴讷《文章辨体》云："记之名，始于《戴记》《学记》等篇。记之文，《文选》弗载。"①盖《大戴礼记》与《礼记》（《小戴礼记》）以及《礼记》中之《乐记》《学记》《表记》等乃是"记"体之最初者。张舜徽先生说："与传同时而并起者，其唯记乎！记者共撰所闻，编而录之……大抵记经之所不备，兼载经外远古之言，以赞明经义，与传注同用而殊功。"②可知"记"乃是一种对经典的特殊阐释方式，并不依附经文，而是根据经义作补充性、拓展性论述。"记"与"传"有诸多相同之处，不同处是用法上诸经各有侧重。观《汉书·艺文志》所载，对《诗》《书》《易》《春秋》诸经的阐释性著述多称为"传""故""说""微"等，唯独对"礼"的阐释多称为"记"。张舜徽说："古人解礼之文概称为记。《汉志》著录记百三十一篇，皆七十子后学者解礼之文也。戴德传记八十五篇，今存三十九篇，即今《大戴礼记》也。其兄子圣传记四十九篇，即今通行本之《礼记》也。古人以《仪礼》为经，记则所以解之。"③吕思勉则认为"记"与"经"为同类文字，不同于"传"："传附庸于经，记与经则为同类之物，二者皆古书也。记之本义，盖谓史籍。《公羊》僖公二年，宫之奇谏曰：'《记》曰：唇亡则齿寒。'《解诂》：'记，史记也。'史记二字，为汉时史籍之通称，犹今言历史也。《韩非子·忠孝》：'《记》曰：舜见瞽瞍，其容造焉。孔子曰：当是时也，危哉，天下岌岌。'此语亦见《孟子·万章》上篇，咸丘蒙以问

① 吴讷、于北山校点. 文章辨体序说［M］. 北京：人民文学出版社，1962：41.
② 张舜徽. 广校雠略：汉书艺文志通释［M］. 武汉：华中师范大学出版社，2004：46.
③ 张舜徽. 广校雠略：汉书艺文志通释［M］. 武汉：华中师范大学出版社，2004：211.

孟子，孟子斥为齐东野人之语，古亦称史记为语，可为《解诂》之证。记字所苞甚广，宫之奇、咸丘蒙所引，盖记言之史，小说家之流；其记典礼者，则今所谓《礼记》是也。《记》与《礼》实非异物，故古人引《礼》者或称《记》，引《记》者亦或称《礼》。"①"记事"之"记"，即"史记"之"记"，正如"史传"的"传"一样，都是史学传统的概念，不在我们的讨论范围之内。"记典礼"之"记"，应该包含对典礼仪式之意义的阐释而不仅仅是对礼仪的记录，吕先生将"礼"与"记"视为一物，似有不妥。

早期另外一种阐释性文体名曰"说"。《说文》："说，释也。"又"释，解也。"可见"说"的本义并不是说话，而是解释。徐师曾《文体明辨》："按字书：'说，解也，述也，解释义理而以己意述之也。'说之名起于《说卦》，汉许慎作《说文解字》，亦祖其名以命篇。而魏晋以来，作者绝少，独《曹植集》中有二首，而《文选》不载，故其体阙焉。"②其实"说"和"传""记"一样，原本都是一种关于经典的阐释性文体，但后来都没有作为文体发展起来。"传"和"记"都演变为叙事性文体，属于"史传"类而归于"史部"或"集部"了。"说"则成为一种议论性短文文体，通过记一事或一则寓言来说明某种道理，诸如《师说》《捕蛇者说》《卖柑者说》之类，已经完全失去了原有的阐释功能。古人认为"说"体发端于孔子，那是因为他们认定《易》之《十翼》均为孔子所作，其中包含《说卦》。然而现代以来学界大都认为《易传》乃战国后期儒者所为，如此则《说卦》未必是"说"体最早者。根据现存文献看，这一阐释方式当起于"说诗"之"说"。孟子说："故说诗者，不以文害辞，不以辞害志。以意逆志，是为得之。"（《孟子·万章上》）所谓"说诗"就是对诗的阐释。看《汉书·艺文志》著录《鲁说》二十八卷，《韩说》四十一卷，可知"说诗"乃是春秋战国时期关于《诗》义解读的习惯用法。此外，关于《论语》也有《齐说》《鲁夏侯说》《鲁安昌侯说》《鲁王骏说》《燕传说》等，根据有限的文献可知，与"传""记"最明显的不同之处是，"说"往往都是对经典

---

① 吕思勉. 吕思勉读史札记（中册）［M］. 上海：上海古籍出版社，2005：751.
② ［明］徐师曾著，罗根泽校点. 文体明辨序说［M］. 北京：人民文学出版社，1962：132.

文本逐字逐句地解释，与后来的"章句训诂"很相近，可以说是"注"这一阐释形式的早期形态。吕思勉先生说："汉世所谓说者，盖皆存于章句之中。章句之多者，辄数十百万言，而《汉书》述当时儒学之盛，谓一经说至百万余言。可知章句之即说。"① 与"说"极为接近的说法是"讲"或"讲论"。徐坚《初学记》："《广雅》曰：'讲，读也；论，道也。'《说文》曰：'讲，和解也；论议也。'又郑玄云：'论，伦也。'贾逵曰：'论，释也。'皆解说、谈议、训诂之谓也。"② 可知所谓"讲论"即是关于经典的讲解训释，同为口耳相传，故与"说"近义。吕思勉先生说："传、说二者，实即一物；不过其出较先，久著竹帛者，则谓之传；其出较后，犹存口耳者，则谓之说耳。"③ 谓"传"先而"说"后，言之有据，而谓二者"实为一物"则忽视了它们的微妙差别。

我们再来看"注"，这是一种比"传""记""说"出现时间都要晚，与之密切相关又有所区别的经典阐释方式。"注"的本义为"灌"，《说文》："灌也，从水主声。"《段注》："灌也，大雅曰：'挹彼注兹'。引伸为传注、为六书转注。注之云者、引之有所适也。故释经以明其义曰注。"④ 清儒王兆芳云："注者，俗作'註'，灌也，传释若水之灌注也。贾公彦曰：'注义于经下，如水之注物。'主于灌注经义，与传同义。"⑤ 按照贾公彦的意思，"注"乃"灌注经义"，是指经义简而不明，需要注释方可以解。那么注与传是不是完全等同呢？张舜徽先生说：

> 注与传别者，或曰：博释经意，传示后人，则谓之传；约文敷畅，使经义著明，则谓之注。或曰：汉以上称传，汉以下称注。或口：传必亲承圣旨，或师儒相传，其无所传授，直注己意而已者，则必谦而称注。然案之昔人注述，初亦无此区分，盖二者俱解书之通号也。顾

① 吕思勉. 吕思勉读史札记（中册）［M］. 上海：上海古籍出版社，2005：754.
② ［唐］徐坚，等辑. 初学记·卷二十一［M］. 北京：京华出版社，2000：186.
③ 吕思勉. 吕思勉读史札记（中册）［M］. 上海：上海古籍出版社，2005：748.
④ ［汉］许慎撰，［清］段玉裁注，许惟贤整理. 说文解字注［M］. 南京：凤凰出版社，2007：965.
⑤ 曾枣庄. 中国古代文体学·附卷5·近现代文体资料集成［M］. 上海：上海人民出版社，2012：82.

传之所起甚早，而注之标目较迟，则固昭然易瞭。①

在张先生看来似乎"传""注"除了出现有先后之外并无其他区别，实则不然。细加考察，二者的区别至少表现在以下两个方面：其一，"传"是不定型阐释方式，"注"是比较成熟化、固定化的阐释方式。即使孔子之前"传"的漫长历史忽略不计，就从孔子到战国之末的两百多年间，"传"的形式也出现了多种变化。《论语》《孟子》《荀子》作为"传"的早期形态，可以说是一种"非文本阐释"，就是说，这种阐释不是针对某一种具体文本展开的，而是对某种文化系统的整体性阐释。因此这种阐释主要是一种精神阐释，而不是对具体观念、概念或词语的解读。孔孟荀等人从来不为"周礼"下定义，不去解释周礼的各种具体礼仪规范或形式，但处处体现着"周礼"的基本精神。而后于《论语》出现的《左传》以及后于《孟子》《荀子》出现的《春秋公羊传》和《春秋榖梁传》，以及和《荀子》差不多同时期出现的《易传》，更稍后些的《毛诗故训传》则成为中国学术史上传世文献中最早一批真正的文本阐释。但它们之间也存在很大差异：首先，《左传》的阐释方式与《公羊》《榖梁》二传相去甚远，前者叙事，后者论理，而且在关于人和事件的评价上二者也有很大距离——前者从事实出发，较为通达公允，后者从道德观念出发，比较片面激烈。另外，《左传》以写人物事件为主，主要是一种历史叙事，可以说是中国史传之学的源头；《公羊》《榖梁》二传则是从字义、句义训诂到微言大义阐发，主要是意义建构，开汉代经学章句训诂之先河。其次，虽然都是文本阐释，是对文本意义的阐发，《易传》与"春秋三传"也存在很大的不同。《十翼》尽管说是阐释卦象、卦辞的，却极少有关于具体对象的解释，而是引申出去，自成一体，在天人关系的框架中阐述儒家伦理。"春秋三传"则都是针对具体人、事生发议论。其二，"传"比较注重文本整体意义，"注"比较关注字句的具体意义。在这方面，《毛传》虽然称为"传"，实则是比较纯粹意义上的"注"，而且是现存文献中最早的"注"。其他称"传"者则大都以阐发大义为主。汉代的经典注释多称为"章句"，

---

① 张舜徽. 广校雠略：汉书艺文志通释［M］. 武汉：华中师范大学出版社，2004：46.

如赵岐《孟子章句》、王逸《楚辞章句》等，也有不少直接以"注"为名者，如杜子春《周官注》《仪礼郑氏注》以及郑玄的"五经"及《孝经》《论语》的注本等。

除了传、说、记、注之外，中国古代传注之学的具体方式及其称谓尚有许多，诸如解、释、故、微、笺、义、论、辨、评、驳、叙、引、章句、义疏、申义、讲义、衍义、集义、正义、口义、疏证等，都代表着某种传注方式，包含着阐释学意义。但或则由于所用较少，或则因其与传、说、记、注所含之义相近，故不再一一辨析。

二、中国古代经典阐释的意义建构模式

如前所述，一部中国儒学史也就是一部经典阐释学的历史，阐释在儒学思想的发展演变过程中发挥着极为重要的作用。它不仅是一种言说方式，也是一种思维方式，在很大程度上决定着中国古代思想史的基本形态与发展方向。阐释的根本特点在于，言说者不是面对具体现象或问题自立为说，而是面对前人之言说而言说，是对言说的言说。但是阐释的主要价值并不在于复现已有言说的本义或原意，而在于建构起一种新的意义。简言之，阐释是一种意义建构。任何不创造新的意义的言说都算不得真正的阐释。前述传、说、记、注等所代表的古代传注之学可以归纳为古代经典阐释之意义建构的三种模式，我们分别称之为衍义性阐释、因循性阐释和修正性阐释。这三种阐释模式在中国阐释学史上各自占有一片领地，并且产生出不同的经学流派。下面分述之。

我们先看衍义性阐释。吕思勉先生尝言：

> 六经皆古籍，而孔子取以立教，则又自有其义。孔子之义，不必尽与古义合，而不能谓其物不本之于古。其物虽本之于古，而孔子自别有其义。儒家所重者，孔子之义，非自古相传之典籍也。此两义各不相妨。[①]

---

① 吕思勉. 吕思勉读史札记（中册）［M］. 上海：上海古籍出版社，2005：748.

这是极为精辟的见解，是对"衍义性阐释"最准确的说明。在许多不求甚解者看来，《诗》《书》等"五经"似乎就是孔子所代表的儒家学派思想的集中表述，实则不然。"五经"虽然很可能经过孔子整理，但其中所包含的主要是周代贵族的意识形态，而孔子所代表的儒家学派则是作为平民的士人阶层的思想意识，二者虽有关联，却不能视为一物。《论语》《孟子》中所含有的许多思想是"五经"中没有，而且不可能有的。自两汉以迄于唐宋，儒学发展呈现出由重"五经"而轻"论孟"向着重"论孟"而轻"五经"的演变趋势，这正表明士人阶层越是成熟，就越是重视孔孟的思想，因为这才是士人阶层自己的精神旨趣所在。宋儒对孟子的推崇实际上超过了孔子，何故？因为孟子较之孔子更少有那种两周贵族的色彩，更多的是士人阶层所固有的平民精神。吕思勉先生敏锐地看到"孔子之义"与"六经"之"古义"有别，这委实是真知灼见。孔子学说作为对六经的阐释，其意旨并不与六经完全契合，其中包含着他的创造。儒学虽然渊源于古代典籍，但是它自成系统，是一门相对独立的学说。吕先生还进一步指出了阐释的重要性："惟六经仅相传古籍，而孔门所重，在于孔子之义。故经之本文，并不较与经相辅而行之物为重；不徒不较重，抑且无相辅而行之物，而经竟为无谓之书矣。"① 这一见解更是振聋发聩！所谓"与经相辅而行之物"就是传注，就是阐释。阐释对象的价值并不一定高于阐释，相反，有了成功的阐释，阐释对象就可以忽略不计了。这一见解之所以精辟并不是因为吕先生提出了何种创造性思想，而是因为他的见解完全符合唐宋以后儒学精神，是宋明理学家们共同恪守的精神，也体现了儒学以"述"为"作"的言说策略。

所谓"衍义性阐释"就是指那种以阐释对象为基点，但具有超越阐释对象的明显创造性的阐释模式：看上去是阐释已有文本，实则建构新的意义。吕思勉进而举例说："大义存于传，不存于经，试举一事为征。《尧典》究有何义？试读《孟子·万章》上篇，则禅让之大义存焉。夷考伏生《书传》《史记·五帝本纪》，说皆与孟子同，盖同用孔门书说也。"② 这

---

① 吕思勉. 吕思勉读史札记（中册）［M］. 上海：上海古籍出版社，2005：749.
② 吕思勉. 吕思勉读史札记（中册）［M］. 上海：上海古籍出版社，2005：752.

里"不存于经"而"存于传"的"大义"便是这种衍义性阐释的创造性表现。这里所谓"大义"是指君臣关系而言。《尧典》载尧禅位于舜，并在舜执政二十八载后逝世。孟子按照"周礼"来理解尧舜之事，发现这里有个问题：在礼仪上舜如何处理与尧的关系呢？周代礼乐制度是"尊君卑臣"的，周天子至高无上，所谓"率土之滨，莫非王臣"。如果舜接受禅让而为天子，那么尧和舜的父亲瞽叟作为臣，都应该"北面而朝"。但作为儒家思想家，孟子是信奉"盛德之士，君不得而臣，父不得而子"的，所以他无法接受尧对舜"北面而朝"这样的事情。于是孟子把禅让解释为"摄"位，也就是说尧在世期间，舜只是摄政而没有实际登上王位。如此就解决了"礼"与儒家思想的矛盾问题。其实这是孟子自己设置的一个矛盾境况，因为在尧舜时代未必会有周代贵族那样复杂严格的礼制，也未必有"舜南面而立，尧帅诸侯北面而朝之"这样的场景出现。是孟子和其他儒家阐释者想象了这样一种"德"与"位"之间的矛盾，此与孟子的"道"与"势"、"天爵"与"人爵"之二元对立模式是完全一致的。对我们来说，在这里的意义不在于弄清楚尧舜禅让究竟是怎样一回事，而是体现在另外两个方面：一是这件事非常鲜明地表现出了儒家对经典的阐释是如何发挥创造性的，吕先生所谓"大义"其实是孟子通过阐释赋予尧舜禅让这一事件的，而不是事件自身固有的。二是这也显示出儒家思想与"周礼"之间的差异之所在：儒家更重视道义，"周礼"更重视等级秩序。

　　《论语》《孟子》《荀子》作为对周代经典的"传"，最突出地表现出了"衍义性阐释模式"的创造性特征。孔子讲"克己复礼"，讲"正名分"，坚持贵族特有的身份意识，这都是从周人的礼乐文化中继承下来的。因此虽然他自始至终都是一介布衣，但骨子里流着的一半是贵族的意识，另一半则是与他的实际身份相符合的平民意识。譬如著名的"己所不欲，勿施于人"（《论语·颜渊》）、"贫而乐，富而好礼"（《论语·学而》）、"吾与点也"（《论语·先进》）、"天下有道则见，无道则隐"（《论语·泰伯》）等说法，都不是贵族时代的思想意识，只能是作为平民阶层的士人才会有的思想。孟子更是如此，其"制民之产""与民同乐"的"仁政"思想，"吾善养我浩然之气"的大丈夫精神，以及"君之视臣如土芥，则臣视君如寇仇"的自尊自贵意识都是春秋战国时期多元政治格局中作为"布衣"

的"游士"才会有的。至于荀子，他对法家、名家和道家思想的吸收更使得他所建构的儒学体系有别于周人的礼乐文化。因此先秦儒家学说，作为对古代典籍的阐释，是在继承基础上充分发挥了其创造性的，通过他们的"衍义性阐释"，从古代典籍中孕育出了儒学这一具有整体性、独立性的思想系统，这是具有划时代意义的事件。

这种"衍义性阐释"的创造性也是儒家"春秋学"的一大特征。一部《春秋》，不管是否孔子所作，其"历史大事记"的性质是无疑的，王安石称之为"断烂朝报"，梁启超称之为"流水账簿"，都不是没有道理的。然而经过儒家的阐释之后，其"微言大义"就被建构起来了。而且这种意义建构往往是"层累式"的，是通过阐释的阐释或阐释的阐释的阐释来展开的。吕思勉先生说："传不足以尽义，而必有待于说，试亦引一事为征。王鲁，新周，故宋，非《春秋》之大义乎？然《公羊》无其文也，非《繁露》其孰能明之？"[1]董仲舒是治春秋公羊学的专家，他的《春秋繁露》是一部从义理上阐发《春秋》大义的书，因为这部书是对《春秋公羊传》的阐释，故而是对《春秋》的再阐释。在今天看来，《春秋》不过是一部编年体史书，极其简明地记载了春秋时期各诸侯国的重要事件，但在公羊学看来，这部书可是非同小可，是一部体现着"圣人之志"的"拨乱反正"之书，其意义与作用甚至可以比肩功业彪炳千秋的夏禹、商汤、周文、周武。战国后期的儒家极力推重《春秋》，目的是使儒家思想成为促成天下统一的思想武器，为混乱不堪的社会状况建立价值秩序；西汉儒生们信奉春秋公羊学的目的是为已经获得政权的汉王朝提供国家意识形态，使儒家思想成为制约君权的有力工具，有着强烈的现实政治目的。而从阐释学角度看，无论是《春秋公羊传》的作者还是其传注者，都是以《春秋》为由头来展开各自的意义建构的，都是极具创造性的阐释学。让我们来看看董仲舒是如何阐发"王鲁，新周，故宋"之"《春秋》大义"的。

在《春秋繁露·三代改制质文》中有这样一段话：

> 殷汤之后称邑，示天之变反命。故天子命无常，唯命是德庆。故

---

[1] 吕思勉. 吕思勉读史札记（中册）［M］. 上海：上海古籍出版社，2005：752.

《春秋》应天作新王之事，时正黑统。王鲁，尚黑，绌夏，亲周，故
宋。①

这段话的大意是说，殷商从一个大国变为一个小诸侯是上天对逆天命
而行者的惩罚。这正表明了"天命靡常，惟德是辅"的道理。因此《春秋》
之作并非为了记录史实，而是为了完成新一代的天子伟大任务。此时正逢
天道循环至黑统，所以鲁国崇尚黑色。盖公羊学"通三统"之说以夏商周
分别为黑白赤三统，天道运行，循环往复，周而复始。周为"赤统"，尚
赤，承接周统者乃"黑统"，故鲁国尚黑。孔子作《春秋》借鲁国以实行
王道，远离夏朝传统，效法周代政教制度，以宋国为旧邦。于此观之，所
谓"王鲁"就是以鲁国为正统，代表王道。因为鲁国不仅仅是周公的封国，
还是孔子出生、成长之地，更重要的是，在继承周代礼乐文化方面鲁国是
春秋时期诸侯国中最为突出的。鉴于以上种种，以鲁来作为正统的代表最
恰当不过了。司马迁《孔子世家》云："子曰：'弗乎弗乎，君子病没世而
名不称焉。吾道不行矣，吾何以自见于后世哉？'乃因史记作《春秋》，
上至隐公，下讫哀公十四年，十二公。据鲁，亲周，故殷，运之三代。"②司
马迁尝受学董仲舒，此说当从乃师来。可知"王鲁"即"据鲁"。所谓"据
鲁"即"据于鲁"，亦即"以鲁为据"的意思。在《春秋》中，"王鲁"
或"据鲁"最直接的体现便是以鲁国年号纪年，其深层体现则是以"周礼"
的种种规定作为衡量各种政治人物善恶高下的标准。"绌夏"即"黜夏"，
实际表现是"黜杞"，杞国是夏朝后裔，周初分封天下时被封为公爵国，
但到春秋后期，该国衰微，夏朝的文化传统也早已荡然无存，故而为《春
秋》所轻视，不再承认其公国地位而称之为"伯"。"亲周"，字面的意思
是亲近周朝，实际是说要继承周人的礼乐文化，也就是孔子"周监于二代，
郁郁乎文哉！吾从周。"（《八佾》）的意思。"故宋"即是"故殷"，乃以
殷商为故国之意。盖殷商乃"三代"之一，有着灿烂的文化传统，极应礼
敬之。所以在公羊学看来，《春秋》的叙事是尊重"宋国"的，其中颇有

---

① [汉]董仲舒. 春秋繁露 [M]. 北京：中华书局，1975：236.
② [汉]司马迁. 史记·卷四十七 [M]. 北京：中华书局，1959：2340.

"继绝世"和"通三统"的意义在。所以董仲舒又说:"《春秋》曰:'杞伯来朝。'王者之后称公,杞何以称伯?《春秋》上黜夏,下存周,以《春秋》当新王。《春秋》当新王者奈何?曰:王者之法,必正号,绌王谓之帝,封其后以小国,使奉祀之。下存二王之后以大国,使服其服,行其礼乐,称客而朝。故同时称帝者五,称王者三,所以昭五端、通三统也。"[①]这里"以《春秋》当新王"也就是前引"《春秋》应天作新王之事"的意思,是说孔子"作《春秋》"的目的与作用是使这部书承担起一代"新王"的责任,就像夏禹商汤周文武三代圣王那样。此说与孟子所说的"《春秋》,天子之事也"(《孟子·滕文公下》)是同样的意思。在先秦儒家看来,"国之大事,在祀与戎"(《左传·成公十三年》)。"礼乐征伐自天子出。"(《论语·季氏》)所以,所谓"新王之事"或"天子之事",主要是指制礼作乐与吊民伐罪两个方面。那么《春秋》一部书如何承担起如此重大的任务呢?那就是靠所谓"口诛笔伐",即在历史叙事过程中于字里行间暗含褒贬之意,从而维护礼乐传统的价值观念。如此则从文化传承或者价值观念体系的角度看,《春秋》接续了"三代"传统,特别是周人的礼乐传统,保存了评价是非善恶的基本标准,因此也就当得起一代圣王的历史使命了。在董仲舒和公羊学看来,孔子之所以伟大,被称为"素王",《春秋》之所以重要,被视为"新王",乃在于这部书是三代以后,经过了数百年的诸侯混战,人还能成其为人而不同于禽兽的主要原因,其功业足以彪炳千秋。在如此高度评价一本书的背后,隐含的是儒家士人强烈的政治情怀:他们急切地要为社会定秩序,为执政者定规则,要参与到大一统国家的治理中,因此董仲舒代表的春秋公羊学是儒家士人意识形态的集中体现。整个"《春秋》大义"的核心——被公羊学总结出来的所谓"三科九旨"之说,都遵循了这样一种阐释逻辑。

通过这一例证可知,"春秋三传"及《春秋繁露》这类所谓"传""说",是很有创造性的。所谓"《春秋》大义",如"王鲁,新周,故宋"、"以《春秋》当新王"之类并不一定是"经"的固有之义,而是那些"传""说"等"翼经之作"建构的产物。《春秋》无论是否孔子所作,在

---

①［汉］董仲舒. 春秋繁露［M］. 北京:中华书局,1975:244.

其叙事过程中蕴含了某种倾向性是再自然不过的事情，例如对鲁国的推重，对宋国的尊敬，对杞国的轻视以及对种种诸侯及卿大夫违反礼制、僭越、犯上作乱等现象的贬斥等，但这些是否达到"以《春秋》当新王"的程度呢？这恐怕就有赖于公羊家们创造性阐释了。到了后来的宋学那里，这一"衍义性阐释"的创造性同样得到了充分发挥。"宋学"，包括王安石代表的"荆公新学"，"三苏"代表的"蜀学"，司马光代表的"朔学"以及二程代表的"理学"，等等，按照中国古代经传传统的分类，都属于"传"的范畴，它们都是对古代经典的阐释或再阐释。相比于前面论及的"《春秋》公羊学"来说，"宋学"的创造性丝毫也不逊色。如二程代表的理学，其阐释对象主要是《孟子》《易传》《大学》《中庸》等几部典籍，是先秦"思孟学派"的延续。但其所讨论的核心概念，如心、性、诚、敬、理、气、情、欲等，虽然都是思孟学派曾经谈论过的话题，但在理学家这里，无论是意义的深度还是广度都是他们的前辈无法比拟的。因为理学家得益于佛释之学的极大沾溉，正是作为论辩对手的佛学引领理学家们的思维达到了前所未有的深度。作为对经典的"传"，理学就更像是一种独立的"作"了。但在骨子里，即使是到了王阳明那里，也还是与先秦儒家一脉相承的，这一点不容置疑。

  "因循性阐释"是指那种更加尊重经典文本之"原义"与作者之"本意"的阐释文字。"传"这一文体原本大都属于"衍义性阐释"，但有一个例外，那就是《毛诗故训传》，简称《毛传》。这里的"传"是一种近于汉代经学之"章句训诂"的阐释方式，也就是"注"。张舜徽先生说："传注存于今日，最古而最全者，盖莫如《毛诗故训传》。"①显然张先生是指这种近于"注"的"传"，而不是"春秋三传"那样的"传"。②《毛传》的作者一般认为是战国末期的毛亨，即"大毛公"，据说他曾经受学于荀

---

① 张舜徽. 广校雠略：汉书艺文志通释［M］. 武汉：华中师范大学出版社，2004：72.
② ［清］马瑞辰《毛诗诂训传名义考》云："盖诂训第就经文所言者而诠释之，传则并经文所未言者而引伸之，此诂训与传之别也……毛公传诗多古文，其释诗实兼诂、训、传三体，故名其书为故训传。"（［清］马瑞辰撰，陈金生点校. 毛诗传笺通释［M］. 北京：中华书局，1989：4—5.）但从今存《毛诗》整体观之，则那种"经文所未言者而引伸之"的情况是极少的，也就是说，在作《毛诗故训传》的毛公这里，并没有把"故（诂）""训""传"分得那么清楚。整体上是非常接近以后的"注"的。

子。《毛传》不仅与《论语》《孟子》等不针对具体文本的"传"迥然不同，而且也与《公羊传》《穀梁传》虽然属于章句训诂，却旨在建构"微言大义"的传注方式存在明显差异，它是比较尊重经典文本表达出来的意义的。下面我们分析两个例子：

> 《周南·汉广》："南有乔木，不可休息。汉有游女，不可求思。"
> 《毛传》："兴也。南方之木美。乔，上竦也。思，辞也。汉上游女，无求思者。"
> 《郑笺》："'不可'者，本有可道也，木以高其枝叶之故，故人不得就而止息也。兴者，喻贤女虽出游流水之上，人无欲求犯礼者，亦由贞洁使之然。"①

《毛传》对这四句诗的传注，合情合理的。相比之下郑玄的再阐释就带有更多的主观之辞。"犯礼""贞洁"云云，从这四句诗中是看不出来的。那么郑玄的主观之辞完全是自己的凭空想象吗？也不是，他是从《毛诗序》中来的："汉广，德广所及也。文王之道被于南国，美化行乎江、汉之域，无思犯礼，求而不可得也。"②从字面上看《汉广》无疑是一首情诗：男子爱慕一位女子，却无缘接近，因生思慕惆怅之情。丝毫看不出"教化""犯礼"之类的意思。是《毛诗序》为这首诗定了赞美周文王道德教化的基调，郑笺孔疏因袭而已。由此观之，《毛诗》之《传》与《序》殆非出自一人之手，而且似乎应是《传》前而《序》后。

> 《郑风·溱洧》：溱与洧，方涣涣兮，士与女，方秉蕑兮。
> 《毛传》：溱、洧，郑两水名。涣涣，春水盛也。蕑，兰也。
> 《毛诗序》：《溱洧》，刺乱也。兵革不息，男女相弃，淫风大行，莫之能救焉。
> 《郑笺》：男女相弃，各无匹偶，感春气并出，托采芬香之草，而

---

① [唐] 孔颖达. 毛诗注疏·卷一（十三经注疏标点本）[M]. 上海：上海古籍出版社，2013：70.
② [唐] 孔颖达. 毛诗注疏·卷一（十三经注疏标点本）[M]. 上海：上海古籍出版社，2013：69.

为淫佚之行。①

从这首诗的字面意思看，描写的是春日里，青年男女在河边游玩嬉戏的情景。《毛传》纯粹是字义训诂，对诗的内容没有任何价值评价。《毛诗序》和《郑笺》则从"礼法"角度斥之为"男女相弃，淫风大行""为淫佚之行"。《毛传》的随文释义乃是因循性阐释，《毛序》《郑笺》的主观评价则属于衍义性阐释。这里的"传"与"笺"都属于对词语的注释，但一者按照文本呈现的样子注释，使难以理解的词语明白起来，一者则除了字词释义之外还有明显的意义建构。在今天看来，《毛传》对诗歌的注释依然是我们读懂《诗经》作品基本意思的重要参考。《郑笺》在阐释诗句句义上也有一定参考意义。至于《毛诗序》，就诗歌文本阐释而言，可以说参考价值最小。

"修正性阐释"是古代经典传注的另一种阐释模式，其基本特征是既有章句训诂的形式，随文释义，又有衍义性的阐发，表面上是挖掘文本本义和作者原意，实际上乃是对阐释对象加以修正，从而建构一种新的意义系统。对于这种阐释模式，最突出的代表便是朱熹的《四书集注》了。②下面我们分析《论语集注》中的几个例子。

> 哀公问："弟子孰为好学？"孔子对曰："有颜回者好学，不迁怒，不贰过。不幸短命死矣！今也则亡，未闻好学者也。"
>
> 好，去声。亡，与无同。迁，移也。贰，复也。怒于甲者，不移于乙；过于前者，不复于后。颜子克己之功至于如此，可谓真好学矣。短命者，颜子三十二而卒也。既云今也则亡，又言未闻好学者，盖深惜之，又以见真好学者之难得也……程子曰："学以至乎圣人之道

---

① ［唐］孔颖达. 毛诗注疏·卷一（十三经注疏标点本）［M］. 上海：上海古籍出版社，2013：446.

② 魏晋之时，何晏《论语集解》已经带有一定的玄学色彩；王弼《论语释疑》久佚，就后人有限的辑佚观之，则其以道释儒倾向已然十分鲜明，到了南朝皇侃《论语义疏》兼引孔安国、马融、郑玄等儒者乃至王弼、郭象等人的道家观点，其"修正"特点极为突出。从王弼到皇侃可以说开了中国古代"经典阐释学"之"修正阐释模式"的先河。

也。""学之道奈何？"曰："天地储精，得五行之秀者为人。其本也真而静。其未发也五性具焉，曰仁、义、礼、智、信。形既生矣，外物触其形而动于中矣。其中动而七情出焉，曰喜、怒、哀、惧、爱、恶、欲。情既炽而益荡，其性凿矣。故学者约其情使合于中，正其心，养其性而已。然必先明诸心，知所往，然后力行以求至焉。若颜子之非礼勿视、听、言、动，不迁怒贰过者，则其好之笃而学之得其道也。然其未至于圣人者，守之也，非化之也。假之以年，则不日而化矣。今人乃谓圣本生知，非学可至，而所以为学者，不过记诵文辞之间，其亦异乎颜子之学矣。"①

　　这里孔子对颜回的称赞很简单，就是"不迁怒，不贰过"，原本并没有很复杂的意义。然而朱熹的阐释（包括他所引用的二程的阐释）形成了一篇完整的理学心性论。总体言之，其所建构的意义并不与《论语》文本相矛盾，但毫无疑问也不是孔子本人所想要表达的意思。而且这里程朱的"形""情""性"之关系说，以及"正心""养性"等观点都是基于"思孟学派"的主张而形成的，与孔子所说的"不迁怒，不贰过"等日常伦理可以说基本上没有什么关联。而对"好""亡""迁""贰"等词语的训释以及关于"不迁怒，不贰过"的语句解释则又仅仅扣住文本，完全符合章句训诂之规则。可知，"修正性阐释"可以说是"衍义性阐释"与"因循性阐释"的结合。因此，一部《四书集注》，既有对文本固有之义比较符合实际的解读，也有程朱理学体系的话语建构，二者并行不悖，既是对古老传统的继承，又是新的意义之建构，体现出中国古代经典阐释学的高明之处。

---

①［宋］朱熹. 论语集注·雍也［M］//［宋］朱熹. 四书集注. 长沙：岳麓书社，1987：120.

结语

那么，中国古代经典传注之学的阐释学意义究竟何在？对我们当代阐释学的建构有怎样的启发？这至少表现在下列数端：

首先，对阐释对象的充分尊重是古代经典传注之学的前提。传注之学之所以出现，正是出于对传统的充分尊重。中国古代有慎终追远的文化惯习，这也深刻地影响到古人的著述。如前所述，整个一部中国儒学史基本上就是一部传注之学的历史，因而也是一部阐释学的历史。道家与佛释之学也是如此，都是以一部或几部经典为起点的传注，是对经典的阐释或再阐释。在古人看来历史上某一个时期出现的人和他们的思想是无法超越的，后人只有遵循他们的基本精神，然后根据具体条件与需求进行一些修正、调整、增删就行了。这种现象很容易被认为是保守、落后，不思进取。这显然是过于简单了。对人类关于人生意义和人伦规范以及社会秩序方面的思考是不能简单地用进化论的标准来衡量的。在许多问题上古人的所思所想未必比今人落后和浅薄。特别是人类在某一时期出现的一些思想，往往是此后千百年中人们无法超越的。雅思贝尔斯所谓"轴心时代"就是这样一个极为特殊的历史时期，对世界上几种主要的文化传统来说莫不如此。这一时期的思想大师们创造的文化确实是取之不尽，用之不竭的宝藏。因此对那些先秦典籍给予充分的尊重是非常必要的，正是这种对阐释对象，即那些"历史流传物"持续不断的尊重才形成了强而有力、生机勃勃的文化传统。在为孔颖达《五经正义》辩护时，晚清今文经学大师皮锡瑞有一段话概括了古代传注之学的这一普遍原则：

> 议孔疏之失者，曰彼此互异，曰曲徇注文，曰杂引谶纬。案著书之例，注不驳经，疏不驳注；不取异义，专宗一家；曲徇注文，未足为病。谶纬多存古义，原本今文；杂引释经，亦非巨谬。惟彼此互异，学者莫知所从；既失刊定之规，殊乖统一之义。①

---

① [清] 皮锡瑞著，周予同注释. 经学历史 [M]. 北京：中华书局，2012：141.

　　这里虽然是在说孔颖达的《五经正义》，却揭示了传统传注之学的一个普遍规则。"注不驳经"（按：通常谓"注不破经"，"破"与"驳"意近。相比"注不破经"说，"疏不破注"说流传更为广泛。）体现的正是阐释者对阐释对象的尊重，宁肯曲为之注，也不轻易反驳经典成说。"疏不驳注"则体现了后世阐释者对前辈阐释者的尊重，人们普遍认为汉魏那些最初为经典作注者"去古未远"，必定可以看到更多的材料，对其所注，不宜轻易否定。当然，如果仅仅是维护经典固有之义，不肯越雷池一步，那就不是对经典的尊重而是胶柱鼓瑟、刻舟求剑了，所以中国古代传注之学在"注不破经，疏不破注"的前提下，依然富于创造性。

　　其次，寓创造于继承是古代经典传注之学的基本策略，这体现了一种阐释学的智慧。考察一下中国古代传注之学的历史演变就不难发现，所谓"注不破经，疏不破注"的真正意思是，不直接否定经典或传注的观点，而是借助于各种阐释策略表达不同意见。即如孔颖达《五经正义》总体上看确实是对前人传注的再阐释，但实际上却表达了许多个人的独到之见，有着很强的创造性。[1]事实上，从孔孟荀代表的先秦儒学，再到两汉经学、宋明理学，无不在继承中蕴含创造。人与人之间关系上既讲等级秩序又讲友爱情义；国家治理上既讲仁政德治又讲法纪严明；个人修养上既讲"敬以直内"之自律，又讲"义以方外"之他律；人格理想上既讲"鸢飞鱼跃"之自由，又讲"与物同体"之博大——这就是儒学的整体框架，不同时期，不同学派有不同选择与侧重，但彼此之间相互关联，并行不悖，构成一个宏大而精微的思想体系。这里面处处显示出"注不破经，疏不破注"的继承性，也处处体现出"收拾精神，自作主宰"的创造性。

　　最后，中国古代传注之学具有鲜明的实践品格，是一种"有用"的阐释学。强烈的现实关怀始终是经典阐释的目的，包括儒学在内的先秦诸子

---

[1] 关于孔颖达《五经正义》与汉魏古注异同问题可以参考石云孙《"疏不破注"笺识》（《古籍研究》卷下，2006）、陈广恩《论"疏不破注"——以〈毛诗正义〉为例》（《宁夏大学学报（哲学社会科学版）》1999年第4期）、赵棚鸽《〈毛诗正义〉"疏不破注"论》（《洛阳理工学院学报（社会科学版）》2014年第5期）、郑伟《"疏不破注"与"别开生机"——论孔颖达对毛诗学理论的创新阐释》（《山西大学学报（哲学社会科学版）》2017年第3期）等文章。

之学甫一诞生便具有强烈的现实关怀，也可以说，诸子百家都是由现实的社会需求激发而生的。传注之学继承了先秦典籍的这一特征，总是适应着具体的现实需求而生。这就造成了传注之学的双重价值指向：一方面直接关联作为阐释对象的经典文本，一方面又要指向现实需求。任何一种具体的经典阐释的意义建构都是从来自两方向的"力"的牵引中展开的，因此也必然带有这两个方面的印记。这是一种来自纵向与横向两个方向的"力"的"扭结"，一部儒学史，或者整个中国古代经典阐释的历史都是在这种"扭结"中发展演变的。先秦儒学作为对西周礼乐文化的阐释，乃旨在借助传统的政治、文化力量解决现实的诸侯混战、价值失范问题；两汉经学乃旨在通过对先秦经典的阐释为大一统的君主专制官僚制度提供合法性并同时予以规范和约束；宋明理学则旨在通过阐发"思孟学派"的思想建构起一种在心灵寄托、纾解焦虑、扩充精神空间方面足以与二氏之学相抗衡的儒家心性之学。因此，中国古代传注之学或经典阐释学是一种具有鲜明实践品格的学问，是"接地气"的学问，"知行合一"始终是其追求的目标。如果以这个标准来考量，清代的乾嘉学派虽然在名物考证、文字训诂以及校勘、辑佚、辨伪等方面取得了重要成绩，但不能不说他们是严重背离了中国经典阐释传统，把手段当成目的，完全是本末倒置了。

第二节 从"古诗"的经典化看中国古代文学阐释传统的特点

　　"古诗"在中国古代诗歌史上具有极高的地位，仅次于《诗经》，庶几与《楚辞》不分轩轾。"诗三百"长期居于儒家经典的崇高位置，其在诗歌史上占有至高无上的地位自不待言；《楚辞》以其瑰丽华美的辞藻、奇特丰富的想象以及屈原超乎凡俗的人生经历与人格魅力而获得崇高地位亦在情理之中。然而言语修辞既朴素无华、所传达的亦为凡夫俗子之所思所感，既没有成圣成贤的远大抱负，也没有主文谲谏的政治意识，如此这般的"古诗"何以也能够成为被历代诗人顶礼膜拜的文学经典呢？自魏晋以后中国古代诗歌的发展呈现出越来越讲究辞采与韵律的趋势，唐代以后格律诗终于成为主流，然而无论诗歌怎样发展，不大讲求格律，仿佛肆口而出的"古诗"却始终受到普遍推崇，其经典地位丝毫没有动摇，这是为什么？毫无疑问，"古诗"的经典化过程本质上是一个文学阐释学的问题，而文学阐释又绝非仅仅是诗文内部的事情，而是关涉文人趣味、身份乃至社会政治、意识形态等复杂因素，这些都值得深入细致的考察与分析。①

---

　　① 现代以来，关于"古诗"或"古诗十九首"的经典化问题论者甚夥，陆侃如、冯沅君《中国诗史》、隋树森《古诗十九首集释》、朱自清《古诗十九首释》、马茂元《古诗十九首初探》、翁其斌《中国诗学史·先秦两汉卷》、曹旭《古诗十九首与乐府诗选评》，以及［日］汉学家铃木虎雄《中国诗论史》、［日］青木正儿《中国文学概说》、［日］兴膳宏《异域之眼：中国古典文学论集》（戴燕选译）、让-皮埃尔·桀溺《论古诗十九首》、［法］保尔·戴密微《中国古诗概论》等人著述对这一问题都有不同程度的涉及，也都提出了许多值得参考的意见。青年学者李祥伟博士的《走向"经典"之路：〈古诗十九首〉阐释史研究》更是一部研究"古诗"经典化过程的专著，其中亦不乏精彩见解。

一、关于"古诗"的称谓

在中国古代诗歌史上，"古诗"这个称谓有两层含义：一是指大约产生于东汉中后期的一批无名文人所作的五言诗；二是指在这批无名文人五言诗影响下形成的一种诗歌体裁，又称"古风"或"五古"。本书所要讨论的是前者。萧统《文选》卷二十九"杂诗上"分列"古诗十九首""李少卿与苏武诗三首""苏子卿诗四首"共二十六首，①这可以说是"古诗"最有代表性的作品。钟嵘《诗品》将诗分为"上、中、下"三品，于"上品"中首列"古诗"之目，并提到"陆机所拟十四首"及"'去者日以疏'四十五首"，②由此可知钟嵘所见并判定为"古诗"的有五十九首。钟嵘长萧统三十余岁，可以推知，萧统所见到的古诗也不会多于钟嵘。这就是说，在齐梁间流传的"古诗"大约五六十首。那么，编选者或传承者们何以在这些诗之前冠以"古"字呢？以理推之，盖有二焉：一是这些诗年代久远，多为无名诗人所作，即使冠名，也难辨其真伪，故称"古"；二是想使之与魏晋以下诸作相区分。如清人吴淇所云："此以汉人选汉诗，乃于诗及乐府之上各标一'古'字者，所以别乎建安、邺下诸体也。"③此言在理。

古诗的产生年代在学界一直是一个聚讼纷纭的话题，迄今并无定论。概括起来，争论各方的主要观点有三：一是东汉中后期宦游文人所作，这是当下最为人们普遍接受的观点④；二是两汉无名诗人所作，钟嵘、刘勰及

---

① 题名李陵、苏武的诗作虽未被萧统列入"古诗"之列，但在今天看来，这些诗与"古诗十九首"风格、体制相近，作者同样未可定论，故而也属于我们所说的"古诗"范围。下文提及的钟嵘《诗品》之李陵诗、班婕妤诗亦作如是观。

② ［梁］钟嵘著，曹旭集注. 诗品集注［M］. 上海：上海古籍出版社，2011：91.

③ 吴淇. 古诗十九首定论 // 隋树森集释. 古诗十九首集释·卷三［M］. 北京：中华书局，1955：8.

④ 关于这个观点比较有代表性的论文有：李炳海《古诗十九首写作年代考》（《东北师大学报》1987年第1期）认为"古诗十九首"应该产生于东汉顺帝至桓帝之间，稍早于秦家夫妇的赠答诗。戴伟华《论两汉的"歌诗"与"诗"》（《学术研究》2008年第2期）认为主名的文人五言诗与无名的文人五言诗均应产生于东汉中后期；赵敏俐《汉代五言诗起源发展问题再讨论》（《中国诗歌研究》第7辑）与李炳海、戴伟华稍有不同，他从诗歌风格等角度推断，文人五言诗应该产生于东汉早中期而不会产生于东汉之末。这些见解各有所据，均有相当的参考价值。

近人隋树森等人持此论；三是曹植、王粲作①。本书探讨"古诗"的经典化过程中蕴含的中国古代文学阐释学问题，无意于加入"猜想"古诗作者的行列之中。但由于在谈论"古诗"经典化过程中不可避免地会涉及其产生年代问题，因此笔者需要对这一问题有一个明确的判断："古诗"包括"古诗十九首"以及"苏李诗"等在内的文人五言诗的产生年代应该在东汉中后期，即安、顺至献帝之前。除了不少学者已经提出的诸如诗歌体裁演变、诗歌发展规律方面的原因之外，还可以从学术史、政治史以及相关的士大夫身份意识的变化等因素所构成的具体历史语境角度来加以印证。

在经学昌盛的西汉中后期与东汉前期，经学意识形态具有强大统摄作用，凡有所言说，都不免与之同声调。刘师培尝谓"两汉之世，户习七经，虽及子家，必缘经术"②。这主要是指西汉中后期与东汉前期而言，因为西汉前期，即高祖及惠、文、景直至汉武继位初期，经学尚未大兴于世；而到了东汉安、顺之后，经学渐渐走向玄学化、知识化道路，对文人士大夫的思想束缚已经开始松懈。刘师培以为子学也会受到经学影响，其实不止子学，就连诗歌这种独特的书写形式也同样会带上经学印记。西汉中后期至东汉前期的诗歌受《诗经》影响甚巨，形式上以四言为主，内容上则步武经学的经世致用，所表达的都是"美刺讽喻"的大道理。只是从安、顺开始，以书写个人情趣为内容的诗歌才开始出现，如张衡的《四愁诗》、郦炎的《见志诗》、秦嘉的《赠妇诗》、赵壹的《疾邪诗》等。东汉的辞赋直承前代，原本模仿的痕迹十分鲜明，其主流同样以润色鸿业为目的，以铺张扬历为手法，诸如班固《两都赋》《答宾戏》、张衡的《二京赋》《南都赋》之类无不如此。但由于以屈原、贾谊为代表的楚骚传统的影响过于强大，故而即使在东汉前期，也还有一些辞赋之作被用来表达个体情感或"体物"，如班固的《幽通赋》、傅毅的《舞赋》等。及至安、顺之后，抒写个人情感以及描写器物和物华的作品就大量出现了，如张衡的《归田赋》、赵壹的《刺世疾邪赋》、马融的《笛赋》、王逸的《九思》《荔枝

---

① 钟嵘尝有"'去者日以疏'四十五首，虽多哀怨，颇为总杂，旧疑是建安中曹、王所制"之说，今人木斋《古诗十九首与建安诗歌研究》认为"古诗十九首"为曹植作于建安十六年之后。

② 刘师培. 中古文学史讲义 // 陈引驰编校. 刘师培中古文学论集［M］. 北京：中国社会科学出版社，1997：8.

赋》、蔡邕的《述行》等。诗歌与辞赋创作的这种现象至少说明，东汉中叶之后，士人阶层的精神世界出现了很大的变化：像西汉中后期、东汉前期那种以"经明行修"为指归的人生追求已经远远不能满足士人们的精神需要了，通经致用固然重要，而个人情趣也不容忽视，所以诗赋在主文谲谏与润色鸿业之余，也开始成为生命个体离愁别绪的呈现方式了。换言之，诗赋作为一种表达个人情感趣味的艺术形式，到了此时方始受到普遍认可，从而获得合法性。顾炎武尝谓："东汉之末，节义衰而文章盛，自蔡邕始。"[①]其实这一过程从安、顺之世就开始了，只不过是在桓、灵之时才形成大的规模而已。《后汉书·儒林传》载：

> 自安帝览政，薄于艺文，博士倚席不讲，朋徒相视怠散，学舍颓敝，鞠为园蔬，牧儿荛竖，至于薪刈其下。顺帝感翟酺之言，乃更修黉宇，凡所造构二百四十房，千八百五十室。试明经下第补弟子，增甲乙之科员各十人，除郡国耆儒皆补郎、舍人。本初元年，梁太后诏曰："大将军下至六百石，悉遣子就学，每岁辄于乡射月一飨会之，以此为常。"自是游学增盛，至三万余生。然章句渐疏，而多以浮华相尚，儒者之风盖衰矣。[②]

盖光武帝刘秀出身士人，尝为太学诸生，深知儒学对于治理国家之重要，故于天下将定未定之时即已"汲汲然式古典，修礼乐，宽以居，仁以行，而缘饰学问以充其美"[③]了，可见对儒家意识形态的高度重视。光武帝开创的这一传统经明、章、和三朝的继承与弘扬，在八十余年的时间里，不仅经学昌盛，而且儒家伦理深入人心，成为士民日用之规范，此一时期的儒学庶几近于"知行合一"的学问。与意识形态建设的成功有效相应，此期的政治也比较清明。安、顺两朝是转折点。尽管博士、经生、太学生人数与日俱增，太学馆舍日见增扩，但以前那种笃实的学风却渐渐失去了。

---

① [明] 顾炎武. 日知录·卷十三 // [清] 秦克诚点校. 日知录集释 [M]. 长沙：岳麓书社，1994：470.
② [宋] 范晔撰，[唐] 李贤等注. 后汉书·卷七十九 [M]. 北京：中华书局，1965：2547.
③ [清] 王夫之著，舒士彦点校. 读通鉴论·卷六 [M]. 北京：中华书局，2013：135.

所谓"浮华"正与"笃实"学风相反，指不切实际的高谈阔论与烦琐考证。可以说，学术史上的所谓"经学知识化""经学玄学化"趋势在此时已经开始了。也是在这一时期，宦官、外戚把持朝政渐成为常态，像梁冀这样骄横跋扈的权奸已非特例。君主昏庸，朝纲紊乱，公然卖官鬻爵的现象已成风气，所谓"政荒于上而风清于下"的奇特现象也开始形成。正是在这样的历史语境中，士人阶层与大一统政权离心离德的情绪弥漫开来："外戚、宦官走进朝堂，士大夫就必然退回田里，这几乎也是中国史上的一个规律……自顺帝时起，当时的士大夫就相率毁裂冠带，避祸深山。"①即使没有"避祸深山"，仍然留在官场的士大夫，也不再与朝廷同心同德了。这些自幼受到系统儒家经典熏陶的读书人，看到现实中的一切都与书本上的道理刚好相悖，其政治理想与人格理想的双重破灭是不可避免的。这些在精神上开始独立于朝廷的士大夫除了继续研读经学、聚徒讲论之外，诗赋的创作也逐渐成为他们精神生活的重要组成部分。由于已经不再认同现实政治，他们自然也就失去了歌功颂德、润色鸿业的兴趣，也无须板起面孔讲大道理，于是抒发个人离愁别绪也就成为诗赋创作的主要内容。像"古诗十九首""苏李诗"这样的文人五言诗正是在这样的历史语境中才大量问世的。这些诗既没有慷慨激昂的大志向，也没有美刺讽喻的寓意，表达的纯粹是个人的情感体验。这种情感体验不是后世文人面对春花秋月、风卷云舒所产生的瞬间审美体验，也不是官场失意之后纵情山水的自我安慰，这是一种对人生和生命整体上的消极体验，其所写之景与所述之事无不成为这种消极生命体验之表征。所以，"古诗"所体现出来的这种像深秋一样低回悲凉的情调可以说是东汉社会由盛而衰的文学表达，是以经学为核心的国家意识形态崩坏的感性显现，也是知识阶层积极进取精神破灭之后迷茫惆怅之感的宣泄。总之，东汉自安、顺两朝之后，朝政由前期的较为清明转而为黑暗，学风上由前期的较为笃实转而为浮华，士人心态也由前期的较为积极转而为消极。这些都是"古诗"产生的重要原因。

从另一个角度看，西汉乃至东汉前期，"诗"一直都是一个很神圣的字眼，这当然与《诗经》为"五经"之一有直接关系，此期典籍中的"诗"

---

① 翦伯赞. 秦汉史［M］. 北京：北京大学出版社，1983：504.

或"诗人"基本都是指《诗经》及其作者而言的。那么从何时起"诗"与《诗经》分离出来获得独立性呢？换言之，文人们的个人创作从何时才被称为"诗"的呢？看《史记》《汉书》等史籍，除去帝王或官方礼乐活动之外，士大夫个人创作被称为"诗"的极为少见，最早的是《汉书》卷七十三所载韦孟的两首诗，即《讽谏诗》与《在邹诗》。韦孟是西汉初期人，尝为楚元王傅。这两首诗均为四言，内容主要是叙述家族历史，表达讽喻之义，风格严整肃穆，近于《诗经》之《大雅》。由于当时士林中并没有个人模仿《诗经》作诗的风气，故而有人怀疑是"其子孙好事，述先人之志而作是诗也"①。西汉时期如韦孟这样公然拟经作诗的很少，而作"歌诗"者却很多。"歌诗"大都用于祭祀或其他典礼活动，都是为已有曲调填写的歌词，用之于演唱，故被称为"歌诗"。例如："明年正月，上始幸甘泉，郊见泰畤，数有美祥。修武帝故事，盛车服，敬齐祠之礼，颇作歌诗。"②又："王乃为歌诗四章，令乐人歌之。"③又："上颇作歌诗，欲兴协律之事，丞相魏相奏言知音善鼓雅琴者渤海赵定、梁国龚德，皆召见待诏。"④由于歌诗主要是用来唱的，所以形式上就比较灵活，以协律为准。如武帝为思念李夫人而作的《李夫人歌》："是邪，非邪？立而望之，偏何姗姗其来迟！"⑤此外高祖之《大风歌》，武帝之《秋风辞》均属此类。这类"歌诗"既不同于后来文人们创作的四言诗、五言诗，也不同于采自民间的"赵、代、秦、楚之讴"，是一种流行于西汉宫廷与贵族之中的诗歌形式，即乐府诗。其受楚辞影响较大，但又没有辞赋那么大的篇幅，是一种楚调之歌词，也就是说，早期的"歌诗"实际上就是所谓"楚歌"。《汉书·艺文志》载"歌诗"二十八家，三百一十四篇，可见西汉时期这种诗体是比较发达的。武帝之后朝廷设立乐府，收集整理了许多诗歌并入乐，但"乐府"与"歌诗"并不等同：凡是"乐府"都是"歌诗"，但并不是所有的"歌诗"都是"乐府"。"乐府"主要采自民间，"歌诗"则主要是帝王和

---

① ［汉］班固. 汉书·韦贤传［M］. 北京：中华书局，1962：3107.
② ［汉］班固. 汉书·郊祀志［M］. 北京：中华书局，1962：1249.
③ ［汉］班固. 汉书·高五王传［M］. 北京：中华书局，1962：1990.
④ ［汉］班固. 汉书·严硃吾丘主父徐严终王贾传［M］. 北京：中华书局，1962：2821.
⑤ ［汉］班固. 汉书·外戚传［M］. 北京：中华书局，1962：3952.

贵族所作。到了东汉中叶以后，随着无须歌唱的文人五言诗的兴起，这类"歌诗"就渐渐衰落了。

《汉书》《后汉书》等史籍中载有不少民间歌谣，以五言成句，文辞质朴，多表达下层百姓对当政的不满。如成帝永始、元延间尹赏为长安令，执法严酷，"长安中歌之曰：'安所求子死？桓东少年场。生时谅不谨，枯骨后何葬？'"① 光武帝建武年间，樊晔为天水太守，执法严猛，奸人畏惧，"凉州为之歌曰：'游子常苦贫，力子天所富。宁见乳虎穴，不入冀府寺。大笑期必死，忿怒或见置。嗟我樊府君，安可再遭值！'"② 此外，在两汉乐府中也收有不少五言的作品。后来这种五言体歌谣经过某种渠道影响到文人士大夫，从而也成为文人五言诗形成的重要原因之一。

总之，我们所说的"古诗"，既不同于那种近于"楚歌"的"歌诗"，更有别于拟经的"四言"诗，倒是比较接近收进或没有收进"汉乐府"中那些五言的民间歌谣。换言之，两汉那些五言的民间歌谣和乐府诗应该是文人五言诗的母体。这也就意味着，西汉至东汉前期，在社会上层以"歌诗"和"四言诗"为诗歌主流，下层则有大量民谣民歌，其中有一部分为五言。只是到了东汉中后期，文人五言诗才发展起来并取代"四言诗"和"歌诗"而成为主流诗体。

二、在六朝时期"古诗"何以会被重视

"古诗"何以会受到后世文人推崇而成为经典呢？原因肯定是十分复杂的而非单一的。以下将结合具体历史语境分析"古诗"成为经典的原因，并从阐释学角度考察诗文评在"古诗"经典化过程中的作用。

根据现有记载，最早关注"古诗"的是西晋时期的陆机。《文选》卷三十"杂拟上"列"陆士衡拟古诗十二首"，这十二首诗分别拟"古诗十九首"中的"行行重行行""今日良宴会"等，唯其中"拟兰若生朝阳"所拟诗不在"十九首"之列而见录于徐陵《玉台新咏》。"拟东城一何高"

---

① ［汉］班固. 汉书·酷吏传［M］. 北京：中华书局，1962：3674.
② ［宋］范晔撰，［唐］李贤等注. 后汉书·酷吏列传［M］. 北京：中华书局，1965：2491.

即拟"十九首"中的"东城高且长"。陆机本人就是著名诗人，又出身江左巨族，他的拟作对提升"古诗"的地位无疑有重要作用。中国古代诗歌的发展呈现前后相继的明显印记。模仿前人诗歌基本上是诗人学习创作不可避免的环节。但是"拟作"却是不同寻常的，是诗人对原作最大程度的肯定，当然也是原作经典化过程中重要的环节之一。陶渊明在唐以前地位远在谢灵运之下，北宋以后，由于苏东坡破天荒地作了一百多首"和陶诗"，陶渊明在诗歌史上的地位就大大提升了。相比之下，"拟作"比"和诗"的意义更大。盖"和诗"是与所和者平辈论交，只是尊重而已；"拟"则是把所拟者视为学习、模仿的对象，带有敬仰之意。魏晋时期拟古之风颇盛，从《诗经》到《楚辞》，从《汉乐府》到"古诗"，均有大量拟作，被拟者必定是经典。在陆机之前"古诗"肯定算不得经典，因而作为第一位拟"古诗"者，陆机在"古诗"经典化过程中的作用自不待言。再加上陆机拟作有较高水平，为南朝诗人激赏，其对"古诗"声誉之积极影响因而倍增。除陆机之外，《文选》还收录陶渊明拟古诗一首[①]、袁淑"效古诗"一首、刘铄"拟古"二首、王僧达"依古"一首、鲍照"拟古诗"三首[②]、范云"效古诗"一首。另外还收录江淹"杂体诗三十首"，其中也有不少是模拟"古诗"。所列这些"拟古"之作其所拟诗既有"十九首"之中者，亦有其他古诗。这表明，从西晋到南朝，"古诗"已经成为诗人们学习、模仿的经典了。至于后世，从隋唐以迄明清，仿效、模拟"古诗"的作品就不可胜计了。如此说来，是拟作最早使"古诗"从民间流传的无名氏之作成为经典的。

在拟作之后，对"古诗"经典化发挥重要作用的则是诗文总集和类书的编选。《古诗十九首》作为一个整体最早见于萧统《文选》，应该是他在众多"古诗"中精心挑选出来的。《古诗十九首》之名亦由此而来。关于"古诗"的编选，明人钟惺尝有一段很有意味的话：

　　昭明选古诗，人遂以其所选者为古诗，因而名古诗曰"选体"，

---

① 《陶渊明集》收"拟古"九首。其中"日暮天无云"为《文选》所录。
② 《鲍参军集》收"拟古"八首，其中"幽并重骑射"等三首为《文选》所录。

唐人之古诗曰"唐选"。呜呼！非惟古诗亡，几并古诗之名而亡之矣。何者？人归之也。选者之权力能使人归，又能使古诗之名与实俱拘之，吾其敢易言选哉？①

　　钟惺在这里指出了选本在"古诗"经典化过程中的双重作用：一方面使原本籍籍无名的古诗成为"古诗"，为后世所欣赏、模仿，从而成为经典；另一方面也限制了人们的视界，被编者所选择的作品所限制，从而遮蔽了历史上古诗的真实面貌。钟惺对选本的这种"使人归"的权力的认识是精辟的。朱自清先生尝云："古诗原来很不少，梁代昭明太子（萧统）的《文选》里却只选了这十九首。《文选》成了古典，《十九首》也就成了古典；《十九首》以外，古诗流传到后世的，也就有限了。"②这说明《文选》对于"古诗"流传既有重要意义，同时也在一定程度上限制了人们对"古诗"的了解与理解。《文选》在唐代已经成为经典，民间有"《文选》烂，秀才半"之说。但随着古文的崛起，从韩愈到欧阳修，从唐末以迄宋明，以偶文韵语为主的《文选》就不再被视为那么重要的经典了。然而与那些曾经备受推崇的辞赋与骈文不同的是，"古诗"并不与《文选》共浮沉，始终受到文人士大夫们的青睐，其经典地位一直保持稳固。这或许说明"古诗"比《文选》中那些骈偶之文更有生命力。但无论怎样，《文选》在"古诗"经典化过程中的重大作用是不容置疑的。稍后于《文选》的文学选本是徐陵编的《玉台新咏》，其中属于我们所说的"古诗"范围的有"古诗八首""枚乘杂诗九首""苏武诗一首""班婕妤怨诗一首"，计十九首。《文选》和《玉台新咏》都是中国古代文学史上影响极大的诗文选本，入选的作品都因此传世，有许多因此而成为名篇。唐初编纂的大型类书《艺文类聚》收录"古诗"（包括"苏李诗"）共二十八首，其中有一些作品是《文选》和《玉台新咏》所未收的，亦对"古诗"的保存与传播起了重要作用。中唐时期的徐坚等编纂的类书《初学记》中收五言"古诗"十四首（包括李陵赠苏武诗四首），其中也有《文选》《玉台新咏》《艺文

　　① ［明］钟惺. 诗归序 // 蔡景康编选. 明代文论选［M］. 北京：人民文学出版社，1999：355.
　　② 朱自清. 古诗十九首释［M］. 台北：五南图书出版公司，2011：9.

类聚》所未收的。其他如佚名的诗文集《古文苑》，明代钟惺、谭元春的
《古诗归》，冯惟讷的《古诗纪》，清代陈祚明的《采菽堂古诗选》，沈德
潜的《古诗源》等，都收有不少汉魏的文人五言诗，这对于"古诗"的经
典化无疑起到了重要作用。

　　拟作、选本、总集和类书对"古诗"成为经典具有重要作用是毫无
疑问的，这些书籍的编纂者们都看重这些古诗说明这些作品在他们眼中有
着独特魅力。这种魅力究竟为何？在不同时期人们眼中的这种魅力是不是
完全相同？这些都需要对不同时代的阐释进行细致分析方可明了。换言
之，"古诗"之成为经典，更重要的原因在于这些作品与历代阐释者之间
的相互生发与契合。法国汉学家让-皮埃尔·桀溺有一段很精辟的话值得
注意：

　　　　事实上，《古诗十九首》的荣誉不是窃取得来的，它们实行了一
　　种文学上的革命，从而开创出了一个新世纪。它们深深地植根于过去，
　　源远流长，可以追溯到《诗经》，还可追溯到《楚辞》。无论就其民
　　歌的形式，还是就其哲学思想，这些作品都属于自己的时代。《古诗
　　十九首》成功地综合了所有这些方面的特点，创造出新诗体，表现出
　　新精神。在它的熔炉里，更熔铸了传统作品、民间艺术和现代思想，
　　这种结合便产生了古典诗歌的雏形。①

　　这段话揭示了"古诗"成为经典的两个至关重要的原因：其一，"古
诗"代表了诗歌发展的一个新时代的降临，具有革命性意义。从形式上看，
"古诗"是五言诗这一新的诗歌体裁最早的代表者；从内容上看，"古诗"
所表达的是属于一个新时代的思想情感。这就使它成为堪与《诗经》《楚
辞》相提并论的典范。其二，"古诗"的出现并非偶然，它是《诗经》《楚
辞》以及民歌三大诗歌传统交融互渗的产物，是诗歌发展合乎逻辑的结果。
这种看法毫无疑问是准确而深刻的。假如没有《诗经》《楚辞》《乐府》所

---

① ［法］让-皮埃尔·桀溺. 论古诗十九首 // 钱林森编. 法国汉学家论中国文学：古典诗词［M］.
北京：外语教学与研究出版社，2007：91.

代表的诗歌传统的长期浸润，"古诗"是无从产生的，而假如没有"新世纪"和"新精神"的驱动，"古诗"即使产生也绝不会有那么强大的生命力。那么，这里的"新世纪"、"新精神"和"现代思想"应该如何理解呢？究竟是什么在不断拨动着历代论者的心弦呢？

什么是"古诗"所负载的"新精神"，这无疑是一个极有追问价值的问题。一种新的学术，抑或一种新的文学艺术，除了言说方式，即文体、修辞上的变化之外，最重要的乃是其所负载的"新精神"。我们有理由说，这种"新精神"正是使"古诗"成为千古文学经典的最重要的原因。那么究竟什么是这种"新精神"呢？在我看来，它既不是什么成圣成贤的道德自我诉求，也不是什么治国平天下的历史使命感，它就是"文人趣味"。那么什么又是"文人趣味"呢？要想真正了解"文人趣味"首先必须明了什么是"文人"。这里我们所说的"文人"是指一种身份，即"文人身份"。凡是具有文人身份的人均可称之为"文人"。文人身份不是一个可以和"士人""士人阶层"互换的概念，"士人"是一个社会阶层的称谓，其最根本的规定性是读书，次级的规定性是做官。也可以说，中国古代的知识阶层就是士人阶层。有知识并有可能做官的人就是士人，但不一定是"文人"。"文人"是指在士人阶层中一部分有"雅好"的兴趣和能力的人，他们除了熟知经史之外，还善于创作诗词歌赋、琴棋书画并且在其中表达"文人趣味"。"文人趣味"是指一种个人化的情趣，不同于士人阶层所具有的那种普遍性趣味：读书做官以及修齐治平、美刺讽谏之类。"文人趣味"是指男欢女爱、离愁别绪、莫名惆怅以及对生命的自我感知与体验、对自然景物的美感等个体性经验。所以有人虽然也吟诗作赋，却也未必就是"文人"，例如屈原用辞赋来抒发忠君爱国之情以及见疏于君主之后的悲愤，所表达的都不是"文人趣味"而是一种政治情感，故而屈原不是真正意义上的"文人"，甚至也不是真正的士人，他是一个贵族。有些士人是兼具"文人身份"的，有些士人则始终与"文人"无缘。政治家、学者、文人（文学艺术家）都有可能是"士人"所具有的身份，或居其一，或居其二，或三者兼备。以宋代士人为例，像欧阳修、王安石、苏东坡这样的人物，既是政治家，又是学者，同时也是文人；像张载、二程这样的人物既是政治家，又是学者，却不是文人；像赵普、富弼、包拯这样的人物则只是政治家，既非学者，更非文人。一个士人，当他返回个体精神领域，玩味喜怒哀乐之情，观赏山川日月之美，并且把从中捕捉到、体验到的东西诉诸外在形式，那么他就是文人了。当一个时代允许文人借助于诗词歌赋等艺术形式表达其个人化情感体验时，文学也就进入了所谓"自觉的时代"。汉代文人五言诗，即"古诗"正是在"文人身份"普遍形成的时期，亦即主流社会允许诗歌这种曾经很神圣的言说方式表达无关于江山社稷、国祚民瘼的个人化情绪的时期应运而生的，它所表达的情感乃是千百年中文人们的共同体验，这种体验是具有文人身份的士人的真实"自我"，是他们的"本来面目"。因此"古诗"就自然而然地与"文人身份"紧密联系起来了，成了这一身份的标志。作为政治家或官僚的士人需要有"官体"，需要承担江山社稷以及民生方面的责任；作为"文人"的士人可以展示自己真实的甚至是卑微的一面，"古诗"正是中国历史上最早一批获得文人身份的士人真实自我之文学表征，后世历代文人都能够从中看见自己的真实面目，所以总是可以获得心灵的共鸣。换言之，"古诗"之所以能够成为彪炳千古的文学经典，根本原因在于它是文人们普遍具有的真实自我之写照。这种对普遍存在的真实自我的共同体验呈现在诗文中凝练为一种"基本价值"，无论朝代如何更迭，时代如何变化，只要这种基本价值存在，"古诗"的魅力就不会衰减。如此说来，历代文人从"古诗"中看到的"真""情真""自然""天成之妙"等，正与他们自身心态相切合，他们在"古诗"中看到了自我，而且是不加掩饰的真实的自我，因此就给予"古诗"极高的评价。而这正是"古诗"得到历代文人推崇的根本原因。从这个角度来看，论者尝谓"古诗"为"千古五言之祖"（王世贞）、"五言之《诗经》"（王世懋）、"千古五言之宗"（许学夷）、"诗母"（陆时雍）等，均未切中肯綮，更确切的说法应该是"百代文人诗之祖"。"古诗"既是"文人趣味"的最早呈现，又是对"文人身份"最初的确证，明乎此，在千百年的历史长河中它一直被文人们奉为经典也就不足为奇了。

　　如果把"古诗"与《诗经》《楚辞》相比较就更能彰显其文人趣味。毫无疑问，"古诗"和《诗经》，特别是《国风》都具有朴实、率真的风格，但《诗经》作品或者直率地描写男女情好，或者直率地抱怨世道之不公，都缺乏一种"文人味儿"，也就是"古诗"里那种深刻的生命体验与文人的多愁善感。"古诗"和《楚辞》都有"怨",但《楚辞》之怨是具体的,往往是政治性的,而"古诗"的"怨"却基本上都是一种淡淡的哀愁,是对命运的无奈和人生的感慨,二者断然有别。这都说明"古诗"与文人身份的密切关联。

套用马克思谈论古希腊艺术的话说,在中国文学史上,与《诗经》《楚辞》一样,"古诗"也具有"永久的魅力"。下面就来分析一下在不同的历史语境中"文人趣味"是如何影响人们对"古诗"的阐释的,从而考察这种"永久的魅力"形成的历史轨迹。

在古代诗文评的历史上,钟嵘是已知最早品评"古诗"的。在《诗品》中,"古诗"赫然列在"上品"之首,其次是"李陵诗",再次是"班婕妤诗"。钟嵘评"古诗"云:

> 其源出于《国风》。陆机所拟十四首,文温以丽,意悲而远。惊心动魄,可谓几乎一字千金!其外《去者日以疏》四十五首,虽多哀怨,颇为总杂。旧疑是建安中曹、王所制。《客从远方来》《橘柚垂华实》,亦为惊绝矣!人代冥灭,而清音独远,悲夫![1]

这段话在"古诗"经典化过程中的作用和意义是无与伦比的。这样关于"古诗"的评论文字是值得"细读"的。我们先看"其源出于《国风》"。由于《国风》属于经典,其地位至高无上,这里自然有抬高"古诗"身价的意味。此外,还有一层意思可以看出钟嵘之用心:"古诗"所表达的都是人们的日常生活情感,这正和《国风》作品相近。正如朱自清先生所说:"这种作品,文人化的程度虽然已经很高,题材可还是民间的,如人生不常、及时行乐、离别、相思、客愁等等。"[2]这种出于文人之手而表达平凡情感的诗歌与《国风》中许多出于贵族之手而表达普通生活情感的作品颇有异曲同工之妙,这种表达"人生不常,及时行乐,离别,相思,客愁"等生活中人人会有的一般性情感的作品是没有个性的,它体现的是

① [梁]钟嵘著,曹旭集注. 诗品集注 [M]. 上海:上海古籍出版社,2011:91.
② 朱自清. 古诗十九首释 [M]. 台北:五南图书出版公司,2011:13.

某种集体性的日常情感。正如法国汉学家桀溺所言："《古诗》之所以具有莫大的普遍性，是因为它们展示了人类共通的感情。因之，《古诗》广泛地征引了民间格言谚语，具体概述了人类的普遍经验。"①在西汉后期和东汉前期的经学语境中，诗赋或被用来"润色鸿业"，或被用来美刺讽喻，普通人的普遍经验是不能用诗歌这样神圣的方式来表现的，所以钟嵘说"古诗"出于《国风》就可以使"古诗"对平凡情感的表达获得合法性。另外，就明白如话、朴实自然的风格来看，尽管"古诗"作者未必有意仿效，但"古诗"与《国风》确实比较接近。

我们再来看"文温以丽，意悲而远"。这里用"温""丽""悲""远"四个词语来概括"古诗"的风格特征。"温"这个词语在儒家话语系统中原本指一种人格修养，《论语》："夫子温、良、恭、俭、让以得之。"(《学而》)又："子温而厉，威而不猛，恭而安。"(《述而》)又："君子有三变：望之俨然，即之也温，听其言也厉。"(《子张》)根据历代注释，"温"一是指性情宽和仁厚，二是指容貌蔼然可亲。总之都是"仁"的具体体现。《礼记》中把"温"和诗文联系起来："孔子曰：'入其国，其教可知也。其为人也，温柔敦厚，诗教也……温柔敦厚而不愚，则深于诗者也。'"这里说的是"诗三百"对人的道德修养所具有的功能。最早用这个词语来标示文章风格的是扬雄。他说："《典》《谟》之篇，《雅》《颂》之声，不温纯深润，则不足以扬鸿烈而章缉熙。"②及至东汉以后，"温雅"就成为一个关于诗文风格的批评术语了。例如班固："蜀有司马相如，作赋甚弘丽温雅。"③王符："诗赋者，所以颂善丑之德，洩哀乐之情也，故温雅以广文，兴喻以尽意。"④王逸："其词温尔雅，其义皎而朗。"⑤等等。"丽"这个词语在扬雄"诗人之赋丽以则，辞人之赋丽以淫"之说以前已经被用于对言谈和文辞的评价了，如桓宽《盐铁论》："歌者不期于利声，而贵在中节；论

①［法］让-皮埃尔·桀溺. 论古诗十九首 // 钱林森编. 法国汉学家论中国文学：古典诗词［M］. 北京：外语教学与研究出版社，2007：94.

②［汉］班固. 汉书·扬雄传（标点本下册）［M］. 长沙：岳麓书社，1993：1549.

③［汉］班固. 汉书·扬雄传（标点本下册）［M］. 长沙：岳麓书社，1993：1531.

④［汉］王符. 潜夫论·务本［M］. 济南：山东画报出版社，2002：3.

⑤［汉］王逸. 离骚经序 // ［宋］洪兴祖. 楚辞补注·卷一［M］. 济南：山东画报出版社，2004：2.

者不期于丽辞，而务在事实。"①刘向《列女传》："聪明远识，丽于文辞。"②
东汉以降，"丽"及其组合词"温丽""雅丽""清丽"等被普遍用于对诗
文形式的评价，意指辞藻的华美、艳丽，成为一个古人关于诗文书画审美
特性的代表性概念。"悲"的本义就是"悲伤""悲痛"，在《诗经》中多
见"我心伤悲""女心伤悲""忧心且悲"之类的诗句。把"悲"这个词
语与文艺批评联系起来，最早应该是《吕氏春秋·适音》："治世之音安以
乐，其政平也；乱世之音怨以怒，其政乖也；亡国之音悲以哀，其政险也。
凡音乐通乎政，而移风平俗者也。"③这段话与《礼记·乐记》同，只是个
别词语有别。"悲以哀"《乐记》作"哀以思"。嵇康《琴赋序》："然八
音之器，歌舞之象，历世才士，并为之赋颂，其体制风流，莫不相袭。称
其材干，则以危苦为上；赋其声音，则以悲哀为主；美其感化，则以垂涕
为贵。"④《声无哀乐论》："玉帛非礼敬之实，歌舞非悲哀之主也。"⑤可知这
个词语主要是指艺术作品所表达的哀伤情感。如果说后来"三曹"与"建
安七子"的诗歌可以说是"慷慨悲凉"，那么"古诗"则"悲凉"而不
"慷慨"，这也是"古诗"不大可能产生于建安以后的重要佐证。"远"这
个词语原本指空间距离大，后来引申为时间距离长。早在先秦时期，这个
词语已经带上形而上意味，例如《老子》以之形容"道"的存在和运演状
态："有物混成，先天地生。寂兮寥兮独立而不改，周行而不殆，可以为
天地母。吾不知其名，强字之曰道，强为之名曰大。大曰逝，逝曰远，远
曰反。反者道之动。"（第二十五章）到了魏晋时期，"远"这个词语又被
用来评价士人个性气质、人格修养及见识，成了一种极高的价值标准。如
《世说新语》："王戎云：'太保居在正始中，不在能言之流。及与之言，理
中清远，将无以德掩其言。'"（《德行》）⑥"会稽贺生，体识清远，言行以

①［汉］桓宽. 盐铁论（诸子集成本）［M］. 上海：上海书店，1986：24.

②［汉］刘向. 列女传·卷一 // ［清］王照圆. 列女传补注. 上海：华东师范大学出版社，2012：19.

③［战国］吕不韦. 吕氏春秋（诸子集成本）［M］. 上海：上海书店，1986：50.

④戴明扬校注. 嵇康集校注［M］. 北京：人民文学出版社，1962：198.

⑤戴明扬校注. 嵇康集校注［M］. 北京：人民文学出版社，1962：84.

⑥［南朝宋］刘义庆著，［南朝梁］刘孝标注，余嘉锡笺疏. 世说新语笺疏［M］. 北京：中华书局，2001：18. 本段以下所引均见此书，不注。

礼 。不徒东南之美，实为海内之秀。"（《言语》）"林下诸贤，各有俊才子：藉子浑，器量弘旷；康子绍，清远雅正；"（《赏誉》）"谢灵运好戴曲柄笠，孔隐士谓曰：'卿欲希心高远，何不能遗曲盖之貌？'谢答曰：'将不畏影者，未能忘怀。'"（《言语》）"见山巨源，如登山临下，幽然深远 。"（《赏誉》）这里的"清远""高远""深远"都是对人物极高的评价。稍后，这个概念也被用于诗文书画的评价之中，如《文心雕龙》："《吕氏》鉴远而体周，《淮南》泛采而文丽。"（《诸子》）"辉音峻举，鸿风远蹈。腾义飞辞，涣其大号。"（《诏策》）"文之思也，其神远矣。"（《神思》）"远奥者，馥采曲文，经理玄宗者也。""嗣宗俶傥，故响逸而调远。"（《体性》）"天高气清，阴沉之志远；霰雪无垠，矜肃之虑深。""吟咏所发，志惟深远，体物为妙，功在密附。"（《物色》）"故《系》称旨远辞文，言中事隐。"（《宗经》）又如《诗品》："言在耳目之内，情寄八荒之表。洋洋乎会于《风》《雅》，使人忘其鄙近，自致远大，颇多感慨之词。"（《晋步兵阮籍》）"然托喻清远，良有鉴裁，亦未失高流矣。"（《晋中散嵇康》）那么"远"的价值意义何在呢？上引诸例语境不同，"远"的含义亦稍有差异，但其基本义是一以贯之的，那就是"超越"二字。"远"即"超越"，或超越凡俗指向高雅，或超越世务指向精神，或超越浅近指向深奥。总之，"远"这个词语成为价值标准就意味着知识阶层对现实政治的拒斥、对个体性精神世界的追求，是"文人趣味"的集中体现。

如此看来，钟嵘用"温""丽""悲""远"四个词语来阐释"古诗"，实际上乃是标举"古诗"的四种审美价值，由于"古诗"乃是"上品"之首，这四种审美价值也就表达了钟嵘的审美理想；又由于这四个词语六朝时期已经被广泛使用，故而它们大体可以代表当时士族文人普遍的审美理想。这种"审美理想"是"文人趣味"的集中体现。"古诗"被认定为集中体现了这种审美理想，也就自然而然地成了经典。既然这种审美理想对于"古诗"成为经典有如此重要的作用，这里就有必要进一步追问：这种审美理想是如何形成的？其文化内涵是什么？下面就来讨论这些问题。

如前所述，"温"作为一种审美价值是从"温柔敦厚"而来，是对儒家传统的继承。这个概念的要旨是不激不厉，平和委婉。孔子对君子人格"文质彬彬"的要求，对《关雎》"乐而不淫，哀而不伤"的评价，汉儒对

《诗经》"发乎情，止乎礼义"的概括，都与"温"的价值意义相近，是儒家"中"与"中庸"思想的体现。如果究其根本，儒家的这种思想又可以视为对周代贵族精神的继承和改造。由于这个概念包含着极为深厚的文化底蕴，符合了士人阶层普遍的精神旨趣，所以即使在玄学居于主导地位的六朝时期，还是作为主要的审美价值而被接受。"丽"这个概念所指涉的是两汉以来在辞赋创作影响下形成的比较纯粹的审美价值，是对文章形式方面独特审美特性的肯定。因此，"文温以丽"实际上是融合了儒家精神与六朝时期士族审美趣味的评价，与扬雄"诗人之赋丽以则"之说一脉相承，可以说是对"古诗"形式方面的最高赞赏。"悲"是一种消极情感，无论在儒家传统中还是在道家传统中，它都不是一个受到推崇的价值。老庄之徒看破生死界限，以嘲笑态度看待悲伤，儒家则要求把"悲"严格限制在"礼"的框架中。所以这里的"悲"作为对"古诗"所表达之情感意涵的肯定性评价，是对儒、道传统的双重突破，其所依赖的主要资源是"时代精神"，即所谓任真自得、放浪形骸的士林风尚。然而"悲"说到底还是一种消极情感，沉浸其中并不是士族文人想要的人生境界。所以"远"就成了对"悲"的状态的提升。"悲"而能"远"那就不是凡俗之人那种捶胸顿足的悲了。如前所述，"远"在道家那里原是"道"的存在与运演的状态，在六朝的文化语境中，依然带有"超越"的意义。把这个概念与"悲"相联结，所标举的乃是一种"大悲"或超越的"悲"，可称之为"道之悲"，其根本特性在于不是对任何具体人和事的悲哀之情，而是对人生、对生命的悲悯之情，是一种深刻的生命体验。由此可知，六朝士族文人之所以对连作者之名都无法确定的"古诗"如此青睐，根本的原因乃是因为这些看上去率意而作、肆口而出的诗歌正契合了士族文人对个体生命与个体情感的空前关注，成为他们这些放弃了"通经致用""治国平天下"之宏大使命的精神贵族们人生体验之表征。

从以上分析可以看出，钟嵘对"古诗""文温而丽，意悲而远"的评价是一种极高的评价，体现了钟嵘和他所代表的士族文人的审美理想。那么这种评价是不是对"古诗"固有意涵的揭示呢？尽管我们相信这个评价是出于钟嵘真切的阅读体验，并非出于建构某种诗学观念的动机。但是我们还是有必要指出，这一评价之中包含了太多的"前见"，是诗人作诗之意、文本字面之意与阐释者之"前见"三者融合的产物。这里就有三重意义：作者究竟为何而作诗虽然已经不得而知，但是其写作动机至少部分地外化为诗歌文本了。此其一。诗歌文本是由文字组成的符号组合，由于文字符号的多义性，诗义表达的含混性，必然使诗歌文本在具体读者那里呈现出诗人根本就没有想到的意义。此其二。阐释者，即钟嵘的文化修养、价值取向所构成的"前见"是阐释的前提和基础，是无论如何也挥之不去的。此其三。三者融合便是"文温而丽，意悲而远"所包含的意义，也是"古诗"在阐释过程中呈现出来的价值。

三、唐宋时期"古诗"被推重的原因

及至唐代，"古诗"就已经成为与《诗经》《楚辞》《汉乐府》相提并论的诗学轨范了。但是唐代诗人有取于"古诗"者与六朝士族文人并不尽一致。在朝廷"以诗赋取士"的影响下，再加上诗歌自身发展的趋势所致，从中唐开始，如何作诗成为文人们特别关注的问题，《诗格》《诗式》《诗法》一类的"专门之学"就大量出现了。因此，唐代诗人对"古诗"之"佳处"的理解与他们的前辈就必然有所不同。六朝士族文人特别关注"古诗"所表现出来的生命体验与情感，而唐代文人则更关注"古诗"是如何来表现这些生命体验与情感的。前者关注重点在"说什么"，后者关注重点在"怎么说"。下面分析一段皎然的话以说明这一现象：

> 西汉之初，王泽未竭，诗教在焉。昔仲尼所删《诗》三百篇，初传卜商，后之学者以师道相高，故有齐鲁四家之目。其五言，周时已见滥觞，及乎成篇，则始于李陵、苏武。二子天予真性，发言自高，未有作用。《十九首》辞精义炳，婉而成章，始见作用之功，盖是汉之文体。又如"冉冉孤生竹""青青河畔草"傅毅、蔡邕所作。以此而论，为汉明矣。①

---

① [唐] 皎然. 诗式 // [清] 何文焕辑. 历代诗话 [M]. 北京：中华书局，1981：29.

这里有三个语词值得细读："作用"、"辞精义炳"和"婉而成章"。"作用"原是佛学常用语，释典有"有作用论""无作用论""六内入处各有作用"等说法，是指修习过程中人心有意识的活动。皎然首先把这个词语引入到诗学之中，并成为一个重要概念。在《诗式》中，皎然用这个词意指诗人作诗时的着意、用心，近于我们通常所说的"构思"。他说："作者措意，虽有声律，不妨作用。"①又："气象氤氲，由深于体势；意度盘礴，由深于作用。"②又："直于性情，尚于作用，不顾辞采而风流自然。"③从这些语例来看，"作用"不是雕章琢句，也不是讲究韵律，而是在整体立意上用心思，近于现在常说的"布局谋篇"。在皎然看来，《古诗十九首》在意义与情感的表达方式上是颇具匠心的，这一看法不惟有异于六朝文人，与宋元以后论者对"古诗"的评价也相去甚远。既要有"作用"，又要看上去"风流自然"，这显然是对诗歌创作极高的要求。"辞精义炳"是说"古诗"用词精审准确，富有表现力，故诗的情感意旨表达得显豁鲜明。显然，这也同样是肯定"古诗"在"怎么说"方面的特点。"婉而成章"是肯定"古诗"风格温婉，富于文采。这一评价基本上是继承了六朝文人的看法，意近于钟嵘所谓"文温以丽"。总之，皎然对"古诗"的评价主要集中在表现方式、手法等方面，对其所表达情感意旨似乎不那么看重。由于皎然对诗歌之体式、作法极为看重，所以面对在别人看来毫无匠心、本乎天成的"古诗"，他也同样可以读出"作用之功"来。

到了宋代，情况又有所不同。由于宋人特别重视学问，热衷于探究义理，好议论，流风所及，诗文也讲究"意义为主""以理为主"，而且特别强调"言有尽而意无穷"。欧阳修引梅尧臣云："诗家虽率意，而造语亦难。若意新语工，得前人所未道者，斯为善也。必能状难写之景，如在目前，含不尽之意，见于言外，然后为至矣。"④这种"见于言外"的"不尽之意"是对晚唐司空图所说的"味外之旨"与"韵外之致"的继承，也是对北宋后期范温《潜溪诗眼》之"韵"说的开启。这里的关键就在于"有

①［唐］皎然. 诗式 // ［清］何文焕辑. 历代诗话［M］. 北京：中华书局，1981：26.

②［唐］皎然. 诗式 // ［清］何文焕辑. 历代诗话［M］. 北京：中华书局，1981：27.

③［唐］皎然. 诗式 // ［清］何文焕辑. 历代诗话［M］. 北京：中华书局，1981：30.

④［宋］欧阳修. 六一诗话 // ［清］何文焕辑. 历代诗话［M］. 北京：中华书局，1981：267.

余意"或"言外之意"。可以说，对"意"和"韵"的高度重视是宋代诗学不同于唐代诗学的一大特点。①在这样的语境中，宋人也难免用这一眼光来审视"古诗"了，如吕本中说："读《古诗十九首》及曹子建诗，如'明月入我牖，流光正徘徊'之类，诗皆思深远而有余意，言有尽而意无穷也。学者当以此等诗常自涵养，自然下笔不同。"②"有余意"，这是宋人对"古诗"不同于往代的新评价。我们再看张戒的阐释：

> 建安、陶阮以前，诗专以言志；潘陆以后，诗专以咏物；兼而有之者，李杜也。言志乃诗人之本意，咏物特诗人之余事。古诗、苏李、曹刘、陶阮，本不期于咏物，而咏物之工，卓然天成，不可复及；其情真，其味长，其气胜，视《三百篇》几于无愧。凡以得诗人之本意也。潘陆以后，专意咏物，雕镌刻镂之工日以增，而诗人之本旨扫地尽矣。谢康乐"池塘生春草"，颜延之"明月照积雪"，谢玄晖"澄江静如练"，江文通"旧暮碧云合"，王籍"鸟鸣山更幽"，谢贞"风定花犹落"，柳恽"亭皋木叶下"，何逊"夜雨滴空阶"，就其一篇之中，稍免雕镌，粗足意味，便称佳句；然比之陶阮以前苏李、古诗、曹刘之作，九牛一毛也。大抵句中若无意味，譬之山无烟云，春无草树，岂复可观？阮嗣宗诗，专以意胜；陶渊明诗，专以味胜；曹子建诗，专以韵胜；杜子美诗，专以气胜。然意可学也，味亦可学也，若夫韵有高下，气有强弱，则不可强矣。③

张戒是南宋前期著名诗论家，他上承晚唐司空图，下启宋末严沧浪，是较早自觉反思宋诗之弊的诗论家，在中国诗学史上有重要地位。张戒认为诗之根本在"言志"，"咏物"乃是随"言志"而生者。"古诗"及建安

① 宋人对"余味""余意"及"韵"的重视应该始于晚唐司空图的《诗论》。司空图与初唐、中唐殷璠、王昌龄、皎然等人的诗论有很大不同，他的"韵味说"标志着唐代诗学向宋诗学转变。参见刘宁. 晚唐诗学视野中的右丞诗——司空图对王维的解读［J］. 北京大学学报（哲学社会科学版）：2014，6.

② ［宋］吕本中. 吕氏童蒙训 // 郭绍虞辑. 宋诗话辑佚（下册）［M］. 北京：中华书局，1980：585.

③ ［宋］张戒. 岁寒堂诗话 // 丁福保辑. 历代诗话续编（上册）［M］. 北京：中华书局，1983：450.

七子、阮籍、陶渊明等人的作诗本意在"言志"而不在"咏物",但他们的咏物却达到自然天成的至上境界,远非后世专意于咏物者可比。在张戒看来,只有这样的诗歌才会具有"意""味""韵""气"等内涵。换言之,张戒反对为咏物而咏物,主张"咏物"与"言志"相统一,并在诗歌整体上呈现出意味与气韵来。"古诗"整体上呈现"情真""味长""气胜"的特点,为潘岳、陆机及南朝诗人所不及。"情真"是魏晋以来人们对诗歌的基本要求,无需深论;"味长"乃从钟嵘"滋味说"发展而来。钟嵘用"滋味"来说明五言诗能够表达丰富的情感意蕴;张戒用"味长"来强调"古诗"言近旨远,令人回味不已的特点。根本上还是在强调"余意""余韵"的重要性。"气胜"则是指诗中所体现出来的诗人鲜明的个性气质与很强的精神力度,这也是自曹丕"文以气为主"之说以后在文论、诗论中被普遍接受的审美价值。张戒认为"古诗"在"情""味""气"三个方面都达到最高境界,呈现出一种浑然一体的"整体之美",故而为后世难以企及。这无疑是对"古诗"极高的评价。后来严羽论"古诗"就主要强调这种难以拆分的"整体之美"。他说:

> 汉魏之诗,词理意兴,无迹可求。
> 汉魏古诗,气象混沌,难以句摘。晋以还方有佳句,如渊明"采菊东篱下,悠然见南山"、谢灵运'池塘生春草'之类。谢所以不及陶者,康乐之诗精工,渊明之诗质而自然耳。①

严羽论诗标举盛唐,对有宋一代诗歌喜欢说理,卖弄学问的弊病大加针砭,于诗歌作法提倡"妙悟",于诗歌意蕴讲究"兴趣",从而开创出诗歌发展新境界,对元明以下诗歌创作与诗学思想的发展产生重大影响。在严羽看来,诗歌创作关键在"悟"而不在议论和学识。用今天的话说,诗歌创作不是靠逻辑思维而是靠直觉思维,这是一种瞬间的体验与想象。严羽的"悟"或"妙悟"与刘勰的"神思"涵义相近。但是"悟"也是有高下深浅之分的,有"透彻之悟",有"一知半解之悟"。谢灵运与盛

---

① ［宋］严羽. 沧浪诗话 // ［清］何文焕辑. 历代诗话 ［M］. 北京:中华书局, 1981:696.

唐诗人便是"透彻之悟"。至于"古诗"则不在此范围,因为"汉魏尚矣,不假悟也"。这句话有两层意思,一是说汉魏古诗自然高古,不是"作"出来的,而是自然流露出来的,所以连"悟"都不需要。另一层意思是说,因为"悟"的主要途径是对前人作品的"熟参",读得多了,涵泳深了,"久之自然悟入"。"古诗"作为"千古五言之祖"(王世贞语),没有什么范本可以模仿参照,主要是出于戛戛独造,故"不假悟矣"。由于"古诗"不是"作"出来的,没有什么方法可寻,所以就呈现一种不容分析的"整体之美"。所谓"气象混沌,难以句摘"以及"词理意兴,无迹可求"是说如果分开来看,"古诗"没有哪句话是非常精彩的,也看不出它在辞藻、立意以及表达的情趣上有什么了不起之处。但是每首诗在整体上都显示出一种能够深深打动人的力量,呈现出一种难于言说的味道,足以令人沉浸其中,流连忘返。宛如一位美女,不施铅华,淡雅素朴,自有其动人心魄处。与唐人相比,宋人作诗更加刻意,甚至有不少人把作诗视为较量学问、技巧的文字游戏,因而确实有许多作品"味同嚼蜡"。面对这样的情形,严羽对"古诗"的推崇颇有振聋发聩之功能:唯有回归传统,返璞归真才是改变误入歧途之宋诗的不二法门。

四、明清时期人们对"古诗"的极度推崇及其原因

"古诗"之所以成为经典当然需要其所抒之情、所咏之物、所用之辞具有相当的普遍认同性,也就是说,这些诗歌必然有某些基本元素具有跨时空的普遍意义。同时,"古诗"成为千百年间为人传诵的佳作,除了其所具有的普遍意义之外,必然还有其他诗歌所不具备的独特魅力,如此方能历千载而不朽。不同时代的人们对诗歌的这种普遍意义和独特魅力的接受能力也就是被伽达默尔视为"人文主义几个主导概念"之一的"共通

感"。①

前述南朝、唐、宋论者所揭示的"古诗"之审美特性，诸如因死亡和
离别而生出的生命体验以及真实、自然、朴拙等风格，均属于诗歌的基本
元素。这是一种个人情感，又是一种具有普遍性的情感，不同于那种仅仅
系于一己之私的私人情感。正是这种情感表达使得"古诗"可以经受实践
的考验而保持经典的地位。对此，明清时期的许多论者已经有了很清醒的
认识。清人陈祚明尝言：

> 《十九首》所以为千古至文者，以能言人同有之情也。人情莫不
> 思得志，而得志者有几？虽处富贵，谦谦犹有不足，况贫贱乎？志不
> 可得而年命如流，谁不感慨？人情于所爱，莫不欲终身相守，然谁不
> 有别离？以我之怀思，猜彼之见弃，亦其常也。夫终身相守者，不知
> 有愁，亦不复知其乐，乍一别离，则此愁难已。逐臣弃妻与朋友阔绝，
> 皆同此旨。故《十九首》难此二意，而低回反复，人人读之皆若伤我
> 心者。此诗所以为性情之物，而同有之情，人人各具，则人人本自有
> 诗也。但人人有情而不能言，即能言而言不能尽，故特推《十九首》
> 以为至极。②

这段话说得精辟、透彻。"人同有之情"即前引法国汉学家桀溺所谓
"人类共通的感情"。一个人无论处于怎样的社会阶层，亦无论种族、性
别、年龄，都不免会有相思之苦、离别之愁、生死之惧、光阴之叹，这都
是所谓"人同有之情"。这种情感是诗歌得以存在的基础，在这个意义上
可以说"人人本自有诗"。然而一般人或者"有情而不能言"，或者"能
言而言不能尽"，所以或者不能成为诗人，或者不能成为优秀诗人。对

---

① [德] 汉斯-格奥尔格·伽达默尔著，洪汉鼎译. 真理与方法（上卷）[M]. 上海：上海译文
出版社，1999：25. 对于伽达默尔来说，这种共通感是教育的产物，与"教化""判断力""趣味"等
概念密切相关，共同构成了人文科学的基础，事实上也构成了哲学阐释学的基础。这种共通感"不仅是
指那种存在于一切人之中的普遍能力，而且它同时是指那种导致共同性的感觉"。

② [清] 陈祚明评选，李金松点校. 采菽堂古诗选·卷三[M]. 上海：上海古籍出版社，2008：80、
81.

"人同有之情""能言"而且"能尽"，这正是"古诗"成为"千古至文"的原因。

此外，"古诗"之所以成为经典除了表达了这种超越时空的"人类共通情感"之外，必然还具有其他诗歌不可企及的独特性。因为只有富于独创性的作品才会具有"永久的艺术魅力"。对此元代诗人揭傒斯有所认识：

> 或者又曰："古诗作于田夫野老、幽闺妇女，岂有法乎？"是不然。《三百五篇》出于先王之泽，沉浸醉郁，道化所及，南北同风，性情既正，雅颂自作。及变雅、变风，犹且发乎情，止乎礼义，此人心之诗也。云何《三百五篇》删后之诗不能仿佛一语？盖非王者之民，不能作也。岂特删后，《春秋》之时，已不能作，孟子所谓"王者之迹熄而《诗》亡，《诗》亡然后《春秋》作"是也。诗之法度，岂无自来哉？①

这段话看上去颇有些道学气，如老生常谈，实则有精辟之见寓焉。其"人心之诗"之谓可谓自家体贴出来的见解。这里的"人心"不是指个人之心，而是指一个时期里人们的普遍心理状态，"诗三百"之所以流芳百世并为后世所不能及，就在于它呈现了一个特定时期里人们独特的心理状态。古人之所以十分重视诗歌"观"的功能，也是由于这个原因。时代的差异性赋予诗歌的独特性，这种独特性也就是呈现于诗歌文本中的一种独特味道，一种难以效仿的风神气韵。但是这种特定时代所独有的普遍心理状态却并非一般诗人可以表达的，尤其是当诗歌创作成为文人们一种交往的媒介、争胜的技能或消遣的游戏时，其距离那种时代的普遍心理就很远了。"诗三百"与"古诗"都不是刻意"作"出来的，而是自然流露出来的，所以才能够成为此种普遍心理的表征。正如朱自清先生所说："这时代作诗人的个性还见不出，而每首诗的作者，也并不限于一个人；所以没有主名可指。《十九首》就是这类诗；诗中常用典故，正是文人的色彩。但典故并不妨害《十九首》的'自然'；因为这类诗究竟是民间味，而且只

---

① [元] 揭傒斯. 诗法正宗 [M] // 张健编著. 元代诗法校考. 北京：北京大学出版社，2001：315.

是浑括的抒叙，还没到精细描写的地步，所以就觉得'自然'了。"①朱先生很精辟地揭示出"古诗"在形成"文人五言诗"过程中两方面相互作用的因素：文人趣味与民间趣味的相互激发与相互融会。由此而形成的那种既是文人的，又带着"民间味"的风格特征正是特定时代留给"古诗"的印记，也是它的独特魅力之所在。后世文人学习其中的"文人趣味"并不难，学习"古诗"那种与生俱来的"民间味"就不那么容易了，因此，陆机等人的模拟之作无论如何逼肖，总是差着那么一层，原因就在于它们无法形成这种"文人趣味"与"民间味"浑融的独特风格。对"古诗"这一风格特征与独特魅力明人谢榛尝有精彩阐释：

> 《古诗十九首》平平道出，且无用工字面，若秀才对朋友说家常话，略不作意。如"客从远方来，寄我双鲤鱼。呼童烹鲤鱼，中有尺素书"是也。及登甲科，学说官话，便作腔子，昂然非复在家之时。若陈思王"游鱼潜绿水，翔鸟薄天飞"；"始出严霜结，今来白露晞"是也。此作平仄妥帖，声调铿锵，诵之不免腔子出焉。魏、晋诗家常话与官话相半，迫齐、梁，开口俱是官话。官话使力，家常话省力；官话勉然，家常话自然。夫学古不及，则流于浅俗矣。今之工于近体者，惟恐官话不专，腔子不大，此所以泥乎盛唐，卒不能超越魏，进而追两汉也。②

明代文人似乎对"古诗"格外推崇，其"复古"之鹄的正是汉魏"古诗"和盛唐诗。他们有取于"古诗"的主要是作品中洋溢出来的那种朴拙、自然的格调气韵。自然与朴拙是唐宋以降历代论者一致肯定的"古诗"的基本特点，也是中国古代诗学的基本价值范畴。但"古诗"的自然、朴拙与后世颇有不同。这里的关键差异是，后世诗歌的"自然"与"朴拙"是在它们已经成为审美价值之后的自觉追求，而"古诗"的"自然"与"朴

---

① 朱自清. 古诗十九首释// 朱自清、马茂元撰. 朱自清 马茂元说古诗十九首［M］. 上海：上海古籍出版社，1999：6.
② ［明］谢榛. 四溟诗话·卷三// 丁福保辑. 历代诗话续编（下册）［M］. 北京：中华书局，1983：1178.

"拙"则是不知二者为何物的情况之下创造出来的审美价值。一为自然呈现，一为自觉追求，判然有别。正如谢榛所说："有意于古，而终非古也。"①这区别主要表现在后世再也无法复现"古诗"那种"民间味"与"文人味"的完美融合。譬如被认为具有自然朴拙风格的诗歌，例如被誉为"清水出芙蓉，天然去雕饰"的谢灵运和被称为"隐逸诗人之宗"的陶渊明，前者"自然"，后者"朴拙"，为历代推崇效仿。但与"古诗"相比，二人的"自然"与"朴拙"明显是"作"出来的，而非"流"出来的，他们的诗中蕴含的是纯粹的文人情怀、文人趣味，明显是要拒斥某种价值，凸显某种价值，带有十分明确的选择性。谢诗中的自然景物是一个于佛学、玄学均有很深造诣的士族文人眼中的自然景物；陶诗中的田园风光与耕作也同一般农夫的生活体验有天壤之别。"古诗"则不同，其所表达的乃是一种古朴自然的普遍情感，直言不讳地呈现心中的惆怅、困惑和欲望。诸如"荡子行不归，空床难独守。""何不策高足，先据要路津。无为守贫贱，坎轲长苦辛。""人生非金石，岂能长寿考？奄忽随物化，荣名以为宝。"之类的诗句是两晋之后的文人们无论如何也写不出来的。这些其实就是朱自清先生说的"民间味"：由于"古诗"直接脱胎于两汉乐府诗和民间歌谣，故而自然而然地带上了普通民众的趣味，不像纯粹的文人总是要选择一副面具戴上。谢榛的"家常话"与"官话"之喻十分精辟，"家常话"是自然而然说出来的，"官话"是刻意学出来的，二者天差地别。谢榛此喻准确地说明了"古诗"的自然朴拙以及魏晋之后诗歌语言的变化过程。"古诗"之所以难以企及主要是因为它是不经意而生者，作者并无成为诗人之动机，更没有追求某种风格、达到某种境界之祈求，只是借助了在乐府诗和民歌民谣中已经存在的五言诗形式将满腹的愁绪、恐惧和希求宣泄出来而已。胡应麟说："两汉之诗，所以冠绝古今，率以得之无意。不惟里巷歌谣，匠心信口，即枚、李、张、蔡，未尝锻炼求合，而神圣工巧，备出天造。"②无论是整篇布局还是一词一句，"古诗"都看不出丝毫人为安排布置

---

① [明] 谢榛. 四溟诗话·卷一// 丁福保辑. 历代诗话续编（下册）［M］. 北京：中华书局，1983：1137.

② [明] 胡应麟. 诗薮·内编·卷二［M］. 上海：上海古籍出版社，1958：24、25.

的印记，看上去完全是"得之无意"，是"强烈情感的自然流露"。这与后世诗人先生出作诗的念头再去寻觅可以表达的情感意蕴刚好相反。徐祯卿尝言："由质开文，古诗所以擅巧；由文求质，晋格所以为衰。若乃文质杂兴，本末并用，此魏之失也。故绳汉之武，其流也犹至于魏；宗晋之体，其敝也不可以悉矣。"①"由质开文"与"由文求质"正是"古诗"与两晋以后之诗在创作路径上的根本差异之所在。这个所谓"质"并非儒家的人格修养与美刺讽喻，而是人人皆有的真实情感。对此明人陆时雍颇有见地：

> 少陵精矣刻矣，高矣卓矣，然而未齐于古人者，以意胜也。假令以《古诗十九首》与少陵作，便是首首皆意。假令以《石壕》诸什与古人作，便是首首皆情。此皆有神往神来，不知而自至之妙。太白则几及之矣。十五《国风》皆设为其然而实不必然之词，皆情也。晦翁说《诗》，皆以必然之意当之，失其旨矣。②

在古代诗、文评话语系统中，"志""情""意"这三个概念往往相互交融，很难分拆。有时候说"意"，其实是在说"情"。陆时雍这里明确把"情"与"意"看成是不同的东西。对这段话可以从两个层面来分析。一者，"情"和"意"是为两种不同的诗歌创作之动因。"古诗"以"情"为动因，故处处皆情，了无人工斧凿痕迹；杜诗以"意"为动因，故处处皆意，有迹可循。二者，"情"与"意"是为两种不同的诗歌之蕴含。"古诗"以"情"为其质，故其文皆情之表征，内外浑然，不可分拆；杜诗以意为其质，故一词一句皆可析而得之。惆怅、思念及喜怒哀乐之类属于"情"，忠君爱国、美刺讽喻之类属于"意"。"古诗"与《国风》相近，均以"情"为动因、为内蕴，故而皆无"必然之意"可寻，对此等诗应体认之、涵泳之，而不能以为它一定有怎样的意指，朱子之说《诗》恰有此弊。其实自孔孟以降，历代儒家之说《诗》一律是要从诗中发掘出政治的或伦理的深意来，对其真正意涵，即所述之情反而视而不见，概以"比兴"

① ［明］徐祯卿. 谈艺录 // 何文焕辑. 历代诗话［M］. 北京：中华书局，1981：766.
② ［明］陆时雍. 诗镜总论 // 丁福保辑. 历代诗话续编（下册）［M］. 北京：中华书局，1983.

论之，此种诗学阐释思路，在"古诗"的阐释史上亦不鲜见。这一倾向唐代即已开始，例如对《古诗十九首》首篇《行行重行行》，张铣注云："此诗意为忠臣遭佞人谗谮，见放逐也。"① 又如对《西北有高楼》一诗，李周翰注云："此诗喻君暗而贤臣之言不用也。"② 这是典型的汉儒说《诗》口吻。宋元之时，如此阐释"古诗"者并不少见。对此种作为经学阐释的诗歌阐释之是非对错并不容易做出判断。因为年代久远，作者无考，彼时诗人作诗之志无从知晓，仅从文本来看，很难判定像《国风》《古诗十九首》之类的作品最初究竟为何而作，也就没有足够的理由断然否定其为政治隐喻之可能。对于今天的研究者来说，各种阐释背后都隐含着丰富的文化历史内容，对这些阐释产生的原因及其文化史意义进行再阐释，乃为研究诗歌内涵的主要任务。

　　"古诗"在六朝时已经成为经典，至今依然。通过以上分析我们可以明了，"古诗"之所以成为经典，首先是基于其诗歌文本所包含的"基本价值"和"独特性"，其次则是历代阐释者不断地"赋予"其意义。尽管不同时代有着不尽相同的审美趣味，但阐释者总是能够从"古诗"中读出他们想要的东西来。离开了阐释，"古诗"不可能成为经典，在这个意义上说，"古诗"成为经典乃是钟嵘以降历代阐释者的功劳；但仅有阐释，离开了其文本中所蕴含的丰富的"普遍价值"与"独特性"，任何阐释也不会使"古诗"成为经典。在这个意义上说，"古诗"文本自身诸特性为其成为经典提供了基础。这一基础的根本便是以最自然的方式表达最真实的情感。"古诗"令人赞赏的地方是诗人敢于不加掩饰地呈露自己实实在在的所思所感，丝毫不怕社会道德评价的指摘。后世诗人所表达的情感可能也是真实的，但或是经过选择或克制的，也就是说，有些情感他们是不会表现出来的。"古诗"给人的感觉却是不加选择地表现情感。像"空床独难守"这样"粗俗"的诗句，像"何不策高足，先据要路津"这样"利禄之徒"的表白，像"昔我同门友，高举振六翮。不念携手好，弃我如遗迹"这样"低层次"的抱怨，还有那种随处可见的及时行乐的庸人想法，

---

① ［梁］萧统编，［唐］李善. 六臣注文选（影印版）［M］. 北京：中华书局，1987：538.
② ［梁］萧统编，［唐］李善. 六臣注文选（影印版）［M］. 北京：中华书局，1987：539.

诸如此类，在后世诗人笔下都是不大会出现的。日本汉学家青木正儿说：
"汉魏间之诗，以骨气胜，只是率直的发露感情，而不弄文字之技巧，在这
种地方，最有妙趣。"① 这里的"率直的发露感情"也含有不怕暴露自己卑
微心理的意思。正是这样不加选择和克制的情感呈现，赋予"古诗"一种
无可比拟的魅力，即所谓"妙趣"。但是仅仅这些还不足以构成"古诗"
超越时代的艺术魅力，最能打动人的，乃是其面对离别、死亡等所产生的
深沉的生命体验，这种生命体验有着无法令人抗拒的感染力。这是"古诗"
成为经典的最主要的基础性条件。同样重要而且不容置疑的是，"古诗"
成为经典的这些基础性条件只有在阐释的过程中才具有意义。换言之，"古
诗"的经典化过程完成于阐释之中，是历代不断的阐释把"古诗"推举进
经典的殿堂的。法国汉学家桀溺说：

> 自从钟嵘作出了著名的评价之后，历代文学评论家均竟相重复强
> 调，《古诗十九首》源于《诗经》，尤其出自《国风》。但他们只是通
> 过某些细节的比较，就确定了这两者之间的渊源关系。看来可以这么
> 说，《古诗十九首》仿佛是一股长期隐蔽的潮流，突然神奇般地涌现出
> 来，从而使这个渊源足以确保其声名。"诗经的继承者"这样的赞扬，
> 简直是无以复加的！现代评论界并不否定《古诗十九首》与《诗经》
> 之间的亲缘关系，但认为在汉乐府中更可以寻出《诗经》与《古诗》
> 之间媒介的头绪。乐府诗本身通常被视为民歌，也就成了《诗经》的
> 后裔。这些评论认为，《古诗》虽然经过文人的记载和润色，但这些作
> 品毕竟来自那一时代的民歌，忠于民间的精神。②

　　这里桀溺所概括的观点对于中国古代文学阐释学的研究来说得特别
注意，"古诗"被称为"《诗经》的继承者这样的赞扬，简直是无以复加
的"。这的确揭示了"古诗"在阐释过程中成为经典的最重要的一环。从

---

①［日］青木正儿著，隋树森译. 中国文学概说［M］. 重庆：重庆出版社，1982：68、69.
②［法］让-皮埃尔·桀溺. 论古诗十九首 // 钱林森编. 法国汉学家论中国文学：古典诗词［M］.
北京：外语教学与研究出版社，2007：90.

春秋战国之交直至东汉之末,《诗三百》或《诗经》在儒家价值系统中具有至高无上的地位,在一个时期里曾经被列为"六经之首"。"古诗"被阐释为"《诗经》的继承者",它的地位也就被提升到同样的高度。如此一来,"古诗"中包含的那些不那么高雅堂皇的情感意念也就可以得到合理的解释,因为《诗经》中也有许多同类作品。由于"古诗"符合了阐释者们的趣味,他们有意提高其地位以消解其所表达情感的凡俗平庸,于是就把它阐释为《国风》的继承者,从而十分成功地把"古诗"摆在了经典的行列之中。这里表现出一种很高超的阐释策略:相对于以四言为主的《国风》,"古诗"实际上代表的是诗歌发展的新形式和新精神,但"古诗出于国风"之说却巧妙地隐藏了这种创新性,使"古诗"自然而然地获得合法性。

从纯粹的文学形式角度看,文学史上那些能够成为某种文学体裁之肇始的作品因为它们为后世所效法,一般都会成为经典。桀溺敏锐地指出:"《古诗十九首》标志着一种新的文学程式,即五言诗的崛起。五言诗产生于民间,后为文人所采纳,并加以发展。因此,《古诗》代表了口传诗歌的创作期与建安诗歌繁荣期之间的过渡阶段。"[①]"古诗"是民间口传诗歌向成熟五言诗的过渡环节,因此标志着"一种新的文学程式"的崛起。这是对现代以来中外学者杰出研究成果的概括,同样揭示了"古诗"成为经典的一个重要原因:它是一种具有强大生命力的新的文学体裁产生的标志。魏晋六朝时期固然也有七言诗、四言诗及杂言诗等诗歌体裁,但占据此期诗歌创作绝对主流的无疑是五言诗。而"古诗"正是在吸纳融汇"汉乐府"和民歌的基础上,创造出的这种不久便走向文学舞台中心位置的文人五言诗的发轫之作,其经典地位自然无可置疑。

中国古代诗歌具有悠久的历史,从上古谣谚到《诗经》,从楚地巫歌到《楚辞》,从两汉民歌到汉乐府,由涓涓细流汇成浩瀚江河。"古诗"的作者是传统的产物,也构成这一传统的组成部分。后世的拟作者、编选者、阐释者也处于这一传统之中,并通过自己的拟作、编选与阐释行为进一

---

① [法]让-皮埃尔·桀溺. 论古诗十九首 // 钱林森编. 法国汉学家论中国文学:古典诗词 [M]. 北京:外语教学与研究出版社,2007:90.

步丰富了这一传统。"古诗"成为经典是因为它们在这一传统中居于重要地位，而这一地位的确立又有赖于魏晋以降历代文人的阐释。魏晋文人对"古诗"的青睐并不是随意的、偶然的，而是取决于阐释者与阐释对象两方面因素的契合。就阐释者而言，从"汉儒说诗"的经学阐释模式中摆脱出来之后如何建立新的诗学评价标准是他们面临的重要任务。这种新的诗歌评价标准的主旨就是让诗歌可以合理合法地表达个人情趣而不再是伦理教化的工具。"诗赋欲丽"和"诗缘情"是这种新的诗歌标准的理论表达。就阐释对象而言，"古诗"由于上述从内容到形式各方面的特点，就顺理成章地成了魏晋文人诗学评价标准的最佳表征。于是阐释者与被阐释者之间形成一种完美契合。由于形成于东汉中期，成熟于汉魏之际的"文人身份"在此后一千多年中具有相当稳定的性质，所以"诗赋欲丽"与"诗缘情"始终是诗歌发展所遵循的基本原则，而"古诗"也始终是文人们倍加推崇的诗歌典范。

...

第

一

章

子学时代的
阐释思想
与实践

第一节　先秦儒家阐释学的理论与实践

　　中国古代没有阐释学这门学问，却有着极为丰富的阐释学思想与实践。从孔子到荀子，先秦儒家已经形成了系统的阐释学思想，对后世的经学阐释学、文学阐释学都起到了奠基的作用。孔子之"述"、孟子之"说"、荀子之"辨说"均含阐释之义。孔子自谓"述而不作，信而好古""志在删述"，都表明他对阐释的高度重视。可以说，试图以阐释古代经典的方式来为现实社会"立法"乃是孔子的基本政治策略。在中国文学阐释学形成与演变过程中，"孟子说诗"具有特殊意义。孟子提出的"以意逆志"与"知人论世"是具有现代意义的阐释学思想，至今依然发挥着重要作用。荀子是先秦儒家阐释学思想的完成者，他把阐释行为纳入"道""圣人""经"的统序中，其所谓"辨说"，主旨即在于通过对经典的阐释与对诸子百家之学的批判来突显圣人之道。可以说，荀子的阐释学思想为汉代经学阐释学的出场做了不可或缺的铺垫。儒家的阐释活动以为天下制定价值规则为鹄的，所以从一开始就具有"阐释的公共性"特征。儒家通过授徒讲学、群居切磋、游说诸侯等方式，使这种"阐释的公共性"逐渐实现于社会不同领域。

　　近年来，张江先生在完成了对各种西方理论之"强制阐释"现象的系统批判之后，开始致力于"中国阐释学"的研究与理论建构。撮其要者，他先后撰写了《公共阐释论纲》（《学术研究》2017 年第 6 期）、《作为一种公共行为的阐释——张江与迈克·费瑟斯通的对话》（《学术研究》2017 年第 11 期）、《"阐""诠"辨——阐释的公共性讨论之一》（《哲学研究》2017 年第 12 期）以及《"解""释"辨》（《社会科学战线》2019 年第 1 期）等重要文章，对"阐释"的公共性、阐释的共同体以及"公共阐释"诸特性等阐释学的基本问题进行了深入探讨。尤其值得注意的是，张江先生对中国古代阐释学思想从"阐""诠""解""释""解释"等字义、词义演变的角度进行了细致梳理，勾勒出其形成轨迹，揭示其基本特征，并进而证明了"阐释的公共性"。在此基础上他提出了建构中国当代阐释学的构想："我们必须坚持以中国话语为主干，以古典阐释学为资源，以当代西方阐释学为借鉴，假以对照、选择、确义，由概念起，而范畴、而命题、而图式，以至体系，最终实现传统阐释学观点、学说之现代转义，建立彰显中国概念、中国思维、中国理论的当代中国阐释学。"①这对于中国当下学术研究来说，无疑是一件值得关注的大事件，其现实意义应该予以充分重视。

何为阐释？任何阐释都是一种言说或者话语行为，但并不是任何言说或话语行为都是阐释，就是说，阐释是一种特殊的言说或者话语行为。其特殊性就在于它总是关于某种先在的言说的言说。任何言说都包含着意义：言说者想要表达的见解和此一言说在其与不同接受者的关系维度上生成的意义。阐释就是关于某一言说之种种意义的理解与评价。正如张江所指出的，阐释是人的一种社会交往行为，具有公共性，在文化创造、传播、传承过程中起着关键性作用。可以说，没有阐释也就不可能形成任何文化共同体和文化传统。所谓阐释学就是对阐释行为的性质、特征及其他方面的理解与研究。在西方，阐释学有着悠久的传统，从中世纪的圣经阐释学到近代的一般阐释学，再到 20 世纪以来的哲学阐释学，可谓源远流长。而在中国古代，阐释学思想既极为丰富，又极具特色，值得今天的人们深入研究。如果说建立中国当代阐释学是当今文化建设的一项重要工程，那么，细致梳理、深入研究中国古代阐释学传统就是这一工程不可或缺的基础性工作。关于中国古代阐释学思想张江有一个重要判断："中国古代从来就有两条差异深刻的阐释路线。一条由孔孟始，重训诂之'诠'；一条由老庄始，重意旨之'阐'。前者由两汉诸儒宗经正纬，至清初学者返经汲古，依文本，溯意图，诠之训故索解，立信于世。所谓'以意逆志'是也。具有中国本色之阐释学根基于此。后者，经由两汉阴阳教化至魏晋、宋明辨明言理，'阐'之尚意顿悟，开放于今。所谓'诗无达诂'是也。具有中国本色之阐释学光大于此。两者各有其长，互容互合，为构建当代阐释学提供思想源泉与无尽动力。"②大体言之，这一判断是可以成立的。根据张江

---

① 张江. "阐""诠"辨——阐释的公共性讨论之一［J］. 哲学研究，2017（12）：12.
② 张江. "阐""诠"辨——阐释的公共性讨论之一［J］. 哲学研究，2017（12）：23.

先生的考证和论述，"阐"字本身即具有"开放"与"对话"的含义，有"主体间性"的意味，也包含着"阐释的公共性"的意义，如此看来，"阐释"较之"解释"或者"诠释"更能彰显中国传统阐释学思想和实践之精华，也更富有现代意义。儒家经师所恪守的那种"依经立义""疏不破注，注不破经"的"诠"释路径尽管也有一定合理性，但的确也存在限制人们的创造性思维，不利于学术发展的弊病。因此致力于建构"中国当代阐释学"而不是"诠释学"应该更符合当下学术发展的趋势与需求。建构"中国当代阐释学"是一个重大的也是大胆的学术主张，当代中国需要建立自己的学术话语，这并非基于狭隘的民族主义立场，更不是出于政治的或意识形态的目的，这是中国几千年文化传统发展的必然要求。一个拥有汗牛充栋的典籍、数不清的器物的文化有理由在现代世界文化发展中做出自己的贡献。"中国当代阐释学"是中国人建构的学术话语，但其意义绝不仅仅限于中国，这是中国学者给人类当代学术文化做出的贡献，它必然具有国际意义。"中国当代阐释学"的建构可能是一个很长的过程，在这一过程中深入细致地梳理、分析中国古代丰富的阐释学思想与实践应该是最重要的，是前提性和基础性工作，需要许多人投身其中。笔者拟对先秦儒学阐释学思想的发生发展提出一些粗浅看法，以就教于张江先生及学界同仁。

一、孔子之"述"

尽管有着相当漫长的历史过程和无比丰富的内容，但毋庸讳言，与西方阐释学传统相比，中国古代的阐释学思想一直是比较零散的、随机的，始终没有形成一种像西方那样体系完备、逻辑严密的学说。所以我们这里使用"阐释学"这一概念的时候，其所指乃是"阐释思想"或"阐释学思想"，与西方学术语境中的"阐释学"是有区别的。从历时性角度看，中国古代阐释学大体上可以分为前经学时代、经学时代和后经学时代三大阶段。不同时期的阐释学思想呈现出不同的特征，而这些特征与阐释主体在社会结构中的位置、他们的身份认同均有着直接联系，与不同的社会需求更是密切相关。因此，从某种程度上说，一部中国古代阐释学思想的演变史，也就是古代知识阶层自我认同的历史。阐释者如何认识自己，也就决定了他们阐释行为的指向与路径。

在经学阐释学思想形成之前很久，中国古代的阐释学思想已经十分丰富了。由于经学阐释学是儒家思想的阶段性呈现，而在先秦时期儒家作为"显学"，自孔子以降代有传人，声势很大，故而前经学时代的阐释学在很大程度上可以视为经学阐释学的前奏，后者则是其结果。先秦儒学阐释学思想毫无疑问是奠基于孔子的。孔子自称"述而不作"，在先秦典籍中，"作"有"起""始""生"诸义，所以孔子所说的"作"乃指创造性言说，不是阐释他人，而是自家创立，这里的"述"，便是儒家最早的阐释学思想了。何为"述"？《说文》："循也"。何为"循"？《说文》："行顺也"。《释名》："顺，循也，循其理也。"《尔雅》："律，遹，述也"，而"律""遹"共同的语义便是遵循。由此可知，"行顺"便是遵循着某种道理做事的意思。《夏书·五子之歌》："五子咸怨，述大禹之戒以作歌"①，意为遵循着大禹的警戒之言而作五子之歌。《周礼·考工记》："知者创物，巧者述之。守之世，谓之工。百工之事，皆圣人之作也。"②这里的"述"同样是继承、遵循之义。可知"述"的本义是指对前人思想、意见、技能等的坚守与传承。孔子的原话是这样说的："述而不作，信而好古，窃比于我老彭。"邢昺疏云："作者之谓圣，述者之谓明。老彭，殷贤大夫也。老彭于时，但述修先王之道而不自制作，笃信而好古事。"③朱熹注："述，传旧而已。作，则创始也。"④《礼记》亦云："故知礼乐之情者能作，识礼乐之文者能述。作者之谓圣，述者之谓明，明圣者，述作之谓也。"⑤可知所谓"述"是与"作"对举成文的。这就意味着，尽管春秋战国之际是一个开宗立派、标新立异的时代，但儒家创始人却一开始就给自己设定了一个阐释者的角色，从此之后，阐释便成为儒家言说的基本方式。值得注意

① ［宋］蔡沈撰. 书经集传［M］. 北京：中国书店，1994：60.

② ［汉］郑玄注，［唐］贾公彦疏. 周礼注疏（十三经注疏标点本）［M］. 北京：北京大学出版社，1999：1059.

③ ［魏］何晏注，［宋］邢昺疏. 论语注疏（十三经注疏标点本）［M］. 北京：北京大学出版社，1999：84.

④ ［宋］朱熹. 四书集注［M］. 长沙：岳麓书社，1987：133.

⑤ ［元］陈澔. 礼记集说·卷七［M］. 北京：中国书店，1994：323.

的是，以"述"标示的儒学阐释学并不仅仅是言说的意思，更具有践行之义。《中庸》引孔子之言云："无忧者，其惟文王乎！以王季为父，以武王为子，父作之，子述之。"① 又："武王、周公，其达孝矣乎！夫孝者，善继人之志，善述人之事者也。"② 这里的"述"含有在言说与实践两方面都遵循前人之志的含义。所以就孔子而言，通过"述"，即阐释，是要达到两方面的重要目的：一是通过传承和弘扬西周礼乐文化来为现实社会的动乱无序寻求解决之道；二是通过传承与弘扬古代贵族精神来改造人性，使凡俗之人、利禄之徒成为君子，从而达到社会变革的目的。此二者概而言之便是"克己复礼"四字。在孔子这里"知"与"行"是不可分的，这也正是中国古代阐释学的根本特征之一。《中庸》云："仲尼祖述尧舜，宪章文武；上律天时，下袭水土。"朱熹注云："祖述者，远宗其道。宪章者，近守其法。"③ 这里的"祖述"与"宪章"都含有学理上的坚守与实践上的继承两方面的含义。孔子之所以把自己置于阐释者的位置，一方面是因为他作为古老的贵族家族之后裔并且通过某种渠道接受过贵族教育的人，确实从心底里服膺周代贵族制度与文化，渴望其复见于今日；另一方面则是因为他作为一介布衣，并不具备任何改造社会所必需的政治、经济手段，借助于阐释古代圣贤的言说来影响现实政权，或许更加有效。正如元代儒者陈澔所言："夫子之圣，乃述而不作者，有其德无其位故耳。"④ "作"即"制作"，也就是"制礼作乐"，那是只有集政治权力与道德修养于一身的古代圣王才能做到的事情，用今天的话来说，"作"就是"立法"。至于孔子，就只有希图通过阐述先王遗教来培育弟子，游说诸侯，从而间接地影响社会，最终达到"克己复礼"之目的。由此观之，"述"并不是古代士人所希望的言说方式，而是一种不得已的选择，是这个社会阶层重新安排社会秩序，为天下立法的宏图大志与其平民百姓的社会地位之间的反差之必然产物。试图以文化的方式达到政治的目的——这是以孔子为代表的中国古代知识阶层必须选择阐释为主要言说方式的原因。他们的目的是要做

---

① ［宋］朱熹. 四书集注［M］. 长沙：岳麓书社，1987：38.
② ［宋］朱熹. 四书集注［M］. 长沙：岳麓书社，1987：39.
③ ［宋］朱熹. 四书集注［M］. 长沙：岳麓书社，1987：54.
④ ［元］陈澔注，万久富整理. 礼记集说·卷七［M］. 北京：中国书店，1994：323.

"立法者"，现实却使其不得不做"阐释者"，此可谓中国古代知识阶层之宿命。于是以"阐释"的方式"立法"便成为他们最基本的言说策略。从另一角度看，对以儒家为代表的中国古代知识阶层来说，"立法"是目的，"阐释"是手段，这便决定了中国古代阐释学从一开始就不以"求真"为鹄的，而"立法"——为社会定规则，为天下定秩序才是其最终目标。从中国古代文化的历史演变角度看，以孔子为代表的先秦儒家所选择的阐释立场也在客观上成为古老的贵族文化向着士大夫文化转换的契机。正是由于儒家对古代经典的阐释，才使得古代贵族精神得以部分地传承于士人阶层的精神与行为之中。

孔子几乎没有直接的关于阐释的谈论，其阐释思想主要蕴含于其阐释实践之中，现试举数例析之：

> 或谓孔子曰："子奚不为政？"子曰："《书》云：'孝乎惟孝，友于兄弟，施于有政。'是亦为政，奚其为为政？"（《为政》）[1]

此处孔子所引为《周书》之《君陈》。君陈是周成王信任的大臣，周公死后，成王命君陈监管住有大批殷商遗民的成周地区，《君陈》即是成王任命君陈的策书。其中有"君陈，惟尔令德孝恭。惟孝，友于兄弟，克施有政"[2]句，是成王鼓励君陈的话，是说他有孝顺谦恭的美好品德，所以可以处理好政事。然而孔子的阐释就变成了能做到孝顺并与兄弟友爱这就是为政了，不必出去做官才算是为政。这种阐释显然并非《君陈》之原义：《君陈》中所说的"为政"的条件，到了孔子这里变成"为政"本身了。在这里孔子所表达的意思是只有作为"民"的士人思想家才会有的观点，西周贵族不可能有这样的思想。对于孔子这样的士人思想家来说，获得政治权力是很难的事情，即使有一定官职也很难按照自己的意愿施政，所以他们就试图通过授徒讲学、著书立说以及道德修养来影响执政者，进而达

---

① [魏]何晏注，[宋]邢昺疏. 论语注疏（十三经注疏标点本）[M]. 北京：北京大学出版社，1999：22.

② [汉]孔安国传，[唐]孔颖达疏. 尚书正义（十三经注疏标点本）[M]. 北京：北京大学出版社，1999：490、491.

到"为政"的目的。孔子对《君陈》的阐释正体现了士人阶层的这种无奈。宋儒朱熹看出了孔子这种心理，故注云："《书》言君陈能孝于亲，友于兄弟，又能推广此心，以为一家之政。孔子引之，言如此则是亦为政矣，何必居位乃为为政乎？盖孔子之不仕，有难以语或人者，故托此以告之，要之至理亦不外是。"①这显然是曲为之说了。实际上孔子并非不想出仕，只是缺少机会而已。孔子的阐释既借助了《君陈》原有之义，又加入自己的新意，这正是后世儒学阐释学所秉承的基本阐释策略。又：

> 子夏问曰："'巧笑倩兮，美目盼兮，素以为绚兮。'何谓也？"子曰："绘事后素。"曰："礼后乎？"子曰："起予者商也！始可与言诗已矣。"（《八佾》）②

这段话应该说是典型的"过度阐释"了。"巧笑倩兮，美目盼兮"是《诗经·卫风·硕人》中的诗句，"素以为绚兮"是逸诗。《硕人》这首诗历代注家多以为是赞美卫庄公夫人庄姜的。前两句是描写女子之美的，从来没有异议。"素以为绚兮"这句逸诗则有两种解释：一者以为是"凡绘画先布众色，然后以素分布其间，以成其文。"③这是汉唐注家的解释。一者以为是"言人有此倩盼之美质，而又加以华采之饰，如有素地而加采色也。"④这是宋儒朱熹的解释。这里主要是对"后"的理解不同，一作"然后"解，一作"后于"解。二者的分歧是绘画的技巧问题，无关宏旨。这里的关键在于孔子的"绘事后素"之说究竟有何深义。从字面上看，孔子这里是强调在绘画过程中"素"——或理解为白底，或理解为白绢——的重要作用；间接的意思，作为对那三句诗的解释，则应该是回答庄姜之所以美的原因，是对"素以为绚兮"的进一步发挥。也就是说，孔子原本并

---

① ［宋］朱熹. 四书集注［M］. 长沙：岳麓书社，1987：83.

② ［魏］何晏注，［宋］邢昺疏. 论语注疏（十三经注疏标点本）［M］. 北京：北京大学出版社，1999：32-33.

③ ［魏］何晏注，［宋］邢昺疏. 论语注疏（十三经注疏标点本）［M］. 北京：北京大学出版社，1999：32-33.

④ ［宋］朱熹. 四书集注［M］. 长沙：岳麓书社，1987：88.

没有把这几句诗和"礼"联系起来。子夏的"礼后乎"一问，虽然显得突兀，但确实是符合孔子在给弟子们讲论经书时一贯的"过度阐释"特点，因此很快得到孔子的肯定与赞扬，师徒二人遂共同完成了一次对后来的经学阐释学影响深远的阐释实践。盖孔子对于"诗三百"的阐释基本上都是从文本中概括提炼出符合儒家精神的意义来，并不在意这首诗的文本所蕴含的其他含义。我们再看上博简《孔子诗论》中的阐释：

第十简、第十一简：

> 《关雎》之改，《樛木》之时，《汉广》之知，《鹊巢》之归，《甘棠》之保，《绿衣》之思，《燕燕》之情，盖曰终而皆贤于其初者也。《关雎》以色喻于礼……
>
> ……情，爱也。《关雎》之改，则其思益矣。《樛木》之时，则以其禄也。《汉广》之智，则智不可得也。《鹊巢》之归，则俪者……①

孔子以"改""时""知""归""保""思""情"等词语分别概括《关雎》《樛木》等七首诗的主旨，最终是为了表达"以礼节情思想"②，总之乃是为了突出"礼"的价值③，与我们所读到的这些诗的文本义相去甚远。孔子对这些诗的阐释有着自己一以贯之的目的：借助阐释来倡导自己的政治理想与伦理观念。

这一点在孔子对"仁"这个儒家核心概念的阐释中表现得尤为突出。在孔子这里"仁"似乎并无确定含义，对于其的解释完全是根据听者的情况而随机赋予的，有时陈义极高："克己复礼为仁。一日克己复礼，天下归仁焉。为仁由己，而由人乎哉！"（《颜渊》）"克己复礼"为孔子念兹在兹的毕生志业，以此释"仁"，可见其分量之重。有时又赋义甚轻：

---

① 这里所引为陈桐生教授依据各家考释整理过的释文。陈桐生. 孔子诗论研究［M］. 北京：中华书局，2004：263-264.

② 陈桐生. 孔子诗论研究［M］. 北京：中华书局，2004：263.

③ 关于这一点，除陈桐生《孔子诗论研究》的观点外，尚可参考晁福林教授所著《上博简〈诗论〉研究》（下编），商务印书馆2013年版，第564-595页。

"刚、毅、木、讷近仁。"（《子路》）"仁者，其言也讱。"《颜渊》。刚毅、木讷及"讱"基本上属于性格特征而非高尚品德，此类人并不鲜见，较之"克己复礼"可谓天差地远。有时是道德的判断："子张问仁于孔子。孔子曰：'能行五者于天下，为仁矣。''请问之'。曰：'恭、宽、信、敏、惠。恭则不侮，宽则得众，信则人任焉，敏则有功，惠则足以使人。'"（《阳货》）有时又是对功业的考量："子路曰：'桓公杀公子纠，召忽死之，管仲不死。'曰：'未仁乎？'子曰：'桓公九合诸侯，不以兵车，管仲之力也。如其仁，如其仁。'"（《宪问》）即使是同一个弟子在不同时间问仁，孔子的回答也不一致："樊迟问仁。子曰：'爱人。'"（《颜渊》）又："樊迟问仁。子曰：'居处恭，执事敬，与人忠。虽之夷狄，不可弃也。'"（《子路》）这都说明"仁"这个词在孔子这里只是一个阐发自己政治与道德观念的凭借，并没有固定含义。"仁"并不是孔子创造的词语，在他之前就已为人所用。例如《诗·郑风·叔于田》曰："叔于田，巷无居人。岂无居人？不如叔也，洵美且仁。"《齐风·卢令》曰："卢令令，其人美且仁。"《左传》载僖公三十年："因人之力而敝之，不仁。"僖公三十三年："出门如宾，承事如祭，仁之则也。"[①]这里的"仁"都是在个人道德品行意义上使用的。而到了孔子这里，出于儒家的政治理想，赋予了这个词更加丰富的含义。

以上分析说明，孔子对于周代贵族时期存留典籍的阐释并不以求真为目的，弘扬某种能够影响现实社会政治的价值观才是他真正的目的。对于孔子这种阐释倾向后世儒者基本上继承下来了。这就意味着，那些周代典籍，诸如《诗》《书》《礼》《易》《春秋》等，到了儒家手中有一个"话语转换"的过程，儒家通过整理、传注、解说等方式悄然改变了其意旨，使之从一种纯粹的贵族话语转变为符合新的时代需求的士人话语。从这个意义上说，孔子是把古代贵族精神转换为士人精神的关键性人物，这也正是他在此后两千多年中一直是文人士大夫之精神偶像的重要原因之一。此外，赋予"述"——阐释行为以遵循、解说与践行两层含义，是孔子代

---

① [周]左丘明传，[晋]杜预注，[唐]孔颖达正义. 春秋左传正义（十三经注疏标点本）[M].
北京：北京大学出版社，1999：464，477.

表的先秦儒家阐释学思想的基本特点之一，这对后世也产生了重大影响。

二、孟子之"说"

在中国阐释学发展史上，孟子无疑是个绕不过去的人物。他那著名的"以意逆志"与"知人论世"思想在今天依然具有重要启发意义，依然是一种"活着的"阐释学思想。孟子原本有着极为高涨的政治热情和极为高远的政治理想，有一整套被称为"仁政"的治国平天下的方略。可惜诸侯们都务心于兼并与反兼并的争斗，热衷于合纵连横之术，对孟子的政治主张无人能用，于是他只好"退而与万章之徒序《诗》《书》，述仲尼之意，作《孟子》七篇。"①这就是说，一部《孟子》便是对《诗》《书》等典籍以及孔子的思想的再阐释。故在行文中，孟子随手征引《诗》《书》并随手解之，形成了独特的被称为"说诗"的阐释方式。有时是借诗句为某事、某现象定论，即先陈述一件事或某种现象，然后引两句诗，最后以"此之谓也"为结；有时是在讲述某种道理之前或讲述之中引两句诗，以之作为理论依据；而另有一种情况则是专门阐释某句或某首诗的含义。试分析数例如下：

> 咸丘蒙曰："舜之不臣尧，则吾既得闻命矣。诗云：'普天之下，莫非王土。率土之滨，莫非王臣。'而舜既为天子矣，敢问瞽瞍之非臣如何？"曰："是诗也，非是之谓也。劳于王事，而不得养父母也。曰：'此莫非王事，我独贤劳也。'故说诗者不以文害辞，不以辞害志。以意逆志，是为得之，如以辞而已矣，《云汉》之诗曰：'周余黎民，靡有孑遗。'信斯言也，是周无遗民也。孝子之至，莫大乎尊亲。尊亲之至，莫大乎以天下养。为天子父，尊之至也。以天下养，养之至也。诗曰：'永言孝思，孝思惟则。'此之谓也。《书》曰：'祇载见瞽瞍，夔夔斋栗，瞽瞍亦允若。'是为父不得而子也。"（《万章上》）②

① ［汉］司马迁. 史记·卷七十四［M］. 北京：中华书局，1959：2343.
② ［汉］赵岐注，［宋］孙奭疏. 孟子注疏（十三经注疏标点本）［M］. 北京：北京大学出版社，1999：253–254.

这段话显示了孟子对"诗"这种文体特殊言说方式的清醒认识，可视为中国古代文学阐释学之发轫。"是诗也，非是之谓也"之说即足以表明孟子对诗歌作为文学形式所具有的比喻、夸张等修辞方式的充分理解。"说诗者"，即文学阐释者，不能固着于个别文字而影响到对整首诗的语词意义的理解，也不能固着于诗的字面意思而影响到对诗人真正要表达的意思的理解。只有通过对整首诗文辞上显示出的意思的理解来推测诗人作诗之意才能把握到诗的真正意指。从阐释学的角度看，孟子这段话的意义是极为重要的，这表现在三个方面：其一，对一个文本的阐释不能拘泥于其个别的、局部的表述，要看其整体呈现出来的意义；其二，对一个文本的阐释不能拘泥于字面意思，而要看字面意思背后隐含的意思，即通过其说出来的来发现其未说出的；其三，对文本阐释的最终结果是阐释者之意与被阐释者之意的融合。这三条都是现代阐释学的基本原则，特别是第三条尤其具有现代意义。所谓"以意逆志"即含有伽达默尔所谓"视域融合"与"效果历史"的意味。这里的"意"通常理解为"说诗者之意"[①]。"逆"，《尔雅》《说文》均训为"迎"。《论语·宪问》有"不逆诈"说，朱熹注云："逆，未至而迎之也。"[②]可见"迎"乃"逆"之本义。那么何为"迎"？《尔雅》："迓，迎也。"《说文》："迎，逢也。""迓，相迎也。"由是观之，"迎"即迎取、接纳之义，指二人相向而行，最终会于一处。因之，在孟子这里"逆"乃是一种主动行为，指说诗者以自己对诗歌文本字面意思的理解为基础，进而去推测作诗者作诗之本义。这里看上去最终是为了寻求诗人作诗之本意，但在实际操作中只能是说诗者自己的观点（前见或前理解）与诗人通过诗歌文本所表达的意思之间的某种融合。"以意逆志"之"意"属于说诗者，"志"属于诗人，这无疑是两个主体，而"逆"则是连接两个主体的纽带。是阐释使过去的主体与现在的主体建立了联系，这种

---

① ［汉］赵岐注"以意逆志"云："志，诗人志所欲之事。意，学者之心意也……以己之意，逆诗人之志，是为得其实矣。"（［清］焦循撰，沈文倬点校. 孟子正义［M］. 北京：中华书局，1987：638.）朱熹注云："言说《诗》之法，不可以一字而害一句之义，不可以一句而害设辞之志，当以己意迎取作者之志，乃可得之。"（［宋］朱熹. 四书集注［M］. 长沙：岳麓书社，1987：440.）

② ［宋］朱熹. 四书集注［M］. 长沙：岳麓书社，1987：228.

联系的实质不是认识，乃是对话。说诗者与诗人之间的关系也不是主体客体之间的关系，而是一种"主体间性"关系。这也正是哲学阐释学之"阐释"的要义之所在。①

> 孟子谓万章曰："一乡之善士，斯友一乡之善士。一国之善士，斯友 一国之善士。天下之善士，斯友天下之善士。以友天下之善士为未足，又尚论古之人。颂其诗，读其书，不知其人可乎？是以论其世也，是尚友也。"（《万章下》）②

在这里，"读其书""诵其诗"的目的不是"征圣""宗经"，而是为了"尚友"，即与古人交朋友。这就意味着，在诵读古人诗书之前，孟子就预设了一个平等对话的立场。这与他"说大人则藐之，勿视其巍巍然"③的傲视权贵的态度是一致的。无论古代圣贤还是现时当政，孟子一律平等视之，正是基于这种强大的主体精神，他才能够提出如此具有现代意义的阐释学思想来。"知人"即了解欲友之者的生平事迹，此无可议者；何为"论世"则值得认真辨析探究。对"论世"之"世"，今人多解释为时代之社会状况、历史背景，显然与古人的理解相去甚远。赵岐注云："读其书，犹恐未知古人高下，故论其世以别之也。在三皇之世为上，在五帝之世为次，在三王之世为下。"④ 在赵岐这里，"论"不是今日所理解的讨论、探究之义，而是判断、区分之义，与"论其刑赏"之"论"义同。因此所谓"论世"就是判定此世何世的意思，当然也含有辨别世道之高下之义，因为在古人眼中，"三皇""五帝""三王"代表着完全不同的世道，其道

---

① 张江先生认为："主体之存在，不仅因为客体的存在而在。同时，抑或更重要的，是因为他在主体的存在而在。中国古代亦无'主体间性'之术语，但春秋时期就有群己关系的讨论。许多人承认，'我'与'你'、'我'与'他'、'我'与广大人群相对，'我'才为'我'，'我'才具有意义，主体间性意识清晰。先秦典籍中，此类观点甚为常见。"（"阐""诠"辨——阐释的公共性讨论之一［J］. 哲学研究，2017（12）：18.）诚哉是言！孟子之说诗正可为佐证。

② ［汉］赵岐注，［宋］孙奭疏. 孟子注疏（十三经注疏标点本）［M］. 北京：北京大学出版社，1999：291.

③ ［汉］朱熹. 四书集注［M］. 长沙：岳麓书社，1987：534.

④ ［清］焦循撰，沈文倬点校. 孟子正义［M］. 北京：中华书局，1987：726.

德水平呈现递降趋势。用世道的不同来判断人的道德之高下，这种解释似乎与孟子之意相去较远。比较起来还是朱熹的理解更为近理："论其世，论其当世行事之迹也。言既观其言，则不可以不知其为人之实，是以又考其行也。"[①] "当世行事之迹"当然也不同于今日学人所说的时代背景、社会状况之类，但却是比较接近阐释学所重视的"语境"。一个人的行事之迹也就是其与社会、他人建立关系的过程，这个通过其立身行事而编织起来的关系之网便是其言说的具体语境。如此说来，孟子的"知人论世"之说具有说诗者应该联系诗人作诗之具体语境而论其诗的卓越见解，它也具有明显的现代意义。总之，"知人论世"的目的乃在于"尚友"，这就预设了一种平等对话的精神，没有将古代圣贤神化，可以说是孟子阐释学思想中最可珍视者。[②]

> 公孙丑问曰："高子曰：'《小弁》，小人之诗也。'"孟子曰："何以言之？"曰："怨。"曰："固哉！高叟之为诗也。有人于此，越人关弓而射之，则己谈笑而道之，无他，疏之也。其兄关弓而射之，则己垂涕泣而道之，无他，戚之也。《小弁》之怨，亲亲也。亲亲，仁也。固矣夫，高叟之为诗也。"曰："《凯风》何以不怨？"曰："《凯风》，亲之过小者也。《小弁》，亲之过大者也。亲之过大而不怨，是愈疏也。亲之过小而怨，是不可矶也。愈疏，不孝也。不可矶，亦不孝也。孔子曰：'舜其至孝矣，五十而慕。'"（《告子下》）[③]

《小弁》是《诗经·小雅》中的一篇，《毛诗》认为其是"刺幽王也。

---

① ［宋］朱熹. 四书集注［M］. 长沙：岳麓书社，1987：462.

② 张江先生认为："所谓对话，即主体间之平等交流与协商。正当之阐释，应以建构平等对话为目的，通过对话，实现交流，完成阐释。开放之立场与态度，承认与尊重共在主体之此在，使对话成为可能。正当的阐释目的，决定了对话与协商是阐释的基础和主要方式。中国古代诸多经典以对话方式或文体平和展开，与读者构成理解与阐释的共同体。譬如，儒家第一部语录体经典《论语》即是。"（"阐""诠"辨——阐释的公共性讨论之一［J］. 哲学研究，2017（12）：20.）孟子的"尚友"之说同样显示了这种"对话"精神。

③ ［汉］赵岐注，［宋］孙奭疏. 孟子注疏（十三经注疏标点本）［M］. 北京：北京大学出版社，1999：323-324.

太子之傅作焉"。《孔疏》："幽王信褒姒之谗，放逐宜咎。其傅亲训太子，知其无罪，闵其见逐，故作此诗以刺王。"①而"鲁诗"则认为其是"伯奇之诗也。伯奇仁人，而父虐之，故作《小弁》之诗。"②伯奇相传是周宣王的大臣尹吉甫的长子，因受后母诋毁而见逐于其父。从其字面意思看，这首诗充满了忧伤与哀怨，因此说这是一首子女怨望父母的诗，大体是可以成立的。那么面对这样一首诗应该如何阐释呢？因为诗中表达了对父母的怨恨情绪。孟子的弟子公孙丑引高子的话，判定其为"小人之诗"，这显然是从一般的周代礼法与儒家伦理角度出发的。孟子对高子的阐释提出了批评，认为其"固"，也就是僵化地按照某些教条来进行阐释。孟子认为这首诗不是小人之诗而是君子之诗。他举例说，一个越国人拉开弓箭射你，你会谈笑着和别人说这件事；而如果你的兄长拉开弓箭射你，你就会很伤心地和别人说这件事。因为越国人是个不相干的人，而兄长则是很亲近的人。对同一件事，因为行事者不同，对一个人引起的反应就不同。因此，《小弁》的怨是出于"亲亲"，即以亲近的态度对待父母，这实际上乃是"仁"的体现。公孙丑又举出《凯风》的例子反驳孟子，认为《凯风》同样是父母对儿子不公，但儿子就没有怨愤之情，这才是仁的表现。《凯风》是《诗经·邶风》中的一首，从字面上看，应该是一首赞美一位母亲辛勤持家、养育子女的诗。然而《毛诗序》却说："《凯风》，美孝子也。卫之淫风流行，虽有七子之母，犹不能安其室，故美七子能尽其孝道，以慰其母心，而成其志尔。"③观公孙丑与孟子的对话，似乎与《毛序》意近，认为其是赞美孝子的诗。这或许正说明，在今天看来，汉儒说诗有很多看上去似乎近于胡说，但在当时语境中，他们的解说很可能是渊源的。这是一个值得探讨的话题，但在这里就不便展开了。孟子对公孙丑的疑问的回答也很有意思：尽管两首诗中的父母都有过错，但一者父母之过大，一者父母之过小，所以一者子女有怨，一者则无。对过大的父母"怨"与对过小的父母"不怨"都是出于"亲亲"之情，故都符合"仁"的原则，都是合理的。那么孟子这种见解的阐释学意义何在呢？在这里尽管孟子同样表达了一种儒家伦理精神，但并不妨碍其对于阐释学的重要启发意义。因为对亲人之间的微妙感情是需要设身处地地领悟与感受方能把握的。孟子用"亲之过大"与"亲之过小"作为衡量"怨"与"不怨"是否恰当的标准，实际上是给阐释活动引进了"体验"之维。阐释活动，作为面对人文社会现象的认识与评价，除了一般性的分析、判断、推理、归纳、综合等方法之外，体验具有重要意义。当你阐释的对象不是僵死的物质存在，而是人的行为、人的思想甚至人的情感时，尽管这些都已经被符号化了，成了某种文本，但它们依然需要同情、感受、联想、想象这类体验性思维的参与才能真正把握。难怪陈寅恪先生谈到理解古人的哲学思想时格外重视"了解之同情"，而诸如狄尔泰、海德格尔、伽达默尔等对现代西方阐释学有大贡献的人都特别强调体验、领悟的重要性。体验并不是纯粹的个人主观行为，不是任意的。体验含有"设身处地"与"以理度之"两方面的意思，虽然包含着情感活动内涵，但并不排斥人们共同遵守的一般逻辑与道理。在这方面，孟子无疑提供了某种典范。

> 公孙丑曰："诗曰：'不素餐兮。'君子之不耕而食，何也？"孟子曰："君子居是国也，其君用之，则安富尊荣；其子弟从之，则孝悌忠信。不素餐兮，孰大于是？"（《尽心上》）①

这段对话同样体现了孟子反对固着于个别词句说诗的弊病。"不素餐兮"是《诗经·魏风·伐檀》中的句子，字面意思是"不白吃饭啊"。公孙丑的意思是，既然《诗》上已经说了君子不应该白吃饭，为什么现实中的"君子"们却都不耕而食呢？孟子又一次从通行的道理或共识出发回答了公孙丑的疑问：不能固着于诗的个别语句，而应该根据具体语境验之以情，度之以理。君子虽然不耕而食，但他们对社会的贡献比躬耕田野要大得多。

---

① ［汉］赵岐注，［宋］孙奭疏. 孟子注疏（十三经注疏标点本）［M］. 北京：北京大学出版社，1999：369.

通过以上分析可知，由孔子开创的儒家阐释学思想到了孟子这里得到了长足发展，基本涉及阐释活动的各个维度，而且在"平等对话"的意识、"主体间性"意识以及对"体验"的重视等方面已经具备了现代阐释学的某些因素，这无疑是极为难能可贵的。

三、荀子之"辨说"

在先秦儒家阐释学发展的过程中，荀子是一个重要转折。我们先看他的言说：

> 夫民易一以道而不可与共故，故明君临之以势，道之以道，申之以命，章之以论，禁之以刑。故其民之化道也如神，辨说恶用矣哉！今圣王没，天下乱，奸言起，君子无势以临之，无刑以禁之，故辨说也。实不喻然后命，命不喻然后期，期不喻然后说，说不喻然后辨。故期、命、辨、说也者，用之大文也，而王业之始也。名闻而实喻，名之用也。累而成文，名之丽也。用、丽俱得，谓之知名。名也者，所以期累实也。辞也者，兼异实之名以论一意也。辨说也者，不异实名以喻动静之道也。期命也者，辨说之用也。辨说也者，心之象道也。心也者，道之工宰也。道也者，治之经理也。心合于道，说合于心，辞合于说。正名而期，质请而喻。辨异而不过，推类而不悖，听则合文，辨则尽故。以正道而辨奸，犹引绳以持曲直，是故邪说不能乱，百家无所窜。有兼听之明而无矜奋之容，有兼覆之厚而无伐德之色。说行则天下正，说不行则白道而冥穷，是圣人之辨说也。《诗》曰："颙颙卬卬，如珪如璋，令闻令望。岂弟君子，四方为纲。"此之谓也。（《荀子·正名》）[1]

荀子在这段逻辑严密的论说中讲了三层意思。其一，阐释或"辨说"

---

① [清] 王先谦撰，沈啸寰、王星贤点校. 荀子集解（新编诸子集成本）[M]. 北京：中华书局，1988：422–424.

乃是"君子"不得已的举措。百姓原本是容易被统一于正道的,不应该让他们受到各种邪说的影响。在有明君圣王的时代,君主借助于其权威,一方面对百姓进行正面教化引导,一方面又可利用刑罚的威慑,百姓很容易就会统一于正道。但在没有明君圣王的乱世,各种邪说蜂起,君子又没有圣王的权威的感召和刑罚的威慑,唯一可行之道就只有"辨说"了。这里荀子所谓"君子"是指像他本人那样的有着历史使命感和社会责任感的儒家士人,他们生于乱世之中,试图依靠自己的力量使天下从无序复归于有序。由于他们的身份是布衣,只有通过"辨说"来实现自己的政治理想。所谓"辨说"就是对各种学说与见解的辨析与论证,近于今天所说的阐释。荀子的这种困惑与无奈在其先辈那里也同样存在。孔子有"道不行,乘桴浮于海"(《公冶长》)之叹,孟子有"予岂好辩哉,予不得已也"(《滕文公下》)之说,都体现出一种无奈的心态。这就意味着,先秦儒家的阐释学思想的出发点乃在于"立法"——以阐释的方式达到立法的目的。其二,阐释的目的在于辨明道理。"实"即事物本身。"实不喻"是说事物本身无法说明自己为何物、因何如此等等,于是需要人们为之命名。命名有时也不能让人了解事物究竟如何,于是需要"期",即"以形状大小会之,使人易晓也。"① 如果人们还是不能明了,那就需要解说事物如此这般的道理了。倘若解说还是说不清楚,那么就只有反复辨析了。故而,命名、类比、解说、辨析乃是荀子阐释学的四大基本步骤。他把这个阐释的过程称之为"用之大文"和"王业之始",可见其重要性。其三,阐释之所以重要根本上在于它是"道"发挥其"治之经理"之重大作用不可或缺的一环。荀子的逻辑是这样的:治理天下是君子的根本目的,"道"是治理天下的根本法则,"心"是"道"得以运行的主宰,"辨说"是"心"的外在表征,而文辞则是辨说的书写形式。因"心合于道,说合于心,辞合于说",故"辞"亦"合于道",通过这样由"辞"而"说",由"说"而"心",由"心"而"道",由"道"而"治"的循环过程,"辨说"这一阐释行为就成为推行大道、治理天下的重要手段,足以使"邪说不能乱,百家无

---

① [清]王先谦撰,沈啸寰、王星贤点校. 荀子集解(新编诸子集成本)[M]. 北京:中华书局,1988:422.

所审”，从而达到“说行而天下正”之目的。可见在荀子这里，阐释是何等之重要。

对于如何进行阐释，以及如何才是好的阐释，荀子也提出了自己的看法：

> 君子之言，涉然而精，俛然而类，差差然而齐。彼正其名，当其辞，以务白其志义者也。彼名辞也者，志义之使也，足以相通则舍之矣；苟之，奸也。故名足以指实，辞足以见极，则舍之矣。外是者谓之讱，是君子之所弃，而愚者拾以为己宝。故愚者之言，芴然而粗，啧然而不类，諮諮然而沸。彼诱其名，眩其辞，而无深于其志义者也。故穷藉而无极，甚劳而无功，贪而无名。故知者之言也，虑之易知也，行之易安也，持之易立也，成则必得其所好而不遇其所恶焉。而愚者反是。（《荀子·正名》）[1]

这里荀子把阐释分为“君子之言”，即“知（智）者之言”和“愚者之言”两大类，前者深刻而精粹，虽然广收博取，却总是能够扣住主旨，使言说成为严密整体，能够名与实相符，辞与志相偕，恰切地呈现出其所欲表达的见解。达到这一目的之后就应该戛然而止，不再画蛇添足。“苟之”，是指不符合实际，不符合常理常情的随意曲说或强词夺理。“苟”有轻率、随意、姑且之义，荀子用这个词来批评那种不恰当的阐释行为。讱，这个词有两种基本解释，一是因说话谨慎而语速慢，孔子说：“仁者其言也讱”（《论语·颜渊》）。俗所谓“贵人语话迟”也。二是难。《广雅》："讱，难也。"王先谦《集解》："讱，难也。过于志义相通之外，则是务为难说耳，君子不用也。"[2]可知，所谓“讱”就是故作艰深之辞的意思，也就是所谓“以艰深文浅薄”。这正是“愚者之言”的主要特征之一。因为“愚者之言”不根于道，故而飘忽游移，即所谓“芴然而粗”；没有一以贯之

---

① ［清］王先谦撰，沈啸寰、王星贤点校. 荀子集解（新编诸子集成本）［M］. 北京：中华书局，1988：425–426.

② ［清］王先谦撰，沈啸寰、王星贤点校. 荀子集解（新编诸子集成本）［M］. 北京：中华书局，1988：426.

的"志义"统属，故杂乱而无章，辞繁而义瘠，即所谓"啧然而不类，諕諕然而沸"。这样的阐释除了以华辞丽藻炫人耳目之外，并无任何实际功用。与此相反，"知（智）者之言"则使人容易领会其道理，便于实行，能够有很好的实际功效。荀子极言"辨说"之重要性乃是因为他试图通过对包括"先王""后王"以及孔子之说的阐释和对诸子百家之说的批判实现弘扬儒家之道，进而达成治理天下的目的。他说："天下无二道，圣人无两心。今诸侯异政，百家异说，则必或是或非，或治或乱。"（《解蔽》）[1] 到处是"乱国之君"和"乱家之人"，人们大都"蔽于一曲"而不明圣人之道。所以荀子感觉在如此恶劣的环境中，儒家欲实现自己的政治理想，最重要的手段便是后儒归纳的所谓"征圣、宗经、明道"。他说：

> 圣人也者，道之管也。天下之道管是矣，百王之道一是矣，故《诗》《书》《礼》《乐》之归是矣。《诗》言是，其志也；《书》言是，其事也；《礼》言是，其行也；《乐》言是，其和也；《春秋》言是，其微也。故《风》之所以为不逐者，取是以节之也；《小雅》之所以为《小雅》者，取是而文之也；《大雅》之所以为《大雅》者，取是而光之也；《颂》之所以为至者，取是而通之也：天下之道毕是矣。乡是者臧，倍是者亡。乡是如不臧，倍是如不亡者，自古及今，未尝有也。（《荀子·儒效》）[2]

在荀子眼中，儒家之道是平治天下的唯一手段，纷乱扰攘的诸子百家均于事无补。所以弘扬儒家之道是当务之急。然而到哪里去寻找这个"道"呢？他的答案是圣人，因为只有圣人才是了解"道"的关键所在。但圣人早已不在了，如何能通过圣人把握到"道"呢？那就只有读圣人的书了。《诗》《书》《礼》《乐》《春秋》等经典都从一个侧面体现了圣人的言行，也都是"道"的具体显现。欲平治天下就必须阐明大道，欲阐明大道则必

---

① ［清］王先谦撰，沈啸寰、王星贤点校. 荀子集解（新编诸子集成本）［M］. 北京：中华书局，1988：386.

② ［清］王先谦撰，沈啸寰、王星贤点校. 荀子集解（新编诸子集成本）［M］. 北京：中华书局，1988：133–134.

须征诸圣人，欲征诸圣人则必须从研习经书开始，于是诵经便成为儒家治国平天下宏大工程的起始点：

> 学恶乎始？恶乎终？曰：其数则始乎诵经，终乎读礼；其义则始乎为士，终乎为圣人。真积力久则入，学至乎没而后止也。故学数有终，若其义则不可须臾舍也。为之，人也；舍之，禽兽也。故《书》者，政事之纪也；《诗》者，中声之所止也；《礼》者，法之大分，类之纲纪也，故学至乎《礼》而止矣。 夫是之谓道德之极。《礼》之敬文也，《乐》之中和也，《诗》《书》之博也，《春秋》之微也，在天地之间者毕矣。（《荀子·劝学》）①

在这里，孔子和儒家经典的地位被空前凸显出来，尊孔崇经，这是"荀学"的核心。由此观之，荀子所谓"辨说"与孔子的"述"、孟子的"说"一样，根本上并非一种学术上的言说，而是一种政治行为，是儒家"治国平天下"的政治策略。从学术史的发展脉络看，荀子是先秦儒家阐释学向汉代经学阐释学过渡的关键人物。无论是从思想资源方面，还是从方法路径方面，都可以说正是荀子奠定了后世经学阐释学的基础。

从学术发展的角度看，孔子为先秦儒学阐释学的思想与实践奠定了基础，他的阐释学以"礼"为核心，是以"周礼"为标准来理解《诗》《书》等典籍以及各种人物与事件的意义和价值的。孔子的奠基作用使得先秦儒学阐释学从一开始就带上了鲜明的意识形态倾向，有着极为明确的政治目的。为了实现自己的目的，儒家学者们甚至会无视阐释对象自身的固有意义，这就使得他们的阐释活动带有强烈的主观色彩。孔子生活于贵族社会及其文化处于崩坏过程的春秋末期，"礼崩乐坏""犯上作乱"成为司空见惯的现象。出身古老的贵族家族，又受过良好贵族文化熏陶的他，面对其一心向往的价值秩序的破坏，遂激起以一己之力挽狂澜于既倒的宏图大志，以"祖述尧舜，宪章文武"为毕生追求。孔子的理想当然没有实现，但他

---

① ［清］王先谦撰，沈啸寰、王星贤点校. 荀子集解（新编诸子集成本）［M］. 北京：中华书局，1988：11–12.

却完成了一项历史赋予他的伟大使命：传承并弘扬灿烂辉煌而又古老的贵族文化传统并使之转化为新兴的士人阶层的精神，塑造出一种新的"君子"人格。囿于其具体历史语境，孔子的阐释学思想必然以"述"为标示，试图通过对古代经典的阐释体现自己宏大的政治抱负。这个"述"字也便规定了后世儒家阐释学的基础。孔子的"述"并不是简单地转述或陈述，而是一种"创造性转换"。正是通过"述"，孔子成功地把两周贵族文化转换成为士人文化，使之从庙堂之中走向民间，而民间的士人又借助于这种文化跻身于庙堂。于是这种脱胎于贵族文化的士人文化就成为统治阶级与被统治阶级上下流动的纽带。正是这个纽带的作用，使得中国古代社会形成一个有机整体，从而获得无可比拟的稳定性。因此可以说，孔子是以"述"的方式达到了"作"的目的，即以"阐释"的方式为社会"立法"，或者是以"复古"为"革新"，因此说孔子是"百代师""万世师"并非溢美之词。但在孔子那里"述"却是不得已的做法，因为他手中只有"批判的武器"而没有"武器的批判"，无法像周公那样大张旗鼓地"制礼作乐"，但作为一种文化传统之肇始，其影响之深远，却是他始料未及的。从汉代经学以至于宋明理学、乾嘉朴学，无一例外地遵循了孔子开创的这条阐释学之路——通过阐释经典来表达自己思想与诉求，鲜有正面立说者。像扬雄、王通那样的"拟经"之作就不免受到嘲笑了。

孟子生活在战乱频仍的战国中期，此时诸侯们正在上演"合纵连横"的大戏；诸子百家依然奔走游说，墨家与杨朱学派风头正盛，齐国以"谈天衍，雕龙奭"为首的阴阳家也受到诸侯格外礼敬，唯有儒家被诸侯们敬而远之。在这样的现实面前，作为儒家代表人物的孟子激发起空前的主体精神，试图在众声喧哗之中凸显儒学的独特魅力。他一方面充分汲取一切可资利用的儒家思想资源，一方面又融会贯通，构想出一套称之为"仁政""王道"的社会理想与"存心养性"的人格修养工夫。对于那些被孔子"删述"过的儒家经典的阐释也自然成为孟子建构"仁政"思想的重要手段。他这一阐释行为的标示性词语即是"说"。"孟子说诗"也就成为中国古代文学阐释学之奠基。孟子傲视王侯、尚友往圣，心雄万夫，故其说诗亦具有强烈主观色彩，不屑纠缠于字句，乃以己之意逆彼之志，以理度之，以情体之，其所得者即是，不假外求。此与"万物皆备于我"及"我善养吾浩然之气"之气象一脉相通。孟子是古往今来中国知识阶层中最有独立精神、批判精神、乌托邦精神与大丈夫精神的一位，孟子精神乃是中华文化精神之精髓。正是由于这种伟大的精神力量，才使得孟子开创的中国古代文学阐释学蕴含了丰富的现代意义，其"以意逆志"与"知人论世"的说诗原则至今依然是建构当代中国阐释学最主要，也是十分宝贵的思想资源。

　　荀子生活于战国后期，极为博学，他洞察到诸子百家各自的不足，反思了儒家学说与现实之间的距离，看清了天下趋于一统的大势，因此他立志要改造儒学，为即将到来的大一统的政权提供可行的意识形态。观《荀子》一书，以儒学为主干，兼采名、道、法诸家之学，建构一套严密恢宏的国家意识形态体系，涉及在君主官僚政体之下举凡国家治理、文化教育、哲学法律、人伦关系等方方面面，是先秦儒学中最切于实用的一套学说。荀子标举"性恶"之说，其根本之点乃在于以"性恶"为基点可以建立起一套切实可行的治理国家的"礼法"系统与个体学习、修养的模式。而以"性善"为基点则只能建构起一套不切实际的社会乌托邦与个体精神乌托邦。至于人之"性"究竟是善是恶，其"真相"如何，其实并不只是荀子，也包括孟子，所真正关心的。他们都是在寻找一个可以支撑自己的政治道德话语体系的逻辑起点，其鹄的在乎治天下而不在求真。为了使自己的这套精心设计的学说可以为世人，特别是诸侯君主所认可，荀子开始神化儒家先贤，强化了孔子的"圣人"身份，突显了周代典籍的"经典"性，进一步把治国平天下的方法与策略统归于"道"，并把"道"与"圣人"和"经"紧密捆绑在一起。这样一来，实际上荀子已经建立起了一套近似于西汉中叶董仲舒、公孙弘等人在汉武帝的大力支持下建构起来的那套国家意识形态系统，只是后者更加细密而已。出于这种建构国家意识形态的动机或潜动机，荀子所标举的以"辨说"名之的阐释学思想也就带上了"明道、征圣、宗经"的明显意味，不大再有孟子那种强烈的主体精神。荀子的这种阐释学思想为汉代经学阐释学奠定了基础，从而也为后世具有保守倾向的儒家阐释学提供了思想资源。

　　"公共阐释论"是张江先生近来提出的一种阐释学理论，所强调的是阐释行为的非个人性、交往性、对话性诸特征，是一种具有很强的学术增长性的理论主张。这一理论的重要性在于，突显学术话语建构与文化传承过程中的主体间性，反对独断论和主客体对立的二元论的思维模式。"公共阐释论"比以往的阐释学理论更强调了人文学科领域言说方式的特殊性，更进一步把人文科学研究方法与自然科学区别开来，从而更有力、更彻底地消解了科学主义对人文学科的消极影响。根据张江先生的论述，毫无疑问，"公共阐释"同样是建基于人的理性基础之上的，是一种理性行为。但这个"理性"并非被法兰克福学派怀疑和质疑过的那种启蒙理性，更不是马克斯·韦伯所说的那种"工具理性"，也不完全等同于哈贝马斯的"交往理性"，这里的"理性"是中国传统智慧与西方理性精神的完美融合，是基于人性并富于人性的理性，既是"性之理"又是"理之性"①。阐释的"公共性"正是这一理性的显现。作为"中国当代阐释学"的学理基础，这种理性依然在建构过程中，是一种未完成状态，在其建构过程中，中国古代文化资源无疑具有极为重要的意义。

先秦儒家阐释学毫无疑问是一种"公共阐释"。从先秦儒家的阐释学思想与实践来看，"公共性"是阐释的基本性质，也是阐释行为的基本动因。没有公共性也就没有真正意义上的阐释。对于孔、孟、荀等人来说，阐释不是个人的认识或者道德修养行为，而是一种公共行为，是为了建立起一个道德的和政治的共同体。在这里阐释是一种手段，通过师徒之间、君臣之间的阐释行为把儒家价值观推广为天下的基本价值规范才是根本目的。在儒学创始人那里，囿于历史语境的限制，这种阐释的公共性并没有得到充分实现，但在后世，经过历代士人阶层的不懈努力，儒学价值观终于成为在广大范围里的普遍价值，在这一过程中，阐释始终发挥着决定性作用。先秦儒学阐释学的"公共性"是在几个层面的"对话"中展开的：一是阐释者与阐释对象之间的对话。孔、孟、荀和《诗》《书》《礼》《乐》《春秋》等典籍之间的对话，对话的结果是"话语转换"：从贵族话语转换成作为士人话语的儒学话语，其中注入了丰富的平民意识与人文精神。二是孔、孟、荀等儒家阐释者之间的对话，包括孔、孟、荀和弟子之间的对

---

① 张江. "理""性"辨［J］. 中国社会科学，2018（9）：176–203.

话。对话的结果是儒家学派的形成与壮大。三是孔、孟、荀及其弟子与执政者之间的对话，其结果是说服执政者认识到儒学对于国家的长治久安所具有的无与伦比的政治意义。四是儒家学者与其他诸子学派之间的对话，其结果是使道、法、阴阳、名诸家的思想渐渐为儒学所吸纳，大大丰富了儒学的内涵，提升了其思维深度。总之，各种层级对话的结果是在西汉中叶以后，包含着周代贵族礼乐文化因素在内的儒家思想成为主流意识形态，获得文化霸权，统治了中国人的思想两千多年之久，至今依然具有强大生命力，从而实现了阐释的公共性的最大化。

第二节 "文质模式"与中国古代经典阐释学

"文质"是中国古代特有的一种关于人、事、物的评价标准，其源远流长，意义丰富。20 世纪 80 年代初王运熙、杨明即发表《魏晋南北朝和唐代文学批评中的文质论》（《文艺理论研究》1980 年第 2 期）一文，对这一概念的含义、意义及历史性特征进行了分析。二十多年后王运熙又发表《文质论与中国中古文学批评》（《文学遗产》2002 年第 5 期）一文，进一步论述了"文质论"的重要性，认为"文质论是中国中古时期的核心问题"。2019 年青年学者薛学财发表《〈春秋〉学质文论与作为风格阐释学的中古文质论》（《江西社会科学》2019 年第 7 期）一文，具体梳理和阐释了"《春秋》学""质文论"向着作为"风格阐释学"的中古"文质论"的演变轨迹，并进而揭示了"文质"概念的深层关联。他们的研究都有重要学术意义。本节拟对他们尚未涉及或语焉不详的一些重要问题展开进一步讨论，以期对这个儒学思想史和中国文学批评史上的重要问题有新的阐释。

一、"文质模式"的确立及其文化意蕴

在先秦，无论是在贵族阶层还是在儒家士人的话语系统中，"文"都是一个重要概念。在贵族那里，作为一种价值概念，"文"几乎处于至高无上的位置，周公制礼作乐的全部成果均可以包含于"文"之中。在孔子那里，"文、行、忠、信"之"四教"，"文"居其首。相比之下，"质"就比较简单了，其本义是以物品做抵押，即《说文》所谓"以物相赘"，引申为做人质，再引申为质地以及人的品质或基本素质等，渐渐衍生出价值属性，含有朴素、实在、诚信诸义。如："文王质文，故天胙之以天下。"（《国语·周语下》）这里的"质文"即"以文为质"，也就是品质中具有"文德"的意思。又："于子之乡，有居处好学、慈孝于父母、聪慧质仁、发闻于乡里者，有则以告。"（《国语·齐语》）这里的"质仁"是朴实仁爱之义。值得注意的是，在先秦典籍中，"质"常常和"民"相关联，例如："民之质矣，日用饮食。"（《诗经·小雅·天保》）这里的"质"是淳朴老实的意思。又："厝尔人民，谨尔侯度"（《诗经·大雅·抑》）这里的"质"作动词，是使百姓忠厚老实的意思。这说明，"质"这个词语与平民百姓所固有的品质有着某种天然的联系。

"文"与"质"这两个单音节词相连缀而构成复合词"文质"从而建构起具有评价、阐释功能的"文质模式"，是在孔子那里完成的。但在孔子之前，这两个单音节词或许已经被对举成文了。例如《国语》中记载有晋文公与其臣下胥臣的对话："公曰：'然则教无益乎？'对曰：'胡为文，益其质。故人生而学，非学不入。'"（《国语·晋语四》）[1] 这里胥臣是在讲教育的意义，所谓"胡为文，益其质"，韦昭注云："言有美质，加以文采乃善。"[2] 意思是说人们创造的"文"是为了改造人的"质"，也就是通过

---

① ［春秋］左丘明著，［吴］韦昭注，上海师范大学古籍整理研究所校点. 国语［M］. 上海：上海古籍出版社，1998：387.

② ［春秋］左丘明著，［吴］韦昭注，上海师范大学古籍整理研究所校点. 国语［M］. 上海：上海古籍出版社，1998：390.

文教提升人格修养的意思。这里无疑已经含有"文""质"相济的意味了。

《论语》中"文""质"并举的共有三处，下面分别予以分析："棘子成曰：'君子质而已矣，何以文为？'子贡曰：'惜乎！夫子之说君子也，驷不及舌。文犹质也，质犹文也。虎豹之鞟，犹犬羊之鞟。'"（《论语·颜渊》）

朱熹注云："棘子成，卫大夫。疾时人文胜，故为此言……言文质等耳，不可相无。若必尽去其文而独存其质，则君子小人无以辨矣。夫棘子成矫当时之弊，固失之过；而子贡矫子成之弊，又无本末轻重之差，胥失之矣。"① 在这里讨论的是"文"与"质"之于君子人格修养的作用问题，棘子成、子贡、朱熹分别表达了三种不同观点：棘子成否定"文"的存在价值，认为有"质"就足够了；子贡认为"文""质"并重，缺一不可；朱熹则认为二说均有所不足，"文""质"固然都不可或缺，但应有本末轻重之别。他所要说的当然是"质"为本，为重；"文"为末，为轻。联系《论语》中其他论说，可以说朱熹的说法是有根据的："君子义以为质，礼以行之，孙以出之，信以成之。君子哉！"（《论语·卫灵公》）

这里的"礼""孙"是"质"的表现形式，都属于"文"的范畴。朱熹注云："义者制事之本，故以为质干，而行之必有节文，出之必以退逊，成之必在诚实：乃君子之道也。"又引程子："义以为质，如质干然；礼行此，孙出此，信诚此。此四句只是一事，以义为本。"② 这里可以清楚地看出质本而文末的意思。那么应该如何理解"文质彬彬"之义呢？《论语》的原话是这样的："子曰：'质胜文则野，文胜质则史。文质彬彬，然后君子。'"（《论语·雍也》）

人们往往以为"文质彬彬"就等于文质并重，其实并不如此简单。我们还是先看朱熹的注："野，野人，言鄙略也。史，掌文书，多闻习事，而诚或不足也。彬彬，犹班班，物相杂而适均之貌。言学者当损有余，补不足，至于成德，则不期然而然矣。杨氏曰：'文质不可以相胜。然质之胜文，犹之甘可以受和，白可以受采也。文胜而至于灭质，则其本亡矣。虽

① ［宋］朱熹. 四书集注［M］. 长沙：岳麓书社，1987：196.
② ［宋］朱熹. 四书集注［M］. 长沙：岳麓书社，1987：241.

有文，将安施乎？然则与其史也，宁野。'"① 孔子的意思很清楚，是说一位有教养的君子既要具备内在美好品质，又要符合外在礼仪规范，二者不可以偏废，否则或"野"或"史"，均不足以成为合格的君子。而朱熹的解说则进而强调了"质"的优先性，但也并不悖于孔子的意思。总之，在孔子和他的弟子们的共同努力下，最终建构起一种关于"君子人格"的评价框架，由于这一评价框架被后世儒家泛化于关于社会政治、历史、文学艺术诸种现象的阐释之中，获得极大普遍性，从而成为中国古代经典阐释学最重要的阐释模式之一。这里值得进一步追问的问题是："文质模式"所表征的文化惯习是什么？它蕴含着怎样的意识形态因素？

　　让我们从关于"野"和"史"的字义分析开始。何为"野"？其本义是"郊外"，引申为粗鄙、质朴等，而"野人"也就是郊外之人，按照所谓乡遂制度，则"野人"是比"乡人"更为远离都邑的人，也就是农夫。在先秦典籍中"野人"有时也泛指没有受过礼乐教育的庶人。何为"史"？其本义是"记事者"，即一种以卜筮、星历、记事为主要职责的官吏。因此，在特定的文化语境中，"野"就成为一个代表着被统治阶级，即乡野庶人之品性特征的词语，"史"则是一个代表着统治阶级，即贵族阶层品性特征的词语。我们看下面的话："子曰：'先进于礼乐，野人也。后进于礼乐，君子也。如用之，则吾从先进。'"（《论语·先进》）

　　关于"先进""后进"及"野人"等称谓历来注家颇多歧义。包咸主张以出仕先后分"先进""后进"，刘宝楠则认为"先进""后进"均指孔门弟子言，以入门先后分"先进""后进"。今人杨伯峻先生则综合古人之说，认为所谓"先进"和"野人"是指"先学习礼乐而后做官的是未曾有过爵禄的一般人"；"后进"则是指"先有了官位而后学习礼乐的是卿大夫的子弟"②。相比之下，笔者以为还是朱熹的解释较为近理。他说："先进、后进，犹言前辈、后辈。野人，谓郊外之民。君子，谓贤士大夫也。程子曰：'先进于礼乐，文质得宜，今反谓之质朴，而以为野人。后进之于礼乐，文过其质，今反谓之彬彬，而以为君子。盖周末文胜，故时人之言如

　　① ［宋］朱熹. 四书集注［M］. 长沙：岳麓书社，1987：127.
　　② 杨伯峻译注. 论语译注［M］. 北京：中华书局，2006：124.

此，不自知其过于文也 。'用之，谓用礼乐。孔子既述时人之言，又自言其如此，盖欲损过以就中也。"①所谓"贤士大夫"并不是指一般士人，而是指周代贵族。如果联系《雍也》中的"质胜文则野"之说，则这里的所谓"先进"就是指"质胜文"者，其行为举止较为朴实，有近于乡野庶民；而"后进"则是"文胜质"者，其行为举止过于注重形式，有近于古代之贵族。在此二者中选择，孔子宁肯选择前者。由此可知在"文"与"质"的二元结构中，孔子无疑是把"质"置于优先位置的。

那么孔子确立"文质模式"并且以质为重，究竟意味着什么？基于以上分析，我们可以得出这样的结论：孔子眼中的"文"之所以与"史"相关联，是因为"文"乃是所谓"王官之学"，也就是周代贵族创立的以礼乐仪式为核心的整个文化系统的总名。孔子说："周监于二代，郁郁乎文哉！吾从周。"（《论语·八佾》）可知"周文"在其心目中的位置。在他看来，君子就应该是娴于礼乐文化，言谈举止中规中矩的人，他屡次批评子路，说"野哉，由也！"（《子路》）"由也喭"（《先进》），甚至说"若由也，不得其死然。"（《先进》）根本上就是因为子路性情鲁莽，不善于学习，不能做到时时处处谨守礼仪规范，因此达不到"君子"的标准。孔子所说的"野"则与庶人相关联，乃有取于庶人纯真无伪的质朴品性，可以理解为他对下层文化或民间文化的汲取。进而言之，孔子建构起"文质模式"旨在标举一种新型人格理想，这种人格理想是古代贵族精神与庶民优秀品质的结合，是传统与现实的结合。

孔子之所以会建构这样的人格理想与他所处的时代密不可分，与他自身所代表的士人身份更是息息相关。孔子所处的是传统贵族文化向新兴士人文化转变的时代，他本人正是这种转变的标志性人物。一方面他深受传统贵族文化浸润，对雍雍穆穆的贵族礼仪充满向往，同时他又是新兴士人阶层的代表人物，处于实际上的庶民地位。因此在他身上存在着两种文化因素的冲突、对立与融合。在一定程度上甚至可以说，孔子所创立的儒学就是新与旧两种不同文化因素相结合的产物。我们无论是从儒家的人格理想中还是社会理想中都不难看到这两种文化因素构成的张力状态。这表现

————————

① [宋]朱熹. 四书集注［M］. 长沙：岳麓书社，1987：179.

在入世与出世——所谓"天下有道则见，无道则隐"（《泰伯》）、自律与自由——所谓"造次必于是，颠沛必于是。"（《里仁》）与"吾与点也"（《先进》）、等级观念与平民意识——所谓"君君，臣臣，父父，子子"（《颜渊》与"泛爱众而亲仁"（《学而》）等许多具体问题上。我们讨论的"文质模式"也同样可以看作是两种文化因素的融合，其中同样也呈现出某种张力状态。"文"来自贵族文化传统，"质"来自庶民文化。贵族文化对形式的高度重视与庶民文化的纯真质朴特性在这种阐释模式中得到统一。

孔子的人格理想是与他的政治理想密切相关的，其政治理想的主要特点是既站在统治者立场上要求黎民百姓，又站在黎民百姓的立场上要求统治者。因此我们完全有理由说，儒家所坚持的是一种"中间主义"的政治立场，孔子所代表的儒家话语乃是一种"居间言说"，他们是以全民代言人身份说话的。孔子坚持"克己复礼"，似乎是个复古主义者，完全站在没落贵族立场上一心一意恢复周代礼乐制度，实则不然。他的政治理想也是一种融合——传统贵族制度与庶民理想的结合。在孔子的思想中，诸如"不患寡而患不均，不患贫而患不安。"（《季氏》）"君使臣以礼，臣事君以忠。"（《八佾》）"其身正，不令而行。其身不正，虽令不从。"（《子路》）以及关于"仁"的许多论述都是站在庶民立场上对统治者提出的要求。

孔子的"君子人格"一方面是他的政治理想的体现，另一方面又是他实现政治理想的手段。儒家和其他诸子百家一样，就其身份而言是庶民阶层，并没有干预社会政治的物质力量，因此他们都希望靠文化建构实现各自的理想。塑造"圣人"和"君子"形象，为执政者树立楷模，是儒家用文化话语建构方式达到政治目的的策略。因此在儒家这里，政治的也是伦理道德的，伦理道德的也是政治的。在这种话语建构过程中，融会来自传统贵族文化和当下庶民文化两方面资源是儒家的基本选择。孔子所建立的儒学就是贵族文化与庶民文化相融合的产物。既可以说儒学是贵族文化的庶民化，也可以说儒学是庶民文化的贵族化。孔子倾力塑造的"君子"人格绝非传统贵族人格的翻版，也绝非庶民人格建构，这是贵族与庶民的复合体。就其"文"的一面来说，他是"博学于文，约之以礼"的贵族，有着系统的贵族文化修养；就其"质"一面来说，他是不耻"恶衣恶食""一箪食，一瓢饮，在陋巷"的庶民。作为贵族文化的继承者，"君子"对于

"正名"有着强烈的需求，向往严格而合理的社会价值秩序，对"犯上作乱""礼崩乐坏"深恶痛疾。作为庶民思想的代表者，"君子"富于"仁者爱人""泛爱众，而亲仁"的博爱之心，有"不患寡而患不均""有教无类"的平等意识，有"己所不欲，勿施于人"的自律意识。因此孔子的"君子"实际上是一种理想状态，是话语建构，其中整合了不同的思想资源。这种人格理想之所以能够深入人心，并且为后世两千多年间的士人阶层所追求，绝非偶然。这种调和了统治阶层与庶民阶层两种价值取向和精神旨趣的君子人格正是士人阶层社会身份的表征。士人正是处于统治阶级与被统治阶级中间地带的社会阶层，是这两大阶级相互转换、紧密联系的纽带，正是士人阶层使中国古代社会成为一个有机整体的。儒家思想最能代表士人阶层的利益和特征，因此儒家的整个意识形态话语建构都带有这种社会身份的印记。儒家的核心概念"中庸""中道""时中"等，正是士人这种社会"中间人"身份的话语表征。同样的道理，我们说，"文质模式"也与士人阶层的身份密切相关，是传统贵族文化与庶民文化交融互渗的结果，是以"君子"人格为其文化内涵的。

除了儒家之外，在先秦诸子中，道家、法家也偶有谈及"文质"问题，但他们基本上否定"文"的存在意义，故而也就否定了"文—质"二元阐释模式，故可不置论。可以说"文质模式"乃是儒家精神的一种表现形式，是儒家人格理想、政治理想之话语显现。职是之故，在相当长的历史时期里，这种阐释模式都具有直接的政治性，是儒家士人对政治状态与治国方略的理解方式。只是随着"文人"身份的成熟，这一阐释模式才衍化出了诗文评意义。

二、作为政治话语方式的"文质模式"

如前所述，孔子建立"文质模式"来考量君子人格，主要是就对礼乐仪式的熟悉程度来说的。孔子后学，例如在《礼记》的作者那里，也常常用"文"和"质"来考察"礼"的状况，例如：

一献质，三献文，五献察，七献神。(《礼记·礼器》)①

大羹不和，贵其质也。大圭不琢，美其质也。丹漆雕几。之美，素车之乘，尊其朴也。贵其质而已矣。(《礼记·郊特牲》)②

乡人、士、君子，尊于房户之间，宾、主共之也。尊有玄酒，贵其质也。(《礼记·乡饮酒义》)③

中正无邪，礼之质也。(《礼记·乐记》)④

这里的"质"包含朴素、简单、实用、根本等含义，主要是讲祭祀过程中的用礼应该简单朴素，注重实用，不应过于繁复华丽。总体上是强调"礼"的实际功用而反对形式化，在礼乐仪式的使用上倡导一种"尚质"倾向，反对繁文缛节。在这层意义上，《礼记》完全是继承了孔子精神。《礼记》对"文质模式"的重要贡献是超越了道德伦理和礼乐仪式层面，把它上升到治国之道的高度。我们看下面一段话：

子曰："夏道尊命，事鬼敬神而远之，近人而忠焉，先禄而后威，先赏而后罚，亲而不尊；其民之敝，蠢而愚，乔而野，朴而不文。殷人尊神，率民以事神，先鬼而后礼，先罚而后赏，尊而不亲；其民之敝，荡而不静，胜而无耻。周人尊礼尚施，事鬼敬神而远之，近人而忠焉，其赏罚用爵列，亲而不尊；其民之敝，利而巧，文而不惭，贼而蔽。"

……

子曰："虞夏之道，寡怨于民。殷周之道，不胜其敝。"子曰："虞夏之质，殷周之文，至矣！虞夏之文，不胜其质；殷周之质，不胜其

① [汉]郑玄注，[唐]孔颖达疏. 礼记正义（中册）[M]. 上海：上海古籍出版社，2008：1012.

② [汉]郑玄注，[唐]孔颖达疏. 礼记正义（中册）[M]. 上海：上海古籍出版社，2008：1082.

③ [汉]郑玄注，[唐]孔颖达疏. 礼记正义（下册）[M]. 上海：上海古籍出版社，2008：2287-2288

④ [汉]郑玄注，[唐]孔颖达疏. 礼记正义（中册）[M]. 上海：上海古籍出版社，2008：1478.

文。"(《礼记·表记》)①

上引《表记》中的几段话都标以"子曰",但并不能因此就认为这些话真的出于孔子之口。盖《礼记》各篇的年代历来是学界一大公案。多数人认为并非成于一人之手,而是孔子及其后学共同完成,从春秋之末至汉初历时近三百年之久。西汉儒者,例如二戴(戴德、戴圣),对战国以来所传儒家关于"礼"的种种记载、阐释的文字加以整理,遂为今存之《礼记》及《大戴礼记》。既然经过了数百年的辗转传承,《礼记》中的"子曰"大体可以理解为对孔子思想的传述、阐发,但不能视为孔子的原话,与《论语》不能等量齐观。即从文体言之,《礼记》中"子曰"之言与今存《论语》以及上博简之《孔子诗论》等也存在很大差距。因此把"文质模式"用于对不同朝代治国之道的阐释应被视为《礼记》作者对孔子的继承和发挥,而不能被认为是孔子本人的思想。观《论语》一书,孔子认为殷商之礼是对夏礼的改造,而周礼则是对殷商之礼的改造,所谓"殷因于夏礼,所损益,可知也。周因于殷礼,所损益,可知也。其或继周者,虽百世,可知也。"(《为政》)而在《表记》中却把"殷周"合而言之,显然是不妥的。朱熹《论语集注》:"马氏曰:'所因,谓三纲五常。所损益,谓文质三统。'愚按:三纲,谓君为臣纲,父为子纲,夫为妻纲。五常,谓仁、义、礼、智、信。文质,谓夏尚忠,商尚质,周尚文。"②可见殷周一质一文,判然有别,在孔子那里不可能统而言之。因此,我们把用"文质模式"来阐释治国之道的始作俑者归之于孔子后学,即《礼记·表记》之作者。这种观念为汉儒,主要是公羊家们所继承并得到进一步发挥。

汉代士人是在大一统政治格局中第一次凭借文化知识获得与统治集团合作机会的平民阶层。如果说他们的前辈先秦的士人思想家主要是依靠建构种种社会乌托邦话语来表达自己的政治主张,并试图影响现实政治的,那么汉代士人除了实际参与社会治理之外,则主要是依靠阐释先秦典籍来

①[汉]郑玄注,[唐]孔颖达疏.礼记正义(下册)[M].上海:上海古籍出版社,2008:2079–2080,2082.

②[宋]朱熹.四书集注[M].长沙:岳麓书社,1987:84.

为君主官僚政体量身定制一套话语系统，也就是意识形态系统，来影响现实政治的。这套话语系统承担着两种职能：一是证明这种既定的政治秩序的必然性、神圣性；二是为其制定规则，以便使权力得到有效限制。在汉代士人建构这套话语系统的过程中，"文质模式"发挥了重要作用。

在这方面大儒董仲舒具有代表性。从刘邦建立大汉王朝到董仲舒给武帝上"天人三策"，这个新兴的政权已经经过了六十余年的历程。在此期间朝廷主要奉行的所谓"黄老之术"只能算是一种临时性策略，不能算是成熟的治国之道和意识形态体系。一个如此空前庞大的王朝仅仅做到不生事、不扰民，纯任自然显然是不够的，成系统的思想文化建设绝对必不可少。董仲舒正是应运而生、应时而生者，他"三年不窥园"所苦思冥想的正是为这个庞大的王朝建构起一套同样庞大的意识形态系统，使其既获得合法性、神圣性，又得到思想观念上的限制与禁忌。董仲舒的"天人三策"及其公羊学巨著《春秋繁露》使其在中国思想史上占据重要地位。他不仅成功地促使武帝选择了儒学，而且对儒学进行了大幅度改造与重构，把先秦儒家与阴阳家、名家、道家的思想熔于一炉，大大强化了儒学原本就具有的政治性，并赋予了儒学某种神秘性，使之成为一种真正意义上的政治哲学。董仲舒的所作所为绝不是他个人的行为，甚至也不仅仅代表儒家思想，时代需求使他成为整个士人阶层政治诉求的代表。作为治"春秋公羊学"的儒生，董仲舒的意识形态话语建构是从历史阐释入手的，而"文质模式"就成为他历史阐释的主要方法。也就是说，把"文质模式"从关于君子人格的评价标准上升为一种国家政治的高度是在董仲舒这里最终完成的。我们看他的论述：

> 故王者有不易者，有再而复者，有三而复者，有四而复者，有五而复者，有九而复者，明此通天地、阴阳、四时、日月、星辰、山川、人伦，德侔天地者称皇帝，天佑而子之，号称天子。故圣王生则称天子，崩迁则存为三王，绌灭则为五帝，下至附庸，绌为九皇，下极其为民。有一谓之三代……《春秋》曰："伯子男一也，辞无所贬。"何以为一？曰：周爵五等，《春秋》三等。《春秋》何三等？曰：王者以制，一商一夏，一质一文。商质者主天，夏文者主地，《春秋》者主

人，故三等也。^①

这里是从历史演变角度论说帝王名号之由来及其变迁，进而论及不同时代治国之道的变化。董仲舒所强调的是，皇帝不仅权力和地位至高无上，而且品德也同样应该至高无上，只有德配天地的人方可当之。朝代的更迭亦按照一定规则展开：道，即治理天下之根本法则是不变的，所谓"道之大原出于天，天不变，道亦不变。"^②，但治理天下的具体策略则处于不断循环往复的变化之中。根据历代注释，所谓"再而复者"是指"文"与"质"的交替，"四而复者"是指"商、夏、质、文"的交替。这里的"商""夏"是指两种不同的治国之道，"夏"近于"文"，"商"近于"质"。那么这里的"文""质"是什么意思？为什么用这一模式阐释历史演变？清儒凌曙《春秋繁露注》引《白虎通》云："爵有五等，以法五行也。或三等者法三光也。或法三光，或法五行，质家者据天，故法三光；文家者据地，故法五行。《元命包》曰：'王者一质一文，据天地之道也。天质而地文。'"^③《白虎通》是东汉章帝时由朝廷出面组织当时一流经学家和朝廷重臣共同完成的一部官方经学著作，是集中概括了今古文经学主旨的集大成之作，在对"文质"的看法上继承并发展了董仲舒和《礼记》的观点。《元命包》则是《春秋纬》之一，属于汉代公羊学的重要著作。这里所谓"质家""文家"是指以"质"治国的朝代和以"文"治国的朝代。所谓"天质而地文"是说以"质"道治国者法天，以"文"道治国者法地，这是天人感应思想的产物。《白虎通义》对此有进一步解释："天质地文。质者据质，文者据文。周反统天正何也？质文再而复，正朔二而改。三微质文，数不相配，故正不随质文也。大戴礼注云：'《含文嘉》云：质以天德，文以地德，殷援天而王，周据地而王。'是天质地文也。"^④从董仲舒的

①［清］苏舆撰，钟哲点校. 春秋繁露义证（新编诸子集成本）［M］. 北京：中华书局，1992：200–204.

②［汉］班固. 汉书·董仲舒传［M］. 长沙：岳麓书社，1993：1106.

③［清］凌曙. 春秋繁露注［M］. 北京：中华书局，1975：251.

④［清］陈立撰，吴则虞点校. 白虎通疏证（新编诸子集成本）［M］. 北京：中华书局，1994：365.

论述以及《白虎通义》和《元命包》的解释来看，汉代儒家，至少是在今文家们看来，"文""质"乃是两种基本的治国之道，也是不同朝代的不同特点之所在。

董仲舒继承并发展了春秋公羊学的"通三统"思想。在公羊学看来，历史的发展是循环往复的，在此过程中有变有不变，王者及其治国之道是不断变化的，而变化的法则本身则是不变的，这个不变法则就是由"黑、白、赤"所谓"三正色"所代表的"三统"的交替循环。例如夏朝属于黑统，尚黑，殷商属于白统，尚白，周朝属于赤统，尚赤。属于黑统的朝代衰亡必定由属于白统的王朝所取代，属于白统的朝代衰亡必定由属于赤统的王朝所取代，赤统又为黑统所取代，如此循环往复，周而复始。一切的王朝更迭都要纳入这一循环之中来解释：确定其属性，判断其得失。任何一个新起的帝王都必须依照其所属之"统"来改正朔、易服色，亦需要根据"统"之性质来选择治国之道。而"文"与"质"正代表了两种最基本的治国之道。

那么董仲舒和公羊派儒生们把"文""质"理解为治国之道，并用"文质模式"来揭示历史演变的目的何在呢？简单说来，他们是在借助于解释历史来表达一种政治立场，目的在于就现实政治表达自己的意见。董仲舒的逻辑是这样的：朝代更迭不以人的意志为转移，是天道演化的结果。圣明君主所能做的就是适应天道变化，兴利除弊。前朝之所以衰亡乃是因为其治国之道过于片面，因此后继者首先就要矫正前朝之失，回归正途。盖董仲舒与公羊家们观察历史，认为上古时期民风质朴，治国之道以"质"为主，夏朝则开始重"文"，殷商反之，尚"质"，周朝又反之，尚"文"，及至"周文"衰疲，无新王起而革周之弊，故孔子作《春秋》以代之，复又尚"质"。郑玄注《礼记·王制》有云："春秋变周之文，从殷之质，合伯子男以为一，则殷爵三等者，公侯伯也。"① 由此推之，孔子《春秋》是"尚质"的。在公羊学看来，孔子作《春秋》的根本意义不在于口诛笔伐那些犯上作乱的乱臣贼子，而在于建立一套新的政制以兴利除弊，适应时代之需求。用董仲舒的话说就是："《春秋》应天作新王

---

① ［汉］郑玄注，［唐］孔颖达疏. 礼记正义（上册）［M］. 上海：上海古籍出版社，2008：451.

之事，时正黑统"①"《春秋》作新王之事，变周之制，当正黑统。"② 如此则一部《春秋》就承担起如同夏商周那样一代王朝的重任了。然而无论如何，《春秋》也只是一部书而已，其所蕴含的义理再精微，设想的制度再完美也需要现实政治来实践方有实际的意义。因此在董仲舒为代表的汉代公羊家看来，孔子作《春秋》的真正意义乃在于为大一统的汉王朝准备好了可以奉行的治国之道。换言之，董仲舒的"天人三策"和一部《春秋繁露》的主旨乃是劝说皇帝奉行《春秋》给出的治国之道，一言以蔽之即是"质家"之道。这一观念在整个西汉儒家那里基本上成为共识。例如汉成帝时儒臣杜钦尝云："殷因于夏尚质，周因于殷尚文，今汉家承周、秦之敝，宜抑文尚质，废奢长俭，表实去伪。孔子曰：'恶紫之夺朱'，当世治之所务也。"③ 又成帝时丞相匡衡云："臣闻郊柴飨帝之义，扫地而祭，上质也。歌大吕舞《云门》以竢天神，歌太簇舞《咸池》以竢地祇，其牲用犊，其席稿稭，其器陶匏，皆因天地之性，贵诚上质，不敢修其文也。以为神祇功德至大，虽修精微而备庶物，犹不足以报功，唯至诚为可，故上质不饰，以章天德。"④ 都是建议皇帝要勤俭朴素，反对奢侈铺张。到了东汉这一"尚质"精神依然得到继承，《白虎通》云：

> 王者必一质一文者何？所以承天地，顺阴阳。阳之道极，则阴道受，阴之道极，则阳道受，明二阴二阳不能相继也。质法天，文法地而已。故天为质，地受而化之，养而成之，故为文。《尚书大传》曰："王者一质一文，据天地之道。"《礼·三正记》曰："质法天，文法地"也。帝王始起，先质后文者，顺天地之道，本末之义，先后之序也。事莫不先有质性，后乃有文章也。⑤

---

① ［清］苏舆撰，钟哲点校. 春秋繁露义证（新编诸子集成本）［M］. 北京：中华书局，1992：187.

② ［清］苏舆撰，钟哲点校. 春秋繁露义证（新编诸子集成本）［M］. 北京：中华书局，1992：199.

③ ［汉］班固. 汉书·杜周传［M］. 长沙：岳麓书社，1993：1156.

④ ［汉］班固. 汉书·荆燕吴传［M］. 长沙：岳麓书社，1993：562.

⑤ ［清］陈立撰，吴则虞点校. 白虎通疏证［M］. 北京：中华书局，1994：368.

这里把"文质"与"天地""阴阳"联系起来，不仅进一步强调了"文质"作为治国之道的必要性、神圣性，而且还确定了二者"先质后文"的主次关系，由此可知，在两汉时期，重"质"轻"文"乃为"文质模式"的基本倾向。可以说这是汉代儒家针对帝王的好大喜功、骄奢淫逸行为提出的匡正之举。当然，这并不意味着汉儒轻视"文"的重要性，他们的意思是说一定要在"质"的基础上以修"文"道，不能离"质"言"文"。有学者指出："董仲舒……主张针对前朝弊政，以质文互救……就文质互救的本质而言，两朝之间改变文教的方式，不仅是应天改制，还有现实政治的原因。秦朝推行法治，导致汉初民风薄靡，以质文互救的原则而言，汉初改制是现实政治的需求。由于秦、汉两朝在为政理念上的巨大差距，董仲舒称汉初的改制为'更化'，体现了改制的文教内涵。"[1] 这里指出的董仲舒"文质"之说乃出于"汉初改制"这一"现实政治的需求"是很正确的，但与其笼统地说董仲舒给出的办法是"质文互救"，不如更准确地说是更偏于"以质救文"的一面。盖董仲舒之"更化"的核心就是矫正周末及秦"文胜于质"之弊，实行质文兼备的《春秋》之道。由于是要矫"文胜"之弊，所以尽管是文质兼备，却必然是质先文后、质重于文的。终两汉之世，可以说一直是"以质救文"主张居于主导地位的，《盐铁论》之"文繁则质衰，末盛则本亏"[2]"学以辅德，礼以文质"[3]及"救文者以质"[4]等说法，都是强调"质"的优先性、重要性。直至曹魏时期这种"质重文轻"的观念依然延续着，夏侯玄向执政的司马懿建议："文质之更用，犹四时之迭兴也，王者体天理物，必因弊而济通之，时弥质则文之以礼，时泰侈则救之以质。今承百王之末，秦汉余流，世俗弥文，宜大改之以易民望……是故宜大理其本，准度古法，文质之宜，取其中则，以为礼度。车舆服章，皆从质朴，禁除末俗华丽之事，使干朝之家，有位之室，不复有锦绮之饰，无兼采之服，纤巧之物，自上以下，至于朴素之差，示有等级而已，勿使

---

① 刘红卫. 董仲舒与儒家文化的普世化——董仲舒天人思想研究［M］. 台湾新北：花木兰文化出版社，2012：81.

② 马非百注释. 盐铁论简注［M］. 北京：中华书局，1984：1.

③ 马非百注释. 盐铁论简注［M］. 北京：中华书局，1984：139.

④ 马非百注释. 盐铁论简注［M］. 北京：中华书局，1984：249.

过一二之觉。若夫功德之赐，上恩所特加，皆表之有司，然后服用之。夫上之化下，犹风之靡草。朴素之教兴于本朝，则弥侈之心自消于下矣。"①这说明以"文质模式"考量时政，从而寻求"文""质"平衡已经成为士大夫对治国之道的基本理解。

需要指出的是，董仲舒和汉代公羊家们把"文质模式"用于对治国之道的理解是他们对孔子原意的创造性阐释，但并不意味着他们放弃了"文质模式"的本义。事实上董仲舒也与《礼记》一样，有时也用"文质"来解释"礼"的"外在"与"内在"。他说："礼之所重者在其志。志敬而节具，则君子予之知礼。志和而音雅，则君子予之知乐。志哀而居约，则君子予之知丧。故曰：非虚加之，重志之谓也。志为质，物为文。文著于质，质不居文，文安施质？质文两备，然后其礼成。文质偏行，不得有我尔之名。俱不能备而偏行之，宁有质而无文。"②这就是说，"礼"的内在之"志"，也就是行礼者的真实情感是为"礼"之"质"，居于首要地位；礼的外在之"节"，即各种礼仪形式，则是"礼"之"文"，处于次要位置。"文"必须附着于"质"，或以"质"为依托才有意义，"质"必须借助于"文"才能展现出来自身价值。二者共同构成了"礼"的过程。这也就是孔子"礼云礼云，玉帛云乎哉？乐云乐云，钟鼓云乎哉？"(《论语·阳货》)的意思。这种用"质文模式"解释"礼"的内在之"志"与外在之"节"并且"先质而后文"的观点对后世以此模式解释诗文的所指与能指具有重要影响作用，从而成为中国古代文学思想的基本主张之一。

三、作为文学评价标准的"文质模式"

以"文质模式"考量文字著述的情况是东汉才出现的，其代表者一为班彪，一为王充。班彪论司马迁云：

---

① [晋] 陈寿撰，[宋] 裴松之注. 三国志（上册）[M]. 长沙：岳麓书社，1990：242.

② [清] 苏舆撰，钟哲点校. 春秋繁露义证（新编诸子集成本）[M]. 北京：中华书局，1992：27.

孝武之世，太史令司马迁采《左氏》《国语》，删《世本》《战国策》，据楚、汉列国时事，上自黄帝，下讫获麟，作本纪、世家、列传、书、表凡百三十篇，而十篇缺焉。迁之所记，从汉元至武以绝，则其功也。至于採经摭传，分散百家之事，甚多疏略，不如其本，务欲以多闻广载为功，论议浅而不笃。其论术学，则崇黄老而薄《五经》；序货殖，则轻仁义而羞贫穷；道游侠，则贱守节而贵俗功：此其大敝伤道，所以遇极刑之咎也。然善述序事理，辩而不华，质而不野，文质相称，盖良史之才也。诚令迁依《五经》之法言，同圣人之是非，意亦庶几矣。①

　　在这里班彪在对司马迁《史记》编写体例、所依据的史料、所表达的思想等进行评述之后，专门称赞其"善述序事理"，这显然是指司马迁历史叙事方面的优点而言的，而"辩而不华，质而不野，文质相称"云云都是指文字书写层面的特点。这就意味着，"文质模式"开始从关于不同时代治国之道的考量标准转为关于文章写作方面的评判标准了。这里的"质"是指文字朴实，"文"是指文采。"文质相称"是说《史记》在文字表述方面既不华靡，也不粗野，恰到好处。这是很高的评价了。

　　我们再来看王充的论述：

夫人有文质乃成。物有华而不实，有实而不华者。《易》曰："圣人之情见乎辞。"出口为言，集札为文，文辞施设，实情敷烈。夫文德，世服也。空书为文，实行为德，著之于衣为服。故曰：德弥盛者文弥缛，德弥彰者人弥明。大人德扩，其文炳。小人德炽，其文斑。官尊而文繁，德高而文积。华而睆者，大夫之箦，曾子寝疾，命元起易。由此言之，衣服以品贤，贤以文为差。愚杰不别，须文以立折。非唯于人，物亦咸然……人无文则为仆人。土山无麋鹿，泻土无五谷，人无文德不为圣贤。上天多文而后土多理。二气协和，圣贤禀受，法

①［宋］范晔撰，［唐］李贤等注. 后汉书［M］. 北京：中华书局，1965：1325.

象本类，故多文彩。瑞应符命，莫非文者。①

西汉以来，儒家学者基本上都延续了董仲舒的"文质"之论，在"文""质"兼顾的框架中更强调"质"的根本性、优先性，其主要目的是劝导帝王以勤俭朴素的"质"道治理天下。王充一反其道，更强调"文"的重要意义。这里的关键在于对"文"的理解是与"情"与"德"紧密相连的，即"圣人之情见乎辞""文辞施设，实情敷烈"以及"德弥盛者，文弥缛"。也就是说，在王充这里，"文"之所以重要乃在于它是人之"情"与"德"的自然流露。只有缺乏充沛的情感与高尚品德之人才会"无文"。这里"文"与"质"对举成文，"质"是指人的思想情感和品德，"文"则是指人的思想情感和品德的外在显现。

那么在两汉这个"尚质"的时代，王充为什么要一反主流倾向，高扬"文"的价值呢？在以往儒者的"文质模式"中，"文"作为一种治国之道当然包含着"文教"之义，也自然包含着经学，而在王充这里则有所不同。他把儒生分为"文儒"与"世儒"两类，针对当时有人认为"说圣人之经，解贤者之传，义理广博，无不实见……文儒为华淫之说，于世无补"故而"文儒不若世儒"②之说，展开辩驳，强调了"文儒"的价值。观《论衡》一书，"文儒"与其他篇目中所论及的"文章之徒""作者""文人""鸿儒""著书之人"等称谓都是指那些能够"杼其义旨，损益其文句，而以上书奏记，或兴论立说，结连篇章者"，也就是他常常奉为楷模的那些人物，有先秦的管子、晏子、商鞅、虞卿，汉代的陆贾、司马相如、司马迁、刘子政、杨子云、桓君山等。这些人不像"世儒"或"经生"那样致力于章句训诂，寻觅往圣的微言大义，却能够自出机杼、自我树立，有个人独特的建树。这样的人才是王充心目中的楷模。他之所以强调"文"正在于标举这类人的价值。联系当时的语境，越来越陷入烦琐考证、趋于僵化的经学，特别是日益神秘化的谶纬之学正是王充反驳的对象。

汉代虽然是"经学时代"，但这并不意味着章句传注以及谶纬之学一

---

① ［东汉］王充. 论衡·书解［M］. 上海：上海人民出版社，1974：431–432.

② ［东汉］王充. 论衡·书解［M］. 上海：上海人民出版社，1974：432.

统天下。事实上，先秦诸子传统与楚骚传统或显或隐，从未断绝。此外还有源远流长的不属于《春秋》学范围的史学传统。因此，汉代的著述，还大量存在着不同于主流的经学话语，并且与儒学并不相悖的话语系统。就西汉言之，陆贾、贾山、贾谊、淮南王刘安及其宾客、刘向、扬雄、桓谭等人是子学之代表；司马相如、东方朔、枚乘、枚皋等为辞赋家之代表；司马谈、司马迁父子则为史家代表。这些人游离于经学系统之外，常常能够表达某种个人情感和思想，其精神风貌大异于那些于几部经典之中日夜搜罗爬梳、探赜索隐的经生。王充对经学的烦琐化、神秘化倾向深恶痛绝，他试图从子学、辞赋、史学传统中寻求资源以救时弊。所以他的所谓"文"主要是指那种饱含个人思想情感和创造性的子学、辞赋、史学著述。王充之所以对"文"以及"文人""鸿儒"高度重视，就是因为他认为这正是突破僵化传统的希望所在。

班彪对《史记》"文质相符"的评价与王充关于"人有文质乃成"的观点在继承孔子和董仲舒的"文质模式"的基础上分别开创了后世文学批评中"文质模式"的两大基本用法。一是把"文质"理解为诗文形式的两种风格，"文"指富于文采、华美，"质"指朴素、厚重。二是把"质"理解为所要表达的思想情感，把"文"理解为语言文字和表述方式。到了六朝之后，"文质模式"依然继承了传统用法，或用于对"礼"的阐释，或用于对治国之道的理解，同时其也被广泛用于评价诗文书画了。班彪和王充所开创的两种用法都得到了充分继承。试举数例以辨析之。

> 傅子曰：或问刘歆、刘向孰贤，傅子曰："向才学俗而志中，歆才学通而行邪。《诗》之《雅》《颂》，《书》之《典》《谟》，文质足以相副，玩之若近，寻之若远，陈之若肆，研之若隐，浩浩乎其文章之渊府也。①

这里关于《诗》《书》"文质相副"的评价乃由对刘向、刘歆父子才学

---

① ［魏］傅玄. 佚文 // ［宋］李昉编纂. 太平御览·文部十五（第五册）［M］. 石家庄：河北教育出版社，1994：715.

与人品之评价而起，显然是指《雅》《颂》《典》《谟》之属所表达之情志与所用之文辞二者相称，无辞过其旨或旨过其辞之弊，言近而旨远，足以成为文章之楷模。

> 昔之为文者，非苟尚辞而已，将以纽之王教，本乎劝戒也。自夏殷以前，其文隐没，靡得而详焉。周监二代，文质之体，百世可知。故孔子采万国之风，正雅颂之名，集而谓之《诗》。①

皇甫谧这里强调的是诗赋文章的社会功用，反对的是专意于辞藻，故而其"文质之体"乃指《诗三百》"文质相副"的特点。因此这里的"文质"是就文辞与其所表达之情志之关系而言的。

> 若夫天才卓尔，动称绝妙，辞赋极其清深，笔记尤尽典实。若问金石，似注河海，少孺速而未工，长卿工而未速，孟坚辞不逮理，平子意不及文，孔璋伤于健，仲宣病于弱。其有集论尚书，穷文质之敏，驻马停信，极亹亹之功，莫尚于斯焉。②

这是王僧孺对任昉文章的评价。所列举的枚皋、司马相如、班固、张衡、陈琳、王粲等人各自的优点和不足都是关于文辞的，因此"文质之敏"也同样是关于文章文采修辞层面的评价，不同于上引二例。

> 夫文典则累野，丽亦伤浮。能丽而不浮，典而不野，文质彬彬，有君子之致。吾尝欲为之，但恨未逮耳。观汝诸文，殊与意会。至于此书，弥见其美，远兼邃古，傍暨典坟，学以聚益，居焉可赏。③

---

①［西晋］皇甫谧. 三都赋序 // 萧统编. 文选·卷四十五（胡刻本影印版）［M］. 北京：中华书局，1977：641.

②［南梁］王僧孺. 太常敬子任府君传 //［清］严可均辑. 全梁文·卷五十二（下册）［M］. 北京：商务印书馆，1999：551.

③［南朝］萧统. 答湘东王求文集及诗苑英华书 //［清］严可均辑. 全梁文·卷二十（上册）［M］. 北京：商务印书馆，1999：216.

这是萧统和湘东王萧绎讨论诗文风格的文字，其"丽而不浮，典而不野"云云乃是指文辞雅丽而不浮华，典正而不粗疏。因此下文的"文质彬彬"与王僧孺之"文质之敏"意近，也是关于诗文修辞和风格层面的评价。

这几段引文说明六朝时期关于"文质模式"的两种用法都是常见的，并非主要是用于风格形式。即使同一作者，这两种用法也可以并行不悖：

> 至于后汉纪传，发源东观。袁张所制，偏驳不伦；薛谢之作，疏谬少信。若司马彪之详实，华峤之准当，则其冠也。及魏代三雄，记传互出，《阳秋》《魏略》之属，《江表》《吴录》之类。或激抗难征，或疏阔寡要。唯陈寿三志，文质辨洽，荀张比之于迁固，非妄誉也。（《文心雕龙·史传》）①

这是刘勰关于"史传"文体的议论。观其之于以往史家"偏驳不伦""疏谬少信""详实""准当""难征""寡要"等评判，其于陈寿"文质辨洽"的评价主要是关于文辞与史实之关系的，即"所指"与"能指"之关系的，并非仅仅涉及语言形式和风格方面。

> 研味孝老，则知文质附乎性情；详览庄韩，则见华实过乎淫侈。若择源于泾渭之流，按辔于邪正之路，亦可以驭文采矣。夫铅黛所以饰容，而盼倩生于淑姿；文采所以饰言，而辩丽本于情性。故情者文之经，辞者理之纬；经正而后纬成，理定而后辞畅：此立文之本源也。（《文心雕龙·情采》）②

观其"情者文之经，辞者理之纬；经正而后纬成，理定而后辞畅"之说就可以明了，这段话的"文质附乎性情"强调人之"性情"对"文质"的决定性作用，故而这里的"文质"乃指文章外在辞采风貌而言无疑。由此可知在刘勰这里"文质模式"是两种用法并存的。

---

① 周振甫. 文心雕龙今译［M］. 北京：中华书局，1986：146.
② 周振甫. 文心雕龙今译［M］. 北京：中华书局，1986：286.

以上对数则引文的分析表明，即使到了齐梁时代，用于文辞与情志之关系、诗文外在之辞采风貌，都是"文质模式"的通常用法。同时，在讨论政治、历史问题时，"文质模式"依然是指治国之道，与汉儒一般无二。这说明，"文质模式"从关于历史、政治的考量尺度向着诗文书画艺术评价标准的意义扩张是其适用范围的"衍义"而非"转移"，这类现象在中国古代学术话语中是普遍存在的。

四、余论："文质模式"与士人身份认同

自孔子以迄六朝，"文质模式"适用范围不断扩展呈现出意义与功能不断的演变。从以上的讨论中不难发现，这一过程始终与士人阶层身份认同密切相关，可以说，"文质模式"意义与功能的变化乃是士人身份变化之表征。是士人阶层，特别是儒家士人的政治诉求、文化观念、审美趣味决定了"文质模式"的性质与特征。

孔子代表的先秦儒家士人是道德理想主义者，幻想通过道德方式达到政治目的，他们以"克己复礼"为职志，试图通过人格自我提升改造现实社会。做君子是其人格理想，而衡量君子的标准则是看其对"礼"的把握是否恰当，"文质模式"便被孔子用来作为衡量君子的标准。孔子推崇的君子人格是"文质彬彬"的，亦即对于礼的践行既有其"质"，又有其"文"，使内在之诚信与外在之仪式完美统一。在孔子看来，如果士人人人成为这样的君子，再进而引导诸侯君主们也成为这样的君子，天下就可以恢复到秩序井然的礼乐社会了。

西汉士人处于完全不同的历史语境中，如何在大一统的政治格局中实现其政治理想是他们最为关心的事情，他们希望通过在理论上解释历史来影响现实政治。因此"文质模式"被他们衍化为关于不同历史时期治国之道的理解方式。他们试图表明，历史是不断循环往复的，"三世""三统"是循环方式，"五德终始"是循环方式，"一文一质"也是一种循环方式，都有不以人的意志为转移的必然性。"一文一质"是两种治理方式的交替，其核心是现实的君主一定要根据前朝之弊来制定或选择治国之道，因为前

朝之所以会覆亡，必定是在治国之道上走过了头，或者过于"文"，或者过于"质"。因此救"文"必以"质"，救"质"必以"文"。以董仲舒为代表的西汉公羊学通过反复论证提出一套"先质后文""质文兼顾"的政治路线，是汉王朝国家意识形态建构的重要组成部分。

到了东汉时期，经学之外的"子学"著述渐渐多了起来，士人身份也出现较大分化，于是"文吏""经生""通儒""文人""文士""鸿儒""辞赋之士""文章之士"各种称呼都出现了。渐渐个人化书写和书写的个性化开始受到人们的关注，于是"文质模式"就又衍化为关于书写文本所表现的情志与所表现的文辞之关系的评价准则。"质"近于现在所说的"内容"，而"文"则近于"形式"。

汉魏之际士人阶层身份的最大变化是以诗词歌赋等书写形式来纯然表达个人情趣的"文人"成熟起来了，成为一种重要的文化现象。文人身份成熟的最主要标志之一便是文章的形式和技巧本身受到空前重视。在这样的情况下，"文质模式"的意义与功能进一步衍化为关于诗文形式风格的评价标准，"文"指辞采华茂，"质"指文辞朴拙。如此，则六朝时期"文质模式"的这一新用法就成了士人新的身份——文人之话语表征。诗文的辞采、风格、技巧等形式因素而不是其所表现的内容成了文人之所以成为文人的标识性因素，成了一种身份识别的标准，这在文学史、古代知识阶层史上无疑具有划时代意义。

第三节　道家阐释传统之源流

西方哲人说"语言是存在之家"（海德格尔）"能理解的存在就是语言"（伽达默尔）"文本之外别无他物"（德里达），而中国古人却常说"书不尽言，言不尽意""言有尽而意无穷""言在此而意在彼""可意会不可言传"，两种观点迥然相异。究竟有没有语言之外的存在物？究竟有没有"言外之意"？有没有可以理解却无法言说之物？如果有，那么这种"意"或"物"究竟是指什么？人们是如何知道它们的存在的？如果从阐释学角度看，可以言说与不可言说分别代表了怎样的阐释传统？这些都是很有追问意义的话题。在中国古代，儒家的章句训诂或注疏之学以"依经立义"或"衍义"的方式推陈出新，实现意义的建构，此为中国古代阐释传统之主流。这一阐释传统的特点是"说清楚"——大到礼乐规范与治国平天下之"洪范九畴"，小到人性善恶之几微之间，无不竭力予以清晰说明，似乎世上并无不可言说之物。至于那些非人力所及的不可言说者则被归为"怪力乱神"而被摒弃在儒学之外。然而道家则反其道而行之，专门关注不可言说之物，从而开创出另一阐释传统——对不可言说者的言说。在中国阐释思想与实践的发展史上，儒、道两家并行不悖、相得益彰，共同构成了古代阐释传统的两极。在这里我们将对道家阐释传统的若干核心问题展开讨论。

一、"道"之不可言说与关于"道"的言说

如果说儒家试图而且相信可以弄清楚世上一切道理，凡是不可言说之物都是没有意义的，一概存而不论，道家则认为世上真正有意义的东西恰恰是不可言说之物。在两千多年的中国古代阐释传统中，人们对不可言说之物的兴趣最初正是由道家激发起来的。儒家致力于通过道德修身来恢复社会秩序，对经验世界之外的事情予以悬置，所谓"子不语"者是也，"天道远，人道迩"是也。所以儒家所讲之道乃是人道，是做人做事的道理，不仅可以言说，而且一定要说清楚才行。相比之下老庄之道所说的"道"是不可以言说的，一旦有所言说便不是那个"道"了。那么这个"道"究竟是什么，它为什么不可以言说呢？根据老庄的种种说法我们可以明了，"道"之所以不可以言说主要是因为它虽然会在人的经验世界中有所表现，甚至无处不在，但它本身却不属于这个经验世界。也就是说人们无法依靠感官经验来把握它。所谓"道之为物，惟恍惟惚"云云，就是说"道"虽然可以为感官经验所察觉，却不能为其所把握。换言之，感官经验察觉到的并不是"道"本身，而是"道"在人们的经验世界中的作用或表征。"先天地生"的"道"之本体是无法被认识的，人们所能认识的是它的显现：

特征与作用。如此一来老庄的意思就很明白了：关于"道"并非完全不可以言说，不可言说的是"道"本身，可以言说的是"道"的特征与功能。《老子》五千余言，《庄子》八万余言，可以说每句话都是在谈论"道"，但都不是谈论"道"是什么，而是谈论"道"怎么样，或者说是在描述"道"在人的经验世界中的表现。在老庄看来，天地间万事万物，包括天地本身，总有其来处，有决定其如此这般的原由。这个来处或缘由不是人的智力可以把握的，只能勉强借用"道"这个词语来指称它：

> 有物混成，先天地生，寂兮寥兮，独立不改，周行而不殆，可以为天下母。吾不知其名，字之曰道，强为之名曰大。大曰逝，逝曰远，远曰反。故道大，天大，地大，王亦大。域中有四大，而王居其一焉。人法地，地法天，天法道，道法自然。（第二十五章）①

这是一段极为重要的话，可以说是道家宗旨所在。这里的"道"是老子为天地万物的来处与缘由所命之名，而"大""远""逝""反"等则是人的经验可以觉知的"道"表现出的特征。天、地、人三者乃是人所能知道的宇宙间最大的存在，而他们都是"道"的派生物，天、地、人皆有来处与缘由，而"道"本身则是无有来处与缘由的本原性存在，这就是"人法地，地法天，天法道，道法自然"的真正含义。"道可道，非常道"中的"常道"就是作为天地万物之来处与缘由的"道"本身，或云本体之道，它究竟是什么，是不可以言说的，因为它在人类经验之外，就连"道"这个称谓也是不得已而为之的。

既然"道"不可言说，老子和庄子以及其他道家学人所谈论的都是"道"的特征与作用，那么这些"特征"与"作用"究竟是什么呢？对它们的谈论在中国阐释思想史上有什么特殊意义呢？我们先来看老庄关于"道"的特征和"功能"的言说。老子说：

---

① ［魏］王弼注，楼宇烈校释. 老子道德经注校释（新编诸子集成本）［M］. 北京：中华书局，2008：62-64.

故常无欲，以观其妙；常有欲，以观其徼。此两者同出而异名，同谓之玄，玄之又玄，众妙之门。（第一章）①

古之善为士者，微妙玄通，深不可识。（第十五章）②

"妙"是微妙深奥的意思，是"道"的特征之一，谓其变化无常，难以把握。这是就"道"的存在形态而言的。

敦兮其若朴。（第十五章）③

见素抱朴，少私寡欲。绝学无忧。（第十九章）④

常德乃足，复归于朴。（第二十八章）⑤

朴散则为器。（第二十八章）⑥

道常无名，朴。（第三十二章）⑦

"朴"的本义是"原木"，未经任何人的加工。作为"道"的重要特征之一，是指"道"的混沌未凿状态，只要有人工加于其上，则"朴散而为器"，不再是那个"道"了。这里强调的是"道"的"原生态"特征。

道常无为而无不为。（第三十七章）

上德不德，是以有德；下德不失德，是以无德。

① ［魏］王弼注，楼宇烈校释. 老子道德经注校释（新编诸子集成本）［M］. 北京：中华书局，2008：1–2.

② ［魏］王弼注，楼宇烈校释. 老子道德经注校释（新编诸子集成本）［M］. 北京：中华书局，2008：33.

③ ［魏］王弼注，楼宇烈校释. 老子道德经注校释（新编诸子集成本）［M］. 北京：中华书局，2008：33.

④ ［魏］王弼注，楼宇烈校释. 老子道德经注校释（新编诸子集成本）［M］. 北京：中华书局，2008：45–46.

⑤ ［魏］王弼注，楼宇烈校释. 老子道德经注校释（新编诸子集成本）［M］. 北京：中华书局，2008：74.

⑥ ［魏］王弼注，楼宇烈校释. 老子道德经注校释（新编诸子集成本）［M］. 北京：中华书局，2008：74.

⑦ ［魏］王弼注，楼宇烈校释. 老子道德经注校释（新编诸子集成本）［M］. 北京：中华书局，2008：81.

上德无为而无以为，下德无为而有以为。①

上仁为之而无以为，上义为之而有以为。

上礼为之而莫之应，则攘臂而扔之。

故失道而后德，失德而后仁，失仁而后义，失义而后礼。

夫礼者，忠信之薄而乱之首。（第三十八章）②

"无为"是"道"的又一个重要特征。"无为"并非什么都不做，并非没有任何功能和作用，而是指不设计、不做作，没有任何一种意志推动之。简言之，"无为"就是"无意而为之"。"道"作为天地万物之来处和缘由不同于殷商时代的"鬼神"，也不同于西周时期的"帝"或"上帝"，甚至不同于周代贵族和儒家士人都信奉的"天命"。因为"鬼神""上帝""天命"都体现了某种外在的意志，是"巫术—宗教"思维的产物。"道"则不同。它是天地万物之所以如此这般的原因和依据，没有意志，因此它一切的功能和作用都是"无为"的。

希言自然。（第二十三章）③

人法地，地法天，天法道，道法自然。（第二十五章）④

道之尊，德之贵，夫莫之命而常自然。（第五十一章）⑤

"自然"是"道"最根本的特征。何为"自然"？参考古今注家见解而概括之，所谓"自然"也就是"自在本然"或"自己而然"的意思。"自

①［魏］王弼注，楼宇烈校释. 老子道德经注校释（新编诸子集成本）［M］. 北京：中华书局，2008：90.

②［魏］王弼注，楼宇烈校释. 老子道德经注校释（新编诸子集成本）［M］. 北京：中华书局，2008：93.

③［魏］王弼注，楼宇烈校释. 老子道德经注校释（新编诸子集成本）［M］. 北京：中华书局，2008：57.

④［魏］王弼注，楼宇烈校释. 老子道德经注校释（新编诸子集成本）［M］. 北京：中华书局，2008：64.

⑤［魏］王弼注，楼宇烈校释. 老子道德经注校释（新编诸子集成本）［M］. 北京：中华书局，2008：137.

在"是说自己存在，不假安排，不由任何外力所决定；所谓"本然"是说其从来如此，原本如此，没有任何人为（或神为）因素参与其中。"自在本然""自己而然"是天地万物化育生成的基本特性，即自在本然性，道家摒弃了"鬼神""上帝""天命"之类的神秘力量，借用"道"这个词语来勉强为之命名。故而简言之，"道"是道家对天地万物所固有的"自在本然性"的临时性指称。

当然，作为一种与儒家一样以改变现实社会状况为指归的思想系统，道家讨论作为天地万物之所从来和缘由，并不是为了解决对自然宇宙的认识问题，其根本目的是为现实执政者提供治国之道，所以其对"道"诸特性与功能的描述最终不是落脚于认识论或客观知识论，而是现实政治。《老子》说："功成事遂，百姓皆谓我自然。"（第十七章）①"天下神器，不可为也。为者败之，执者失之。是以圣人无为，故无败；无执，故无失。"（第二十九章）②"道常无为而无不为，侯王若能守之，万物将自化……不欲以静，天下将自足。"（第三十七章）③"故圣人云，我无为而民自化，我好静而民自正，我无事而民自富，我无欲而民自朴。"（第五十七章）④，由此可知，老子大讲特讲"自然""无为"目的在于为执政者提供治国之道。在道家看来，既然天地万物都是遵循"道"而化育生成的，治理国家最好的办法当然也是遵"道"而行。

"道"本身是不可言说的，所以无论是老子还是庄子从来不为"道"下定义，不说"道"是什么。但是"道"于天地万物之中的显现，也就是它的特征和作用却是可以言说的，所以道家的全部言说可以说都是关于"道"的外在表现的描述。道家认为，可以通过了解"道"的特性与功能来接近"道"本身，至少可以接近和模仿"道"的运行轨迹，从而解决人

---

①［魏］王弼注，楼宇烈校释. 老子道德经注校释（新编诸子集成本）［M］. 北京：中华书局，2008：40.

②［魏］王弼注，楼宇烈校释. 老子道德经注校释（新编诸子集成本）［M］. 北京：中华书局，2008：76，166.

③［魏］王弼注，楼宇烈校释. 老子道德经注校释（新编诸子集成本）［M］. 北京：中华书局，2008：90—91.

④［魏］王弼注，楼宇烈校释. 老子道德经注校释（新编诸子集成本）［M］. 北京：中华书局，2008：150.

世间和个人身心的根本问题。

对"道"的二重性，即"道"本体和"道"的特性与功能的认识决定了道家反对言说，但又最善于言说的特点。他们反对关于"道"的本体存在的追问，但特别喜欢谈论"道"的特征与功能。那么道家谈论"道"的特征与功能的基本方法是什么？换言之，道家对"道"的阐释策略是怎样的？可以说，道家主要是通过描述可见的现象来呈现"道"的特点的，例如老子说：

> 有无相生，难易相成，长短相较，高下相倾，音声相和，
> 前后相随。恒也。（第二章）[1]

这是描述"道"表现在具体事物上总是两两相对，相辅相成，近于黑格尔所讲的"对立统一"规律。又：

...

> 道冲而用之或不盈，渊兮似万物之宗。……湛兮似或存。
> 吾不知谁之子，象帝之先。（第四章）[2]

> 天地之间，其犹橐籥乎？虚而不屈，动而愈出。（第五章）[3]

这都是用比喻的方法描述"道"，看似空虚却具有无限包容性的特点。对"道"的特征是用描述和比喻的方法，对那些为道之人，即在一定程度上能够依照"道"来行事的人的特点也用描述和比喻的方法来呈现：

> 古之善为士者，微妙玄通，深不可识。夫唯不可识，故强为之容。
> 豫焉若冬涉川，犹兮若畏四邻，俨兮其若容，涣兮若冰之将释，敦兮

---

[1]［魏］王弼注，楼宇烈校释. 老子道德经注校释（新编诸子集成本）［M］. 北京：中华书局，2008：6.

[2]［魏］王弼注，楼宇烈校释. 老子道德经注校释（新编诸子集成本）［M］. 北京：中华书局，2008：10.

[3]［魏］王弼注，楼宇烈校释. 老子道德经注校释（新编诸子集成本）［M］. 北京：中华书局，2008：14.

其若朴，旷兮其若谷，混兮其若浊。澹兮其若海；浑兮若无止。孰能
浊以静之徐清？孰能安以久动之徐生？保此道者不欲盈，夫唯不盈，
故能蔽不新成。（第十五章）①

　　对"道"有深刻体悟并且能够循道而行的人也同样变得深不可测，只
能借助于形容和比喻来表现。借助感性直观的物象来描绘"道"之特性与
功能，是道家最基本的阐释策略。"道"本身是无限存在，是超验的，因
此根本无法用感官把握，也无法用语言传达；但"道"并不是独立存在的
精神实体，它存在于万事万物之中，因此"道"的具体显现又可以成为经
验的对象。于是借助于形容和比喻来对各种现象进行描述便成为道家的基
本言说方式和阐释策略。这种阐释策略的实质是，以有限之物显示无限之
物，借可见之物接近不可见之物，用可尽之言言说不可尽之意。

---

　　① ［魏］王弼注，楼宇烈校释. 老子道德经注校释（新编诸子集成本）［M］. 北京：中华书局，
2008：33-34.

二、在"尽意"与"不尽意"之间：
关于"言意之辨"的阐释学追问

由于怀疑人之"言"对"道"的言说能力，故而道家实际上也怀疑人对言的理解和阐释能力。或者说，在道家看来，真正有意义的对象既然不可言说，那么一切利用语言而对语言进行的阐释也就值得怀疑了。庄子说：

> 夫言非吹也，言者有言。其所言者，特未定也。果有言邪？其未尝有言邪？其以为异于鷇音，亦有辩乎？其无辩乎？道恶乎隐而有真伪？言恶乎隐而有是非？道恶乎往而不存？言恶乎存而不可？道隐于小成，言隐于荣华。故有儒墨之是非，以是其所非而非其所是，欲是其所非而非其所是，则莫若以明。(《齐物论》)①

这里的一系列追问表达了作者对人的言说能力和阐释有效性的怀疑。虽然人的言说都是想表达某种意思，因而不同于吹气（或风吹），但是由于接受者的立场不同，人究竟要表达什么意思是很难达成一致判断的，如果涉及是非善恶的价值判断就更是如此。如郭注所言："我以为是，而彼以为非；彼之所是，我又非之：故未定也。未定也者，由彼我之情偏。"可知阐释是难的，故成疏感叹："言何所诠！"②甚而言之，则"道"之真伪与人之是非皆非语言所能辨。这显然是对人的阐释有效性的高度怀疑。

"道"之不可言说与对于"道"的言说是道家思想的悖论。如果真的不可言说保持沉默就可以了，为什么还是要说个不休呢？可见道家的根本目的不是宣布"道"的不可言说性，而是强调"道"之深奥难测、不同凡响。但如何展开对"道"的言说确实是很难的事情，因为"道"是天地万

---

① ［晋］郭象注，［唐］成玄英疏，曹础基等点校. 庄子注疏［M］. 北京：中华书局，2011：33–34.
② ［晋］郭象注，［唐］成玄英疏，曹础基等点校. 庄子注疏［M］. 北京：中华书局，2011：33.

物的来处和缘由，它本身实际上是"无"，只有从具体现象上可以倒推出它的存在。因此，如前所述，道家的工作实际上就是对"道"种种迹象的描述，从而总结出若干特征，进而为人的行为制定规则。如此一来，"道"与"言"的关系就衍化为"意"与"言"的关系，关于"道"的不可言说与对"道"言说之矛盾也就转变为"言意之辨"。就思想脉络而言，对"道"的思考与追问正是"言意之辨"的源头。庄子说：

> 世之所贵道者，书也。书不过语，语有贵也。语之所贵者，意也，意有所随。意之所随者，不可以言传也，而世因贵言传书。世虽贵之，我犹不足贵也，为其贵非其贵也。故视而可见者，形与色也；听而可闻者，名与声也。悲夫！世人以形色名声为足以得彼之情。夫形色名声，果不足以得彼之情，则知者不言，言者不知，而世岂识之哉！（《天道》）①

人们平常有所言说一般都随时消散了，没有人觉得有多么重要，而人的言说一旦被文字书写下来就显得重要了。现在尚且如此，两千多年前的战国时代就更不用说了。这段话清晰表明关于"言""意"关系的思考是由对于"道"的思考生发而来，同时也表明，关于"道"和"意"的思考根本上都是理解与阐释的问题，因为它们都是借助于"书"，即文字书写来传承的。按照庄子的逻辑，文字书写之所以重要是因为它是语言的载体，语言之所以重要是因为它是意义的载体，决定意义的，或者使意义成为意义的，则是那个不可以言传的"道"②。

庄子这段话在中国阐释思想史上极为重要，因为它开启了后世道家阐释传统的三个基本指向：一是贵无轻有，即轻视感官经验，而重视感官经验所不及者。能够听到或看到的东西都是不重要的，只有那些存在于人的感性经验之外的东西才具有决定意义。需要辨析的是，道家这种轻视感性

---

① ［晋］郭象注，［唐］成玄英疏，曹础基等点校. 庄子注疏［M］. 北京：中华书局，2011：265.

② ［唐］成玄英疏云："随，从也。意之所出，从道而来，道既非色非声，故不可以言传说。"（［晋］郭象注，［唐］成玄英疏，曹础基等点校. 庄子注疏［M］. 北京：中华书局，2011：265.）

经验阐释指向与西方近代哲学的"唯理论"并不能相提并论。唯理论强调以逻辑推理为主要方式的理性认知，轻视经验归纳。道家虽然同样轻视感官经验，却并不重视逻辑推理，他们重视的乃是人的全部认识能力所无法达到的那个东西，它既不是经验的对象，也不是理性认识的对象，只有直觉体验可以隐约觉察到它的存在。这种贵无轻有的阐释指向令阐释者总是在看得见的东西背后寻找看不见的东西，总是在能够说清楚的言辞背后寻觅说不清楚的东西，总是在人人可以理解的道理背后探索常人无法理解的玄妙之理。于是显与隐、外与内、浅与深、易与难的二元结构就构成了道家阐释传统的基本理解模式。二是重视模糊而轻视清晰。在这种阐释指向看来，凡是有价值的意义都是难以说清楚的，换言之，是语言所难以企及的。人人一看就能明白并且可以轻易宣之于口笔的道理总是不那么值得重视的。于是"玄奥"之理就成为道家阐释者们殚精竭虑去寻觅的东西。老庄之学成为魏晋玄学的主要思想资源并不是偶然的。在玄学家们那里，似是而非、模棱两可的言说往往最受青睐。老子所谓"明道若昧，进道若退""大音希声，大象无形"（第四十一章）[①]；庄子所谓"夫大道不称，大辩不言""道昭而不道，言辩而不及"（《齐物论》）[②]都是强调"道"无法说清楚的特征，唯其无法说清楚，才显示出其重要。三是重视否定而轻视肯定。道家的主要言说方式是否定性的。其往往不正面立论，而是通过不断否定来表达自己的真实见解。以不断否定的方式，去不断挖掘已经说出的意思之后隐含的意义，是这种阐释指向的基本方式之一。因为"知者不言，言者不知"，故而说出来的道理总是可以被否定的，如此则否定性追问就成为探讨那种玄妙之理的基本方式。[③]

如前所述，庄子这段话与《老子》之"道可道，非常道"以及《易传》

---

①［魏］王弼注，楼宇烈校释. 老子道德经注校释（新编诸子集成本）［M］. 北京：中华书局，2008：111-113.

②［晋］郭象注，［唐］成玄英疏，曹础基等点校. 庄子注疏［M］. 北京：中华书局，2011：47-48.

③例如庄子说："有始也者，有未始有始也者，有未始有夫未始有始也者；有有也者，有无也者，有未始有无也者，有未始有夫未始有无也者。"（［晋］郭象注，［唐］成玄英疏，曹础基等点校. 庄子注疏［M］. 北京：中华书局，2011：43-44.）就是典型的否定性追问，通过层层否定把追问引向深入。

的"书不尽言，言不尽意"①共同构成了中国古代思想史上重要论题"言意之辨"的源头。"言意之辨"是一个具有多维度意义的重要论题。从哲学角度看，这个论题涉及语言与意义的关系问题，进而关联思维与存在的关系以及语言本体论问题。从文学理论角度看，"言意之辨"涉及形式与内容、修辞与意义等根本性问题。如果将这个论题置于阐释学视域中，则涉及阐释与语言的关系、阐释与意义生成的关系、文本与意义的关系以及阐释方式等一系列重要问题。简言之，"言意之辨"在中国阐释传统中占据极为重要的位置，无论儒家还是道家都离不开对这一论题的关注。

在道家阐释传统中，"言意之辨"最主要的观点便是"得意忘言"。庄子说："而世因贵言传书。世虽贵之，我犹不足贵也，为其贵非其贵也。"郭注："其贵恒在意言之表。"成疏："夫书以载言，言以传意。而末世之人，心灵暗塞，遂贵言重书，不能忘言求理，故虽贵之，我犹不足贵者，为言书糟粕，非可贵之物也。"庄子说："悲夫！世人以形色名声为足以得彼之情。夫形色名声，果不足以得彼之情。"郭象注云："得彼之情，唯忘言遗书者耳。"成疏云："夫目之所见莫过形色，耳之所听唯在名声。而世俗之人不达至理，谓名言声色，尽道情实。岂知玄极，视听莫偕！愚惑如此，深可悲叹！"②庄子说："筌者所以在鱼，得鱼而忘筌；蹄者所以在兔，得兔而忘蹄；言者所以在意，得意而忘言。吾安得夫忘言之人而与之言哉！"郭注："至于两圣无意，乃都无所言也。"成疏："夫忘言得理，目击道存，其人实稀，故有斯难也。"③在上述这些引文中，庄子、郭象、成玄英一以贯之，都强调在阐释过程中，"忘言"的重要性。如果我们从现代阐释学视域来看，在阐释过程中"忘言"是可能的或必须的吗？如果回答是肯定的，那么"忘言"究竟意味着什么？有没有可以离开"言"的"理"或"意"？"目击道存"是不是意味着"道"是与"言"无关，仅仅诉

①［魏］王弼注，［唐］孔颖达疏. 周易正义（十三经注疏标点本）［M］. 北京：北京大学出版社，1999：291.

②［晋］郭象注，［唐］成玄英疏，曹础基等点校. 庄子注疏［M］. 北京：中华书局，2011：265.

③［晋］郭象注，［唐］成玄英疏，曹础基等点校. 庄子注疏［M］. 北京：中华书局，2011：492–493.

诸感官的？道家的"言意之辨"究竟要说明什么道理？

这些问题都是"言意之辨"的题中应有之义。其关键点在于"意"是否可以脱离"言"而独立存在。看道家所论，似乎"意"是内在的，生于心，然后借助于外在之"言"以传达出来。如此则"言"是"言"，"意"是"意"，二者完全是两样东西。这种见解是否可以成立呢？这里的关键是"意"究竟意指何物。如果把"意"理解为我们通常说的"意义"，亦即某种观点或道理，那么按照现代认知心理学、语言哲学和思维科学的观点，道家的这种观点是不能成立的。意义和语言是无法分开的，语言并不是承载意义的工具，它就是意义本身，因为人是要运用语言来思考的，离开了语言，意义就无法生成。人的内在世界和外部世界原本是自然存在的，是人们用语言为之命名，使之有序化，进而成为有意义的世界。从这个意义上说，语言与人的世界之形成是同步的，因而与意义的生成也是同步的。这就是说，没有语言也就没有我们可以理解的这个世界，当然也就没有任何意义可言。道家的所谓"得意忘言"是不能成立的。忘掉了"言"，"意"也就不存在了。然而如果不是把"意"理解为通常说的理性思维范畴的"意义"或"道理"，而是非理性思维的某种感觉、体验、领悟等等，则"得意忘言"之说或许就可以成立。因为感觉、体验和领悟并不像通常所说的意义和道理那样需要清晰的概念和严密的逻辑，因而和语言不能须臾分离。感觉、体验和领悟是非理性的，是以情绪、情感、知觉、直觉等综合性心理因素融合而成的，是包含着肉体反应（心跳加速等）的身心反应。在这里语言是不重要的，至少不是不能须臾分离的。离开了语言，这种综合性身心反应依然存在，甚至可以说，只有离开了语言它才真正存在。那么是不是对于这个意义上的"意"而言，语言是没有意义的呢？也不是，在这里语言会起到激发、引导的作用。"得意忘言"正是在这个意义上得以成立的。这就是说，作为一种阐释方法的"得意忘言"是否能够成立，关键看阐释对象所要传达的是什么——如果是某种与语言无法分拆的道理和意义，"得意忘言"是无效的，不能成立；如果是某种感觉、体验或领悟，则"得意忘言"就不仅是可以成立的，而且是唯一可行的阐释方法。

那么道家所谓"意"究竟是指什么呢？道家所谓"意"肯定不是一般意义上的"意义"或"道理"，也不是前面我们所说的感觉、体验或领悟。

综合老庄及道家后学的言谈可知，道家所谓"意"实际上乃是指"道"。"道"原本是不可以言说的，但是为了昭示世人，使之自觉做到"绝圣弃智""绝仁弃义"，从而归朴返真，也就不得不有所言说了。由于"道"本身无法言说，道家就对"道"在可见世界中的显现大加描述，借此呈现"道"的特性与功能，为人的行为树立效法的样板。因此，道家的"意"其实不是任何意义和道理，而是一种存在状态，亦即万事万物原本的存在状态，也就是自在本然性，这便是"道"。人对此实际上是无法言说、无法阐释、也无法把握的，人所能做的就是顺应——让自己的行为接近于事物的自在本然性，按照自身的自在本然性存在，摒弃和消弭一切人出于主观目的的创造性行为。道家称此为"体道"或"坐忘"。换言之，在道家看来，对"道"的真正有效的阐释不是理解和揭示什么，不是意义建构，而是使阐释者自己进入"道"之中，成为"道"的一部分。因此，对于道家，"得意忘言"根本上是指超越语言意义，达到同于大道的境界。老子说："故从事于道者，道者同于道……同于道者，道亦乐得之。"（第二十三章）①庄子说："隳肢体，黜聪明，离形去知，同于大通，此谓坐忘。"（《大宗师》）②就是讲这种境界。

如果说"言意之辨"是任何一种阐释学理论都绕不过去的阐释学基本问题，那么"得意忘言"就是一个关涉中国阐释传统的特点的，极有探讨价值的阐释方法问题。在中国古代阐释传统中一直存在着一种对语言之外的东西的浓厚兴趣，论者总是以各种方式试图接近那个神秘之物，有近于西方哲人对"真理"的执着探索。在他们看来，真理是可以说清楚的，只是还没有找到而已，只要找到了，就可以清晰论证。道家则不然，他们认为"道"是说不清楚的，或者说不是靠说就可以把握的，只能通过全身心体认来接近。换言之，对于"道"只有成为它才能理解它，只有实践它，才能阐释它。在这一点上儒家代表的主流阐释传统和道家阐释传统几乎是一致的。儒家之道虽然没有道家那么神秘，但也不能凭借认知，即文字书

①［魏］王弼注，楼宇烈校释. 老子道德经注校释（新编诸子集成本）［M］. 北京：中华书局，2008：57-58.

②［晋］郭象注，［唐］成玄英疏，曹础基等点校. 庄子注疏［M］. 北京：中华书局，2011：156.

写、文本知识来把握。儒家学说的核心在修身，无论是治国平天下还是提升自身人格境界，都需要从修身入手。修身的方式在存心养性，在居敬穷理，在慎独，这些都不是认识论或客观知识论范围的事情，这里的关键在于践行。从这个意义上看，王阳明标举"知行合一"之学，确实抓住了儒学的精髓。所不同的是，道家对"道"的践行依靠的是减法，即"损"——把后天习得的文化知识、价值观念一律涤除，然后就达到"道"的境界了。儒家则相反，是用加法，即积累，所谓"养气""集义""存心养性""积善成德"，最终达到成圣成贤的目标。

中国古代阐释传统确实与古希腊以降的西方阐释传统有相当大的区别。这是因为中国古人始终没有把求知，即探索纯粹的客观知识当作自己的首要任务，他们始终把实践摆在一切学问的首要位置，谈天说地也罢，探赜索隐也罢，最终都指向社会现实，指向政治、伦理以及个人的生存状态。因此，中国阐释传统也就始终被"应用"所纠缠，没有与"行"相分离的"知"，也没有纯粹的"理解"。道家对"道"的理解和阐释与儒家对"仁"的阐释一样，目标并不是建构新的意义，提供新的理解，而是自家心灵的自我改造、自我提升。如果离开了"行"——应用的视角，完全用西方认识论或客观知识论的标准来考量中国阐释传统，那就无异于圆凿方枘了。

"言意之辨""得意忘言"在这类中国阐释传统中最重要的论题上，儒、道两大阐释传统曾经出现了融汇趋势，这集中体现在王弼关于"言""象""意"的著名论述上：

> 夫象者，出意者也。言者，明象者也。尽意莫若象，尽象莫若言。言生于象，故可寻言以观象；象生于意，故可寻象以观意。意以象尽，象以言著。故言者所以明象，得象而忘言；象者所以存意，得意而忘象。犹蹄者所以在兔，得兔而忘蹄；筌者所以在鱼，得鱼而忘筌也。然则，言者，象之蹄也；象者，意之筌也。是故，存言者，非得象者也；存象者，非得意者也。象生于意而存象焉，则所存者乃非其象也；言生于象而存言焉，则所存者乃非其言也。然则，忘象者，乃得意者也，忘言者，乃得象者也。得意在忘象，得象在忘言。故立象以尽意，

而象可忘也；重画以尽情，而画可忘也。(《周易略例·明象》)①

　　王弼这里是借助道家之说来解说《周易》之卦象、卦辞与所传达的意义之间关系的。在王弼看来，言、象、意呈现逐层表征的关系。"言"是用来阐释"象"的，乃为"象"之表征，懂得了"象"之所指，就可以忘掉"言"了；"象"是用来阐释"意"的，乃"意"之表征，明了了"意"之所指，就可以忘掉"象"了。在王弼这里，"言""象""兔"是"筌"，是工具，只有"意"才是阐释的目标所在。显而易见，王弼是借助于《周易》的表意方式来解决道家"言不尽意"的问题，是儒与道相融合的"言意之辨"。然而，王弼是否真的解决了"言不尽意"的问题呢？言—象—意的三级阐释序列是否可以成立呢？这里至少有两个根本性问题需要解决。其一，"尽意莫若象，尽象莫若言"是什么意思？如果说"言"可以穷尽"象"的意指，"象"可以穷尽"意"的意指，那么"言"当然也就可以穷尽"意"之意指，为什么需要"象"为中介呢？这里的关键是既然"象生于意"，那就意味着在"象"产生之前已经有"意"。如此，此"意"为何意？它从哪里来？道家所谓"意之所随"者实为不可言说之"道"，而按照儒家的观点"立象而尽意"者应为圣人。所谓"书不尽言，言不尽意……圣人立象以尽意"(《系辞传上》)② 然而从《周易》的阐释逻辑看，"意"并非圣人本意，而应为圣人对"象"的阐释。以《乾》为例，"☰"为"象"无疑，则卦辞之"元亨利贞"乃为"言"，是圣人对乾卦的阐释。"初九，潜龙，勿用"等则为爻辞，也是"言"，乃为圣人对各爻的阐释。如此来看，卦和爻为"象"，卦辞和爻辞为"言"，那么"意"在哪里？当然是卦辞和爻辞所表达的含义。"象"可以尽意，言可以明象，看上去没有问题，但是"象"之"意"又是以"言"的方式存在的，这样一来"言"(卦爻辞)和"意"(卦爻辞的含义)就无法分拆了。"象"可以"忘"，当其被阐释之后；"言"却无法被"忘"，因为它与"意"根本无法拆解。

---

①［魏］王弼著，楼宇烈校释. 王弼集校释［M］. 北京：中华书局，1980：609.
②［魏］王弼注，［唐］孔颖达疏. 周易正义（十三经注疏标点本）［M］. 北京：北京大学出版社，1999：291.

　　"八卦"是八个象征性符号，分别意指天地风雷水火山泽自然现象。是古代哲人对自然宇宙存在样态及其变化的高度概括，确实蕴含着很高的智慧。《周易》则是一部卜筮之书，其以"八卦"原初的象征意义为基础，通过各种形式的排列组合，形成各种更为复杂的象征符号，并进而从中阐释出吉凶祸福等各种意义来。作为象征符号，八卦所含的"意"就是各种自然现象，例如"乾卦"代表"天"，"坤卦"代表"地"，等等。在《周易》中经过推衍之后的"卦象"则被阐释者理解为吉凶祸福的象征。如此看来，"卦象"的"意"并不先于"卦象"而存在，而是"圣人"——卦象的阐释者基于八卦的原初象征意义推测出来的，是阐释的结果。因此王弼说"夫象者，出意者也"是不错的。由于"卦象"是卜筮所必须依据之物，没有"卦象"，关于吉凶祸福的阐释结果便无从得出，所以说"圣人立象以尽意"之说也可以成立。由于"象"本质上乃是象征符号，所以"得意忘象"实际上也就等于"得言忘象"，阐释者对"卦象"的阐释结果，例如"元亨利贞"之类，既是"意"，也是"言"。这就意味着，王弼试图借助于《周易》来解决道家"道"不可言说，即"言不尽意"或语言有限性难题的尝试并不成功。"意""道"需要阐释，"象"同样需要阐释，而阐释就必然诉诸语言。

三、文学阐释中的言说与不可言说问题

　　追问说出来的话语背后隐含的没有说出来的意义似乎是中国古代诗歌理解和阐释的通例。以儒家为代表的阐释传统执着于经典背后含蕴的"道"或圣人之意，即微言大义。这一传统从先秦儒者的说诗用诗以及对《春秋》的解读就形成了。到了经学时代更发展成一套以章句训诂为基本方法的经典阐释模式。在这种阐释模式看来，《诗经·国风》中那些描写男女之情、日常生活的诗歌都是借助于"比兴"来表达美刺讽谏之意的。因此对《诗经》的阐释也主要是穿过字面意义来揭示其隐含意义。看到的不重要，看不到的才是真正意义之所在。这种阐释传统影响深远，一直到现代依然不难看到其印记。

以道家为代表的阐释传统与儒家阐释传统同样遵循"言在此而意在彼"的意义追问路向。所不同的是，道家阐释指向的意义不是关乎江山社稷的政教伦理意义，而是语言所无法表达的"自然之道"。就是说，尽管儒、道都主张摒弃言说的字面意义而探寻其背后之意，但儒家最终指向的政教伦理是可以说清楚而且必须说清楚的意义，而道家最终指向的意义则是不可言说之物。因此道家根本上不是要说明"道"，而是要成为"道"，也就是"体道"。只有成为"道"或与"道"为一体，人们才真正把握了"道"。因此，道家之学除了少数放弃言说的践行者之外，必然会演变为"言意之辨"。

道家的"言意之辨""得意忘言"作为一种阐释方式对后世最为突出的影响有二：一是魏晋六朝时期的玄学，二是在魏晋六朝之后的诗文评和书画论。玄学以"贵无轻有"为宗旨，专门谈论所谓"不近世务"的玄远话题，可以说是道家对不可言说之物之阐释方式的具体实践。按照玄学所谈论的内容和言说方式表现出来的精神旨趣来看，一种近于西方哲学本体论或近代认识论的知识体系是有可能出现的，至少可以产生一种中国式的形而上学，然而这些都没有出现，因为文化主导地位很快又为出身中下层的庶族文人所占据。那些出身阀阅世家的士族文人只是在极为特殊的情况下才在中国思想史上留下自己的印记，而且作为这一印记主要形式的玄学始终只是少数人的智力游戏。在绝大多数情况下，中国古代知识阶层更关注"有"——儒家的"内圣外王"之道都是关于"有"的学问。

因此玄学只是昙花一现，随着士族阶层在文化上的主导地位被庶族文人所取代，玄学无论是谈论的内容还是谈论的方式不大为人们所关注了。所以这里我们要讨论的主要是道家阐释方式的另一种影响。

在先秦至汉代的阐释传统中，诗文书画原本都与政教有着密切关联，或者宣王命、敦风俗，或者美刺讽谏，以补察时政。只是到了魏晋六朝时期，随着士大夫阶层的"文人"这一文化身份的日见成熟，诗文书画也获得了政教伦理之外的意义，成为表达个人情趣的重要方式。"文人"这种文化身份的出现和成熟，标志着古代知识人复合式人格的形成——他们一方面是社会政治伦理秩序的建构者、维护者和践行者，或志在建功立业，获取功名利禄，或以天下为己任，以求青史留名，就这一身份而言，古代知识人可以称为"士大夫";另一方面他们又是悠游于个体精神世界里的自我陶醉、自娱娱人的审美主体,以个体的精神自由愉悦为最高追求,对这一身份则可以用"文人"来命名。"士大夫"关心的现实政治伦理价值指向"有"——大到江山社稷、安邦定国,小到功名利禄、荣辱穷达,都与人的功利目的息息相关;文人趣味则指向"无"——大到天地万物之道、阴阳消息,小到个人日常中的瞬间感悟、莫名惆怅,均与人的实际利益了无关涉。

这显然是两种迥然不同的精神世界,是两种相背离的精神旨趣,却很奇妙地存在于同一个人身上。这种"复合式人格结构"在中国古代士人身上普遍存在着,二者之间虽然也存在着相互影响、渗透的情况,但是基本上各自遵循着各自的评价标准,创造着不同的意义。

被"士大夫"摒弃了的"贵无轻有"价值取向并没有消亡,而是被"文人"继承并转化为文人趣味。这是一个很奇妙的文化现象。于是文人趣味便主导了被后世称为"诗文评"的文学阐释。文人趣味对传统的政教伦理是疏离甚至拒斥的。因为这种趣味原本就是对现实政治的反拨,是对个体精神世界的呵护与拓展。表现于诗文评及书画论中,这种脱胎于"贵无轻有"玄学旨趣的文人趣味主要有三个方面。一是"贵虚轻实"(清浊)成为基本评价标准,二是"风神气韵"成为主要审美价值范畴,三是体验领悟成为主要判断方式。

在魏晋六朝的文化语境中,"无"是根本性的价值取向,所谓"以无为本""圣人体无"。"无"代表一切超越性的、玄远的、不可用经验来印证的东西,"有"实存之物,则代表一切经验范围内的、实际存在的、与人的现实利益密切相关的存在物。"贵虚轻实"一如"贵无轻有"一样,乃是道家哲学的基本观念。《庄子》有云:"或使则实,莫为则虚,有名有实,是物之居;无名无实,在物之虚。可言可意,言而愈疏。"(《则阳》)① "有名有实"者乃实存之物,可见可说;"无名无实"者乃虚无之物,不可见亦不可言说。这就构成了"虚"与"实"的二元对立结构。六朝时期,玄学和诗文评都继承了这一"虚实"结构模式并由此而派生出

---

① 〔晋〕郭象注,〔唐〕成玄英疏,曹础基等点校. 庄子注疏〔M〕. 北京:中华书局,2011:479.

"清浊""远近""雅俗"等一系列评价范畴。这个二元对立结构被用来考量诗词歌赋之作,于是它也就成为一种文学阐释模式。"贵虚轻实"乃是这一文学阐释模式的价值取向。对于诗文作品而言,重要的不在于写了什么,而在于如何写的、它们意味着什么。诗文意义关键就在于它没有说出来的,在于它意味着的东西。简单说,"虚"就是"书不尽言,言不尽意"之"意",即"言外之意"。"实"则是指文本中出现的事物。例如"池塘生春草"这句诗,"池塘""春草"是文本中出现的东西,是"实",都是习见之物,毫不足奇;"春天到了,池塘边上生出春草"这是文本说出来的意思,也是人人可以说出来的大实话,没有什么值得称道之处。那么这句诗有何妙处呢? 在于它没有说出来的,这便是"自然"二字。这句诗以最自然的方式写出了最自然的景物,从而成为道家最高范畴"自然"之表征,这便是它的奥妙所在。我们再来看看钟嵘《诗品》的评价标准,评古诗"文温以丽,意悲而远",评曹植"骨气奇高,辞采华茂",评阮籍"言在耳目之内,情寄八荒之表"[①],其所着眼的文之"温丽",意之"悲远"以及"骨气""辞采"等,都不是诗歌文本直接呈现出来的语词和意象,而是隐含在语词和意象背后的东西。再看钟嵘对陶渊明的评价:

> 其源出于应璩,又协左思风力。文体省净,迨无长语。笃意真古,辞兴婉惬。每观其文,想其人德。世叹其质直。至如"欢言酌春酒""日暮天无云",风华清靡,岂直为田家语耶? 古今隐逸诗人之宗也。[②]

这里为钟嵘所看重的"真古"之"笃意"、"婉惬"之"辞兴"显然不是"欢言酌春酒""日暮天无云"这样明白如话的诗句直接表现出来的意味,而是作为读者或阐释者的钟嵘解读的产物。换言之,它们是隐含于看上去平淡无奇的诗句后面的。从基本价值取向上的"贵无轻有"到作为文人趣味的"贵虚轻实",道家和玄学的"言意之辨"终于找到了极有衍生性的精神领域。一旦"无""虚"成为趣味,其影响就遍及诗词歌赋、琴棋书画等文人创作的方方面面———一种独具特色、影响中国人精神生活

---

① [梁] 钟嵘著,曹旭集注. 诗品集注(上册)[M]. 上海:上海古籍出版社,2011:91、117、151.
② [梁] 钟嵘著,曹旭集注. 诗品集注(下册)[M]. 上海:上海古籍出版社,2011:336-337.

千百年之久、至今依然具有强大生命力的美学精神形成了。在这种美学精神影响之下，凡是诗文书画的创作无不追求言外之意，写实风格被视为"工""匠"而受到鄙视。阐释与创作形成共谋和互动，构成一股强大而持久的审美风尚，并且越来越精微细密。围绕"贵无轻有""贵虚轻实"的文人趣味形成了一大批相关的重要审美范畴，形成一个庞大语族，不仅主导了文学阐释，而且主导了知识阶层整个个体性精神世界。这个语族中最有代表性的是"清""远""淡"。

在魏晋六朝时期"清"是一个使用广泛的词语，举凡人物品行、官吏政声、诗文风格乃至门第、出身、官职等都常常用"清"来标识。诸如清正、清中、清介、清廉、清贵、清阶、清流、清文、清雅、清远、清识、清裁、清音、清越等在此期的典籍史册中屡屡可见。这说明在彼时的文化共同体中，"清"成为一种涵盖政治、伦理、审美等各个领域的普遍价值。具体到诗文评中，"清"可以说是"贵虚轻实"趣味的主要表现。"清"与"虚"相近，"清"的反面"浊"与"实"相近。后者指具有实际的物质性或功利性的事物，前者则指超越了实际的物质性功利性事物的精神性存在。具体到诗文评中，"清"是指作品具有超越世俗的高雅性质。

> 文以气为主，气之清浊有体，不可力强而致。（曹丕《典论·论文》）①

这里曹丕把"清浊"与人的气质秉性联系起来，从人的个性角度来考察诗文作品之风格，意为诗文之"清浊"乃因于作者秉性之"清浊"，如此则把东汉以来用"清浊"划分政治人物的评价标准用之于诗文评之中了。这在中国文论史上确实具有划时代的意义。自此以后，"清"渐渐成为最重要的诗文书画之审美价值范畴之一。

> 永嘉以来，清虚在俗。王武子辈诗，贵道家之言。爰泊江表，玄风尚备。真长、仲祖、桓、庚诸公犹相袭。世称孙、许，弥善恬淡之

---

① 郭绍虞主编. 中国历代文论选（上册）［M］. 北京：中华书局，1962：125.

词。（钟嵘《诗品·晋骠骑王济·晋征南将军杜预·晋廷尉孙绰晋征士许询》）①

在这段文字中钟嵘是讲"玄言诗"之生成过程。"清虚"在这里即"清谈玄言"之义，这是"玄言诗"产生的基础，也是六朝以降文人以"清"为重要审美价值的思想来源。六朝以"清"为美的文人趣味当然与玄言诗大不相同，但在超越世务，即世俗之功名利禄这一点上二者是相通的，而这正是"清"最重要的特点之一。

> 然贵尚巧似，不避危仄，颇伤清雅之调。故言险俗者，多以附照。（《诗品·宋参军鲍照》）②

这里"清雅"与"巧似"相对，强调诗歌"虚"的特点。曹旭注云："谓鲍照诗，着意追求写景状物之逼真，不惜用险僻词句，故有损清新典雅之格调。"③深得钟嵘之旨。刘勰则进而强调"清"与文体之关联：

> 若夫四言正体，则雅润为本，五言流调，则清丽居宗；华实异用，唯才所安。（《明诗》）④

此言五言诗与四言诗的区别。盖东汉中叶以前，士大夫个人的诗歌创作尚未成为普遍风气，偶有所作，大都模拟"诗三百"，以四言为主，且多关乎政教伦理，故刘勰所谓"四言正体，则雅润为本"即指此而言；五言诗则多出于民间歌谣，后为官方乐府采集、加工，影响渐巨。至东汉后期则有以"古诗十九首"为代表的文人五言诗出现。刘勰所谓"五言流调，则清丽居宗"主要即指此类诗作。文人五言诗与四言诗的根本区别是不直接言及现实政治与伦理道德，而是以表现个体生命体验为主，诸如无关国

① ［梁］钟嵘著，曹旭集注. 诗品集注（下册）［M］. 上海：上海古籍出版社，2011：511.
② ［梁］钟嵘著，曹旭集注. 诗品集注（下册）［M］. 上海：上海古籍出版社，2011：381.
③ ［梁］钟嵘著，曹旭集注. 诗品集注（下册）［M］. 上海：上海古籍出版社，2011：389.
④ 周振甫. 文心雕龙今译［M］. 北京：中华书局，1986：62.

计民生、治教政令的生离死别、人生苦短、春感秋悲、孤独惆怅之类都是被描写的对象。这显然是对现实政治的超越与疏离，所以刘勰这里用"清丽"二字以与四言诗的"雅润"相区别。"清丽"是清新华丽的意思，而"清新"作为一种文人趣味，具有超越世俗功名利禄的意思。这是对文人五言诗这种新文体的准确理解与充分肯定。此与钟嵘的"五言居文词之要，是众作之有滋味者也"①有着相同的价值取向。刘勰又云：

> 章表奏议，则准的乎典雅；赋颂歌诗，则羽仪乎清丽；符檄书移，则楷式于明断；史论序注，则师范于核要；箴铭碑诔，则体制于宏深；连珠七辞，则从事于巧艳：此循体而成势，随变而立功者也。(《定势》)②

这里论及各种文体的区别。所谓"循体而成势，随变而立功"是说，各种文体有不同的特征与功能。其以"清丽"为"赋颂歌诗"等文体的基本特征，同样是凸显诗歌超越现实政教功用而纯然审美的一面，是对曹丕"诗赋欲丽"说的继承。另外刘勰还强调了"清"与诗文风格的密切关系：

> 结言端直，则文骨成焉；意气骏爽，则文风清焉……若能确乎正式，使文明以健，则风清骨峻，篇体光华。(《风骨》)③

"风骨"是一个在中国古代文论研究中极为重要也极受关注的概念，一个多世纪以来论者无数。人们大都试图弄清楚"风骨"究竟是指什么，如何定义，但至今依然言人人殊，莫衷一是。从阐释角度来看，则"清"与"风"相关。"风"是指作品整体上呈现出来的风貌。而"风清"则是指作品整体风貌具有超越世俗功利的品格，保持了一种精神的超越性。"风清"的条件是"意气骏爽"，"意气"即是作者之志趣或曰精神旨趣，"骏

---

① ［梁］钟嵘著，曹旭集注. 诗品集注（上册）［M］. 上海：上海古籍出版社，2011：43.
② 周振甫. 文心雕龙今译［M］. 北京：中华书局，1986：278.
③ 周振甫. 文心雕龙今译［M］. 北京：中华书局，1986：262–265.

爽"，陆侃如、牟世金认为是"高昂爽朗"[1]的意思，吴林伯谓之"豪迈"[2]，戚良德谓之"峻拔清朗"[3]，综合各家注释可知，所谓"意气骏爽"是说作品所表达的精神旨趣具有高迈远举、超越世俗的特点，这说明"清"作为六朝之后文人趣味的主要表现，其核心意蕴乃是对精神价值的推重，是重精神轻物质之价值取向之表征。此与日常生活中文人之"清高""好面子"具有同构性。

"远""淡"等作为诗文评和书画论中普遍使用的概念与"清"的内涵相近，都是彼时已然获得普遍性的"贵虚轻实"之文人趣味之体现。另外还有"风""神""气""韵"等词语，亦与"清""远""淡"一样在六朝时期渐渐成为被广泛使用的文论和书画论概念，极为清晰地彰显了与传统经学语境"美刺讽谏"式文学阐释模式迥然不同的新的文学理解，都是"贵虚轻实"之文人趣味的具体表现。这七个词语或它们的组合词，如"清远""清淡""淡远""风神""风气""气韵""神韵"之类都是指向"虚"的存在，即耳目感官所不及之物，而非"实"的存在，即看得见、摸得着之物。因此，"贵无轻有"的哲学观念以及与之密切关联的"贵虚轻实"之文人趣味根本上也就是重精神而轻物质。这种文人趣味是六朝以降主导中国古代诗文书画发展演变的基本价值取向。

四、结语

综上所述，可以得出若干或具有普遍意义的结论。其一，与儒家确立的经典阐释传统相反，道家阐释传统以超越世俗甚至物质存在为旨归，凡是经验世界中可见之物一概不足道，只有人的经验无法把握到的事物才是最根本的、本原的。但是道家又认识到这最根本、最本原之物不是自然万物之外的另一种存在，而含蕴于自然万物本身之中，如此又给人们对它的把握留下可能性。这一阐释传统使中国传统文化中增加了对"不可言说之

---

① ［南朝］刘勰著，陆侃如、牟世金译注. 文心雕龙译注［M］. 济南：齐鲁书社，2009：398.
② 吴林伯. 文心雕龙义疏［M］. 武汉：武汉大学出版社，2002：329.
③ 戚良德. 文心雕龙校注通译［M］. 上海：上海古籍出版社，2008：339.

物"的强烈兴趣，在一定程度上赋予了中国文化以超越性品格，否则，如果只有儒家阐释传统一统天下，中国文化就会变得因过于质实而缺乏灵气。其二，道家阐释传统作为一种哲学话语在六朝时期达到辉煌的顶点，此后则后继乏力、渐趋式微，只是部分地为儒家和中国本土化佛学所吸纳。然而它作为另一种话语形态却大放异彩，这就是诗文评和书画论。道家阐释传统的基本概念、思维方式都在这个领域中找到了各自的生长点。第三，文人趣味与道家阐释传统的结合是六朝以后诗文评及书画论勃然而兴的决定性因素。借助于道家阐释传统，文人趣味衍生出一个复杂的审美评价系统。在这个系统中，由道家"以无为本"演化出来的"贵虚轻实"成为基本价值取向，围绕这一核心观念生成了诸如清、远、淡、风、神、气、韵、高、妙、逸等一大批评价性概念，各自标识着一种更为具体的审美趣味，它们的出现使得中国古代文学艺术乃至整个审美精神世界都达到了空前的、世所罕有的精微程度。因此，如果说儒家阐释传统形塑了一个世俗世界中繁复而严密的价值秩序，那么道家阐释传统则形塑了一个审美领域中深邃而精妙的价值世界。第四，所谓"不可言说之物"对于道家来说是指世上一切非人为之物所共有的一种性质，即"自然"，用今天的话说即"自在本然性"，对于这一"自在本然性"的具体性，老庄感觉到它的无处不在，而对于其普遍性则又觉得它超出了人们的经验范围，难以把握，于是便勉强借用"道"来为之命名。因此，"道"即"自然"即天地万物之"自在本然性"，老庄试图用感官经验的方式把握这一实际上已经属于形而上学范畴的普遍性存在，遂产生"道可道非常道"也就是"不可言说"的困惑。他们分不清楚具体实存之物与人对于实存之物的抽象概括之间的区别，误把感官无法把握的形上思维的产物认为是无法把握因而也不可言说的存在。到了"贵虚轻实"的诗文评及书画论这里，"不可言说之物"就转化为"可意会不可言传"的东西，用今天的话说，也就是审美经验。这种不可言说的审美经验不再是对万事万物的普遍性的抽象，而是审美个体的当下体验与领悟。它之所以"不可言说"并非由于深奥，而是因为它是一种个体体验。体验是极为复杂的身心活动，是理性、感性之融汇，是理智与情感之结合，是生命个体对某种外来信息的全身心反应。它不属于概念世界，因此无法用概念准确概括。

第

●

章

经学语境下的

儒家经典阐释

第一节　儒学话语调整与汉代经典阐释学的形成

　　从先秦子学到汉代经学，随着儒者的身份从帝王的师友转变为人臣，儒家的话语方式也从先秦时期放言独造的思想构造逐渐转入了经典一途。较之先秦子学，汉代经学具有两个基本品格，一是顺着荀学的指引，从士人乌托邦话语向着融合官方意识形态诉求的话语形态转换，说到底也是儒者与人臣双重身份的反映。经学时代的开启就得力于董仲舒为汉武帝讲述"君权神授"的契机，而在后来的几次"称制临决"的经学辩论之中，胜出的一方也总是适时地抓住了君主的心理。二是接续儒学的经典文化，从先秦儒家引经据典地言说，发展到汉代以经典解释为中心的话语建构，二者之间显示出"思想"与"学术"的分野。总而言之，经学在形式上是经典解释之学，在本质上是通经致用之学，前者指向了一种知识学的表现形态，而后者意味着经学阐释旨在重建经典与当下之间的意义关联，从而实现引领君主政治的目的。这样来看待汉代经学在中国古代阐释思想史上的重要意义，并不仅仅是说它提供了古代经典阐释学的典范形态，更在于汉儒解经背后所蕴含的话语策略和阐释意识十分深刻地反映了君权大一统体制下儒学经世的路径及其精神诉求。后人不理解这一点，往往把汉儒说成是一帮"道统不闻"的庸碌之辈，又或者将其尊奉为经学史上的知识渊薮，实际上两种观点都没有看出经学的话语实践性质来。

　　在古代学术史上，知识分子意识的介入造就了儒学的话语权力，主导形成了古代文化治略的治理思路，就内化在儒家以话语建构为主、凭借有理有据的言说从而实现其社会使命的过程中。从根本上讲，儒学研究是一场话语实践，它旨在寻得秩序重建的新思路，也总是期待着学术的运用能够取得实实在在的社会效果。这必然是通过阐释实现的，而儒学阐释在本质上是一种当下性阐释，也是一场面向社会公众的言说。正是在这里，古人普遍面临着"说难"的困境，并由此生出一段关于人际沟通的阐释意识来。先秦诸子周游列国而慨叹"说之难也"，古代思想家们推行教化而感慨"道之难行也"。在很大程度上，一部儒学史也是知识分子应对"说难"的困境，不断地调整自己的言说策略以适应接受者心理的历史。在这个过程中，通经致用的宗旨指引着阐释的现实关怀，而"得君行道"的期待也影响着言说者的态度和方法，"如何说"甚至要比"说什么"来得更加重要，以至于后者本身即是被选择的结果。从先秦子学到汉代经学，再到宋明理学，历代儒家通过学术话语来引领社会文化方向，而如何将自家之学带到公共理解的层次上，进而带到社会实践的层次上，始终是一件最为紧要的事情。这势必凸显了儒学的阐释行为本身，而儒家的阐释意识也是从这里过来的。

一、"说难"与先秦儒学话语调整

在先秦儒家那里，他们以在野的身份从事理想社会的筹划，周游列国去宣扬其政治主张。他们是如何论证自家学说合理性，至少使之看起来拥有不言自明的依据，而且关乎治道之要的？先秦儒家首先把西周政治过分美化了。按照孔孟的说法，西周是一个"温良恭俭让"的社会，诸侯敬服，百姓养生送死无忧，而这一切都是"仁"这种道德价值教化的结果。但我们看典籍的记载，西周分明是崇尚文法之治的，在官制、礼仪、刑法乃至农事、教育方面都有严明的制度立法。在西周的史诗之中，周代先王都是励精图治、征伐不断而鲜有仁义之言的。这些都说明，周政绝非孔孟所说的那般完美。在萧公权看来，西周政治"得仁之学说以为根据，遂失其原有不平等不完善之缺点，而转为一种高尚之理想态度"[①]。诚如萧先生所言，西周实行的宗法和封建制，其本意是要为社会各阶层"正名"，借此维护宗周的等级秩序。但是当孔孟通过"忠恕之道"将个人、家国贯通之后，就俨然成了一个温情脉脉的"仁道化"社会，其中的人们由"尊尊""亲亲"的心理需要推己及人，也都安守本分，且能同情他人的利益，犯上作乱的事情就不会发生。

---

① 萧公权. 中国政治思想史［M］. 沈阳：辽宁教育出版社，1998：58.

孔孟仁学联系着"尊尊、亲亲"的政治伦理，都是从人的自然情感入手来建立普遍伦理的基石。孔子说："其为人也孝弟，而好犯上者鲜矣。"① 父子兄弟之间的亲爱之情无疑是合乎天性的，由这种先天的情感需要推及于他人，亦能够给予相当的同情和爱护。相似的推衍，孟子也说"老吾老以及人之老，幼吾幼以及人之幼"，他还教导统治者"推恩足以保四海"的道理。② 这些都叫作"忠恕之道"。在孔孟看来，每个人都有自己的心理欲求，他人同样也是有这个权利的。这样，每个人实现自身愿望的满足时，也就内在地要求他去尊重他人的权利，整个社会也就和谐有序了。由此可见，一个真正的仁者必是同时具备两项基本的心理素质：一是天赋的善根，即道德潜能；二是一种同情的能力和行为。性善之说的根本依据就在于这种同情的能力，因为它虽然难以办到，却是应当如此的。

先秦儒家还十分重视自身的学识和道德修养，他们是一群娴习周礼和经典、洞察治乱关键而又道德高尚的人。孔孟常常引经据典地证成己说，或者取鉴历史来为自己的学说张本，他们将一切合理的价值都囊括在"道"的范围之内，自己以真理独占者的姿态示人。孔孟的道论，由天道的本然之理及于社会人事之当然，为儒学教条找到了终极的价值渊薮。孔子罕言"性与天道"，因为在他看来："天何言哉，四时行焉，百物生焉，天何言哉！"③ 这就是说，儒道合乎自然法则，都是些不言自明的道理，根本不用多费口舌的。再来看孟子的"道"论，也是由天道而及于人事的。孟子说"是故诚者，天之道也；思诚者，人之道也"④ 又讲"存其心，养气性，所以事天也"⑤ 最终落实在"亲亲而仁民，仁民而爱物"⑥ 的为政之道上。这些都是教人如何做人和为政的，孟子的"尽心以事天"，实与"仁民爱物"的政治旁施乃是同一个过程，都是真实无妄的天理所暗示于人事的必然之义。

————————————

① [清] 刘宝楠撰，高流水点校. 论语正义 [M]. 北京：中华书局，1975：5.

② [汉] 赵岐注，[宋] 孙奭疏. 孟子注疏（十三经注疏标点本）[M]. 北京：北京大学出版社，1999：21.

③ [清] 刘宝楠撰，高流水点校. 论语正义 [M]. 北京：中华书局，1975：698.

④ [汉] 赵岐注，[宋] 孙奭疏. 孟子注疏（十三经注疏标点本）[M]. 北京：北京大学出版社，1999：200.

⑤ [汉] 赵岐注，[宋] 孙奭疏. 孟子注疏（十三经注疏标点本）[M]. 北京：北京大学出版社，1999：351.

⑥ [汉] 赵岐注，[宋] 孙奭疏. 孟子注疏（十三经注疏标点本）[M]. 北京：北京大学出版社，1999：377.

春秋战国是人文理性觉醒的时期，随着"皇天""上帝"等鬼神观念的隐去，新兴的士人阶层取代了原来的巫、祝、史、卜等神职功能，而崛起为知识生产的主体。孔孟放弃了"神道设教"的旧策略，改而构建"道"这样的价值本原，由此将儒家嘎嘎独造的仁政观念说成是客观的天道法则，进而推衍为人类社会的普遍秩序。有了这个"道"，儒者之思乃成为天底下的公理，从而掌握了足以对抗现实政治的话语权力，"道"甚至成为儒家向统治者分权的依据。我们看孔孟之书，里面的当权者简直都是不值一提的，孟子出口更是教训的语气。这种过于膨胀的士人主体意识，甚至启发了儒者以德居位、代世卿自立的政治企图。唯其如此，孔孟周游列国而不为所用，"儒学无用论"的声音不绝于耳，其困境是不难想象的。

到了荀子生活的战国末年，天下一统的趋势已然明朗，异说纷纭的局面更胜于孟子时代，特别是儒学无用论的思想甚嚣尘上。这些都对荀子的言说产生了重要的影响，首先就在于他切身地感觉到了一种"说之难"的困境，并将重心转到对"谈说之术"的思考上来。《荀子·非相》云：

> 凡说之难，以至高遇至卑，以至治接至乱。未可直至也，远举则病缪，近世则病佣。善者于是间也，亦必远举而不缪，近世而不佣，与时迁徙，与世偃仰，缓急赢绌，府然若渠匽檃栝之于己也。曲得所谓焉，然而不折伤。
>
> 谈说之术：矜庄以莅之，端诚以处之，坚强以持之，分别以喻之，譬称以明之，欣驩芬芗以送之，宝之珍之，贵之神之，如是则说常无不受。虽不说人，人莫不贵。夫是之谓为能贵其所贵。传曰："唯君子为能贵其所贵。"此之谓也。[①]

荀子认为谈话双方基于"高—卑""治—乱"的人格差异导致了"未可直至也"的言说处境，由此提倡一种"与时迁徙，与世偃仰"的言说态度：要随着时代的变化及时调整自己的言说内容和方式，既要婉曲地表达自己的意见，又不能"折伤"了对方的颜面。荀子还具体地谈到了诸种

---

① ［清］王先谦撰，沈啸寰、王星贤点校. 荀子集解·卷三［M］. 北京：中华书局，1988：84–87.

"谈说之术"，结题就在于"唯君子为能贵其所贵"，也即通过"谈说之术"将自己宝贵思想带到对方的心坎里面去，使自己所珍重的东西同样得到别人的珍重。他的学生韩非子也认为"凡说之难，在知所说之心，可以吾说当之"①；"凡说之务，在知饰所说之所矜而灭其所耻"②。在他看来，"说难"的症结并不在言说者缺乏澄清道理的才能和勇气，而在于很难把握接受者的心理。所以解难的办法就是明了对方"所悦""所矜"和"所耻"，从而使得"吾说"能够取得接受者的认同。

先秦诸子以真理的独断者自居，然而出于现实的考虑不得不迁就于一种"谈说之术"。恐怕在他们看来，自家的真理都是不言自明的，而任何言辩都是额外的，实际上是面对接受者追加了一个自证己说的解释维度。真正的阐释行为就发生在这里，它意味着在谈话双方难以达成共同理解的情况下，通过对自我的辩护从而说服对方。在先秦时期，孔子尚能面对弟子直接宣告自己的意见，孟子则面对君主展开引经据典、因势利导的劝说，直到荀子才对"如何说"本身有了比较自觉的思考和运用，进而将阐释行为带到了言说者的自我意识层面上。

首先，荀子特别注重"辨说"。检视先秦儒家的言辞思想，孔子提倡"君子欲讷于言而敏于行"，他教导弟子"谨言""寡言""切言"，是把言语当作君子人格的表征来看待的，并不十分突出言辞对"道"所具有的辩护和传播的功能。只是后来随着异端邪说的兴起，儒家才不得不采取"辨说"的形式来卫道。孟子自称"不得已"而好辩，荀子进而提出了"君子必辩"的思想，其实也是不得已的。《荀子·正名》说："夫民易一以道而不可与共故，故明君临之以势，道之以道，申之以命，章之以论，禁之以刑。故其民之化道也如神，辨势恶用矣哉！今圣王没，天下乱，奸言起，君子无势以临之，无刑以禁之，故辨说也。实不喻然后命，命不喻然后期，期不喻然后说，说不喻然后辨。故期、命、辨、说也者，用之大文也，而王业之始也。"③在他看来，古代圣王用命令、刑法规范民众的行为，凭借威

① 王先慎撰，钟哲点校. 韩非子集解·卷四［M］. 北京：中华书局，2003：86.
② 王先慎撰，钟哲点校. 韩非子集解·卷四［M］. 北京：中华书局，2003：89.
③ ［清］王先谦撰，沈啸寰、王星贤点校. 荀子集解·卷十六［M］. 北京：中华书局，1988：422.

势就能够很顺利地推行教化，哪里用得着"辨说"呢？只是后来圣王既没，君子将天下系于己身之后，面对"天下乱，奸言起"的形势才切实地需要通过"辨说"来卫道传教。荀子还谈到了推行教化的艰难，先是"命"和"期"的直接规定，最后才是"说"和"辨"的讲述道理，从"命""期"到"说""辨"即是不断地追加阐释的过程，实在也是迫于无奈的选择。唐君毅先生说："儒者不幸生在乱世，乃兼为思想家哲学家，而不能不有事于言辨，以去诐淫邪遁之辞或荀子所谓邪说辟言，亦不得已而为之事也。诚当天下有道之时，则孟、荀将同归于无言。"诚如所言，对孟、荀这样的大气概儒者而言，任何"辨说"在本质上都是额外的，但在现实上是必须的，他们内心都无意于阐释，然而一出口便是阐释。孟子重在"拒杨、墨"，荀子扩大到"非十二子"，都试图通过"辨"来攘除奸言邪说，达到"说行而天下正"的目的。只不过荀子的辨说更加自觉，所谓"君子必辨。凡人莫不好言其所善，而君子为甚焉"[①]，即是把辨说当作君子坚守善道的行为方式来看待的。在先秦儒家之书中，《荀子》之所以最以说理见长，一个重要的原因就在于他把"非十二子"的思想贯穿其中，从而为自己的写作设置了一个潜在的论敌。荀子通过"辨"的形式来"论"，也便是真正的阐释了。

其次，荀子将儒家士人纳入君臣关系的序列之中，从而大大收缩了孔孟儒者的那种"以道制势"的锋芒。据《荀子·儒效》篇记载，荀子游历秦国的时候，一开始就遭遇了秦昭王关于"儒无益于人之国"的下马威，于是他讲到儒者的种种好处。其云：

> 儒者，法先王，隆礼义，谨乎臣子而致贵其上者也。人主用之，则势在本朝而宜；不用，则退编百姓而悫；必为顺下矣。虽穷困冻餧，必不以邪道为贪；无置锥之地，而明于持社稷之大义；呜呼而莫之能应，然而通乎财万物、养百姓之经纪。势在人上，则王公之材也；在人下，则社稷之臣、国君之宝也。虽隐于穷阎漏屋，人莫不贵之，道诚存也。仲尼将为司寇，沈犹氏不敢朝饮其羊，公慎氏出其妻，慎溃

---

① ［清］王先谦撰，沈啸寰、王星贤点校. 荀子集解·卷三［M］. 北京：中华书局，1988：83.

氏逾境而徙，鲁之粥牛马者不豫贾，必蚤正以待之也。居于阙党，阙党之子弟罔不分，有亲者取多，孝弟以化之也。儒者在本朝则美政，在下位则美俗，儒之为人下如是矣。①

荀子对秦昭王说，儒者擅于处理政事，富国养民，能够"谨乎臣子而致贵其上"，使得君主的地位更加尊崇；即便在野，也必为"顺下"之民；哪怕是"穷困冻馁"，也懂得"社稷之大义""不以邪道为贪"。总之，"儒者在本朝则美政，在下位则美俗"，是为"社稷之臣，国君之宝"。虽然，《儒效》仍然在讲"道"与"势"的关系，但少了孔孟的那种互相竞争、互相冲突的意味，而是一种互为促进、互为保障的关系。荀子显然认为，儒者得君更能行道，而儒家之道对君主权势不仅没有妨碍，反而更能增进君主地位的尊崇，所以就得到了秦昭王"曰善"的响应。而我们看孔孟与国君之间的问答，往往在前者一番陈义甚高的言论之后，国君或没有下文，或"笑而不言"。究其实，他们过于强烈的道义感造成了君主的被动地位，也使得自己的言说带上了独白的性质。

再次，荀子善于依经立教，将古代典籍建构成为承担社会教化、保存王道法则的话语系统。儒家先师都善于引经据典地证成己说，而荀子引述的密度最大，他也首先将《春秋》与《诗》《书》、礼、乐连称，并用于配合古代圣王立身处世的各个方面，从总体上将这五部典籍转换成为圣王垂教后世的经典。《荀子·儒效》篇云：

> 圣人也者，道之管也。天下之道管是矣，百王之道一是矣。故《诗》《书》《礼》《乐》之归是矣。《诗》言是，其志也；《书》言是，其事也；《礼》言是，其行也；《乐》言是，其和也；《春秋》言是，其微也。故风之所以为不逐者，取是以节之也；《小雅》之所以为《小雅》者，取是而文之也；《大雅》之所以为《大雅》者，取是而光之也；《颂》之所以为至者，取是而通之也：天下之道毕是矣。乡是者

---

① ［清］王先谦撰，沈啸寰、王星贤点校. 荀子集解·卷四［M］. 北京：中华书局，1988：117–120.

臧，倍是者亡。乡是如不臧，倍是如不亡者，自古及今，未尝有也。[1]

在先秦以来经典化的历程上，孔子自称编诗正乐、雅言诗书，孟子则"序《诗》《书》"，述仲尼之意"[2]，并首发"孔子成《春秋》，而乱臣贼子惧"[3]的历史批判意义，唯独荀子不提孔子与经典的关系。对于亟须破解儒学无用论的荀子来说，他将经典转换成先王治国的遗迹，而有意无意地避开了孔子传经论所涉及的儒家道统，是可以理解的。如果说孔孟重在建构儒学的观念本体，重在启发儒家士人的主体意识自觉；则荀子重在谋求儒学的社会运用，故而更加倚重于"如何说"这一阐释行为本身，实际上也是在为天下读书人谋求君权大一统体制下的经世路径和出路问题。后人不明其中道理，以为儒家之道传至孟子而绝，往往就要指责荀子之道斑驳，这实在是不公允的。

二、汉代经典阐释学的双重面目

在荀子生活的战国晚期，古代经学逐渐发展起来了。《春秋》三传、《易传》《孔子诗论》《礼记》，一般都被认为是战国中晚期的作品，它们的口述流传还要更早一些。与那种偏于思想构造的子学品格相区分，这一类的儒学话语主要不是以纯粹的观念形态，而是以经典阐释学的形态存在的，在性质上是属于对孔子经学文献活动的再解释。汉代儒学最初也是诸子学的话语形态。陆贾、贾谊等人都以"秦亡"为鉴来教导君主如何守成的道理，蔚成一股"过秦"的思潮，隐约可见帝王之师的立场。到了汉武帝的时代，董仲舒的公羊学以"君权神授"的话语姿态成为汉学显学，影响带动了经学博士制度的确立，自此经典解释学逐渐取代子学成为主流儒学话语。

当先秦儒学的"隐含读者"以独断的专制者身份出现，儒生乃得收起真理独断者的严峻面目，改而通过经典阐释学的方式寄托引领君主政治的

---

① ［清］王先谦撰，沈啸寰、王星贤点校. 荀子集解·卷四［M］. 北京：中华书局，1988：133–134.

② ［汉］赵岐注，［宋］孙奭疏. 孟子注疏（十三经注疏标点本）［M］. 北京：北京大学出版社，1999：3.

③ ［汉］赵岐注，［宋］孙奭疏. 孟子注疏（十三经注疏标点本）［M］. 北京：北京大学出版社，1999：178.

用心。在汉代，君权专制剥夺了先秦游士的自由身份，从此君权与儒者的内在紧张构成了汉儒从事政治文化活动的总语境。郑玄《六艺论》尝云：诗者，弦歌讽喻之声也。自书契之兴，朴略尚质，面称不为谄，目谏不为谤，君臣之接如朋友然，在于恳诚而已。斯道稍衰，奸伪以生，上下相犯。及其制礼，尊君卑臣，君道刚严，臣道柔顺，于是箴谏者稀。情志不通，故作诗者以颂其美而讥其过。"[1]这里把历史分成了两段，依据的是君臣关系的调整以及由此而来的沟通手段的变化。在"君臣之接如朋友然"的清明时代，君臣之间没有私心相阻隔，臣子的"面称"和"目谏"都是诚心诚意的，并不掺杂丝毫的谄媚或毁谤的念头。但是到了后来，君臣关系越来越紧张，直至到了"君道刚严，臣道柔顺"的地步。在这种情况之下，直言敢谏的人少了，才不得已用诗歌这种形式委婉含蓄地表达意见。郑玄在这里虽然谈的是诗歌发生之由，却也体现了他对儒家现实处境及其话语策略的深刻体认。也正如董仲舒的《天人三策》所提示的那样，他从宇宙法则的高度论证皇权至上的合法性，至于儒家的那种抗颜卫道的精神则被深深地隐藏了起来。这样就以合作者的姿态揭开了经学极盛时代的大幕，同时也给出了汉儒经世致用的基本方式。

一个典型的例子当属汉代春秋学不断做出理论上的调整，以适应专制主义的需要。春秋学是汉代的显学，它的三传都尊奉孔子为"素王"，有拥戴孔氏受命王天下的意味。对于这样一个自有其政治抱负的儒者阶层，汉武帝是不敢委以重任的。武帝之后，经过历代君主的"称制临决"，《春秋》学的这点野心便被消磨掉了。根据王葆玹的揭示，先是穀梁学将孔子纳入殷的系统使之作古，所以该学在石渠阁会议上取得胜利，被立于学官。石渠阁会议之后，公羊学也放弃了"王鲁"的旧说。[2]而在东汉章帝建初四年的白虎观会议上，左氏学也绝口不提"麟来为孔子瑞"的古事，转而认为左氏独有明文"证图谶，明刘氏为尧后者"，且其所言"斯皆君臣之正义，父子之纪纲"。[3]这样，汉代的春秋学经过不断调整，逐渐淡化了圣

① ［清］皮锡瑞撰. 六艺论疏证（续修四库全书本）［M］：280.
② 王葆玹. 今古文经学新论［M］. 北京：中国社会科学出版社，1997：253-258.
③ ［宋］范晔撰，［唐］李贤等注. 后汉书［M］. 北京：中华书局，2005：829.

人受命的信仰，越来越向着官方意识形态话语过渡。春秋学的命运代表了汉代经学的共同走向。到了东汉章帝召集经学大师"共正经义"的时候，这个过程总算是完成了。根据章帝意旨编成的《白虎通义》将儒家经说与阴阳迷信相结合，基本上都是对封建等级制度的规定和阐释，因此这部书被史家称为"国宪"。

不过仅仅到此，儒家的文化立场将要被瓦解，汉儒似乎果真是一群庸俗的利禄之徒，但情况又不是这样简单。汉儒虽然失去了先秦游士的时代机遇，却也不甘心沦落为纯粹的统治工具。"利禄之学"的背后依然有着一份清醒的阶级意识——要强勉行道，劝导君主奉行儒家的德政方略。透过训诂考据的朴学面目，不难发现汉代经学在融合官方意识的背后恰恰涌动着儒家的一段道统命脉。诗经学的美刺说、春秋学的运命之论主要就是针对统治者言说的，劝他们要守礼，不要乱名分，不要滥用权力。这种制衡意识发展到汉末郑玄的周礼学那里，按照他的制度设计，君主享有"政令之所出"的尊贵名号而臣属掌握着世俗的权力，社会秩序之达成有赖于这一套职官制度及其程序功能的实现。实则以官制限制君权，具有明显的虚君论的色彩。

董仲舒是奠定汉文化品格的关键人物。一方面，他的春秋公羊学论证了天道纲常的等级秩序，同时又反复地渲染"王者承天意以从事，故任德教而不任刑"①，"屈民而伸君，屈君而伸天"②的神权至上的思想。按照这一套学说，封建等级秩序和一切社会规范乃是天意如此的，君主被选定出来就是要替天行道的。如果权力的运用违背了这个原则，上天就会通过灾异来不断地警示他，甚至国运也会转移。董仲舒如此地重视天象灾异的问题，未必真的相信人格神的存在。胡适曾指出："汉朝的国教挂着儒教的牌子，把灾异解释作一种仁爱而全知的神（天）所发的警告，为的是使人君和政府害怕，要他们承认过去，改良恶政。"③至于改良的方法，如同董仲舒《天人三策》中所讲的，君主要明德修身，仁民爱物，任用贤士来教化民众，

---

① ［汉］班固. 汉书［M］. 北京：中华书局，2007：563.

② ［汉］董仲舒撰，［清］凌曙注. 春秋繁露［M］. 北京：中华书局，1975：29.

③ 胡适著，季羡林编. 胡适全集（第八卷）［M］. 合肥：安徽教育出版社，2003：493.

按照儒家仁义礼乐学说来重建社会秩序，等等。总之，董仲舒的春秋学清楚明白地显示，到底是谁掌握着真理，谁才是真正的代天立言的角色，在这套天人话语的背后隐藏着汉儒争取文化权利、抗衡君权独断的企图。天人话语在董仲舒之后不绝如缕地发展，事实上构成了汉代经学建构的一个基本特征和思路。刘向的穀梁学、李寻的尚书学、谷永的易学和齐诗一派都好言阴阳灾异，他们以此规谏君主当改良时政，求贤访能，革除外戚宦官的威权，甚至胁迫君主"更受命"或"禅以帝位"的。这些也都是天人话语建构的必然之义。

汉儒也善于从历史角度来论证自家观念的合理性。公羊学从夏商周的历史演变之中提出"三统"之说，以此作为汉代受命改制的依据。董仲舒和何休都认为"新周，故宋，以《春秋》当新王"构成了一个新的三统循环，而孔子早就预言了在商宋和周代之后将要有一个新的王朝诞生，于是作《春秋》为之制定正朔服色，有待于这个新王来实现。这个新王当然不是秦，只能是汉王朝。公羊学还有所谓"三世"之说，即是把春秋史分为"所传闻""所闻""所见"三个由远而近的阶段，以此来阐明孔子作《春秋》在笔法用词方面的差异以及此中隐含的无限深意。董仲舒《春秋繁露》说："于所见微其辞，于所闻痛其祸，于传闻杀其恩，与情俱也。"[1]这就是说，世代越是向前推移，它的恩义在当代就越是淡薄，所以孔子就根据"亲亲而疏疏"的伦理只对"所见"之世的书写最为含蓄隐讳，不会轻易地批评它们，而对最远的"所传闻"之世就没有这么客气了。但是何休却认为："三世异辞"的笔法在体现孔子的伦理学思想之外，更埋藏有很深的大一统的历史进化论观念。在他看来，春秋三世的演进，亦即拨乱世—升平世—太平世的进化秩序，也就是王道教化由鲁而诸夏，再扩散到夷狄的历史过程，与此相适应，孔子的书写体例也就各不一样。《春秋》三传本来就是历史著作，汉儒一向认为它们经过了圣人之手保存有历史的法则在里面。

随着秦汉以来君主专制政体的渐趋形成，儒者的身份发生了根本的变化，话语方式亦将随之做出调整。从孔孟以道自尊的思想独白，到荀子缓和道势、依经立义的言说，再到汉代经学的形成，儒家话语调整伴随着儒

---

① ［汉］董仲舒撰，［清］凌曙注. 春秋繁露［M］. 北京：中华书局，1975：12.

者与君权之间的力量消长，最终乃得通过经典阐释学的方式寄托其政治用心，依凭天道阴阳和历史经验来约束君权的过度膨胀，利诱甚至胁迫它们践行儒家的王道理念。从中不难体会，汉代君权和儒者之间是如何达成一种微妙的平衡关系的。如同汉武帝和董仲舒的对答所显示的，君主欲图攫取儒学的意识形态效应，总是伴随着权力的让渡；而儒者总是希望借助君权的力量来实现他们的王道理想。一旦儒者的要求超过了君权所能够容忍的底线，比如眭宏上陈灾异胁迫昭帝禅位让贤的时候，就遭到了无情的诛杀，而汉末儒生过于激烈的批判立场也招致了异常惨烈的党锢之祸。这就是我们看到汉代经学为何总是以双重面目示人的根本原因。一方面，汉儒的确失掉了先前的那种真理独断者的气概，似乎专以"儒术缘饰吏治"，或者专以训诂考据为能事，换成了一副严谨朴实的学者面目。但在另一方面，在这套天人、古今话语的背后，深刻地埋藏有儒者行使文化批判、抗衡君权独断的企图。经学阐释的宗旨就在于确立君主的专制权力和社会统治秩序，为封建政治的稳定思想意识形态方面的保证；同时也为现实的君主确立行为的准则，教导他们以文、武、周公为榜样，以幽、厉等无道之君为鉴镜，做一个仁义明达的统治者。汉儒传经都是从基本知识层面着手的，但他们中的"最多数人只把训诂当成一个过渡工具，绝非清代汉学家所说的'训诂明而义理明'，把做学问的工夫停顿在训诂章句上"。[①]汉学阐释又有附会史实和言阴阳灾异的毛病，钱穆的解释是："汉人通经本以致用，所谓以儒术缘饰吏治，而其议论率本于阴阳及《春秋》。阴阳据天意，《春秋》本人事，一尊天以争，一引古以争，非此不足以折服人主而自申其说，非此亦不足以居高位而自安"。[②]如果我们仅仅着眼于训诂考据的表象，或以纯学术的观点来衡量古人，往往就要指责汉儒的支离、妖妄和愚笨，其实这些观点都没有看出经学话语的实践性诉求。

---

① 徐复观. 两汉思想史（第三册）［M］. 上海：华东师范大学出版社，2001：358.

② 钱穆. 秦汉史［M］. 北京：生活·读书·新知三联书店，2004：232.

第二节 "述而不作"与汉唐经学阐释意识

汉代经学循着荀子的指引向着融合官方意识的话语形态过渡，并将儒学经世的方向逐渐转入了经典阐释学一途。正是在这里，汉儒首先就面对着先秦以来经典残缺、古文失传的现实，所以汉儒治经是从最基础的知识层面做起的，一个根本的任务就是通过训诂考据的方式来解密经典之意并带到当下。在经学语境下，"述而不作"的思想占据着阐释学的中心地位，它意味着经典有一个有待于恢复的原意，阐释者充当了经典的翻译者的角色，而阐释本身乃是一种还原性的认知活动，也是一种面向当下的文化继承行为。在古代学术史上，汉唐经学最以知识学擅长，一种解密的冲动伴随着阐释行为的递增，极大地带动了经学史上的知识增殖。汉唐经学之所以不免固陋、烦琐和保守之讥，原因就在这里。

一、还原性阐释

许慎在《说文解字·叙》中谈到古今语言文字的变迁，他说"孔子书《六经》，左丘明述《春秋传》，皆以古文，厥意可得而说"；到了战国时期，诸侯"皆去其典籍"，于是出现了"田畴异亩，车涂异轨，律令异法，衣冠异制，言语异声，文字异形"的情况；到了秦朝的时候，"秦烧灭经书，涤除旧典"，"罢其不与秦文合者"，于是"古文由此绝矣"。[①]这就是说，汉儒实际上处在文化的断层之中，先秦的语言文字、名物制度、地理风俗等经历了古今之变，而在汉代成为一种不可知的故言。汉代一批字书的出现以及汉代经学的训诂传笺体式，就是在这样的背景之下产生的，它意味着汉学阐释的首要任务就是通过一种知识考古学的方法把经典的本

---

① ［汉］许慎撰，段玉裁注. 说文解字注·卷十五［M］. 上海：上海古籍出版社，1981：757、758.

意还原到当下。

在经学语境下，"述而不作"占据着阐释学的中心地位。所谓"述而不作，君子义也"①，汉儒普遍地不敢自称"作者"，而且敏感于那些"非圣人而作经"的行为，从根本上讲就是出于这种维系先秦经典文化的现实需求。《说文》曰："述，循也"②"作，起也"③。《汉书》颜注曰："作谓有所兴造也，述谓明辨其义而循行也。"④《中庸》皇注曰："述者，传于旧章也。作者，新制作礼乐也。"⑤毫无疑问，汉儒的当务之急是采取"述"的态度来接续先秦以来几经中绝的经典文化，而不是另起炉灶地创制新的东西。对于汉儒的这种"著作者"意识的缺乏，后来王充在《论衡》中曾给予了激烈的批评。王充准确地看到了汉代经学陈陈相因的弊端，然而却误解了汉儒兴废继绝的现实用心。毕竟对身处文化断层之中的汉儒来说，"述"的确是比"作"更加紧要的事情。无论是遵循古制，还是传于旧章，都落脚在"明辨其义"，而首当其冲的就是弄懂古文音义。正如郑玄所说"读先王典法，必正言其音，然后义全"⑥，汉儒述经都是从最基础的知识层面做起的，在很大程度上就是释"故言"。

《说文》曰"训，说教也""诂，训故言也"。段注曰："说教者，说释而教之，必顺其理""故言者，旧言也……训故言者，说释故言以教人，是之谓诂"。⑦实际上，经学家的阐释意识是非常清晰的，那便是把"故言"当作解开经典文化的关键，通过语言文字的转换克服古今之变，从而把经典之道带到当下。孔颖达在《毛诗正义》中说：

> "诂训传"者，注解之别名。毛以《尔雅》之作多为释《诗》，而篇有《释诂》《释训》，故依《尔雅》训而为《诗》立传。传者，

① [汉]司马迁. 史记·卷一二七［M］. 北京：中华书局，1959：3218.

② [汉]许慎撰，［清］段玉裁注. 说文解字注·二篇下［M］. 上海：上海古籍出版社，1981：70.

③ [汉]许慎撰，［清］段玉裁注. 说文解字注·二篇下［M］. 上海：上海古籍出版社，1981：71.

④ [汉]班固撰，颜师古注. 汉书·礼乐志［M］. 北京：中华书局，1999：882.

⑤ [魏]何晏集解，［南朝］皇侃义疏. 论语集解义疏·卷四. 北京：商务印书馆，1937：85.

⑥ [魏]何晏注，［宋］邢昺疏. 论语注疏（十三经注疏标点本）［M］. 北京：北京大学出版社，1999：91.

⑦ [汉]许慎撰，［清］段玉裁注. 说文解字注·三篇上［M］. 上海：上海古籍出版社，1981：91—92.

传通其义也。《尔雅》所释十有九篇，独云诂、训者，诂者古也，古今异言，通之使人知也；训者道也，道物之貌，以告人也。《释言》则《释诂》之别，故《尔雅序篇》云：《释诂》《释言》，通古今之字，古与今异言也。《释训》言形貌也。然则"诂训"者，通古今之异辞，辨物之形貌，则解释之义尽归于此。《释亲》已下，皆指体而释其别，亦是诂训之义，故唯言诂训，足总众篇之目。今定本作"故"，以《诗》云"古训是式"，《毛传》云"古，故也"，则"故训"者，故昔典训。依故昔典训而为传，义或当然。①

孔颖达指出"诂"是解释古辞之言语文字，"训"是解释古辞之物态形貌，"传"是"传通其义"的意思，而"笺者，表也，识也"。这几乎就是汉儒述经的全部内涵：一则汉儒的经学阐释本质上是一种还原性的认知活动，亦即解密古辞和古意的内涵，使可当下识别；二则汉儒述经都是从小学做起的，而古辞训诂作为一项基础性的工作是可以涵盖传、笺的。虽说汉代去古未远，但是文化上已然断层，孔颖达对"古今异辞"的强调最能体会汉儒"述而不作"的现实需求。

在经学语境之下，阐释即还原，即证实，即解密，是一种以再现历史为旨趣的认识行为。对汉儒特别是古文经学家来说，"述而不作"的现实需求联系着训诂考据的学风，因而一个最好的理解应当经得起知识学的考辨，而不是"以意逆志"地注入某种主观的体验。《汉书》称赞刘德"修学好古，实事求是"，颜师古注曰"务得事实，每求真是也"。所谓"真是"，无疑是属于认识论的范畴，指的就是符合事物本来的样子。汉儒的"著作者"意识比较缺乏，他们用"多闻阙疑"的态度来对待经典，几乎调动了一切可能的资源来表达自己的见解，而在未解之处往往采取了"阙疑"的办法。《汉书》载："申公独以《诗》经为训故以教，亡传，疑者则

---

① ［汉］毛亨传，［汉］郑玄笺，［唐］孔颖达疏．毛诗正义（十三经注疏标点本）［M］．北京：北京大学出版社，1999：1–2．

阙弗传。"① 许慎《说文解字·叙》说："其于所不知，盖阙如也。"② 高诱《淮南子序目》说："浅学寡见，未能备悉，其所不达，注以'未闻'。"③ 这和宋儒不一样，宋儒主张读书"贵疑""善疑"，也勇于决疑，甚至通过"以己意说经"重构了经典的意义世界。但在汉儒这里，他们固然也有穿凿妄说的毛病，但总体上更加注重对知识的整理和论证，也擅于将自己的理解置于一个通学的知识系统，或者置于一个传承有自的学脉中来证明其有效性，至少看起来是正确的。

通过宋明理学可以更好地理解汉唐经学的阐释学特征。当然理学家也是以"述而不作"的身份自居的，但他们骨子里更倾向于一种创新自得的理解，事实上也通过"四书"建构了一个崭新的经典世界。这与"汉儒言治道，必本之于经术"④ 的经学观念有着显著的区别，连同经典阐释学上的意义也发生了变化。在经学家那里，经典记录了历史之迹，通过"释故言"方式再现经典所蕴含的治道消息。但对理学家来说，经典传递着圣人之心，所以更倾向于一种"体验""体认""省察""推究""理会"和"玩味"的态度，着力抉发经典所可能的人生意义。相比较而言，宋明理学则是一种具有强烈自省精神的体验性阐释，是向着经典去开辟意义世界的过程中的一环，更多地反映了阐释者的自我理解与期待。而汉唐经学阐释本质上是一种还原性的认知活动，它意味着经典有一个有待于恢复的原意，而阐释者充当了经典的翻译者的角色，它还意味着在经典作者意、文本义和读者义之间所达成的一种同一性阐释。

这种还原性的认知冲动极大地带动了经学史上的知识增殖。汉唐经学之所以以烦琐著称，一个根本的原因就在于不断增加的"时间间距"造成了理解的困难，而求知的冲动不断地生产出新的知识，背后又必然伴随着一种自证其说的阐释行为的递增。这既是指经学师法内部基于继承关系而来的不断累积的再阐释的过程，又是指汉儒解经的方法在总体上经历了从

① ［汉］班固. 汉书·儒林传［M］. 北京：中华书局，2007：880.

② ［汉］许慎撰，［清］段玉裁注. 说文解字注·卷十五［M］. 上海：上海古籍出版社，1981：765.

③ 何宁撰. 淮南子集释（上册）［M］. 北京：中华书局，1998：6.

④ 钱穆. 朱子学提纲［M］. 北京：三联书店，2002：5.

训诂之学到章句之学的转变。在钱穆看来，"申公传《诗》仅为训故，通其故字故言，其不可通者则阙之，此犹丁宽说《易》训故举大谊也。故知训故为汉儒治经初兴之学，仅举大谊，不免疏略。章句则其学晚起，具文为说，而成支离"①。训诂重在解释字词，有疑则阙；章句则串讲大意，往往敷衍辞说，漫无边际。正是在这样的背景之下，东汉中后期的学者逐渐酝酿了一种"好博览而不守章句"②"遍习五经，皆训诂大义，不为章句"③的通学意识，并由此带动了古文经学的脱颖而出。

以诗经学为例，汉代四家诗本来是大同小异的，美刺两端的诗旨是一样的。在很大程度上，古文毛诗学的最终胜出得力于一种阐释学上的优长。从汉初的《毛诗序》和《毛诗诂训传》，到郑玄的《毛诗谱》和《毛诗笺》，再到唐代孔颖达的《毛诗正义》，毛诗学的解经策略处在不断调整和优化的过程中。早在汉初，《毛诗》序、传揭橥诗歌的美刺，粗通训诂之大义，其实也是四家诗的解释通则。所不同者，毛诗学的"独标兴体"和"变风变雅"之说为三家所不及。等到郑玄笺诗的时候，他一方面根据《毛诗序》敷衍出一段风雅正变的诗史来，另一方面则根据《毛传》完善了比兴阐释的意义机制。这样，经过了郑玄"有谱有笺"的传述，毛诗学形成了一套体例完备的阐释系统：既在章句层面上训诂考据、解读物象，通过"标兴"的方式折入"譬喻政教"的诗人之意；又在历史的层面上以史传经，通过"正变"阐释来提炼《诗经》的史鉴价值；最后上升到文化批判的层面上，揭示"孔子路诗"的无限深意。在这个阐释系统中，比兴阐释是价值的初步赋予，正变阐释是经学意义的根本保障，文化批判则更进一步地赋予经典以垂教万世的普遍价值。《郑笺》既行而三家诗遂废，正是宜其如此的。

《郑笺》结束了四家诗并存的局面，从此诗经学史由汉代的今、古文之争过渡到古文毛诗学内部的毛、郑异同之辩上来。等到唐代孔颖达主持编撰《毛诗正义》的时候，他面临魏晋南北朝时期出现的一大批毛诗义疏

① 钱穆. 两汉经学今古文平议［M］. 北京：商务印书馆，2001：226.

② ［南朝］范晔撰，［唐］李贤等注. 后汉书·卷四十九［M］. 北京：中华书局，1973：1629.

③ ［南朝］范晔撰，［唐］李贤等注. 后汉书·卷二十八［M］. 北京：中华书局，1973：955.

类成果，既要解释经文，又要疏通旧注，首当其冲的便是解决毛、郑异同的问题。疏者，通也，义疏本质上是对旧注的整理和再阐释。无论是汉儒的"述而不作"，还是孔颖达的"疏不破注"，汉唐经学的知识都是继承得来的，或者说是通过追加阐释行为从而不断将固有的知识还原到当下。在清人焦循看来，"《毛诗传》全在矣，训释简严，言不尽意；郑氏笺之，则后世疏义之滥觞矣。"① 这就是说，《毛传》直接面对经文展开解释，《郑笺》则是对《毛传》的解释，而魏晋南北朝义疏更进而是对毛、郑旧注的解释之再解释。《毛诗正义》的主体就是辨析毛、郑异同，它常常把"毛以为""郑以为"的不同意见摆出来，还不忘提醒读者"其余则同"，并配合文献学的依据给出自己的判断。从《毛传》到《郑笺》到孔疏，我们能够清晰地看出一个不断累积的阐释过程：先是毛公极为隐略地训诂和标兴，继而郑玄"更表明"所兴者何人、何事与何义，或者联系历史和人文地理来坐实诗歌的美刺与编次，《毛诗正义》则更进一步指出毛传、郑笺所据者何文，或者博引文献来沟通和调停毛、郑之间的异同，也即是追加了一个"毛、郑何以如此言说"的阐释维度。如果说汉儒通常是联系历史背景来获取诗歌知识，那么孔颖达则明显地倾向于在一个知识系统中来表达关于诗歌的一定之见，一种文献学意识的介入带出了《毛诗正义》的通学知识谱系。而这些论述都统摄在"述而不作"的范式之下，阐释乃是真正的文化继承行为，同时也是一种不得不额外施加的行为。

二、当下性阐释

汉唐经学的知识大都是继承而来的。汉儒述而不作，孔颖达疏不破注，他们都通过还原知识再现了一个完整的历史世界。在这里，阐释者面向历史征求依据，同时也是历史面向当下的意义实现。汉唐经学的新意就发生在这里，比如郑玄周礼学发挥出以官制限制君权思想来，孔颖达经学着力发掘经学的民本内涵和实践意识，都蕴含着对经典的创造性运用。只不过在经学家自己看来，这些新鲜的见解仍旧是"述知"而已，治经所得不过

---

① ［清］焦循撰，沈文倬点校. 孟子正义·卷一［M］. 北京：中华书局，1987：27.

是经典的本意罢了。

儒家常常以述经的名义来行革新之实，"宗经""原道"的思想史也便是经典传统不断地进入当下而被再次赋予意义的历史。这一点，汉唐经学家也不能例外。实际上，他们就时势而立说，十分自觉地将时代精神融入了经学义理之中，还原知识与再造价值乃是同一个过程。就拿最以知识学擅长的郑玄经学来说，透过其训诂考据的朴学面目，他似乎总是在讲如何为政的道理——包括君主的德行智慧与人臣所应尽的义务，等等，都是和他所处时代最紧要的政治问题密切相关的。在郑玄看来，周公致太平之迹为后王提供了最成功的经验，圣人之道的精髓即在于此。《毛诗·周颂谱》有云：

> 《周颂》者，周室成功致太平德洽之诗。其作在周公摄政、成王即位之初。颂之言容。天子之德，光被四表，格于上下，无不覆焘，无不持载，此之谓容。于是和乐兴焉，颂声乃作。《礼运》曰："故政者，君之所以藏身也。"是故夫政必本于天，殽以降命。命降于社之谓殽地，降于祖庙之谓仁义，降于山川之谓兴作，降于五祀之谓制度。又曰："故祭帝于郊，所以定天位；祀社于国，所以列地利；祖庙，所以本仁；山川，所以傧鬼神；五祀，所以本事。"又曰："故礼行于郊，而百神受职焉；礼行于社，而百货可极焉；礼行于祖庙，而孝慈服焉；礼行于五祀，而正法则焉。"故自郊社、祖庙、山川、五祀，义之修，礼之藏也。功大如此，可不美报乎？故人君必絜其牛羊，馨其黍稷，齐明而荐之，歌之舞之，所以显神明，昭至德也。[①]

三段引文都出自《礼记·礼运》一篇，郑玄又为之作注云："于此又遂为之言政也。藏，谓辉光于外而形体不见，若日月星辰之神。降，下也。殽天之气以下教令，天有运移之期、阴阳之节也。谓教令由社下者也。社，土地之主也。谓教令由祖下者也，谓教令由山川下者也，山川有草木禽兽，

① ［汉］毛亨传，［汉］郑玄笺，［唐］孔颖达疏. 毛诗正义（十三经注疏标点本）［M］. 北京：北京大学出版社，1999：1271–1278.

可作器物共国事。谓教令由五祀下者，五祀之中有溜、门、户、灶、行之神，此为之宫室制度。政之行如此，何用城郭沟池之为？"①这里讲周室成功的根本原因，包含两层意思：一是说周公政治的精髓不在"城郭沟池"的防御措施，而是表现为一套完备的郊社、祖庙、山川、五祀等国家政治制度；二是说这些制度不是周公个人意志的产物，而是效法天道秩序而制定和实施的，也即"政必本于天，殽以降命"的意思。在郑玄看来，政治乃是人君的藏身之所，周公是一个德被四表、无为而治的虚君——因为他的礼制政令都是根据自然法则与普遍的伦理情感制定出来的，所以人们也乐得依礼行事，仿佛是从自己的心灵深处觉悟而来的。这不正是孔子"无为而治者，其舜也与！夫何为哉，恭己正南面而已矣"②的理想吗？

为什么郑玄礼学是以《周礼》为重心的？因为这本"周公旧典"十分清晰地显示了君主的藏身之道和他对秩序重建的一些具体的思考。郑玄在《周礼目录》中说，《周礼》设天官冢宰统帅三百六十属官，"以象天有三百六十余度"③；设地官司徒掌邦教，"所以安扰万民"④；设春官宗伯掌邦礼，"典礼以事神为主，亦所以使天下报本反始"⑤；设夏官司马掌邦政，"可以平诸侯，正天下"⑥；设秋官司寇掌邦刑，"所以驱耻恶，纳人于善道也"⑦；设冬官司空掌邦事，"所以富立家，使民无空者也"⑧。也就是说，官职的分配是仿照天地四时而行的，由天官统帅三百六十属官各司其职，共

①［汉］郑玄注，［唐］孔颖达疏. 礼记正义·卷二十一（十三经注疏标点本）［M］. 北京：北京大学出版社，1999：976-977.

②［清］刘宝楠撰，高流水点校. 论语正义·卷十［M］. 北京：中华书局，1990：615.

③［汉］郑玄注，［唐］贾公彦疏. 周礼注疏（十三经注疏标点本）［M］. 北京：北京大学出版社，1999：1.

④［汉］郑玄注，［唐］贾公彦疏. 周礼注疏（十三经注疏标点本）［M］. 北京：北京大学出版社，1999：223.

⑤［汉］郑玄注，［唐］贾公彦疏. 周礼注疏（十三经注疏标点本）［M］. 北京：北京大学出版社，1999：432.

⑥［汉］郑玄注，［唐］贾公彦疏. 周礼注疏（十三经注疏标点本）［M］. 北京：北京大学出版社，1999：742.

⑦［汉］郑玄注，［唐］贾公彦疏. 周礼注疏（十三经注疏标点本）［M］. 北京：北京大学出版社，1999：887.

⑧［汉］郑玄注，［唐］贾公彦疏. 周礼注疏（十三经注疏标点本）［M］. 北京：北京大学出版社，1999：1120.

同佐助王者处理政务，这是上天赋予的职责和权力，任何僭越都是非法的，就连王者也不能随意地与夺。按照徐复观的说法，这种以官制来维系政治理想的表达形式："它有两个系统：一是着眼到由官职的合理分配、分工可以提供政治效率，达成政治上所要求的任务。甚至想以官制限制君权，以缓和专制的荼毒。这是一个系统。另一个是要由官制与天道结合而感到政治与天道结合的传统"。① 诚如所言，按照《周礼》的制度设计，君尊臣卑的政治伦理背后伴随着权力的让渡，君主享有"政令之所出"的尊贵名号，而臣属掌握着世俗的权力，社会秩序之达成有赖于这一套职官制度及其程序功能的实现。

这样的儒学思想，也即《周礼》以官制来表达政治理想的话语建构，实际上是与汉代经学的一般情况不同的。我们知道，汉代经学的最成功之处也是最擅长的领域，一直都在大一统意识形态和王朝礼制建设的方面。这从《春秋繁露》到《白虎通义》反复申说的"三纲六纪"的条目，以及后仓、二戴学派根据《仪礼》来"推士礼而致于天子"可以清晰地看出来。汉代的天子礼建设始终是一个薄弱的环节。汉初叔孙通制定的"朝仪"不过是秦制的残余，缺乏文献的根据。汉武帝以来，后氏礼学长期居于官学的地位，主要根据《仪礼》所载普通士大夫的生活礼仪来推致天子之礼。② 所在汉代的三礼之中，只有《仪礼》称"经"。然而《仪礼》的重心在"士礼"，这种"推致"也就不可避免地产生了一些缺陷，即刘歆所痛斥的"至于国家将有大事，若立辟雍、封禅、巡狩之仪，则幽冥而莫知其原"。③ 所以刘歆根据古《逸礼》来解决这种宗教仪式的问题，而王莽则发得《周礼》作为立政造事的凭借。王莽失败之后，《周礼》之学散入民间，等到郑玄再次发得的时候，他把三礼的地位颠倒过来，首次把《周礼》冠诸三礼之首。事实上，郑玄不仅更新了礼的观念，而且也转变了儒学经世的路径。在他那里，儒学不是表现为服务于现实政治的礼乐形式及相应的意识形态，而是独立的儒者阶层为后王制定的一套严明的政治制度与价值规范。

---

① 徐复观. 徐复观论经学史二种［M］. 上海：上海书店出版社，2005：188.
② 王葆玹. 今古文经学新论［M］. 北京：中国社会科学出版社，1997：303-310.
③ ［汉］班固. 汉书·卷三十六［M］. 北京：中华书局，2007：407.

　　郑玄《周礼》学的政治原型，他用注解《周易》和《尚书》的方式非常形象地表达了出来。《周易·萃卦注》有云："萃，聚也。坤为顺，兑为悦。臣下以顺道承事其君，悦德居上待之，上下相应，有事而和通。故曰：萃，亨也。"①《尚书·禹贡注》亦云："江水汉水，其流湍疾，又合为一，共赴海也。犹诸侯之同心尊天子而朝事之。"②在郑玄看来，《周礼》制度的实现有赖于和谐的君臣关系作为保障，根本上又取决于君臣双方都有一种明确的职分意识和道德自律之觉悟，并切实地约束自己去遵守它。一方面，君主以德居位，掌握权源，除了设官分职、发号政令其余便可以垂拱而治；另一方面，为人臣者也应当安守自己的本分，各司其职，共同佐助君主署理政务。其乌托邦性质不言而喻，它完全是比对汉代君权膨胀、人臣僭越的特殊现实而设计出来的。尤其在戚宦专权、烽烟四起的汉末时期，郑玄也和孔子一样痛恨那些犯上作乱的恶行，而将"正名""复礼"作为重建秩序的关键。所不同者，孔子志在恢复那种"郁郁乎文哉"的礼乐生活本身，他从周礼仪式之中提炼出"仁"的精神，教导世人应以仁者的胸怀推己及人，自觉地遵守社会等级秩序及相应的礼仪规范。然而郑玄通过《周礼》所表达的政治理想，实际上偏重在国家政治制度及其组织形式的层面，它需要一种更为切实的忠孝伦理与之配合，而非"仁"这种抽象的精神价值所能维系。郑玄在《六艺论》中，将《孝经》理解为孔子总会六艺之书；又注《孝经·士章》有云："移事父孝以事于君，则为忠矣；移事兄敬以事于长，则为顺矣。"③在他看来，由血缘关系推及政治伦理，移孝作忠，犯上作犯的事情就不会发生。

　　郑玄经学突出之一点，即是反复强调这种忠君的思想以及人臣所应尽的义务。他在《周易·系辞注》中说："君臣尊卑之贵贱，如山泽之有高卑也。"④《震卦注》说："震为雷，雷动物之气也。雷之发声，犹人君出政教以动国中之人也。"⑤又《损卦注》云："山在地上，泽在地下，泽以自损

①［汉］郑玄撰，［宋］王应麟辑. 周易郑注 附补遗·卷中［M］. 北京：中华书局，1985：34.
②［清］孙星衍撰，陈抗盛冬点校. 尚书今古文注疏·卷三［M］. 北京：中华书局，2004：163.
③中华书局编辑部. 孝经·卷二//汉魏古注十三经（下）［M］. 北京：中华书局，1998：7.
④［汉］郑玄撰，［宋］王应麟辑. 周易郑注·卷七［M］. 北京：中华书局，1985：83.
⑤［汉］郑玄撰，［宋］王应麟辑. 周易郑注 附补遗·卷中［M］. 北京：中华书局，1985：38.

增山之高也，犹诸侯损其国之富，以贡献于天子，故谓之损矣。"①《艮卦注》也说："艮为山，山立峙各于其所，无相顺之时，犹君在上，臣在下，恩敬不相与通，故曰艮也。"再看郑玄的《礼记》之学。如《曲礼》所载"大夫士去国逾境，为坛位向国而哭"一条，郑注云："言以丧礼自处也。臣无君，犹无天也。"②郑玄注《坊记》"丧父三年，丧君三年，示民不疑也"一条云："不疑于君之尊也。"③又《坊记》载："礼，君不称天，大夫不称君，恐民之惑也。"郑注云："……此者皆为使民疑惑不知孰者尊也。"④郑玄主张"以君为天"的臣道原则，难道他是一位愚忠和保守的腐儒吗？这个问题还是要置于《六艺论》和《周礼》学的视野下来衡量。按照郑玄的设想，《周礼》的政治架构与《孝经》的忠孝伦理表里呼应，是维持整个社会大系统平稳运行的两级支柱，缺一不可。如果我们联系汉末有一股新法家思想的抬头，诸子们常常反对侈谈古圣人之道，而将推行法治或霸政当作挽救汉家危亡的权宜之计⑤来看的话，郑玄显然对汉末时局不抱有任何挽救的希望。他要在一片新的地块上描绘一幅前所未有的政治图景，不过这一切都要等到后王来实现了。

等到孔颖达主持编撰《五经正义》的时候，他采取了魏晋南北朝以来盛行的以讲解、疏通经学旧注为主的义疏体例。正如儒家的述作思想有着极为丰富的辩证内涵，孔颖达的"疏不破注"也不能一概而论，它甚至不是一个需要过分讨论的话题。对他来说，破与不破都是传述经典的方式，也都是经典当下化的一个途径。在汉唐时期由经学知识所支配的世界观念中，《五经正义》不可能突破汉学阐释的思想框架，即便有所"破注"也不可能超出汉学的理解范围。后来的学者通过将"疏不破注"绝对化来表达创新自得的冲动，或者建立新的学术范式；今天的学者常常有意地寻找

---

① [汉] 郑玄撰，[宋] 王应麟辑. 周易郑注 附补遗·卷中 [M]. 北京：中华书局，1985：31.

② [汉] 郑玄注，[唐] 孔颖达疏. 礼记正义·卷四（十三经注疏标点本）[M]. 北京：北京大学出版社，1999：134.

③ [汉] 郑玄注，[唐] 孔颖达疏. 礼记正义·卷五十一（十三经注疏标点本）[M]. 北京：北京大学出版社，1999：1652.

④ [汉] 郑玄注，[唐] 孔颖达疏. 礼记正义·卷五十一（十三经注疏标点本）[M]. 北京：北京大学出版社，1999：1639.

⑤ 陈启云. 中国古代思想文化的历史论析 [M]. 北京：北京大学出版社，2001：199–202.

出几个"疏而破注"的例子，据此便以为足破千古之成见。前者固然贬低
了《五经正义》的学术思想价值，而后者为孔颖达辩护，实际上也并没有
看出孔颖达经学的真价值。对孔颖达来说，"疏不破注"乃是经学世界观
的自然之理，"破注"则是在经学世界观的统摄之下合乎时宜的自我修补
与完善，总之，破与不破在孔颖达那里还没有被看成一个问题。

　　对孔颖达来说，真正的问题是如何在"述而不作"的过程中实现对
传统的创造性转化，从而将经典的"机要"带入当下。在这个问题上，孔
颖达对经典"时用"之义的关注，表明了他对传统的态度。邓国光先生撰
《〈五经正义〉体用义诠旨》指出，孔颖达的体用论落脚在以用见体、以迹
显理的思想，表现为"适时顺用"的《易》理、"救世直谏"的《诗》理，
以及"量时设教，须用而行"的《礼》理。①这是符合孔颖达的思想实际的。
就是说，在孔颖达那里，传统不是表现为关于过去的正确知识，而是表现
为一种当下性的意义关联。就《毛诗正义》而言，它塑造的死守善道、代
言天下的诗人形象，及其抉发的针药救世、赋法直陈的诗心和"诗述民志，
乐歌民诗"的思想内涵等，都表明孔颖达有意识地将时代精神融入了"述
而不作"的过程之中。这种时代精神并没有超出汉儒的经世期待，但其所
表达的天下视野、民本关切和批判锋芒又确非汉儒可以比拟，毋宁说它代
表了儒家道义传统在唐代语境下的彻底伸张，而其所澄清的汉唐经学的实
践性品格也是区别于宋明理学的一个显著特征。观《毛诗正义》的诗人论、
诗歌论和诗史论，孔颖达抓住的正是先秦汉儒以诗规谏、以道制势的主体
担当，而对汉儒的"发情止礼""主文谲谏"和比兴诸说等枝叶问题不甚
措意，甚至多有"破注"之辞。恰恰是这些破注之辞最能显示毛诗学与时
俱进的思想内涵，同时更表明了孔颖达的"破注"也是为了更好地坚持旧
注的精华。要之，孔颖达通过整理旧学的方式来传述经学遗产，同时也是
融合唐代文化并实现对经典的当代转换的过程，从而保证了"疏不破注"
的阐释所传达的乃是典型的唐代思想文化。

---

① 邓国光. 经学义理［M］. 上海：上海古籍出版社，2011：339-356.

三、通学性阐释

汉唐经学家几乎调动了所有的文献和史料资源来还原经典的原旨，其所显示的一种知识学意义上的通学阐释立场，正是汉唐经学区别于宋明理学的一个显著特征。当然理学家也是求"通"的，但那主要是以诉诸"体验"的方式在经学义理与自家心灵之间建立一种相互印证的关系；他们也试图通过"讲道理"的方式把一己之见说成是"天下之公理，非一家所得而私者"①，从而将内在自足的个体生命带到"浑然与物同体"的宇宙境界。相比于理学的这种强烈的此在的形而上学意味，经学家并不封闭于意识主体的自我理解之中，他们主要是通过还原事实的方式，以博学多识、精审明辨来获取广泛的社会认可。

周予同先生曾指出，汉学与宋学在研究范围上体现了文字学、史料学与道德学、伦理学之间的分野，而在研究方法上则"汉学家大体上采用归纳法，根据许多资料得出结论，以史料真实地反映出来就是了。宋学一般采用演绎法，从一个思想产生各种说法"。②从阐释的角度看，汉、宋学者的学术追求不同，所以采取的思想资源和阐释方法也就各有偏重。概而言之，经学家的归纳重在整理知识，倾向于通过辨析百家同异的方式求得一定之解；而理学家的演绎重在引申道理，他们追求的是成己与成物之间"豁然贯通"的领悟。在理学家看来，天下物我一贯，道理本来就是"通"的，因而读书做学问的目的就在于领受这种"通"的境界，就在于实现真理之切于己身的完满，而不在知识行为本身。在古代学术史上，经学家的批判则往往基于章句繁乱、百家纷纭的知识歧异，而理学家常常满腹关于"圣人之心"不传于后的忧虑，他们是把"通学"当作读书做学问的基础或手段来看待的。

"学贵自得"的理学家通过经典来言说自我，"述而不作"的经学家

---

① ［宋］朱熹. 朱子全书（第二十二册）［M］. 上海：上海古籍出版社，合肥：安徽教育出版社，2002：1898.

② 周予同. 中国经学史讲义［M］. 上海：上海文艺出版社，1999：71.

则老老实实地为经典解密。这种还原性的解经态度带动了经学史上的知识增殖，也决定了经学家之间的较量通常在知识竞争的层面上进行，而优胜的一方必定是一个博古通今、明辨精审的通学家。东汉以来师法、家法的烦乱造成了经学史上虚假的繁荣，"异端纷纭，互相诡激"的局面酝酿了一种学尚兼通、考详同异的治学意识，产生了像马融、何休、郑玄、贾逵这样的一批通学大儒。《后汉书》记载有郑玄泛滥百家的治学经历，其所体认的"郑氏家法"便建立在"括囊大典，网罗众家，删裁繁芜，刊改漏失"①的通学成就上。在汉末郑玄与何休之争中，虽然何休站在今文学的立场上攻击《左传》，但郑玄却采取了"入吾室，操吾戈"的态度进行反驳。换句话说，郑玄也是深通今文学的，他的目的是要沟通《春秋》三传之间的联系，而不是片面地指认今、古文经学之间的优劣。

郑玄《六艺论》云："注诗宗毛为主，毛义若隐略则更表明；如有不同，即下己意，使可识别也。"②这是郑玄笺诗的基本体例，按照清人陈澧的说法，它体现了郑玄的学派意识，其云："此数语，字字精要。为主者，凡经学必有所主，所主之外，或可以为辅，非必入主出奴也……如有不同者，以毛义为非也，然而不敢言其非；下己意使可识别也，易毛义也，然而不敢言易毛，尊敬先儒也。"③其实郑玄并没有如此固执的"必有所主"的观念，他的宗毛不过是由于《毛诗》"既古书，义又当然"④的缘故，并不像今文经学那样"率皆腐弊"罢了。客观上，郑玄笺诗只能选择《毛诗故训传》作为底本，但他是一个真正的通学家，冯浩菲指出："《郑笺》中所体现的不是一家之说，而是诸家说的比稽融会。"⑤这是平实之论，比如孔颖达发掘郑玄以礼笺诗、以谶纬解诗，马瑞辰指出"郑笺多本韩诗"，陈奂则认为郑氏"作《笺》间杂鲁诗，并参以己意，不尽同毛义"⑥，等等。郑玄经学首先就是这种整齐百家的通学思路，他试图从《诗经》的外围层面上

①［宋］范晔撰，［唐］李贤等注. 后汉书·卷三十五［M］. 北京：中华书局，1973：1213.
②［清］皮锡瑞撰. 六艺论疏证（续修四库全书本）［M］. 上海：上海古籍出版社，1996：282.
③［清］陈澧撰. 东塾读书记［M］. 北京：三联书店，1998：109.
④王云五主编. 郑志（卷上）// 丛书集成初编［M］. 北京：商务印书馆，1937：14.
⑤冯浩菲. 毛诗训诂研究［M］. 上海：华中师范大学出版社，1988：88.
⑥［清］陈奂撰. 诗毛氏传疏·叙录［M］. 北京：商务印书馆，1985：1.

沟通儒家经说之间的总体联系——包括以群经释《诗经》，弥合六艺之界限；以及博采今文和纬书，补足《毛传》在训诂释义方面的某些欠缺。郑玄其人既有"义强者从之"的知识热情，更不乏满腔继绝自任的使命精神。"思整百家之不齐，念述先圣之元意"是郑学的宗旨，而《六艺论》杂引今文和谶纬的表述方式更表明：无论如何郑玄都意识到，汉代的各家经学都具有共同的文化初衷，都是儒者借以规范君权、重建秩序的有用资源。这种认识乃是郑玄能够贯通群经界限和诸经异说的基础之所在，也是他之所以开辟经学小统一时代的一个根本原因。

经学家是带着先秦以来的整个知识背景进入经学阐释的，他们几乎穷尽了一切可能的语言学、历史学、文献学和考据学资源来进行述经和疏注的活动，从而使得汉唐经学无论是在知识的密度还是广度上都达到了空前的高度。经学知识的广博意味着世界观念的延展，而通学阐释所敞开的乃是世界对人所生成的宽广范围。观郑笺和孔疏，诸如草木鸟兽、语言名物、典章制度、世态风俗、人文地理和治乱之迹都被纳入其中，毋宁说汉唐经学再现的是一个完整的历史世界。就这种再现性的意义而言，实际上汉儒早就完成了对经典的历史化，孔颖达的作用并不是提供了多少新的世界内容，而在于诉诸文献学的方式使人再次进入这个世界。

对于郑玄等汉代儒者来说，他们首先面对的是隐藏在经书背后的历史世界本身，所以首当其冲的阐释任务也便是将之"实事求是"地呈现出来。但是等到孔颖达等人编撰《五经正义》的时候，他们面对包括毛、郑旧注在内的一批现成的却又相当陌生的知识，还得担负起疏通旧注的工作。就拿诗经学来说，从毛传、郑笺到孔疏一脉的发展，先是毛公极为隐略地训诂和标兴，继而郑玄"更表明"诗歌所兴者何人、何事与何义，或者联系历史和人文地理来坐实诗歌的美刺与编次，《毛诗正义》则更进一步指出毛传、郑笺所据者何文，或者博引文献来沟通和调停毛、郑之间的异同，也即是追加了一个"毛、郑何以如此言说"的阐释维度。这种"之所以然"追问，本质上是一种额外的阐释，但在四百多年后的唐代也就显得格外的重要。

孔颖达的通学阐释是以学术整理的方式进行的，具有再现历史与总结学术的双重品格。就后者来讲，经学史上累积的诸多问题如此集中地出现在《毛诗正义》之中，无论如何孔颖达都意识到：如果整理旧学的工夫不能切中毛诗学的疏漏和局限，或是在新语境下凸显出来的疑惑，他是不可能完成统一经学的使命的。这些问题在宏观层面上涉及诗与乐，情与志，风、雅、颂与赋、比、兴之间的关系等，在微观层面上包括毛郑异同、诸家经解之间的关系以及历史上的诸种诗学观念等问题。孔颖达特别具有一种学术通观的视野，他擅于从有／无、体／用的角度来辩证地处理经学史上遗留下来的一些重大的理论问题，也擅于从文献学的角度联系经典文本论证经学史上的一些具体的观点。正如孔颖达在疏证毛诗学的时候追加了一个所以然的阐释维度，这里对诗经学史所作出的学术总结同样属于一种额外的阐释，因为它们从述经的终极目的上看并不是一项必须如此的工作。

孔颖达实际上放大了阐释行为本身，而这正是汉代毛诗学者所欠缺的。汉儒面对经典表现出直探个中究竟的冲动，他们更倾向于直接地说出解经的结果，并不刻意地突出解经的过程，也懒得为自家之说辩护。他们虽然也是带着通学的知识背景进入经学阐释的，但这多半只能通过一种后见的立场才能够清晰地显现出来。孔颖达则不然，《毛诗正义》充斥着诸家经说之间相互比较和辨析的内容，它力图澄清知识的来源与背景，并把"论证"当作手段来传述汉代毛诗之学。总之，孔颖达在继承由汉儒所发得的那个完整的历史世界的同时，也融合诸家建立了一个相当完整的知识系统，从而将汉代毛诗学的通学背景带入了唐人的接受视野。

四、确定性阐释

在"述而不作"的阐释范式之下，汉唐经学试图回到经典的本意那里去，从而在一种符合论的意义上获得竞争的优势，同时也表明了经学阐释对知识确定性的追求。对经学家来说，他们重在还原经典的本意，而这个本意先是随着秦汉时期古文的中绝而失传了，后来又淹没在"经有数家，家有数说"的纷纭之中，继而随着南北朝义疏的兴起，繁芜虚浮而不可收拾。《后汉书》载："郑玄括囊大典，网罗众说，删裁繁芜，刊改漏失，自是学者略知所归。"[①]《四库全书总目》评价孔颖达的《毛诗正义》也说：

---

① ［南朝］范晔撰，李贤等注. 后汉书·卷三十五［M］. 北京：中华书局，1973：1213.

"其书以刘焯《毛诗义疏》、刘炫《毛诗述义》为稿本，故能融贯群言，包罗古义，终唐之世，人无异词。"①作为汉唐经学家的杰出代表，郑玄和孔颖达之所以能够开辟经学史上的统一时代，一个最重要的原因即在于他们通过知识考古的方式提供了关于经典本意的最好的见解，因此也成为后世经学史上的知识渊薮。

经学家擅于文字训诂和文献学的工夫。郑玄所谓"读先王典法，必正言其音，然后义全"，代表了经学阐释的基本思路。经学毕竟是在秦火之后重建起来的，不少经典都存在着古今异书、诠释差讹的情况，汉末甚至有人妄自篡改经书文字，而唐初"经籍去圣久远，文字多讹谬"②的现象依然普遍存在。为此，汉儒辑拾文献以全其经，章句训诂以明其义，最重要的是创造了一种声音训诂之法。郑玄《序周礼废兴》云："窃观二三君子之文章……然犹有参错，同事相违，则就其原文字之声类，考训诂，捃秘逸。"③他的《周礼注》就是自觉运用声训法的一个范例，《毛诗笺》中的运用也极多，诸如"某犹某也""古者某某同""某某声相近""某读为某""某之言某"等多属此例。陆德明《经典释文·序录》引郑玄语曰："其始书之也，仓卒无其字，或以音类比方假借为之，趋于近之而已。受之者非一邦之人，人用其乡，同言异字，同字异言，于兹遂生矣。"④这里把文字假借的起因讲得很清楚：一是在经书的草创阶段，记录者往往用音类相近的假借字来代替本字；二是在经典的传播过程中，因方俗异音而造成了更多的文字差讹。所谓声训之法，就是利用声音的线索来探明本字，训释本义。比如"藻之言澡也"（《采苹笺》）、"拜之言拔也"（《甘棠笺》）、"苹之言宾也"（《采芑笺》）、"胡之言何也"（《生民笺》）等，以及"哕哕，犹快快也"（《斯干笺》）、"具，犹俱也"（《桑柔笺》）"愉，读曰偷，偷取也"（《山有枢笺》）、"纯，读如屯"（《野有死麕笺》），等等。这些都是

---

① ［汉］毛亨传，［汉］郑玄笺，［唐］孔颖达疏. 毛诗正义（十三经注疏标点本）［M］. 北京：北京大学出版社，1999：2.

②［后晋］刘昫等撰. 旧唐书·卷一百八十九上［M］. 北京：中华书局，1975：4941.

③［汉］郑玄注，［唐］贾立疏. 周礼注疏（十三经注疏标点本）［M］. 北京：北京大学出版社，1999：9.

④［唐］陆德明撰. 经典释文［M］. 北京：中华书局，1983：2.

从语音入手来探求本字、本义的著名例子。^①后儒不明声音通假之理，误以为经书中的假借字为本字，常常就要非议《郑笺》的"破字"和"改字"。对此，清儒王念孙的评价是公允的，他说："训诂之旨，存乎声音，字之声同声近者，经传往往假借。学者以声求义，破其假借之字而读以本字，则涣然冰释。如其假借之字，而强为之解，则诘屈为病矣。故毛公《诗传》多易假借之字而训以本字，已开改读之先。至康成笺《诗》注《礼》，屡云'某读为某'，而假借之例大明。后人或病康成破字者，不知古字之多假借也。"^②

而在孔颖达经学那里，既总览经典篇章，又要考详汉学旧注，一种文献学意识的介入保证了《五经正义》的知识周密和正确。这就是我们今天看到的孔疏显得极为繁复、长篇累牍似乎收拾不住的原因之所在。比如《毛诗正义》，它通常先是解读《毛诗》序、笺的诗旨观点，并总解诗歌章句；然后是逐章训释，又分为总解一章之旨、分解《毛诗》传、笺观点、考详毛郑异同三个层次；个别之处还总论《诗经》章句语法、结构、修辞、诗词及其关系，等等。总的说来，孔颖达既讲解经文，又疏通旧注；解经则注重联系文本，疏注则尤擅于文献整理的工夫。

比如《秦风·驷驖》"游于北园，四马既闲。辌车鸾镳，载猃歇骄"，孔疏说："此则倒本未猎之前调习车马之事。言公游于北园之时，四种之马既已闲习之矣。于是之时，调试轻车，置鸾于镳以试之。既调和矣，又始试习猃与歇骄之犬，皆晓达搏噬之事。游于北园，已试调习，故今狩于囿中，多所获得也。"^③这里是"述经"的部分，孔颖达认为诗歌采取了倒叙的手法，说的是秦襄公一众在北园调适车马、训练猎犬的情景，因为准备很充分，所以才有后来的狩猎多获。这里是贴合诗歌文本来串讲章句大意的，孔颖达几乎在每首诗歌的章尾都增加了串讲大意的环节，而这正是《毛诗》传、笺所欠缺的地方。从汉儒析字求义、破碎章句的经解，发展到宋儒据文求义的整体性阅读理念，应当说孔颖达对诗歌文本的凸显是非

---

① 参见邓声国. 《毛诗笺》因声求义法释义例撰析 [J]. 镇江师专学报，2001（1）：60、62、63.

② [清] 王引之撰. 经义述闻·自序 [M]. 上海：世界书局，1963：2.

③ [汉] 毛亨传，[汉] 郑玄笺，[唐] 孔颖达疏. 毛诗正义·卷六（十三经注疏标点本）[M]. 北京：北京大学出版社，1999：413.

常关键的一环。

接下来便是疏通旧注的部分，孔疏说：《毛传》的"闲，习也""辐，轻也"和"长喙猃，短喙歇骄"等训诂，分别出自《尔雅》的《释诂》《释言》和《释畜》之文。他又根据《广雅》的《释诂》来证实《郑笺》的"载，始也"训诂，根据《夏官·校人》《夏官·田仆》《夏官·大驭》《冬官·考工记》《大戴礼·保傅篇》《礼记·经解》《商颂·烈祖》《左传》等文献来解说《郑笺》所涉及的诗歌中的车马制度。[①] 通观《毛诗正义》对毛、郑旧注的训释，孔颖达在讲解毛、郑的文字和名物训诂的时候通常标明其《尔雅》出处，他甚至认为《尔雅》的《释训》《释诂》诸篇启发了"毛诗诂训传"的命名；而在讲解旧注尤其是《郑笺》所涉及的典章、制度、风俗、礼仪诸内涵时，则更多地采取了礼学、史学和《诗经》文献作为参证。这种鲜明的文献学意识表现在《毛诗正义》的"成文"概念上，孔颖达具体地标明了毛、郑训诂的文献来源，或者博采文献来证实毛、郑的观点。这样通过对毛、郑旧注的知识学解密，孔颖达在新的语境下重建了毛诗学与经文之间的一致性。这是他将经典的"机要"带入当下的一个先决性条件。

众所周知，《毛诗正义》所据经文来自颜师古所编订的《毛诗定本》，所据经注来自汉代毛诗学的知识传承，所据稿则是隋朝刘炫、刘焯的义疏。这些在当时通行的最权威的知识版本构成了孔颖达经学阐释的基础，事实上也是孔颖达汇聚和处理诸家经说的一条中轴线。《毛诗正义》的基本知识大部分都是继承而来的，遵循的是毛传或郑笺训诂释义的成见。其所发挥的地方集中在毛、郑异同之辨，孔颖达充分调动先秦汉代的文献资源与南北朝的义疏成果，并试图从中比较出一个相对稳妥的意见来。也正是在这里，阐释行为本身得以凸显出来，从而表明了孔颖达对阐释确定性的追求。如果说汉儒通常是联系历史背景来获取关于诗歌的知识，孔颖达则更倾向于在一个知识系统中来表达关于诗歌的一定之见。《毛诗正义》有一套十分繁复却又层次分明的解经程序，中间主要是通过文献学的方式带出

---

① ［汉］毛亨传，［汉］郑玄笺，［唐］孔颖达疏. 毛诗正义·卷六（十三经注疏标点本）［M］. 北京：北京大学出版社，1999：413、414.

一个通学的知识谱系，通过追加"其所以然"的阐释来揭示毛、郑知识的由来，它擅于考详诸家同异并构建诸经、诸说之间的互文性关系，也擅于辩证地处理诸种诗学理论之间的关联，并显示了一种初步的文本阅读意识。这些阐释行为及其特征将"唯意存于曲直，非有心于爱憎"①的编撰原则落到了实处，从而保证了《毛诗正义》的知识正确，或者至少看起来是可靠的。

毛、郑异同之辨作为经学史上的一桩公案，实际上构成孔颖达经学阐释的潜在语境。魏晋以来的诸多述毛之作都绕不开这个话题。《四库全书总目》说：

> 自郑笺既行，齐、鲁、韩三家遂废。然笺与传义亦时有异同。魏王肃作《毛诗注》《毛诗义驳》《毛诗奏事》《毛诗问难》诸书，以申毛难郑。欧阳修引其释《卫风·击鼓》五章，谓"郑不如王"。王基又作《毛诗驳》，以申郑难王。王应麟引其驳《茉莒》一条，谓"王不及郑"。晋孙毓作《毛诗异同评》，复申王说。陈统作《难孙氏毛诗评》，又明郑义。袒分左右，垂数百年。至唐贞观十六年，命孔颖达等因《郑笺》为《正义》，乃论归一定，无复歧途。②

四库馆臣联系数百年的毛、郑诗学歧异来谈论孔颖达统一经学的功绩，这比起通常的官方经学的角度，真可谓抓住了问题的关键。汉末以来的诗经学史实际上就是经过郑玄作笺的毛诗学史，中间又经过了魏人王肃问难郑学的转换，逐渐地由两汉的今、古文经学之争过渡到南北朝时期古文毛诗学内部的毛、郑诗学传授上来。皮锡瑞在《经学历史》中指出，南学"《诗》则并主于毛公"，北学"《易》《书》《诗》《礼》皆宗郑氏"。③因而可以想见的是，等到唐代诸儒统一南北经学的时候，毛、郑异同问题也就再一次地被推向了历史的前台。在孔颖达看来，全缓、何胤、舒瑗、

---

① ［汉］毛亨传，［汉］郑玄笺，［唐］孔颖达疏. 毛诗正义（十三经注疏标点本）［M］. 北京：北京大学出版社，1999：4.

② 吴伯雄编. 四库全书总目选［M］. 南京：凤凰出版社，2015：52、53.

③ ［清］皮锡瑞著，周予同注释. 经学历史［M］. 北京：中华书局，2012：118.

刘轨思、刘丑、刘焯、刘炫等一批"近代为义疏者"是没有能力解决这个问题的。他在《毛诗正义序》中说："然焯、炫等负恃才气，轻鄙先达，同其所异，异其所同，或应略而反详，或宜详而更略，准其绳墨，差忒未免，勘其会同，时有颠踬。"①孔颖达认为二刘的义疏充满了个人的意气，缺乏一贯的标准，加剧了毛诗学的混乱。里面提到他们"轻鄙先达，同其所异，异其所同"，这从南北朝毛、郑之学的传授背景来看，就是说二刘没有看出先达们在诗学见解方面真正的同处和异处，而或同或异在根子上自然还是毛、郑异同的问题。通观《五经正义序》及其参与编写的《隋书》二刘传记，显然孔颖达对二刘是很不满意的，他只是考虑到二刘义疏在当时的广泛影响才姑且地用作了《毛诗正义》的稿本罢了。

《毛诗正义》的主体就是辨析毛、郑异同。孔颖达通常把"毛以为""郑以为"的双方意见清晰地摆出来，还不忘提醒读者"其余则同"，同时配合文献学的依据和诗歌文本给出自己的判断。清人曾钊曾总结：

> 毛郑异同，大义有四，随文易说者不与焉：昏期一也，出封加等二也，稷契之生三也，周公辟居四也。②

我们看《毛诗正义》对这些问题是如何处理的。孔颖达在"昏期"和"周公辟居"的问题上对毛、郑异说做出了明确的选择。关于婚期，毛主秋冬，郑主仲春，由此导致了对《桃夭》《匏有苦叶》《东门之杨》等一批情诗的不同解读。孔颖达联系《荀子》《家语》《邶风》等文献证实了毛传的秋冬之说，它还指出郑笺的仲春之说是因为他误会了《周礼》的意思："《地官·媒氏》云：'仲春之月，令会男女。于是时也，奔者不禁。'唯谓三十之男，二十之女，所以蕃育人民，特令以仲春会耳。其男未三十，

---

① ［汉］毛亨传，［汉］郑玄笺，［唐］孔颖达疏. 毛诗正义（十三经注疏标点本）［M］. 北京：北京大学出版社，1999：3.

② ［清］曾钊. 诗毛郑异同辨·卷上（续修四库全书第七十三册）［M］. 上海：上海古籍出版社，2002：527.

女未二十者，皆用秋冬，不得用仲春也。"①关于"周公辟居"，毛以为《鸱
鸮》乃是周公"言不得不诛管、蔡之意"，郑认为是周公在躲避流言、辟
居东都期间，他的"属党"被当作罪人搜捕殆尽，于是乃作《鸱鸮》向天
子陈告"不宜诛杀属臣之意"。孔颖达则联系《尚书·金縢》驳斥了毛传
和王肃之说，认为毛传"不注此序，不解《尚书》"②，所以才导致了误解。
以上孔颖达或申毛，或从郑，也都尽量地联系文献给出了确定的经义。

　　"出封加等"和"稷契之生"两例涉及孔颖达对毛、郑异说的调停，
抑或将二者平行观之。《周礼》说古卿大夫"出封"调停民间争讼，礼加
一等，毛以为是"出于封畿"之外，郑以为只是"出于畿内"听讼。于是
孔颖达就调停说："此时王政才行境内而已，周人刺其大夫不能听境内之
讼，无复出封之事，但作者陈出封之事以刺之耳。"③他认为毛传的"出于封
畿"乃是周礼的古意，而郑笺的"出于畿内"体现的是诗中百姓的现实诉
求，二者是不矛盾的。关于"稷契之生"，《诗经》中有几篇关于帝王身
世的记载，即《生民》《玄鸟》《长发》等都被郑玄附会成帝王感生的神
话，说是简狄吞燕卵而生商祖契，姜嫄履大人之迹而生周祖稷。此类神话
多为今文学和谶纬学所信奉，独《毛传》并无一点神秘妄诞的气息。对此，
孔颖达明白地指出："郑信谶纬"④"毛氏不信谶纬"⑤。大概在他看来，毛、
郑经解的来源既明，则各自的是非曲直也就自行地呈现了，读者是可以自
己判断出来的。

　　总而言之，《毛诗正义》之所以能够结束数百年的毛诗学纷争，就在
于它通过对经学遗产的批判性整理，提供了关于毛、郑诗经学的最好的见

　　①［汉］毛亨传，［汉］郑玄笺，［唐］孔颖达疏. 毛诗正义·卷七（十三经注疏标点本）
［M］. 北京：北京大学出版社，1999：447.
　　②［汉］毛亨传，［汉］郑玄笺，［唐］孔颖达疏. 毛诗正义·卷八（十三经注疏标点本）
［M］. 北京：北京大学出版社，1999：512.
　　③［汉］毛亨传，［汉］郑玄笺，［唐］孔颖达疏. 毛诗正义·卷四（十三经注疏标点本）
［M］. 北京：北京大学出版社，1999：269.
　　④［汉］毛亨传，［汉］郑玄笺，［唐］孔颖达疏. 毛诗正义（十三经注疏标点本）［M］. 北
京：北京大学出版社，1999：1057.
　　⑤［汉］毛亨传，［汉］郑玄笺，［唐］孔颖达疏. 毛诗正义（十三经注疏标点本）［M］. 北
京：北京大学出版社，1999：1447.

解，并结合时代精神启动了经典的当下价值。所谓"正义"，官方想要达成一个"论归一定，无复歧途"的思想秩序，孔颖达等诸儒更倾向于表达"唯意存于曲直，非有心于爱憎"的学术理性，他们最反对逞以个人意气所导致的经学混乱。这种对确定性的追求凸显了《毛诗正义》的阐释行为本身：孔颖达在广阔的知识谱系中甄别诸家同异，通过解密知识的来源或背景将毛、郑异说的确指含义及其是非予以当下地直观阐释，也将毛、郑诗学所蕴含的儒家道义精神及其实践性品格带入了唐人的视野。所以说，孔颖达主持编撰《五经正义》，融合了知识与价值、传统与时代、官方意识与士人传统等多重诉求。这才是他之所以能够统一经学的根本原因。

第三节　汉唐经学与《诗经》的文学阐释学

　　现代学者确立了《诗经》的文学经典地位，也乐于谈论古代以文学观念说《诗》的成就，自然也总能够从历代诗经学史上随处地寻摸出诗性的意味来。不过严格地说来，汉唐经学家并没有能力去处理诗意的问题，"述而不作"的阐释范式也难以形成有效的文学性言说。虽然如此，汉唐经学在《诗经》的文学阐释史上自有其重要意义。如果我们把《诗经》的文学阐释看成是经学本位下的诗意存在方式，那么从汉儒把诗意隔离在诗经学的意义结构之外，到唐代孔颖达提出"虽无为而自发，乃有益于生灵"这个重大的文学阐释学命题，直到宋学沿着孔颖达之问探索出"无中生有"的文学阐释机制，这便构成了《诗经》文学阐释史上的三个阶段。

一、《诗经》的文学阐释何以可能

　　今天的人们热衷于谈论《诗经》的文学阐释史，却很少追问"《诗经》的文学阐释何以可能"这个根本问题。他们总能很方便地从诗经学史上随处寻摸出诗性的意味来，这样通过文学鉴赏的眼光整理出来的《诗经》文学阐释史，在很大程度上成了今人展现自我文学修养的一种方式。古代并不存在离经析文的经学家，他们所谓的"以诗说《诗》"毋宁说表达了"不知《诗》之为诗者，不可与言经"①的道理。遗憾的是，今天的学者很少注意到这个问题。他们勾勒的《诗经》文学阐释史几乎包括了所有重要的诗经学人物和著作，他们通常会采取文学鉴赏的方式来体贴经学的诗意，也根据"从经学到文学"的预设来安排古代诗经学家的位置，唯独很少过问古人对《诗经》的接受与认同基础。

缺乏这种追问，如果仅仅着眼于古代著述所涉及的诗歌情辞、叙事和章法的层面，甚至片面地寻找出无关政教善恶的诗意来，这样的《诗经》文学阐释必然是漫无边际的，往往也是不可靠的。试问哪个诗经学者不涉及这些方面呢？按照这种批评模式，古代诗经学家不过是在文学阐释上显示出或深或浅的区别罢了，而浅深之别又因为批评家的因素而显得主观化了。这种批评模式常常还联系着一种看似辩证的话语方式，即在谈论古人经说的文学内涵的同时，一般还要补充地提到古人以诗说《诗》的局限性。实际上是把古人的经说总体做成了两张皮，根本上乃是由于批评家过分地依从当下立场来片面地整理诗意的结果。如果《诗经》的文学阐释只是表现为一系列或深或浅的文学经验，我们就很难据此做出客观而公允的评价。过分拔高或估计不足的情况时有发生，即使是对像欧阳修、朱熹这样的向来被认为是颇具文学眼光的经学家来说，我们还是没有看清楚他们在《诗经》的文学阐释史上所具有的确立学术范式的意义来。

毫无疑问，现代学者普遍设定《诗经》是一部文学书，但这种认识显然很少成为古代诗经学的逻辑起点。认识到这一点很重要，不然就容易郢书燕说，乃至遮蔽古代经学的本质。实际上对古人来讲，并不存在舍经求文的经学家，且无论他们采取何种阐释态度，都旨在明道教化，也都联系着该如何保证经学义理这一用心。要之，教化理路乃是诗经学的根本问题，而所谓的"以诗说《诗》"与其说是为了还原《诗经》的文学性质，毋宁说是一种以文设教的"读法"而已。从读法的角度看，《诗经》的文学阐释是一个只有在经义得到保证的前提下才能够被讨论的话题。换言之，《诗经》的文学阐释何以可能？这取决于古人把"经义"安放在什么地方。唯

①［明］贺贻孙撰. 诗触·卷一（续修四库全书）［M］. 上海：上海古籍出版社，2002：488.

其如此，我们想要有效地谈论《诗经》的文学阐释史，就必须深入到诗经学的意义结构之中去打探经义与诗意的结合方式，去追问古人是如何在保证经学义理的前提下置换出一个相对自由的诗意空间的。

在这个问题上，汉唐经学还来不及谈论诗意的问题，也没有能力去处理经义和诗意之间的矛盾。他们虽然也将文学的经验带入了《诗经》的解说，甚至孔颖达的《诗经》文章学探索已然相当系统，但那主要是以"说经之余论耳"的面目出现的。在"述而不作"的阐释范式下，汉唐经学旨在还原经典的本意，也规定了《诗经》阐释学的性质，乃是关于经典作者意、文本意和读者接受义三者之间的一种同一性阐释。在这种情况之下，经义就附着在对作家原意的解读之上，而读者充当了翻译的角色，经学家的工作只是将经义从诗歌文本中更清晰地再现出来。

回到对作者原意的解说上来，经学家从讽喻之志上来把握诗歌的教化，一开始就把抒情自遣的诗人生命排除在阐释之外。众所周知，汉儒将"情""志"并举，提出了"吟咏情性"的诗学观念。《毛诗序》说："诗者，志之所之也，在心为志，发言为诗。情动于中而形于言，言之不足，故嗟叹之，嗟叹之不足，故永歌之，永歌之不足，不知手之舞之、足之蹈之也。情发于声，声成文谓之音……国史明乎得失之迹，伤人伦之废，哀刑政之苛，吟咏情性，以风其上。"① 这段表述糅合了"诗言志"和"乐主情"两套话语，前者指向了诗歌的讽喻之志，后者是将《乐记》"情动于中，故形于声"的观念移用到诗歌的言辞上，联系着人心感物而动的自然情性。由于这里面对的是《诗经》这部言教经典，也由于汉儒所坚持的义理诗经学的立场，所以《毛诗序》处理诗歌的情、志关系，是把"言志"当作诗歌的本体，而把"情动于中"当作"言志"的媒介来看待的。这一点，正如清人钱谦益指出的，"情"对"志"起到了"击发"的作用："夫诗者，言其志之所之也。志之所之，盈于情，奋于气，而击发于境风识浪奔昏交凑之时世，于是乎朝庙亦诗，房中亦诗，吉人亦诗，棘人亦诗，燕

---

① ［清］王先谦撰，沈啸寰、王星贤点校. 毛诗正义（十三经注疏标点本）［M］. 北京：北京大学出版社，1999：6.

好亦诗，穷苦亦诗……"①也就是说，"志"是停留在心上的有待于外化的本质，而"情"是一种无意识的表现冲动，它驱使诗人在某个特殊的情境下将心志表达出来，并且决定了"志"外化为言、嗟叹、永歌和舞蹈乃是一个"不自知"的过程。这种理解是符合汉儒之意的，我们看汉儒把《诗经》阐释成"国史作诗"和"孔子删诗"的自觉选择，认为它符合发情止礼的伦理规范，又含有讽谏君主的政治期待，还寄托了圣人拨乱反正、垂教万世的文化意识，实际上都是从"志"上所把握的诗歌主题。

汉儒以兴说《诗》，原本是有机会接触到一种触物起情、抒情自遣的个体生命的，然而他们却将字词从文本意脉之中孤立出来强制解读，将物象当成了譬喻政教的符号。这种做法后来被宋人称为"言解"。在经学语境下，诗教是依从于诗人的创作意图展开的，而这种意图就内含在经典的文本之中，构成了义理诗经学的立论基础。王逸评屈原说："言己放逐离别，中心愁思，犹依道径，以风谏君。"②班固也说："大儒孙卿及楚臣屈原离谗忧国，皆作赋以风，咸有恻隐古诗之义。"③虽然他们很理解屈原的生命遭遇，也很能感受屈骚的忧情愁思，但都从讽喻之志上来重建屈骚与古诗之间的关联。可见在汉儒的意识中，一种纯粹的自我化抒情倾向是没有意义的，而毋宁说"情"就是对"志"的表现冲动。今天的学者热衷于谈论《诗经》的文学阐释史，有意无意地把"诗言志"当作六朝缘情诗学的一个源头。汉儒虽然也将情、志并举，但今天意义上的那种个体性的、机缘感发的情感概念还没有参与到诗歌的本体构成中来。直到宋儒将经典的教化寄望于读者的自我理解，才真正地把诗意还给了诗人，更意味着诗意正式进入阐释者的视野之中。但在诗经汉学家那里，由于经义是附着在诗人的自觉意识上的，实际上是把诗意隔离在诗经学的意义结构之外，也就难以形成有效的文学性言说。

———————————

①［清］钱谦益. 牧斋有学集·卷十五［M］. 上海：上海古籍出版社，1996：713.

②［汉］王逸. 楚辞章句·卷一//［清］纪昀，［清］永瑢等编纂. 景印文渊阁四库全书（第一千零六十二册）［M］. 台北：台湾商务印书馆，1986：3.

③［汉］班固撰，颜师古注. 汉书·卷三十［M］. 北京：中华书局，1999：1383、1384.

二、"有无之辨"与《诗经》的文学阐释学

古代诗经学蕴含有丰富的文学阐释经验，也蕴含有丰富的文学阐释学思想。文学阐释经验是说古人普遍地把文学要素带入经学的话语之中，从而累积成一部可以直观的《诗经》文学阐释史。但文学阐释学思想的《诗经》文学阐释学却比较复杂，它关注的并不是文学阅读的经验层面，而是文学要素如何参与到经学意义的生成之中，因此，它必须回答文学的自性诉求与经典教化之间的关系问题，并给出阐释策略上的处理。

在这个问题上，孔颖达最早发现"诗"与"经"之间其实是有矛盾的。这种矛盾表现为诗歌的有、无之理，合到一起便是"（诗）虽无为而自发，乃有益于生灵"。孔颖达事实上提出了一个重大的文学阐释学命题——该如何处理"诗"与"经"之间的关系，以便从无关政教善恶的诗歌中，读出有益于世道人心的价值来。虽然他没有能力对此作出阐释学上的解决，但提问本身即足以让我们在今天去重新估计《毛诗正义》在《诗经》文学阐释史上的地位，因为后来宋儒"无中生有"的文学阐释学就是对这个提问的展开。

（一）诗歌的"无为"

孔颖达受到六朝感物缘情之说的影响，有意识地从人心感物的动静之理上来论述诗歌的发生原理，提出了"虽无为而自发，乃有益于生灵"的诗学见解。《毛诗正义序》说：

> 夫《诗》者，论功颂德之歌，止僻防邪之训，虽无为而自发，乃有益于生灵。六情静于中，百物荡于外，情缘物动，物感情迁。若政遇醇和，则欢娱被于朝野，时当惨黩，亦怨刺形于咏歌。作之者所以畅怀舒愤，闻之者足以塞违从正。发诸情性，谐于律吕，故曰"感天地，动鬼神，莫近于《诗》"。此乃《诗》之为用，其利大矣。①

---

① ［清］王先谦撰，沈啸寰、王星贤点校. 毛诗正义（十三经注疏标点本）［M］. 北京：北京大学出版社，1999：3.

在他看来，诗歌就其自性来说是"无为而自发"的，它联系着诗人"物感情迁""畅怀舒愤"的生命颤动，并没有多少自觉的政教寓意在里面。孔颖达似乎有意识地将此区别于汉儒眼中的那个理性的诗人形象，为此还调动了不少的资源来论述诗歌的"无为"。比如这里的"情缘物动，物感情迁"明显来自刘勰"情以物迁，辞以情发"和"人禀七情，应物斯感；感物吟志，莫非自然"①的相关表述，而其中的性情思想和感物论则涉及古代乐论的文化背景。《礼记·乐记》的孔疏说：

> 乐初所起，在于人心之感外境也。"是故其哀心感者，其声噍以杀"者，心既由于外境而变，故有此下六事之不同也。噍，踧急也。若外境痛苦，则其心哀。哀感在心，故其声必踧急而速杀也。"其乐心感者，其声啴以缓"者，啴，宽也。若外境所善，心必欢乐，欢乐在心，故声必随而宽缓也。"其喜心感者，其声发以散"者，若外境会合其心，心必喜悦，喜悦在心，故声必随而发扬放散无辄碍……"其怒心感者，其声粗以厉"者，怒谓忽遇恶事，而心恚怒，恚怒在心，则其声粗以猛厉也。"其敬心感者，其声直以廉"者，直，谓不邪也。廉，廉隅也。若外境见其尊高，心中严敬，严敬在心，则其声正直而有廉隅，不邪曲也。"其爱心感者，其声和以柔"者，和，调也。柔，软也。若外境亲属死亡，心起爱情，爱情在心，则声和柔也……人生而静，天之性也。性本静寂，无此六事。六事之生，由应感外物而动。②

这里讲述"外境—心感—音声"的发生原理，核心是感物而动的自然情感论。孔颖达认为触境起情而形于声是一个自发的、不假思虑的过程，也认为情感的发露从音声到言语再到永歌、舞蹈的转换是不自觉地进行的。《毛诗序》"咨嗟叹咏"的孔疏也说：

---

① 刘勰著，范文澜注. 文心雕龙注［M］. 北京：人民文学出版社，1962：65、693.

② ［汉］郑玄注，［唐］孔颖达疏. 礼记正义·卷三十七（十三经注疏标点本）［M］. 北京：北京大学出版社，1999：1076.

　　哀乐之情动于心志之中，出口而形见于言。初言之时，直平言之耳。平言之而意不足，嫌其言未申志，故咨嗟叹息以和续之。嗟叹之犹嫌不足，故长引声而歌之。长歌之犹嫌不足，忽然不知手之舞之、足之蹈之。言身为心使，不自觉知举手而舞身、动足而蹈地，如是而后得舒心腹之愤，故为诗必长歌也。①

　　孔颖达在这里讲的不是一般意义上的抒真情的道理，而是情感的自性问题。一是说情感是随感而应的，原本并没有明确的意义指向。上引"人生而静，天之性也。性本静寂，无此六事。六事之生，由应感外物而动"，孔颖达还援引南朝贺场的话说："性之与情，犹波之与水，静时是水，动则是波；静时是性，动则是情。"②先秦汉儒已颇能谈论人的性情动静之理，孔颖达的特点是从"心"上把二者统一起来。在他看来，"情"作为"性"的自然发露，是在人心与外物交接的过程之中才逐渐地明朗起来的，"应感外物而动"，并不是出于主观意志的安排。二是说感物动情之后，情感有其自身的发露趋向，同样"非由人事"。在他看来，嗟叹、永歌和舞蹈都是"人志意之所之适也"，"身为心使，不自觉知举手而舞身、动足而蹈地，如是而后得舒心腹之愤"。所谓"身为心使"，讲的就是情感的自由趋向，认为诗歌的抒情是不自觉发生的。

　　汉儒盛谈人的自然情性，却罕言《诗经》的自然无为。相反，他们认为诗歌是有为而作的，是有德之人根据政治需要而自觉地创作出来的，并且影响到汉赋也被纳入了讽谏的话语范畴之内。孔颖达则不然，他从人的自然情性中引申出诗的自然之理，这是一个巨大的进步。《毛诗正义序》又说："若夫哀乐之起，冥于自然，喜怒之端，非由人事。故燕雀表啁噍之感，鸾凤有歌舞之容。"③《诗谱序》的孔疏也说："夫乐之所起，发于人之

　　①［汉］毛亨传，［汉］郑玄笺，［唐］孔颖达疏. 毛诗正义·卷一（十三经注疏标点本）［M］. 北京：北京大学出版社，1999：6.

　　②［汉］郑玄注，［唐］孔颖达疏. 礼记正义·卷五十二（十三经注疏标点本）［M］. 北京：北京大学出版社，1999：1423.

　　③［汉］毛亨传，［汉］郑玄笺，［唐］孔颖达疏. 毛诗正义（十三经注疏标点本）［M］. 北京：北京大学出版社，1999：3.

性情，性情之生，斯乃自然而有，故婴儿孩子则怀嬉戏抃跃之心，玄鹤苍鸾亦合歌舞节奏之应。"①意思很明白，诗歌源自人的生命需要，哪里谈得上诸般人事上的考虑呢？即便是《诗经》这部教化的经典，原本也不是冲着美刺时政的目的去的。《毛诗序》"音声通政"之说的孔疏说：

> 治世之政教和顺民心，民安其化，所以喜乐，述其安乐之心而作歌，故治世之音亦安以乐也。《良耜》云："百室盈止，妇子宁止。"安之极也。《湛露》云："厌厌夜饮，不醉无归。"乐之至也。《天保》云："民之质矣，日用饮食。"是其政和也。乱世之政教与民心乖戾，民怨其政教，所以忿怒，述其怨怒之心而作歌，故乱世之音亦怨以怒也。《蓼莪》云："民莫不谷，我独何害！"怨之至也。《巷伯》云："取彼谮人，投畀豺虎。"怒之甚也。《十月》云："彻我墙屋，田卒污莱。"是其政乖也。国将灭亡，民遭困厄，哀伤己身，思慕明世，述其哀思之心而作歌，故亡国之音亦哀以思也。《苕之华》云："知我如此，不如无生。"哀之甚也。《大东》云："眷言顾之，潸焉出涕。"思之笃也。《正月》云："民今之无禄，天夭是椓。"是其民困也。诗述民志，乐歌民诗，故时政善恶见于音也。②

这段话将《乐记》的"心感"之说用到了诗经学的表述上，讲的还是诗歌的自然之理。里面涉及诗歌的两重人物：一是"诗述民志"的诗人，二是自述其情的诗歌人物。孔颖达的诗人观念极为复杂：他在论述《诗经》创作源起的时候，完全是汉儒眼中那个满怀功利追求的理性诗人形象；但在论述一般的诗歌发生学原理的时候，这个诗人又是一个随感而应的无为者，或者至少孔颖达还为诗人保留了"述己志而作诗"③"作诗者自言己

① ［汉］毛亨传，［汉］郑玄笺，［唐］孔颖达疏. 毛诗正义（十三经注疏标点本）［M］. 北京：北京大学出版社，1999：4.
② ［汉］毛亨传，［汉］郑玄笺，［唐］孔颖达疏. 毛诗正义（十三经注疏标点本）［M］. 北京：北京大学出版社，1999：9.
③ ［清］王先谦撰，沈啸寰、王星贤点校. 毛诗正义（十三经注疏标点本）［M］. 北京：北京大学出版社，1999：5.

志"①的个人权利。至于诗歌人物，孔颖达从"民感君政"的角度来谈论"音随世变"的道理，只是一个"无为而自发"的个体生命，即便所有怨刺，也都是缘境所生的自然的情绪反应。孔颖达指出这就是人的天性，所谓"天性自然，少长若一。不待问而自识，不由学而自知"②者也。相比汉儒，孔颖达这里明确地指出诗歌只是一个纯粹的表现行为，而孔疏的优长就是把诗歌人物的自发生命以"我"的口吻带到了当场。

孔颖达提出的"无为"的诗歌自性，构成了宋代《诗经》文学阐释的一个起点。欧、苏以来，《诗》为"自述之辞"的观点以及国风为民间之诗的说法逐渐流行开来。苏辙有云："诗之所为作者，发于思虑之不能自已，而无与乎王泽之存亡也。"③朱熹也说："大率古人作诗，与今人作诗一般，其间亦自有感物道情，吟咏情性，几时尽是讥刺他人。"④宋儒显然是有意识地与汉儒经学相区分，而将《诗经》阐释成为一种无关政教善恶的私人性言语。这些通常被认为是最具文学性的诗歌体验，宋儒当然还是要回到经学的立场上去。宋代以来，"诗"与"经"不妨两看，前者表现为抒情自遣的诗歌生命，后者表现为资治教化的经学意义，因此"无中生有"也便构成了《诗经》文学阐释史的一条主线。

（二）诗歌的"有"

孔颖达试图重塑儒学的实践性品格，"崇有"便是其最鲜明的特征。《五经正义》论"理包备有无"而致意于"有"，论"形兼道器"而偏重在"器"，都说明孔颖达对实际事务的关心远胜过一种纯哲学讨论的热情。《周易正义序》说："原夫易理难穷，虽复'玄之又玄'，至于垂范作

① ［汉］孔安国传，［唐］孔颖达疏. 尚书正义·卷三（十三经注疏标点本）［M］. 北京：北京大学出版社，1999：80.

② ［清］王先谦撰，沈啸寰、王星贤点校. 毛诗正义·卷十六（十三经注疏标点本）［M］. 北京：北京大学出版社，1999：1033.

③ ［宋］苏辙. 诗集传·卷七//［清］纪昀，［清］永瑢等编纂. 景印文渊阁四库全书（第七十册）［M］. 台北：台湾商务印书馆，1986：388.

④ ［宋］黎靖德编，王星贤点校. 朱子语类·卷八十［M］. 北京：中华书局，1986：2076.

则，便是有而教有。"①《毛诗正义序》也说："虽无为而自发，乃有益于生灵""《诗》理之先，同夫开辟；《诗》迹所用，随运而移"。②孔颖达从人事之迹上来把握"理"的存在方式及意义，经典之教便是其崇有思想的落脚点。

孔颖达论述诗歌之"无"的纯粹表现和"有"的教化内涵都非常明确，但对"无中生有"的阐释机制缺乏充分的表述。按照他的意思，"作之者所以畅怀舒愤，闻之者足以塞违从正"，这是把经典的教化安放在读者接受的维度上，希望读者从"无为而自发"的诗歌中观出有益于资治劝诫的意义来。这与汉儒不同，《毛诗序》说"言之者无罪，闻之者足以戒"，认为诗歌原本就是冲着美刺时政的目的去的，所以才为诗人作"无罪"的辩护。但在孔颖达这里，诗歌的本意只是"作诗者自言己志"，它的经学意义其实是间接地生成的。

这要从两个方面来看，一是在感物作诗的角度上，由于产生在特殊的时世背景下，所以即便是"无为"的诗歌，也必然地负载有历史的信息，从而具有了观风知政、以遗史鉴的社会价值。《毛诗正义序》说："情缘物动，物感情迁。若政遇醇和，则欢娱被于朝野，时当惨黩，亦怨刺形于咏歌。"③《毛诗序》的孔疏也说："诗述民志，乐歌民诗，故时政善恶见于音也。"④孔颖达从感物论的角度来论述诗歌的发生，认为诗歌直接是"民感君政"的自然反应，而间接上则是一段历史的表征。二是在诗歌的音声层次上，孔疏说"听音而知治乱，观乐而晓盛衰，故神瞽有以知其趣也"⑤，

① ［魏］王弼注，［唐］孔颖达疏. 周易正义（十三经注疏标点本）［M］. 北京：北京大学出版社，1999：2、3.

② ［汉］毛亨传，［汉］郑玄笺，［唐］孔颖达疏. 毛诗正义（十三经注疏标点本）［M］. 北京：北京大学出版社，1999：3.

③ ［汉］毛亨传，［汉］郑玄笺，［唐］孔颖达疏. 毛诗正义（十三经注疏标点本）［M］. 北京：北京大学出版社，1999：3.

④ ［汉］毛亨传，［汉］郑玄笺，［唐］孔颖达疏. 毛诗正义（十三经注疏标点本）［M］. 北京：北京大学出版社，1999：9.

⑤ ［周］左丘明传，［晋］杜预注，［唐］孔颖达正义. 春秋左传正义·卷三十九（十三经注疏标点本）［M］. 北京：北京大学出版社，1999：1096.

他认为季札观乐"是乐之声音得其情也"①，还认为《毛诗序》的"正得失，动天地，感鬼神，莫近于诗"应当从"诗、乐相将"的角度上做出理解。孔疏又说："若徒取辞赋，不达音声，则身为桀、纣之行，口出尧、舜之辞，不可得而知也。是以《楚茨》《大田》之徒并陈成王之善，《行露》《汝坟》之篇皆述纣时之恶。以《汝坟》为王者之《风》，《楚茨》为刺过之《雅》，大师晓其作意，知其本情故也。"②在他看来，文辞是容易作伪的，但"声能写情，情皆可见"，所以大师就根据诗歌的声情来划定《汝坟》《楚茨》诸篇的归属。孔颖达谈论诗歌的情感，本质上还是在谈讲经义的生成问题。无论是前面的披文入情，还是这里的因声得情，孔疏之"情"都联系着"无为而自发"的个体生命，但它在"诗可以观"的视野之下也就具有了历史的表征功能。

说到这里，孔颖达即将触摸到宋儒关于"诗可以观"的文学阐释机制了。但这只是问题的一个方面。另一个方面是，虽然孔颖达也意识到"无为而自发"的生命情感，却不肯把它正式地交给诗人。观《毛诗序》和《诗谱序》的孔疏，"无为"的生命主要体现在诗歌的抒情人物身上，而作诗者仍旧牢牢地占据了"颂美讥过"的超然地位，也还是汉儒眼中的那种执着于讽喻时政的有为者。孔颖达显然更关心诗人的社会性身份，《毛诗正义》就是基于一个针药救世的理性诗人形象来体认经旨的。他也和郑玄一样将"性情之生，斯乃自然而有"的上古歌诗排除在诗史之外，只把虞舜时代的"用诗规劝"作为诗道的滥觞，并把"诗亡"说成是天下道绝"虽有智者，无复讥刺"的自觉选择。这种积极主动的政治干预意识联系着诗人作诗的功利性追求，从而产生了一部"发情止理""颂美讥过"的诗歌经典。

在作诗的问题上，孔颖达把"无为而自发"的生命限定在"述情歌咏，未有箴谏"的上古歌诗时代。但是当他具体地面对一部颂美讥过的"今诗"

① ［汉］毛亨传，［汉］郑玄笺，［唐］孔颖达疏. 毛诗正义（十三经注疏标点本）［M］. 北京：北京大学出版社，1999：8.

② ［汉］毛亨传，［汉］郑玄笺，［唐］孔颖达疏. 毛诗正义（十三经注疏标点本）［M］. 北京：北京大学出版社，1999：8.

的时候，《春秋左传正义》说"诗人观时政善恶，而发愤作诗"①，《毛诗正义》说"诗者，人之咏歌，情之发愤，见善欲论其功，睹恶思言其失"②，却几乎不见感物论的影子。《毛诗序》的孔疏说：

> 诗人既见时世之事变，改旧时之俗，故依准旧法，而作诗戒之。虽俱准旧法，而诗体不同，或陈古政治，或指世淫荒。虽复属意不同，俱怀匡救之意，故各发情性，而皆止礼义也……而变风所陈，多说奸淫之状者，男淫女奔，伤化败俗，诗人所陈者，皆乱状淫形，时政之疾病也，所言者，皆忠规切谏，救世之针药也。③

如果说感物论显示了"应物斯感"的自然情性，则讽喻说联系着诗人积极主动的创作意图。在前者，诗人是一个"消极"的自我，"情"是一种无为而后动的感物反应，诗歌则是触境起情的自然流露；而在后者，诗人睹目世变"而作诗戒之"，"情"联系着诗人的主体判断，所以《诗经》是有意识地对时政做出选择和评价的结果。在孔颖达那里，感物论具有诗歌发生学上的抽象意义，讽喻才是诗人作诗的正题。回到那颗"针药救世"的诗心上，孔颖达尽量对诗歌做出非个人化的解读，诸如"莫不取众之意以为己辞""言事之道，直陈为正""披露下情，伏死而谏"等观念彰显的正是一种殷勤责王、代言天下的诗人担当。

孔颖达原本是有机会从读者维度上释放经义的潜能，从而把无为而自发的生命还给诗人的。但实际上他并没有在诗歌之"无"上走出多远，毋宁说孔颖达坚持诗人作诗的功利性追求又回到了汉儒解诗的模式上。在那里，诗歌是缘政而发的评价性话语，经义联系着作诗者的创作意图，就内含在《诗经》的文本之中。后来，宋儒解《诗》强调经典在阅读过程中的

---

① ［周］左丘明传，［晋］杜预注，［唐］孔颖达正义. 春秋左传正义·卷三十九（十三经注疏标点本）［M］. 北京：北京大学出版社，1999：1096.

② ［汉］毛亨传，［汉］郑玄笺，［唐］孔颖达疏. 毛诗正义·卷十八（十三经注疏标点本）［M］. 北京：北京大学出版社，1999：1162.

③ ［汉］毛亨传，［汉］郑玄笺，［唐］孔颖达疏. 毛诗正义·卷一（十三经注疏标点本）［M］. 北京：北京大学出版社，1999：16.

意义生成，他们把教化寄望于读者的自我理解，从而在客观上置换出一个相对独立的诗意空间来。这是对孔颖达提出"虽无为而自发，乃有益于生灵"的阐释学命题做出的最好回答。

三、"无中生有"与宋代《诗经》文学阐释机制

宋代平民社会的崛起带动了儒学世俗化的趋向，经学下降为普通的知识，连同《诗经》的作者也下移到民间，一种日常化的诗歌情感及其表现性质逐渐成为学者们的共识。在这种背景之下，如何立足于诗歌的"无为"来重构经学的义理，便成为需要经学家们去认真思考的问题。对此，欧苏一脉的文学家、朱熹等理学家都做出过有益的探讨，一种"无中生有"的文学阐释机制越来越清晰了。

（一）诗可以观

欧阳修是诗经学史上开风气的重要人物。自从他将"诗人之意"纳入诗旨以来，后来的文学论者一般都要讨论诗歌自述其情的表现性内涵。《诗本义》说：

> 诗之作也，触事感物，文之以言，善者美之，恶者刺之，以发其揄扬怨愤于口，道其哀乐喜怒于心，此诗人之意也。[1]

这段表述和孔颖达的《毛诗正义序》非常接近，都认为诗歌是触境起情的言语，其中的美刺表现为一种政治无意识的自然生命，并不是诗人作诗的先决条件。欧阳修在《梅圣俞诗集序》中说，《诗经》多出自古穷诗人："凡士之蕴其所有而不得施于世者，多喜自放于山巅水涯。外见虫鱼

---

①［宋］欧阳修. 诗本义·卷十四 //［清］纪昀，［清］永瑢等编纂. 景印文渊阁四库全书（第七十册）［M］. 台北：台湾商务印书馆，1986：290.

草木风云鸟兽之状类，往往探其奇怪。内有忧思感愤之郁积，其兴于怨刺，以道羁臣、寡妇之所叹，而写人情之难言，盖愈穷则愈工。"①不同于汉儒笔下的那个随时准备站出来讲道理的有德之人，这里的古穷者诗人盖"自怨生也"，忧思感愤郁结于内，草木虫鱼触动于外，兴发为诗，自是美刺的意思，而不必强为之说解也。比如闻雎鸠之和鸣，"有似淑女匹其君子，不淫其色……盖思古以刺今之诗也"②；见草虫异类相感，"有如男女非其匹偶而相呼，诱以淫奔者，故指以为戒而守礼以自防"③；听黄鸟之声，"因时感事，乐女功之将作"④，等等。

揣摩其中的诗人形象，有两点值得注意：第一，古诗人皆触境而兴，抒情自遣而已，并不是那个执着于讽喻上政、进而索物比附的有德之人。第二，这里的"美刺"是以"兴"的情感状态呈现的，它在触类旁通的过程中得到了排遣，是不必见到美刺便疑若无文的。就此而言，"诗人之意"也就具有了纯粹的表现性质，它只关乎诗人之己身。比如《诗本义·四月》"盖知其无如之何，但自伤叹而已"⑤，《小明》"嗟尔君子，无恒安处，乃是大夫自相劳苦之辞"⑥，《正月》"大夫自伤独立于昏朝之辞也"⑦。这样的例子还有很多，欧阳修把诗歌当作"自述"的言语，其所彰显的乃是诗人的自我生命意识。

然则，经学之诗的性质安放在何处？欧阳修说："吾于《诗》，常以《序》为证也。"⑧可见，他反对的并非"美刺"说本身，而只在于将"美

①［宋］欧阳修著，李逸安点校//欧阳修全集（第二册）［M］. 北京：中华书局，2001：612.
②［宋］欧阳修. 诗本义·卷一//［清］纪昀，［清］永瑢等编纂. 景印文渊阁四库全书（第七十册）［M］. 台北：台湾商务印书馆，1986：183-184.
③［宋］欧阳修. 诗本义·卷二//［清］纪昀，［清］永瑢等编纂. 景印文渊阁四库全书（第七十册）［M］. 台北：台湾商务印书馆，1986：190.
④［宋］欧阳修. 诗本义·卷一//［清］纪昀，［清］永瑢等编纂. 景印文渊阁四库全书（第七十册）［M］. 台北：台湾商务印书馆，1986：184.
⑤［宋］欧阳修. 诗本义·卷八//［清］纪昀，［清］永瑢等编纂. 景印文渊阁四库全书（第七十册）［M］. 台北：台湾商务印书馆，1986：241.
⑥［宋］欧阳修. 诗本义·卷八//［清］纪昀，［清］永瑢等编纂. 景印文渊阁四库全书（第七十册）［M］. 台北：台湾商务印书馆，1986：242.
⑦［宋］欧阳修. 诗本义·卷七//［清］纪昀，［清］永瑢等编纂. 景印文渊阁四库全书（第七十册）［M］. 台北：台湾商务印书馆，1986：231.
⑧［宋］欧阳修. 诗本义·卷十四//［清］纪昀，［清］永瑢等编纂. 景印文渊阁四库全书（第七十册）［M］. 台北：台湾商务印书馆，1986：294.

刺"一律地附会到诗人的自觉意识层面。在欧阳修看来，诗歌皆一时心境的流露，并没有"言志讽喻"的动机，但"王化"就隐含在诗人联类感物的生命咏叹之中了。用今天的话来说，诗歌是一种社会象征性文本，诗人的生命情感传递着历史的信息。如同"野老""郊童"的歌唱，既然这些讯息是昧于诗人意识之外的，所以阐释的任务就是将其还原为在场。这就是我们所看到的，一部《诗本义》热衷于讨论时世的原因。后来，苏辙在《诗集传》中也说："（诗）发于思虑之不能自已，而无与乎王泽之存亡也"①，但正、变之诗所蕴含的性情，却是由时势盛衰与王泽教化所决定的。欧、苏等人体认古诗人触物起兴的生命冲动，及其无意而然的政教价值，是真正意义上的文学阐释。他们实际上是把"经义"与"诗意"相对地区分开来，而沟通的办法就是通过语境阐释来赋予诗人意识之外的教化内涵。

在汉唐经学家那里，《诗经》的文本意义是客观自足的，其中的"诗人之意"和"圣人之志"也是同一的。这样，"经义"就附着在对"诗人之意"的阐释之上，但阐释者并不是发现经义，而只是将其更加确定地还原出来。欧、苏则不然，既然诗歌只是"自述"的言语，那么读者就应当比作者了解得更多。这样把"经义"寄托于读者的再创造，也就改变了之前的那种过分倚重诗人而来的"缘字求义"的解经思路。苏辙《诗论》有云：

> 《诗》者，天下之人，匹夫匹妇，羁臣贱隶，悲忧愉佚之所为作也。夫天下之人，自伤其贫贱困苦之忧，而自述其丰美盛大之乐，其言上及于君臣父子、天下兴亡治乱之迹，而下及于饮食床第、昆虫草木之类。盖其中无所不具，而尚何以绳墨法度、区区而求诸其间哉！②
> 夫"兴"之为言，犹曰："其意云尔，意有所触乎"，当此时已去而不可知，故其类可以意推，而不可以言解也。《殷其雷》曰："殷其雷，在南山之阳。"此非有所取乎雷也。盖必其当时之所见，而有动乎其意。故后之人，不可以求得其说，此其所以为"兴"也。若夫"关

①［宋］苏辙著. 诗集传·卷七 //［清］纪昀，［清］永瑢等编纂. 景印文渊阁四库全书（第七十册）［M］. 台北：台湾商务印书馆，1986：388.
②［宋］苏辙著，陈宏天、高秀芳点校. 诗论 // 苏辙集（第四册）［M］. 北京：中华书局，1990：1273.

关雎鸠，在河之洲。"是诚有取于其挚而有别，是以谓之"比"而非"兴"也。嗟夫！天下之人，欲观于《诗》，其必先知夫"兴"之不可以与"比"同，而无强为之说，以求合其作时之事，则夫《诗》之义庶几乎可以意晓而无劳矣。[①]

苏辙接着就两次以"嗟夫"起语，一再强调观诗者"必先知夫兴之不可与比同"。因为在他看来，如《关雎》之比"是诚有取于其挚而有别"，而《殷其雷》之兴乃是触乎当时的无意而然。这样来理解诗人的"自述、自伤"和"君臣父子、兴亡治乱"之间的关系，就不是自觉取义的比附，而是一种偶尔契合又无法指实的关系。所以苏轼强烈反对汉儒的"绳墨法度"和"言解"，提倡一种"意推"的方法。也就是提倡以人情解诗，感受"自述其情"的诗人之意，并体会出"六经之道，惟其近于人情"[②]的道理来。

由此观之，根据欧、苏等人的读诗之法，《诗经》具有双重性质，它既是诗人"自述"的言语，又是一种充满象征意味的社会性表述。因而文学论者无须篇篇落实诗歌的美刺作旨，他们把无为而自发的生命还给了诗人，同时主张通过语境阐释呈现出无意而然的政教价值。这样，文学魅力和经学义理互不妨碍，前者表现为诗人个体生命的舒展，后者呈现在"诗可以观"的视野之下，实际上反映的是读者对自我的理解与期待。

（二）诗可以兴

朱熹等理学家把"诗可以兴"奉为读诗的纲领，也是从读者维度上来实现经义的。朱熹主张"以诗说《诗》"的根据，就在于那些"感物道情"的诗歌为学者提供了窥探性情之道的最佳范本。《诗经集传序》说：

---

① ［宋］苏辙著，陈宏天、高秀芳点校. 诗论 // 苏辙集（第四册）［M］. 北京：中华书局，1990：1273、1274.

② ［宋］苏辙著，陈宏天、高秀芳点校. 诗论 // 苏辙集（第四册）［M］. 北京：中华书局，1990：1273.

　　或有问于予曰：诗何为而作也？予应之曰：人生而静，天之性也；感于物而动，性之欲也。夫既有欲矣，则不能无思；既有思矣，则不能无言；既有言矣，则言之所不能尽而发于咨嗟咏叹之余者，必有自然之音响节奏，而不能已焉。此诗之所以作也。

　　曰：然则其所以教者，何也？曰：诗者，人心之感物而形于言之余也。心之所感有邪正，故言之所形有是非。惟圣人在上，则其所感者无不正，而其言皆足以为教。其或感之之杂，而所发不能无可择者，则上之人必思所以自反，而因有以劝惩之，是亦所以为教也。①

　　人性本来是"静"的，"杂"感于物就呈现为"欲动情胜"的状态，形于"思"而发为"言"，自然就是邪正、是非不齐的。在朱熹看来，《诗经》最为生动地呈现了性体层层发用的整个流程；更重要的是，它仿佛使人窥到无善无恶的性体，究竟如何一步步地发露为善恶相混的世俗行为。所以《诗集传序》和《朱子语类》里谈到圣人立教的原理，把《诗经》当成了"必思所以自反"的格致场所。所谓"善可为法，恶可为戒"，正是读者玩味诗心而"切己省察"所得出的自我教化。这是典型的理学逻辑，"二程"即反对佛家的"枯槁"和"恣肆"，而将"道"附于"物"之流行。朱熹反思孟学的空疏，也说过："论性而不论气，则收拾不尽，孟子是也"②；"盖本然之性，只是至善。然不以气质而论之，则莫知其有昏明开塞，刚柔强弱，故有所不备"。③这里所谓的"气"，涉及人情欲望以及各种利害关系的考虑。朱熹等理学家甘当"乡先生"，志在"行道民间"，他们将"天理"落实到"气"上磨炼做工夫，也是将复性之教植根于最真实的世俗的人性层面。这样就改变了孟子"尽心以知天"的心性上证之路，无疑是对孟学的重大发展。

　　一旦将诗教落实在"气"的世俗层面，则《诗经》的美刺和贞淫都是本然自在，而又不能篇篇如此的，它们甚至充当了某种功能。所谓"彼虽

---

　　① [宋] 朱熹. 诗经集传·原序 // [清] 纪昀，[清] 永瑢等编纂. 景印文渊阁四库全书（第七十二册）[M]. 台北：台湾商务印书馆，1986：748.

　　② [宋] 黎靖德编，王星贤点校. 朱子语类·卷五十九 [M]. 北京：中华书局，1986：1389.

　　③ [宋] 黎靖德编，王星贤点校. 朱子语类·卷五十九 [M]. 北京：中华书局，1986：1387.

以有邪之思作之，而我以无邪之思读之，则彼之自状其丑者乃所以为吾警惧惩创之资耶"①云云，就是说"读诗"充满了人性的较量，而"彼之自状其丑者"更能显示人性尚未自觉的窘迫来，因而足以作为吾人之镜鉴。按照"道不远人"的理学逻辑，所谓"善"乃是人的自我成就，"恶"则是人的"自暴自弃"。只有理解了理学家对"人"的信心与期待，我们才能真正地解开朱熹"淫诗"说的秘密。如此一来，朱熹尽可以把《诗经》从经学母体中抽离出来，"看《诗》，义理外更好看他的文章"②。"诗可以兴"的文学阐释学功能即在于此。

朱熹把"感物道情"还给了"诗人之意"，《诗》的教化也就只能寄望于读者的自我领悟了。读者涵泳诗文，明了诗心的几微变化；又切己审察，以自警醒，从而回归"思无邪"的正途。朱熹诗经学的关键，即是这种"切己审察"的工夫。他讲到读《诗》的"体验是自心里暗自讲量一次"③，诸如"存心不在纸上写底，且体认自家心是何物"④，"察之情性隐微之间，审之言行枢机之始"⑤，"读书，不可只专就纸上求理义，须反来就自家身上推究"⑥等表述所在多是。由此看来，理学家所谓的"以诗说诗"和"涵泳讽诵"绝不是轻松的享受，而是剔骨抉皮一般的自我拷问，乃是真正"豪杰"的行为。以朱子学影响之深远，后人尤其是理学家们昌明"文学之诗"的性质，又要维护"思无邪"的正旨，尤其是在处理"淫诗"的时候，采取朱熹的观点。而像王柏那样以为"淫诗"乃是汉儒的窜入，而尽皆删除，其实是很不得朱子旨趣的。

总之，古人以文学的观念来解读《诗经》，仍然在探讨"经义"的存在方式问题。不同于汉儒把经义安放在诗人的自觉意识层面，文学论者更加强调阅读过程中的意义生成。在宋学诸家那里，诗歌或表征着治乱兴衰

---

① ［宋］朱熹. 朱子全书（第二十三册）［M］. 上海：上海古籍出版社，合肥：安徽教育出版社，2002：3371.

② ［宋］黎靖德编，王星贤点校. 朱子语类·卷八十［M］. 北京：中华书局，1986：2083.

③ ［宋］黎靖德编，王星贤点校. 朱子语类·卷一一九［M］. 北京：中华书局，1986：2879.

④ ［宋］黎靖德编，王星贤点校. 朱子语类·卷十二［M］. 北京：中华书局，1986：204.

⑤ ［宋］朱熹. 诗集传序 // ［宋］朱熹. 朱子全书（第一册）［M］. 上海：上海古籍出版社，合肥：安徽教育出版社，2002：351.

⑥ ［宋］黎靖德编，王星贤点校. 朱子语类·卷十一［M］. 北京：中华书局，1986：181.

的历史常态，或联系着"有得有失、有黑有白"的人情常理。要之，诗歌的自然属性源于某种自然实存的、充满差异性的事物秩序。在此视野下，欧、苏把《诗》的人情历史化，从政治无意识的角度来提炼诗歌的社会价值；朱熹等人则主张观人性情，感发己意，所以诗歌的贞淫邪正并不妨碍经典的人生教化。也都是从读者的维度上来释放经义的潜能，这样就在客观上置换出一个相对独立的诗意空间，并极大地解放了诗意和人情的自然属性。"诗可以观"和"诗可以兴"的文学阐释学功能即在于此，这种读法将"诗意"嵌入了诗经学的意义结构之中，使我们能够更加有效地来谈论《诗经》的文学阐释史。

第

一

章

清谈玄言之风
影响下的
阐释思想

第一节　魏晋阐释思想与作为相对概念的"经"

　　魏晋时期虽以崇尚玄学为时代特征，但只将玄学讨论的范围局限在《周易》《老子》和《庄子》是不准确的。魏晋士人表达自己思想的形式不止话题论辩一种，通过阐述经籍来传达思想也极为常见。他们对经籍的阐发很多时候超越了具体学派界限，注重思想的融通。魏晋时期的经籍阐释在数量和影响上都较为可观，阐释对象有儒家、道家、法家、兵家、阴阳家、佛家等各家之重要典籍。在当时主流学术界影响较大的主要是对儒经和道家典籍的阐发，《易》《书》《诗》《礼》《春秋》《论语》《老子》《庄子》等皆不乏注本，如王肃《周易注》《周官礼注》、王弼《老子道德经注》《周易注》、何晏《论语集解》、杜预《左传集解》、范宁《榖梁传集解》、郭璞《尔雅注》、郭象《庄子注》等。这一时期的阐释活动一方面有其内在的历史延续性，如何晏对《论语》的阐释，虽已有去其烦琐而得其大义的旨趣，但也明显可以看出汉易象数、阴阳感应的话语色彩。另一方面，又在思维革新的基础上试图解决旧的阐释模式存在的问题，从而建立起新的阐释模式。如王弼吸收了老子"以无为本"的本体论思想和庄子"得意忘言"的语言观，以阐释《周易》，使"得意忘言"成为玄学思辨以及魏晋经学的重要方法，在大义微言和章句训诂的阐释模式之外，建立起注重义理的阐释模式。郭象在其《庄子注》中发扬了王弼"得意忘言"的方法，借助"辩名析理"与"寄言出意"，改造了《庄子》的思想，使自然和名教在逻辑上实现了统一。

　　总体来讲，魏晋学者的经籍阐释有一个共同的目的，即连接传统与现实、理论与实际，在具有延续性的话语历史中探寻有助于解决现实问题的阐释策略。所以虽是注经，但魏晋学者基本都有较为自觉与强烈的理论建构色彩。这必然导致他们对经籍的理解与经籍原义或前人的理解不同。如果从解释和保留文本原义的角度来看，可以说存在诸多曲解。但如果从话题讨论的对话性、发展性和针对性来看，曲解是可以甚至必然会出现的。

能够得到广泛和长期流传的经籍，其中应该包含了诸多具有普遍价值的话题。在面对这些普遍话题的时候，不同时代的不同个体，给出的理解和解释不同，这也是比较正常的。正如伽达默尔所言："以文字形式传承下来的一切东西对于一切时代都是同时代的。在文字流传物中具有一种独特的过去和现在并存的方式。"①真正有意义的阐释需要有对话性、包容性和生成性，"阐释的结果不是外在于阐释者的纯粹的客观存在，而是在阐释过程中生成的、包含着阐释者主观性因素的建构物"。②此种建构物不只是阐释者与阐释对象相结合的产物，还是一个由阐释对象（作为原典的经籍）、阐释主体（以士大夫为主）、阐释结果（引申出的思想）、阐释资源（所运用的思维方法和所涉及的思想资源）、阐释的接受与延续共同构成的意义生成系统，以文化共同体中具有延续性和对话性的言说为载体。

　　以士大夫为言说主体的魏晋玄学，讨论的问题虽然抽象，但其内核是阐释性的而非理论性的，因为清谈本身不具有超历史性。客观而论，此种看似形而上的讨论，一旦脱离其产生和存在的历史土壤，意义便会大打折扣。而从主观意识来讲，口谈玄虚实则指向具体的社会人生，具有或隐或显的现实目的。士大夫与文化主导者的双重身份，使得该时期的士人既是政治与主流学术（经学）的参与者，又结合自身际遇与时代环境，有阐发个性化思想的诉求。从这个意义上来说，魏晋玄学为该时期的经籍阐释注入了新的思想资源。本末、有无、名实、言意等问题借助经籍阐释，从思维层面进入思想和行为层面。思想学术、政治制度、社会生活中各种要素的相互关联，融入阐释性的话语，在经籍流传的脉络中铺展开来。无论阐释的内容是抽象的玄言玄理还是具体的名物制度，以现实目的为基础的阐释行为本身，即代表了阐释者回归具体、回到现实的态度。如魏晋玄学家讨论有无谁为本谁为末、圣人有情还是无情、言能不能尽意、该如何处理自然与名教的关系等问题，并不见得只是为了探究宇宙万物的根本及运行规律，归根结底还是指向社会人生，试图解决所处时代面临的具体问题的。

---

①［德］伽达默尔著，洪汉鼎译．真理与方法［M］．北京：商务印书馆，2010：548.

②李春青．走向阐释学的文学理论——40年来中国文学理论发展的回顾与瞻望［J］．河北师范大学学报（哲学社会科学版）：2020，（2）.

如王弼以《老》释《易》，主张"以无为本""崇本举末""得意忘言"，是想从各个方面实现儒道矛盾的调和。裴頠、郭象等反对以无为本，主张崇有，也是为了给晋代儒学的危机和士人糟糕的生存状态寻求出路。

约埃尔·魏因斯海默在《哲学诠释学与文学理论》一书中提到经典与圣典的区别。经典是单数的，特点在于"一分为众"，也就是说其具有众多的可能性，且经典并不存在排他性，依靠其特殊的品质、品格和价值获得认可，且这些品质、品格和价值与个人或特定群体的直接目的无关。而圣典是复数的，特点在于"众合为一"，所谓的"一"指目的和宗旨上的一致性，且具有一定的排他性。圣典性并不强调其内在的品质和特征，而主要指发生在其身上的事件之结果，此一事件是指圣典化的过程，"圣典的要求或是制度化的、传统的，或是历史的"。① 中国古代的"经"正具有魏因斯海默所说的经典的属性。刘师培曾考证过"经"的具体内涵，提到："后世以降，以《六经》为先王之旧典也，乃训经为法，又以《六经》为尽人之所共习也，乃训经为常。"② "法"与"常"都代表了具有普遍性的规范与规律。故而经的内容不仅不具有排他性，而且为后世历代阐释者提供无限可能的空间。

借阐释他人文本而陈己意的现象，古来有之。如"墨子之引《书传》，每异孔门；吕氏之著《春秋》，本殊周制。其时九流竞胜，诸子争鸣；虽有古籍留遗，并非尼山手订。引《书》间出百篇之外，引《诗》或在三千之中，但可胪为异闻，不当执证经义。万章之问井廪，虽补《舜典》逸文；郑君之注南风，不取《尸子》杂说。诬伊尹以婴戮，据周公之出奔，疑皆处士横议之词，流俗传闻之误。虽《魏史》出安釐之世，蒙恬见未焚之书，而义异常经，说难凭信。此其授受，本别参商；惜乎辞阙，未经邹孟。宜有别裁之识，乃无泥古之议。"③ 孟子也曾批评过其弟子咸丘蒙引《诗》断章取义。此种现象在春秋战国时期便已十分流行。但问题在于，"经"不同于一般典籍，其具有一定的权威性或官方性，那不完全符合甚至完全不

---

① ［美］约埃尔·魏因斯海默著，郑鹏译. 哲学诠释学与文学理论［M］. 北京：中国人民大学出版社，2011：139.

② 刘师培著，陈居渊注. 经学教科书［M］. 上海：上海古籍出版社，2006：8.

③ ［清］皮锡瑞著，周予同注释. 经学历史［M］. 北京：中华书局，1959：62.

符合原文的阐释是否存在不妥呢？从历史的角度来看，无论创造性阐释所产生的影响是什么，整个经籍阐释的历史本身就是不断创造和申发的结果。

事实上"经"所指代的范围在每个时代都不一样。仔细考察经学发展的历史，就会发现"经"是一个相对的概念，且这一概念从产生之初，就充满了复杂性。

> 《六经》本先王之旧典，特孔子另有编订之本耳。周末诸子，虽治《六经》，然咸无定本。致后世之儒，只见孔子编订之《六经》；而周室《六经》之旧本，咸失其传。班固作《艺文志》，以《六经》为"六艺"，列于诸子之前，诚以《六经》为古籍，非儒家所得私，然又列《论语》、《孝经》于六艺之末，由是孔门自著之书，始与《六经》并崇。盖因尊孔子而并崇《六经》，（因孔子编订之故）非因《六经》而始崇孔子也。且后世遵从《六经》，亦自有故。盖后儒治经学，咸随世俗之好尚为转移。西汉侈言灾异，则说经者亦著灾异之书。（如董仲舒《春秋繁露》）东汉崇尚谶纬，则说经者亦杂谶纬之说……推之魏晋尚清谈，则注经者杂引玄言。如王弼、韩康伯注《周易》，何晏解《论语》是也。宋明尚道学，则注经者空言义理……盖治经之儒，各随一代之好尚，故历代之君民咸便之，而《六经》之书遂炳若日星，为一国人民所共习矣。①

关于孔子修纂六经，学界存在争论，但根据《庄子·天运》与郭店简记载，六经这一称谓在战国时便已存在，指《诗》《书》《礼》《乐》《易》《春秋》。如《左传》《公羊传》《穀梁传》本是阐释《春秋》的传，在唐代被列入"九经"（据《旧唐书·选举上》、顾炎武《九经误字》、皮锡瑞《经学历史》、刘师培《经学教科书》等）。《礼记》（《小戴礼》）本为《礼经》之辅，在唐代也被列入"九经"。而《论语》《孟子》本都是子书，《尔雅》是释经之书，也都在不同时期被纳入"经"的范围。

皮锡瑞在《经学历史》中提出过一个问题："汉人最重师法，诗之所

---

① 刘师培著，陈居渊注. 经学教科书［M］. 上海：上海古籍出版社，2006：28.

传，弟之所受，一字毋敢出入；背师说即不用。师法之严如此，而考其分立博士，则有不可解者……使其学同，不必分立；其学不同，是背师说，尤不应别立也……不守师传，法当严禁，而反为之分立博士，非所谓'大道多歧亡羊'者乎？"[①]皮锡瑞是今文经学者，对今文经学代表人物伏生敬仰有加，是主张通经致用的，如其认为汉武帝到汉宣帝之间的经学"精而有用"。他在这个立场上反对古文经学，认为"刘歆欲立古文诸经，故以增置博士为例。然义已相反，安可并置；既知其过，又何必存；与其过存，无宁过废。强词饰说，宜博士不肯置对也。博士于宣、元之增置，未尝执争；独于歆所议立，力争不听。盖以诸家同属今文，虽有小异，尚不若古文乖异之甚。"[②]其引《后汉书·范升传》中范升对当时各家争立博士情况的描述，认为"汉时之争请立学者，所见甚陋，各怀其私"。抛开皮氏今文学家的主观立场不论，此说至少说明四个问题：其一，经的内容是存在争议的；其二，对经的阐释并不唯一；其三，每一家被立于学官的阐释，都在一定程度上获得了公共话语权及主流意识形态的认可；其四，从文献记载来看，自汉武帝立五经博士以后，官方意识形态对经学各家的态度都是在不断变化的。

在汉代，"经"以及经学权威的确立，代表了统治者的话语诱导和束缚。"经"不仅是文化教育的核心，还通过选官制度左右着士人的政治命运。故而经籍阐释不仅是一种文化学术行为，更是一种带有明确立场和诉求的政治行为。在经学解释一切的阐释逻辑背后，呈现出的是意识形态对社会的系统性把控。而魏晋时期，盛极一时的经学随着中央集权的崩溃，逐渐丧失了其对政治文化的统摄力和阐释权力，随之而来的是作为学术行为的经籍阐释有了获得相对自由的可能。士人借阐释经籍讨论哲学、道德、文化、制度等问题，最直接的诉求也是打破旧的阐释体系，建立新的思想系统。"新学者讲学，以《易》和《老子》为依据，但并不为《易》《老》所限，不过借古来的题目作自己的文章而已"。[③]

① [清] 皮锡瑞著，周予同注释. 经学历史［M］. 北京：中华书局，1959：77.

② [清] 皮锡瑞著，周予同注释. 经学历史［M］. 北京：中华书局，1959：81.

③ 刘汝霖. 汉晋学术编年·卷六［M］. 上海：华东师范大学出版社，2010：183.

第二节　何晏与魏初《论语》阐释

一、汉魏《论语》阐释与《论语集解》

　　《论语》为孔子弟子所辑录，记录了孔子及其若干弟子的言行。班固《汉书·艺文志》中记载："《论语》者，孔子应答弟子、时人及弟子相与言而接闻于夫子之语也。当时弟子各有所记，夫子既卒，门人相与辑而论纂，故谓之《论语》。"《论语》初不在六经之中，汉人引《论语》多称传。按照皮锡瑞的说法，《论语》最初没有被列入经的范围，是因为其并非孔子所作，也非孔子所整理编订，"孔子所定谓之经；弟子所释谓之传，或谓之记；弟子展转相授谓之说。惟《诗》《书》《礼》《乐》《易》《春秋》六艺乃孔子所手定，得称为经……汉人以《乐经》亡，但立《诗》《书》《易》《礼》《春秋》五经博士，后增《论语》为六，又增《孝经》为七"。[①]后增列《论语》为经，也是因为统治者认为它符合经之所以为经的要求，能体现常法；并将《论语》及围绕其进行的相关阐释纳入主流政治话语体系。《论语》的流传、阐释，及其被归入经的过程，也佐证了前文所述观点，即"经"是一个相对概念，且并不具有排他性。

　　据刘向《别录》与《隋书·经籍志》载，《论语》在西汉时，有齐、鲁、古（孔壁所得）三家。

　　　汉初，有齐、鲁之说。其齐人传者，二十二篇；鲁人传者，二十篇……张禹本授《鲁论》，晚讲《齐论》，后遂合而考之，删其烦惑。除去《齐论》《问王》、《知道》二篇，从《鲁论》二十篇为定，号《张侯论》，当世重之。周氏、包氏，为之章句，马融又为之训。又有

---

①［清］皮锡瑞著，周予同注释. 经学历史［M］. 北京：中华书局，1959：67、68.

古《论语》，与《古文尚书》同出，章句烦省，与《鲁论》不异，唯分《子张》为二篇，故有二十一篇。孔安国为之传。汉末，郑玄以《张侯论》为本，参考《齐论》、古《论》而为之注。魏司空陈群、太常王肃、博士周生烈，皆为义说。吏部尚书何晏，又为集解。是后诸儒多为之注，《齐论》遂亡。古《论》先无师说，梁、陈之时，唯郑玄、何晏立于国学，而郑氏甚微。周、齐，郑学独立。①

　　与汉代相比，魏晋时期《论语》注解的重心并不是文献整理和名物训诂，而是义理解释和阐发。而《论语集解》中所辑诸家之说，包括何晏在选取改易诸家之说基础上对《论语》的解读，都明显带有过渡色彩，即或多或少存留了汉代经学今、古文的阐释方法和思想，又呈现出义理化的倾向。

　　郑玄说经兼采今古文，网罗百家，删裁繁缛，在当时很受追捧。如皮锡瑞在《经学历史》中总结的："郑（郑玄）注诸经，皆兼采今古文。注《易》用费氏古文；交辰出费氏分野，今既亡佚，而施、孟、梁邱《易》又亡，无以考其同异……注《论语》，就《鲁论》篇章，参之《齐》、《古》，为之注……是郑注《论语》兼采今古文也。"②郑玄注《论语》，在考据音韵、文字、典章、制度、名物之外，也有所阐发。其阐发多随文本意旨而发，神学特质较今文经学家而言大为削弱，但使用纬书的痕迹依然明显。

　　　　东汉之末，说《论语》者，多宗郑注。至魏王肃作《论语解》，始与郑注立异，而陈群、周生烈、王弼咸注《论语》。何晏诸人，采摭汉魏经师之说，采孔安国、包咸、周氏、马融、郑康成、陈群、王肃、周生烈八家之说。成《论语集解》。其篇目一依《鲁论》，虽去取多乖，然汉儒遗说赖此仅存。③

---

① ［唐］魏徵、令狐德棻撰. 隋书·经籍志［M］. 北京：中华书局，1973：939.

② ［清］皮锡瑞著，周予同注释. 经学历史［M］. 北京：中华书局，1959：142.

③ 刘师培著，陈居渊注. 经学教科书［M］. 上海：上海古籍出版社，2006：79.

　　王肃是汉末魏初经学的重要人物，也是该时期《论语》注解的代表人物。王肃善贾逵、马融之学，兼通今、古文经。其《论语》注，与郑玄注本不同，古朴而务实，名法色彩较为浓厚，这与曹魏时期对法家和名家思想的重视是一致的。何晏则援引道家本末有无的思想，并加以发挥，来阐释经籍，使《论语》的阐释玄理化了。无论是王肃的以名法释《论语》，还是何晏、王弼的援道释儒，都是在为儒家思想注入新的理论资源，以确立适应新的时代和政治需求的价值体系和阐释话语。正如唐长孺所言："两汉经学的衰弱使过去定于一尊的儒家学说不能维持以往的尊严，儒家所主张的名教之治亦因尚名之弊趋于破产，经学的衰弱虽然并不意味儒家的纲常名教已不再适应统治阶级的需要，但这种衰弱的经学却无力为纲常名教的合理性作出理论论证。统治阶级必须寻找新的思想武器和统治法术，传统的纲常名教如果不能放弃，也必须得到新的理论论证，以获取新的生命。"[1]故而重新阐释儒家经典并不只是出于学术传承的目的，也是官方需求使然。

　　而从学术思想自身的逻辑来看，名实问题在名家、儒家和道家思想中都是一个重要话题。名理学循名责实的原则和名辩的逻辑方法，可以在一定程度上为当时政治和社会领域诸多名不符实的现象寻求解决方案。而道家由以无为本推出无名、无为，将名实问题上升到哲学本体的高度。这也为魏晋士人提供了一种阐释视角，使其能够将政治上的君权与门阀之争、自然与名教之辨整合成带有本体论色彩的政治学说。虽然魏初名士如夏侯玄、何晏等人，已经开始调和自然与名教之间的矛盾了，但真正为魏晋玄学确立理论系统与思维方法、将自然与名教统一起来的是王弼。

　　刘汝霖《汉晋学术编年》认为，何晏于正始六年（245 年）主编完成《论语集解》。[2]何注流行于魏晋及南北朝时期的江左。隋时何注与郑注并行，唐时独尊郑注，南宋时郑注基本亡佚。根据《论语集解·序》和《晋书·郑冲传》，《论语集解》的编撰者并非只有何晏一人，而是孙邕、郑冲、曹羲、荀顗、何晏五人，皆为儒学中人。所用底本虽主要是《鲁论》，

---

　　① 唐长孺. 魏晋南北朝隋唐史三论［M］. 武汉：武汉大学出版社，1992：65.
　　② 刘汝霖. 汉晋学术编年·卷六［M］. 上海：华东师范大学出版社，2010：169.

但实际内容却包含了《齐论》《古论》和《鲁论》，涉及的注本又涵盖汉代今、古文经学（孔安国、包咸、周氏、马融、郑康成）及魏初《论语》阐释（陈群、王肃、周生烈）的思想成果。故而刘师培才说"汉儒遗说赖此仅存"。但集解并非只是将诸家注解汇集到一起，而是在整理的基础上汇集，并加上整理者自己的阐释。《经典释文》曰："并下己意，为《集解》。"皮锡瑞称"何晏《论语集解》虽采郑注，而不尽主郑"[①]。刘师培也说虽《论语集解》保留了很多汉儒遗说，但也是建立在"去取多乖"的基础上的。对此，《论语集解·序》中说得很清楚：

> 前世传受师说，虽有异同，不为训解，中间为之训解，至于今多矣。所见不同，互有得失，今集诸家之善，记其姓名，有不安者，颇为改易，名曰《论语集解》。[②]

上述引文中提到，汉代关于《论语》的训解很多，观点各不相同，互有得失。《集解》中辑录的注解是经过编者选择取舍的，即便是所选诸儒的注解，也非录其全貌，而是选择性摘录甚至改易后摘录。此种选择和改易并不是随意的，也不是以探寻本质和普遍有效的文本内涵为目的。阐释的直接对象不只是《论语》，还包括以《论语》为中心建立起来的一系列阐释话语（即各家的注解），这些阐释话语有其自身存在与生效的历史语境，有其特定的思维理路与针对性，但又以《论语》为核心形成了一个言说的共同体。每一次对前人注解的整理与取舍，除了延续和发展言说共同体之外，也为新的阐释目的服务。

既然对前注有所取舍，那就存在一个选取标准的问题。闫春新在其《魏晋南北朝"论语学"研究》一书中提到，何晏等人在取舍注文时，有两个标准。其一，"依准经文，择善而从，选取符合、贴近圣人原意的"。其二，倾向于选取以道释儒，有利于引申儒道融合的。两个标准中第二个

---

① ［清］皮锡瑞著，周予同注释. 经学历史［M］. 北京：中华书局，1959：142.
② ［魏］何晏. 论语集解·序 // 王素编著. 唐写本论语郑氏注及其研究［M］. 北京：文物出版社，1991：399.

标准尤为重要。^①笔者基本同意此种观点。如"林放问礼之本。子曰:'大哉问! 礼,与其奢也,宁俭。丧,与其易也,宁戚。'"一则,《集解》引包注:"易,和易也。言礼之本意,失于奢,不如俭;丧,失于和易,不如哀戚。"^②此类阐释是较为贴近文本的。又如子曰:"为政以德,譬如北辰,居其所而众星共之。",《集解》用包咸注:"德者无为,犹北辰之不移而众星共之。"^③但在"道之以德"一句引包咸注"德谓道德",认为君应该以道德教化百姓,且道德应该与礼制相结合,道德约束内心,礼制约束行为,方能使民"有耻且格"。将德解释为道德是比较符合《论语》中"德"的整体使用情况的。但是包咸以无为解释德,也并非与文意背离,毕竟《论语·卫灵公》中也有"无为而治者其舜也与",舜的无为而治其实就是《老子》中所谓"道常无为而无不为。侯王若能守之,万物将自化"。《集解》将此二种解释一并收入,体现出了兼容及调和儒道的态度。

除去上述两个标准之外,还有两个标准需要补充。接续前文而言,其三,因依据不同而对同一事物有不同阐释者,兼而存之。如子曰:"道千乘之国"一条下,马融与包咸对"千乘之国"的解释不同,但两条都保留了下来,何晏的解释是"融依《周礼》,包依《王制》《孟子》,义疑,故两存焉"^④。其四,在同一则中引不同注者的注解,皆较为顾及阐释的连贯性和阐释意义的一致性,且大都无过度、烦琐的阐发。如子曰:"君子无所争。必也射乎! 揖让而升,下而饮。"一则,依次引孔安国、王肃、马融注解。孔注:"言于射而后有争。"王注:"射于堂,升及下皆揖让而相饮。"马注:"多筭饮少筭,君子之所争。"^⑤此则是借射礼来讨论君子之风的。《集解》所引三人之注文,简洁地阐述了孔子对君子之争的看法以及射箭比赛的礼节。且注释的引用顺序和语意逻辑是一致的,先以孔注说明君子不该醉心于争斗,如果有什么事需要争斗,那肯定是正当的竞争,比

---

①闫春新. 魏晋南北朝"论语学"研究[M]. 北京:中国社会科学出版社,2012:90、91.

②[魏]何晏注,[宋]邢昺疏. 论语注疏[M]. 北京:北京大学出版社,1999:30.

③宋本为"包曰",皇侃本为"郑玄曰"。[魏]何晏注,[宋]邢昺疏. 论语注疏[M]. 北京:北京大学出版社,1999:14.

④[魏]何晏注,[宋]邢昺疏. 论语注疏[M]. 北京:北京大学出版社,1999:5.

⑤[魏]何晏注,[宋]邢昺疏. 论语注疏[M]. 北京:北京大学出版社,1999:31、32.

如比试射箭。既然是比赛，就存在争斗。引王注进一步说明比赛射箭的过程，即射箭时先相互作揖再登堂比试，比完下堂又相互作揖饮酒。马注则补充了饮酒规则，即中靶少的一方饮酒。所引注文并没有过多阐发，且并未详细列出注解依据（如马注的依据当是《仪礼》中的《乡射礼》与《大射仪》），重点在于紧扣文本的文意疏通。此处未引郑玄的注解，也多少体现了不提倡过度阐发的倾向。据唐写本《郑注》："射乎，于是乃有争心。仁（人）唯病者不能射。射礼，史（使）不中者酒饮。不中者酒所以养病，故仁（人）耻之。君子心争，小人力争也。"① 郑玄在注《射仪》时也提到："胜者袒，决遂，执张弓。不胜者袭，说决拾，却左手，右加弛弓于其上而升饮。君子耻之，是以射则争中。"② 郑玄的阐释显然比《集解》中辑录的三家注引申更多。故何晏等人在此有所取舍。

总的来说，《论语集解》在形式和内容上都打破了汉代师法和家法的阐释传统，使极致收敛的经学阐释具有了开放与对话的可能。尤其是何晏的阐释，在训解字词句的基础上，结合文本与阐释者的理解疏通文意，而不拘泥于文字和前人过于烦琐的注解，已体现出玄学思想在经籍阐释领域的影响。自此之后，魏晋南北朝的《论语》阐释便走上了追求玄致的道路。正如吴承仕在《经典释文序录疏证》中提到："自何氏《集解》以讫梁、陈之间说《论语》者，义有多家，大抵承正始之遗风，标玄儒之远致，辞旨华妙，不守故常，不独汉师家法荡无复存，亦与何氏所集者异趣矣。"③

二、何晏的《论语》阐释

《论语集解》整体来看，收录汉人的注解较多，魏初王肃等人引名法思想注《论语》也并未脱离汉儒的阐释方法。何晏的注解虽也未完全脱离汉代阴阳感应的阐释思路，但已有明显的玄理化色彩。其注中有字词训

---

① 王素编著. 唐写本论语郑氏注及其研究·吐鲁番阿斯塔那三十六号墓八／一号写本 [M]. 北京：文物出版社，1991：19.

②［魏］何晏注，［宋］邢昺疏. 论语注疏 [M]. 北京：北京大学出版社，1999：32.

③ 吴承仕著，秦青点校. 经典释文序录疏证 [M]. 北京：中华书局，1984：146.

诂，也有阴阳五行，但不引谶纬，偏重义解，逻辑性较强。只不过与王弼相比，何晏的阐释理论还不够成熟圆融和体系化。日本学者月洞让根据正平版《论语》统计，《论语集解》中何晏注有 136 条。^①《三国志·魏书·何晏传》载其"少以才秀知名，好老、庄言，作《道德论》及诸文赋著述凡数十篇"^②。据阮孝绪《七录》《隋书·经籍志》《旧唐书·经籍志》等记载，何晏著述主要有《老子道德论》《老子讲疏》《老子杂论》《论语集解》《孝经注》《魏明帝谥议》《周易何氏解》等，除《论语集解》外皆已亡佚。

何晏是曹操的养子，因雅好清谈及颇有材辩扬名于贵戚之间，但为人倨傲而缺乏政治智慧，傅嘏就曾批评他说"言远而情近，好辩而无诚，所谓利口覆邦之人也"^③。他一方面以儒者的身份和话语策略参与到政治中，进行儒经的阐释；另一方面又精通《易》《老》，热衷于谈论虚无之旨。此种情况在魏晋士人中较为常见。从何晏的阐释实践来看，其对《论语》中讨论性、命、天道等主题的内容关注较多，阐释的基本思路是以《周易》《老庄》为思想资源，通过对作为经典文本的《论语》进行阐发，以求调和儒道，进而解决自然与名教之间的矛盾。其文本阐释的思维起点便是以无为本的本体论思想。

（一）有无

何晏著述多已亡佚，如今能见的论及有无问题的主要有《道论》与《无名论》两篇，前者见于《列子·天瑞》张湛注，后者见于《列子·仲尼》张湛注。^④《晋书·王衍传》中谈及何晏、王弼祖述老庄之立论，清人严可均在《全后汉文》中，也将其归为何晏之论，题为《无为论》。

> 天地万物皆以无为本。无也者，开物成务，无往而不成者也。阴阳恃以化生，万物恃以成形，贤者恃以成德，不肖恃以免身。故无之

① ［清］严可均辑. 全后汉文［M］. 上海：上海古籍出版社，2009：180.
② ［晋］陈寿撰，［南朝］裴松之注. 三国志·魏书·何晏传［M］. 北京：中华书局，1977：292.
③ 刘汝霖. 汉晋学术编年·卷六［M］. 上海：华东师范大学出版社，2010：129、152.
④ 参见杨伯峻撰. 列子集释［M］. 北京：中华书局，1979：10、11、121.

为用，无爵而贵矣。(《晋书·王衍传》何晏、王弼等祖述老庄，立论云云。)①

有之为有，恃无而生。事而为事，由无以成。夫道之而无语，名之而无名，视之而无形，听之而无声，则道之全焉。故能昭音声而出气物，包形神而章光影。玄以之黑，素以之白，矩以之方，规以之圆。圆方得形，而此无形，白黑得名，而此无名也。②

为民所誉，则有名者也；无誉，无名者也。若夫圣人，名无名，誉无誉，谓无名为道，无誉为大，则夫无名者，可以言有名矣；无誉者，可以言有誉矣。然与夫可誉可名者，岂同用哉？此比于无所有，故皆有所有矣。而于有所有之中，当与无所有相从，而与夫有所有不同。同类无远而相应，异类无近而不相违。譬如阴中之阳，阳中之阴，各以物类，自相求从。夏日为阳，而夕夜远与冬日共为阴；冬日为阴，而朝昼远与夏日同为阳，皆异于近而同于远也。详此异同，而后无名之论可知矣。凡所以至于此者何哉？夫道者，惟无所有者也。自天地已来，皆有所有矣。然犹谓之道者，以其能复用无所有也。故虽处有名之域而没其无名之象，由以在阳之远体，而忘其自有阴之远类也。夏侯玄曰："天地以自然运，圣人以自然用。"自然者，道也。道本无名，故老氏曰："强为之名。"仲尼称："尧荡荡无能名焉。"下云"巍巍成功，则强为之名"，取世所知而称耳。岂有名而更当云无能名焉者邪，夫惟无名，故可得遍以天下之名名之。③

《无为论》中开篇便阐明了"天地万物皆以无为本"，《道论》也以"有之为有，恃无而生。事而为事，由无以成"作为开端。此处所谓"本"，主要强调的是本体，而非本源。从万物生成的本源与过程来看，有

---

① [魏]何晏. 无为论 // [清]严可均辑. 全三国文 [M]. 上海：上海古籍出版社，2009：398.
② [魏]何晏. 道论 // [南朝宋]刘义庆著，[南朝梁]刘孝标注，余嘉锡笺疏. 世说新语笺疏 [M]. 北京：中华书局，2007：234.
③ [魏]何晏. 无名论 // [清]严可均辑. 全三国文 [M]. 上海：上海古籍出版社，2009：398.

生于无，无是有的开始，正如《老子》中说"无名，万物之始，有名，万物之母"，"天下万物生于有，有生于无"。无和有之间存在着时间上的先后顺序，这一点何晏也是同意的。但就上引三篇文献来看，他探讨的重点，是有无的本体论关系，而非宇宙生成的问题。

"无也者，开物成务，无往而不成者也"来自《周易·系辞上》："夫《易》，开物成务，冒天下之道，如斯而已者也。"所谓"开物成务"即圣人研讨阴阳数理，创造卜筮之法，探究事物规律，进而规范世间道德。也就是包举世间万物之道理。"无往而不成"就是以"冒天下之道"为基础的。道作为事物的本体，是不能与现象分离的，圆方、黑白、音声等皆为自然界物象的呈现，无形、无名、无声等是现象背后的实有，即道。"夫道之而无语，名之而无名，视之而无形，听之而无声，则道之全焉"。"道之全"强调的是道的普遍性，它支配着现象，却又存在于现象之中。而对普遍性的总结和探讨现象之后的本质，都是出于实践的需求，是想以此为阐释自然现象与社会人事提供方法论依据。正因为"天地以自然运"（此处的自然即是道），圣人才着力于探索自然之道，以实现其用。无论观点有何差异，何晏、王弼对有无的讨论，落脚点都在体用上。正如《老子》所言："有之以为利，无之以为用。"从本末推衍到体用，即总结为"故无之为用，无爵而贵矣"。

余敦康认为，虽然从现有文献来看，何晏的思想并未形成一套系统性的理论，但"他已相当明确地提出了一种不同于汉代的神学目的论和元气自然论的本体论哲学思想"[①]。所谓的不同于汉代神学目的论和元气自然论，是指何晏借助王充的元气自然论思想剥去了董仲舒蒙在"道"上的那层神学外衣；而相比王充对天道的关注而言，何晏更关注的是天道与人道的联系。何晏选择从《周易》和《老子》而不是其他典籍中提取思想资源来作为经籍阐释的工具，本身就代表了一种本体论的倾向。世界是如何生成的是汉代易学探讨的主要论题之一，何晏的本体论中也夹杂着对宇宙生成的讨论，但其去掉了神学目的论的因素，讨论宇宙生成的目的并不是经学神学化，而是揭示事物的源头和运行规律。

---

① 余敦康. 魏晋玄学史［M］. 北京：北京大学出版社，2016：88–94.

此种以无为本，"而于有所有之中，当与无所有相从，而与夫有所有不同"，即有生于无、无不离有但能够包含有的思想，贯穿于其对《论语》的阐释中。

> 子曰："三人行，必有我师焉，择其善者而从之，其不善者而改之。"
> 何晏注："言我三人行，本无贤愚，择善从之，不善改之，故无常师，"①

此种阐释将贤、愚作为人的一种本质属性抽象出来，认为其具有普遍性，即每个人身上都可以有贤或愚的属性。且普遍与特殊是对立共存的，即一个人身上可以有善有不善，可以有贤有愚。而个体在群体中应该引以为榜样的，是人正面的属性，而不是这个人本身。此处是以本质与现象之别来阐释孔门学习的方法。

> 子以四教：文，行，忠，信。
> 何晏注：四者有形质，可举以教。②

此则主要是孔子教育学生的内容，其中文（文献）、行（社会中的行为实践）是经验性的内容，从文献学习中获得直接经验，从行为实践中获取直接经验。而忠、信是道德品质。何晏注中并未对文、行、忠、信的内涵进行阐发，而是关注它们的一个共性，即有形质。所谓的有形质指的是具象性和可传达性。教是一种信息的传达行为，故而可以用来教的内容需要是可以体察和传达的东西。此处是以有形和无形之分来阐释孔门教育的内容。

> 子曰："赐也，女以予为多学而识之者与？"对曰："然，非与？"
> 曰："非也，予一以贯之。"
> 何晏注："善有元，事有会，天下殊途而同归，百虑而一致。知其

---

① ［魏］何晏注，［宋］邢昺疏. 论语注疏［M］. 北京：北京大学出版社，1999：92.
② ［魏］何晏注，［宋］邢昺疏. 论语注疏［M］. 北京：北京大学出版社，1999：93.

元则众善举矣，故不待多学而一知也。"①

此一则为孔子与其学生子贡的对话。子贡等弟子自然是认可孔子的博学多才，但孔子最看重的并不是这点，他认为比博学多才重要的是"一以贯之"。他在《里仁》篇里也对另一个学生曾子说过"吾道一以贯之"。即在学与行之中，必须有一个根本性的指导思想，如曾子所谓的"夫子之道，忠恕而已矣"。这个根本性的思想就像道一样，"一以贯之"地存在于其所有言行之中，又对言行具有指导作用。何晏的阐释援引《周易》，对孔子这一思想进行了深入阐发。"善有元，事有会"来自《周易·乾卦·文言》的"元者，善之长也；亨者，嘉之会也"②。元即开始，指天地万物的源头和本质，是众善的尊长；而天地万物按照其规律运行，便能亨通而嘉美。"天下殊途而同归，百虑而一致"出自《周易·系辞下》："《易》曰：'憧憧往来，朋从尔思。'子曰：'天下何思何虑？天下同归而殊途，一致而百虑，天下何思何虑？'"《系辞》中"憧憧往来，朋从尔思"是咸卦第四爻的爻辞，孔子从爻辞的往来交感引申开去，阐发了天下万物自然感应之理。所谓"殊途同归""一致百虑"即是说虽然世间万物形质各殊，但感应之理是一致的。具体到孔子和子贡的对话，博学多才对应的是多，是万物的特殊性；而"一以贯之"是强调一，一即道，既是自然天道，又是人世之道，是具有普遍性的原理和准则。

（二）道德

前文已提到，何晏好以《周易》《老子》释《论语》。无论是《周易》还是《老子》，关注的核心问题都是天人关系，即自然天道与人世之道的关系问题。《老子》所论之"道"既包含天道，又包含人道，其核心范畴便是有无。何晏对有无的阐释与《周易》的思想是一致的。"易"有一个重要的含义是变化，变化代表着运动，世间万物按照一定规律运转，便能

---

① ［魏］何晏注，［宋］邢昺疏. 论语注疏［M］. 北京：北京大学出版社，1999：207.

② 黄寿祺、张善文译注. 周易译注［M］. 上海：上海古籍出版社，2007：7.

生生不息。有和无的关系正是这种既对立又统一的辩证关系。有恃无以生，以各种各样的现象，显现成为世界。"哲学以道为研究对象，也就是以此宇宙人生之整体为研究对象。整体不可分析，不可言说，混成无形，故道为无。但万物均由此整体而生，依赖此整体而发挥作用，故道又为有与无的统一"①。

有无关系从政治伦理的层面来看，还体现为道与德的关系。《无名论》引用了《论语》中孔子对尧的评价："子曰：'大哉，尧之为君也！巍巍乎！唯天为大，唯尧则之。荡荡乎，民无能名焉。巍巍乎，其有成功也！焕乎，其有文章！'"（《论语·泰伯》）孔子说的是尧的功绩太大了，百姓怎么说也无法穷尽其功绩，怎么赞赏都显得不够。何晏引此想进一步阐明的是"道本无名"，但因为讨论、记录、传播、褒贬等需要，于是只能"强为之名"。"强为之名"的方法便是"取世所知而称耳"。具体到尧的功绩上来，所谓"取世所知"，即是说选取那些大家所熟知的具有代表性的功业德行，以便进行言说。"强为之名"的名虽不是无名的全部，但确是无名的一部分和外在呈现。道和德的关系也是如此，道是本体，德是本体在社会人事中的一种呈现。

在《论语》阐释中，何晏所论之道既有自然之道，也有人世之道；与德相对而言时，多指人世之道。

> 子曰："德不孤，必有邻。"
> 何晏注："方以类聚，同志相求，故必有邻。"②

孔子讲"德不孤，必有邻"是强调人需要修养道德，这样便定会有志同道合的人。"邻"代表了一种以道德吸引为基础的汇聚。何晏的阐释将孔子的思想进一步抽象化了。"方以类聚，同志相求"即汉人常说的同类相应。而同类相应也非汉人的创造，在《周易》中就有明确体现。"方以类聚"出自《周易·系辞上》："方以类聚，物以群分，吉凶生矣。"③《集

---

① 余敦康. 魏晋玄学史 [M]. 北京：北京大学出版社，2016：91.
② [魏] 何晏注，[宋] 邢昺疏. 论语注疏 [M]. 北京：北京大学出版社，1999：53.
③ 黄寿祺、张善文译注. 周易译注 [M]. 上海：上海古籍出版社，2007：374.

解》《正义》中皆将方解释为道，朱熹《周易本义》中则解释为"事情所向"。方代表抽象原理，物代表世间万物所呈现出的形象；无论是抽象原理还是具体形象，都会按照一定的方式（如类、群）分分合合，因同而合，因异而分，吉凶便存在于同与异的矛盾之中。《周易·坤卦·文言》又有："君子敬以执内，义以方外，敬义立而德不孤。"[1]"德不孤"也就是德能以类聚，有德之人因类而聚的条件便是"敬义立"敬能使内心正直，义能使外形端方，内外配合便能使美德广布，同样有美德的人因相同的属性类聚起来便不会显得孤立。

何晏《无名论》中所言："阴中之阳，阳中之阴，各以物类，自相求从。夏日为阳，而夕夜远与冬日共为阴；冬日为阴，而朝昼远与夏日同为阳，皆异于近而同于远也。"说的也是这个道理。值得注意的是，虽然何晏常用汉人同类感应的方法来分析问题，但他的目的并非指向儒学的神学化，这与以董仲舒为代表的汉代今文经学家有很大差异。其探讨重点也不在宇宙生成的问题；而是致力于阐明"无所有"和"有所有"的关联，即圣人所论之"无名"与"有名"的关联。

> 子曰："志于道，据于德，依于仁，游于艺。"
> 何晏注："志，慕也。道不可体，故志之而已。据，杖也。德有成形，故可据。依，倚也。仁者功施于人，故可倚。艺，六艺也，不足依据，故曰游。"[2]

何晏此则注解中所论之道和德，内涵即是无和有。其将志解释为慕，认为道无形无象，不可体察，故只能慕而不可及。对此，王弼有更为清晰的论述："道者，无之称也，无不通也，无不由也。况之曰，道寂然无体，不可为象。"而德是有，是道的具体呈现，是有成形的。所谓"有成形"即是可以被经验感知和理解。因为具体，所以可以作为直接依据加以效仿。而仁可以依也是因为其"功施于人"。故而此处也是以有无释道德。

① 黄寿祺、张善文译注. 周易译注［M］. 上海：上海古籍出版社，2007：23.
② ［魏］何晏注，［宋］邢昺疏. 论语注疏［M］. 北京：北京大学出版社，1999：85.

子绝四：毋意，毋必，毋固，毋我。

何晏注："以道为度，故不任意。用之则行，舍之则藏，故无专必。无可无不可，故无固行。述古而不自作，处群萃而不自异，唯道是从，故不有其身。"①

此则评价孔子绝四事，即不主观臆断、不绝对肯定、不固执己见、不唯我独尊。何晏尝试对如何做到"毋意，毋必，毋固，毋我"进行阐发，认为要做到不任意、不绝对，就需要"以道为度"，因为道代表的是客观规律，只有了解了客观规律，依照规律"用之则行，舍之则藏"，才能顺应万物变化。"无可无不可"也体现出了尊道而应变的思想。此句出于《论语·微子》，孔子在评价伯夷、叔齐等逸民时，认为他们无论是"不降其志，不辱其身"者，还是"降志辱身""隐居方言"者，都过于执着。孔子认为自己和他们不一样，即"无可无不可"。此种"无可无不可"的不固行，"唯道是从"的不有其身，都是顺应天道与人道，并遵从其变化来调整自己的表现。这样的阐释中不难看出《老子》思想的痕迹。

（三）性情

何晏注《论语》时多提及"性"。此性并非魏初名理学所讨论的才性，而多指性情。《三国志·魏书·钟会传》裴松之注引何劭《王弼传》中提到何晏与王弼关于圣人有情还是无情的讨论：

何晏以为圣人无喜怒哀乐，其论甚精，钟会等述之。弼与不同，以为圣人茂于人者神明也，同于人者五情也，神明茂故能体冲和以通无，五情同故不能无哀乐以应物，然则圣人之情，应物而无累于物者也。今以其无累，便谓不复应物，失之多矣。

弼注《易》，颍川人荀融难弼"大衍义"。弼答其意，白书以戏之

---

① ［魏］何晏注，［宋］邢昺疏. 论语注疏［M］. 北京：北京大学出版社，1999：113.

曰："夫明足以寻极幽微，而不能去自然之性。颜子之量，孔父之所预在，然遇之不能无乐，丧之不能无哀。又常狭斯人，以为未能以情从理者也，而今乃知自然之不可革。足干之量，虽已定乎胸怀之内，然而隔踰旬朔，何其相思之多乎？故知尼父之于颜子，可以无大过矣。"①

　　何晏认为圣人无喜怒哀乐，是因为圣人在其言说体系里，是被作为道的本体来看待的，即所谓"圣德法天"，所法之天被视为客观存在，不以人的意志为转移；而喜怒哀乐只是圣人之情的外在体现，是现象。何晏认为圣人体无，当无累于物，喜怒哀乐等情绪皆是有，圣人不该也不可能为其所累，故而圣人无喜怒哀乐。此种观念在当时士人间流传甚广。而王弼认为，情是感物而动的结果，是自然而然的，即其所谓"自然之不可革"。圣人与普通人都是有情的，面对外在的刺激都会产生喜怒哀乐。就像孔子虽然欣赏颜回的"不迁怒，不贰过"，但也会因为遇到好学生而快乐，因为失去喜欢的学生而难过。可是圣人与普通人的区别在于，圣人能"体冲和以通无"，能"应物而无累于物"。《老子》第四十二章："道生一，一生二，二生三，三生万物。万物负阴而抱阳，冲气以为和。"说的是万物生成的过程。阴和阳是万物对立统一的两个方面，阴阳二气相互交冲形成一种和谐的状态，万物便在其中生长运行。故而"体冲和以通无"指的其实就是体会到有无之关系。当通晓无、有及二者之关系时，便既不会执着于有，也不会执着于无了。具体到对外在事物的态度上来，便能做到"应物而无累于物"。《老子》第四十九章中"圣人常无心，以百姓心为心"所讲的"常无心"其实就是以天地之心为心，就是以道为心。《周易·乾卦·文言》言"夫大人者，与天地合其德"，"与天地合其德"也是以道为心。如果按照何晏说的圣人无情，那圣人就是执着于无，是无法做到"与天地合其德"的；只有有情却不累于情、"应物而无累于物"，才是真正把握了有无的关系。

　　何晏多次援引《周易》中"天地合其德"来阐释论语，如以下两则：

---

①［晋］陈寿撰，［南朝］裴松之注．三国志·魏书·钟会传［M］．北京：中华书局，1977：795、796.

　　子曰："莫我知也夫！"子贡曰："何为其莫知子也？"子曰："不怨天，不尤人，下学而上达。知我者其天乎！"

　　何晏注："圣人与天地合其德，故日唯天知己。"①

　　孔子曰："君子有三畏：畏天命，畏大人，畏圣人之言。"

　　何晏注："顺吉逆凶，天之命也。大人即圣人，与天地合其德。深远不可易知，则圣人之言也。"②

　　但在何晏的讨论中依然可以看出汉代天人感应学说的影子，且其所谓之天并非自然之天，而是神学和道德意义上的天。

　　子贡曰："夫子之文章，可得而闻也。夫子之言性与天道，不可得而闻也。"

　　何晏注："章，明也。文彩形质著见，可以耳目循。性者，人之所受以 生也。天道者，元亨日新之道。深微，故不可得而闻也。"③

　　何晏对此一则的解释重点落实到文章、性和天道三个概念上来，将文章归为有形，将性与天道归为深微无形；从而将三者纳入有无关系中来论证其可闻与不可闻。《论语》中提到文章的地方有两处，一处为上述引文，"夫子之文章，可得而闻也"的文章一般认为是指文献典籍。另一处为"子曰：'大哉，尧之为君也！……巍巍乎！其有成功也；焕乎，其有文章！'"(《论语·泰伯》)何晏此处将文章解释为"立文垂制"，即文化制度。④后世朱熹与戴望等人也都基本将其理解为礼乐法度。何晏将章阐释为彰，即彰明之义。无论是文献典籍还是文化制度，都具有"文彩形质著见"的特点，都可以被人感知和认识，所以说"可以耳目循"。

---

①［魏］何晏注，［宋］邢昺疏. 论语注疏［M］. 北京：北京大学出版社，1999：199.
②［魏］何晏注，［宋］邢昺疏. 论语注疏［M］. 北京：北京大学出版社，1999：228.
③［魏］何晏注，［宋］邢昺疏. 论语注疏［M］. 北京：北京大学出版社，1999：61.
④［魏］何晏注，［宋］邢昺疏. 论语注疏［M］. 北京：北京大学出版社，1999：106.

性在孔子的思想体系中还不是一个核心概念，只有"性相近也，习相远也"(《论语·阳货》)的描述，但孟子、荀子和汉末魏初的名理之学却对其有系统而深入的阐发。何晏所谓"性者，人之所受以生也"，将性视为人天生的自然禀赋而与天命相联系，是汉代较为常见的阐释话语，《春秋繁露》《大戴礼记》《白虎通德论》等文献中皆有佐证。汉末刘劭《人物志·九徵》中也有"盖人物之本，出乎情性。情性之理，甚微而玄；非圣人之察，其孰能究之哉？"①与何晏所谓"深微，故不可得而闻也"意思是较为一致的。性（无论是才性还是情性）幽微难察且难以改变，在魏初的名理学中是一个较为普遍的观点。这与当时的用人制度也有关系。

孔子不仅很少谈论性，也很少谈论天道。《论语》中的道主要有方法（做人、治国）、道德、理想、观点立场等内涵，基本是人道的范畴。何晏解天道为"元亨日新之道"，此说当本于《周易》。《乾卦》卦辞中以"元，亨，利，贞"解释乾卦的卦义，象征阳气在天地间的运行和变化。何晏引《易》来阐释天道，强调的是其自然规律的内涵。《论语》中与天道含义相近的是命。《为政》中有"五十而知天命"，历代阐释者对命的解释主要有"穷达之分"（孔安国）、"穷通夭寿"（皇侃）"穷理尽性以至于命也，非止穷达"（韩愈）等。无论是将知天命解释成知穷达、知夭寿，还是穷理尽性，所强调的都是按照天地万物运行的自然规律去立身处世。因为穷达、生死等际遇，都是天道运行的产物。这和《易传》中所谓"乐天知命"是一个道理。"易与天地准，故能弥纶天地之道。仰以观于天文，俯以察于地理，是故知幽明之故。原始反终，故知死生之说。精气为物，游魂为变，是故知鬼神之情状。与天地相似，故不违。知周乎万物，而道济天下，故不过。旁行而不流，乐天知命，故不忧。"②(《周易·系辞上》)《论语·述而》中"子曰：'加我数年，五十学《易》，可以无大过矣。'"一条，何晏也是引《易》加以阐释的："《易》'穷理尽性以至于命'。年五十而知天命，以知命之年，读至命之书，故可以无大过。"所谓"至命"即是明道之义。

① ［魏］刘劭撰，王晓毅译注. 人物志译注［M］. 北京：中华书局，2019：12.
② 黄寿祺、张善文译注. 周易译注［M］. 上海：上海古籍出版社，2007：379.

哀公问："弟子孰为好学？"孔子对曰："有颜回者好学，不迁怒，不二过。不幸短命死矣。今也则亡，未闻好学者也。"

何晏注："凡人任情，喜怒违理。颜回任道，怒不过分。迁者，移也。怒当其理，不移易也。不二过者，有不善，未尝复行。"①

此则主要言及孔子对颜回的评价。从《论语》中提及颜回的篇章来看，他在道德上能做到安贫乐道，谦恭守礼，善于自律；在学问上大智若愚，闻一知十，好学善思。故而在众多弟子中，孔子是比较喜欢颜回的。引文中孔子说颜回"不迁怒，不二过"，即不迁怒于别人，且不犯同样的错误。何晏从情与理的关系对其"不迁怒"进行了阐释，将颜回作为贤人与凡人区分开来。他认为凡人立身行事多遵从情感，情感发自本能而非理性。理的作用就是规范人的本能情感与欲望；使其符合事物本身的规律，或基于一定语境制定的准则。而颜回行事遵从的是道，即理所依从的根本。所以他能做到以理性来调整自己的本能，使其朝着善的方向发展，这即是王弼所说的"以情从理"。怒是具有针对性的，应该是对具体事物而发，故而不能迁怒于其他事物。这也是一种克己复礼的体现，如朱熹所言"克己之功至于此，可谓真好学也"②。"不二过"也代表了善于学习知识、总结规律、举一反三，是遵从道的体现。何晏此处的阐释体现出了其思想中的矛盾性。虽然我们已经无法见到他对"圣人无喜怒哀乐"的完整论证，但"凡人任情，喜怒违理。颜回任道，怒不过分"与"圣人无喜怒哀乐"是存在一定矛盾的。虽然他并没有说颜回是圣人，但颜回在"任道"上与圣人是一致的。任道的体现是怒不过分，也就是以理来规范情，而不是无情。所以"颜回任道，怒不过分"其实是承认了圣人有喜怒哀乐，即圣人体无但也不离有。

汤用彤评价何晏、王弼的观点时认为："何晏对于体用之关系未能如王弼所体会之亲切，何氏似犹未脱汉代之宇宙论，末有本无分为二截，故动

---

① ［魏］何晏注，［宋］邢昺疏. 论语注疏［M］. 北京：北京大学出版社，1999：71.
② 黄怀信主撰. 论语汇校集释［M］. 上海：上海古籍出版社，2008：471.

静亦对立。王弼主体用一如，故动非对静，而动不可费也。"①从何晏对有无关系的讨论及其对《论语》的阐释来看，其并未将有与无割裂开来，但在论述圣人有情还是无情时，又不免落入割裂有无的窠臼。故而其思想内部存在着矛盾性，在谈论问题时也有表述模糊的时候。这一方面是因为其研究对象如《周易》《老子》等，本身理解起来就存在难度。如《南齐书·张绪传》中所言："绪长于《周易》，言精理奥，见宗一时。常云何平叔所不解《易》中七（九）事，诸卦中所有时义，是其一也。"②《梁书·伏曼容传》中有："少笃学，善《老》《易》，倜傥好大言。常云：'何晏疑《易》中九事，以吾观之，晏了不学也。故知平叔有所短。'"③另一方面，在以革新固有学术传统为目的的阐释行为中，以一以贯之的逻辑处理旧义、发掘新义本身就是一件困难的事情。故而其阐释思想和阐释行为虽有局限，但却不乏开拓意义。

---

① 汤用彤. 王弼圣人有情义释 // 汤用彤. 魏晋玄学论稿及其他［M］. 北京：北京大学出版社，2010：59.

② ［梁］萧子显撰. 南齐书·张绪传［M］. 北京：中华书局，1996：601.

③ ［唐］姚思廉撰. 梁书·伏曼容传［M］. 北京：中华书局，1973：662、663.

第三节　王弼的《老子》《周易》阐释

　　据《隋书·经籍志》《经典释文·序录》《旧唐书·经籍志》《通志·艺文志》《宋史·艺文志》等记载，王弼著述主要有《周易注》《易略例》《周易大衍论》《周易穷微论》《易辨》《论语释疑》《老子道德经注》《老子旨略》《王弼集》等。其中流传下来的有《周易注》《老子道德经注》《周易略例》《老子指略》(辑佚)《论语释疑》(辑佚)①。王弼的学术思想主要体现在其对《老子》和《周易》的阐释中。其注解经籍，不是为了恢复经籍的本义，而是为了借阐释经籍来构建自己的哲学思想。故而王弼的阐释实践具有很强的理论建构色彩，他讨论无、无名、无为等问题，比《老》《庄》更为系统，正如《王弼传》所言："弼注《老子》，为之《指略》，致有理统。"②其《周易》阐释以《易传》为基础，却比《易传》更理论化。《老子》和《周易》虽讨论的问题有相通之处，但毕竟是两个不同的话语体系。何晏虽也善言有无，好谈《周易》，并常以二者为资阐释《论语》，但并未真正从理论层面将二者融会贯通。王弼则以"以无为本"为原则，将《老子》和《周易》纳入有无、体用的关系框架中进行阐释，在一定程度上将二者之意贯通了。正如何劭《王弼传》中言及："太原王济好谈，

---

　　① 楼宇烈在《王弼集校释·校释说明》中关于王弼作品的流传问题有过概括："王弼《周易注》自唐修订《五经正义》定为官方注释，《老子道德经注》作为《老子》的重要注释之一，一直流传了下来。《论语释疑》一书，唐以后即佚，只有部分佚文保留在何晏《论语集解》的邢昺《正义》和皇侃《义疏》中。《老子指略例》佚。近人王维诚据《云笈七签》中《老君指归略例》及《道藏》中《老子微旨例略》，辑成《老子指略》，认为即王弼《老子指略》之佚文。关于此文发现、考订的报告，详载《北京大学国学季刊》第七卷第三号，此处不再赘述。《旧唐书·经籍志》所载《周易大衍论》一卷，可能就是韩康伯《系辞注》中所引的王弼《大衍义》。东汉郑玄《周易注》说：'衍，演也。'所以《大衍义》亦即《大演论》。但韩康伯引文不到百字，不足以成一卷之数。这里有几种可能：（一）王弼《大衍义》除韩注所引外尚有佚文；（二）包括荀融的难王弼《大衍义》（见何劭《王弼传》）；（三）包括今天所传流的《周易略例》。这些现在已无法详考了。至于《王弼集》五卷，早已佚失无存，现在已无法考见其内容。"（[魏]王弼著，楼宇烈校释. 王弼集校释[M]. 北京：中华书局，1980：11、12.）

　　② 何劭. 王弼传// [晋]陈寿撰，[南朝]裴松之注. 三国志·魏书·钟会传[M]. 北京：中华书局，1977：795.

病《老》《庄》，常云：'见弼《易注》，所悟者多。'"①王弼还吸收《庄子》的语言观，建立起一套儒道会通的阐释理论，为魏晋玄学确立了"得意忘言"的思维方法。

一、以无为本与《老子》阐释

《三国志·魏书·钟会传》裴松之注引何劭《王弼传》中提到："弼注《老子》，为之《指略》，致有统理。著《道德论》，注《易》，往往有高丽言。"②魏初士人尚谈玄理，前文已有所讨论。如《晋书·王衍传》中提到："魏正始中，何晏、王弼祖述《老》《庄》，立论以为：'天地万物皆以无为本。无也者，开物成务，无往不存者也。阴阳恃以化生，万物恃以成形，贤者恃以成德，不肖恃以免身。故无之为用，无爵而贵矣。'"③学界虽将此段论述归于何晏名下，但其观点与王弼并无二致。《世说新语·文学》中有"何平叔注《老子》，始成，诣王辅嗣，见王《注》精奇，乃神伏曰：'若斯人，可与论天人之际矣！'因以所注为《道德二论》"，又有"何晏注《老子》未毕，见王弼自说注《老子》旨。何意多所短，不复得作声，但应诺诺，遂不复注，因作《道德论》"，余嘉锡笺疏《魏志·钟会传》注引《弼别传》曰："其论道附会文辞不如何晏，自然有所拔得多晏也"④。由此推测，何晏注《老子》水平应不及王注。王弼注《老子》的核心，在于对有无关系的阐释。但他弱化了宇宙生成论的思路，着重从本体论的角度探讨有无的关系。他认为天地万物以无为本，无即是自然、是太极、是一、是道，特点在于无形、无名、无象、无声。无与有是本与末、体与用的关系，有以无为本，无以有为用；无并不存在于有之外，而包含于有之中，二者是普遍与特殊的关系。在处理二者关系时，应该守母存子，崇本举末。

①［晋］陈寿撰，［南朝］裴松之注. 三国志·魏书·钟会传［M］. 北京：中华书局，1977：796.
②［晋］陈寿撰，［南朝］裴松之注. 三国志·魏书·钟会传［M］. 北京：中华书局，1977：796.
③［唐］房玄龄等撰. 晋书·王衍传［M］. 北京：中华书局，1974：1236.
④［南朝宋］刘义庆，［南朝梁］刘孝标注，余嘉锡笺疏. 世说新语笺疏［M］. 北京：中华书局，2007：234、237.

（一）万物以无为本

1. 无为万物之始

王弼借阐释《老子》讨论有无的关系，是想从义理层面探究万物的本体，以统摄纷繁复杂的有。《老子》所论之道（无）既是构成世界的本体与万物运行的规律，也是宇宙生成的动力与开始，而王弼在阐释中明显强化了作为本体和规律存在的无，而弱化了对宇宙生成的探讨。这在其《周易》阐释中也有体现。其中不难看出其对汉代学术的反思与回应。

> 《老子》第一章：道可道，非常道；名可名，非常名。无名天地之始，有名万物之母。故常欲无，以观其妙；常欲有，以观其徼。此两者同出而异名，同谓之玄，玄之又玄，众妙之门。
> 王弼注：可道之道，可名之名，指事造型，非其常也。故不可道，不可名也。凡有皆始于无，故未形无名之时，则为万物之始。及其有形有名之时，则长之、育之、亭之、毒之，为其母也。言道以无形无名始成万物，万物以始成而不知其所以然，玄之又玄也。妙者，微之极也。万物始于微而后成，始于无而后生。故常无欲空虚，可以观其始物之妙。徼，归终也。凡有之为利，必以无为用；欲之所本，适道而后济。故常有欲，可以观其终物之徼也。①

《老子》第一章所讲主要是天地万物的生成问题，其所论"始"与"母"都强调万物从无形到有形的时间性过程。王弼注文主要强调了两层意思。其一，有以无为本，有不能离开无而独立存在。无（未形无名）是万物之始，但这个"始"并不只是时间上的开始，而主要是根本、本体的意思。王弼谈有无、体用，强调的是本体性，而非生成性；无与有并不是时间上的先后关系，而是逻辑上的先后关系。"未形无名之时，则为万物之始"，也就是万物的根本是"未形无名"。无是天地万物的本体，有是万物的生成和呈现。万物的生成是自然而然的，自然而然即是道，所以说

---

① ［魏］王弼著，楼宇烈校释. 王弼集校释·老子道德经注 ［M］. 北京：中华书局，1980：1、2.

"道以无形无名始成万物"。其二,有以无为用。有只有不离于无,才能了解天地万物的根本,并顺应其变化以得其用。

2.复归于虚静

既然万物以无为本,要名万物之本,就需要回到其根源。《老子》在第十六章中提出了"复命"的思想,认为一切存在的本性是虚静,反本才能知常。这与《庄子·缮性》中所谓"复初"意思相近。王弼对复命思想的阐释中,强化了本末、体用之间的动态关系。

> 《老子》第十六章:致虚极,守静笃,万物并作,吾以观复。夫物芸芸,各复归其根。归根曰静,是谓复命。复命曰常,知常曰明,不知常,妄作,凶。知常容,容乃公,公乃王,王乃天,天乃道,道乃久。没身不殆。
>
> 王弼注:言致虚,物之极笃;守静,物之真正也。动作生长。以虚静观其反复。凡有起于虚,动起于静,故万物虽并动作,卒复归于虚静,是物之极笃也。各返其所始也。归根则静,故曰"静"。静则复命,故曰"复命"也。复命则得性命之常,故曰"常"也。常之为物,不偏不彰,无皦昧之状,温良之象,故曰"知常曰明"也。唯此复,乃能包通万物,无所不容。……无所不包通,则乃至于荡然公平也。荡然公平,则乃至于无所不周普也。无所不周普,则乃至于同乎天地也。与天合德,体道大通,则乃至于穷极虚无也。穷极虚无,得道之常,则乃至于不穷极也。无之为物,水火不能害,金石不能残。用之于心,则虎兕无所投其爪角,兵戈无所容其锋刃,何危殆之有乎![①]

王弼的基本思路是:虚静是物的本质性存在(极笃、真正),是万物生长变化的内在动力与规律,故而可以通过虚静观察事物的运行,此种运行是一个循环往复的过程,即从无到有,又从有复归于无。复归于无即是

---

① [魏] 王弼著,楼宇烈校释. 王弼集校释·老子道德经注 [M]. 北京:中华书局,1980:35、36.

复命。复命就是回归"性命之常"。这是一个由物之形回归物之本，由物之用回归物之体的过程；而复归于无是为了更好地认识有，即"唯此复，乃能包通万物，无所不容"。体无是为了反本，反本是为了致用，以反本、体无为基础的"用之于心"，就能使人与事免于危殆。王弼在《周易·恒卦》上六注中，将"静"解释为"可久之道"，在《老子指略》中将"常"解释为"故古今通，终始同，执古可以御今，证今可以知古始，此所谓'常'者也"。①都是强调无的本体性和规律性，只有回归到事物根本的状态，才能洞见"始物之妙"，进而实现其功用。

（二）无的内涵

王弼在注解《老子》时，用到了很多概念来阐释无，如自然、太极、一、无形、无名等。虽然看起来驳杂不一，但意义的指向是基本一致的。从抽象的层面来看，无代表了万物的本质及其运行变化的规律，是无形无名的，无形无名代表着普遍性。但无又是存在于有之中，而非在有之外的，也就是一种经验的普遍性。无是本体、是母、是普遍性，有是功用、是子、是特殊性。王弼强调以无为本，但并未否定有，而是提倡守母存子，崇本举末。

1. 自然

王弼在《老子》注中多次强调圣人应"与天地合其德"，应"弃己任物"。所谓"与天地合其德"即是以无为本，无为无造，"弃己任物"就是"荡然任自然"。②其释"功成事遂，百姓皆谓我自然"一句时，对"自然"的解释是"其端兆不可得而见也，其意趣不可得而见睹也……居无为之事，行不言之教，不以形立物，故功成事遂，而百姓不知其所以然也"。③《老子》中谈到自然的地方，基本都是强调非人为、不妄作，也就是"百姓不知其所以然也"，这一点王弼是同意的。但他在阐释自然时，

---

① ［魏］王弼著，楼宇烈校释. 王弼集校释·老子指略［M］. 北京：中华书局，1980：195.
② ［魏］王弼著，楼宇烈校释. 王弼集校释·老子道德经注［M］. 北京：中华书局，1980：14.
③ ［魏］王弼著，楼宇烈校释. 王弼集校释·老子道德经注［M］. 北京：中华书局，1980：41.

更多强调其作为世界的本质和规律这一层面的含义，与无的内涵一致。如其注"人法地，地法天，天法道，道法自然"一句，首先阐明法自然即是"在方而法方，在圆而法圆，于自然无所违也"，说的是要遵从事物本来应该是的样子和运行规律。进一步又说明不可违之自然，是"无称之言，穷极之辞"[①]，即强调其存在的普遍性。其注第二十九章，进一步阐明了顺自然而行的必要性。

> 《老子》第二十九章：将欲取天下而为之，吾见其不得已。天下神器，不可为也。为者败之，执者失之。
> 王弼注：万物以自然为性，故可因而不可为也，可通而不可执也。物有常性，而造为之，故必败也。物有往来，而执之，故必失矣……圣人达自然之性，畅万物之情，故因而不为，顺而不施。除其所以迷，去其所以惑，故心不乱而物性自得也。[②]

从目的合理性的角度来说，因为万物以自然为性，故而顺自然就是顺物之性。不同事物有其自身发展的规律，圣人能遵从自然之性与万物之情，故能除其所以迷，去其所以惑。把握事物的根本，复归于虚静（无）故能心不乱，进而能洞见物性。圣人应"得物之致""识物之宗""明物之性"。故而王弼所言之自然即是作为万物规律的道，而其将自然与物之性结合起来讨论，则体现出了融合儒道的倾向。

2. 太极与一

太极一词，来源于《周易·系辞上》："是故，易有太极，是生两仪，两仪生四象，四象生八卦，八卦定吉凶，吉凶生大业。"此处所谓太极，郑玄解释为"淳和未分之气"，孔颖达释为"天地未分之前，元气混而为一，即是太初、太一也"，类似《老子》"道生一"的"一"，也就是天地形成之前的混沌状态。太极生两仪就是作为混元的太极分开之后，形成天地。"不言天地而言两仪者，指其物体，下与四象相对，故曰两仪，谓两体容仪

---

① ［魏］王弼著，楼宇烈校释. 王弼集校释·老子道德经注［M］. 北京：中华书局，1980：65.
② ［魏］王弼著，楼宇烈校释. 王弼集校释·老子道德经注［M］. 北京：中华书局，1980：77.

也"① 无论是《系辞》的太极，还是《老子》的"一"，都是在宇宙生成论的框架中，被视为万物生成发展的一个阶段。在王弼的阐释体系中，《易传》中的太极与《老子》中的"一"含义基本相同，但皆与《周易》《老子》中所说的太极和"一"有所区别。

王弼对太极的阐释，主要见于韩康伯《系辞》注中所引王弼注。《周易·系辞上》有：

> 大衍之数五十，其用四十有九。分而为二以象两，挂一以象三，揲之以四以象四时，归奇于扐以象闰；五岁再闰，故再扐而后挂。天数五，地数五，五位相得而各有合。天数二十有五，地数三十，凡天地之数五十有五，此所以成变化而行鬼神也。《乾》之策二百一十有六，《坤》之策百四十有四，凡三百有六十，当期之日。二篇之策，万有一千五百二十，当万物之数也。是故四营而成《易》，十有八变而成卦，八卦而小成。引而伸之，触类而长之，天下之能事毕矣。显道神德行，是故可与酬酢，可与佑神矣。子曰："知变化之道者，其知神之所为乎。"②

《系辞》中此章讨论的主要是《周易》的占筮方法，落脚点是以"数"为基础的象征体系。汉儒对此说的阐释也基本是以象数释筮法。如京房言："五十者，谓十日，十二辰，二十八宿也，凡五十。其一不用者，天之生气，将欲以虚来实，故用四十九焉。"马融则根据历数之说，将太极解释为北辰："易有太极，谓北辰也。太极生两仪，两仪生日月，日月生四时，四时生五行，五行生十二月，十二月生二十四气。北辰居位不动，其余四十九转运而用也。"郑玄则引五行之说，认为："天地之数五十有五，以

---

① ［魏］王弼注，［晋］韩康伯注，［唐］孔颖达疏，［唐］陆德明音义. 周易注疏［M］. 北京：中央编译出版社，2013：369、370.
② ［魏］王弼注，［晋］韩康伯注，［唐］孔颖达疏，［唐］陆德明音义. 周易注疏［M］. 北京：中央编译出版社，2013：360.

五行气通。凡五行减五，大衍又减一，故四十九也。"①王弼的解释和上述说法皆不相同。韩康伯《系辞》注中引王弼对"大衍之数五十，其用四十有九"的阐释：

> 演天地之数，所赖者五十也。其用四十有九，则其一不用也。不用则用以之通，非数而数以之成，斯易之太极也。四十有九，数之极也。未无不可以无明，必因于有，故常于有物之极，而必明其所由之宗也。②

王弼虽也对筮法进行了梳理，但其落脚点是在对"大衍之数五十，其用四十有九"的阐释上。赖以推衍天地之数的蓍策，共有五十根，在这五十当中，实际使用的是四十九根，其中一根是不用的。这个"其一"是数也非数。非数是强调"其一"与其他四十九个具体之数的不同，但"数以之成"则说明了此非数是数能成其为数的根本。之所以虚空一根不用，是认为四十九是有，而这"其一"是无；无，不可用，但有生于无，无是有的根据，所以无虽不可用但不可或缺。这"其一"虽不直接使用，但也是"所赖者"，即没有了这个"其一"，另外四十九也不能得其所用。所以说"不用则用以之通，非数而数以之成"。要讨论"有物之极"（四十有九），就必须阐明其"所由之宗"。"所由之宗"就是那个是数而非数的"其一"，即数的本体。天地之数的所由之宗是太极，天下万物的所由之宗是道。太极并非存在于万物之外，而是作为依据与根本存在于万物之中。汤用彤以波涛和大海的关系为喻，对太极（其一不用）与万物（四十有九）的关系进行了生动的说明："故如弃体言用而执波涛为实物，则昧于海水。而即用显体，世人了悟大海之汪洋，本即因波涛之壮阔。是以苟若知波涛所由兴，则取一勺之水，亦可窥见大海也。"③综上所述，在王弼的阐释体系

---

① ［魏］王弼注，［晋］韩康伯注，［唐］孔颖达疏，［唐］陆德明音义. 周易注疏［M］. 北京：中央编译出版社，2013：361.

② ［魏］王弼著，楼宇烈校释. 王弼集校释·周易注［M］. 北京：中华书局，1980：548.

③ 汤用彤. 王弼大衍义略释 // 汤用彤. 魏晋玄学论稿及其他［M］. 北京：北京大学出版社，2010：50.

中，太极并非天地生成之前的混沌状态，也不是北辰，而是与道和无一样，作为万物之本体而存在的。其在注解《老子》时提到太极，也基本是这个意思。

> 《老子》第六章：谷神不死，是为玄牝，玄牝之门，是谓天地根。绵绵若存，用之不动。
>
> 王弼注：谷神，谷中央无者也。无形无影，无逆无为，处卑不动，守静不衰，物以之成而不见其形，此至物也。处卑守静不可得而名，故谓之玄牝。门，玄牝之所由也。本其所由，与太极同体，故谓之天地之根也。欲言存耶，则不见其形；欲言亡耶，则万物以之生。故"绵绵若存"也。无物不成，而不劳也，故曰用而不勤也。[①]

不同于河上公释谷为养，王弼将谷神解释为"谷中央无者"，即虚无，无形无影、无逆无为、处卑不动、守静不衰都是对虚无的描述。牝代指万物最初的生养者，而玄则强调其幽微难名、处卑守静的特点。太极此处也为虚无之意，韩康伯承王弼思想，将其解释为"无称之称，不可得而名"。谷神、玄牝、太极皆指代无，有因为无才能展现其作用，无的作用也要通过有才能显现出来，即"欲言存耶，则不见其形；欲言亡耶，则万物以之生"，这与释大衍之数时所言"不用则用以之通，非数而数以之成"意思是一致的。

王弼对太极的理解，与其对《老子》中"一"的理解是较为接近的。

> 《老子》第四十二章：道生一，一生二，二生三，三生万物。万物负阴而抱阳，冲气以为和。
>
> 王弼注：万物万形，其归一也。何由致一？由于无也。……物之生，吾知其主，虽有万形，冲气一焉。[②]

[①] ［魏］王弼著，楼宇烈校释. 王弼集校释·老子道德经注［M］. 北京：中华书局，1980：17.
[②] ［魏］王弼著，楼宇烈校释. 王弼集校释·老子道德经注［M］. 北京：中华书局，1980：117.

　　《老子》第三十九章：昔之得一者，天得一以清，地得一以宁，神得一以灵，谷得一以盈，万物得一以生，侯王得一以为天下贞。其致之。

　　王弼注：昔，始也。一，数之始而物之极也。各是一物之生，所以为主也。物皆各得此一以成，既成而舍一以居成，居成则失其母，故皆裂、发、歇、竭、灭、蹶也。①

　　《老子》讲"道生一，一生二……冲气以为和"与《周易》一样，都是想要为宇宙的生成过程提供一种解释。"一""二""三"主要强调的是万物在生成的不同阶段所呈现出来的主要状态，"一"指代的是阴阳二气分开之前还处于混沌状态的道。而王弼强调的并非作为宇宙起始状态的"一"，而是作为万物本体的"一"，即"万物万形，其归一也"，由如其《周易略例》中所言"自统而寻之，物虽众则知可以执一御也"。

3. 无形无名

　　王弼在阐释万物之本体时，多次强调其无形无名的特点，并对无形无名的原因进行了分析。

　　　　夫物之所以生，功之所以成，必生乎无形，由乎无名。无形无名者，万物之宗也……名必有所分，称必有所由。有分则有不兼，有由则有不尽。不兼则大殊其真，不尽则不可以名，此可演而明也。②

　　《老子》第二十五章：有物混成，先天地生，寂兮廖兮，独立不改，周行而不殆，可以为天下母。吾不知其名，字之曰道，强为之名曰大。大曰逝，逝曰远，远曰反。故道大，天大，地大，王亦大。域中四大，而王居其一焉。

　　王弼注：混然不可得而知，而万物由之以成，故曰"混成"也……名以定形。混成无形，不可得而定，故曰"不知其名"也。夫

────────────

　　①［魏］王弼著，楼宇烈校释. 王弼集校释·老子道德经注［M］. 北京：中华书局，1980：105、106.

　　②［魏］王弼著，楼宇烈校释. 王弼集校释·老子指略［M］. 北京：中华书局，1980：195、196.

名以定形，字以称可。言道取于无物而不由也，是混成之中，可言之称最大也。吾所以字之曰道者，取其可言之称最大也。责其字定之所由，则系于大。夫有系则必有分，有分则失其极矣，故曰"强为之名曰大"。……凡物有称有名，则非其极也。言道则有所由，有所由，然后谓之为道，然则道是称中之大也。不若无称之大也。无称不可得而名，故曰域也。道、天、地、王皆在乎无称之内，故曰"域中有四大"者也。[①]

若温也则不能凉矣，宫也则不能商矣。形必有所分，声必有所属。故象而形者，非大象也；音而声者，非大音也。然则四象不形，则大象无以畅；五音不声，则大音无以至。四象形而物无所主为，则大象畅矣；五音声而心无所适焉，则大音至矣。[②]

其言无形无名是万物之宗，无形无名指的就是道。为什么道无形无名呢？王弼对此进行了逻辑推论，即"名必有所分，称必有所由。有分则有不兼，有由则有不尽。不兼则大殊其真，不尽则不可以名"。"分"和"由"有凭借和限定之意，有形即代表有特定的时空存在形式，是具体的、特殊的；同样，有名称也代表了有所限定，限定范围之外的可能性就会被遮蔽，就会"不兼""不尽"。"有系则必有分，有分则失其极矣"也是此意。正如当一个东西被命名为苹果时，它便不能是梨或橙子了，如果人们只认识苹果，不知苹果之外还有梨、橙子等其他与苹果有共同特征的东西，那便不能形成对水果的认识。如果一种状态被命名为温，那就代表它不可能为凉，一音为宫则不能为商。无称代表的是事物的普遍性，不可得而名，但道之所以能代表无名，是因为它是"可言之称最大"，人们要讨论无，就一定会使其落于言筌，故而取一个在可言说范围内涵盖最广的概念来指代无，这个概念就是道。"域"是指时空范围，也就是言说的范围。

① ［魏］王弼著，楼宇烈校释. 王弼集校释·老子道德经注［M］. 北京：中华书局，1980：63-65.
② ［魏］王弼著，楼宇烈校释. 王弼集校释·老子指略［M］. 北京：中华书局，1980：195.

道、天、地、王^①皆是无的呈现，而道又包含了天、地、人。可见无论是老子还是王弼，都认为道在时空之中，而非时空之外，相应的，无也不在有之外，而是作为根本存在于有之中的，所以说"然则四象不形，则大象无以畅；五音不声，则大音无以至。四象形而物无所主焉，则大象畅矣；五音声而心无所适焉，则大音至矣"。

（三）守母存子，崇本举末

通过对无和有关系的辨析，王弼确立了以无为本、无不离有的本体论思想。但对无和有的讨论，是为了落实到体和用的关系上来。王弼阐释《老子》，并非只是想对其进行理论梳理，而是有现实针对性的。这从他回答裴徽的问题、参与的《易》学讨论中都可以看出来。^②以无为本是针对汉代经学的弊端而发的，而要解决士人所面对的时代问题，光是以无为本还不够，还需要守母存子、崇本举末，强调以体为基础的用和以用为显现的本，即"有之所以为利，皆赖无以为用也"，亦即"天生五物，无物为用；圣行五教，不言为化"^③。

> 《老子》第五十二章：天下有始，以为天下母。既得其母，以知其子；既知其子，复守其母，没身不殆。
> 王弼注："母，本也。子，末也。得本以知末，不舍本以逐末也。"^④

> 《老子》第三十八章：上德不德，是以有德；下德不失德，是以无德。上德无为而无以为；下德无为而有以为。上仁为之而无以为；上义为之而有以为，上礼为之而莫之应，则攘臂而扔之。故失道而后德，

---

① 一般认为此处的"王"应为"人"。
② 详见《三国志·魏书·钟会传》中裴松之注引刘劭《王弼传》、孙盛言，《世说新语·文学》第6、7、8、10则等。
③ ［魏］王弼著，楼宇烈校释. 王弼集校释·老子指略［M］. 北京：中华书局，1980：27、195.
④ ［魏］王弼著，楼宇烈校释. 王弼集校释·老子道德经注［M］. 北京：中华书局，1980：139.

失德而后仁，失仁而后义，失义而后礼。夫礼者，忠信之薄而乱之首。前识者，道之华而愚之始。是以大丈夫处其厚，不居其薄；处其实，不居其华。故去彼取此。

　　王弼注：德者，得也。常得而无丧，利而无害，故以德为名焉。何以得德？由乎道也。何以尽德？以无为用。以无为用，则莫不载也。故物，无焉，则无物不经；有焉，则不足以免其生。是以天地虽广，以无为心；圣王虽大，以虚为主。故曰以复而视，则天地之心见；至日而思之，则先王之至睹也……万物虽贵，以无为用，不能舍无以为体也……故仁德之厚，非用仁之所能也；行义之正，非用义之所成也；礼敬之清，非用礼之所济也。载之以道，统之以母，故显之而无所尚，彰之而无所竞。用夫无名，故名以笃焉；用夫无形，故形以成焉。守母以存其子，崇本以举其末，则形名俱有而邪不生，大美配天而华不作。故母不可远，本不可失。仁义，母之所生，非可以为母。形器，匠之所成，非可以为匠也。舍其母而用其子，弃其本而适其末，名则有所分，形则有所止。虽极其大，必有不周；虽盛其美，必有忧患。①

　　天下之始强调的是万物的本源，天下之母则主要指万物之本体。"得本以知末，不舍本以逐末"并没有否定"知末"，而是反对"舍本以逐末"，"知末"需以"得本"为前提。王弼在阐释道与德的关系时，对此有更为详细的论述。《老子》第三十八章中以无为还是有为及有为的程度为标准，对德、仁、义、礼做了价值排序，认为道作用于万物便是德，二者是体与用的关系。德的内部也有无为与有为、无心与有心的区别，只有无为与无心之德才符合道的根本。王弼的阐释在老子的基础上更加深入和系统了。他从老子的价值排序中总结出了"守母以存其子，崇本以举其末，则形名俱有而邪不生，大美配天而华不作"的原则。上德之所以有德，正是因为其"不德"，即遵循了无的根本，才能"无为而无以为"。至于下德、仁、义、礼都是"舍其母而用其子，弃其本而适其末"，看起来很完备，其实存在隐患。

---

　　① [魏]王弼著，楼宇烈校释. 王弼集校释·老子道德经注 [M]. 北京：中华书局，1980：93–95.

二、体用的辩证统一与《周易》阐释

《文献通考·经籍考三十八》中《老子略论》一卷下有："景迂云，弼有得于《老子》，而无得于《易》，注《易》资于《老子》，而《老子论》无资于《易》，则其浅深之效可见矣。陈氏曰：魏、晋之世，玄学盛行，弼之谈玄，冠于流辈，故其注《易》亦多玄义。晁以道言弼注《易》亦假《老子》之旨。"① 此言虽有一定道理，但也有失偏颇。说王弼注《易》从《老子》处吸收了思想资源，确实如此。其对《周易》的阐释中随处可见以无为本、崇本举末、有以无为用的思维方法。但其对《周易》的注解并未脱离自汉以来的易学传统，其对义理的强调是循易学发展的内在逻辑而发的。王弼《周易》阐释的核心思路是体与用的辩证统一，义理为体，象数为用，义理统摄象数，象数为探求义理服务。此种思路一方面来自《老子》中的有无思想，一方面也是继承和发扬了《易传》的阐释传统。钱穆在《王弼论体用》一文中认为，"王弼盖移注《易》之'体'、'用'字以注《老子》，遂开后世之体用概念也"，宋明儒学所谓"即用见体"便自王弼始。②

与何晏等玄学名士相同，王弼虽雅好《老》《庄》，但也精研儒经，且善于融合二者之义。《易》学在汉末魏初时是显学，马融、郑玄、荀爽、王肃、虞翻、姚信等皆有所成。汤用彤认为王弼敢于批判汉《易》弊端，追求义理的学术旨趣与荆州学风有关，其学本于宋衷。③ 又蒙文通言："古学肇于贾、马，成于王肃，弼、杜预皆肃之徒也。王弼注《易》，祖述肃说，特去其比附爻象者（张惠言说）。"④ 故其思想大抵与宋衷、王肃一脉有渊源，皆重义理。《隋书·经籍志》中有"魏尚书郎王弼注《六十四卦》

① ［元］马端临撰. 文献通考［M］. 北京：中华书局，1986：1730.

② 钱穆. 王弼论体用 // 钱宾四先生全集（第七卷）·庄老通辩［M］. 台北：联经出版社，1998：506.

③ 汤用彤. 王弼之《周易》、《论语》新义 // 汤用彤. 魏晋玄学论稿及其他［M］. 北京：北京大学出版社，2010：62.

④ 蒙文通. 经学抉原［M］. 上海：上海人民出版社，2006：77.

六卷，韩康伯注《系辞》以下三卷，王弼又撰《易略例》一卷"[1]，又有"故有费氏之学，行于人间，而未得立。后汉陈元、郑众，皆传费氏之学。马融又为其传，以授郑玄。玄作《易注》，荀爽又作《易传》。魏代王肃、王弼，并为之注。自是费氏大兴，高氏遂衰"[2]。一般认为，王弼所传为古文《易》，即费氏《易》。但"王弼《易注》，虽用费《易》，而说解不同"。[3]"用费《易》"当指其继承了费氏以传解经的方法。在注解形式上，王弼将传文割裂附入经文之中，且将经传并为一谈，如其将《文言》《象辞》分割开来附于经文之后作解，体现了他对古传的重视和对汉代师法家法的对抗。所谓"说解不同"，指的是"尽去象数，而更附以老、庄之义，与郑注言爻辰之不弃象数者异趣"。[4]刘师培《经学教科书》中也提到："东汉之末，说《易》者，咸宗郑注。自魏王弼作《易注》，舍象数而言义理，复作《易略例》《周易系词》，韩康伯补其缺，间杂老庄之旨，与郑《易》殊。"[5]

说王弼"尽去象数""舍象数"，并不十分准确，他对《易》的阐释其实是想将象数归于义理，以义理统摄象数。而以《老》《庄》解《易》也并非王弼首创，马融、虞翻等人已有所体现；甚至西汉象数易学的代表人物京房解《易》时，就已经言及有无了，只是其从老子处借鉴的主要是宇宙生成论，而王弼则更侧重于本体论的建构。余敦康在《汉宋易学解读》中也提到，郑玄合《彖》《象》于经，"对《易传》诠释《易经》的方法作了客观的研究，从中引申而为明确的体例，如得位失位、据、应、承、乘、中等等。王弼在《周易略例》中虽然激烈地反对以象数解《易》，主张'忘象以求其意'，认为'夫情伪之动，非数之所求也'，但对郑玄依据《易传》所引申出的这些体例，却是全部继承过来。因为离开了这些体例，便无从说明卦爻之间的各种依存关系，阐发其中所蕴含的义理。"[6]

①［唐］魏徵、令狐德棻撰. 隋书·经籍志［M］. 北京：中华书局，1973：909.
②［唐］魏徵、令狐德棻撰. 隋书·经籍志［M］. 北京：中华书局，1973：912.
③［清］皮锡瑞著. 周予同注释. 经学历史［M］. 北京：中华书局，1959：151.
④［清］皮锡瑞著. 周予同注释. 经学历史［M］. 北京：中华书局，1959：154.
⑤刘师培著，陈居渊注. 经学教科书［M］. 上海：上海古籍出版社，2006：59.
⑥余敦康. 汉宋易学解读［M］. 北京：中华书局，2017：86.

故而王弼的理论创新并非横空出世，而是以阐释传统为根基，以现实需求为指归的。王弼《易》注，南北朝时期，为南学所遵从，隋唐时期也较为盛行。

自孟喜、京房等人起，汉代易学重象数，与阴阳五行、天人感应和谶纬神学的兴盛与流行有很大关系，为儒家学说建构了一套符合意识形态要求的世界阐释模式，试图将大到国家政治、小到个人生活的方方面面按照一定秩序纳入这个阐释模式中来。并认为人类社会必须取法于天地，即《观卦·象传》所谓"观天之神道，而四时不忒；圣人以神道设教，而天下服矣"。象数易学呈现出一种科学、神学、哲学、政治伦理等杂糅的面貌，而政治伦理凌驾于前三者之上。东汉党锢之祸以后，随着经学与政治关系的逐渐疏远，通经致用的目的日趋渺茫，象数易学的问题也日益凸显。易学开始由政治的附庸转而向一般性的学术回归。王弼偏重义理阐释的易学即是针对象数易的弊端而发，其学术方法上承宋衷、王肃等人，思想上与汉末仲长统、荀悦等人的社会批判之风相契合，也从汉代以前的《易传》中吸收了理论资源。试图通过对《周易》的再阐释，建立一种不同于汉易的天人关系理论、和一套更为客观和具有普遍性的世界阐释模式。正如汤用彤所言："汉人所谓天，所谓道，盖为有体之元气，故其天道未能出乎象外。至若王弼，则识道之无体超象，故能超具体之事象，而进于抽象之理则……王弼以为物虽繁，如能统之有宗，会之有元，则繁而不乱，众而不惑。学而失其宗统，则限于形象，落于言筌。据此说《易》，则必以乾比马，以坤为牛，其立意与轩辕配中宫，不肃应鸡祸，固无异也……夫《易》之为书，小之明人事之吉凶，大之则阐天道之变化。圣人观象设卦，尤非表示物变之分位。依分位则能辨其吉凶之由，明其变化之理。故王弼论《易》，最重时位。变化虽繁，然如明其时位，则于万有可各见其情，而变斯尽矣。万有依其在大道中之地位，而以始以成。"①

王弼的《周易》阐释继承了《易传》以义理统摄象数的思路。但从文本的对比可以看出，王弼对《周易》的阐释比《易传》更具系统性和理论

---

① 汤用彤. 王弼之《周易》、《论语》新义 // 汤用彤. 魏晋玄学论稿及其他［M］. 北京：北京大学出版社，2010：65、66.

性，义理化色彩更加浓厚。冯友兰在总结王弼思想时提到："在《周易略例》中，王弼用了许多名词，看起来很复杂，其实所讲的只是一个问题，一般和特殊的问题。一般，就其在客观世界中的地位说叫'理'，就其在卦里的关系说叫'义'，就其在人的认识中的地位说叫'意'（概念），就其对于名的关系说，是一个名的内涵。就一个类的名字说，一般，是它的内涵，特殊，是它的外延。"①义理与象数的关系类似无与有的关系。义理即是一般，是体，象数即是特殊，是用，用以体为本，体因用而显，二者辩证统一。

　　注重体用统一的思想在《易传》中已有较为深入的阐发。刘师培在释《周易》之旨时提到，《周易》全书之旨约有三端，其中之一是"言人事而兼言天事"，"周代以神道设教，故《易经》以天为万物之主宰。《观》卦曰：'圣人以神道设教，而天下服矣。'是其证也。又以人事与天事相表里，故卜筮之学，亦出于《易》。王弼及程朱诸儒，均以人事说《易》，汉儒专以天事说《易》，均失之于一偏。《周易》者，以人事为主，而以天道统人事也"。②刘师培所谓"以人事说《易》"主要指义理之学，"以天事说《易》"主要指混合了阴阳五行、谶纬术数的象数之学。但无论是以人事说《易》还是以天事说《易》，落脚点都在其"用"。"备物致用，立成器以为天下利……是故天生神物，圣人则之；天地变化，圣人效之；天垂象，见吉凶，圣人像之；河出图，洛出书，圣人则之"（《周易·系辞上》）③"备物致用"是《易传》的核心思想之一。《说卦》中对圣人作《易》的总结，也体现了"备物致用"的目的，"昔者圣人之作《易》也，幽赞于神明而生蓍，参天两地而倚数，观变于阴阳而立卦，发挥于刚柔而生爻，和顺于道德而理于义，穷理尽性以至于命。"④圣人观察天地变化而创制蓍数卦爻，是为了探寻天道幽微难明之道理与人事社会历史之治乱。王弼言："命

---

　　① 冯友兰. 三松堂全集（第九卷）·中国哲学史新编［M］. 郑州：河南人民出版社，2001：366.

　　② 刘师培著，陈居渊注·经学教科书［M］. 上海：上海古籍出版社，2006：165、166.

　　③［魏］王弼注，［晋］韩康伯注，［唐］孔颖达疏，［唐］陆德明音义. 周易注疏［M］. 北京：中央编译出版社，2013：370.

　　④［魏］王弼注，［晋］韩康伯注，［唐］孔颖达疏，［唐］陆德明音义. 周易注疏［M］. 北京：中央编译出版社，2013：406.

者，生之极，穷理则尽其极也。"尽其极，也就是穷尽自然之至理。强调
"用"，即是要以天地之道为依据，来指导人事。如果说王弼对《老子》的
阐释更强调体，那他对《周易》的阐释则更强调用。

要实现其用，就必须先阐明其理。王弼继承了《易传》的阐释传统，
注重对六十四卦卦义的挖掘与阐释。《易传》将《周易》六十四卦的卦名、
卦象、卦辞、卦义、爻辞、爻位等视为一个有机的整体，以阐释象（形象、
象征）为基础，再由此推衍出切近人事的象征意义。圣人创造这套阐释体
系的目的，是模拟物象以阐明事理（道），（"象其物宜"）审辨物情以通
晓变化，（"观其会通"），通过探寻道（天道、地道、人道）来把握人事，
指导实践。因为"《易》与天地准，故能弥纶天地之道"①，故而圣人能"设
卦观象，系辞焉而明吉凶，刚柔相推而生变化"②王弼易注中对此种求义理
以致用的思想是较为重视的，如其《周易略例·明象》中有：

> 夫象者，何也？统论一卦之体，明其所由之主者也……物无妄然，
> 必由其理。统之有宗，会之有元，故系而不乱，众而不惑。故六爻相
> 错，可举一以明也；刚柔相乘，可立主以定也……故自统而寻之，物
> 虽众，则知可以执一御也；由本以观之，义虽博，则知可以一名举也。
> 故处玄机以观大运，则天地之动未足怪也；据会要以观方来，则六合
> 辐辏未足多也。故举卦之名，义有主矣；观其象辞，则思过半矣！夫
> 古今虽殊，军国异容，中之为用，故未可远也。品制万变，宗主存焉；
> 象之所尚，斯为盛矣……繁而不忧乱，变而不忧惑，约以存博，简以
> 济众，其唯象乎！③

象辞的作用是通过解释六十四卦的卦名、卦辞来揭示其卦义。一般取
卦象、爻象为说，多指明每卦中为主的一爻，简明论断该卦主旨。故而说

---

① ［魏］王弼注，［晋］韩康伯注，［唐］孔颖达疏，［唐］陆德明音义. 周易注疏［M］. 北
京：中央编译出版社，2013：345.
② ［魏］王弼注，［晋］韩康伯注，［唐］孔颖达疏，［唐］陆德明音义. 周易注疏［M］. 北
京：中央编译出版社，2013：342.
③ ［魏］王弼著，楼宇烈校释. 王弼集校释·周易略例·明象［M］. 北京：中华书局，1980：
591.

其"统论一卦之体，明其所由之主"。王弼认为，《易》之为用，在于能以寡统众，即"约以存博，简以济众"。一卦虽有六爻，爻象、爻位又有阴阳刚柔之分，爻象、爻位杂然相陈，但起主导作用的只能是其中一爻，这主导的一爻便是一卦主旨的体现，即"六爻相错，可以举一以明也"。统和本都是根本的意思，即只要能把握事物的根本，便能用这个根本囊括和统辖事物之繁杂。这与王弼注《老子》第三十九章所言"万物万形，其归一也"含义一致。而"处玄机以观大运""据会要以观方来"则强调的是在把握事物之体的同时，也要观察事物变与不变的辩证关系。博与众不仅体现在事物的多样繁杂上，还体现在古今的时空变化上；而要把握事物的万形殊象与时空变化，做到"繁而不忧乱，变而不忧惑"，就需要把握其中之理。这个理的特点就是约和简，即事物的本质和普遍原理。而象辞的作用，即是梳理多变的卦爻，突出核心的义理，进而实现对人事的指导。

三、"得象忘言""得意忘象"思维方法的确立

言、象、意三者的关系是王弼《周易》阐释中涉及的一个重要论题。汉末魏初时，言意关系因与名理之学与道家本无思想联系紧密而受到较大关注。魏初人物品评开始逐渐从重道德转为论才性，从重具体的人格与外形转而论抽象的精神和风骨，这是一个从表象、直观到抽象原理，从特殊到普遍的过程。体现在言意观上便是追求言外之意。言不尽意论在王弼之前便已颇为流行，但得意忘言被建构为一种普遍的思维方法，还是在王弼处完成的。正如汤用彤所言："名家原理，在乎辨名形。然形名之检，以形为本，名由于形，而形不待名，言起于理，而理不俟言。然则识鉴人物，圣人自以意会，而无需于言。魏晋名家之用，本为品评人物，然辨名实之理，则引起言不尽意之说，而归宗于无名无形。夫综核名实，本属名家，而其推及无名，则通于道家。而且言意之别，名家者流因识鉴人伦而加以援用，玄学中人则因精研本末体用而更有所悟。王弼为玄宗之始，深于体用之辨，故上采言不尽意之义，加以变通，而主得意忘言。于是名学之原

则遂变而为玄学家首要之方法。"①

如前文所论，王弼对《周易》的阐释重义理而轻象数，但他并没有如皮锡瑞所说的"尽去象数"，而是强调象数应该为发掘、理解和运用义理服务。此种观点也体现在其对言、象、意关系的论述中。

夫象者，出意者也；言者，明象者也。尽意莫若象，尽象莫若言。言生于象，故可以寻言以观象；象生于意，故可以寻象以观意。意以象尽，象以言著。故言者，所以明象，得象而忘言；象者，所以存意，得意而忘象。犹蹄者所以在兔，得兔而忘蹄；筌者所以在鱼，得鱼而忘筌也。然则，言者，象之蹄也；象者，意之筌也。是故，存言者，非得象者也；存象者，非得意者也。象生于意而存象焉，则所存者乃非其象也；言生于象而存言焉，则所存者乃非其言也。然则，忘象者，乃得意者也；忘言者，乃得象者也。得意在忘象，得象在忘言。故立象以尽意，而象可忘也；重画以尽情伪，而画可忘也。

是故触类可为其象，合义可为其徵。义苟在健，何必马乎？类苟在顺，何必牛乎？爻苟合顺，何必坤乃为牛？义苟应健，何必乾乃为马？而或者定马于乾，案文责卦，有马无乾，则伪说滋漫，难可纪矣。互体不足，遂及卦变；变又不足，推致五行。一失其原，巧愈弥甚。纵复或值，而义无所取。盖存象忘意之由也。忘象以求其意，义斯见矣。②

"言"指语言、文字，具体到《周易》中，则指用以描述说明卦象的卦辞、爻辞。"意"既指卦象所指涉的意义，又指事物所包含的义理。"象"既指卦象，又指事物可见之外在形貌、征兆。以乾卦为例，"乾：元亨利贞"为其言，龙、君子、大人等皆为其象，沛然刚健则是其意。刘师培在《经学教科书》中对象的内涵及象与形的区别进行了细致论述：

---

① 汤用彤. 言意之辨 // 汤用彤. 魏晋玄学论稿及其他 [M]. 北京：北京大学出版社，2010：21.
② [魏] 王弼著，楼宇烈校释. 王弼集校释·周易略例·明象 [M]. 北京：中华书局，1980：609.

象也者，以万物之体皆有自然之象，古人举众物不齐之象，悉分括于各卦之中。象也者，像也，像此者也。拟形容以象物宜，故古人立象以尽意，后人观象以明吉凶。《易》之有卦象，犹《诗》之有比兴也。

盖象与形不同，形属于质体，象属于形容，故成象与成形并言。象与卦不同，卦可该象，象不可该卦，故立象与设卦并言。而复言八卦成列，象在其中也。《说文》云："象，南越大兽也。"而《易》有《象》辞，六书有象形，皆借用"象"字。孔子作《易传》曰："象也者，像也。"又曰："天垂象。"《释文》云："像，拟也。"盖象生南越，为北方人民所未见。故言及于象，皆出于拟像之词。《韩非子》曰："人希见生象，而案其图以想其生。故凡人之所意想者，皆谓之象。"盖形者有实状可指者也。而象者无实状可指，而以虚形拟之者也。古人以虚形拟南方之象，故凡言事物之虚形者，皆谓之象。《象》辞者，《易》之取虚形者也。

至王弼创"得意忘象"之论，而汉儒以象说《易》者，其说渐亡。宋人作《易》者，亦舍实象而言虚理。[1]

刘师培认为象即"拟形容以象物宜"，故而古人所立之象是对实存事物（形）的一种比拟和形容。卦是象与意的结合，可以包含象，故而象在卦中。其言王弼创"得意忘象"之论，后宋儒有所继承，就是强调象所包含的理，而非具体的形。此说是比较符合王弼本义的。如王注"大象无形"（《老子》第四十一章）："有形则有分，有分者，不温则凉，不炎则寒。故象而形者，非大象。"[2] 所谓"大象"即象之本体，在言、象、意的关系中也可以理解成意。

言（卦辞、爻辞）是用来描述象的，而象（卦象）是用来比拟意（卦义）的。在《周易》的象征体系中，意与象是一对多的关系，同一卦义可以由多个具有相同意义的象征物来彰显，象是可以明意的，（意以象尽）

---

① 刘师培著，陈居渊注. 经学教科书［M］. 上海：上海古籍出版社，2006：180、181.

② ［魏］王弼著，楼宇烈校释. 王弼集校释·老子道德经注［M］. 北京：中华书局，1980：113.

言的任务是使象得以彰显（象以言著）。到此处为之，王弼对言、象、意关系的论述与《系辞》中的观点基本一致，即"子曰：'书不尽言，言不尽意。'然则圣人之意，其不可见乎？子曰：'圣人立象以尽意，设卦以尽情伪，《系辞》焉以尽其言，变而通之以尽利，鼓之舞之以尽神。'"①在表明了言、象、意的基本关系之后，王弼进一步对三者进行了价值排序，即"故言者，所以明象，得象而忘言；象者，所以存意，得意而忘象"既然言是用来明象的，那核心就应该是得象；既然象是用来存意的，那核心就应该是得意。所以言和象都是为得意服务的，是工具，而非目的。此处，他引入《庄子·外物》中得意忘言的思想，改造了《周易》的言意观。《庄子》言："筌者所以在鱼，得鱼而忘筌；蹄者所以在兔，得兔而忘蹄；言者所以在意，得意而忘言。"

执着于言就不能得象，执着于象就不能得意。既然圣人立象是为了尽意，画六十四卦是为了尽情伪，那么就不该因为停留于象与画，而遮蔽了意与情伪。故而只要把握了事物的意，各类事物是可以互为征验的，只要意思对了，就不必拘泥于用什么象征物，以什么样的言辞和顺序去言说。如其在注《乾卦·文言》时提到：

> 乾《文言》首不论乾，而先说元，下乃曰乾，何也？夫乾者，统行四事者也。君子以自强不息行此四者，故首不论乾，而下曰：乾，元亨利贞。余爻皆说龙，至于九三独以"君子"为目，何也？夫易者，象也。象之所生，生于义也。有斯义，然后明之以其物，故以龙叙"乾"，以马明"坤"，随其事义而取象焉。是故初九、九二，龙德皆应其义，故可论龙以明之也。至于九三"乾乾夕惕"，非龙德也，明以君子当其象矣。统而举之，"乾"体皆龙，别而叙之，各随其义。②

以上阐释便是典型的得意忘象。所以王弼在《明象》中强调，只要能

①［魏］王弼注，［晋］韩康伯注，［唐］孔颖达疏，［唐］陆德明音义. 周易注疏［M］. 北京：中央编译出版社，2013：372.

②［魏］王弼注，［晋］韩康伯注，［唐］孔颖达疏，［唐］陆德明音义. 周易注疏［M］. 北京：中央编译出版社，2013：33.

符合刚健的含义，乾卦的象征物不必拘泥于马；只要能符合柔顺的含义，坤卦的象征物不必拘泥于牛。以此类推，王弼认为汉易解卦，以卦变补互体之不足，又以五行相生相克的理论来弥补卦变的不足，变得越来越烦琐和神秘，失去了《易》的根本；认为汉代易学的弊端就是"存象忘意"，故而要寻找出路，就必须"忘象以求其意"。王弼并非否定言和象的价值和作用，其忘言、忘象只是为了强调得意的重要。"忘"是"不执着于"的意思，不执着便是顺乎自然之变。正如汤用彤所言："本来媒介、语言均形器之物，是有限的，如执着此有限之物以为即宇宙本体，则失宇宙本体，亦失语言之功用。然从另一方面说，虽媒介、语言为有限的，但执着着它是有限的，则亦将为形器所限。如能当其是无限（宇宙本体）之所现，而忘其有限，则可不为形器所限，而通于超形器之域。如欲通于超形器之域，则需寻觅充足之媒介语言，而善运用之。"[1] 又如袁行霈所言："王弼所说的忘象、忘言，意思是不要执着于象和言，并不是完全抛弃它们。他认为两汉烦琐的经学不但没有得到圣人的真意，反而湮没了它。欲得圣人之意，就须理解圣人'立言垂教'的精神实质，而不要纠缠于他们的字字句句。从这个意义上讲，得意忘言为人们提供了一种解释经籍的方法，对于打破汉代经学的统治，促进思想言论的解放，起了积极的作用。"[2]

《三国志·魏书·钟会传》注引《王弼传》有王弼注《易》，颍川荀融难之。荀家为《易》学世家，荀融叔祖荀爽有《易》注，为汉《易》。荀融与王弼之争论亦可视为汉易与魏晋易学之争。王弼白书戏荀融，说："夫明足以寻极幽微，而不能去自然之性。"[3] 王弼所反对的是汉儒象数易学的弊端，而非易象本身。汉易之弊端即在于"互体不足，遂及卦变；卦变不足，推至五行。一失其原，巧愈弥盛。从复或值，而义无所取。盖存象忘意之由也"，汉易日趋复杂又带有神秘主义附会色彩的解释方式，就算是偶尔有说对的地方，也是不可取的，而其弊端主要是"存象忘意"造成

① 汤用彤. 魏晋玄学讲义 [M]. 天津：天津古籍出版社，2009：159、160.

② 袁行霈. 魏晋玄学中的言意之辨与中国古代文艺理论 // 中国古代文学理论学会编. 古代文学理论研究（第一辑）[M]. 上海：上海古籍出版社，1979：126、127.

③ [晋] 陈寿撰，[南朝] 裴松之注. 三国志 [M]. 北京：中华书局，1977：795、796.

的。解决方法就是"忘象以求其意"①。他认为易象在一定程度上是可以体察幽微之道的，但需在得言、得象的基础上忘言、忘象，不滞留于物。

总的来说，王弼借助于阐释经籍来讨论有无、体用、言象意等问题，并不是本于纯粹抽象的思辨需求，而是试图借助阐释实践，来回应时代提出的问题。经学的发展如何突破其自身的局限；面对朝代的更替、社会的变革，士人如何自处；不同思想理论之间的矛盾如何解决，等等。这些问题都是根植于自然、社会和历史之中的。他对《周易》和《老子》的阐释，为其以有无、体用为中心的哲学体系提供了逻辑支撑，为其"得象忘言，得意忘象"思维方法提供了生成土壤，也为其讨论具体问题提供了一个具有历史延续性的言说语境。故而其阐释本身，也是一种有意义的建构。

第四节 郭象的《庄子》阐释

据《隋书·经籍志》《旧唐书·经籍志》《晋书·郭象传》等载，郭象著述有《论语体略》《论语隐》《庄子注》《庄子音》《述征记》等，除了《庄子注》外，皆已散佚。学界普遍认为今本《庄子》三十三篇，是郭象删定之本。《晋书·郭象传》与《世说新语·文学》第十七则皆认为郭象《庄子注》除《秋水》《至乐》和《马蹄》三篇之外，皆窃取自向秀。但《晋书·向秀传》则认为郭象注是在向秀注的基础之上"述而广之"。之后郭象《庄子注》与向秀《庄子注》的关系问题，便成为学界一大公案，历来争论较多。认为郭象注窃取自向秀者如王应麟《困学纪闻》、胡应麟《四部正伪》、陈继儒《继狂夫之言》、袁守定《四库全书总目题要》、顾炎武《日知录》、杨明照《郭象〈庄子注〉是否窃自向秀检讨》等。反对上述窃取之说的有王先谦《庄子集解》、吴承仕《经典释文序录疏证》、冯友兰《中国哲学史新编》、王叔岷《庄子管窥》、汤一介《郭象与魏晋玄学》、杨立华《郭象〈庄子注〉研究》等。本书同意后一类观点，认为郭

①［魏］王弼著，楼宇烈校释. 王弼集校释［M］. 北京：中华书局，1980：609.

象的《庄子注》并非抄袭向秀，而是参考了当时包括向秀在内的各家注本，有所取舍，再加上自己的理解，形成其注文。①《庄子》内、外、杂篇的成书时间与作者一直存在争议，其中思想也存在差异。郭象根据自己的标准对《庄子》文本进行了删减整理，学界一般认为现通行本《庄子》即为郭象所整理的三十三篇。故而在郭象处，是将内、外、杂篇当作一个整体来看的，无论它们之间的思想存在何种程度的矛盾。基于这一理念，他也尝试通过阐释实践，将这三十三篇文本纳入一个相对统一和自洽的思想系统。而对《庄子》的阐释过程，同时也是建构自己哲学思想的过程。

余敦康在《魏晋玄学史》中指出："历代学者大多肯定郭象在庄学发展史上的地位，但是对郭象的庄学本身却褒贬不一。褒之者称郭象之注'真可谓得庄生之旨'，'其高处有发庄义所未及者'，贬之者则认为郭象的庄学曲解了庄子的原意，阉割了庄子的精神。"从郭象注文与《庄子》原文的文意对比来看，其思想与《庄子》原意不同是肯定的。但此种不同与其说是歪曲，不如说是一种对话基础上的建构。正如前文所言，借解经以说自话古来有之，经籍之所以能在每个时代发挥其价值，就在于能不断给人提供阐释的可能性。

一、辩名析理，以核心范畴统摄注文

郭象注《庄子》，核心在于内篇，尤其是《逍遥游》和《齐物论》两篇。其核心理念基本都在这两篇的注文中进行了辨析，并广泛地运用于其余各篇的注解之中。其注文中最核心的范畴是自然、独化、逍遥，其余如无待、自为、自生、自得、自性等都是围绕这三个范畴展开的，而这些范

---

① 汤一介认为"郭象注不仅许多地方采用了向秀注，而且也采用了崔譔注和司马彪注"（汤一介. 郭象与魏晋玄学［M］. 北京：人民文学出版社，2016：154.），杨立华进一步指出"除承袭向秀、崔譔和司马彪等的《庄子注》外，郭象也有'抄袭'嵇康的地方"（杨立华. 郭象《庄子注》研究［M］. 北京：北京大学出版社，2010：47.）。冯友兰也通过文本梳理和考证，认为："总的看起来，郭象的《庄子注》，有许多部分都是从当时别的《庄子注》抄来的。他的《庄子注》用后来的说法，应该称为'庄子集'。但是，郭象并不是乱抄。他有他自己的见解，有他自己的哲学体系。他注《庄子》，并不是为注而注，而是借《庄子》这部书发挥他自己的哲学见解，建立他自己的哲学体系。"（冯友兰. 三松堂全集（第九卷）·中国哲学史新编［M］. 郑州：河南人民出版社，2001：436.）

畴又相互关联，形成了一套有机的话语体系和思想系统。这些问题本来就是《庄子》一书中存在的。郭象延续了《庄子》的讨论，并对其核心范畴进行了不一样的阐发，以此来展开自己的理论建构。

（一）自然与自生

《庄子》一书中提及自然的地方并不多。只有内篇《德充符》《应帝王》，外篇《天运》《缮性》《秋水》《田子方》，杂篇《渔父》。共八处。如"庄子曰：'是非吾所谓情也。吾所谓无情者，言人之不以好恶内伤其身，常因自然而不益生也。'"（《庄子·德充符》）"无名人曰：'汝游心于淡，合气于漠，顺物自然，而无容私焉，而天下治矣。'"（《庄子·应帝王》）"夫至乐者，先应之以人事，顺之以天理，行之以五德，应之以自然，然后调理四时，太和万物"（《庄子·天运》）。《庄子》中的自然，基本都是顺应事物的变化，不附加人为的意思。在《庄子》的言说体系之中，万物源出于道，有生于无，而自然并不是一个很重要的范畴。王弼注《老子》时，尤其强调自然，并将其与无、道、性并论。钱穆在《郭象庄子注中之自然义》一文中考证了《老子》《庄子》《淮南子》《论衡》，及魏晋王弼、何晏、向秀、张湛诸家关于自然的讨论，认为上述诸家大体而言皆持"自然生万物"的观点，而郭象则认为"万物以自然生"。将自然解释为万物自生自化，万物以自然生、以自然化，是郭象注《庄子》的一大创造，"为王弼、向秀诸人所未及也"[①]。

> 天地万物，变化日新，与时具往，何物萌之哉？自然而然耳。（《庄子·齐物论》"日夜相代乎前，而莫知其所萌"句注）
> 万物万情，取舍不同，若有真宰使之然也。起索真宰之眹迹，而亦终不得，则明物皆自然，无使物然也。（《庄子·齐物论》"若有真宰，

---

① 钱穆. 郭象庄子注中之自然义 // 钱宾四先生全集（第七卷）·庄老通辩［M］. 台北：联经出版社，1998：517–550.

而特不得其朕"句注）①

> 谁得先物者乎哉？吾以阴阳为先物，而阴阳者即所谓物耳。谁又
> 先阴阳者乎？吾以自然为先之，而自然即物之自尔耳。吾以至道为先
> 之矣，而至道者乃无也。既以无矣，又奚为先？然则先物者谁乎哉？
> 而犹有物无已，明物之自然，非有使然也。（《庄子·知北游》"有先
> 天地生者物耶，物物者非物，物出不得先物也，犹其有物也，犹其有
> 物也无已"句注）②

郭象所谓自然，即自然而然之意。自然而然即自己就是这样，没有他
物的主宰使其这样。《庄子·知北游》中提到了关于宇宙生成的问题："有
先天地生者物耶，物物者非物，物出不得先物也，犹其有物也，犹其有物
也无已。"认为有先于天地而生的东西，即道。化生万物的不是具体物象本
身，而是道。在时间顺序上，万物的出现不得先于道；在逻辑关系上，也
是因为有了化生万物之物，万物才得以存在。这样一来，万物就得以生成
并发展。郭象对此句的阐释显然与《庄子》的意思大相径庭。他用排除法
论证了没有先于万物存在的东西。阴阳是物，物不能先于自己；自然是自
尔，即万物本来就应该是的样子，自然也不能先物；道是无，无也不能先
物。故而万物是自生自化的，并不存在外在的推动力。如其在《知北游》
中提到"有道名而竟无物，故名之不能当也"，《庄子》讲道不当名，和
《老子》所谓"名可名，非常名"意思基本相同，即名则有分，有分则有
限，就会遮蔽道的普遍性。而郭象的意思则是，根本就没有道这个东西，
故而也不可能给不存在的东西命名。故而自然强调的是不得不然，而"非
道能使然也"（《知北游》注）。

> 此天籁也。夫天籁者，岂复别有一物哉？即众窍比竹之属，接乎
> 有生之类，会而共成一天耳。无既无矣，则不能生有，有之未生，又

---

① ［晋］郭象注，［唐］成玄英疏，曹础基等点校. 庄子注疏［M］. 北京：中华书局，2011：29.
② ［晋］郭象注，［唐］成玄英疏，曹础基等点校. 庄子注疏［M］. 北京：中华书局，2011：406.

不能为生。然则生生者谁哉？块然而自生耳。自生耳，非我生也。我既不能生物，物亦不能生我，则我自然矣。自己而然，则谓之天然。天然耳，非为也，故以天言之。以天言之，所以明其自然也，岂苍苍之谓哉！而或者谓天籁役物使从己也。夫天且不能自有，况能有物哉！故天者，万物之总名也，莫适为天，谁主役物乎？故物各自生而无所出焉，此天道也。物皆自得之耳，谁主怒之使然哉！此重明天籁也。(《庄子·齐物论》"夫吹万不同，而使其自己也。咸其自取，怒者者其谁邪？"注)①

　　郭象此处所谓自然，即是"物各自生而无所出"，自生也就是说物不因什么而生，不由什么而生，也不生其他什么。故而自生即是自然。无不能生有，而有没有存在之时是不能生万物的。故而不存在"生生者"，世间万物是"块然而自生"的。汤一介在《郭象与魏晋玄学》中对郭象所论有无关系进行过细致分析："郭象把'无'看成是'虚无'，是真正的'零'，这就是从根本上取消了'无'作为造物主的地位和作为'有'存在的超越性的根据。郭象只承认'有'，'有'是唯一的存在。'有'之所以为'有'，只是'自有'。在郭象的哲学体系中，'自有'一概念非常重，它和郭象思想中的'自生'、'自尔'、'自然'等的意思是相通的。这些概念虽然过去有些哲学家也使用过，但在郭象的哲学体系里往往都是具有否定'造物主'、否定本体之'无'的意义。"②其对造物主的否定还体现在其对天的阐释上。籁指空虚之处发生的声响，之所以"以天言之"，是为了"明其自然"。天不能自有，也不能有物，万物自生而无所凭借即是天道，自得也就是自得其道。

　　　　人之生也，理自生矣；直莫之为，而任其自生，斯重其身而知务者也。(《庄子·德充符》"吾唯不知务而轻用吾身，吾是以亡足"句注)③

①［晋］郭象注，［唐］成玄英疏，曹础基等点校. 庄子注疏［M］. 北京：中华书局，2011：26.
②汤一介. 郭象与魏晋玄学［M］. 北京：人民文学出版社，2016：276.
③［晋］郭象注，［唐］成玄英疏，曹础基等点校. 庄子注疏［M］. 北京：中华书局，2011：111.

万物各有各的性（区别于其他物的特殊性），即自性、性分，自性自生。物很难违背自己的性，这就是理。但不能违背自性不是因为背后有更高的主宰，只是因为自尔，即本来就是这样。"理必有应，若有神灵以致之也。理自相应，相应不由于故也。则虽相应，而无灵也"（《寓言》注）理存在于性分之中，而不在性分之外。有学者认为郭象否定了有生于无，但并未给万物生于何处提供一个答案。事实上他的言说并没有想要为万物的生成或万物的存在依据提供答案，而是将其悬置起来，使关注点落到万物本身上来。而其所谓自生，也是自然的一种表现。

（二）独化：万物自然生、自然化

独化也是郭象哲学中的一个核心概念。万物自然生、自然化即是独化。独化与自生的含义基本是一致的。因为没有造物主，所以事物的自性决定了其生成变化都是独立无待的。

> 卓者，独化之谓也。夫相因之功，莫若独化之至也。故人之所因者，天也；天之所生者，独化也。人皆以天为父，故昼夜之变，寒暑之节，犹不敢恶，随天安之。况乎卓尔独化，至于玄冥之境，又安得而不任之哉！既任之，则死生变化，惟命之从也。（《庄子·大宗师》"彼特以天为父，而身犹爱之，而况其卓乎"句注）

> 道，无能也。此言得之于道，乃所以明其自得耳。自得耳，道不能使之得也；我之未得，又不能为得也。然则凡得之者，外不资于道，内不由于己，倔然自得而独化也。夫生之难也，犹独化而自得之矣，既得其生，又何患于生之不得而为之哉！故夫为生果不足以全生，以其生之不由于己为也，而为之则伤其真生也。（《庄子·大宗师》"傅说得之，以相武丁"句注）①

---

① ［晋］郭象注，［唐］成玄英疏，曹础基等点校. 庄子注疏［M］. 北京：中华书局，2011：133、138.

郭象对"卓"的解释与《庄子》也不同。《庄子》中的"卓"应是超过或高于天之物，也就是庄子所谓的道。《大宗师》有："死生，命也，其有夜旦之常，天也。人之有所不得与，皆物之情也。彼特以天为父，而身犹爱之，而况其卓乎！""命"强调的是不可避免的必然性，"天"强调的是自然规律，"情"说的是现实的客观情况。人们敬爱作为万物之父的天，何况是道呢？庄子还是肯定了作为造物主与逻辑起点的道之存在。但郭象却将"卓"解释为独化。"天之所生者，独化也"，意思是天的生生变化是独自完成的。天是万物的总和，万物能"外不资于道，内不由于己"，无所凭借地自生自化，就能够实现自得。自得不仅没有外在的凭借，"道不能使之得也"；而且也不以人或物的主观意志为转移，即"我之未得，又不能为得也"。故而此种"独化"带来的自得是"由于己为"的，"己为"强调了独化的独立性和客观性。郭象所谓的命、性，也与理一样，不以人的意志或天的意志为转移。郭象对万物生成变化的主宰和目的的反对，对无的反对，也可以反映出他对自汉代以来流行的神学目的论、哲学命定论和玄学贵无思想的反思。

（三）齐物、无待是实现逍遥的途径

杨立华在《郭象〈庄子注〉研究》中，对郭象所言"逍遥"的含义进行了总结："其一，自然无为义；其二，无困常通义；其三，自适自得义。而这三个方面的含义又是彼此关联的。正因为万物都是在不知其所以然而又不得不然的自然境域中存在的，所以，任何刻意的主观人为都是毫无根据的妄为。只有放弃这种毫无根据的妄为，万物才能'反所宗于体中'，从而能无困常通、自适其适。"[①] 从郭象注解中提到"逍遥"一词的情况来看，这个总结是较为全面的。郭象在《逍遥游》题解中提到："夫小大虽殊，而放于自得之场，则物任其性，事称其能，各当其分。逍遥一也，岂容胜负于其间哉？"[②] 这里强调了两个问题：其一，"大小虽殊，而放任于自

---

① 杨立华. 郭象《庄子注》研究［M］. 北京：北京大学出版社，2010：136.

② ［晋］郭象注，［唐］成玄英疏，曹础基等点校. 庄子注疏［M］. 北京：中华书局，2011：2.

得之场"，强调的是齐物；其二，"物任其性，事称其能，各当其分"，强调的是适性无待。齐物是达到逍遥的前提，无待是实现逍遥的途径。

> 既有斯翼，岂得决然而起、数仞而下哉！此皆不得不然，非乐然也。夫大鸟一去半岁，至天（地）[池]而息；小鸟一飞半期，枪榆枋而止。此彼所能则有间矣，其于适性一也。（《庄子·逍遥游》"鹏之徙于南冥也，水击三千里，抟扶摇而上者九万里，去以六月息者也"句注）
>
> 苟足于其性，则虽大鹏无以自贵于小鸟，小鸟无羡于天池，而荣愿有馀矣。故小大虽殊，逍遥一也。（《庄子·逍遥游》"蜩与学鸠笑之曰"句注）
>
> 对大于小，所以均异趣也。夫趣之所以异，岂知异而异哉？皆不知所以然而自然耳。自然耳，不为也，此逍遥之大意。（《庄子·逍遥游》"之二虫，又何知"句注）①

《庄子·逍遥游》开篇讲了鲲鹏的故事，其要阐述的核心问题是"大小之辨"。而郭象的阐释重点与庄子并不相同。如上述三则引文，第一则的观点是，鲲鹏这样的大鸟，其"水击三千里，抟扶摇而上者九万里"，是因为其体型大，而体型大是与生俱来的特性，并不是出于它的主观意愿。同理，蜩与学鸠等小鸟，飞不高也是由于其天性的限制。彼和此的性与能有差别，承认这种差别并安然处之，便是适性。万物的区别源于自性，故而不能改变。但就万物都有自性且与自身之外的事物存在差别这一点来说，万物又是齐平的。正如《齐物论》注文中所言："虽所美不同，而同有所美。各美其所美，则万物一美也。各是其所是，则天下一是也。"物各有其性，故而应该适性，适性即是齐物，齐物是达到逍遥的前提。《庄子》所说的齐物，是否定万物的差别的；其所说的逍遥，是要在摒弃物的基础上实现的，是以无为基础的逍遥。而郭象所说的齐物，并未否定事物之间的差异；其所谓逍遥，是在物之中的逍遥。

---

① [晋]郭象注，[唐]成玄英疏，曹础基等点校. 庄子注疏 [M]. 北京：中华书局，2011：3、5、6.

上述第二则注文中，他便表明了在"足于其性"这一点上，万物都是齐平的。只要小鸟安于其本来该有的样子，大鸟也安于其本来该有的样子，那么它们在价值上并没有高低贵贱之分，在能达到的境界上也没有差别，这便是齐物。在只要遵从自性，便能自适自得这一点上，万物是没有差别的。自适自得便是逍遥。即其所谓"以小求大，理终不得。各安其分，则大小俱足矣。"（《庄子·秋水》注）①而逍遥更深层次的意思还在于，大小异趣，并非万物故意而为，不是"知异而异"，而是"不知所以然而自然耳"。逍遥之大意便是自然，即不知、不为，便能达到自性自得的境界。故而此种不为只是主体不为，在客观效果上却比有为更好。这也就是郭象所谓"自为"。

郭象多以"与物冥""玄同彼我""游外以冥内"等说法来描述其齐物的看法。如其言"夫唯与物冥而循大变者，为能无待而常通"，"与物冥者，故群物之所不能离也"（《逍遥游》注），"今玄通合变之士，无时而不安，无顺而不处，冥然与造化为一，则无往而非我矣！"（《养生主》注），"夫神全心具，则体与物冥。与物冥者，天下之所不能远，奚但一国而已哉！"（《德充符》注）。②"与物冥"就是忘记事物之间的差异。极致是齐同彼我、齐同内外、齐同生死，不执着于彼、内、生，也不执着于我、外、死，实现无待逍遥。

> 吾丧我，我自忘矣，天下有何物足识哉！故都忘外内，然后超然（俱）［自］得。（《庄子·齐物论》"今者吾丧我，汝知之乎？"句注）③

郭象所谓"与物冥"，从物与物的关系来看，指"玄同彼我"；从人自身来看，则在于"游外以冥内"，即玄同内外。《齐物论》开篇便以南郭子綦"吾丧我"为开端。庄子所谓"吾"当指本真之我，而所丧之"我"

---

①［晋］郭象注，［唐］成玄英疏，曹础基等点校. 庄子注疏［M］. 北京：中华书局，2011：310.

②［晋］郭象注，［唐］成玄英疏，曹础基等点校. 庄子注疏［M］. 北京：中华书局，2011：11、13、70.

③［晋］郭象注，［唐］成玄英疏，曹础基等点校. 庄子注疏［M］. 北京：中华书局，2011：24.

则代表人惯常所执着的智识、成见等蒙蔽本真之我的东西。只有摒弃我执、"丧我"之后，才能达到"天地与我并生，而万物与我为一"的境界。而郭象此处的阐释与庄子原意稍有不同。他将"吾丧我"解释为"我自忘矣"，重点不在于区分"吾"与"我"上，而是想通过"我自忘"推导出"忘外内"。从本能的角度来看，人最亲近的就是自我，既然我可以自忘，那天下有何物足识哉。可以自忘，就可以忘物，这样便能超越内外的分限，进入逍遥自得的状态。"游外以冥内"也是郭象用以处理内圣外王关系的重要方法。

在郭象的阐释体系中，因为万物自生自化、各有其性，故而遵从其性分而为就是自为，自为便能自得。因为万物独化，物各自足，故而无待，无待而自化，便是通往逍遥的途径。《逍遥游》的一段注文中便阐发了自然、无待、齐物、逍遥之间的关系。

> 天地者，万物之总名也。天地以万物为体，而万物以自然为正，自然者，不为而自然者也。故大鹏之能高，斥鷃之能下，椿木之能长，朝菌之能短，凡此皆自然之所能，非为之所能也。不为而自能，所以为正也。故乘天地之正者，即顺万物之性也；御六气之辩者，即游变化之途也；如斯以往，则何往而有穷哉！所遇斯乘，又将恶乎待哉！此乃至德之人玄同彼我者之逍遥也。（《庄子·逍遥游》"若夫乘天地之正，而御六气之辩"句注）①

从引文可见，郭象进行理论建构的自觉性是很明确的，其将《庄子》中的关键概念提炼出来，又根据自己的言说诉求，将其有机整合起来，形成了一套具有连贯性的阐释话语。万物自生，不为而自然、不为而自能，便是正。鲲鹏能高飞、斥鷃只能低飞，无价值高下之别，都是顺从自然之性。万物的生成和变化都是自然而然的，故而可以无待。至德之人便能自然、无待、玄同彼我，以至于逍遥之境。而这里所谓"圣德之人"便是把握了内圣外王之道的人。

① ［晋］郭象注，［唐］成玄英疏，曹础基等点校. 庄子注疏［M］. 北京：中华书局，2011：11.

二、会通儒道：追求内圣外王之道

　　魏晋时期，自然与名教的矛盾，不仅是士人面对的一个大的政治问题，更是一个难以解决的生存问题，即如何解决现实生存与精神追求的矛盾。对此，学者们已有诸多高论，在此不做展开。与王弼一样，郭象的观点力求平衡名教与自然的矛盾。他的基本逻辑是，名教和现有秩序不仅本于自然，合乎自然，而且本身即是自然。正如唐长孺所言："儒家倡导的一套伦理道德和统治理论，自汉末曹操破坏以后，至此得到重新肯定，这种肯定即借助道家学说进行新的论证，或者说是儒家的玄学化。"[①] 对此，汤用彤做了更为细致的论证："内圣外王之义，乃向、郭解《庄》之整个看法，至为重要。且孔子贵名教，老、庄崇自然。名教所以治天下，自然所以养性命。《庄子注》之理想人格，合养性命、治天下为一事，以《逍遥游》、《齐物论》与《应帝王》为一贯。于是自然名教乃相通而不相违。"[②] 同样是持崇有思想，但郭象在调和名教与自然的方式上比裴頠高明，他改造了《庄子》的"无为"，将《庄子》所谓之"无为"偷换成了"自为"。又将道家和儒家神人、至人、圣人等形象结合起来，突出了圣人、圣王内圣外王的属性。明内圣外王之道的目的，他在《庄子序》中就明确指出来了。

　　　　夫庄子者，可谓知本矣，故未始藏其狂言，言虽无会而独应者也。夫应而非会，则虽当无用；言非物事，则虽高不行；与夫寂然不动，不得已而后起者，固有间矣，斯可谓知无心者也。夫心无为，则随感而应，应随其时，言唯谨尔。故与化为体，流万代而冥物，岂增设对独遘而游谈乎方外哉！此其所以不经而为百家之冠也。

　　　　然庄生虽未体之，言则至矣。通天地之统，序万物之性，达死生之

　　① 唐长孺. 魏晋南北朝隋唐史三论 ［M］. 武汉：武汉大学出版社，1992：80.
　　② 汤用彤. 向郭义之庄周与孔子 // 汤用彤. 魏晋玄学论稿及其他 ［M］. 北京：北京大学出版社，2010：74.

变，明内圣外王之道，上知造物无物，下知有物之自造也。(《庄子序》)①

从上述序文中可以看出，郭象对庄子的评价是颇为微妙的。他一方面认为庄子是"知本"的。虽然《庄子》一书的内容并不是很成系统，（这与作者、成书年代等因素有关），但其中也有一以贯之的思想。郭象想要做的工作一方面是整理《庄子》一书的文本与思想。另一方面是解决其认为《庄子》思想中"虽当无用""虽高不行"的问题。故而他在整理庄子思想的基础之上，对其核心概念进行了改造，如其所言"明内圣外王之道，上知造物无物，下知有物之自造也"都是看似在阐释庄子之旨，实则已非庄子本意。庄子是主张无为、非毁儒墨等家的，对尧舜禹等儒家圣王即孔子都有不满，自然也不会认同儒家之人格与治道。郭象大概认为《庄子》虽当无用、虽高不行的主要原因就是着力于批判而缺乏建构，故而其阐释《庄子》，主要要做的就是建构工作。

     此皆寄言耳。夫神人即今所谓圣人也。夫圣人虽在庙堂之上，然其心无异在山林之中。世岂识之哉！徒见其戴黄屋，配玉玺，便谓足以婴绂其心矣；见其历山川，同民事，便谓足以憔悴其神矣，岂知至至者之不亏哉！今言（王）[圣]德之人而寄此山，将明世所无由识，故乃托之于绝垠之外，而推之于视听之表耳。处子者，不以外伤内。(《庄子·逍遥游》"藐姑射之山，有神人居焉。肌肤若冰雪，绰约若处子"句注)

     尧舜者，世事之名耳。为名者，非名也。故夫尧舜者，岂直尧舜而已哉？必有神人之实焉。今所称尧舜者，徒名其尘垢秕糠耳。(《庄子·逍遥游》"是其尘垢秕糠将犹陶铸尧舜者也，孰肯以物为事！"句注)②

在郭象的阐释中，圣人、神人、至人等形象是基本一致的，都代表了

①［晋］郭象注，［唐］成玄英疏，曹础基等点校. 庄子注疏［M］. 北京：中华书局，2011：1.

②［晋］郭象注，［唐］成玄英疏，曹础基等点校. 庄子注疏［M］. 北京：中华书局，2011：15、17.

他对理想人格和理想统治者的设定。他认为孔子是圣人，圣人与圣王虽地位不同，但所具备的内在品质和行为准则是一致的，即所谓的"内圣外王"，亦即"虽在庙堂之上，然其心无异在山林之中"。上文已提到，郭象擅长使用辩名析理之方法进行理论阐发。他也是通过辩名析理，将《庄子》中的神人与儒家之圣人统一起来的。圣人虽身在庙堂之上，然心与神人同。不识圣人即神人的人，是因为不能理解圣人之心，而只看到他们受限于俗事俗物的样子。而世人不识得圣人与神人的一致，也是因为"无由识"，即没有途径和机会去认识神人。而尧舜只是世人给自己所能识得之圣人的命名，而世人之识也许是片面的、有所偏颇的，并不能代表圣人的本质。可见，王弼、郭象所称之圣人，并非汉儒所尊之圣人，而是体无的圣人，① 即老、庄化了的圣人。

（一）圣人游外冥内

圣人内圣外王的一个重要体现就是能游外冥内，游外冥内即是齐物。而圣人之所以能做到游外冥内，是因为其能遵从自然、无心自为、精神常全。

夫理有至极，外内相冥，未有极游外之致而不冥于内者也，未有能冥于内而不游于外者也。故圣人常游外以（弘）[冥]内，无心以顺有。故虽终日（挥）[见]形而神气无变，俯仰万机而淡然自若。夫见形而不及神者，天下之常累也。是故睹其与群物并行，则莫能谓之遗物而离人矣；睹其体化而应务，则莫能谓之坐忘而自得矣。岂直谓圣人不然哉，乃必谓至理之无此。是故庄子将明流统之所宗，以释天下之可悟，若直就称仲尼之如此，或者将据所见以排之，故超圣人之内迹，而寄方外于数子。宜忘其所寄以寻述作之大意，则夫游

---

① 《世说新语》有："王辅嗣弱冠，诣裴徽。徽问曰：'夫无者，诚万物之所资。圣人莫肯致言，而老子申之无已，何邪？'弼曰：'圣人体无，无又不足以训，故言必及有。老、庄未免于有，恒训其所不足。'"

外（弘）[冥]内之道坦然自明，而庄子之书，故是涉俗盖世之谈矣。（《庄子·大宗师》"孔子曰：'彼游方之外者也。丘游方之内者也。'"句注）

无所藏而都任之，则与物无不冥，与化无不一。故无外无内，无死无生，体天地而合变化，索所遁而不得矣。（《庄子·大宗师》"若夫藏天下于天下而不得所遁，是恒物之大情也"句注）

夫与内冥者，游于外也。独能游外以冥内，任万物之自然，使天性各足而帝王道成，斯乃畸于人而侔于天也。（《庄子·大宗师》"曰：'畸人者，畸于人而侔于天。'"句注）[①]

理的至极是外内相冥，理即是物之自然。圣人以理为准则，故而也要外内相冥。具体表现就是在外"终日见形""俯仰万机"，于内"神气无变""淡然自若"。一般人不及圣人的地方就在于，只知见形而不知养神，只关注外而忽略内。于是他们观照圣人就只看到其"与群物并行""体化而应务"的一面，而忽略了圣人"遗物而离人""坐忘而自得"的一面。圣人完整而理想的人格与治道，应该是既游于外，又冥于内的。故而郭象认为《庄子》一书虽看似贬损儒家之圣人，其实意在阐明流俗所忽略的圣人内外之道。所以在他看来，动辄言及无为、虚无的《庄子》，实际上乃是"涉俗盖世之谈"。游外冥内的第一个层面是要知外内有别，而更高的层面是"无外无内"，即外内齐同。圣人能做到游外冥内，不是其有意为之，而是因为能任万物之自然、足万物之天性、体天地之变化。故而游外冥内即是自然，是逍遥。

圣人游外冥内的思想在郭象对孔子形象的阐发上也体现得较为明显。《庄子》一书中的孔子形象并不是完全统一的。孔子在《内篇》中多以教导者的形象出现；而到了《外篇》，则多被作为被教育的对象（如被以老子为代表的隐士群体教育），或多作为思想上的反面教材出现。《杂篇》中的孔子，则主要是被各种人批判的对象。从郭象的注文中可以看出，他是

---

① [晋]郭象注，[唐]成玄英疏，曹础基等点校. 庄子注疏 [M]. 北京：中华书局，2011：15、147、135、150.

把孔子作为圣人看待的。如《庄子·徐无鬼》"（仲尼）曰：丘也闻不言之言矣，未之尝言"一句，郭象注文中说"圣人无言，其所言者，百姓之言耳"，直接将孔子称为圣人。从其对孔子相关文段的阐释来看，他也极力整合内、外、杂篇中孔子形象的矛盾性，将其当作具有典范性的圣人加以推崇。

> 今仲尼非不冥也。顾自然之理，行则影从，言则响随，夫顺物则名迹斯立。而顺物者，非为名也。非为名则至矣，而终不免乎名，则孰能解之哉！故名者，影响者也。影响者，形声之桎梏也。明斯理也，则名迹可遗。名迹可遗，则尚彼可绝。尚彼可绝，则性命可全矣。（《庄子·德充符》"无趾曰：'天刑之，安可解！'"句注）①

《德充符》中叔山无趾说孔子"天刑之，安可解"，是在批评孔子，认为其并不能达到"至人"的境界，受名所累，不可能理解死生一致，万物齐平的道理。但郭象显然并不赞同这一观点，认为孔子并非不能冥物，其得到名声就像人说话就有响声一样，是符合物性自然的。孔子之作为，是顺物之性与势而不得不为，得名也是自然的结果。孔子并没有执着于名迹，也没有在势不可不为时不作为，故而其"性命可全矣"。诸如此类为孔子辩护的言说，在郭注中随处可见。

> 以方内为桎梏，明所贵在方外也。夫游外者依内，离人者合俗，故有天下者，无以天下为也。是以遗物而后能入群，坐忘而后能应务，愈遗之愈得之。苟居斯极，则虽欲释之，而理固自来，斯乃天人之所不赦者也。（《庄子·大宗师》"孔子曰：'丘，天之戮民也。'"句注）②

《大宗师》中方外之士子桑户死了，孔子让子贡去帮忙治丧，无功而返，子贡不理解为什么子桑户的两个好朋友要对着逝者唱歌，认为这不合

---

① ［晋］郭象注，［唐］成玄英疏，曹础基等点校. 庄子注疏［M］. 北京：中华书局，2011：113.
② ［晋］郭象注，［唐］成玄英疏，曹础基等点校. 庄子注疏［M］. 北京：中华书局，2011：149.

于礼。孔子知道后，后悔让子贡去，说他们是"游方之外者"，自己是"游方之内者"，（方即礼教）并认为自己就像是受到了天的刑戮一般（天之戮民），没有办法超脱于方内，但仍然向往方外。郭象注文先总结了《庄子》原文的观点，即"以方内为桎梏，明所贵在方外也"，但他对"天之戮民"的理解和原文并不一致。他将"天之所以不赦"解释为"理固自来"，理即自然。他认为游外与依内并不是对立的，而是相依存的，真正顺乎自然的做法是，在遗物的基础上入群，在坐忘的前提下应务。这样一来，越是无为，就越能顺自然之性而为，即其所谓"自为"。

（二）"无为"即"自为"

阐明内圣外王之道，统一儒家圣人与道家神人，存在一个重要的问题，即如何解决有为与无为的矛盾。郭象的策略是，改造《庄子》"无为"的思想内涵，将其变为"自为"。他认为圣人治天下，乃自为，自为就是无为而任物之自为。

> "足能行而放之，手能执而任之，听之所闻，视目之所见，知止其所不止，能止其所不能，用其自用，为其自为，恣其性内而无纤芥于分外，此无为之至易也。无为而性命不全者，未之有也。性命全而非福者，理未闻也。"（《庄子·人间世》"福轻乎羽，莫之知载"句注）
> 无心而任乎化者，应为帝王也。（《庄子·应帝王》题解）[1]

《人间世》中楚狂接舆质疑孔子，认为孔子处于天下无道之世，应该懂得全身远害，保全自己。但孔子却知其不可为而为之，"福轻乎羽，莫之知载；祸重乎地，莫之知避"，就好像路上有荆棘，却不知避开以免刺伤脚。但郭象的注文强调的是，足、手、耳、目等都有其自性，人应该顺着它们的自性使其实现应该有的功用，即"用其自用，为其自为"，而不该损害其应有的功用。"无为而性命不全者，未之有也"中的无为，事实上

---

① ［晋］郭象注，［唐］成玄英疏. 庄子注疏，曹础基等点校［M］. 北京：中华书局，2011：100、158.

已经不是《庄子》中所言之无为了，而是郭象强调的自为。自为就是顺从万物之自性的为。郭象在注文中所提到并称赞的"无为"都是"自为"。儒"任其自成""自以无用为用"（《人间世》注）①都基本是这个意思。圣王治世，遵从的也是此种"无心而任乎化"的自为，即看起来是无治，实际上是顺物性使其自治之治。

> 夫自任者，对物而顺物者，与物无对。故尧无对于天下，而许由与稷契为匹矣。何以言其然邪？夫与物冥者，故群物之所不能离也。是以无心玄应，唯感是从，泛乎若不系之舟，东西之非已也。故无行而不与百姓共者，亦无往而不为天下之君矣。以此为君，若天之自高，实君之德也。（《庄子·逍遥游》"许由曰：'子治天下，天下既已治也，而我犹代子，吾将为名乎？名者，实之宾也。吾将为宾乎？'"句注）
>
> 庖人尸祝，各安其所司；鸟兽万物，各足于所受；帝尧许由，各静其所遇，此乃天下之至实也。各得其实，又何所为乎哉？自得而已矣！故尧许之行虽异，其于逍遥一也。（《庄子·逍遥游》"庖人虽不治庖，尸祝不越俎而代之矣"句注）②

尧是儒家的圣王，许由是传说中的隐士。庄子写"尧让天下于许由"一段，想要标榜的是许由去名去功的无为，即"神人无功，圣人无名"（《逍遥游》）。在《庄子》的价值序列里，许由等隐士是高于尧舜等圣王的，因为圣王之为，是世道日衰、道义日丧的体现。郭象以齐物的思想抹平了此种价值序列，认为圣王、贤臣，圣人、隐士，庖人、尸祝，鸟兽万物等，在各安其性、各静所遇、各得其实上，都是一样的。尧与许由虽然价值取向、行为选择不同，但只要能安于其性，便都可得逍遥。对物即应物，能做到应物而顺物，就是与物无应；能做到有为而无为，就是为其自为。无应强调的是不妄做、不干涉，顺物之性。尧这样的圣王也好，许由、后稷、契这样的贤人也好，在"对物而顺物""与物冥"这件事情上，都

---

① ［晋］郭象注，［唐］成玄英疏，曹础基等点校. 庄子注疏［M］. 北京：中华书局，2011：88、95.

② ［晋］郭象注，［唐］成玄英疏，曹础基等点校. 庄子注疏［M］. 北京：中华书局，2011：13、14.

是一样的。"无心玄应，唯感是从"的"无心"强调了顺自然而应物的客观性，"感"当指不以人之意志为转移的本能。"无行而不与百姓共者，亦无往而不为天下之君"便是"君之德"。

三、寄言出意，解构基础上的建构

前文的分析中已多次提到，郭象的注文与《庄子》的思想有贯通之处，但更多的是在解构《庄子》思想的基础上建构自己的思想和价值体系。此种建构并不是随意曲解，而是一种具有理论自觉的对话和辩论。郭象注文除如前所述参考了当时包括向秀在内的各家注本之外，还吸收了很多经典文献的思想。这从其所引文献的丰富性便可得知。①其阐释实践所用的方法除辩名析理之外，最重要的当属寄言出意。

> 鲲鹏之实，吾所未详也。夫庄子之大意，在乎逍遥游放，无为而自得。故极小大之致，以明性分之适。达观之士，宜要其会归，而遗其所寄，不足事事曲与生说，自不害其弘旨，皆可略之耳。(《庄子·逍遥游》"化而为鸟，其名为鹏"句注)②

郭象在其注文中多次阐明了阅读、理解和阐释《庄子》应该观其大意、得其宏旨、寄言出意的观点。"宜要其会归"和"遗其所寄"有"得意忘言"和"寄言出意"两方面的含义。首先，在理解《庄子》的时候，应该突破文本设置的一些障碍，如各种虚构的人物或离奇的故事，重在把握其要旨，也就是"得意忘言"。但郭象对《庄子》的阐释并不止于"得意"，而是将所得之"意"作为其思想建构的资源。故而他的注解是充满批判和建构意义的。他在进行阐释的时候，也采用了一些言说策略，在《庄子》的基本论域之内，进行了一些创造性的阐发。他作为阐释主体，理解《庄

---

① [晋]郭象《庄子注》除选择性地吸收了当时各家的注文之外，还引用了《老子》《论语》《礼记》《诗经》《易传》、王弼《老子指略》、嵇康《声无哀乐论》等文献。

② [晋]郭象注，[唐]成玄英疏，曹础基等点校. 庄子注疏[M]. 北京：中华书局，2011：2.

子》是一个基本目的；但最根本的目的，还在于借阐释《庄子》，建立自己的思想体系与理想的人格形象，也就是"寄言出意"。这对当时的士人来说，是一个较为普遍的思想诉求。

汤一介在《郭象的哲学方法》一文中，总结了郭象通过"寄言出意"之法论证"不废名教而任自然"的三个步骤。首先，用"寄言出意"的方法撇开庄子的原意，肯定周孔之名教不可废。其次，用"寄言出意"的方法，形式上容纳周孔之"名教"，实际上发挥老庄之"自然"。最后，用"寄言出意"的方法，齐一儒道，调和"自然"与"名教"，发明其玄学新旨。并认为郭象《庄子》阐释的核心是"明内圣外王之道"。他认为"如果不借《庄子》言之，则无以出郭象之新思想；如果执着《庄子》之词句，同样不可能出郭象的玄学新义"。[①]此一总结是比较符合郭象注文的思路的。

但郭象"寄言出意"之法不仅用于调和自然与名教，还借《庄子》文本之"旧壶"，装了许多魏晋思想的"新酒"。如其对逍遥、自性的阐释，实际上延续了汉魏才性之辨的话题。陈寅恪就提到过，向郭之逍遥义，观其措辞，似乎与汉末魏初钟会、刘劭等人的才性之辨有关。[②]持这一观点的学者不在少数。又如其讨论万物自然、独化等问题，则是魏晋玄学有无之辨的重要组成部分。

无论是何晏、王弼、郭象，还是同时期的其他士人，他们都要面对一个充满危机与混乱的时代。无论是看似不论世事的口谈玄虚，还是面对现实的沉痛反思；无论是哲学思辨，还是经籍阐释，都是他们应对世事、保全自我的方式。他们共同关注的问题，凝练成了具有历史性的话语，通过各种各样的言说形式展现出来。从这个意义上来讲，经学史便不只是思想学术的延续，更为阐释者们提供了跨越时空进行交流的可能性。可借他人之酒杯，浇自己之块垒；也可借鉴他人之思想，构建自己的体系，解决时代的问题。

---

① 汤一介. 郭象与魏晋玄学［M］. 北京：人民文学出版社，2016：305-312.
② 陈寅恪. 逍遥游向郭义及支遁义探源 // 陈寅恪. 金明馆丛稿二编［M］. 北京：三联书店，2009：93.

第五节 音实难知——六朝多元论阐释思想与诗无达诂

一

魏晋六朝与汉贴邻，汉学特别是后汉的经古文学的治学理念与方法应该对其产生最大的影响。但是，魏晋玄学中兴，仅是承道家言意观而来的"得象忘言，得意忘象"论就直接抽空了古文经学训诂考据方法的哲学根基。罗宗强先生说："从学术思想发展的角度说，经学发展到玄学，自有其内在联系。两汉经学用的是实证的方法，烦琐章句。烦琐章句发展到极端，便走向自我否定。"①经学因物极必反而自我否定只是点出了汉学消亡的自身缘由，而真正导致汉学影响衰弱的恐怕还是魏晋玄学新兴的思想，尤其是其言意之辩的理念②。显而易见，东汉古文经学执着于章句训诂的逻辑前提是儒家的"言以足志，文以足言"，一旦语言的表意功能从根本上受到质疑，先秦道家的"言不尽意"观在魏晋信徒大增，那么汉儒试图经由"字求其训，句索其旨"的途径而通达圣贤元意和经典本旨的努力在魏晋人眼里就意味着徒劳。就像《庄子·天道》篇中那个大智大慧的轮扁所说的，"圣人之言"往往是"古之糟粕"，因为真正的"道"都是"口不能言"的，觊觎由言至道，通诂明道恰是南辕北辙之举。玄学家王弼在注孔子"天何言哉？四时行焉，百物生焉。天何言哉"时提出了著名的"修本废言"论：

> 予欲无言，盖欲明本，举本统末，而示物于极者也。夫立言垂教，将以通性，而弊至于湮。寄旨传辞，将以正邪，而势至于繁。既求道

---

① 罗宗强. 玄学与魏晋士人心态［M］. 天津：天津教育出版社，2005：45.
② 汤用彤先生在《言意之辩》一文中说："玄学系统之建立，有赖于言意之辩。"（汤用彤. 汤用彤学术论文集［M］. 北京：中华书局，1983：215.）

中，不可胜御，是以修本废言，则天而行化。以淳而观，则天地之心见于不言。寒暑代序，则不言之令行乎四时。①

天道不言，常厕身于四时行化、百物代生之中。欲明天道，重在修本。即使不必走"废言"之极端，也要清醒地认识到言作为"致知之具，穷理之阶"的性质。因此，在《周易略例·明象》篇中王弼厘清了"立象以尽意""书不尽言，言不尽意"和庄子的"得意而忘言"中"言、象、意"三者间的等级关系：

> 夫象者，出意者也。言者，明象者也。尽意莫若象，尽象莫若言。言生于象，故可寻言以观象；象生于意，故可寻象以观意。意以象尽，象以言著。故言者所以明象，得象而忘言；象者所以存意，得意而忘象……然则，忘象者，乃得意者也；忘言者，乃得象者也。得意在忘象，得象在忘言。②

必须充分厘定"言、象"的工具性质和中介地位，才能保证我们在获取经典文本的真理意义的过程中不会被具体的言辞所羁绊，陷入烦琐的训诂考据而不能自拔。正如九方皋相马，抓住"天下之马"的本质所在，而略去其肤色、外形等次要的地方，以致伯乐也不由赞叹道："若皋之所观天机也，得其精而忘其粗，在其内而忘其外，见其所见，不见其所不见；视其所视，而遗其所不视。若皋之相者，乃有贵乎马者也！"③当王弼这种超越言象的有形框束而直达事物本真之理的言意观被魏晋士人奉为解读儒道经典的圭臬，甚至在日常行为中也摒弃礼教的形式桎梏而任情放诞地回归生命的本原状态，后汉古文经学那种拘谨滞泥的语言诠释方法自然就被魏晋学人抛到脑后。对待传统经典，魏晋人的普遍阐释态度就像郭象所言，只要"不害其弘旨"，做到举本统末，其他都可以略而不论。郭象《庄子注》的第一条注释曰：

---

① ［魏］王弼著，楼宇烈校释，王弼集校释.论语释疑［M］.北京：中华书局，1980：634.
② ［魏］王弼著，楼宇烈校释，王弼集校释.论语释疑［M］.北京：中华书局，1980：609.
③ 杨伯峻撰.列子集释·说符［M］.北京：中华书局，1979：257、258.

鲲鹏之实，吾所未详也。夫庄子之大意，在乎逍遥游放，无为而自得，故极小大之致，以明性分之适。达观之士，宜要其会归，而遗其所寄，不足事事曲与生说。自不害其弘旨，皆可略之耳。①

在汉儒那里，对"鲲鹏"这样的关键词是定要进行一番徵引考信、稽古钩沉的，决不会像郭象这样以轻描淡写的一句"吾所未详也"就一笔带过。也许，在玄学家眼里，汉儒自以为训诂考证是重构经典本旨和圣贤元意的最佳途径，但由于过分拘执于细枝末节的言辞而妨碍了对全篇主旨的整体把握，反而是"曲与生说"。汤一介先生认为郭象注《庄子》有两点值得注意：一是对一些名物并不多作解释，甚至存而不论，这显然有别于后汉的章句之学。二是不管庄子的原意，而根据自己思想体系的要求去注《庄子》。当庄周原意和郭象的思想不相合时，郭象要么回避，要么就说是庄子的"寄言"②。结合郭象《庄子注》中的"此皆寄言耳""每寄言以出意""故试寄言之"等阐述，汤一介先生将郭象的经典诠释方法归结为"寄言出意"，即"读《庄子》时应该融会贯通，了解其蕴含的内在意义，至于那些细微枝节就不必去管它了。要做到这一点，就必须撇开庄周书中所寄托的词句，不要每字每句都详尽生硬地加以解释"③。如果说王弼的言意观从理论上解构了汉代章句之学的哲学依据和逻辑前提，那么郭象则在实践上为魏晋学人树立了另一种迥异于汉学的，甚至可以与作者原意相悖的诠释范例。

郭象注《庄子》只是将《庄子》文本作为阐发己意的出发点，其重心不在庄子原旨而在己意的生发，这大有春秋赋诗、引诗注重"诗以合意"之遗风，就像后人所论："郭之注《庄》，可以庄自庄而郭自郭也；即可以郭为庄也；即可以郭不必为庄而庄不必有郭也。"④ 如果"庄自庄而郭自

① ［清］郭庆藩. 庄子集释·卷一上·逍遥游［M］. 北京：中华书局，1961：3.
② 汤一介. 论郭象注《庄子》的方法 // 汤一介. 汤一介非实非虚集［M］. 北京：华文出版社，1999：282.
③ 汤一介. 辩名析理：郭象注《庄子》的方法［M］. 北京：华文出版社，1999：289.
④ ［清］姚文燮. 昌谷诗注自序 // 王琦等注. 李贺诗歌集注［M］. 上海：上海人民出版社，1977：368.

郭"，阐释者可以完全不受作者命意的拘囿，这岂不是将作者的文本当作达至自己意图的跳板吗？如果"郭为庄"，这究竟是郭在注《庄》，还是庄在注郭？一如参禅者的顿悟之语："曾见郭象注《庄子》，识者云：却是庄子注郭象。"（《大慧普觉禅师语录·卷二十二·示永宁郡夫人》）见此言，任何对中国经典阐释史略有所知者马上就会想到南宋陆九渊的"六经皆我注脚"论，尽管文献没有记载二者之间的渊源关系，但可以推想，郭象注《庄子》的阐释方法一定对后学形成这种"六经注我"的解释思想具有直接的启示意义。甚至，中国诗学解释史上有一种理解者与诗人可以共有文本的理念，与"郭象注庄子即为庄子注郭象"也有某种内在的关联。宋苏轼曾说杜甫的《屏迹》诗就是自己的诗，旁人大惑不解，苏轼解答道："夫禾麻谷麦，起于神农、后稷。今家有仓廪，不予而取辄为盗，被盗者为失主。若必从其初，则农、稷之物也。今考其诗，字字皆居士实录，是则居士诗也，子美安得禁吾有哉？"① 并不是东坡在强词夺理，窃他人之作为己有，实乃天下优秀的文本及其内蕴的深刻思想本来就非一人所有，作者只不过比接受者早一步将人类共有的情意外化为文本。因为庄子、杜甫已经创作在前，像郭象、苏轼这样的杰出阐释者就只能借他们已有的文本来作"英雄所见略同"的诠释。值得注意的是，一旦阐释者将他人的作品当作自我理解演绎的跑马场，文本可供阐发的活性空间就必然呈现出最大的开放状态，其结果只能是一种见仁见智的多元阐释与理解。实际上，即使"郭象注庄子即为庄子注郭象"，欲使二者之意完全重合也是根本不可能的，理解与阐释的差异性总是如影随形般地不可抹去。中国诗歌解释者也一定意识到了这一点，明胡应麟在概论刘辰翁的杜诗评点时就说过："辰翁解杜，犹郭象注《庄》，即与作者语意不尽符合，而玄言玄理，往往角出，尽拔骊黄牝牡之外。"② 如此看来，郭象注《庄》的阐释方法和思想，对中国诗学阐释学祈向多元的理解旨趣无疑产生了重要的启蒙效果。

---

① ［宋］苏轼撰，孔凡礼点校. 苏轼文集·卷六十七·书子美屏迹诗［M］. 北京：中华书局，1986：2103、2104.

② ［明］胡应麟. 诗薮·杂编·卷五［M］. 上海：上海古籍出版社，1979：322.

二

　　总起来看，魏晋"正处于一个变动不居、各种思想、各种价值观念、各种是非标准杂处并存的时期。经学的束缚解除了，儒家的道德准则已经失去了约束力。"① 一方面，魏晋士人的个性狂狷、才情任诞使得他们敢于"非汤、武而薄周、孔"②，玄学之风所向披靡，两汉儒学定于一尊的一元化局面旋即被解构，汉儒偏嗜章句训诂的语言解释方法也很快在玄学家的言意之辩中遭到鄙弃。另一方面，我们又惊喜地发现，在这样一个"破"的势头迅猛强劲的时代，魏晋学人的"立"却表现出惊人的内在一致性，譬如上述王弼的言象意论和郭象注《庄子》就分别在阐释理论和阐释实践上构成了一种呼应，这种意趣的彼此呼应和渗透甚至延展到音乐美学领域。嵇康在《声无哀乐论》中提出"心之与声，明为二物"，在声与心的关系上，就和王弼的言象与意的关系是对等的，更是同质同构的。所谓"声之与心，殊涂异轨，不相经纬""夫殊方异俗，歌哭不同，使错而用之，或闻哭而欢，或听歌而戚"，无非是强调音乐与人之哀乐之情并无必然联系。这就像言象只是得意之筌蹄，其实音乐之声律也是人之情意的筌蹄。当然，王弼等玄学家的言意观是缘起于对儒家"言以足志，文以足言"的逆反，而嵇康的"声无哀乐"说也是始于对儒家《乐记》"治世之音安以乐，乱世之音怨以怒，亡国之音哀以思"的反动，正如张少康先生所论："嵇康正是从声无哀乐出发，尖锐而直接地批评了儒家'音乐—人心—治道'的文艺思维模式，并指出了音乐可以直接对自然现象、社会政治产生作用的荒谬，不赞成儒家夸大音乐的社会作用、甚至将其神秘化的各种论述。"③更重要的是，从阐释学角度看，嵇康的音乐美学思想中还包涵了有关接受差异性、多元性的论述，其《琴赋》篇云：

---

① 罗宗强. 玄学与魏晋士人心态［M］. 天津：天津教育出版社，2005：28.

② 戴明扬校注. 嵇康集校注·卷二·与山巨源绝交书［M］. 北京：人民文学出版社，1962：122.

③ 张少康，刘三富. 中国文学理论批评发展史（上卷）［M］. 北京：北京大学出版社，1995：181.

是故怀戚者闻之，莫不憯懔惨悽，愀怆伤心，含哀懊咿，不能自禁；其康乐者闻之，则欤愉懽释，抃舞踊溢，留连澜漫，嗢噱终日；若和平者听之，则怡养悦愉，淑穆玄真，恬虚乐古，弃事遗身。是以伯夷以之廉，颜回以之仁，比干以之忠，尾生以之信，惠施以之辩给，万石以之讷慎，其余触类而长，所致非一，同归殊途，或文或质，揔中和以统物，咸日用而不失，其感人动物，盖亦弘矣。①

嵇康本意重在说明音乐之美与人之七情没有天然的关涉，但如果我们把一曲音乐作品也视作一部文本，那么上述所论则反映了在音乐的接受与理解上，也鲜明地存在着见仁见智的多样化的接受取向：怀戚者闻乐则哀，康乐者听之则喜，而和平者却愈加恬静淡定——这是接受者不同心境和性情作用的结果；同样的琴声，伯夷听出了"廉"，颜回听出了"仁"，比干可能以之为"忠"，而尾生却以之为"信"——这是听者不同人格和接受目的导致的理解与阐释的丰富性。

当然，六朝时期真正从正面阐述接受差异性的人应该是晋代葛洪。在其《抱朴子》内外篇中，葛洪表现出了和魏晋名士一样的对传统观念的挑战精神。他反对流弊久远的"贵古贱今"之风，提倡"今胜于古"的发展观。不仅社会历史呈现出今非昔比的发展态势，就是在文章著述上也不要一味"尊古卑今"，将孔子的"信而好古"当作万世准则。对葛洪的不迷信往古和权威的作风，朱东润先生有过较高的评价："《诗》《书》二经，儒家奉为圣典，数百年来，莫之敢论，稚川（葛洪字稚川）生于千载之后，不恤世人之非难，公然指其中篇什为'闾陌拙诗，军旅鞠誓，词鄙喻陋'。此皆依据其特有之精神，故敢对于儒宗之经典，从文学上批评之。《因明入正理门论》称'善自他宗，能立能破'。"②看来，"能立能破"的确乃魏晋学人共有之能力和风格。那么，敢于非议儒宗经典的"特有之精神"是什么呢？自然也是魏晋士人共有的独立思考、独抒己见的精神。

---

① 戴明扬校注. 嵇康集校注·卷二·琴赋［M］. 北京：人民文学出版社，1962：106-108.
② 朱东润. 中国文学批评史大纲［M］. 上海：上海古籍出版社，2001：39.

也许，正是依凭这种独立思考、独抒己见的精神，葛洪才特别强调每一种存在的合理性和多种存在并处的必然性。小的存在不因其平凡而失去其应有的位置，大的存在也不因其显赫而非要泯灭众小，唯我独尊。这其实已经隐含着与传统经典争胜共存的所指。《抱朴子·交际》篇云："单弦不能发《韶》《夏》之和音，孑色不能成兖龙之玮烨，一味不能合伊鼎之甘，独木不能致邓林之茂。"这种连续使用隐喻和类比，以自然之理来阐发玄深的思想是葛洪《抱朴子》的表述特色，我们要善于"得象忘言，得意忘象"，重在领会其义理所在。《广譬》篇又有："色不均而皆艳，音不同而咸悲，香非一而并芳，味不等而悉美。"其言其理皆同，个中内蕴的多元并存思想丝毫不逊于今人。《抱朴子》中最富有阐释学多元理解旨趣，直接指向文本阐释且被广为称引的是其《辞义》篇：

> 五味舛而并甘，众色乖而皆丽。近人之情，爱同憎异，贵乎合己，贱于殊途。夫文章之体，尤难详赏。苟以入耳为佳，适心为快，鲜知忘味之九成，雅颂之风流也。所谓考盐梅之咸酸，不知大羹之不致；明飘飖之细巧，蔽于沈深之弘邃也。其英异宏逸者，则网罗乎玄黄之表；其拘束龌龊者，则羁绁于笼罩之内。振翅有利钝，则翔集有高卑；骋迹有迟迅，则进趋有远近。驽锐不可胶柱调也。文贵丰赡，何必称善如一口乎？①

葛洪的"文贵丰赡，何必称善如一口"堪称中国文学解释思想中的经典表述，其所包蕴的多元意义观和理解观让我们直接联想到董仲舒的"《诗》无达诂"。二者一指文一指诗，其中所祈向的接受之精义可谓一脉相承，遥相接续。而且，与董氏的话语出场只有断语没有论析不同，葛洪在此沿用了他一贯的意象譬喻、道理类推的手法，在最后的结论得出之前进行了详尽的因果探究："五味舛而并甘，众色乖而皆丽"点明了自然世界多样共处的本质，一如上述，当然隐含了对文章的解读也应如此的意思；

---

① ［晋］葛洪著，杨明照校笺. 抱朴子外篇校笺·卷四十·辞义［M］. 北京：中华书局，1997：395-397. 本节所引《抱朴子外篇》内容皆出自此书，不再另注。

"近人之情，爱同憎异，贵乎合己，贱于殊途"指出了接受者自身属性的短板与局限，从而说明理解与阐释的差异性之不可避免。其《广譬》篇还有同样的表达："观听殊好，爱憎难同。"《擢才》篇说得更具历史感："且夫爱憎好恶，古今不均，时移俗易，物同价异。譬之夏后之璜，囊直连城，鬻之于今，贱于铜铁。""夫文章之体，尤难详赏"道出了语言文本尤其是文学文本的重要特质，即表意的隐喻性和多义性，这两项都必然导致读者理解成本的增加和阐释的多样化，就像《尚博》篇所言："文章微妙，其体难识。夫易见者粗也，难识者精也。夫唯粗也，故铨衡有定焉；夫唯精也，故品藻难一焉。"这里的"品藻难一"，连同"文贵丰赡，何必称善如一口"，还有《辨问》篇的"人各有意，安可求此以同彼"，一起把葛洪的祈向多元的意义观和理解观彰显得淋漓尽致。今天，从阐释学的经验观照，我们不仅要将葛洪的接受思想纳入中国文学以"诗无达诂"为纲领的多元解释思想的系统中，更应该对《抱朴子》中的阐释学蕴涵进行细致的梳理和整合，使之更加条理而醒目。

三

南朝刘勰将葛洪对"贵古贱今"风气的批判和"观听殊好，爱憎难同"的思想很好地继承到自己的文论中，其《文心雕龙·知音》开篇就结合具体人事列举了三个导致知音难遇的原因，即贵古贱今、崇己抑人和信伪迷真。接下来的一段论析完全就是上述葛洪的"近人之情，爱同憎异，贵乎合己，贱于殊途"的深化：

> 夫篇章杂沓，质文交加，知多偏好，人莫圆该。慷慨者逆声而击节，酝籍者见密而高蹈，浮慧者观绮而跃心，爱奇者闻诡而惊听。会己则嗟讽，异我则沮弃。各执一隅之解，欲拟万端之变：所谓东向而望，不见西墙也。[1]

---

[1]［南朝］刘勰著，范文澜注. 文心雕龙注（下）［M］. 北京：人民文学出版社，1958：714. 本节所引《文心雕龙》内容皆出自此书，不再另注。

不过，如果借此便以为刘勰的文学接受思想也与葛洪一样是注重"何必称善如一口"的多元倾向，那就大错特错。南朝时期，玄风锐减，儒学抬头，经典及其意义开始重新被树立为创作和解释的准则，这一点只要看看《文心雕龙》开篇的题目《原道》《徵圣》《宗经》即可明白，作为全书总序的《序志》篇说得更直接："盖《文心》之作也，本乎道，师乎圣，体乎经，酌乎纬，变乎骚，文之枢纽，亦云极矣。"《文心雕龙》的第一部分就是"文之枢纽"，"这部分要说明文章的根源是道，刘勰认为，最能认识道的是圣人，所以要向圣人学习；圣人在经书里用各种不同的体裁来阐明道，所以要从经书里考察各种文体；文章还要写得有文采，所以要从纬书里去吸取文采；文章还要讲究变化，所以要学习从《诗经》到《离骚》的变化。这样，从文章根源、学习对象、文体源流到文采、变化都讲到了。"①无疑，刘勰是儒家思想的尊奉者，他甚至在《序志》篇里讲述了自己夜梦孔子而喜不自禁的事。"孔子称梦周公，而刘勰则称梦孔子，说明了刘勰这样一个地位低下的素族士人梦寐以求地希望有所表见于世。这与他七岁梦彩云而攀之是一致的。由此可以想见，刘勰自青少年时代起就崇信儒家思想。"②既如此，刘勰的言意观就是儒家的"言以足志，文以足言"③，表现在鉴赏和接受思想上，就是祈望读者经由文本言辞而充分获取作者的本意，成为作者的千古知音，所谓"世远莫见其面，觇文辄见其心"，就像清人包世臣在其《艺舟双楫》中谓《文心雕龙》"大而全编，小而一字，莫不以意逆志，得作者用心所在"④，的确，按《序志》篇对书名的解释"夫'文心'者，言为文之用心也"，可知《文心雕龙》全书内容都是以作者创作意图为核心的，鉴赏和接受也不例外。

有学者认为刘勰的《文心雕龙·知音》篇"蕴涵着极为丰富、极有价值的文学接受思想，它可以说是中国文学理论批评史上第一篇系统阐述读

---

① 周振甫译注. 文心雕龙选译［M］. 北京：中华书局，1980：7.

② 李泽厚，刘纲纪. 中国美学史——魏晋南北朝编（下）［M］. 合肥：安徽文艺出版社，1999：555.

③《文心雕龙·徵圣》篇有："褒美子产，则云：'言以足志，文以足言'；泛论君子，则云：'情欲信，辞欲巧'，此修身贵文之徵也。然则，志足而言文，情信而辞巧，乃含章之玉牒，秉文之金科矣。"由此可见刘勰的言意观与先秦儒家如出一辙。

④［清］包世臣. 艺舟双楫［M］. 上海：商务印书馆，1937：序言1.

者及其文学接受问题的专论"①，此言不虚。而且，我们要充分认识到《知音》篇在接受取向上与上述魏晋时期思想的迥异及其原因，包括时代和个人的双重因素。概言之，魏晋士人宗道远儒、自我凸显、个性张扬，因而才会倾向"郭象注庄子即为庄子注郭象"这样的自我理解与阐释；但到南朝，儒学重振，经典复兴，作者向经典看齐，接受者向作者靠拢便是自然。《宗经》篇云："故论说辞序，则《易》统其首；诏策章奏，则《书》发其源；赋颂歌赞，则《诗》立其本；铭诔箴祝，则《礼》总其端；纪传铭檄，则《春秋》为根：并穷高以树表，极远以启疆，所以百家腾跃，终入环内者也。"既然作者的创作无论如何也出不了经典的"环内"，以此逻辑，那读者的理解也终究不能离开作者的用心。在《知音》篇里，为使作者之音能够被完整准确地鉴赏和解读，刘勰不仅批评了读者"知多偏好"、固执己见的主观错误，指出了"贵古贱今"等容易造成轻视和误读的几种不良现象，还煞费苦心地提出了若干充分理解作者意图的方法与途径，诸如"博观""六观""披文入情""沿波讨源"，如此等等，最终以达至"无私于轻重，不偏于憎爱""平理若衡，照辞如镜"为理想的鉴赏与接受境界。

　　然而，刘勰却无意间在自己的理论架构中为接受者的多样化理解提供了依据，预设了可能性。其《隐秀》篇云："隐也者，文外之重旨者也……隐以复意为工……夫隐之为体，义主文外，秘响旁通，伏采潜发，譬爻象之变互体，川渎之韫珠玉也。"范文澜先生注曰："重旨者，辞约而义丰，含味无穷，陆士衡云'文外曲致'，此隐之谓也。"②周振甫先生的解释更直白："隐是'文外重旨'，即文辞说出的意义外还含有另外一重意思，就是要有弦外之音，所以说以复意为工，义生文外，也就是话里有话。"③南宋张戒在《岁寒堂诗话》里引刘勰语："情在词外曰隐，状溢目前曰秀。"④黄侃先生对此释云："夫文以致曲为贵，故一义可以包余；辞以得当为先，故片

　　① 邓新华. 中国传统文论的现代观照［M］. 成都：巴蜀书社，2004：210.
　　② ［南朝］刘勰著，范文澜注. 文心雕龙注（下）［M］. 北京：人民文学出版社，1958：633.
　　③ 周振甫译注. 文心雕龙选译［M］. 北京：中华书局，1980：238.
　　④ ［宋］张戒. 岁寒堂诗话·卷上// 丁福保辑. 历代诗话续编（上）［M］. 北京：中华书局，1983：456.

言可以居要。盖言不尽意，必含余意以成巧；意不称物，宜资要言以助明。言含余意，则谓之隐；意资要言，则谓之秀。"①今天看来，隐意、余意、重旨的存在，既是作家创作有意为之的结果，也是由文学语言的隐喻本质天然决定的。问题是，一旦刘勰将"隐"作为作家和文本成功的目标，就意味着同时赋予了接受者生成不同于作者意图的阐释的机会。因为，言外之意的解释是作者无法掌控的，而文本的复意即多义性本身也是没有明确数量限定的，所有这些其实都已经在为读者的多元理解提供充沛的张力和空间。可以说，从刘勰原创性地为中国文学制造了"隐"的范畴与标准起，读者就替自己的不同诠释找到了有力的理论支持。更何况，刘勰又为读者的鉴赏和接受指明了一个极易形成多样性结果的方法——玩味。《隐秀》篇有"始正而末奇，内明而外润，使玩之者无穷，味之者不厌"，还有"深文隐蔚，余味曲包"，《知音》篇又有"书亦国华，玩绎方美。知音君子，其垂意焉"。据统计，"玩"在《文心雕龙》里共出现过六次，而"味"以及由"味"构成的动词性和名词性的概念更多。本来，以玩味的态度和方式对待文本，就是以不同的生命体验和好恶趣向去鉴赏作品。"味"本身就是丰富而复杂的，反复体味和涵泳文本的过程需要依赖读者千差万别的经验，其间渗透着同样差异显著的审美趣味，这些必然导致审美理解的多样性和丰富性。

事实上，刘勰对寻绎作者本意的艰难已经流露出无奈的感喟，其《知音》开篇就长吁道："知音其难哉！音实难知，知实难逢，逢其知音，千载其一乎！"这实在是一个人人共有的千古之叹。就对文本的理解与阐释而言，这种慨叹只能是缘于我们对文学作品的本质属性和读者的各种差异性与理解、阐释的多样性之间的必然关联没有足够的重视和正视。明宋濂说过："为文非难而知文为难。文之美恶易见也，而谓之难者，何哉？问学有浅深，识见有精粗，故知之者未必真，则随其所好以为是非。"②造成知文难的主客观因素何其多矣，岂止问学浅深和识见精粗之不同。故而，真正

---

① 黄侃著，吴方点校. 文心雕龙札记［M］. 上海：上海古籍出版社，2006：173.
② ［明］宋濂. 宋学士文集·卷七·丹崖集序 // 王云五主编. 四部丛刊正编（第七十一册）［M］. 台北：台湾商务印书馆，1979：72.

的知音可谓千载其一，而阐释学意义上的知音几乎不可能。宋欧阳修和梅圣俞相互引为知音，然文献中却有二人互不赏识各自佳作的多次记载。欧氏曾说："昔梅圣俞作诗，独以吾为知音。吾亦自谓举世之人知梅诗者莫吾若也。吾尝问渠最得意处，渠诵数句，皆非吾赏者。"①宋刘攽《中山诗话》引欧阳修语："永叔云：'知圣俞诗者莫如某，然圣俞平生所自负者，皆某所不好；圣俞所卑下者，皆某所称赏。'知心赏音之难如是，其评古人之诗，得毋似之乎！"②因此，刘勰的"音实难知，知实难逢"论本意是提醒文学作品的鉴赏者要充分领会作者之用心，但客观上却激起了历代学人产生知音难觅的共鸣，并为多元理解与阐释向度的认同者提供了引证和例证。

需要简单补充的是，刘勰在《文心雕龙》中多次提到董仲舒。其《议对》篇云："仲舒之对，祖述《春秋》，本阴阳之化，究列代之变。"其《才略》篇有："仲舒专儒，子长纯史，而丽缛成文，亦诗人之告哀焉。"但刘勰对董氏的"《诗》无达诂"却只字未提。想来他是不赞成这一命题的，而"《诗》无达诂"本身也与他的宗经思想和知音理念不相容。不过，这并不妨碍我们从他的"隐、味"等概念去探求文本和读者祈向多元理解与阐释的规定性。

应该说，魏晋六朝是中国解释思想的重要转型期。在此之前，西汉今文经学的政教阐释模式使所有解经者都沿着一个路向作或美或刺的主观理解，东汉古文经学又集体转向通过语言解释方法直达圣贤元意和经典本旨的所谓客观诠释。这一时期的共性就是一种群体性的比附或训诂，只有到了魏晋，真正个体性的解读才开始在追求个性解放、思想自由的玄学思潮中依稀呈现，就像有学者所论："东汉时期，儒家的伦理观被提高到绝对地位，外化为名教之治，彻底扼杀了个人的自由，把人变成实现政治伦理目的之工具。个性的极端被压抑所形成的巨大社会反弹力，在汉魏之际的思想解放运动中迸发出来，形成了不可抗拒的追求人性自由的时代潮流。"③

---

① ［宋］欧阳修撰. 欧阳文忠公文集·卷一百三十八·唐薛稷书［M］. 上海：上海商务印书馆，1936：1095、1096.

② ［宋］刘攽. 中山诗话 //［清］何文焕辑. 历代诗话（上）［M］. 北京：中华书局，2004：286.

③ 王晓毅. 中国文化的清流［M］. 北京：中国社会科学出版社，1991：293、294.

无疑，自我凸显才会带来个性化的理解，文本阐释才会朝着更加多元的取向发展。概言之，前承董仲舒的"《诗》无达诂"话语，后启宋代诗话的兴盛，同时又以丰富的理论和实践奠定了自身在中国多元解释思想史上的地位，魏晋六朝值得我们反复发掘和解析。

...

第

四

章

宋明理学与
中国阐释传统
之演进

第一节　诗无定鹄——宋代诗学多元论阐释话语与诗无达诂

　　清皮锡瑞在《经学历史》中将有唐一代称为"经学统一时代"，他说："唐太宗以儒学多门，章句繁杂，诏国子祭酒孔颖达与诸儒撰定五经义疏，凡一百七十卷，名曰《五经正义》……永徽四年，颁孔颖达《五经正义》于天下，每年明经以此考试。自唐至宋，明经取士，皆遵此本。"①这种官定五经文本并以之为科举的唯一教科书的做法，固然对统一经义，复兴圣典，弘扬汉学良有益焉，但由于五经义疏成为国家意识形态的反映，且与学人的功名前途捆绑在一起，就自然大大约束了广大学人在解读经典上的能动性和创造力，就像皮锡瑞所言："唐至宋初数百年，士子皆谨守官书，莫敢异议矣。故论经学，为统一最久时代。"②从阐释学的角度看隋唐经学的阐释特点有三："一是传统的旧说排斥了新颖的创见，二是集体的解释取代了私人的理解，三是权威的文本压抑了多元的著述。换言之，注释者不再是思想者，只是传统经义忠实的守护者和辩护者。"③显而易见，唐代经学阐释学这种以一种诠释取代众说、以权威文本压制多元的作风不可能对文学接受没有影响，这一点我们从很少在文献中看到契近"诗无达诂"多元理解取向的论说就能感觉到。"这种固守经书的风气，窒息了一代学人的理性思维，使唐代学术在历代之中最乏善陈，而疏不破注、注不破疏的治经方法，又使倡导读者自悟的'诗无达诂'理论失去了市场，以致有唐一代有关读者见仁见智的诗论也非常鲜见。"④当然，造成有唐一代文学多元解释思想匮乏的根本原因还在文学自身。众所周知，唐是中国诗歌创作的黄金时代，多数文论者的主业是写诗作文，偶有论说亦多聚焦于总结创作经验，抒发

---

①［清］皮锡瑞著，周予同注释. 经学历史［M］. 北京：中华书局，1959：198.
②［清］皮锡瑞著，周予同注释. 经学历史［M］. 北京：中华书局，1959：207.
③周裕锴. 中国古代阐释学研究［M］. 上海：上海人民出版社，2003：205、206.
④孙立. "诗无达诂"与中国古代学术史的关系［J］. 学术研究，1993（1）：142.

对文学的体认，如陈子昂、白居易之类。像皎然的《诗式》、司空图的《诗品》虽然是诗学专论，但也主要集中于诗歌体式、风格等文本特性，目的在于为诗歌批评树立标准，为诗人创作提供参照。因此，唐代文学接受思想并不发达，它的兴趣和注意力根本就不在读者的理解与阐释上。也可以说，它是用异常丰产的佳作给后代的理解准备了用之不尽的文本，它是为接受后人的阐释而出现的。也许，这就是李唐的阐释学价值所在。

一

宋以后，诗话产生并渐次兴盛，关于诗歌鉴赏和理解的论析开始丰富起来。本质上，诗话这种诗学著述形式出现的动因就在于指导读者欣赏，这与宋之前的《诗式》《诗品》等着意于指导诗人写作大异其趣。刘明今先生认为，诗话重在欣赏佳作，往往独出偏锋，突显批评家个人的心得体会和极富个性化的理解。而且，由于诗话不像《文心雕龙》那样追求一种所谓客观、公允、全面的知音式的评价，只在乎欣赏者一己之私意的阐发，偏嗜于对既定的诗句意义有所新的发明，因此诗话互不能替代，多多益善。[1]概言之，诗话这种个人性而非群体性的理解、即兴性而非体系性的阐释、欣赏性而非创作性的目的，使得它往往蕴藏着非常丰富的理解话语和解释思想，并且这些话语和思想常常就是在具体的诗句鉴赏中随机而出的，其阐释理论与阐释范例并生。一言蔽之，诗话本身就是多元化接受的产物，是"诗无达诂"思想作用于解释实践的结果。甚至可以说，有多少种诗话，就有多少种对前人诗作的理解与阐释。事实上，诸多与"诗无达诂"表述结构相似的话语就时常散见于历代诗话中，它们共同彰显并构筑了中国诗学解释学多元阐释思想的精神和系统。

"诗无达诂"多元解释思想在宋代的接续与复兴，首先得益于宋代理学新的经典解释理念。清皮锡瑞引宋王应麟语，认为"经学自汉至宋初未尝大变，至庆历始一大变也"，因而称宋为"经学变古时代"[2]。这里说的

---

[1] 参见刘明今. 中国古代文学理论体系：方法论［M］. 上海：复旦大学出版社，2000：196、197.
[2] 参见［清］皮锡瑞著，周予同注释. 经学历史［M］. 北京：中华书局，1959：220.

"大变"，主要体现在宋学与汉学迥然不同的解释方法和思想上。"宋学是汉学的对立物，是汉学引起的一种反动。汉学重章句训诂之学，且师弟子代代相传，而宋学之特点是，力求突破前代儒学寻章摘句的学风，向义理的纵深处进行探索，且都怀有经世致用的要求。"① 既有经世致用之心，就必须将经典与当下现实结合起来，重在推陈出新。用钱穆先生的话，就是"辟新径，创新解，立新义"②。一个"新"字，凸显了宋代经学解释思想的精蕴所在。钱穆说："宋儒经学，与汉儒经学有不同。汉儒多尚专经讲习，纂辑训诂，着意所重，只在书本文字上。所谓通经致用，亦仅是因于政事，而牵引经义，初未能于大经大法有建树。宋儒经学，则多能于每一经之大义上发挥……论北宋诸儒之治经，如胡瑗之于《易》与《洪范》，孙复之于《春秋》，李觏之于《周官》，此等皆元气磅礴，务大体，发新义，不规规于训诂章句，不得复以经儒经生目之。"③ 只要敢于从繁琐的章句义疏中脱身而出，敢于放旧说发新义，一种重视个体能动性和创造性的解释精神就可以逐渐演变为整个时代的文化症候，处在这种整体氛围中的诗歌阐释就不可能不受到启示。

其次，弥漫于北宋仁宗庆历之后的疑古思潮对宋代诗歌接受思想也产生了重要影响。一般说来，疑主于破，破旨在立，而立就必然是不同于旧说的新义，这实际上还是宋学精神的体现。皮锡瑞说："宋人不信注疏，驯至疑经；疑经不已，遂至改经、删经、移易经文以就己说。"④ 疑经以至于"改经、删经、移易经文以就己说"，宋儒怀疑、批判的勇气在中国历史上可谓前无古人，后无来者。这一方面是因为宋代文化巨擘辈出，他们皆需要通过疑古而有所新创，另一方面也与唐代《五经正义》对经义统得过死从而导致宋儒的逆反心理有关。《经学历史》中的一段话比较全面地反映了宋代疑古之风的强烈程度：

陆游云："唐及国初，学者不敢议孔安国、郑康成，况圣人乎！

① 范立舟. 理学的产生及其历史命运［M］. 西安：陕西人民出版社，2001：9.

② 钱穆. 朱子学提纲［M］. 北京：三联书店，2002：11.

③ 钱穆. 朱子学提纲［M］. 北京：三联书店，2002：9—10.

④ ［清］皮锡瑞著，周予同注释. 经学历史［M］. 北京：中华书局，1959：264.

自庆历后，诸儒发明经旨，非前人所及；然排《系辞》，毁《周礼》，疑《孟子》，讥《书》之《胤征》、《顾命》，黜《诗》之序，不难于议经，况传注乎！"案宋儒拔弃传注，遂不难于议经。排《系辞》谓欧阳修，毁《周礼》谓修与苏轼、苏辙，疑《孟子》谓李觏、司马光，讥《书》谓苏轼，黜《诗序》谓晁说之。此皆庆历及庆历稍后人，可见其时风气实然。①

不过，宋代疑古思潮并非否定一切的大砍大伐，而是以圣人的"理义大本"作为批判的起点和终点，就像朱熹所言，因为经典已被"先儒穿凿所坏，使人不见当来立言本意"，所以宋儒解经就"不要留一字先儒旧说，莫问他是何人所说，所尊所亲，所憎所恶，一切莫问，而唯本文本意是求，则圣贤之指得矣"②。既然"唯本文本意是求"，以还原"理义大本"为宗，宋儒的怀疑和批判就显得理直气壮，有根有据。这一点在宋代的废《序》之风中表现得尤为明显，就像《钦定四库全书总目》所概述的："《诗序》自古无异说，王肃、王基、孙毓、陈统争毛、郑之得失而已。其舍序言诗者，萌于欧阳修，成于郑樵，而定于朱子之《集传》。"③宋儒敢于打破"《诗序》自古无异说"的状态，就是认为它一味作或美或刺的政教比附，远离了《诗》之为诗的审美特质，更与圣人删定"诗三百"的原旨相左，因此必须彻底废弃《序》而恢复《诗》的本来面目。《经学历史》对此亦有详细阐述："宋欧阳修《本义》始辨毛、郑之失，而断以己意。苏辙《诗传》始以《毛序》不可尽信，止存其首句，而删去其馀。南宋郑樵《诗传辨妄》始专攻毛、郑，而极诋《小序》。"④至于朱熹，其态度更为鲜明："今人不以《诗》说《诗》，却以《序》解《诗》，是以委屈牵合，必欲如序者之意，宁失诗人之本意不恤也。此是序者之大害处。"⑤总之，一个

---

①［清］皮锡瑞著，周予同注释. 经学历史［M］. 北京：中华书局，1959：220、221. 其中陆游语出自宋王应麟《困学纪闻·卷八·经说引》。

②［宋］朱熹. 朱子大全·卷四十八·答吕子约［M］. 北京：中华书局，1936：809.

③［清］纪昀等撰. 钦定四库全书总目·卷十六经部十六［M］. 北京：中华书局，1997：205.

④［清］皮锡瑞著，周予同注释. 经学历史［M］. 北京：中华书局，1959：244.

⑤［宋］黎靖德编，王星贤点校. 朱子语类·卷八十·纲领［M］. 北京：中华书局，1986：2077.

大胆疑古，颠覆旧说，解构陈见的时代，尽管其批判的旗帜上撰写着"回归理义大本"的口号，但这只不过是那个时代的学人试图发出自己声音的一个理由而已。对于所有历史流传物的接受者和解读者，他们的主体性从来没有这么高扬过，他们的创生力从来没有这么冲动过，而他们对经典，包括前代诗作的理解与阐释，也从来没有这么自由过。

最后，我们还必须提到禅学对宋代"诗无达诂"多元接受方式的影响。苏轼在《书楞伽经后》中云："近岁学者各宗其师，务从简便，得一句一偈，自谓了证，至使妇人孺子，抵掌嬉笑，争谈禅悦。高者为名，下者为利，余波末流，无所不至。"①禅学波及，以至妇孺争谈，由此可见其在宋代风行之甚。简而言之，可能对宋代诗学多元解释取向产生启发作用的禅学思想主要有以下几个方面：（一）禅宗的授法方式灵活多样，讲究别出心眼，各自创新。"禅宗主张自悟，对禅理要有自己的理解。别人悟通的禅理，永远代替不了自己的认识。拿别人的体会说法，如同瞎子点灯。"②这种重在使人自悟佛法大义，尽力得出属于自己的独到理解的授法方式，在大量的禅宗公案中表现得淋漓尽致。六祖慧能说："一切经书，及诸文字，小大二乘，十二部经，皆因人置，因智慧性故，故然能建立。若无世人，一切万法，本元不有。"③所谓"皆因人置"，强调的是对经书的理解要因人而异，禅师授法也要依据禅众的不同心性，将自得自悟的理解权力交给学法、问法者本人。（二）众所周知，禅宗认为佛法大义是不能依凭语言文字来获取的，就像慧能在《坛经·机缘品》中所云："诸佛妙理，非关文字。"因此，"不立文字，直指人心，见性成佛"就是禅宗的根本宗旨之一。禅宗的语言观在大珠慧海禅师的一段话里说得很明白："得意者越于浮言，悟理者超于文字。法过言语文字，何向数句中求；是以发菩提者，得意而忘言，悟理而遗教，亦犹得鱼忘筌、得兔忘蹄也。"（景德传灯录·卷二十八·越州大珠慧海和尚语）既然一切佛理都不能形诸语言文字，所谓"名不得，状不得"，那如何示人以佛法真义？禅宗只好"绕路说禅"，以

---

① ［宋］苏轼撰，孔凡礼点校. 苏轼文集·卷六十六·书楞伽经后［M］. 北京：中华书局，1986：2085.

② 张育英. 禅与艺术［M］. 杭州：浙江人民出版社，1992：12.

③ 郭朋.《坛经》对勘［M］. 济南：齐鲁书社，1981：68.

"意象"喻之。譬如"问：如何是佛？答：麻三斤；问：如何是禅？答：猛火著油煎；问：如何是西来意？答：空中一片石"，诸如此类。"总之，藉空灵的意象以喻示不可思议、不可言说的'自性'，是禅宗示法的一大特点。示法者似说而实未尝说，闻法者似未闻而实有所闻。"①显而易见，禅宗这种以具象阐释禅意佛理的路数对中国诗学中的"意象批评"和"象喻式"解诗方式产生了直接的启示效果。②其实，无论是以"象"写诗，还是以"象"说诗，"象"本身的隐喻、象征和多义性，决定了一切对诗文本的理解与阐释的多样性。（三）关于禅宗以"顿悟"为特征的直觉思维方式与宋代蔚为壮观的"以禅喻诗"风气之间的关系，学界论述已极为详尽，此不赘言。这里只想从阐释学角度指出，注重解诗时的妙悟式的直觉，本质上还是借助读者生命体验的不可替代性、不可重复性，以期形成对诗文本的新鲜理解。直觉和体验的非理性与即兴性是不可能用所谓作者意图或文本本旨来指引和衡量的，其结果只能是一种"妙处难与君说"而又各自不同的品味。

二

综上所述，在"经学变古时代"的大气候中，受疑古思潮的激发和禅学思想的渗透，宋代诗学解释多元论开始在各种诗话中活跃起来，就像有学者所论："'诗无达诂'的复兴正有赖于宋儒对古文家章句之学的廓清。在程学与朱学取得学术统治地位之后，与'诗无达诂'相类的说法逐渐多了起来，与北宋初年以前的沉寂形成鲜明对比。"③可以说，宋代是"《诗》无达诂"经学解释话语成功转化为"诗无达诂"文学解释理念的演变期，是"诗无达诂"多元解释思想的全面践行期，与前代相比，当然也是形成诸多与"诗无达诂"相类的多元理解话语的丰产期。对这些多元解释思想

---

① 张伯伟. 禅与诗学［M］. 杭州：浙江人民出版社，1992：108.

② 参阅张伯伟《中国古代文学批评方法研究》内篇第三章《意象批评论》，中华书局2002年版第194页后；邓新华《中国古代诗学解释学研究》第三章第一节《象喻的诗性阐释方式》，中国社会科学出版社2008年版，第111页后.

③ 孙立. "诗无达诂"与中国古代学术史的关系［J］. 学术研究，1993（1）：143.

和话语进行举要，有利于呈现宋代诗学阐释学与宋代经学阐释学相得益彰、相辅相成的时代特征，当然也有利于进一步揭橥中国诗学阐释学多元理解与阐释向度的构成与发展。我们先来看"二程"四大弟子之一的杨时提出的"诗之用在我"论：

> 仲素问《诗》如何看？曰：《诗》极难卒说，大抵须要人体会，不在推寻文义。在心为志，发言为诗，情动于中而行于言，言者，情之所发也。今观是诗之言，则必先观是诗之情如何。不知其情，则虽精穷文义，谓之不知诗可也。子夏问："'巧笑倩兮，美目盼兮'，何谓也？"子曰："绘事后素。"曰："礼后乎？"孔子以为可与言《诗》。如此全要体会。何谓体会？且如《关雎》之诗，诗人以兴后妃之德盖如此也，须当想象雎鸠为何物，知雎鸠为挚而有别之禽；则又想象关关为何声，知关关之声为和而适；则又想象在河之洲是何所在，知河之洲为幽闲远人之地。则知如是之禽，其鸣声如是，而又居幽闲远人之地，则后妃之德可以意晓矣。是之谓体会。惟体会得，故看诗有味，至于有味，则诗之用在我矣。①

这是一篇标准的有理有据的解诗论说。杨时的"要人体会，不在推寻文义"很明显地带有鄙弃汉儒辞义训释，注重个体阐发的宋学特征，同时也集中体现了宋代诗学强调对诗歌的涵泳、体味、妙悟的直觉理解方式。由"体会"到"有味"再至"诗之用在我"，杨时实际上回溯了一个诗学多元解释论的逆向发展过程，即由宋代的涵泳体会到唐代司空图的味外味、六朝钟嵘的"滋味"，直至先秦的用《诗》之风。无疑，这些都是我们极富民族特色的解释理论和实践。在杨时看来，一切对诗歌的理解与阐释，最终都要回归到为我所用的目的。那些脱离读者自我体验和反复品味的解读都是不可靠的，也不可能达至"诗之用在我"的自由境地。如何用诗、如何解诗全在我的个人体会与理解——这种重心完全倾斜到读者身上的灵

---

① ［宋］杨时. 龟山集·卷十二·语录三 // ［清］纪昀，［清］永瑢等编纂. 景印文渊阁四库全书（第一千一百二十五册）［M］. 台北：台湾商务印书馆，1986：231、232.

活的解读取向，我们在南宋罗大经的"看诗胸次玲珑活络"说那里找到了
回应：

> 杜少陵绝句云："迟日江山丽，春风花草香。泥融飞燕子，沙暖睡
> 鸳鸯。"或谓此与儿童之属对何以异。余曰：不然。上二句见两间莫非
> 生意，下二句见万物莫不适性。于此而涵泳之，体认之，岂不足以感
> 发吾心之真乐乎！大抵古人好诗，在人如何看，在人把作甚么用。如
> "水流心不竞，云在意俱迟"，"夜色更无山隔断，天光直与水相通"，
> "乐意相关禽对语，生香不断树交花"等句，只把做景物看亦可，把做
> 道理看，其中亦尽有可玩索处。大抵看诗，要胸次玲珑活络。①

罗大经也同样指出了经由涵泳、体会而充分理解佳作之妙谛的解诗途
径，这想必是宋代诗学阐释学方法论的共性。而且，罗氏在"诗为我所用"
的见解上表述得比杨时更清楚——"大抵好诗，在人如何看，在人把作甚
么用"。看来，宋学"经世致用"的思想已经被诗学吸收和化用了。不过，
从阐释学视域观照，这里的"如何看，如何用"主要不是在实用的层面上，
而是指解诗的角度以及诗歌理解对于接受者的心理作用。无论如何，我们
都可以肯定，诗人之用心在这里是根本不被考虑的，甚至就连诗歌语言所
表达的直接意义也可以弃之不顾。一切只从读者个人出发，一切都要看诗
作是否能够满足自我理解的需要。更重要的是，解诗的真正方法就是没有
固定的方法，惟"胸次玲珑活络"是从，以"感发吾心之真乐"为宗。可
以说，也只有在赵宋这个敢于质疑前贤、注重"辟新义"的时代，作为接
受者的"我"才会被张扬到如此重要的地位，而"我之意、我之用"也才
能占据理解与阐释的核心。我们在宋末刘辰翁的"观诗各随所得"说里又
一次看到了这种接受重心和向度的延续：

> 盖此编与吾所选多出入，凡大人语不拘一义，亦其通脱透活自然。

---

① ［宋］罗大经著，王瑞来点校. 鹤林玉露·乙编卷二·春风花草［M］. 北京：中华书局，
1983：149.

旧见初寮王履道跋坡帖，颇病学苏者横肆逼人，因举"不复知天大，空馀见佛尊"二语，乍见极若有省，及寻上句，本意则不过树密天少耳。"见"字亦宜作"现"音，犹言现在佛即见，读如字，则"空馀见"，殆何等语矣。观诗各随所得，别自有用。因记往年福州登九日山，俯城中，培塿不复辨，倚栏微讽杜句："秦山忽破碎，泾渭不可求。"时甚见求言，杨平舟栋以为蚩尤旗见，谓邪论，罢机政。偶与古心叹惜我辈如此。古翁云："适所诵两言者得之矣。"用是此语本无交涉，而见闻各异，但觉闻者会意更佳。用此可见杜诗之妙，亦可为读杜诗之法。从古断章而赋皆然，又未可訾为错会也。①

可以看出，刘氏的"观诗各随所得，别自有用"是与首句"凡大人语不拘一义"相照应的，或者说，二者之间存在着因果关系。正因为优秀的诗歌文本具有多层意义结构，其内蕴丰厚的隐义、显义与言外之意可供理解者作无尽的开掘，故而观诗者才能"各随所得"，总是可以找到对自己有用的某种意蕴。与杨时的"诗之用在我"和罗大经的"看诗胸次玲珑活络"一样，刘氏"观诗各随所得"说的生成也是建基于对具体诗作的分析之上的，这其实也是中国诗学诸多解释理论话语形成的共同特征——不作纯粹逻辑思辨的论析，一切都来自活生生的解诗实践和经验，使人无空洞和抽象之虞，且说服力极佳。应该说，刘氏的这段精彩的诗学阐释学文字完全可与西方阐释学的论述相媲美，其"不拘一义、通脱透活、各随所得、别自有用、本无交涉、见闻各异、会意更佳"无不道出了阐释学多元意义观和理解观的要义与精蕴。最后，刘氏明确指出了"诗之用"的理论渊源，即春秋赋诗断章。既然肯定了断章取义在诗学解释活动中的创造性意义和正面价值，循此以进，汉代"《诗》无达诂"也必然是其援古证今的有力论据。

当然，刘氏的"各随所得"论也并非空穴来风，在此之前，欧阳修已有与之相近的表述——"得者各以其意"说：

---

① ［宋］刘辰翁撰，段大林校点. 刘辰翁集·卷六·题刘玉田选杜诗［M］. 南昌：江西人民出版社，1987：208.

凡世人于事，不可一概。有知而好者，有好而不知者，有不好而不知者，有不好而能知者。襄于书画，好而不知者也。画之为物尤难识，其精粗真伪，非一言可达。得者各以其意，披图所赏未必是秉笔之意也。昔梅圣俞作诗，独以吾为知音。吾亦自谓举世之人知梅诗者莫吾若也。吾尝问渠最得意处，渠诵数句，皆非吾赏者。以此知披图所赏，未必得秉笔之人本意也。①

　　欧氏以赏画和解诗二例来揭示知音论的虚妄性。欧梅乃同期之人，交往甚密，一向彼此引为知音，尚且互不能直契对方诗句之本意，更何况后人接受前代作品。由此可知"得者各以其意"是必然，是现实，而知音却只能是一种偶然，一种理想。其实，文学解释的魅力和活力正在于每个人都可以作出不同于作者和他人的理解，否则，都像汉代古文经学那样对圣贤元意和经典本旨孜孜以求，不仅文学作品审美的丰富性丧失殆尽，读者鉴赏和理解的动力与兴致也会荡然无存。庆幸的是，宋人在打开经学解释禁锢的大门之余，也同时将诗学解释的多元性开放到最大限度。以朱熹为代表的理学家甚至提出了诸如"须是读了有兴起处，方是读《诗》。若不能兴起，便不是读《诗》"②这样的可以直接用于解诗的言论，本来，就像"《诗》无达诂"在宋代自然泛化为"诗无达诂"一样，这里的"读《诗》"与"读诗"可以合一。此外，南宋洪咨夔的"诗无定鹄，会心是的"③和陈善的"文章似无定论，殆是由人所见为高下尔"④也是宋代比较显赫的文学解释多元论话语。类似这样表述简洁、意指清晰的言论在宋代各种文献中还有很多，点到为止，无需罗列。

---

① ［宋］欧阳修撰. 欧阳文忠公文集·卷一百三十八·唐薛稷书［M］. 上海：上海商务印书馆，1936：1095、1096.

② ［宋］黎靖德编，王星贤点校. 朱子语类·卷八十·论读诗［M］. 北京：中华书局，1986：2086.

③ ［宋］洪咨夔撰. 平斋文集·卷三十·易斋诗稿跋 // ［清］纪昀，［清］永瑢等编纂. 景印文渊阁四库全书（第一千一百七十五册）［M］. 台北：台湾商务印书馆，1986：312. 鹄，射箭的标靶、目标。全句意为诗并没有特定的本旨所在，怎样理解与阐释有赖读者的会心发掘，能够促成读者的自我理解就是诗文本的价值和目标。

④ ［宋］陈善. 扪虱新话·上集卷一（"文章由人所见"条）［M］. 北京：中华书局，1985：3.

倒是有一种诗歌创作和诗歌接受互根互生、交互感通的诗学理论需要特别说明。宋代诗歌创作论中有一个著名的观点，即吕本中在《夏均父集序》中完整表述的"活法"或"诗无定法"说：

> 学诗当学活法。所谓活法者，规矩备具，而能出于规矩之外；变化不测，而亦不背于规矩也。是道也，盖有定法而无定法，无定法而有定法。知是者，则可以与语活法矣。谢玄晖有言，"好诗流转圆美如弹丸"，此真活法也。①

与"死法"相对而言的"活法"说在中国诗学创作论中影响深远。然而，按照宋末元初人杨载的意见，所谓观诗之法即为作诗之法②，在很多方面，诗人如何写诗实际上也在昭示读者如何解诗，反之亦然。上述罗大经的"看诗胸次玲珑活络"说就是一种诗歌接受理论上的"活法"。如果说在诗歌创作艺术上强调"作诗无定法"，那么在诗歌理解与阐释的方法论上更应该高倡"解诗无定法"，唯如此方能把"诗无达诂"的多元化解释结果变为现实。事实上，在宋代"以禅喻诗"的风潮中，很多诗论家早已从禅宗"但参活句，莫参死句"③的参禅方式里汲取了一种"活参"的解诗理念，就像江西诗派诗人曾几在《读吕居仁旧诗有怀其人作诗寄之》一诗中所言："学诗如参禅，慎勿参死句。纵横无不可，乃在欢喜处。又如学仙子，辛苦终不遇。忽然毛骨换，政用口诀故。居仁说活法，大意欲人悟。常言古作者，一一从此路。"这里的"居仁"就是首倡"活法"的吕本中。至此，诗歌创作论上的"活法"与诗歌接受论上的"活参"不知不觉中合而为一。总之，"中国传统的'诗无达诂'的消极说法，因为'参活句'的提出而转化为一种积极的诠释手段。这意味着承认读者的积极作用，承认作品的意义和价值并非作品文本所固有，而是阅读过程中读者与作品相

---

① ［宋］吕本中. 夏均父集序 // 郭绍虞主编. 中国历代文论选（第二册）［M］. 上海：上海古籍出版社，2001：367.
② 杨载《诗法家数》云："诗要铺叙正，波澜阔，用意深，琢句雅，使字当，下字响。观诗之法，亦当如此求之。"（［清］何文焕辑. 历代诗话［M］. 北京：中华书局，2004：736.）
③ ［宋］普济. 五灯会元·卷十五·德山缘密禅师［M］. 北京：中华书局，1984：935.

接触时的产物。"① 可以说，有宋一代，无论是经学解释还是诗学解释，就是一个"活"字贯穿其中，"活"的精神、"活"的思想、"活"的方法是宋人对中国诗学"诗无达诂"多元解释系统的最大贡献。

第二节　宋代理学家的诗学困境

"中国学术传统中，虽无阐释之学的概念和学科，但有丰富的阐释学思想和经验。"正如张江教授所认为的，"不同的民族心理与历史经验，生成不同的思维方式；不同的思维方式，生成不同的阐释方法与范式"。由于东西方思维方式在诸多方面存在本质差异，中国阐释学的传统和经验自然也是中国特有的，在根本上是由自古以来中国独特的民族文化基因决定的。② 这种独特的民族文化基因在中国三千年的学术思想和体系的形成中贯穿始终，在不同时代的阐释特质和方法论中有着或隐或显的体现。而在宋代，由于思想文化的发展繁荣，多元学术思想的交融碰撞，人们在广泛的交流对话中进一步将这一特有的思维本征体现出来，极大地促进了我们对蕴含于中国阐释传统中本体与方法的根本问题的理解。而要更好地了解这种阐释思维特质，则需要了解宋代在社会生活的不同领域广泛交锋论辩中进行学术建构的特点，首先将关注的重心由传统意义上的经学扩展到更广泛的社会生活、文化交往、思想论争的方方面面，了解宋儒们如何应对各方挑战，建立圆融自洽的逻辑脉络、一以贯之的阐释原则，以达到建立牢固学说体系的目的。在这里，与文人士大夫现实的社会生活、文化交往息息相关的文学艺术领域一定是不容忽视的。在宋代，随着文学艺术作品创作的大幅增长、流通效率的大幅增加、文人之间交游、书信往来的空前密切，文学艺术作品早已不是雕琢文字的伤春悲秋，其在社会交往中承载了更多思想的碰撞，成为沟通与传播的重要手段，同时也对其创作者们哲学

---

① 周裕锴. 中国古代阐释学研究［M］. 上海：上海人民出版社，2003：256、257.
② 张江. 中国阐释学建构的若干难题［J］. 探索与争鸣，2022（1）.

思想的内在理路产生了重要影响。对宋儒在文学艺术领域所遇到的重要问题进行考察，继而考察他们在阐释《诗经》、乐理、仪礼经传等问题上阐释方式的改变，再将之与其他经典的阐释进行对照，能够为我们发掘宋儒在其独特的历史文化语境中所采取的独具特色的经学阐释原则和方法带来新的洞见，帮助我们整体性地把握宋儒文化学术建构的核心问题和应对方式。而新的方法论同时也一定会在文献学层面上言说载体的变化中体现出来。

"心之全体湛然虚明，万理具足，无一毫私欲之间；其流行该遍，贯乎动静，而妙用又无不在焉。故以其未发而全体者言之，则性也；以其已发而妙用者言之，则情也。"① "欲是情发出来底。心如水，性犹水之静，情则水之流，欲则水之波澜，但波澜有好底，有不好底。欲之好底，如'我欲仁'之类；不好底则一向奔驰出去，若波涛翻浪；大段不好底欲则灭却天理，如水之壅决，无所不害。"②

用这样的观点来看理学诗，我们立刻遇到了显而易见的问题。一方面，根据朱子的阐述，心是万理具足、毫无私欲所以纯然至善的；性是心之未发未动的全体，也是纯然至善的；情为心之已发已动，情况便不那么分明了，如果发为"妙用""发而皆中节"，则或许为善，否则便是发而为欲，有可能"灭却天理，如水之壅决，无所不害"。对以情感表达为核心，甚至在当代发展为"强烈情感的自然流露"的文学艺术，朱熹始终颇具前瞻性地持有"戒惧警醒"的严格态度。而另一方面，随着技术的进步带来文人交往与书信往来的日益频繁，诗歌在宋代显著地成为文人知识分子之间思想传播和社会沟通的主要手段，诗在抒情之外无疑已经具备了重要的社会功能。放弃诗歌这块思想的阵地显然也是不明智的。更进一步思考，我们意识到诗歌其实在其源远流长的发展过程中早已确立了自身固有的抒情方式，崇尚即物感兴、强烈情感和超越精神，其根本逻辑与朱熹所秉承的"理先气后""生理循环""万理具足"的哲学主张似乎具有先天的矛盾。由此我们发现，与其将理学诗作为一种文学题材进行研究，不如将其纳入

① ［宋］黎靖德编，王星贤点校．朱子语类［M］．北京：中华书局，1986：94．
② ［宋］黎靖德编，王星贤点校．朱子语类［M］．北京：中华书局，1986：93、94．

哲学的视野，来看它给理学家的诗歌创作和理论阐释带来了怎样的挑战，而理学家力图将理学和审美的境界融会贯通的诗歌探索为我们理解宋儒经学阐释的特质又能带来怎样的启发。

一、多元视角下的理学家诗歌研究

宋代理学家虽然十分重视心性修养，但其视"理"于心外，而与所谓"心学家"产生分野。这一状况造成了理学家视文艺为末流的"公论"。中国学界对宋代文论的讨论，多把视野的核心聚焦在以欧阳修的散文、黄庭坚为中心的"江西诗派"、严羽的《沧浪诗话》等问题上。相比之下，理学家的文论成为中国古代文学理论发展史上可有可无的陪衬，或者是无甚可取的一股文学的逆流。这不仅与文学实践史上如朱熹等人"以诗名"的状况不符，也未必符合中国文论发展的实际状况。宋代以降，占据中国文学理论主潮的，恐怕不是严羽等社会边缘评论家——他连一部起码的传记都没有留下。正如王术臻在《沧浪诗话研究》中所说，"长期以来，学术界习惯于将《沧浪诗话》视为宋诗学乃至整个中国诗学的最高成就与最高典范……假如我们遍读宋元两代诗话著作，对这一时期的诗学生态有一个全面而切实的了解，就会发现这些判断都是靠不住的，是对严羽及其诗学的误读。"①在理学逐渐成为社会思想的主流之后（宋、元），中国文论的发展其实是以理学标准为框架的，理学家欧阳守道与刘辰翁师徒二人的诗评、诗论名震一时，对明清文论均有深远影响。可是，我们在一般中国文论教材中很难寻觅到对他们论述的笔墨。

这一历史事实在海外汉学家撰写的剑桥中国文学史和哥伦比亚中国文学史中得到了更多的重视。②其他一些海外汉学研究的专著，在涉及对整段

---

① 王术臻. 沧浪诗话研究 [M]. 北京：学苑出版社，2010：1.

② Chang, Kang-i Sun and Stephen Owen, *The Cambridge history of Chinese literature* [M]. 2 vol. Cambridge, UK; New York：Cambridge University Press, 2001; Mair, Victor H. (ed.), *The Columbia history of Chinese literature* [M], New York：Columbia University Press, 2001. 尤其在*The Cambridge history of Chinese literature*（《剑桥中国文学史》）中，有专门一节阐述文学与道的关系以及道学对宋代文学的影响，这在后面的论述中会详细涉及。

文学史或思想史的宏观描述时，也都对理学文论在其中的关键影响和意义进行了讨论，比如美国学者包弼德的专著《斯文：唐宋思想的转型》①，美籍华人学者刘若愚的专著《中国文学理论》②和日本学者吉川幸次郎的专著《宋代诗歌导论》③。这些研究和讨论一方面基于学者们对跨学科研究方法的重视，使得他们能够发掘不同学科领域中相关学术问题的互动。另一方面则是由于海外学者以局外人的眼光考量中国古代文化现象，以泛文化研究而非具体学科为领域，更希望勾勒同时具有历史纵深与时代整体语境的完整故事。而在比较全面的把握中，中心与边缘、主流与非主流的话语权力关系得到更细致的探讨。正如包弼德在其专著的序言部分就提到的"可能在其他任何国家都不会像在中国，一部跨越六个世纪的思想发展史同时也是一部政治史、一部社会精英史和一部文学价值发展史。我的写作在这些领域的交界面上进行，因为我深信分别作为独立学科的思想史、政治史、社会发展史和文学发展史对于理解唐宋时期的思想转型都是必不可少的。"比如傅君劢在他对朱熹的诗歌和哲学研究中提出这样的观点："在面临土崩瓦解的南宋末年，朱熹'学道'的特定方式已经深刻渗入到整个文人社会。他对个体心性本质（the nature of the self）的理解以及他对变动不居的现象世界之外的既定法则的重视已经重新定义了审美在意义建构过程中可以扮演的角色。换句话说，道学已经重塑了诗歌和美学的本质。"④

在第一个例子中，包弼德并不将思想史简单地理解为哲学思想的发展史，而是充分重视了中国古代社会在儒家社会理想的强大主导下不同领域之间的深度互动和互相影响，将思想史、政治史、社会发展史和文学史看成缺一不可的有机整体，认为任何一个领域的变化都会对其他领域产生重要影响。这样，理学家对一代文学风气和价值的影响又岂是严羽的文学论说可以比拟的。退一步讲，如果说严羽的《沧浪诗话》主要关注文学的审

① Bol, Peter Kees,*"This culture of ours"*: *intellectual transitions in T'ang and Sung China* [M]. Stanford：Calif：Stanford University Press，1992.

② Liu, James J. Y., *Chinese theories of literature* [M]. Chicago：University of Chicago Press，1975.

③ Yoshikawa, Kōjirō, *An introduction to Sung poetry* [M]. trans. Burton Watson ，Harvard–Yenching Institute monograph series; Cambridge, Mass：Harvard University Press，1967.

④ Fuller, Michael A. Aesthetics and Meaning in Experience： A Theoretical Perspective on Zhu Xi's Revision of Song Dynasty Views of Poetry [J]. *Harvard Journal of Asiatic Studies*, 2005，65（2）： pp.311–355.

美价值，通过品评历代诗人、为诗歌立法来表达自己道骨禅心的审美追求，那么傅君劢的研究方法和结论明确告诉我们看待宋代的文学，前代的标准已不再适用，因为道学哲学与文人士大夫精神领域的深度互动已经彻底改变了彼时文学和审美的逻辑。在这样的情况下，像严羽这样仅仅因为理学家的文学作品不符合他所推崇的唐代的审美标准而将其拒之门外，并只是从诗歌的体裁本身出发为诗歌立法，又怎能体现宋代诗歌的真实面貌？

无疑，海外汉学的研究为我们理解宋代语境下理学家的文学地位提供了重要的启发，理学家文学和文论在当时社会生活、文化交往和整体思想理论体系的形成当中的重要意义被突显了出来。然而，即便如此，海外汉学的研究也并不够深入，注重整体把握之余仍然缺少对研究对象核心观念之历史演变脉络的梳理，故而仍不免浅层的标签性讨论之嫌。

（一）理学家轻视文学？

首先，理学家轻视文学这个基本前提就是非常值得探讨的。就既定的文学观念对文学模式的裁剪作用而言，不同时代对"什么是文学"或"什么是文论"问题的回答，乃是确立其时文学、文论史书写基本范式的关键。与中国古代"诗言志"和"诗缘情"并举的状况不同，当代中国文学在20世纪80年代初便形成了以个人抒情对抗宏大叙事的先锋文学传统。在这套话语体系中，"文学"的价值天平倾向于"表现说"的立场，加之西方传入的形式意识，各种实验文学纷纷登台。用这种"文学"概念来裁剪文学实践，必然有因不符合"抒情"或"语言形式"要求而被淘汰的文学作品或文学观念。中国古代文学研究在这样的范式影响下，难免遗珠之憾。也正是在这样的观念影响下，中国古代文论史的编撰才更多把严羽等在历史语境中并不显赫的人物作为一代文学精神的高标——这在后人的评价体系中当然不成问题，但如果将其视为历史真实的书写，则是与事实大相径庭的。以朱熹为代表的宋代理学家，其文学观念、文学创作之真实面貌究竟如何？在这些真实而复杂的面貌之下又隐藏着怎样的思想史动因和思想家个人的矛盾？这才是我们不得不回答的重要问题。

　　"理学家轻视文学"的论断其来有自，将其视为一种"刻板印象"并不是要推翻它在一定范围内的合理性。从理学开创者周敦颐开始，"重道轻文"就是典型之论："文，所以载道也。轮辕饰而人弗庸，徒饰也，况虚车乎？文辞，艺也；道德，实也。笃其实，而艺者书之，美则爱，爱则传焉。贤者得以学而至之，是为教。故曰：'言之无文，行之不远'……不知务道德，而第以文辞为能者，艺焉而已。噫！弊也久矣！"（《通书·文辞》第二十八）程颐更是将这种不平衡的文道关系推到了极致："问：作文害道否？曰：害也。凡为文不专意则不工，若专则志局于此，又安能与天地同其大也？《书》曰：'玩物丧志。'为文亦玩物也……古之学者，惟务养情性，其它则不学。今为文者专务章句，悦人耳目。既务悦人，非俳优而何？曰：古者学为文否？曰：人见六经，便以为圣人亦作文，不知圣人亦抒发胸中所蕴，自成文耳。所谓有德者必有言也。曰：游、夏称文学，何也？曰：游、夏亦何尝秉笔学为词章也。"（《河南程氏遗书·卷二》）继承并重建理学道统的朱熹也明确提出"道者文之根本，文者道之枝叶"。（《朱子语类·卷一三九》）在此之外，邵雍、张栻等人也都有过类似的论述，这在李春青《宋学与宋代文学观念》中有详细的介绍和分析，在此不再赘言。[①] 然而，无论在周敦颐、程颐还是朱熹的表述中，我们都可以清晰地看到"文"是统指能够承担道德意义的文字组织形式，即"文字"；我们无法从中凿凿其辞地认为作为"艺"的"文辞"便是今天所谓之"文学"。这在经过了文化论转向，文学被视为一种"话语蕴藉"的当代语境中，应该是一种常识。

　　在中国古代，"文学"的含义与我们今天理解的"文学"相距甚远。"文"在古代起源于笔画符号。《说文》云："文，错画也，象交文"，指的乃是自然界的斑纹或人工图式。普林斯顿大学柯马丁（Martin Kern）撰文专门对"文"及其衍生词"文章""文学"等词意义的产生、发展和演变进行了详细的讨论。他认为"文"直到东汉时期才开始比较普遍地具有"写作""作品""手稿"的含义，并且逐渐开始特指代表文化成就的书面创作。至于"文章"，根据它在《十三经》这一实际直到南宋才最终成书

---

① 李春青. 宋学与宋代文学观念［M］. 北京：北京师范大学出版社，2001.

的经典中的历次出现的情况，柯马丁认为直到南宋也不能找到"文章"可以被合理地翻译为任何意义上的我们今天理解的"文学"或"作品"。[①]"文学"在从战国到早期帝国时代的很长一段时间里都非常稳定地专指文本的研习，亦即儒家学者所秉持的"儒术"或"经术"的核心内容。而在后来的很长一段时间里，"文学"最多不过是"有文采的文字组织"而已。陶东风在《文学理论基本问题》中也指出："在中国古代的历史长河中，并未发展出独立的、现代意义上的'文学'或'文学理论'范畴，也没有形成与其他艺术乃至文化类型相对的独立的'文学'概念"。[②]然而，这种代表着"美"的文字形态，在中国却有着相当深厚的民间崇拜传统，尤其在道教因素参与下，"文字"竟成了"随运开度，普成天地之功"（《云笈七笺·卷七》）的基本法则。故《文心雕龙·原道》云："文之为德也大矣，与天地并生者何哉？"[③]

如果理解了中国古代对"文学"和"文字"的认识，就不难得出周敦颐所言的"文辞"，程颐所说的"为文玩物"，所指不过是今天看来并不那么重要的"文字"而已。周敦颐所说的"文以载道"，其实乃是"文章载道"或"文字载道"，而非"文学载道"；而程颐所说的"作文害道"，也更多是在批评对文字的过分玩味雕琢，与严羽对苏、黄以来的宋代诗人"以文字为诗"的批评具有相通之处。实际上，直到清代，文人士大夫的书写中，"文"也更多取"文章""文字""文辞"之意，而与现代意义上的"文学"相去较远。王夫之继承孔子的"文质"观，对"文质彬彬"所进行的阐发便是典型一例："离于质者非文，而离于文者无质也。惟质则体有可循，惟文则体有可著。惟质则要足以持，惟文则要足以该。故义质彬彬，则体要立矣。"（《尚书引义·毕命》）在这里，"文"意指"文字"无疑。由此，我们也可以进一步认为，周敦颐等理学家话语的针对对象是那些对"文字"

① Kern, Martin, Ritual, Text, and the Formation of the Canon：Historical Transitions of Wen in Early China［J］. *T'oung Pao*, 2001，87（1–3），pp.43-91.

② 陶东风主编. 文学理论基本问题［M］. 北京：北京大学出版社，2004：27.

③ 参见龚鹏程. 文化符号学［M］. 上海：上海人民出版社，2009：147-153.

的魔力有着过分崇拜的士子①，而非善于以文抒情的文人。

一般认为，"文字"之为"文学"，有两点与众不同之处。其一是"文学"讲求文采，"为了恢复对生活的感觉，为了感觉到事物，为了使石头成为石头"②，善于运用隐喻、反讽、含混等修辞形式对文字的组合加以变形，甚至精心安排作品中"鲜明的对称与反对称，平行结构，对等形式和强烈对应"③，从而达到陌生化的效果。这在英美新批评与俄国形式主义文论中已经得到过出色的体现。而在这个意义上，中国传统文论其实对此提出了雕琢于无形的更高要求。正如严沧浪对唐诗的推崇，"盛唐诸人惟在兴趣，羚羊挂角无迹可求。故其妙处透彻玲珑不可凑泊，如空中之音、相中之色、水中之月、镜中之象，言有尽而意无穷。"(《沧浪诗话·诗辨》)看似是对"言筌"的否定，实际是要求语言的使用极高明而"入神"，④虽意味无穷却"无迹可求"。其二是"文学"讲求存在体验，要求在诗歌中表现出如华兹华斯所说的"强烈的感情"⑤、如德国哲学家威廉·狄尔泰所说的"活的体验"(lived experience)⑥或者如伊格尔顿所说的最宽泛也是最本真意义上的意指人的存在方式的"道德"(morality)⑦。王国维"境界"说

----

① 自唐以来，中国科举设"辞赋"科，以文名天下而加官进爵者。这在整体上对社会风气起了引导作用。民间对文字的崇拜与巫术、祈祷、社团等宗教类现象相交织，也形成一时风气。参见龚鹏程. 文化符号学 [M]. 上海：上海人民出版社，2009：263-270.

② [俄] 维·什克洛夫斯基著，蔡鸿滨译. 艺术作为手法 // [法] 茨维坦·托多罗夫编选. 俄苏形式主义文论选 [M]. 北京：中国社会科学出版社，1989：58.

③ 转引自雅各布森、列维-施特劳斯著，张连奎译. 论波德莱尔的《猫》(上) [J]. 法国研究，1987 (04)：47-54.

④ 同样在《沧浪诗话·诗辨》中严羽提出了"入神"的标准："诗之极致有一：曰入神。诗而入神至矣！尽矣！蔑以加矣！惟李杜得之，他人得之盖寡也。"

⑤ 如英国浪漫主义诗人威廉·华兹华斯 (William Wordsworth) 在《抒情歌谣集》的序言中所言 "Poetry is the spontaneous overflow of powerful feelings."

⑥ Rudonlf A. Makkreal and L. FrithjofRodi, ed. *Poetry and Experience* [M]. Wilhelm Dilthey Selected Works, volume V, .Princeton： Princeton University Press, 1985, p. 251.

⑦ 伊格尔顿在《如何读诗》(*How to read a poem*) 一书中将"道德" (morality) 进行了广义和狭义的区分，他提出，"在传统用法中，'道德的'不是和'不道德的'相对照的，而是和'历史的''科学的''美学的''哲学的'等这样的表述相对照的。它不是指人类经验中不同的一个领域，而是指从特定的角度思考的这个经验的总体。""诗是道德的陈述，不是因为它会根据某种规范作出严格的评判，而是因为它处理人的价值、意义和目的。"译文参见 [英] 特里·伊格尔顿著，陈太胜译. 如何读诗 [M]. 北京：北京大学出版社，2016：37.

之核心亦不出此意："境非独谓景物也。喜怒哀乐，亦人心中之一境界。故能写真景物、真感情者，谓之有境界。否则谓之无境界"；"有造境，有写境"；"有有我之境，有无我之境"。（《人间词话》）文采与体验二者的结合，便近似于童庆炳所说的"话语蕴藉"，即"文学"应该在文字字面意思之外，含有更为深刻的有待读者加以理解和阐释的意义。[①] 如果这种说法成立，那么作为理学家口号的"文以载道"恰恰是要求文章作品在其字面意思之外必须有"道"的要求，"道"作为蕴藉隐藏在"文"之中，并借助"文"而进入读者的内心深处，呼唤起深远的回音——"美则爱，爱则传焉"。如果用中国古代文论的概念加以阐释，我们可以说无论是周敦颐的"文以载道"，还是程颐的"作文害道"，或者朱熹的"道本文枝"，其根本反对的乃是"以辞害意"（《文心雕龙·夸饰》）；而非"以情害意"。故程颐云："凡为文，不专意则不工，若专意则志局于此，又安能与天地同其大也？"（《二程遗书·卷十八》）这实际意味着程颐已经对文学的表达机制有了充分的认识，认为真正好的文学作品的产生实际对作者有着极高的要求，需要专意于精巧的表达，但又不可陷溺其中，不可痴狂到类似严羽所批评的"用字必有来历，押韵必有出处"（《沧浪诗话》）的地步，否则无论从作品的"滋味""兴趣"还是"意境"来看，都是与优秀的文学相距甚远的。由此，对一般学人来说，匠气的雕琢似乎确实难以达到文学的标准，更不用说"与天地同其大"了。与此相比，对大多数人来说，专心学道才更为"直截根源""单刀直入"（《沧浪诗话》），有望以最为有效的方法与审美的最终体悟殊途同归。

我们已经可以很清楚地看到"理学家轻视文学"的刻板印象来自于今人对"文学"在中国古代语境中的误读，"理学家轻视"的"文学"乃是仅仅讲求文采的"文字"。在此基础上，我们得以进一步发现理学家对待文学的态度问题，还有着更深一层的复杂性。

---

① 童庆炳主编. 文学理论教程（第四版）［M］. 北京：高等教育出版社，2008：64–72.

（二）"情之溺人"与传统误读

文学具有鼓动性情的"感兴"作用，接受者有可能被文学文本所表达的情感牵引而丧失主体性意识，这正是理学家们所担忧的。邵雍即云："近世诗人，穷戚则职于怨怼，荣达则专于淫佚。身之休戚，发于喜怒；时之否泰，出于爱恶。殊不以天下大义而为言者，故其诗大率溺于情好也。噫！情之溺人也甚于水。"这似乎可以被看作理学家视文学为洪水猛兽，唯恐"以情害意"的证据。但邵雍稍后即笔锋一转，"古者所谓'水能载舟，亦能覆舟'，是覆载在水也，不在人也；载则为利，覆则为害，是利害在人也，不在水也……虽死生荣辱转战于前，曾未入于胸中，则何异四时风花雪月一过乎眼也，诚为能以物观物，而两不相伤者焉。盖其间情累都忘去尔，所未忘者，独有诗在焉。"① 这就是说，"情之溺人"的关键，在于所"溺"之"情"的性质；倘使主体能够"以物观物""情累都忘"，则所留之"诗"便有益于"天下大义"；于是，个人的主体性不是丧失，而是得到了升华。这种对文学的理解和要求其实正体现了当时理学家们对中国传统诗歌观念的合理认识。而这种根植于中国古代的传统观念恰恰又是与我们今天说得更多的现代西方文学观念背道而驰的。这其中最大的区别在于对文学写作真实与否的看法。

传统中国诗人和读者的共识多是诗歌应该是真实而非虚构的，诗歌应该是用来描述真实的历史环境和诗人真实的体验。正如宇文所安在他的文章中所提到的"在中国阅读传统中……读者的本能反应是［作品］对物质世界的直接呈现：当看到一首偶题诗中的'芳泉'，读者将其理解为蕴蓄着落花芬芳的真实的泉水，而不是吹入空中的隐喻性的芳香之'泉'"。② 正是基于这样的共识，历代批评家们理所当然地认为读者可以从作品中找到关于作者生平的记录甚至整个时代的文化记录。而这样一种对真实性的理解和期待一定是建立在对文学语言表意功能的充分信任的基础上的。这种信任源自

---

① ［宋］邵雍著，郭彧整理. 邵雍集·伊川击壤集序［M］. 北京：中华书局，2010：179、180.

② Owen, Stephen, Transparencies：reading the T'ang lyric［J］. *Harvard Journal of Asatic Studies*, 1979, 39（2），231–251.

早在《诗大序》中便压倒性地体现出来的文学观念："诗者志之所之也，在心为志，发言为诗"（《诗大序》）。这暗含着语言的绝对适用和透明，同时也暗含着对诗歌接受者的要求，亦即从诗歌文本逆向回溯到作者心中真实想表达的情感或意图。这是一个完全没有阻碍的双向可逆的过程。正如刘勰在《文心雕龙·知音》篇中描述的"夫缀文者情动而辞发，观文者披文以入情，沿波讨源，虽幽必显。世远莫见其面，觇文辄见其心。"这也解释了为什么中国古代诗人大多用诗来描绘他们个人最真实的情感和经历，并且倾向于详细地把写诗的时间地点和一些相关情况记录在诗的标题里。他们也期待着刘勰所说的"知音"，希望读者可以进入他们的世界，理解他们的情感和思想。理学家们也是如此。使用诗歌这种与强烈的情感和生存的体验密不可分的体裁，他们也期待着读者能够在对"道"的理性认知之外对他们哲学视野下的活泼的生存体验有所了解。

但问题在于传统观念认为语言的表意程度是受到削减的。这便涉及从先秦就开始的关于言意关系的讨论。《易传·系辞上》说："子曰'书不尽言，言不尽意。'然则是圣人之意其不可见乎？子曰：'圣人立象以尽意，设卦以尽情伪'"①。"言不尽意"的文学观念给读者的阅读过程制造了一点挑战，同时也培养了要追求作者"言外之意"的阅读习惯。根据宇文所安所做的区分，这种言外之意不是西方文学作品中文本之外的"隐喻性真理"（metaphorical truth），而是以文本为借代本体的"历史性的事实"（historical truth）。也就是说，传统中国读者的阅读是一个基于已知内容、为了求得作者的真意而不断进行意义放大的过程。在这样的情况下，如果作者创作过程中过多的精力被投入到文字的雕琢和情感的宣泄中，那又岂能个使人陷入"情之溺人也甚于水"的地步呢？所以说理学家们所反对的并不一定是任何形式的个人情感，不论从他们的诗歌创作还是他们所赞同的"感兴"的文学观念来说，情感这一环都是必不可少的。这也是为什么程颢说："诗可以兴，某自再见茂叔后，吟风弄月以归，有'吾与点也'之意"（《二程遗书·卷三》）。事实上，周敦颐的《爱莲说》和"二程"的一些诗作至今都是中国文学史上的名篇。

而事实上也正是这种阅读传统造成了后来人们对理学诗歌的过度阐释甚至严重误读。一方面人们在现有文本的基础上进行意义的放大，期待从中了解到真实的作者、作者的世界和作者在其中蕴藏的真意，另一方面人们被理学家们压倒性的哲学声望和"知人论世"的阅读方法影响着，这便不可避免地造成人们理解的"前见"，继而在意义重构的过程中将其不断放大而在一些极端的情况下形成我们今天看来非常牵强的理学阐释。比如从元代开始，伴随着将朱熹理学著作经典化的过程，学者们开始对朱熹的一些山水诗进行哲学上"真意的发掘"。其中南宋遗民陈普就认为："朱文公九曲，纯是一条进道次序"，分析十首棹歌于"道之全体""道统传承""下学上达""日用之常"等修道历程的喻意。① 而这样的阐释虽然夸张，却也已经形成我们今天理学诗阅读传统的一部分而影响着我们当代人的理解。当代朱熹诗歌研究者王利民同样认为九曲棹歌组诗的立意主要是借九曲之游的时空进程隐喻进道次序。② 而事实上这组诗歌在朱熹创作之初以及他死后的很长一段时间内都没有遭到这种阐释的绑架。在南宋时期非常重要的理学家作品集《性理群书句解》中收录了许多当时的理学诗歌名作，包括朱熹的《斋居感兴》，却没有这组《九曲棹歌》。作品集中收录的每一首诗都附有非常详细的字句注释，说明在那个时候人们对理学诗的系统学习和阐释已经非常重视，同时也说明南宋当时的理学门人并没有把这组诗当成明显的哲学作品或者理学诗。③

这样的过度阐释和误读不仅体现在历代学者对《九曲棹歌》的哲学阐释上，同时也体现在对许多理学家的诗歌阐释当中。不仅如此，由此形成的对中国古代诗歌僵化的阐释传统也深深影响了当代理学家的诗歌研究。加上之前提到的古今、中西对于"文学"范畴的不同理解和期待，理学家的诗歌早在被认真对待和细读之前就已经被贴上了"重理轻文"、哲学色

---

　　① ［宋］朱熹著，［宋］陈普注. 武夷棹歌注 // ［日］林衡编. 轶存丛书［M］. 上海：涵芬楼，1924.

　　② 王利民，陶文鹏. 论朱熹山水诗的审美类型［J］. 中山大学学报（社会科学版），2010（01）.

　　③ 对于这首诗歌从产生之初到在历史的各个不同阶段所经历的不同阐释的详细分析，参见Han, Christina.Between Poetry and Philosophy：The Neo-Confucian Hermeneutics of Zhu Xi's Nine Bends Poem ［J］. *An International Journal of the Philosophical Traditions of the East*，2013，23（1），62-85.

彩浓郁而枯燥、文学表达简单而拙劣的标签。真正致力于理学家的文学和诗歌研究著作，也主要以研究"补白"为目的，尽量发掘理学文学中符合当代审美标准的蛛丝马迹。①多数的研究，虽然因为研究者独特的审美直觉而对理学家文学作品的价值原貌进行了一定程度的复原，但从对概念的反思和对既定模式的突破来说，或许早在研究之初就失却了审视理学家文学作品应有的公允。

以朱熹为例。朱熹虽然留下了"多言害道，绝不作诗"等各种反对诗歌创作的言论，但他其实一生创作诗至少1400多首、词19首。庞大的数量至少可以说明诗歌在朱熹精神生活中绝非配角，它贯穿着朱熹的一生，伴随着朱熹哲学从模糊走向明晰，从外向转向内向，深刻影响着朱熹的人格建构与思维方式，也反映了他身处哲学论战的中心，面临不同诗学传统的理性抉择。如果不从这一基本事实出发理解朱熹，而浮于"理学家轻视文学"或"理学家对待文学的态度是矛盾的"等论断的表面，将无助于我们把问题引向历史的深处。一些少有的注意到朱熹诗学的研究者将其矛盾仅仅归因于朱熹的诗人特质，认为他继承了父亲朱松写诗的才能，其诗情即使在理学的束缚下也无法不显现出来。而事实上写诗是一个复杂的过程，涉及眼中之竹、胸中之竹和手中之竹三个阶段，是一个一步步把感性情感以理性方式表达出来的过程。或者用伊格尔顿的话说，"诗歌是虚构的、使用语言创造的道德叙述。在这里，是作者，而不是打印机或文字处理工具来决定诗行终止于何处。"②我们习惯相信古代诗歌中所见之情感便是作者最初最真实的情感，但其实作为理学家的朱熹又怎可能写出自己的理性不认可的诗歌，还愿意把它们结集出版呢？因此需要一层层撕开这些被复杂的历史过程和观念的演变制造的标签，直接进入到理学家的诗歌文本，直面由诗歌文本呈现给我们的诗人和他眼中的世界，区分开学术研究和寻找所谓"言外之意"的个人化的诗歌鉴赏，来看这些作为诗人的哲学家在其一生的诗歌创作中怎样试图调和理学意识形态与人在应接外物时经验性情感

① 吴长庚. 朱熹文学思想论［M］. 合肥：黄山出版社，1994；莫励锋. 朱熹文学研究［M］. 南京：南京大学出版社，2000.

② Terry Eagleton，*How to read a poem*［M］，Malden，Mass.：Blackwell Pub.，2007，25.

的冲突，以及理学的哲学逻辑对诗歌表情机制的要求与业已成型且根深蒂固的传统诗人群体价值观念的冲突，看他们对实质是美学问题的"合内外之道"的理学命题的独特理解，由此探索宋儒经学阐释的核心问题和根本特质。

二、从朱熹诗作之抵牾看诗与思的逻辑冲突

顷以多言害道绝不作诗两日读大学诚意章有感至日之朝起书此以自箴盖不得已而有言云

> 神心洞玄鉴，好恶审薰荑。
> 云何反自诳，闵黙还包羞。
> 今辰仲冬节，癙叹得隐忧。
> 心知一寸光，昱彼重泉幽。
> 朋来自兹始，群阴貌难留。
> 行迷亦已远，及此旋吾舟。

这首格律工整的古体诗表达的是作者朱熹与诗歌写作坚定的诀别，但细看之下朱子的态度其实远不如他说得那么坚定。如果把这首诗放到朱熹一生写诗的整个历程中看，则发现朱熹对待诗歌的态度前后矛盾愈发明显。由此深入探索，我们从这位逻辑缜密的理学家身上看到的是哲学与文学文本之间独特的互掣与互动关系。

（一）多言害道，绝不作诗？

根据郭齐《朱熹诗词编年笺注》的考证，本节开篇所引的这首诗写于绍兴末年。这正是朱熹思想转向理学、"逃禅归儒"的关键时期。郭齐认为，除开这首诗，朱熹在这个时期写作了一系列言理诗，比如《仁术》《善闻决江河》《仰思二首》《困学二首》《復斋偶题》《克己》《曾点》《伐木》，

等等。① 这些诗作直接说理而较少描述，多为对儒学经典和先贤名篇的阅读体悟和学习心得。按照现代以来的文学观点，这些都是缺乏意境和较少文学性的作品，即使在宋代末年，也正中了严羽的批评："以议论为诗，以才学为诗""多务使事，不问兴致"（《沧浪诗话》）。然而，姑且不论唐宋以来文学观念的转型和现代以来所受西方文学理论的影响，在这里比探讨文学标准更重要的，是这些诗歌突出表现了朱熹这个时期哲学思想和文学写作思维发生的深刻变化。根据前述郭齐的《朱熹诗词编年笺注》、对这首诗所做的前后作品的关联、以及这首诗的标题、作者的决绝态度和所表达的理学思想，笔者认为这首诗作于绍兴三十年（1160 年）冬至无疑。那年十月，朱熹受李侗邀约第三次赴延平相见，历经两个月的受教问答，正式恭执弟子礼，拜师于李侗门下，自此尽弃旧学，开始了坚定的儒学探索。②而根据朱熹此诗以及之后写给友人书信的描述，逃禅归儒的首要步骤就是彻底断绝诗歌写作。正如诗中所说"多言害道，绝不作诗"。

的确，与出入佛老时期的恣意畅游、随性赋诗大不相同，逃禅归儒的朱熹突然对诗歌进行了坚决的否定。在写作这首"绝不作诗"的誓言前后，朱熹也在给表弟程洵的信中说道："往年误欲作文，近年颇觉非力所及，遂已罢去，不复留情期间，颇觉省事。讲学近见延平李先生，始略窥门户，而疾病乘之，未知终得从事于斯否耳。大概此事以涵养本原为先，讲论经旨特以辅此而已。向来泛滥出入，无所适从，名为学问，而实何有？"③ 束

① ［宋］朱熹撰，郭齐笺注. 朱熹诗词编年笺注［M］. 成都：巴蜀书社，2000：165.

② 关于朱熹究竟何时正式拜师李侗，学界存在着多种说法。朱子绍兴年间三见李侗，分别在癸酉（绍兴二十三年）、戊寅（绍兴二十八年）和庚辰（绍兴三十年）。《朱子大传》作者束景南赞同朱熹弟子赵师夏《跋延平答问》中的观点，认为绍兴二十八年往见李侗为师事之始。《朱子行状》作者黄干认为绍兴二十三年仅仅是拜访，绍兴二十七年开始接受李侗的观点，而二十八年正式拜师。《朱子年谱》作者王白田根据朱熹对李侗的称呼由"丈"到"先生"的改变认为朱子正式受业在绍兴三十年，也就是第三次见面之后。本书赞同王白田的看法。李侗在绍兴三十、三十一年间与友人书信中提到"元晦进学甚力，乐善畏义，吾党鲜有。晚得此人，商量所疑，甚慰"。恰好同一时间，朱熹也在给友人书信中写道"讲学近见延平李先生，始略窥门户。"（［宋］朱熹. 晦庵先生朱文公别集（卷三）·程钦国 //［宋］朱熹. 朱子全书（第二十五册）［M］. 上海：上海古籍出版社，合肥：安徽教育出版社，2002：4879.）

③ ［宋］朱熹. 晦庵先生朱文公别集（卷三）·程钦国 //［宋］朱熹. 朱子全书（第二十五册）［M］. 上海：上海古籍出版社，合肥：安徽教育出版社，2002：4879.

景南的《朱子大传》认为这封信写在朱子写作"绝不作诗"之后，然而笔者认为根据内容应该是写在"绝不作诗"之前，因为朱子在信中所表现的态度远不如诗里来得坚决。在信中，朱子只是觉得写诗作文是件费力的事情，而自己天赋才情有限，再加上学术之事以涵养为主、以经旨为辅，与写诗无关，停止写作反而省事。

然而朱熹在诗里透露出来对这个问题却有更深一层的理解。在作为坚定的理学追随者的朱熹看来，"神心"是与生俱来、内在于人心的，它赋予人心内在的力量来区别好坏善恶。既然对人的存在进行判断的终极力量来自这份内在固有的"神心"，那么直接涵养本心就已足够，自然不必通过煞费力气的写诗作文来感发本心、针砭善恶。更何况"多言害道"，写诗不仅分散精力，还会让人迷失在浅层的情感体悟当中造成"自诳"的效果。在朱熹看来，一切的天与人、外物与人心的关系都是由道决定的，因此没有必要也不可能通过直接学道之外的其他方式得到。他认为自己在学道之前所有的徘徊于佛老的思想探索和写诗作文、沉溺于外物、纠结于心物关系的过往都是歧途，只有对于道心神心的体悟才有可能照亮世界、引发朋来。他为之前漫无目的的外在探索感到"闵默还包羞"，认为自己已然迷失甚远，需要"及此旋吾舟"。这正呼应了朱熹在李侗那里学到的修行法则："学问之道不在于多言，但默坐澄心，体认天理。"[①]在学道初期的朱熹看来，天理即是绝对的本质力量，而默坐澄心则是通向天理的唯一路径，其他一切皆属枉然与自诳。

但事实上朱熹一生写诗的情况却远不像他想隐藏的出入佛老、写诗参法，而后坚决地停止作诗那么简单。在那之后，朱熹的诗歌创作之路还在继续，并且充满了矛盾与纠结。我们清晰地知道朱熹至少先后四次在人生的不同阶段、在现存的记载中发誓不再作诗，而每次誓言过后又再次提笔写作。比如在《鹤林玉露》中就有这样一则记载：

> 胡澹庵上章，荐诗人十人，朱文公与焉。文公不乐，誓不复作诗。

---

① ［宋］朱熹. 朱子全书（第十三册）［M］. 上海：上海古籍出版社，合肥：安徽教育出版社，2002：341.

迄不能不作也。尝同张宣公游南岳，酬唱至百余篇，忽矍然曰："吾二人得无荒于诗乎？"①

　　引文中提到的南岳之旅发生在朱熹三十八岁时。朱熹前往湖南拜访张栻，意在讨论已发与未发的关系，以及工夫论的问题，没想到论学之余一行人从长沙前往游历衡山，赏山观水，吟咏唱酬，十天之内作诗高达149首。朱熹之后把这些诗歌编纂成诗集《南岳唱酬》，其中包括许多真实情感的自然流露，比如"三日山行风绕林，天寒岁暮客愁深"②等。后文将对这些诗歌做进一步分析。更有甚者，在结束了南岳之旅返回福建的路途上，朱熹与弟子们仍然沉浸在山水唱酬之中，一路继续创作了200多首诗歌，后被编入《东归乱稿》。这其中朱熹自己创作的便有78首之多。然而，抒情吟咏之余，他仍有不少从理学立场出发，宣称放弃诗歌写作的作品。以下这例便是典型：

题二阕后自是不复作矣

久恶繁哇混太和，云何今日自吟哦？
世间万事皆如此，两叶行将用斧柯。③

　　这首诗与前引的"绝不作诗"一诗非常相像，尤其最后一句表现出告别诗歌写作的决绝。但这并没有妨碍他创作更多不同风格、不同结构的作品。除开诗歌写作之外，我们也可以在其他文章中窥见他对待诗歌的复杂矛盾态度。例如在《南岳游山后记》中，朱熹详细记载了当时写诗所经历的百般纠结：

　　丙戌，至株洲，熹与伯崇、择之取道东归，而敬夫自此西还长沙

---

　　①［宋］罗大经撰，王瑞来点校. 鹤林玉露·卷六·朱文公论诗［M］. 北京：中华书局，1983：112.

　　②［宋］朱熹撰，郭齐笺注. 朱熹诗词编年笺注［M］. 成都：巴蜀书社，2000：432.

　　③［宋］朱熹撰，郭齐笺注. 朱熹诗词编年笺注［M］. 成都：巴蜀书社，2000：477.

矣。自癸未至丙戌凡四日，自岳宫至株洲凡百有八十，其间山川林野风烟景物，视向来所见，无非诗者。而前日既有约矣！然亦念夫别日之迫，而前日所讲盖有开其端而未竟者，方且相与思绎讨论，以毕其说，则其于诗，固有所不暇者焉。丙戌之莫，熹谂于众曰："诗之作，本非有不善也。而善人之所以深惩而痛绝之者，惧其流而生患耳。初亦岂有咎于诗哉！然而今远别之期近在朝夕，非言则无以写难喻之怀，然则前日一时矫枉过甚之约，今亦可以罢矣。"皆应曰："诺"。既而，敬夫以诗赠吾，三人亦各答赋以见意。熹则又进而言曰："前日之约已过矣，然其戒惧警省之意则不可忘也。何则？诗本言志，则宜其宣畅演郁、优柔平中，而其流乃几至于丧志。群居有辅仁之益，则宜其义精理得，动中伦虑，而犹或不免于流；况乎离群索居之后，事物之变无穷，几微之间、毫忽之际，其可以营惑耳目、感移心意者，又将何以御之哉？故前日戒惧警省之意，虽曰小过，然亦所当过也。由是而扩充之，庶几乎其寡过矣。"敬夫曰："子之言善"。其遂书之，以诏毋忘。……自今暇日，时出而观焉，其亦足以当盘盂几杖之戒也夫。①

一开始朱熹与众人约定，无论"其间山川林野风烟景物"多么能够激发诗兴，也以讲学论道为主，绝不作诗。而之后实在感觉"非言则无以写难喻之怀"，于是为诗歌平反，认为之前的约定"矫枉过甚"，遂而作罢。诗戒一开，几个回合之后朱子又开始顾虑，继而苦口婆心地认真提醒大家虽然写诗，但一定要保持"戒惧警省"。这便是朱熹事后回忆《南岳唱酬》148 首和《东归乱稿》200 多首得以产生的整个心路历程。写诗数量之多、心态之纠结，朱子一生写诗的矛盾由此可见一斑。

再例如在朱熹写给弟子的信中，我们可以看见他对苏轼的评判态度是较为复杂并且前后不一致的，由此进一步可见朱熹对于诗歌的矛盾心态：

苏氏文辞伟丽，近世无匹，若欲作文，自不妨模范。但其词意矜

---

① ［宋］朱熹. 晦庵先生朱文公文集（卷七十七）·南岳游山后记 // ［宋］朱熹. 朱子全书（第二十四册）［M］. 上海：上海古籍出版社，合肥：安徽教育出版社，2002：3705.

豪诡谲，亦有非知道君子所欲闻。是以平时每读之，虽未尝不喜，然
既喜，未尝不厌，往往不能终帙而罢，非故欲绝之也，理势自然，盖
不可晓。①

朱熹对苏轼写诗作文的文辞是非常赞赏的，认为已经到了"近世无
匹"的程度，并且号召世人效仿之。而对于其"词意"，朱子则认为"理
势""不可晓"，"非知道君子所欲闻"。殊不知朱子的概念混淆透露了内
在的矛盾。关于朱子所喜爱的苏轼的文辞，早在扬雄《太玄经·太玄莹》
中就有了这样的解释："文以见乎质，辞以睹乎情，观其施辞，则其心之所
欲者见矣"。文也好，辞也罢，都是为了表达核心的道理、蕴蓄的情感服
务的，文辞展现着情质，情质使文辞更为伟丽，这二者水乳交融的联系是
不可二分的。朱熹爱其文辞，自然透露着对其"词意"与"理势"的情感
共鸣，但又因"知道君子"的身份限制而无法从理智上认同，所以导致了
"是以平时每读之，虽未尝不喜，然既喜，未尝不厌，往往不能终帙而罢"
的矛盾状态。

朱熹一生写诗矛盾纠结，总量却颇为可观，这与我们通常了解的严肃、
严谨的作为理学家的朱子形象是不一致的。因此，有必要跳出单纯的诗歌研
究或理学研究的框架，从诗歌写作诗意地探索天人关系的整体视野来重新梳
理和理解朱熹的诗歌，而不是像以往那样只是将其放置在朱熹哲学的盛名之
下来理解，从诗中找到哲学的注脚，或者将诗歌当作哲学传播的工具。

（二）诗歌写作的哲学意义

如上所述，朱熹主要在绍兴三十年逃禅归儒、正式拜师李侗，之后的
哲学人生中，诗歌写作出现了前所未有的纠结与困扰。可如果我们回到当
时朱子所致力于建造的哲学系统来考察诗歌，会发现事实情况非但不像朱
熹所说作诗无用，反而诗歌应该在他的整个道学工夫论中占有至关重要的

---

① [宋] 朱熹. 晦庵先生朱文公文集（卷四十一）·答程允夫 // [宋] 朱熹. 朱子全书（第二十二
册）[M]. 上海：上海古籍出版社，合肥：安徽教育出版社，2002：1864.

地位。正如海德格尔借鉴诗人荷尔德林的说法提出"人诗意地栖居",诗歌正是承载诗人于宇宙万物之间的存在体验、对天人关系之积极探索的哲学表达。而这种由感性与理性相交织的存在探索、传统诗歌写作规则和社会沟通需求共同塑造的诗歌表达方式在根本逻辑上与朱子的哲学建构却是背道而驰的。这便导致了朱熹一生诗歌写作的矛盾困扰。

众所周知,朱熹思想体系的形成经过了两次重要的"中和之悟",这分别是指发生在1166年的"丙戌之悟"和发生在1169年的"己丑之悟"。将这两次"中和之悟"进行对比,可以发现所有的理论调整都关涉到修养方法这样一个工夫论的核心问题。也正是在对个体的修养方法进行调整的过程中,关于怎样处理个人情感,以及随之而来的美学空间问题浮出了水面。

第一次"中和之悟"源自朱熹对老师李侗所传授的"静坐体认天理"的修行方法的怀疑。所以朱熹在1166年之后开始强调"心为已发,性为未发"①,认为人们应该从已发的情感与万事万物中静观、体认天理流行发见之初最精微的瞬间,涵养本心,然后试图找到具有道德性的天理人心最本源之所在。然而,当朱熹越来越多地思考以及身体力行这套修行方法,怀疑也随之产生。正如朱熹自己归纳的,这其中最大的矛盾来自"已发""未发"二分产生的逻辑窒碍:"未发之前不可寻觅,已发之后不容安排。"②既然已发与未发是两种截然不同的表现形态,而未发又是那样缥缈神妙,这两者是不是在逻辑上永远都不可能形成真正的融会贯通?不可能真正地实现从已发返溯未发呢?于是,在1169年的第二次"中和之悟"以后,朱熹提出"性为未发,情为已发"③"心统性情"④。这样一来,人们对天理人性

---

① [宋] 朱熹. 晦庵先生朱文公文集(卷六十四)·与湖南诸公论中和第一书 // [宋] 朱熹. 朱子全书(第二十三册)[M]. 上海:上海古籍出版社,合肥:安徽教育出版社,2002:3130. 亦见文集(卷六十七)// [宋] 朱熹. 朱子全书(第二十三册)[M]. 上海:上海古籍出版社,合肥:安徽教育出版社,2002:3266.

② [宋] 朱熹. 晦庵先生朱文公文集(卷六十四)·与湖南诸公论中和第一书 // [宋] 朱熹. 朱子全书(第二十三册)[M]. 上海:上海古籍出版社,合肥:安徽教育出版社,2002:3130、3131.

③ 例如,《语类》中记载朱熹所言:"性者指其未发,故曰'仁者爱之理'。情即已发,故曰'爱者仁之用'"。[宋] 朱熹. 朱子语类(卷二十)// [宋] 朱熹. 朱子全书(第十四册)[M]. 上海:上海古籍出版社,合肥:安徽教育出版社,2002:690.

④《语类》中记载朱熹所言:"旧看五峰说,只将心对性说,一箇情字都无下落。后来看横渠'心统性情'之说,乃知此话有大功,始寻得个'情'字著落,与孟子说一般。"[宋] 朱熹. 朱子语类(卷五)// [宋] 朱熹. 朱子全书(第十四册)[M]. 上海:上海古籍出版社,合肥:安徽教育出版社,2002:226.

的领会在逻辑上就显得更为可行：在心的统摄范围之内，由关照情感的端倪出发，抱着敬畏之情来涵养本心，同时积极地学习与探索，今日格一物，明日格一物，有步骤地实现对天理的探寻。正如朱熹在《与湖南诸公论中和第一书》中表达的对程颐的理解："涵养须用敬，格物在致知"。① 在此之后，朱熹更进一步认为只有通过内在涵养，继而达到"七情迭用，各有攸主"的境界，看似缥缈难寻的天道方能进入人心，真正的"中和之妙"才得以实现。②

由此，朱熹的两次"中和之悟"的一个重要意义在于把作为涵养对象的"性"和"情"带入了工夫论，从而进入了中国哲学的核心话语体系。情感也由此获得了本体意义。在朱熹的思想体系中，七情是人心在应对外部环境的刺激时所产生的不同表现，这也正契合了中国传统文论中谈到的"感兴"的创作原理。这些被兴发的情感本身并无好坏之分，但他们可能受到引导，或者回归善之发见的四端，或者走向危险沉溺的境地。所以在理学家沟通天人的努力中，情感成了至关重要的一环。也正因为个人的情感正处在外在世界与被赋予了天理的内在人性之间，并且与这两者都息息相关，那么它自然就进入了美学的范畴。正如德国美学家鲍姆加登所理解的，美学靠感性获取知识。在狭义上，它将每一种特殊的对美的体验的内在含混表现出来。它有别于理智，但与其并无高下之分。③ 因此，专注抒发情感的诗歌自然成了在理学思想体系中必须得到正视和解释的问题。

朱熹在《诗集传》序言中说：

> 人生而静，天之性也；感于物而动，性之欲也。夫既有欲矣，则不能无思；既有思矣，则不能无言；既有言矣，则言之所不能尽，尔发于谘嗟咏叹之馀者，必有自然之音响节奏而不能已焉。此诗之所以

① ［宋］朱熹. 文集（卷六十四）// ［宋］朱熹. 朱子全书（第二十三册）［M］. 上海：上海古籍出版社，合肥：安徽教育出版社，2002：3131.

② ［宋］朱熹. 文集（卷三十二）. 答张钦夫 // ［宋］朱熹. 朱子全书（第二十一册）［M］. 上海：上海古籍出版社，合肥：安徽教育出版社，2002：1419.

③ Alexander Gottlieb Baumgarten, *Aesthetica*［M］, Hildesheim：G. Olms, 1961.

作也。①

这意味着在朱熹的诗歌观念中，诗歌在本源上就应该是外在世界与内在心性相勾连的具体呈现，是"感物而动"的已发状态的艺术表达。由此，朱熹的工夫论逐渐变得与审美空间密不可分，而对于心性论发展方向的关注也逐渐成为朱熹的理学和经学阐释系统中沟通天人讨论的核心问题。

然而，在整个理学体系中，未发与已发之间的逻辑窒碍、天命之性与感发之情之间的实际缝隙是从来没有真正被弥合的。程氏兄弟试图用《尚书》中的十六字箴言描述天理、人欲之间的这段缝隙，"人心惟危，道心惟微，惟精惟一，允执厥中"，（《尚书·大禹谟》）但实际上越发证明了这二者之间关系的含混难辨。朱熹说："天理人欲之分，只争些子，故周先生只管说'几'字；然辨之又不可不早，故横渠每说'豫'字。"②在朱熹看来，在天理发见为人欲之端倪的"几"是至关重要的，而首要之事就是辨识端倪，并且戒惧警醒，不使它被不恰当的欲望引入歧途。所谓"正当于几微毫厘处做工夫"。③朱熹所说的几微毫厘之处实际上与"二程"引用《尚书》十六字箴言不谋而合，更说明了一个简单的"几"字在道心、人心之间所处的重要地位：它是一个必不可少的过渡空间，贯通着天理与人欲、心性与情感。

概念的提出证明大家都意识到了这理论缺失的一环，可并没有人对它做更详细的阐释。"几"在朱熹的工夫论中是一个经常被用到的术语，它是区分善恶的核心所在："惟是常存得实理在这里，方始见得几，方始识得善恶"。④可细看之下，这"实理"属于未发的部分，是需要基于已发的情感，通过对"几"的辨识来体认的内容，工夫论的修行方法又岂能是从这未发的"实理"出发的呢？为了避免对"几"之察识的细致讨论，朱熹使用了一个明显的循环阐释。他自己也意识到对"几"的讨论太过抽象和不

① [宋] 黎靖德编，王星贤点校. 诗集传 [M]. 南京：凤凰出版社，2007：1.

② [宋] 黎靖德编，王星贤点校. 朱子语类·卷十三 [M]. 北京：中华书局，1986：224.

③ [宋] 黎靖德编，王星贤点校. 朱子语类·卷十六 [M]. 北京：中华书局，1986：337.

④ [宋] 黎靖德编，王星贤点校. 朱子语类·卷五十九 [M]. 北京：中华书局，1986：1411.

易实践的问题，提出"几就事上说""几在事，半微半显"，[①] 但始终没有对这座重要的理论桥梁做出合适的阐释。

之所以对这样一个重要概念进行有意无意地含糊处理，可以归结为一个简单的原因：与这一概念密切关联的是一个阔大的审美空间。体大精深的理学体系中关于个人工夫修养的核心问题竟是理学家们一直拒斥的美学问题，这是无论"二程"还是朱熹都无法正面阐释的。与非黑即白的严格区分好坏的社会或道德判断不同的是，作为连接内外、天命之性与个人情感的桥梁，"几"是处在一个阔大的审美空间中具有足够弹性和灵活性的概念。只有这样一个空间的存在，才能让人在常规的理性的知识获取方式之外，通过个人对已发的感悟获得非经验性的认识，而不是先入为主地加入外在的规定，导致循环阐释。在宋学中，苏轼实质对这样的审美空间作出了重要的描述，也因此招致了朱熹出于强烈的重建社会道德秩序的责任感而对他进行批评。

苏轼在《自评文》中提出："吾文如万斛泉源，不择地而出，在平地滔滔汩汩，虽一日千里无难。及其与山石曲折，随物赋形而不可知也。""随物赋形而不可知"便是苏轼一直以来的写作原则，也正是朱熹批判的靶子。朱熹在《语类》中说苏轼的写作"本根病痛所以然处"在于"他都是因作文，却渐渐说上道理来；不是先理会得道理了方作文，所以大本都差"。这样先作文后说道理，先不加限制地顺着对外部世界的感受让文思泉涌，然后再顺其自然地进行道理上的思考的写作方式是作为读者的朱熹不可能接受的。对朱熹来说，"随物赋形"意味着情感的自然发展以及价值导向的不可知，与理学家们孜孜以求的未发的"实理"可能会是相去甚远的，更是与他们心向往之的"文从道中流出"的写作规范背道而驰。所以朱熹虽然在情感体验上对苏轼的写作颇为赞赏，但仍然觉得他的文章"每常文字华妙，包笼将去，到此不觉漏逗"。[②]

尽管如此，如前所述，朱熹对于这个实质是审美空间与理学哲学建构的调和问题并没能给出让自己满意的答案，这便是为什么在此之后朱熹自己也时常这样描述自己的体会："于是退而求之于日用之间，则凡感之则通、触之而觉，盖有浑然全体，应物而不穷者，是乃天命流行，生生不已之机"。[①] 这与苏轼所说的"随物赋形"似乎并没有太大区别，差别只是与苏轼"不可知"的坦率相比，朱熹用了相对折中的"天命流行，生生不已之机"来含混地强调天理的统摄。而实际上对于应接外物，并形成感知，以至修身体认的次序来说，朱熹与苏轼并无二致。这正从另一个角度解释了为什么朱熹对苏轼的评价整体上经历了一个从否定到肯定的过程，[②] 甚至将苏轼的诗文纳入儿子从小学习的必读篇目，"令写出，反复成诵尤善"[③]。

除此之外，朱熹在《朱子语类》中对"心虚理明"的做事原则的讨论也与艺术创作与审美心境的营造不谋而合。而更为重要的是，相对于"求之于日用之间"的"感之则通，触之而觉"，"心虚"则与感性认知的审美有了更多精神层面的勾连。朱熹说：

> 今人所以事事做得不好者，缘不识之故。只如个诗，举世之人尽命去奔做，只是无一个人做得成诗。他是不识，好底将做不好底，不好底将做好底。这个只是心里闹，不虚静之故。不虚不静故不明，不明故不识。若虚静而明，便识好物事。虽百工技艺做得精者，也是他

---

① ［宋］朱熹. 文集（卷三十）·与张钦夫 // ［宋］朱熹. 朱子全书（第二十一册）［M］. 上海：上海古籍出版社，合肥：安徽教育出版社，2002：1315.

② 关于朱熹对苏轼的评价问题一直存在着许多学术讨论，例如骄阳《论朱熹对苏轼散文的批评》（《青海社会科学》2015年第3期）；徐榴《朱熹眼中的苏轼》（首都师范大学2011年博士学位论文）；张进《论朱熹对苏轼的批评与接受》（《唐都学刊》2008年第2期）；粟品孝《理学与非理学之间：朱熹对苏轼学术的批评和吸取》（《社会科学研究》2000年第1期）；冷成金《苏轼、朱熹文艺观之比较》（《中国人民大学学报》1996年第3期）。对于朱熹对苏轼的态度由否定到肯定的转变，这些讨论文章并无分歧，只是对具体发生转变的原因和时间点有不同的看法。例如粟品孝认为这一转变发生在1170年，因为彼时朱熹意识到苏轼的社会影响已经减弱，不足以对自己的理论权威构成威胁。而张进则认为这一转变发生在1176年，因为彼时朱熹有诗以证："苏公感寓多游宦，岂不临风尚尔思"。（《汪端斋听雨轩淳熙三年》）在时间点上，本书更倾向同意粟品孝的观点，认为诗歌表达中的同情和理解并不能等同于态度发生转变的转折点，而真正的转折更应该发生在笔耕不辍的朱熹在往来书信中停止对苏轼的负面评论之时，也便是1170年前后。而真正的原因，在粟品孝的分析之外或许更为深层，乃是因为1170年前后正是朱熹经历第二次中和之悟的思想转变，在根本的哲学认知，尤其是应接外物的态度上发生了微妙的变化。

③ ［宋］朱熹. 文集（卷四十四）·答蔡季通 // ［宋］朱熹. 朱子全书（第二十二册）［M］. 上海：上海古籍出版社，合肥：安徽教育出版社，2002：1992.

心虚理明，所以做得来精。心里闹，如何见得！①

在这里，"心虚理明"其实包括了"心虚"与"理明"两种不同的状态。"心虚"是排除了外界的纷扰之后达到的宁静的心态，它使得主体的心境相对于外部世界的杂念而变得虚静，相对于审美对象而变得集中与敏锐。这对于捕捉跟随外物和环境刺激而发生变化的微妙的感性情绪转变是至关重要的，也无疑是审美感知和艺术创作的先决条件。"理明"的状态则进一步要求在这虚静的状态中对天命之性进行深入的体会与涵养，以求最终体认天理。虽然细看之下在朱熹的"心虚"与"理明"之间仍然有着未能详细阐释的模糊地带，亦即本书所论天理与审美的理论冲突，但是对于"心虚理明"两者相融合要求的提出仍然显示出在第二次中和之悟以后，朱熹已然将美学与工夫论勾连起来，审美由此成为成圣之学的必经之路，诗歌写作方式的演变也由此成为朱熹的理论建构之路上尤为耐人寻味的一面镜子。

（三）理学诗带来的哲学困境

正是因为以诗歌为最重要表达方式的审美体验在朱子的理学体系中实际占据了至关重要的地位，我们看到朱熹从"逃禅归儒"到两次"中和之悟"期间集中进行了大量理学诗的写作探索，试图将诗歌写作与其理学、经学的阐释思路完整地统一起来。这其中便包括在后世理学追随者中被广为接受的《观书有感二首》《斋居感兴二十首》和《偶题三首》，以及涉及读书、修身方法方方面面的"训蒙绝句"九十八首，例如《困学》《曾点》等。②这一系列的理学诗数量不小、所讨论的内容也涉及理学系统中的

①［宋］黎靖德编，王星贤点校. 朱子语类·卷一百四十［M］. 北京：中华书局，1986：3333.
②无论《全宋诗》还是《朱子全书》都将这组"训蒙绝句"单独编为一卷，并在卷首附有特别的说明，认为尽管这组诗歌无论在具体数量还是真实作者身份上历年来一直存在争议，但通过不同版本的比照与校对，还是一致认定作者为朱熹，数量为九十八首无疑。（傅璇琮等编. 全宋诗（卷2395）［M］. 北京：北京大学出版社，1991：27671；［宋］朱熹. 朱子全书（第二十六册）［M］. 上海：上海古籍出版社，合肥：安徽教育出版社，2002：1、2.）

各方面问题，并且大多数都具有非常严整的诗歌形式，写作目的则主要在于教育、沟通，以及传播作者的哲学观念。正如朱熹自己在"训蒙绝句"组诗的序言中表明，写作缘由在于"病中默诵四书，随所思记以绝句，后以代训蒙者五言七言之读"；同样，他在《斋居感兴二十首》的序言中也提到，"虽不能探索微眇，追迹前言，然皆切于日用之实，故言亦近而易知。既以自警，且以贻诸同志云。"作者从理学的感悟出发，用审美的形式传递理学的思考，以期在更广泛的读者中产生更深远的观念影响，这便使其诗歌风貌与传统的抒情诗产生了很大的差别。在读者的接受方面，这类特色鲜明的理学诗在后世的理学追随者中无疑收到了很高的评价。例如上章所述《斋居感兴二十首》长诗便被收入南宋时期重要的理学家作品集《性理群书句解·卷三》当中，并被奉为经典，每一首诗所讨论的哲学问题，以及每一句诗的哲学含义都得到了详细的阐发；《观书有感二首》也被提升到了相当的哲学高度——姑且不论对具体诗句的阐释，《性理群书句解·卷四》为这两首小诗奠定的基调便是第一首"形容本体清明之象"，第二首"形容读书穷理始疑终悟之意"，从哲学本体到具体的工夫修养方法都得到了深入的挖掘。使用文学的形式进行哲学观念沟通的理学诗至少在理学的圈子中产生了相当的影响，但值得注意的是，这并没有减少朱熹对待诗歌写作的纠结困扰。正如本章第一节所述，紧随严肃的理学诗歌探索之后的，是以南岳游山诗为代表的情感爆发的写作，以及对待写作时时保持"戒惧警醒"却又时时觉得"非言则无以写难喻之怀"的愈发矛盾的态度。这便促使我们进一步深入诗歌写作自身的传统和规律来寻找答案。

如前所述，在理学研究领域，多数对于理学家的诗歌研究以学术补白为初衷，或者采用类似《性理群书句解》的阐释方式，将理学家诗歌视为追踪哲学思想的线索或阐释哲学的注脚。这实质上是将诗歌等同于说理的文字表达，而忽略了诗歌实为具有自身的历史传承、承载社会交往功能、帮助达成社会共识的文学文体，具有不同于普通文字书写的独特性和复杂性。

1. 诗歌作为以审美感知为特征的哲学话语

中国古代诗歌的独特性表现为诗歌文学性与哲学性的密不可分。无论儒、道，抑或释家文学观念影响下的中国古代诗歌，其文学性决不限于形式主义和新批评意义上有意味的语言和形式，以此来凸显"石头的本质"，而是在美学意义上通过对外部世界的感性认知以及寻求感性共鸣的方式达成不同于理性逻辑思维的哲学沟通基础。纯粹无功利的审美几乎是不存在的。这种通过对外部世界的审美来进行哲学沟通的思维方式早在《易传·系辞》当中就有了设定："古者庖牺氏之王天下也，仰则观象于天，俯则观法于地，观鸟兽之文与地之宜，近取诸身，远取诸物，于是始作八卦，以通神明之德，以类万物之情。"在这里，不论是"观象于天"还是"观法于地"，其背后的哲学诉求都是相通的，都是以关联性的思维向外部世界寻求可以达成共识的社会法则，以实现理性的沟通。这其中"观象于天""远取诸物"的哲学探寻主要以感性的方式通过审美来实现，而"观法于地""近取诸身"的内外关联则主要以理性认知的方式、通过哲学性的话语表达出来。具有文学性的文学作品在其产生之初便从根源上被纳入了沟通天人的哲学框架，成了"通神明之德""类万物之情"的有效手段，也为早在《诗经》就出现的诗歌写作关注外部世界的"感兴"传统提供了哲学阐释。在那之后的中国古代诗歌永恒地展现着怎样看待外部世界、怎样处理天人关系的主题。

由此，不同的表现事物的方式绝不仅仅意味着不同艺术表达手法的选取，而是体现着作者们对外在世界的不同感知方式，亦即是各自不同的存在方式和哲学态度，或者至少是无法调和的困惑。在这样一种对实质是哲学问题的感性呈现方式中，具体文本层面的字面表达变得不那么重要，所言并非一定为所感，所感并非一定为所思，对于所言、所感与所思的关系在诗歌文本中的处置才是更具结构性的哲学问题。因为在盘根错节、总是处在互相借鉴与影响之中的中国古代思想话语当中，只有具体地细读作者处理内外关系的方式，亦即处理外物、情感与理性观念之间关系的方式，才能真正了解作者在现有话语资源之外的存在体验。这也才是我们理解中国古代诗歌，尤其是产生于哲学论辩甚嚣尘上的两宋之际的理学家诗歌最值得深入的核心问题。

在理学研究领域，对于古代诗歌这一独特性的忽视，时常导致武断的刻板印象，难免将复杂问题简单化、标签化。例如前述对于朱子早年的哲学倾向，学界根据他早年诗作中佛道术语的使用和相关景致的描述而共识其"沉溺佛老",而事实上通过对我们今天看来界限明晰的儒、释、道术语进行追根溯源不难发现,朱熹早年诗作中"崇佛论道"的表达或许在当时并没有被门派之见固化下来,朱熹"逃禅归儒"之后所使用的理学术语也时有惹人争议的佛道渊源。①或许这也从另一个角度解释了为什么朱熹对早年的出入佛老鲜有提及,也许他本人并不认为相关概念与意象的出现可以成为其沉溺佛老的明证。

而实际上如果细读朱子早年的诗歌,我们不难发现虽然诗作中确实大量出现例如"心超""逍遥""忘言""无心"等佛道意味浓厚的表达,②可在诗句的字里行间所透露出来的却并不是超脱于外物的悠然自得。在大量朱子早期的诗歌中,我们明显地看到虽然省略却明显处处主导的第一人称视角、无处不在的以作者为中心的动作行为牵引、作者对于外部世界景物一律采取抽象化的远景视角并以强烈的主观形容词渲染全篇情感氛围,以及抒情主人公在为物所累、思绪杂乱不安的情感与超然的理想之间的矛盾挣扎。在深入的诗歌结构分析中我们发现,与其说朱子早年崇佛尚道,不如说他更多借用了彼时通行于世的话语资源来表达他对于外物的强烈情感以及探索积极入世却又超然物外、实现内外统一平和的心路历程。从文学性与哲学性密不可分这一古代诗歌的独特性来看朱子诗歌,我们发现诗歌未尝不是另一种形式的哲学话语,而这一套以审美感知为特征的哲学话语,

---

① David W Tien 在他的博士论文 *Discursive Resources and Collapsing Polarities：The Religious Thought of Tang Dynasty Scholar-officials*（《话语资源以及崩塌的极性：唐代官员学者的宗教思想》）中对于唐代知识分子在不同思想传统之间不加区分地借用、甚至是直接剽窃话语资源以表达自己观点的现象进行了分析。通过对一系列在今天看来显而易见的哲学术语的社会意义的考察,他认为在唐代文人的思想表达中找到清晰的归属和界限远比我们想象得要难。而更为确切的阐释唐代宗教史的方式或许是将林林总总的术语、表达、概念、意象和物件视为一个巨大的语料库,正是这个为社会广泛共享的语料库为人们在天人关系的探索中提供充分的话语资源。宋代也是如此。宋人有意无意地普遍使用"free-floating"（自由浮动）的词汇来进行思考和表达,而并不清晰区分其渊源。作者援引"二程"频繁使用的"复性"为例,并且结合Barrett的研究,认为这样的表达实际源于唐人对于道家经典的注解。参见Timothy Hugh Barrett, *Li Ao：Buddhist, Taoist or Neo-Confucian*？［M］Oxford：Oxford University Press, 1992; David W. Tien, 'Discursive Resources and Collapsing Polarities： The Religious Thought of Tang Dynasty Scholar-officials', PhD dissertation, University of Michigan, 2009。

② 例如朱熹在《晨起对雨》（其一）中写到,"遐瞻思莫穷,端居心自超。览物思无讬,即事且逍遥";在《雨中示魏悼夫兼怀黄子厚二首》（其一）中写到,"欲将冲静趣,与子俱忘言";在《武林》中写到,"只我无心可愁得,西湖风月弄扁舟"。

其自身的逻辑必然不同于理性的哲思，也绝不是严守诗歌格律的理学诗可以取代的。

2. 诗歌复杂的感知——表达逻辑

中国古代诗歌的独特性决定了诗歌结构本身就是一种哲学话语，并且由于具体地面对外在世界、个人情感和理性思考之间的关系而更为直观，所处理的问题也因为涉及哲学系统的方方面面而更为完整。可这样一套完整的探索却没有给我们提供太多的解决方案，而是更多地在文学领域因循着世代传承的表达模式。当然，这远不意味着我们要像当代盛行的文学研究方式那样，从当代通行的深受形式研究影响且日趋窄化的文学评判标准出发来关注、甚至挖掘理学家诗歌的纯文学特性，而是应该回归历史语境，重新梳理古代诗歌文本在遣词用句和内部结构上的历史传承以及社会流通和哲学论辩所必可不少的表达逻辑。因为在历史与社会两个方面的自成体系正是中国古代诗歌的复杂性，尤其是身处激荡的时代论辩的理学家作诗的困境之所在。

早在"古诗十九首"当中，对于应接外物、处理天人关系以至实现个体超越的不同方式的探讨就已经随处可见。在很多情况下，诗人以"弃妇"为抒情主人公表达在天人格局下对个体生命的思考，例如《行行重行行》中女主人公对离别之艰和年华易逝的感叹。除此之外，诗集中也时有出现以"孤独旅人"为抒情主人公，静观漂泊场景的萧瑟、沉重地感慨浪迹天涯之超脱情怀的难得——《青青陵上柏》便是典型一例。①

到了魏晋，清谈之风盛行，诗人们也整体受到道家审美趣味的影响。李春青《魏晋清玄》一书深入讨论了魏晋玄学对魏晋时期审美风尚、诗文创作的影响，尤其对阮籍、嵇康进行了专门的探索，认为魏晋玄学不仅塑造了我国古代知识分子的人格，也塑造了文艺的基本模型。② 叶维廉更是具体地指出，对山水的描述尤其明显地从魏晋开始腾升为主要的美感观照对

---

① 对于"古诗十九首"探索天人关系的完整分析，参见Cai Zongqi, *How to Read Chinese Poetry：A Guided Anthology* [M], New York, N.Y.；Chichester： Columbia University Press, 2008, pp. 103–116; 以及Kao Yu-kung, 'The 'Nineteen Old Poems' and the Aesthetics of Self–Reflection', in Willard J. Peterson, Andrew H. Plaks, and Ying–shih Yu（eds.）, *The Power of Culture：Studies in Chinese Cultural History* [M], Hong Kong：Chinese University of Hong Kong, 1994, pp.80–102.

② 李春青. 魏晋清玄 [M]. 北京：北京师范大学出版社，2009.

象，而"其间最核心的原动力是道家哲学的中兴"。他认为，"尤其是郭注的庄子，影响最大，其观点直透兰亭诗人，达于谢灵运，及与兰亭诗人过从甚密的僧人支遁……郭象注的南华真经不仅使庄子的现象哲理成为中世纪的思维的经纬，而且经过其通透的诠释，给创作者提供了新的起点。"①由此，对外部世界的描绘和对天人关系的文学探讨进入了"看山不是山，看水不是水"的哲学自觉时代。诗人们越来越多地用对具体景象和事物的描述来取代分析性、解释性的话语，或者像陶渊明一样以隐者的姿态在自然中寻求躲避以减轻世俗世界对内在自我的搅扰，或者像谢灵运那样以游者的姿态寄情山水之间以寻求天人终难调和的慰藉。无论怎样的姿态，都不失为对合内外之道的感性探索，并且这样的探索作为集体意识对后世乃至今天的诗歌写作都发挥着根深蒂固的影响。

唐代的诗人由于越来越深入人心的佛道观念的影响，有意无意地让笔下的外在世界染上更多佛道的色彩。此时对外物的描写以抽象的远景居多，"云雾缭绕的远山"更能激起抒情主人公的情感共鸣，以整体地衬托诉诸佛老的超越情怀。这正应了朱熹对陈子昂《感遇诗》的批评："不精于理，而自托于仙佛之间以为高也"。②王维也不失为唐代诗歌写作方式的典型代表之一。例如在《鹿柴》中，他用禅的眼光关照外在世界，使用透明和自明的方式将外在世界呈现为一面折射人类世界的镜子，让外在景物不受搅扰的宁静和自在状态映射出人类社会和人类情感虚无而终归幻灭的禅宗妙义。

几个世纪以来，这种沟通天人的探索方式和具有广泛社会共识的佛道意识形态逐渐在诗歌写作中被固化下来，成为后世诗人写景、抒情、说理和获取社会认可所必须遵循的一种几近透明的感知—表达模式。在这样的模式中，外部世界被描绘成透明的客体，它自在自足并且真实地存在，同时具有通过相通的生命本源感发人类最为真挚的情感和同情共鸣的功能。这也正是几个世纪以来被公认为最有感染力和说服力的表达方式。这种表达模式的确立和根深蒂固也正从另一个角度解释了前述宇文所安的观察：

① 叶维廉. 中国诗学 [M]. 北京：三联书店，1992：90、91.

② [宋] 朱熹撰，郭齐笺注. 朱熹诗词编年笺注 [M]. 成都：巴蜀书社，2000：370.

"在中国阅读传统中……读者的本能反应是'作品'对物质世界的直接呈现：当看到一首偶题诗中的'芳泉'，读者将其理解为蕴蓄着落花芬芳的真实的泉水，而不是吹入空中的隐喻性的芳香之'泉'。"①"真实可感""即兴而发""真情实感"成为中国古典诗歌写作和批评的最高标准。而吊诡之处则在于，从作者写作的角度来看，这种"真情实感"与客观的真实并不相同，而是几个世纪以来达成共识并传承下来的写作结构模式所产生的效果，亦即是通过对外在世界的描绘，"即兴"地生发情感，最终对天人、内外的统合形成诉诸不同哲学思想的理性的探寻。在这样的结构模式下寻求观念的共识，对外在世界的融入和描绘必不可少，对个体情感的表达必不可少，在此"真情实感"的基础上方能实现理性的沟通与共鸣。而这种理性的沟通也由于诗歌的佛道渊源而不可避免地多具佛道内核。由此便不难理解前述朱子在《南岳唱酬》与《东归乱稿》二集中虽时时"戒惧警醒"，却由于交友、唱酬、沟通情感的需要而密集写作了大量描景状物、吟风弄月、情感强烈以至陷溺，而毫无理学痕迹的诗作。诗歌自身在历史与社会的横纵轴上固定下来的表达逻辑时时使得朱子的诗歌创作不由自主地偏离理学诗的轨道。前文提到苏轼"随物赋形而不可知"的写作原则实际上也正是与这种看似简单清晰，实际关涉复杂的感知—表达模式一脉相承的。

对逃禅归儒之后的朱熹来说，无论是在中国诗歌传统中压倒性地表现出来的遁入自然以求慰藉、生命之须臾与自然之永恒相冲突、虚化自然以求精神之超越等否认了外在世界的另一个面向——世俗社会参与的天人

<hr>

① Owen, Stephen. 'Transparencies： reading the T'ang lyric ［J］. *Harvard Journal of Asatic Studies*, 1979, 39（2）, pp.231–251. 值得强调的是，宇文所安将他观察到的现象归结于中国文学批评话语在发展过程中读者的阅读对写作的标准产生的引导。他认为这个现象发端于《诗大序》。《诗大序》影响深远的文学判断"诗者志之所之也，在心为志，发言为诗"为后世读者指明了一个"透明可逆的阅读过程"，读者理所当然地可以从直接的字面表达回溯到蕴藏在作者内心的情感意志。而紧随其后影响愈发广泛的"立象以尽意""言不尽意"以及需要追求作者"言外之意"的阅读要求则更进一步夸大了"言""象"的真实性，认为真实是"以意逆志"、达成观念共识的先决条件。而本书则更进一步认为这种"真"不仅仅来源于"以意逆志"的阅读要求，更是中国诗歌进行沟通天人的哲学探索必须由外而内的根本方式。如本书所论，中国诗歌自产生之初就永恒地进行着天人关系的探索。不同于在西方写作传统中颇具一席之地的"metaphorical truth"（隐喻的真实）。

模式，还是感知—表达这种将情感与思想引向不可知的即兴而发的表达模式，在观念与次序上都是与其所秉承的"理先气后""生理循环""万理具足""心统性情"的哲学逻辑不相调和的。正是这样一种崇尚即物感兴、强烈情感和超越精神的诗歌共识，加之诗歌在宋代显著地成为文人知识分子之间思想传播和社会沟通的主要手段，[①]为朱熹的诗歌写作带来了不小的挑战。由此突显出来的诗和思的逻辑冲突解释了理学诗势必不能取代传统诗歌写作方式的困境，更是解释了理学家对诗歌写作多持否定态度、朱熹一生写诗矛盾纠结的深层原因。更为重要的是，在矛盾中尝试调和冲突的过程也是诗与思的互动与互塑过程。朱子矛盾的诗歌创作历程实质也是不断调整以统合二者逻辑的过程。如果把朱子早年的诗与思和朱子回归儒学之后的诗与思进行对比，我们会发现朱子的诗歌不仅在内容上、更是在深层结构上发生了巨大的变化，而将这种变化与朱子哲学体系的不断完善进行比照，我们能够看到的竟是诗对思的逻辑所产生的隐而不显、却是至关重要的影响。[②]

第三节　审美的感性共识——从语录与诗话看宋儒阐释思想的融会贯通

前文的论述从宋代理学家的诗学问题入手，摈弃对理学家诗歌的刻板印象，还原历史文化语境，深入考察以朱熹为代表的理学家在诗歌写作中遇到的矛盾和困境，对实质是哲学问题的诗与思的逻辑冲突进行分析，发现在理学家的诗学困境之下实际隐藏着如何实现哲学阐释上的自洽问题。在朱熹的理学和经学阐释体系中，以诗歌写作为典型的感性活动其实具

[①] 关于诗歌在当时所承载的沟通情感与修身方式的重要社会功能，可参见Colin S. C. Hawes.*The Social Circulation of Poetry in the Mid-Northern Song*: *Emotional Energy and Literati Self-cultivation* [M]. SUNY series in Chinese philosophy and culture, Albany: State University of New York Press, 2005。

[②] 对于朱熹如何逐渐将理学和审美的境界联系起来，向内发掘以解决外物与情感、观念矛盾的诗歌探索之路的详细探讨。参见刘思宇. 朱熹诗的哲学境界与美学意义 [J]. 青海社会科学，2021（01）.

有重要意义，好的诗歌所创造出的审美境界能够让读者获得"通神明之德""类万物之情"的存在体验，由此帮助理学家们在真正意义上实现沟通天人、合内外之道的哲学理想。也正是基于这样的阐释思路，我们发现与前人相比，以朱熹为代表的宋代理学家们的经学阐释都鲜明地具有审美的特质。从《诗集传》到《大学》《中庸》的阐释，再到《仪礼经传通解》中对乐舞的重建，以义理解经的阐释原则和以心传道的审美理想都是贯穿始终的。经学阐释的最终目的在于与"心统性情"之"心"实现充分的共情共理，实现道心、人心与至诚之美的浑融合一，实现的手段也不乏审美的方式。这包括对提纲挈领的"止于至善""格物致知"的审美阐释，包括在经学阐释中重建乐舞体制，对重现上古声乐之和的哲学理想所进行的毕生努力，也包括在言说载体的选取上突破传统的经传体式，广泛使用语录与诗话体，在生活的点滴之间进行言说与阐释。这实际也是以诉诸感性和直觉的方式将在理想的世界和现实的世界中共同存在的兴发感悟关系呈现出来，使人获得更为本真的生命审美体验，在审美体验中达成观念的共识，从而以审美的方式配合着天人合一的本体性探索，体现出天人合一的精神境界。这不仅体现出宋儒审美阐释思想的融会贯通，同时也体现出中国古人通过审美获得感性共识和深度共鸣的独特智慧。

一、植根于民族文化基因中的语录与诗话

我国自古重视对嘉言懿德的记录和传承，形成了大量语录类文献。这类文献形式，不仅对以《论语》为代表的儒家话语系统的建构和传承有着重大意义，就其传世数量和表达方式而言，在整个中国古代思想文化的话语建构和价值承续当中都具有独特的价值和意义。尤其发展到宋代，语录类文献在经史子集当中都占据了很大比例，成为思想表达的一大特色。不仅如此，语录体的言说方式更是宋代以来在中国古代文论的话语建构中被广泛采用，对古代文论的创作风貌甚至内容倾向都产生了主导性的影响。毫不夸张地说，语录与诗话的语言及其背后所体现出的思维方式，在宋代以来的中国民族文化基因当中占据了核心地位。正如张江所论，"对阐释

学而言，东西方思维方式的差异主要体现在以下三个方面：其一，从逻辑上说，西方重演绎逻辑，走纯粹思辨的路径；中国重归纳逻辑，求理性合一的取向；其二，从伦理上说，西方重个体，偏于自由主义；中国重族群，偏于集体主义；其三，更根本的是，从语言文字上来说，西方是表音文字体系，中国是表意文字体系，所谓象形文字之'象'，决定了汉语言民族的思维不同于西方其他民族。"①象形之"象"，决定了汉语言民族的思维方式更为感性，倾向于在具体可感的形象、事件或生活点滴中体认天地之大化流行，用诉诸生活的语录与诗话在沟通中建立感性的共识，继而在生活审美中深化对道心人心的理性把握。这或许也从另一个侧面解释了为什么朱熹对"四书"的认同超过"六经"，为什么朱熹认为汇集了孔孟的理性思考与生活感悟的语录体《论语》《孟子》比"六经"更接近圣人本意。

（一）审美特质的突显：语录与诗话的文体选择与生成

首先，语录体文献与唐宋之际尤其宋代以来成为诗学表达主要形式的诗话、词话作品在历史的发展演变上大体是同频共振的，尤其占据主流的儒家语录与诗话体裁在学术源流与话语体系建构上存在着紧密的内在联系。众所周知，语录体以记言为主，即使年代久远也比正式的书写更加通俗易懂。在语法结构上，语录体文本比较松散灵活，较多活用和省略，使得在阐释上明显体现出对语境的依赖。用字也多有通用和假借，尤其不似汉代以来的文章写作严整而华丽。在内容上，语录类的表达更为形象生动，言说者的个性更为鲜明，也更重思想和论辩，更多汇集了断片式的传世金句而缺少缜密的论证过程。这形式和内容上的诸多特点正好和诗话、词话这类中国古代文学理论和批评最常见的表达形式高度契合。在发展脉络上，正如诸多现有研究对语录类文献进行的整理，早在《尚书》《国语》当中就记载着关系国家政治的重大言论、策命，在《左传》当中就记载着关乎社会人生的善言警句，而"立言"尤为儒家所重。儒家语录类文献发端于《论语》，之后伴随着如汉扬雄《法言》、隋王通《中说》等对《论语》

---

① 张江. 中国阐释学建构的若干难题［J］. 探索与争鸣，2022（01）.

的仿作，语录体在唐代以后开始发展，到了宋代随着书院的兴盛更是大为盛行，诸多著名理学家都有语录类著作流传。① 诗话的发端虽有滞后，却在唐宋之际尤其宋代以来与语录类文献的发展形成了合流。自从钟嵘的《诗品》问世以来，在唐宋时期陆续出现了如《诗式》《六一诗话》等各种类型的诗话，尤其在宋代发展为以钟嵘为代表的"钟派诗话"与欧阳修为代表的"欧派诗话"百花争放的盛况。在宋代也产生了不少语录通于诗话的例子，最为有名的当属"语录通于诗话之始"的《唐子西文录》。② 在大批文人学者撰写诗话之外，一向秉持作文害道观念的理学家朱熹、吕本中、胡铨等也都有专门的诗话传世，更不用说在理学家们的语录著作如《朱子语类》中都存在着大量论诗语录。这种语类与诗话的融合一直延续到明清，例如收录在清代诗话中的《师友诗传录》《答万季野诗问补遗》《修竹庐读诗问答》等，明显继承了语录的问答体式，成为中国古代文学理论和批评最重要的载体之一。总之，形式内容的高度契合，发展历程的交融共振，充分说明语录与诗话这两者在学术源流上的密切联系，厘清语录与诗话的文体选择与生成的深层原因，无疑对更好地把握中国古代思想话语体系的阐释与建构方式具有重要意义。

其次，也是更有意思的是，随着语录类文献的盛行，在儒家语录之外，禅门语录和道家语录也都与诗话的内容和风格发生着千丝万缕的联系，诗话成了宋代以来百家争鸣的不同思想意识形态在对文学发言时共同选择的形式载体。我们知道，儒家语录类文献以及宋代以来大量儒生学者们所撰写的诗话虽在规模和社会影响上占据主流，但就中国文学追求言外之意、韵外之致的审美特性来说，文学审美的价值取向主要来自老庄之学影响下的道家审美主义文论观念。以审美体验为核心的"诗缘情而绮靡"是在"诗言志"之外另一条主导着整个中国古代文学理论发展的重要主线。而

---

① 现有对语录体文献的整理研究，可参见：杨玉华《语录体与中国古代白话学术（四川大学学报（哲学社会科学版）》1999年第3期）；刘伟生《语录体与中国文化特质》（《社会科学辑刊》2001年第6期）；马自力《语录体与宋代诗学》（《北京大学学报（哲学社会科学版）》2010年第5期）。

② 据郭绍虞《宋诗话考》，"此书为强行父记录唐庚论诗文之语。王若虚《滹南诗话》卷二评论是书，犹称为《唐子西语录》，是为语录通于诗话之始。"（郭绍虞. 宋诗话考 [M]. 上海：复旦大学出版社，2015：39.）

语录类文献也并非儒家独创。严格来说,《老子》也是采用的著作者独白直叙的语录形式,可以被视为更早的语录体散文,更不用说作为道家元典的《文子》《庄子》《列子》等典型的语录体文献。尤其文学自觉以及诗话发端的魏晋六朝时期,正是对两汉以来独尊儒术的反驳,取儒家文献而代之的是以谈玄论道、品评人物事件、鉴赏诗文书画为高雅志趣和精神风尚的魏晋清谈,这不论在语录体的表达形式上还是审美追求上都与追求自然、情感和超越的文学艺术观念有着更深的关联。事实上也正是在这一时期,受到道家思想影响的玄言诗、游仙诗开始广为流行,《世说新语·文学》这种以清谈为核心的语录体表达也开始在魏晋之后的整体文论发展中发挥着重要影响。正如蔡镇楚在论及诗话与清谈关系时所说,"清谈之学以玄妙之思论道,诗话之作以生花妙笔谈诗,二者共通之处在于'清谈'"。[①]以清谈为核心,诗话也成了承载道家文论观念的最佳载体。

除此之外,在唐宋时期大为盛行的佛释之学对语录与诗话文体选择的影响也不容小觑。佛释之学究其实质否定了现实社会中人们对功名利禄的世俗追求,教人以空灵的心境超越外物的束缚从而实现精神的自由与超越,这与诉诸性情与精神愉悦的文学审美内涵也是不谋而合的。在此基础上,禅门向来主张"不立文字,教外别传,直指人心,见性成佛",其传世文献更是多为语录,内容和形式的高度契合导致了唐代皎然《诗式》以来涌现出大量"以禅喻诗"的诗话著作。从江西诗派苏黄的《东坡诗话》《黄山谷诗话》到陈师道《后山诗话》,南渡之后吕本中《紫薇诗话》、中兴诗人陆游《山阴诗话》《老学庵诗话》、杨万里《诚斋诗话》,再到南宋晚期赵蕃《诗法》,以及最受关注的严羽《沧浪诗话》,无不禅味十足。除此之外,诗话更是成为宋代以来僧人穿行于宗教与文学之间的主要方式。除开已佚的惠崇《惠崇句图》《唐律诗句图》、奉牟《搜贤集》等著作之外,完整保留下来的惠洪《冷斋夜话》《天厨禁脔》、文莹《玉壶诗话》则明显体现出诗话体裁成为宋代僧人发表诗学观念,同时也是传递佛学理念的重要方式。

---

① 蔡镇楚,龙宿莽.比较诗话学[M].北京:北京图书馆出版社,2006:43.

（二）语录与诗话带来诉诸审美的言说方式

随着语录与诗话成为不同思想观念建构自身理论体系和对文学发言所共同选择的最佳载体，语录体这一重要的文献形式对思想的阐释与言说方式也产生了不容忽视的影响。显而易见的是，宋代语境下经学的阐释也随着语录体的广泛使用而越来越贴近日常的生活，并且在生活中越来越多地与对文学和审美的阐释结合起来，表现出愈发鲜明的审美特质。由此，这一独特的文本形式在文学与哲学之间，在我们理解整个中国古代文化核心价值取向乃至民族文化个性当中的重要价值也被进一步突显出来。

首先，道家语录与诗话的合流对古代文化基因中审美与言说方式产生的影响是显而易见的。继承老庄"天地有大美而不言"的审美主义文学观念轻社会价值而更强调文学的个体价值。基于此种文学观念的话语追求情感、感物滋味等个体性的审美体验，这与个人色彩浓郁、表达方式自然轻松的语录体相契合。但魏晋时期的语录体受玄学的影响而过于舒展随性，导致该时期没能形成专注于文论的系统性言说。除开钟嵘《诗品》，诗话类的专著寥寥无几，大多经典的文学评点、审美意趣分散在例如《世说新语》《抱朴子》、阮籍《大人先生转》、谢赫《古画品录》等个性鲜明而意境超脱高邈的人物品藻、文艺鉴赏当中，成为中国古代文论的审美内核，却也决定了它不适于展开理性和技法层面的讨论和创新。例如在《世说新语·文学》中有记载："支道林、许掾诸人共在会稽王斋头，支为法师，许为都讲。支通一义，四坐莫不厌心；许送一难，众人莫不抃舞。但共嗟咏二家之美，不辩其理之所在。"①说的是支道林、许询等人同在会稽王司马昱的斋室里，支道林做说经的法师，许询做唱经的都讲。支道林阐明一项义理，座中的人们无不心中感到满意。许询提送一条诘难，众人无不鼓掌欢腾。人们只是赞叹支、许二人讲说、唱诵的美妙，也不去辨别他们讲唱的义理何在。支遁虽是僧人，却是典型的畅谈老庄玄学的清谈家，关于他的记载在《世说新语》中多达四十多条，非常有代表性地体现出清谈活动重

---

① ［南朝宋］刘义庆著，［南朝梁］刘孝标注，余嘉锡笺疏. 世说新语笺疏［M］. 北京：中华书局，2007：268、269.

审美、重体验而并不记载讨论的细节、并不在意理性推演的特质。这种以生活审美为核心的文论形式，一方面突显并发扬了当时文章博学、尤重清谈，以审美的精神追求为旨归，借审美而达成深度共识的文化特色，另一方面也为后世中国文论将关注的范围延伸到文学之外，更进一步品评作者性情，发表人生感悟，参与哲学讨论奠定了传统的根基。正如蔡镇楚引日本小畑行简《诗山堂诗话·自序》中所言，"诗话者，诗中之清谈也。盖读此，则足以察作者性情，又足审其实迹矣，"认为人们读诗话，从中可以体察作者性情，可以审视作者的人生态度与人生足迹。而在此基础上表明说诗者立场，参与社会公共话语也是自然而然的。由此，以清谈为核心的诗话，或以诗话为言说方式的清谈，虽缺乏系统性，但形式与内容的表达都更为自由，具有了更多审美阐释的空间，也具有了不同于一般意义上诗歌评点和理论建构的深层文化特质。

另外，佛释之学对自由超越的个体精神追求在审美层面和老庄之学殊途同归，数量众多的禅门语录也在宋代广为流传、深入人心，"以禅喻诗"因此成为宋代以来诗话类著作的一大特色，进而对宋代思想阐释和言说的整体特征产生至关重要的影响。然而禅学讲悟，旨在破除修习者对语言文字的执迷，切断语言中的逻辑思维而走向直觉体验，所以不论禅门语录还是"以禅喻诗"的诗话评点大多在自然悟入的直觉体验上做文章。正如曾季狸在《艇斋诗话》中概括的，"后山（陈师道）论诗说换骨，东湖（徐俯）论诗说中的，东莱（吕本中）论诗说活法，子苍（韩驹）论诗说饱参，入处虽不同，其实皆一关捩，要知非悟入不可。"①这尚且是注重句法的江西诗派。中兴诗坛则更是强调"顿悟"的重要性，极致地追求活泼的诗境和自然天成的创作力，如吴可《藏海诗话》所言"凡作诗如参禅，须有悟门。少从荣天和学，不解其诗云：'多谢喧喧雀，是来破寂寥。'一日于竹亭中坐，忽有群雀飞鸣而下，顿悟前语。自尔看诗，无不通者。"②这种对难以言说的禅机的追求到了南宋晚期的严羽则更上一层，直接将禅门等级与诗歌写作的高下等同起来，认为学诗最高等级的悟门在于"妙悟"，认为这才

---

① ［宋］曾季狸. 艇斋诗话 // 丁福保辑. 历代诗话续编［M］. 北京：中华书局，1983：281.
② ［宋］吴可. 藏海诗话 // 丁福保辑. 历代诗话续编［M］. 北京：中华书局，1983：327.

是在"顿悟"基础上的"透彻之悟""第一义之悟",这种悟门是"不涉理路""不落言诠""惟在兴趣",是"羚羊挂角,无迹可求"的。禅门语录和诗话可以说直接影响了中国文学批评和阐释在"以意逆志""知人论世"方向上的发展,使得主流的文论与思想话语也出现轻文本、轻结构、轻论证、轻语境而重直觉、重感悟、多个体化的印象式批评的特点。

除此之外,宋代儒家语录和诗话体裁的结合更是带来了诉诸审美的言说方式。汉魏晋南北朝时期的儒家文论以立言为目标,进行了如《毛诗序》《文赋》《文心雕龙》等一系列系统性的建构。唐宋之际印刷术的发展、思想资源的丰富、论辩的繁荣使得儒家语录类文献数量激增,而占据主流的"作文害道"观念也使得理学门人放弃了系统的文论建构而转向日常的评点,这便使得诗话类著作在宋代广为流行起来。在日常生活中品评诗歌、品味诗意,同时有着强烈立言使命感的儒家诗话首先更为关注对具体的诗人和诗风的赏析,将个人的风格、命运和整个时代背景结合起来讨论,给人以生命的启发和开阔的历史文化眼界。例如《朱子语类》中提到"选中刘琨诗高。东晋诗已不逮前人,齐梁益浮薄。鲍明远才健,其诗乃选之变体,李太白专学之。如'腰镰刈葵藿,倚杖牧鸡豚',分明说出个倔强不肯甘心之意。如'疾风冲塞起,砂砾自飘扬;马尾缩如猬,角弓不可张',分明说出边塞之状,语又俊健",寥寥数语,给人关乎个人与时代的恢宏之感,而这种对个人性情的体悟实际也具有时代的共性,自然给人深度的共鸣。诗话体裁也在此语境下进一步走出诗歌本身,着眼于生命的感悟、时代的共振,收获了更广泛的读者与共鸣。

与此同时,重议论而轻论证的生活审美形式与生俱来地更易于传递简单、鲜明而强烈的儒家价值观念,也更易于在道德的评判中将其意识形态根植于读者心中。例如朱子对曹操诗作的评价:"曹操作诗必说周公,如云:'山不厌高,水不厌深;周公吐哺,天下归心!'又,苦寒行云:'悲彼东山诗。'他也是做得个贼起,不惟窃国之柄,和圣人之法也窃了!"对

① [宋]严羽. 沧浪诗话 // [清]何文焕辑. 历代诗话 [M]. 北京:中华书局,2004:685.
② [宋]黎靖德编,王星贤点校. 朱子语类·卷一百四十 [M]. 北京:中华书局,1986:3324.
③ [宋]黎靖德编,王星贤点校. 朱子语类·卷一百四十 [M]. 北京:中华书局,1986:3324.

于曹操如何"做得个贼起",如何"窃国之柄",朱子并没有详细的论证，而是直接将他言必称周公的写作认定为窃取圣人之法，简单而强烈地将曹操窃国植入人心，同时也恰如其分地在不经意间将他自己对圣人通过建构学术脉络传承学术观点的理解传递出来。这一方面是朱子在日常阅读中进行的文学评点，另一方面则是以文学讨论为基础，在学术观点和道德评判上寻求更广泛的共识。而与之相应的，这种断片式、议论式同时又生活化的语言风格也在最大程度上摆脱了书面语言的束缚而带来短小犀利的洞见，起到更进一步加深认同的效果。例如同样在《朱子语类》中提到的"齐梁间之诗，读之使人四肢皆懒慢不收拾"；"李太白诗不专是豪放，亦有雍容和缓底，如首篇'大雅久不作'，多少和缓！陶渊明诗人皆说是平淡。据某看，他自豪放，但豪放得来不觉耳。其露出本相者是咏荆轲一篇，平淡底人如何说得这样言语出来。"[1]生活的语言，看似随意却精辟的评点，让人觉得审美的感悟无处不在。

语录与诗话一方面在生活中审美，更多使用生活的语言和风格，漫谈生命与时代的交融碰撞，在不经意间传递价值，获得深入而广泛的共识，另一方面将审美带入生活，使得作者们有更多的空间关注生活中读诗的点滴感悟，将诗的审美境界与生活的追求联系起来，在文学批评和创作上形成独特的生活审美意趣。例如《冷斋诗话》中记载黄庭坚的诗歌评点："造语之工，至于荆公、东坡、山谷，尽古今之变。荆公曰：'江月转空为白昼，岭云分暝与黄昏。'又曰：'一水护田将绿绕，两山排闼送青来。'东坡《海棠》诗曰：'只恐夜深花睡去，故烧银烛照红妆。'又曰：'我携此石归，袖中有东海。'山谷曰：'此皆谓之句中眼，学者不知此妙语，韵终不胜。'"[2]在自然平淡的生活意象中打造脱俗的诗眼句眼，开拓出耐人寻味的新的审美境界，这便是在诗话和文学创作中"以俗为雅"，将阳春白雪的华丽渺远内化为"美则爱，爱则传"[3]的儒家生活审美，也在理学语境中使得大化流行之间天地万物共此诚心天理的理学旨趣更为深入人心。

---

① [宋]黎靖德编，王星贤点校. 朱子语类·卷一百四十 [M]. 北京：中华书局，1986：3325.

② [宋]魏庆之撰. 诗人玉屑·卷六 [M]. 北京：中华书局，2007：186.

③ [宋]周敦颐著，陈克明点校. 周敦颐集·通书·文辞第二十八 [M]. 北京：中华书局，1990：13–42.

二、感性共识：中国古人独特的审美智慧

通过对语录与诗话的文体选择与生成、以及它们所带来的诉诸审美的言说方式进行考察，我们发现一方面不同的思想话语都主要选择了语录与诗话作为其文学观念的载体，另一方面语录与诗话体裁更是对中国古代文化与思想进行阐释、言说的整体风貌产生至关重要的影响。而更进一步探查原因我们发现，语录与诗话之所以成为紧密连接思想与文学、影响中国古代文化言说方式与特质最重要的体裁，是因为中国古代诗话蕴含着一种深度内在于古代文化的诉诸生活和生命之本然状态的本体性思维方式，体现了中国古人通过审美而获得感性共识和内在共鸣的独特智慧。这通过中西比较体现得尤为明显。

西方语录体以古希腊时期柏拉图的《理想国》为杰出代表。在书中，柏拉图以其师苏格拉底和格劳孔（Glaucus）、阿得曼托斯（Adeimantus）等人的对话表述了自己的哲学、政治和教育思想。在这些人充满智慧的谈话中，作者借助了归纳、演绎、推理等逻辑方法，采取了辩答、驳议、再辩答、再驳议，层层深入、步步递进的形式，构想了一个理想的国家。这种讨论的形式来源于"苏格拉底问答法"，就是事先设定一个话题，然后双方通过辩驳，揭露矛盾、指出漏洞，层层剥离、步步推演，最后达到探究事物的本源、穷尽问题的实质的目的。此书不论在成书年代还是地位影响上都和《论语》同步，同为语录体但记言的方式却截然不同，这便决定了在两种不同的文化发展路径上，人们对待语录和以语录体为基础的文学观念、文学创作的不同态度。西方文论家从语录体的问答形式中获得哲学层面的启发，认为语录体一问一答的对话形式才是语言、思想、艺术乃至生活的本质，这便是例如巴赫金的"复调"理论产生的前提。他认为小说的创作就应该具有对话性，不是个人独白，而是要在人物设计和情节讲述中考虑到众多各自独立并且平等的声音和意识，平等地各抒己见，同时又能被和谐地表现出来，这样才能更好地反映人性在社会生活中的真实状态，同时又不失和谐的美感。但这种各抒己见一定要以理性客观的方式来表达。

正如"苏格拉底问答法"的层层推演，哈贝马斯认为人们应该通过理性的公共对话形成公共理性，而这种公共理性首先应出现在文学领域，因为具有政治功能的资产阶级公共领域最初就是围绕着文学阅读公众形成的。在哈贝马斯看来，"文学公共领域必须有文学公众的广泛参与并就文学以及其他重大的社会文化议题进行公开和理性的讨论。文学公共领域的参与者必须具备起码的理性自律，本着平等、自主、独立之精神，就文学以及其他相关的政治文化问题进行积极的商谈、对话和沟通。这一点意味着文学公共领域是一个主体间理性的交往——对话领域。"①这种理性的对话方式与《理想国》中所呈现的理性论辩是一脉相承的。

中国的语录类文献当然也录入问答和对话，并且和西方哲学家对语录体的青睐有一些相似之处。比如两者都希望借对话、问答、论辩的形式来立言，更好地达到在流动的思想中传递价值观念的目的；二者也都非常重视对话的和谐美感，以及最后所形成的共鸣，这尤其在魏晋清谈的诸多只记载了对谈盛况而省略了谈话具体内容的小故事中有所体现；当然，二者也都认为借助文学审美来获得这种和谐的共鸣是最佳方式。但二者的对话方式是完全不同的。在中国的语录类诗话中，无论是记言、对话还是独白，哪怕是理学家诗话都主要以简约灵动的感性方式表达，把在西方语境中认为是私人化的审美感悟用最贴切形象的话语公开来，通过审美形成感性的共识；而西方文论虽也强调感性的审美，却认为这只是私人经验性的，需要经历自我启蒙的过程才能培养出批判性和自律性，才能进入公共领域参与理性的对话从而获取真理和共识。与之相比，中国古人独特的审美智慧被体现出来：通过感性审美沟通思想、弥合差异，从根本上构造审美的生活方式而获得无言的共识，似乎比通过对话论辩所达到的理性平衡更为持久和深入人心。这种审美的思维不仅仅体现在文学中，也体现在哲学思想和日常生活中，是本体性的思维方式，也是内在于中国文化传统的独特精神内涵。

如前所述，这种以本体性审美为旨归的思维方式在宋儒的哲学和诗学命题中实际有着突出的体现。在朱熹的哲学和诗学实践中，诗歌在本源上

---

① ［德］哈贝马斯著，曹卫东等译. 公共领域的结构转型［M］. 上海：学林出版社，1999：32–34.

就应该是外在世界与内在心性相勾连的具体呈现，是"感物而动"的已发状态的艺术表达。而这种艺术表达绝不仅仅是个体化的情感抒发，而是对天地万物所共有之本心天理的审美呈现，比理性逻辑的建构更具有沟通天人的哲学意义。这便是为什么即使在理学家们向来认为文学的写作分散精力、作文害道的大传统下，朱熹仍然作诗多达 1400 多首，并留下了如《诗集传》《楚辞集注》等系统的其实更是文论著作的经学著作，尤其《朱子语类》最后两卷专门论文，可谓经典的语录体诗话，其中不乏对历代作家作品的精彩评点，为后世文论家广为征引。

　　由此不难看出，在中国哲学体系尤其是宋代经学阐释中，语录与诗话绝不是不相关的文献学话题或文学话语，而是在生活与哲理、人心与道心之间，通过审美的观照和感发，承担着沟通天人的重要角色。孟子"万物皆备于我，反身而诚，乐莫大焉"之所指也正在于此。"反身"即是反观，其最佳方式便是在切身的体认和涵泳中洞见丰富的生活点滴、获得丰富的生命体验，由此达到与天地万物同心共情的至诚境界，也是至乐的审美境界。而在思想言说的体系中，语录与诗话比任何一种言说方式都更适合承担这个角色。首先，从审美主体来看，语录与诗话的言说结构松散随意，往往是生活中有感而发、灵光乍现的汇集，清晰而直接地传递出作者自身的生命直觉体验。这相比体大虑深的系统理论更具有偶发性和瞬时性，却因此而更为接近生活的本然状态，也更能体现作者们在即兴而发的强烈审美动力驱动下对生命的感悟，因此也更为深入人心。这种状态正如清代王昱在论画时的一段描述："未作画前，全在养兴。或睹云泉，或观花鸟，或散步轻吟，或焚香啜茗。俟胸中有得，技痒兴发，即伸纸舒毫；兴尽斯止，至有兴时续成之，自必天机活泼，迥出尘表。"①论画与论诗异曲同工。强烈的审美动力往往来自生活的滋养，而也只有通过审美的主体在生活中观照、感悟，才有可能使人体会出"万物皆备于我"的活泼天机。其次，从审美客体来看，相比严肃的理论建构，一方面，诗话因其直接的感发和直觉的体验更关注生活中具象、生动的作品与事物。具体而言则如刘勰所说，"春秋代序，阴阳惨舒，物色之动，心亦摇焉"，季节的变化导致自然景物与

---

① 于安澜编. 画论丛刊·东庄论画［M］. 北京：人民美术出版社，1989：260.

光影的变化，这正是最能引发情感涌动的，而根植于生活的诗话则最适于将这大化流行之中的万事万物与个人的情感体验、生命体验关联起来。这实际上与贯穿整个中国古代诗论的感兴批评传统是一脉相承的，而诗话则因为如前所述受到道家语录重清谈、禅门语录重妙悟、儒家语录重生活评点的影响而比系统文论对兴味悠长的感性意境和建立在直觉基础上的感性共鸣有着更深的追求。这便涉及诗话审美客体的另一个层面，即对事物之间关系的探索、对远大于部分之和的整体意味的探寻。正如清代李重华在《贞一斋诗说》中对"兴"的阐述，"兴之为义，是诗家大半得力处。无端说一件鸟兽草木，不明指天时，而天时恍在其中，不显言地境，而地境宛在其中，且不实说人事而人事已隐约流露其中。故有兴而诗之神理全具也。"①对无法言说的"诗之神理"的追求在诗话触类而起、随兴而发的生活审美中体现得尤为突出，而"诗之神理"与本体的生命体验、乃至天人之道，无论在作者的阐发中还是读者的品味中都是浑然一体的。

由此，无论从哲学还是文学角度进行考察，我们发现语录与诗话都在中国古人独特宇宙观的形塑中产生着至关重要的作用：它以诉诸感性和直觉的方式将在文学的世界和现实的世界中共同存在的兴发感悟关系呈现出来，使人获得高于文学文本的生命审美体验，在审美体验中达成观念的共识，从而以文学审美的方式配合着天人合一的本体性探索，体现出天人合一的精神境界。这便是语录与诗话对整个中国思想文化言说与阐释方式的重要贡献，也是为什么语录与诗话成为尤其宋代以来中国古代不同思想观念共同青睐的表达方式。而在各家观念中，儒家因其强烈的为社会立法的愿望而比其他诸家更需要群体的共识，因此，通过语录与诗话所构造的审美空间来实现弥合天人的哲学理想便成了儒家理论建构和经学阐释中尤为重要的组成部分。

---

① 王夫之等撰. 清诗话·贞一斋诗说 [M]．上海：上海古籍出版社，1978：930.

第四节　朱熹解经之阐释逻辑与策略

在宋儒当中朱熹也许算不上是最博学的，他之前的郑樵和他之后的王应麟在博学洽闻方面都不一定亚于他；在宋儒当中朱熹也不一定是最深刻的，他前面的张横渠、"二程"，他同时的陆象山、张栻在义理深湛方面也不一定亚于他。但是，就既有知识上的广博，又有学理上的深刻，见识通达而精辟，议论高明而精微而言，不独两宋三百年，即便整个两千年的中国儒学史上亦无可比肩的，则非朱熹莫属。这是他难以企及之处，同时也是他学术上的特点之所在。这一特点在其经典阐释的理论与实践上都留有鲜明印记，中国经典阐释学的高明处与局限性也在这里得到充分体现。

一、在"求真"与"求用"之间：朱熹经典阐释之逻辑起点问题

就其产生而言，儒学是一门旨在改造世道人心的学问，因此本来不存在"求真"的问题。但是由于从孔子开始，儒学的建立是在西周王官之学的基础上开始的，是通过对古代遗留典籍的阐释来进行的，因此阐释成为儒学建构的基本手段，怎样的阐释才符合经典原义的问题也就自然而然地出现了，"求真"因而成为儒学的重要问题。孔子自称"述而不作"，这是对自己阐释者身份的自我确认。孔子之后，从思孟学派到荀学，从两汉经学到宋明理学直至清儒的考据之学，"求真"与"求用"始终是儒家学者经典阐释的两大动因。所不同的是，由于历史语境的变化或者个人学术志趣的不同，有的阐释者倾向于"求真"，有的倾向于"求用"。"求用"的极端表现是完全不管实际情况如何，于阐释过程处处断以己意，任意发挥，公羊学之孔子自作"六经"以期"托古改制"之说是也；"求真"的极端则是拘泥于训诂考证之中不能自拔，对义理阐释一概斥为空疏，乾嘉

学派中推崇"汉学"而贬斥宋学者是也；真正高明的儒者则以"求真"与"求用"为一体，务使"求真"成为"求用"之条件，"求用"成为"求真"之动力，在这方面，卓然秀出，堪为表率者，朱晦翁是也。在他这里，"格物致知"既是"求真"，是手段，又是"求用"，是目的。"格物致知"则"理"在其中，"理"就是"天理"，它既有客体性，所谓"天理流行"，是宇宙之自然运演；又具有主体性，所谓"性即理"，是人人具足的本然天性，是一切善的根源。于是作为万物客观自在性的"理"与作为人类价值本原的"理"统一起来了，认识论与价值论也统一起来了。在认识论与价值论，亦即在"求真"与"求用"的统一中理解阐释的意义正是朱熹经典阐释学思想的基本特点，而且也是中国古代经典阐释学的基本特点。我们来看朱熹的具体解说：

> 今人读书，多不就切已上体察，但于纸上看，文义上说得去便了。如此，济得甚事！"何必读书，然后为学？"子曰："是故恶夫佞者！"古人亦须读书始得。但古人读书，将以求道。不然，读作何用？今人不去这上理会道理，皆以涉猎该博为能，所以有道学、俗学之别。因提案上药囊起，曰：如合药，便要治病，终不成合在此看。如此，于病何补！文字浩瀚，难看，亦难记。将已晓得底体在身上，却是自家易晓易做底事。解经已是不得已，若只就注解上说，将来何济！如画那人一般，画底却识那人。别人不识，须因这画去求那人，始得。今便以画唤做那人，不得。①

"何必读书，然后为学"是《论语·先进》中子路质问孔子的话，前面还有两句，"有民人焉，有社稷焉"意思是对于做官来说，做有利于百姓和社稷的事情是首要的，读书并不重要。"是故恶夫佞者！"是孔子批评子路的话，意思是我讨厌巧言狡辩的人。在这里朱熹引用孔子和子路的对话旨在说明读书的重要性。但接着他又论述了"读书""解经"的目的在于"用"的道理。"文义上说得去""以涉猎该博为能"都是指那种在书本上"求真"的读书之法，目的仅在于弄清楚书上说了什么，道理是否通透，

---

① [宋]黎靖德编，王星贤点校. 朱子语类·卷十一[M]. 北京：中华书局，1986：181. 本节中引该书皆此版本，以下只随文注明卷数。

等等。然而读书解经的目的却并不在此，是为了将书上的道理用之于实践。圣人之作经书也罢，后人阐释经书也罢，其实都是不得已，只是手段而已，"用"才是目的。正如"合药"不是目的，治病才是目的一样。手段永远不能代替目的。经书无疑是神圣的，但在朱熹看来也只是人们"求道"以"致用"的手段而已："经之有解，所以通经。经既通，自无事于解，借经以通乎理耳。理得，则无俟乎经。"（《朱子语类·卷十一》）这里颇有庄子"得鱼忘筌、舍筏登岸"的意味。在以"二程"和朱熹为代表的"道学"或"理学"看来，宇宙间最高价值或价值本原乃是"道"或云"天理"，圣人之所以为圣人就在于他领悟到了"天理。"人人学习圣人、学作圣人根本上乃在于求"天理"，一旦把握到"天理"，圣人也就不足学了。至于经书，那不过是圣人传道的手段，是不得已的办法，因为圣人无法当面教导所有人。

朱熹的这种见解显然与汉唐时期的传统经学有很大不同。盖传统经学，在早期主要是一种国家意识形态话语建构，是与汉代大一统的君主专制政体的建设与稳定之需求相适应的，根本上是士人阶层的利益和价值观念与君主集团利益及其价值观念相互碰撞、融合的产物，所以此期经学以"春秋学"，特别是公羊学最为兴盛，因为公羊学的"三科九旨""天人感应"之类的东西恰恰是刚刚获得政权的君主集团与绞尽脑汁试图在新政权中获得部分权力和优势地位的士人阶层所共同关心的，因为其中既有对君权合法性的有力证明，同时也是士人阶层约束限制君权的有力武器。到了西汉后期和东汉前期，国家政治体制已经稳固，士大夫阶层也获得了自己的地位，因此此时的经学最重要的使命乃是"淑世"——使儒家伦理成为人们的日常行为准则。于是儒学从上层权力之争、意识形态建构的工具下沉为人伦日用规范，即名教。在这种情况下，经书就获得了最高法典的权威性，所谓"以《禹贡》治河，以《洪范》察变，以《春秋》决狱，以《三百五篇》当谏书"[1]就是当时的写照。经生们的任务或者是在经书中发掘微言大义，或者章句训诂以求确解，没有人把经书当成用完了即可以丢掉的工具。而在程朱理学的时代，文人士大夫是君主最主要的合作伙伴，"文官政

---

① ［清］皮锡瑞著，周予同注释. 经学历史［M］. 北京：中华书局，1959：90.

府"早已成熟，那些一流的士人思想家们最高理想不是做经学家，甚至也不是做政治家，而是自己做圣人！所谓"学作圣人""作圣之功""圣人气象""孔颜乐处"，等等，都是他们常常挂在嘴上的。陆象山说"收拾精神，自作主宰"就是自己做圣人的意思。在宋儒看来，圣人就是那些先行把握了"道"或者"天理"的人，而"道"或"天理"并不是高不可及之物，它既存在于宇宙万物中，也存在于人的心性中，所以自己要想成为圣人最主要的就不是研读经书，而是体悟到原本存在于心里的那个"天理"。程颢的"浑然与物同体"、张载的"民胞物与"、程颐的"性即理"、朱熹的"心与理一"等说法，都是说一个人自己在自家心性上用功就可以成为圣人。因此在理学家中，即使博闻强记如朱熹者，也并不把知识性的学问视为第一义，这就是"心性之学"的关键之点，作圣人是他们的人生理想，而教人如何作圣人则是他们著书立说、授徒讲学的目的。因此对于朱熹而言，经典阐释就只能是手段之手段了。对于阐释的评判也就以是否有用作为最高标准了，至于阐释的真伪问题，也只是在有用无用的框架下才有意义。

如此看来，对朱熹的经典阐释来说，"知"只是一种手段，"用"才是根本目的。正是在这一点上，中国经典阐释传统与西方阐释传统存在根本性差异。西方历史上的圣经阐释学与中国儒家经典阐释学确实有某种相似之处，那就是都以追求最高的善为目标，而且在这里最高的善也就意味着最高的真和美，是三位一体的。所不同的是，圣经阐释学作为一种以宗教信仰为依托的话语形态，其阐释的动机、合法性、目的一概来自上帝赋予，是"上帝的选民"才有的一种权利，因此，在理解、阐释与信仰之间，后者居于绝对主导地位。正如圣经阐释学的奠基者奥古斯丁所说："宁愿不理解而找到你（指上帝—译者注），不要专求理解而找不到你"，并坚信"心灵由相信而理解"[①]，这就是说，只有"信"了才能"知"。那么凭什么"信"呢？在圣经阐释学这里，这是一个自明的、不容追问的问题，是上帝的赐予。朱熹代表的儒家经典阐释学就不同了，在这里"知"与"信"没有先后之别，是一体两面，或云"体用一源，显微无间"的。朱熹说：

---

① 潘德荣. 西方阐释学史［M］. 北京：北京大学出版社，2011：134.

"如今人全不曾理会，才见一庸人胡说，便从他去。尝得项平甫书云，见陈君举门人说：'儒释，只论其是处，不问其同异。'遂敬信其说。此是甚说话！元来无所有底人，见人胡说话，便惑将去。若果有学，如何谩得他！如举天下说生姜辣，待我吃得真个辣，方敢信。"（《朱子语类·卷五》）由此可知，在"辣"的切实体验之中，既包含着"知"，也包含着"信"，是二者之统一。对朱熹来说，"信"也就是"行"，因此，他把"知"与"信"的问题，置换为"理会与践行"的关系，认为其中包含着全部的学问，二者是无法分拆开来的。他说："涵养中自有穷理工夫，穷其所养之理；穷理中自有涵养工夫，养其所穷之理，两项都不相离。才见成两处，便不得。"（《朱子语类·卷九》）后来王阳明的"知行合一"实际上是对朱熹这一见解的进一步发挥与申说。

　　近代以来，西方阐释学在以主客体二元对立模式为基础的哲学认识论，或者说是主体论哲学的影响下，始终以理解文本的固有意义为鹄的，即使在浪漫主义阐释学那里，揭示文本的这种客观性依然是主要任务。阿斯特说："因此诠释学或注释学……以理解古代的一切外在和内在元素为前提，并把对古代书写著作的解释建基于它之上。因为只有完全理解了它的内容和形式（语言和表现）的人才能解释一部作品，发挥它的意义和描述它与其他作品或与整个古代的内在的和外在的联系。"[①]当然阿斯特并不否认在这种追问文本意义的过程中包含着某种创造性："对作品的理解和解释乃是对已经被形成的东西的真实的再生产或再创造（Nachbilden）"[②]。施莱尔马赫同样主张阐释学是以揭示文本中蕴涵的作者本意为目的，为了更加准确地把握作者本意，施莱尔马赫主张"心理学解释"。他说："心理学解释任务有两方面：一方面是理解一个作品的整个基本思想；另一方面是由作者的生活去把握作品的个别部分。"[③]他的关注点就在于如何做到准确解释，至于

----

① ［德］弗里德里希·阿斯特. 诠释学 // 洪汉鼎主编. 理解与解释：诠释学经典文选［M］. 北京：东方出版社，2001：4.

② ［德］弗里德里希·阿斯特. 诠释学 // 洪汉鼎主编. 理解与解释：诠释学经典文选［M］. 北京：东方出版社，2001：10.

③ ［德］施莱尔马赫. 诠释学讲演 // 洪汉鼎主编. 理解与解释：诠释学经典文选［M］. 北京：东方出版社，2001：72.

准确把握文本原义和作者本意是为了什么，就不是他所关心的事情了。而对于朱熹来说，这个"为了什么"才是最重要的。在施莱尔马赫的心理主义阐释学的基础上，狄尔泰把"体验"作为阐释方法的核心，虽然在一定程度上突破了哲学认识论对阐释学的决定性影响，但追问文本本义与作者原意依然是其根本目的。只是更后来的海德格尔和伽达默尔的哲学阐释学才把"建构意义"而不是"揭示意义"当作阐释学的根本特点。

二、在认知与体认之间：朱熹经典阐释的基本方式问题

基于"求用"的经典阐释目的，朱熹在阐释方法上强调的是"体认"。程朱理学的所谓"用"并非汉儒"通经致用"的"用"，盖汉儒之"用"主要在于外部的社会秩序与人伦关系，而朱熹的"用"则主要是个人人格修养方面的"践履"，所以汉儒崇尚"以《春秋》决狱，以《三百五篇》当谏书"那样的"用"，朱熹则更重视"心与理一""居敬穷理"之类的内在修养功夫。在经典阐释方面，汉儒把经典视为法典，试图以章句训诂方法弄清楚其所指，以便照着做；宋儒则把经典视为一种问道的"接引""桥梁"，希求借以启发自家之心智。因此，理学也就特别强调心理体验，朱熹说：

> 读书，须要切己体验。不可只作文字看，又不可助长。学者当以圣贤之言反求诸身，一一体察。须是晓然无疑，积日既久，当自有见。但恐用意不精，或贪多务广，或得少为足，则无由明耳。读书，不可只专就纸上求理义，须反来就自家身上推究。秦汉以后无人说到此，亦只是一向去书册上求，不就自家身上理会。自家见未到，圣人先说在那里。自家只借他言语来就身上推究，始得。今人读书，多不就切己上体察，但于纸上看，文义上说得去便了。如此，济得甚事！（《朱子语类·卷十一》）

这里的"体验""体察"常常又做"体认""涵泳"等，借用现代哲

学概念来说，是指调动自己全部心理能力，在理性、知性和感性的结合中去感受某种事物或道理。换言之，就是全身心地投入其中，既有道理上的领悟，又有情感上的激发，从而使人格境界得到整体提升。朱熹举例说："耳之德聪，目之德明，心之德仁，且将这意去思量体认。将爱之理在自家心上自体认思量，便见得仁。仁是个温和柔软底物事。老子说：'柔弱者，生之徒；坚强者，死之徒。'见得自是。看石头上如何种物事出！'蔼乎若春阳之温，泛乎若醴酒之醇。'此是形容仁底意思。"（《朱子语类·卷六》）这里为了体认"仁"的含义，朱熹调动了各种感觉能力，让人在柔软、温暖的感觉和爱的情感体验中去领会"仁"的含义，从而自然而然地体会出"仁"与天地之化生万物、君子之亲亲爱人的内在关联，从而摆脱一己之私，获得精神上的升华。宋儒的"学作圣人""圣贤气象"就是依靠这种"体认"的方式实现的。在他们看来，离开了"体察""体认"，只停留在纸上推究文义，读书也就失去了其应有的意义。说宋儒"陈义过高"固然不能算错，说他们"当下践履"也不是没有根据，关键看如何领会了。

　　为程朱理学所特别标举的"体认""体察""涵泳"等与德国生命哲学代表人物狄尔泰所强调的"体验"颇有相通之处。狄尔泰在西方阐释学的发展过程中占有重要位置，他是从作为方法论的一般阐释学向着作为本体论的哲学阐释学的过渡。而使其阐释学具有这种过渡意义的原因，在很大程度上有赖于其核心概念"体验"。洪汉鼎教授指出："狄尔泰在这里提出'体验'（Erleben）和'再体验'（Nacherleben）概念，如果说对于施莱尔马赫来说，理解就是重新构造作者的思想和生活，那么对于狄尔泰来说，理解就是重新体验过去的精神和生命。"[1]在狄尔泰的生命哲学体系中，人文科学的主要任务就是理解生命的本质，因为生命乃是世界之本源，人类创造的一切的文化形式都是生命的表现。但理解生命不能用自然科学的方法，也不能用一般认识论的方法，而必须借助于以"体验"为基本方式的理解与阐释。他说："这种对一直固定了的生命表现（Lebensaeusserungen）的合乎技术的理解，我们称之为阐释（Auslegung）或解释（Interpretation）"[2]又

---

① 洪汉鼎．理解与解释：诠释学经典文选［M］．北京：东方出版社，2001：10、23．
② 洪汉鼎．理解与解释：诠释学经典文选［M］．北京：东方出版社，2001：77．

说："理解和解释是各门精神科学所普遍使用的方法。在这种方法中汇集了各种功能，包含了所有精神科学的真理。在每一点上，理解都打开一个世界。对陌生的生命表现和他人的理解建立在对自己的体验和理解之上，建立在此二者的相互作用之中。"①他的意思是说，人的生命表现能够被表达于文本之中，这就是所谓"固定了的生命表现"。对这种被固定在书本上的"生命表现"的理解与阐释需要阐释者把它转换为自己当下的生命体验，如此方能够通过反省来把握到它。换言之，对于他人的生命表现不能直接通过文字解读来理解，而是需要一个复杂的转换过程。在这一点上，狄尔泰与朱熹是一致的：对朱熹而言，其强调"体认"或"涵泳"的重要性是因为只有如此才能够达到"自得"，所谓"如此而优游涵泳于其间，则浃洽而有以自得矣。"（《朱子语类·卷十二》）对狄尔泰来说，他标举"体验"乃是因为只有借助于体验他才能够"在自身中引起一种对陌生生命的模仿"②。进而去把握他人的生命表现。这就是说，朱熹和狄尔泰对文本的阐释同样是不满足于对文本字面意思的理解，不是把阐释对象作为一个"客体"来看待，而是视为在自己身上产生某种体验的契机或触发，这与施莱尔马赫所主张的心理移情显然有所不同。程朱理学主张"体认""涵泳"和"自得"，旨在打破汉唐以来经典阐释中章句训诂之学居于主导地位的局面，使被知识化了的儒学重新迸发出活泼的生命力来。狄尔泰强调"体验"则旨在突破作为自然科学思维基础的主客体二元对立模式，从而为人文科学寻找独立的研究方法。二者分别在中西阐释学的历史上占据了重要位置。

但是朱熹与狄尔泰的区别也是很明显的。根本言之，还是阐释目的的不同所致。盖朱熹从文本中"体认""涵泳"出来的东西不是某种道理，而是一种复杂的精神体验，其较低层次是关于礼义廉耻、孝悌忠信之类的道德感，其最高层次则是"浑然与物同体""于静中觉物皆有春意"以及"廓然大公，物来顺应""民胞物与"之类的心灵自由状态，这也就是冯友兰先生所谓儒家人格四境界中的"天地境界"。这一点可以从朱熹对孔

---

①［德］狄尔泰. 对他人及其生命表现的理解 // 洪汉鼎主编. 理解与解释：诠释学经典文选［M］. 北京：东方出版社，2001：93.

②［德］狄尔泰. 诠释学的起源 // 洪汉鼎主编. 理解与解释：诠释学经典文选［M］. 北京：东方出版社，2001：90.

子的"吾与点也"之叹的阐释中看出:"曾点之学,盖有以见夫人欲尽处,天理流行,随处充满,无少欠阙。故其动静之际,从容如此。而其言志,则又不过即其所居之位,乐其日用之常,初无舍己为人之意。而其胸次悠然,直与天地万物上下同流,各得其所之妙,隐然自见于言外。"①这里朱熹的阐释便是从"侍坐章"中曾晳和孔子的对话中"体认""涵泳"出来的。这不是道理,而是一种智慧,一种心理体验。

三、在"虚心"与"己意"之间:朱熹经典阐释学 的"前见"问题

在具体如何展开阐释的问题上,朱熹最为重视的是"虚心""去己意"。既然对经典的阐释主要是为了个人人格修养而不是了解客观知识,那么还需要不需要准确地把握经典文本的"原义"呢?在朱熹看来答案是肯定的,因为只有准确了解圣人在经典中表达的意旨,才能够真正激发起主体的道德体验,从而提升自己的人格境界。为了达到准确了解经典原义,朱熹特别重视"虚心"和"去己意",他说:

> 大凡读书,且当虚心一意,将正文熟读,不可便立见解。看正文了,却著深思熟读,便如己说,如此方是。今来学者一般是专要作文字用,一般是要说得新奇,人说得不如我说得较好,此学者之大病。譬如听人说话一般,且从他说尽,不可剿断他说,便以己意见抄说。若如此,全不见得他说是非,只说得自家底,终不济事。
> 读书,第一莫要先立个意去看他底;莫要才领略些大意,不耐烦,便休了。(《朱子语类·卷十一》)

所谓"虚心"就是不带丝毫自己的意见,认真仔细地看文本说了什么。他所反对的乃是当时儒者把经典阐释"专要作文字用"的风气。在理学家

---

① [宋]朱熹. 四书集注 [M]. 长沙:岳麓书社, 1987:190.

中，像程、朱、陆、王这样的一流人物，其阐释经典的目的在于真正切记体认其中的人生智慧和圣贤气象，领悟"廓然大公""与物同体""民胞物与"的仁者境界，而决然不屑于玩弄文字，以见解新奇与他人争一日之短长。理学家们为了准确阐释并躬行践履如此圣贤人格和仁者境界，故而特别重视清除个人内心的"私念""己意"。由于理学家预设了经典的公正性，所以他们就试图使自己的阐释完全服从于经典文本固有逻辑，不带丝毫先入之见。朱熹甚至把经典文本与阐释者的关系比喻为"主仆"关系：

> 解经谓之解者，只要解释出来。将圣贤之语解开了，庶易读。
>
> 圣经字若个主人，解者犹若奴仆。今人不识主人，且因奴仆通名，方识得主人，毕竟不如经字也。
>
> 随文解义。
>
> 解经当如破的。（《朱子语类·卷十一》）

这就是说，解经者须将自己置于绝对顺从地位，跟着"主人"的脚步走，一切唯"主人"之命是从。那么如何才能做到如此"虚心"呢？我们再来看朱熹和他的弟子的一段对话：

> 再问：所说"寻求义理，仍须虚心观之"，不知如何是虚心？曰：须退一步思量。次日，又问退一步思量之旨。曰：从来不曾如此做工夫，后亦是难说。今人观书，先自立了意后方观，尽率古人语言入做自家意思中来。如此，只是推广得自家意思，如何见得古人意思！须得退步者，不要自作意思，只虚此心将古人语言放前面，看他意思倒杀向何处去。如此玩心，方可得古人意，有长进处。且如孟子说《诗》，要"以意逆志，是为得之"。逆者，等待之谓也。如前途等待一人，未来时且须耐心等待，将来自有来时候。他未来，其心急切，又要进前寻求，却不是"以意逆志"，是以意捉志也。如此，只是牵率古人言语，入做自家意中来，终无进益。（《朱子语类·卷十一》）

朱熹在这里是从正反两方面论证何为"虚心"的。从"正"的一面说，

"虚心"就是把古人的话放在前面，顺着它的逻辑去思量，在阐释过程中耐心等待作者之意的自行显现。从"反"的一面说就是不要自作意思，不要强行把古人的意思同一于自家已有的意思，不要"以意捉志"。如此面对经典即可谓"虚心"了。在朱熹看来，这是经典阐释的前提。

西方近代阐释学同样反对阐释者的"己意"。对于施莱尔马赫来说，阐释学的本质乃是一种为了避免误解的"技艺学"，"误解"从哪里来？自然是从阐释者已有的先入之见中来。这种先入之见乃是由阐释者与阐释对象在时间、环境、历史背景等方面的差异所致。他意识到阐释者的先入之见难以避免，所以认为"误解"的产生是必然的，而克服"误解"的阐释学也就具有了存在的必要性。对狄尔泰来说，历史的怀疑论和主观任意性都是其阐释学所极力克服的，他主张坚持阐释的确定性，克服偏见同样是其所奉行的重要原则。海德格尔和伽达默尔本体论阐释学的一个重要特征便是对"偏见"或"前见"的认可。对他们来说，"前见"或"前结构""前理解"不仅是允许存在的，而且是一切阐释行为必不可少的前提，是阐释得以进行的必要条件。海德格尔认为在阐释过程中"前有"（Vorhabe）、前见（Vorsicht）和前把握（Vorghff）是不可避免的，阐释者需要做的是"必须避免随心所欲的偶发奇想和难以觉察的思想习惯的局限性，并且凝目直接注意'事情本身'（这在语文学家那里就是充满意义的文本，而文本本身则又涉及事情）"①。在此基础上，伽达默尔进一步把"前见"直接理解为一切阐释活动所必不可少的条件，换言之，离开了"前见"也就不可能有任何有益的阐释行为，因此"如果我们想正确地对待人类的有限的历史的存在方式，那么我们就必须为前见概念根本恢复名誉，并承认有合理的前见存在。"②这里的关键是把那些"合理的前见"与其他各种各样的前见，例如那些"随心所欲的偶发奇想和难以觉察的思想习惯的局限性"区别开来。

在"前见"问题上，朱熹与伽达默尔之间显然存在重要差异，因为朱熹显然是反对任何"己意"的。那么二者孰是孰非呢？在笔者看来，他们

---

① ［德］伽达默尔著，洪汉鼎译. 真理与方法［M］. 北京：商务印书馆，2010：378、379.

② ［德］伽达默尔著，洪汉鼎译. 真理与方法［M］. 北京：商务印书馆，2010：392.

各有各的道理，他们的差异恰恰体现了中国经典阐释学与西方阐释学各自不同的阐释路径。对伽达默尔来说，阐释学并不是方法论，而是关于存在的本体论，阐释不是达到另外什么目的的手段，而是人的存在方式。伽达默尔也谈论真理，但他的真理不是认识论意义的而是本体论的，是事物之存在的澄明，这个真理也就是存在本身。与伽达默尔一样，朱熹的经典阐释学也不是认识论意义上的，但不同的是，它也不是本体论意义上的，而是接近于康德的"道德哲学"或云"道德形而上学"意义上的。在康德那里，人的德性是实践理性的产物，是使人向着更高的善的境界跃升的内在力量，也就是人的自律性，它能够对人的各种欲望加以克制，因此实际上德性也就是使人成为人的内在依据，"对一切自然规律来说，它都是自由的，它只服从自己所制订的规律，它的准则，正是按照这些规律，才成为它自己也服从的普遍立法。"① 我们不难看出，康德的"德性"与程朱理学的核心概念"性"是十分相近的，它们同样是人类道德的基础。理学家特别重视的"敬以直内""慎独"以及"常惺惺"都是强调人之"性"所具有的自我约束、自我警戒的自律性。但与康德不同的是，程朱理学谈论心性、天理之类问题时的基本框架是"天人之际"，即在"人"与"天"的相通处着眼，所追求的乃是人与自然万物之同一性，是个体生命与宇宙大生命的统一性。其中包含了中国几千年积累起来的生命体验和生存智慧。而康德的"德性"或"实践理性"则是在人的主体能力和精神结构之关联的框架中立论的，目的依然是"追问真相"，只不过不再是外部世界的"真相"，而是人自身的"真相"。

基于这种思想整体上的差异，朱熹的"己意"与伽达默尔的"前见"虽然都是指在阐释活动之前就存在于阐释者那里并且能够影响阐释过程的因素，但二者依然存在重要区别。伽达默尔的所谓"前见"或者准确地说是"合理的前见"，是指阐释者在进行具体阐释活动之前积累的知识储备与判断力，特别是那种由此而生成的价值取向，它可能是常识和共识，能够在不自觉的情况下对人们的阐释活动发挥影响作用，而且还会被保留到阐释结果之中，因此对于阐释活动而言它们具有前提和基础的意义，是不

---

① ［德］康德著，苗力田译. 道德形而上学原理［M］. 上海：上海人民出版社，1988：88.

可或缺的。例如启蒙运动的思想家们反对一切前见，认为以往的一切历史流传物都必须经过理性重新审查，但在伽达默尔看来，这种观点正是出于一种"前见"，即"反对前见的前见"。①而且伽达默尔认为，正是"前见"使得"与传统相联系的意义"得以实现，在这个意义上说，没有"前见"也就不会形成任何传统。②然而对于朱熹来说，他所极力反对的"己意"主要是在"公"与"私"、"善"与"恶"、"天理"与"人欲"的问题域中立论的，是指出于一己之私的狭隘之见。换言之，伽达默尔的"前见"主要还是认识论和一般价值评价方面的判断能力，而朱熹的"己意"则主要是道德范围的偏见。因此，伽达默尔坚持认为"前见"对于阐释活动具有必要性，是前提条件，而朱熹则认为"己意"是经典阐释的最大障碍，对经典的正确阐释实际上正是消除"己意"的过程。

四、朱熹经典阐释学的"创造性"问题

朱熹解经反对"己意"，但并不意味着他只是主张"照着说"，不能有自己的创造性发挥。他反对"己意"只是反对那种违背"天理"的个人偏见而已，如果阐释符合"天理"，即使与经义不合也值得肯定。他说：

> 大凡看人解经，虽一时有与经意稍远，然其说底自是一说，自有用处，不可废也。不特后人，古来已如此。如"元亨利贞"，文王重卦，只是大亨利于守正而已。到夫子，却自解分作四德看。文王卦辞，当看文王意思；到孔子《文言》，当看孔子意思。岂可以一说为是，一说为非！（《朱子语类·卷七十六》）

这是极为重要的中国经典阐释学思想。与那些恪守章句不敢越雷池一步的陋儒不同，朱熹深刻理解真正的经典阐释的创造性特征，并不认为阐

---

① ［德］伽达默尔著，洪汉鼎译．真理与方法［M］．北京：商务印书馆，2010：387．
② ［德］伽达默尔著，洪汉鼎译．真理与方法［M］．北京：商务印书馆，2010：417–419．

释必须与经典原义完全符合。文王的卦辞表达了文王的意思①，孔子对文王卦辞的阐释，表达了孔子的意思，虽不尽相同，但各有各的价值，不可以偏废。这是极为通达的见解，盖宋儒志向高远，人人以体认天理为己任，运行于宇宙间的"大道"或者"天理"是他们追求的目标，相比之下，古代典籍或者圣人不过是他们达到"大道"或"天理"的桥梁而已，因此，达到目标才是根本所在，至于前圣后圣意见相左，对他们来说是再平常不过的事情。朱熹进一步指出这种意义差异的原因：

> 大抵前圣说话，虽后面便生一个圣人，有未必尽晓他说者。盖他那前圣，是一时间或因事而言，或主一见而立此说。后来人却未见他当时之事，故不解得一一与之合。且如伊川解经，是据他一时所见道理恁地说，未必便是圣经本旨。要之，他那个说，却亦是好说。（《朱子语类·卷一百五》）

就是说，前辈圣人提出一说往往有其具体语境，是针对某一具体事件，或者从某一角度出发的，后辈学人不了解其立说之具体背景，故其阐释未必能够符合前辈圣人之原意。但这并不意味着此阐释没有意义，只要符合"大道"或"天理"便是有价值的"好说"。例如朱熹认为《周易》原本只是卜筮之书，秦人焚书而《周易》得存，就是因为在秦人眼中此为卜筮之书。后来孔子作"十翼"，阐发出许多道理，后世儒家就把《周易》当成讲道理的书了。（《朱子语类·卷一百五》）这说明，在朱熹看来，《周易》中蕴含的意义是一代一代儒者们阐释的结果，当年文王演周易的时候并没有这些意思。在这一点上，朱熹和公开宣称"六经注我"的陆象山骨子里实际上是一样的。

西方阐释学，从古代的圣经阐释学、法律阐释学等"专门阐释学"到近代以来的施莱尔马赫、狄尔泰等人代表的"一般阐释学"都是以追问文本"原义"与作者"本意"为目标的，他们关心的问题是怎样的阐释才能

---

① 司马迁《报任安书》有"文王拘而演周易"之说，历来人们都认为《周易》是文王在伏羲八卦基础上推演而成，卦辞亦为文王所作。

够做到这一点。对他们来说，朱熹的这种"创造性阐释学"显然是不可接受的。伽达默尔的哲学阐释学承认"前见"的合理性和必要性，认识到阐释过程的"视域融合"现象，认为一切阐释的结果都是"效果历史"，是阐释者与作为阐释对象的"历史流传物"相互作用、相互融合的产物，理解和阐释行为并不是认识论框架中的"主体"发现"客体"的过程，而是一个"效果历史事件"，是一个生成过程。简言之，对伽达默尔来说，阐释是一种意义建构行为，因此具有创造性。^①那么朱熹的阐释的创造性与伽达默尔是不是一样的，这是一个值得追问的问题，对这个问题的解答庶几可以进而阐明中国古代经典阐释学与西方阐释学的一个根本性差异。

"追问真相"是西方哲学的恒久动力，正是在"追问真相"冲动的驱动下，才产生了以"主客体二元对立模式"为基础的近代认识论，而在这种认识论哲学的基础上产生了日新月异的自然科学，也产生了作为方法论的一般阐释学。与现象学和生命哲学密切相关的海德格尔的存在论哲学看上去是打破了作为认识论哲学基础的"主客体二元对立模式"，在存在论的视野中重新审视人与世界的关系以及人的行为，但在根本上，海德格尔的存在论哲学依然是沿着"追问真相"的道路前行，只不过他似乎较之传统的认识论哲学在某些方面更接近"真相"一些。海德格尔和他的学生伽达默尔在存在论基础上建立起来的作为本体论的阐释学并没有提出任何新的阐释方法和路径，而是将追问的矛头指向了"阐释"本身的"真相"，揭示了这种人类不可或缺的行为的存在论意义。传统阐释学试图解决"怎样的阐释才符合文本原义"的问题，哲学阐释学则试图解决"什么是阐释"的问题，所以伽达默尔"效果历史意识"之说所蕴含的建构性或创造性意义，是在最普遍的哲学意义上揭示出"阐释"的基本特性，并非旨在强调和张扬阐释行为的主体性，换言之，依然是为了"揭示真相"。相比之下朱熹主张阐释的创造性则主要不在于"揭示真相"，而是为了使经典与对经典的阐释构成一个意义的统一体，从而共同承担起体认"大道"或"天理"的任务。这里的关键是使后世关于经典的那些"不合本旨"却有意义的阐释获得合法性。因此朱熹的经典阐释学依然是一种方法论而不是本体

① ［德］伽达默尔著，洪汉鼎译. 真理与方法［M］. 北京：商务印书馆，2010：423、424.

论。只有在"追问真相"的恒久冲动的促进下阐释学才会从方法论演变为本体论，从追问如何阐释才能获得"真相"到追问"阐释"本身的"真相"实际上是一个顺理成章的过程。对于朱熹代表的中国古代经典阐释学来说，由于设定了"求用"的根本目的，就不可能产生出作为本体论的阐释学，因为这是没有意义的。

五、朱熹经典阐释学的三种基本模式

朱熹一方面强调"虚心""去己意"在经典阐释中的重要性，一方面又主张阐释应该有自己的创造性，这是不是自相矛盾呢？表面上看这当然是一种矛盾，但如果深入了解了朱熹经典阐释学所包含的不同阐释模式之后，这种自相矛盾便是可以理解的了。换言之，朱熹对于不同的阐释模式有着不同的要求。由于这些阐释模式是不同层面上的，所以当把他们置于同一层面上时看上去是矛盾的。这些阐释模式是因循性阐释、衍义性阐释、修正性阐释。下面分别予以阐述。

因循性阐释是指那种"随文解义"式的阐释，用朱熹的话说就是"只随经句分说，不离经意"的阐释。在中国儒学史上，传注之学源远流长，"注"或"笺注"或"章句之学"都是指那种对经典文本文字、语句的注释，这种注释的基本原则是所谓"注不破经，疏不破注"，也就是尽量符合文本原义，注释的目的就是让由于时代原因隐没难明的经义变得清晰明白。理学家大都注重义理阐发，轻视汉人的章句训诂之学，唯独朱熹是个例外。正如钱穆先生说："弃注疏而论道，不惟二苏，二程以下理学家皆不免。能切实虚心看注疏，在有宋一代理学家中，殆亦惟朱子一人。"[1]我们来看一个例子：

> 子曰："视其所以，以，为也。为善者为君子，为恶者为小人。观其所由，观，比视为详矣。由，从也。事虽为善，而意之所从来者

---

① 钱穆. 朱子新学案（第四册）［M］. 台北：联经出版公司，1998：274.

有未善焉，则亦不得为君子矣。或曰："由，行也。谓所以行其所为者也。"察其所安。察，则又加详矣。安，所乐也。所由虽善，而心之所乐者不在于是，则亦伪耳，岂能久而不变哉？人焉廋哉？人焉廋哉？"焉，于虔反。廋，所留反。焉，何也。廋，匿也。重言以深明之。

这是朱熹《论语集注·为政》中的一段文字。文中宋体字为《论语》原文，楷体为朱熹注释。这里对"视""观""察""焉""廋"等词的解释都准确到位，使不那么明了的语句变得明白易晓了。在此基础上，朱熹略微做了一些引申，联系上下文，也都是与《为政》的文本原义相符合的。这就是典型的"随文解义"，属于"因循性阐释模式"。对于这种阐释模式而言，最忌的就是超出文本固有意义的任意发挥。朱熹说："今之谈经者，往往有四者之病：本卑也，而抗之使高；本浅也，而凿之使深；本近也，而推之使远；本明也，而必使至于晦，此今日谈经之大患也。"（《朱子语类·卷十一》）这四种阐释都属于我们今天所说的"过度阐释"。在朱熹看来，这种"随文解义"是经典阐释最基本的工作，必须尽量做到客观公正，所以必须"虚心""去己意"，对于《公羊传》《穀梁传》那样虽然用了"章句"的形式，却是过于发挥想象力的阐释他并不认同，认为其阐释多出于"揣度"和"杜撰"，不像《左传》的记事大都可以凭信。

"衍义性阐释"是指那种从经书的某一点生发开去，名为解经，实则为自作文。例如《易传》，即传为孔子所作的"十翼"，就是这种阐释模式最典型的代表。《文言传》《系辞传》等都是自成系统的哲理论述，与《周易》那些作为占卜之辞的"卦辞""爻辞"完全不在同一个思想层面。《周易》原本不是儒家思想，是被儒家阐释为儒家思想的。"五经"中的其他各经也同样如此——经过阐释的中介，西周贵族时代的文献被转换为儒学话语系统。在朱熹这里，这种"衍义性阐释模式"同样具有重要位置。例如《大学或问》中对"明明德，新民，止于至善"九个字的解读，洋洋洒洒用了千余字，几乎涉及理学的全部学理逻辑与思想体系。其逻辑脉络可概括如下：万物生生不息是天道流行的结果，天道流行是阴阳五行变化之显现，阴阳五行变化又取决于理与气的关系，有其理必有其气，气聚而生物，物生而理存。人秉受于天的"气"有所不同，便有贵贱、智愚、善恶之别。对于常人而言，因有各种欲望的诱惑，其心智难免被遮蔽，继而堕落沉沦，失其明德。因此才需要圣人施教，淑世而新民，使人归于正、诚，格、致、修、齐、治、平之正途。①《大学》的所谓"大学之道在明明德、在新民、在止于至善"所讲道理原本没有那么深奥宏达，郑玄注云："明德，谓显明其至德也。止，犹自处也。"孔颖达疏云："'在明明德'者，言'大学之道'，在于章明己之光明之德。谓身有明德，而更章显之，此其一也。'在亲民者'，言大学之道，在于亲爱于民，是其二也。'在止于至善'者，言大学之道，在止处于至善之行，此其三也。言大学之道，在于此三事矣。"②显而易见，在这里，郑注孔疏是"随文解义"，讲得切实在理，而朱熹的阐释就比较远了，完全是理学家的"自作文"。观朱熹《四书或问》，大抵如此。对于这样的经典阐释朱熹并不要求"随文解义"，而是认为只要发挥得有道理，于人有益，是否符合文本原义其实并不重要。

"修正性阐释模式"是指那种看上去是"随文解义"，按照文本原义阐释，实际上暗中对文本原义进行了修改，加进了阐释者自己的见解。在中国古代，这种阐释模式常常被用来阐释前人对经典的阐释，是再阐释。朱熹《诗集传》中此类阐释比较普遍，他用这种阐释模式来修正关于《诗经》"毛传""郑笺""孔疏"的阐释传统。如其关于《诗经》首篇《关雎》主旨的解读：

> 周之文王，生有圣德，又得圣女姒氏以为之配，宫中之人于其始至，见其有幽闲贞静之德，故作是诗。言彼关关之雎鸠，则相与和鸣于河洲之上矣。此窈窕之淑女，则岂非君子之善匹乎？言其相与和乐而恭敬，亦若雎鸠之情，挚而有别也。③

关于《关雎》主旨，《毛诗序》谓："《关雎》，后妃之德也……是以《关雎》乐得淑女以配君子，忧在进贤，不淫其色。哀窈窕，思贤才，而

①［宋］朱熹. 朱子全书（第六册）［M］. 上海：上海古籍出版社，合肥：安徽教育出版社，2002：507、508.

②［汉］郑玄注，孔颖达疏. 礼记正义［M］. 上海：上海古籍出版社，2008：2236、2240.

③［宋］朱熹. 诗集传·卷一［M］. 北京：中华书局，2011：2.

无伤善之心焉，是《关雎》之义也。"《孔疏》的进一步解释是："以《关雎》之篇，说后妃心之所乐，乐得此贤善之女，以配己之君子；心之所忧，忧在进举贤女，不自淫其色；又哀伤处窈窕幽闲之女未得升进，思得贤才之人与之共事。君子劳神苦思，而无伤害善道之心，此是《关雎》诗篇之义也。"①其基本意思是说文王夫人太姒人品好，绞尽脑汁地寻找幽静贤淑的女子来与自己共同侍奉丈夫，丝毫没有一般女子的嫉妒伤善之心，故为诗人所赞美。绕来绕去，依然难免给人以匪夷所思之感。朱熹显然也意识到这样的解释过于牵强，于是进行了适当修正，他接受了《毛诗》"后妃之德"的观点，摒弃了"哀伤处窈窕幽闲之女未得升进，思得贤才之人与之共事"的牵强之说，更贴近诗歌文本，把关雎和鸣看作是文王夫妇和谐感情的比喻。这样的解释显然较之《毛序》《孔疏》更近情理。整个一部《诗集传》基本上都是采取这种"修正性阐释模式"来处理汉唐以来《诗经》阐释传统的。

由以上所论可知，朱熹的阐释常常因对象不同而采用不同阐释模式，并非胶柱鼓瑟，严守一法。正如钱穆先生所说："朱子于《易》有《本义》，于《诗》有《集传》，特所究心，故其言之尤深至。解经工夫，当知随经而有不同，亦非专务训诂考据而可尽其能是也。"②总之，朱熹可以说是一位百科全书式的人物，涉猎极广，对古代儒家典籍均有所阐发，而且在阐释方法上也是多种模式并存，可谓中国古代经典阐释学之集大成者，因此对他的经典阐释学思想、方法与实践进行探讨对于我们了解中国古代经典阐释学的独特性，建构当代阐释学都有着重要意义。有鉴于此，笔者不揣浅陋，抛砖引玉，以就教于方家。

---

① ［唐］孔颖达. 毛诗注疏·卷一（十三经注疏标点本）［M］. 上海：上海古籍出版社，2013：4、26.

② 钱穆. 朱子新学案（第四册）［M］. 台北：联经出版公司，1998：266、267.

第五节　朱熹经学的审美阐释

朱熹的经学阐释无论在经学史还是理学史上都具有重要地位，其"四书"学和"六经"学都可谓体系完备而精深，共同构成了完整的经学阐释体系。对于朱子经学阐释的特征，学界多在传统的中国经学发展脉络下，将其看作汉学、宋学、清学三大系统中的宋学一派，着重将它与汉学或隋唐经学进行对比研究，突出其偏重义理的阐释特色。[①] 又或者将其放在朱子理学系统的框架下，用"理一分殊"或者"尊德性""道问学"的框架来理解朱子的阐释思路。[②] 这对于理解朱子的经学和理学都不可或缺。而上述以朱熹为代表的理学家在诗与思的逻辑困境下所进行的诗歌探索则为我们提供了另一个更深维度上的思考方向，提示我们打破在宋代学术语境中并不绝对的学科界限、关注不同文本之间的相通性，整体地看待言说者的精神气质与思维方式，以及受此影响而采用的言说方式和阐释策略，从根源而非文本表象上把握言说者进行阐释的内在考量。通过以上研究我们发现，如需更完整圆融地了解以朱熹为代表的宋儒经学阐释背后的根本原则、内在理路和精神内涵，审美的维度是不容忽视的。

一、以义理解经的阐释原则与以心传道的审美理想

对于经典诠释的原则，朱子自述其"本之注疏，以通其训诂；参之释

---

① 在这方面最有影响力的研究至今仍然来自几位重要前辈，如钱穆《朱子新学案》中《朱子之经学》一章，对朱子之易学、诗学、书学、春秋学、礼学、四书学进行分门别类的研究，对朱子诠释以义理为主的特征进行阐发；蔡方鹿《朱熹经学与中国经学》，细致梳理由汉代至清代的经学历史与经学派别，为朱熹经学的产生勾勒出时代背景与思想渊源，在此基础上细致探讨朱熹的"四书"学与"五经"学，对其阐释特征。

② 采用这种研究思路的代表性论述。参见李凯."六经注我"：宋代理学的阐释学——兼谈朱熹在经学阐释史上的贡献［J］. 中国哲学史，2006（03）.

义，以正其音读，然后会之于诸老先生之说，以发其精微。"（《论语训蒙口义序》）一方面重视训诂辨伪，另一方面在求经文本义的基础上"发其精微"，以阐发义理为治经的最高目标，强调直接领会圣人意图、心心相传，以达到理解的圆融贯通。朱子以"四书"义理之学取代"六经"训诂之学的主要原因也在于此。他认为：

> 《诗》、《书》是隔一重两重说，《易》、《春秋》是隔三重四重说。《春秋》义例、《易》爻象，虽是圣人立下，今说者用之，各信己见，然于人伦大纲皆通，但未知曾得圣人当初本义否。……今欲直得圣人本意不差，未须理会经，先须于《论语》《孟子》中专意看他，切不可忙；虚心观之，不须先自立见识，徐徐以俟之，莫立课程。（《朱子语类·卷一百四》）①

这包含了表里两重意思。首先，字面上的意思在于，朱熹认为"六经"较之"四书"时代久远，在流传注疏的过程中已经经历了各种主观的阐释而可能早已远离圣人本义，若在此基础上再"发其精微"，则其阐释的合法性难免受到质疑。第二，进一步来看，"六经"虽时代久远，但较之当时的"四书"至少有着严格的训释传统，朱熹舍"六经"而取"四书"，反而认为《论语》《孟子》"直得圣人本意不差"，乃是因为《论语》《孟子》是圣人意图直接的表述，而"六经"则是隔在圣人本义与读者之间的传递意义的载体。这即是说，在阐释的有效性上，朱熹更认同没有中介的直接表达和领悟，亦即是通过简单的言说达到直接的心领神会，而不是通过文本的载体，在共同的认知过程中达成共识而传递价值和意义。实际上，在朱熹以及整个道学的理论体系中，也正是这对圣人之意"虚心观之"的"心"，勾连着圣人之心与道心人心，勾连着天下万物，是天人合一的理论根基之所在：

---

① ［宋］黎靖德编，王星贤点校．朱子语类［M］．北京：中华书局，1986：2614．本节中引《朱子语类》皆此版本，以下只随文注明卷数。

尧舜之所以为尧舜，以其尽此心之体而已。禹、汤、文、武、周公、孔子传之，以至于孟子，其间相望或有数百年者，非得口传耳授，密相付属也，特此心之体，隐乎百姓日用之间，贤者识其大，不贤者识其小，而体其全且尽，则为得其传耳。虽穷天地、亘万世，而其心之所同然，若合符节。由是而出，宰制万物，酬酢万变，莫非此心之妙用，而其时措之宜，又不必同也。……而孟子之所谓仁义者，亦不过使天下之人各得其本心之所同然者耳。①

朱子认为，万事万物都有着相同的本心，也正是这相同的本心成为穷天地、亘万世，圣人之道不必借助"口传耳授、密相付属"得以传承、流播的逻辑前提和基础。而反过来，要在万事万物、酬酢万变中感受到这隐乎日用之间的心之妙用，则需要用心体会，"虚心观之"。这是因为在朱熹看来，"所谓心者，乃夫虚灵知觉之性，犹耳目之有见闻耳。"（《知言疑义》）也就是说，心可以感性地认知和体会（知觉）具象的万物，从而沟通其虚灵的本然之性。而这种感性的知觉实质是一种审美知觉，这种心与心的沟通与体会，也只能在感性认知的框架下、在虚静的精神状态下、以及不带偏见的纯粹无功利的审美语境下才能真正实现，所以实质上这种心心相传的理想的阐释模式已经在表达审美的理想，进入了美学的范畴。本节的论述正是在这一认识上展开的，认为朱熹以义理解经的阐释原则的确立，实际与其天道性命心心相传的生命美学追求密不可分，理解朱熹经学的阐释特征一定不能忽视审美的维度。

二、从《诗集传》到《大学》《中庸》的审美阐释

（一）心统性情的《诗经》阐释

在审美的境界中追求天地人心之融合的哲学理想在《诗经》诠释中体

---

① ［宋］朱熹. 晦庵先生朱文公文集（卷七十三）·李公常语上 // ［宋］朱熹. 朱子全书（第二十四册）［M］. 上海：上海古籍出版社，合肥：安徽教育出版社，2002：3525.

现得尤为突出。

　　首先，朱熹以心统性情的哲学框架重新结构《诗经》阐释，辨析诗的抒情本质，突显出"性情之正"的理想境界，表现出对和谐、审美的存在体验的重视和追求。这一点仅在《毛诗大序》和《诗集传序》的对比中就表现得非常明显。《毛诗序》对诗的产生和社会功能的阐述都非常简单：诗来源于个人志向和情感的表达，而在不同的社会状况之下，作者们会因为自身境遇的变化而创作出具有不同情感倾向的诗歌，由此折射出特定的社会风貌。而《诗集传序》则复杂很多，主要体现在加入了外在于个人情感和志向的天道性命、天理人心的哲学维度。"人生而静，天之性也。感于物而动，性之欲也。"首先便将外在于个体的天道性命融入了诗的起源当中，一方面设定了天性与人性与诗歌创作的相通，另一方面则从根源上将生而静的天性与感物而动的诗歌创作区别了开来，为后文区分不同的审美境界做了逻辑铺垫。由此，诗歌创作就不再仅仅与个人的情感、境遇相关，而是与天道性命、人之禀赋性情，以及是否由此而呈现出天理人心之大道息息相关。道心人心、未发之性、已发之情的哲学结构也由此而统摄了对《诗》的阐释。

　　在这样的哲学视野下看朱子对诗的阐释，我们发现他对诗歌类型的区分变得简单清晰。诗分两类，一正一变。正诗如《周南》《召南》以及《雅颂》之篇，创作于周代圣王时期，圣王之心与作者之心和作为圣人的读者之心心心相传，"人皆有以得其性情之正"，所以"其所感者无不正，而其言皆足以为教"，由此而表现出"乐而不过于淫，哀而不及于伤""其语和而庄，其义宽而密"的均衡、对称、和谐的诗歌风貌。这种和谐、对称正是朱子在整本《诗集传》中最为推崇的美学境界；另有变风变雅。变风主要指除二南之外的其他诗歌，作者本身的性情修养因为社会的"治乱不同"而"贤否各异"，不同的作者"各言其情"，而且多是"男女相与咏歌"的个人情感，所体现的也不过是抒发世俗人情的个体化文学审美。这便与毛诗的美刺说产生了根本差别，难怪朱熹会认为"大率古人作《诗》，与今人作诗一般，其间亦自有感物道情，吟咏情性，几时尽是讥刺他人？"（《朱子语类·卷八十》）

　　朱子以心统性情的哲学框架重新结构《诗经》阐释的思路已明晰无疑。

进一步说，在朱熹的阐释中，诗之雅郑邪正，因为在根源上来源于人心感物之邪正，亦即是性情之邪正，所以在表现上呈现出不同层次的审美境界：一为得性情之正、与万事万物一理贯通的生命体验，一为一时一地个体化的情感表达。对于后者，朱熹有时并不多言，而是全盘否定《诗序》刺诗的曲解，直接指出其淫诗的性质，这在当时已经是对诗的抒情本质的极大肯定。更毋宁说除开被标记为"男女淫佚之作"的二十四篇之外，朱子对大多数"邪诗"的阐释都是倾向于呈现其"感物道情"的审美境界的。例如对于"郑风淫"的《野有蔓草》一篇，朱熹的解释是，"清扬，眉目之间婉然美也"，"男女相遇于野田草露之间，故赋其所在以起兴。言野有蔓草，则零露漙矣。有美一人，则清扬婉矣。邂逅相遇，则得以适我愿矣"，"臧，美也。与子偕臧，言各得其所欲也。"朱子的审美情怀，及其《诗经》阐释的审美眼光是毋庸置疑的。

只是论者通常以是否认同作品的文学性来观照阐释者的美学追求，这对于朱子的经学阐释则是远远不够的。在朱子那里，"感物道情"的文学审美只是停留在"各得其所欲"的个体经验层面，属于情之已发之后个人的艺术创作，而每个个人"所感而发者有邪正是非之不齐"，所以呈现出来的审美境界也是局限的。这远不及他更为深层的美学追求，即呈现出天地之间大化流行的生命体验。这种生命体验因作者"得性情之正"而呈现出道心、人心相通，人事、天道相融的美学境界，而这美学境界也因为"心"在时空上的贯通、"道"的普适、"理"的统摄而超脱了有限的个人审美，表现出更深一层的精神价值。

例如在《关雎》一篇中，对于孔子"乐而不淫，哀而不伤"的评论，朱熹说："愚谓此言为此诗者，得其性情之正，声气之和也。盖德如雎鸠，挚而有别，则后妃性情之正，固可以见其一端矣。至于寤寐反侧，琴瑟钟鼓，极其哀乐而皆不过其则焉，则诗人性情之正，又可以见其全体也。独其声气之和，有不可得而闻者。虽若可恨，然学者姑即其词而玩其理，以养心焉，则亦可以得学诗之本矣。"[①] 在这里，朱子明显超脱了"乐"与

①［宋］朱熹. 诗集传（卷一）//［宋］朱熹. 朱子全书（第一册）［M］. 上海：上海古籍出版社，合肥：安徽教育出版社，2002：403. 本节中引《诗集传》皆此版本，以下只随文注明卷数。

"哀"的个人抒情层面，着眼于具有普世价值的"性情之正"与"声气之和"，"以见其全体"。而这"声气之和"，在朱熹看来则是"不可得而闻者"，读者只能通过反复吟咏玩味以"养心"，在天地人心合而为一的审美境界中才能感受得到。这样的审美境界，不仅具有普世的精神价值，而且与天道之生生不息相契应，具有超越时空的生命力，同时也能反过来为现实生活和社会提供纯然至善的理想模型。例如在《维天之命》一篇中，朱熹说："天命，即天道也。不已，言无穷也。纯，不杂也……言天道无穷，而文王之德纯一不杂，与天无间，以赞文王之德之盛也……程子曰：'天道不已，文王纯于天道亦不已。纯则无二无杂，不已则无间断先后。'"（《诗集传·卷十九》）在这里，文王之德与天命、天道无穷相契应，纯一不杂，与天无间，而且生生不已，无穷无尽，显然是对社会最高精神理想的审美呈现，同时也在深层审美的语境中为世人提供了圣人的楷模和盛世的蓝图。而这一番盛世的蓝图，在朱熹看来，也只有在审美体验中才能作为后世之法而代代相承："周公相之，制作礼乐，乃采文王之世风化所及民俗之诗，被之筦弦，以为房中之乐，而又推之以及于乡党、邦国，所以著明先王风俗之盛，而使天下后世之修身、齐家、治国、平天下者，皆得以取法焉。"（《诗集传·卷一》）唯有在制礼作乐、被之管弦的愉悦境界中才最能传承文王之治的美好风俗，同时传递值得后人取法的精神价值。

另外值得一提的是，朱熹对"诗六义"中的赋、比、兴赋予新解，尤其突出了兴的美学价值，这也是与朱子的美学阐释思路一脉相承的。朱熹反复强调，"诗之兴，最不紧要，然兴起人意处正在兴"；"比意虽切而却浅，兴意虽阔而味长。"（《朱子语类·卷八十》）钱穆由此认为朱熹的《诗经》阐释兼具经学、理学与文学家治诗的优点，①而实际上在朱子时代，文学并没有成为独立的门类，用文学与理学的框架理解朱熹的诗学阐释仍未免局限。朱熹对"兴"的阐发，与其说是对《诗》的文学功能的重视与阐发，还不如说是在文学的基础上更进一步，借助文学艺术感物道情的逻辑阐发天理人心最终得以弥合、天地万物得以在心上贯通为一的生命美学逻辑。通过强调"兴"的感发作用，朱子将个人情感、哲学义理与优游涵泳、

---

① 钱穆. 朱子新学案（第四册）·朱子之诗学［M］. 台北：联经出版公司，1998：59–90.

融合天人的审美境界有机地关联起来。

也正是在这样的阐释思路下，朱子对于读诗之法也提出了高于前人的见解，认为应在"吟咏讽诵"之间，"观其委曲折旋之意"（《朱子语类·卷八十》）。"须是熟读了，文义都晓得了，涵泳读取百来遍，方见得那好处。那好处方出，方见得精怪。"（《朱子语类·卷八十》）这涵泳百遍所获得的"好处"与"精怪"便是只可心领神会而难以言喻的审美体验。这不仅体现出理学家的文学眼光，更重要还是来源于如前所述，朱熹在整体经学阐释中所体现出来的对具有深层生命体验的美学追求，所以不论是读诗之法，还是普遍的读书之法，在这个意义上都是相通的。例如提到《野有死麕》一篇时，朱子说，"读书之法，须识得大义，得他滋味……大凡读书，多在讽诵中见义理。况《诗》又全在讽诵之功。所谓'清庙之瑟，一唱而三叹'，一人唱之，三人和之，方有意思。如今诗曲若只读过，也无意思，须是歌唱起来，方见好处……读书须是有自得处。到自得处，说与人也不得。"（《朱子语类·卷一百四》）朱子认为读诗与读书一样，须用力处唯在吟咏讽诵四个字而已，而在《诗》中的吟咏讽诵则是吟咏情性，由已发之情深入到对性情之正的心灵感悟，由此获得有"滋味"却"说与人也不得"的"自得"的深层审美体验。读诗与读书的方法并不因为前者具有文学属性而与后者相异，所以这种审美的阐释也不仅仅体现在《诗集传》当中，而是贯穿了朱子整体的经学阐释。

《诗集传》以性情说诗，将基于个体体验的情感境界与基于万物共通之存在体验的生命境界区分开来，以体现对生命之美的哲学诉求，这一点实质也与朱熹"四书"学的精神内核遥相契应。朱熹对"四书"的阐释以《大学》为纲领，在修身工夫上追求"至善"，在具体的应接外物上追求即物穷理而致知，这些道理的贯通都与其审美的构想和追求密不可分。朱熹以《中庸》为最微妙精深的理论总结，强调以心传道、圣圣相承，在"至诚无息"的境界中体会道心与人心的相通相合，其实也是诉诸生命之美，表达在天地人心的相通中传承生命之存在体验的美学理想。

（二）提纲挈领的《大学》阐释："止于至善"与"格物致知"

　　首先来看《大学》三纲领中的"止于至善"一句。根据朱子的阐释，"至善"的境界有两层含义。一为至善的过程，以对美玉的雕琢为喻，强调对精益求精之美的追求。对于传文所引《诗经》中"如切如磋，如琢如磨"的句子，朱熹解释说，"切以刀锯，琢以椎凿，皆裁物使成形质也。磋以鑢锡，磨以沙石，皆治物使其滑泽也。治骨角者，既切而复磋之。治玉石者，既琢而复磨之。皆言其治之有绪，而益致其精也。"①质言之，"切"与"琢"是对事物实用属性的追求，而"磋"与"磨"则是对事物审美属性的追求。而且两相对照之下，后者比前者更为重要，只有经历了"复磋之""复磨之"的过程，使骨角呈现出内在的滑润，美玉呈现出生动的光泽，才能达到"益致其精"的"至善"状态。第二个层面则由物及人、从内外两个方面阐明"至善"之美。在内是学习反省的修身功夫，"学，谓讲习讨论之事，自修者，省察克治之功……道学自修，言其所以得之之由"（《大学章句》）；在外则是前后契应、融会贯通，自然而然地呈现修身功夫做到极致之后"盛德至善"的理想境界。"瑟，严密之貌。僩，武毅之貌。赫喧，宣著盛大之貌……恂栗，战惧也。威，可畏也。仪，可象也……恂栗、威仪，言其德容表里之盛。卒乃指其实而叹美之也。"（《大学章句》）无论是诗句中的"瑟""僩""赫""喧"，还是传文中的"恂栗""威仪"，在朱子看来都是"至善"境界盛大而自然的外在表现，盛大之至，让人生畏，尽显其崇高、壮美，同时也与诗句开头"绿竹猗猗"的"美盛"之貌首尾呼应，表现出天人的契应，呈现出生机勃勃、生生不息的美学境界。这也正应了朱熹对孟子"充实之谓美"的阐发，"力行其善，至于充满而积实，则美在其中而无待于外矣。"②（《孟子·尽心章句下》）做好了内在的修身工夫，精益求精达到了"至善"的状态，则美的呈现便

---

　　①［宋］朱熹. 大学章句 //［宋］朱熹. 朱子全书（第六册）［M］. 上海：上海古籍出版社，合肥：安徽教育出版社，2002：19. 本节中引《大学章句》《中庸章句》皆此版本，以下只随文注明书名。

　　②［宋］朱熹. 孟子集注 //［宋］朱熹. 朱子全书（第六册）［M］. 上海：上海古籍出版社，合肥：安徽教育出版社，2002：451.

是自然而然的。同时，也唯有在这崇高的美学境界中，所谓"盛德至善"的理想才有可能使"民之不能忘"，成为世代共同的精神追求。

除此之外，在对同样重要的朱子阐释《大学》条目功夫的理解中，审美的角度也是不可或缺的。这其中最为明显的当属朱子著名的增补、第五章之《格物致知补传》一段。朱子"窃取程子之意以补之曰"：

> 所谓致知在格物者，言欲致吾之知，在即物而穷其理也。盖人心之灵莫不有知，而天下之物莫不有理，惟于理有未穷，故其知有不尽也。是以大学始教，必使学者即凡天下之物，莫不因其已知之理而益穷之，以求至乎其极。至于用力之久，而一旦豁然贯通焉，则众物之表里精粗无不到，而吾心之全体大用无不明矣。此谓物格，此谓知之至也。（《大学章句》）

在朱熹的阐释中，"致知"是终极的目标，而"格物"则是达成目标的方法和过程。由格物到致知，由穷天下外物之理到求人心灵之知，看上去逻辑完整而通顺，可仔细想来却在理性的推衍上存在着许多值得推敲的问题。首先，无论朱子如何设定天理之贯通天地万物，即物而穷理始终是外物之理，又怎能与内在意义上心灵的知觉互相发明与促进？后世阳明先生也正是因为这个问题而进行了庭前格竹的躬亲体认，最终"劳思致疾"，得出"天下之物本无可格者；其格物之功，只在身心上做"的结论。（《传习录》下）其次，按照朱子的阐释，只要天理豁然贯通，那么从"众物之表里精粗无不到"到"心之全体大用无不明"几乎是同时发生、自然而然的事情，可实际上姑且放下人心与外物的内外之分不说，"众物之表里精粗"在朱子的理学体系中属于天理之已发气象，而澄明的"心之全体"则属于未发，"未发之前不可寻觅，已发之后不容安排"[1]，二者的贯通又怎会是自然而然的呢？对于这些难以弥合的逻辑缝隙，朱子的处理方式是切换到审美的思路，用对实际是理想的生命美学境界的描绘来勾连已发与未发，

---

① ［宋］朱熹. 晦庵先生朱文公文集（卷六十四）·与湖南诸公论中和第一书 // ［宋］朱熹. 朱子全书（第二十三册）［M］. 上海：上海古籍出版社，合肥：安徽教育出版社，2002：3130、3131.

用"天命流行生生不已"的审美体验将外物与人心贯通起来。正如朱子在书信中自述,"于是退而求之于日用之间,则凡感之则通、触之而觉,盖有浑然全体,应物而不穷者,是乃天命流行,生生不已之机……学者于是致察而操存之,则庶乎可以贯乎大本达道之全体而复其初矣"。① 由此可见,理解朱子由"格物"到"致知"二者的"豁然贯通",不能仅仅局限于实际的推理,而应注意到感性视角和审美境界的重要意义。唯有从审美的逻辑理解,从对自然之理的追求,到对生命之美的体认,才能毫无窒碍地贯通起来。

(三)会极于《中庸》的道心、人心与至诚之美

《大学》提纲挈领尽《论》《孟》之精微,而除此之外,在朱子的"四书"学思想体系中,《中庸》则是与《大学》首尾呼应,集中论述孔门传授心法,着重展现圣人相传授受之微妙难见的道心、人心相结合的美学境界。

朱熹在《中庸章句》的序言中开篇即提出了他《中庸》阐释以至整个经学阐释的目的所在,那就是传承道统:"《中庸》何为而作也?子思子忧道学之失其传而作也。盖自上古圣神继天立极,而道统之传有自来矣。"(《中庸章句序》)道统的核心在于《古文尚书·大禹谟》中的"人心惟危,道心惟微。惟精惟一,允执厥中"一句。对于这核心的"十六字传心诀",朱熹在序言中进行了精细的辨析,主要就是为了从根源上解释道心人心原出于一、却又相异的原因,同时在阐释中提出道心人心二者须相融为一的哲学理想:

> 心之虚灵知觉,一而已矣,而以为有人心、道心之异者,则以其或生于形气之私,或原于性命之正,而所以为知觉者不同,是以或危殆而不安,或微妙而难见耳。然人莫不有是形,故虽上智不能无人心,

---

① [宋]朱熹. 文集(卷三十)·与张钦夫 // [宋]朱熹. 朱子全书(第二十一册)[M]. 上海:上海古籍出版社,合肥:安徽教育出版社,2002:1315.

亦莫不有是性，故虽下愚不能无道心。……精则察夫二者之间而不杂也，一则守其本心之正而不离也。从事于斯，无少间断，必使道心常为一身之主，而人心每听命焉，则危者安、微者著，而动静云为自无过不及之差矣。（《中庸章句序》）

唯有道心人心合而为一，"惟精惟一""使道心常为一身之主"，才能使"天理之公""胜夫人欲之私"，才能实现"危者安、微者著"，"动静云为自无过不及之差"的均衡、和谐的理想境界，在天道性命心心相传的美学境界中、在至善的生命体验中，保证道统的千载传承提供了理论的前提。

而更为具体的对这一"惟精惟一，允执阙中"的哲学境界在天道、人道、万事万物中的呈现则表现在《中庸章句》后半部分朱子对"诚"的美学理想的勾勒当中。朱子说："诚者，真实无妄之谓，天理之本然也。诚之者，未能真实无妄，而欲其真实无妄之谓，人事之当然也。"（《中庸章句》）通过一个"诚"字，朱子在这里首先把"天理之本然"与"人事之当然"勾连了起来，使天人得以在"诚"的层面上实现相通。更进一步，在对第二十六章"至诚无息"一段的阐释中，朱子说："存诸中者既久，则验于外者益悠远而无穷矣。悠远，故其积也广博而深厚；博厚，故其发也高大而光明……本以悠远致高厚，而高厚又悠久也。"（《中庸章句》）由此便展现出这至诚之境在时间上的悠久、在空间上的无穷无尽，在体验上的蕴蓄深厚，以及在存在意义上的生生不息。这便与朱熹组诗《九曲棹歌》中所呈现出的美学境界形成完美契应。该诗描绘朱子在武夷精舍著述讲学期间所感受到的自然宁静的山水之美，以及在曲折困厄的人生境遇中涵养本心，逆向地由已然发见的人心寻求与未发之道心的相通之处的生命探索。一句"欸乃声中万古心"可谓诗眼，为读者呈现出一种开阔的、勾连万物的、有历史时空纵深的审美体验和生命境界，让人感受到唯有在和谐、对称、平衡的"中和"境界，亦即是绝对无功利的审美境界中，道心与人心的融合才能够实现，朱熹的经典诠释才能真正地深入人心。

在之后的阐释中，"诚"的境界在生意盎然、生生不已、生物之功的生命美学意义上与天地之道的相通相合更是得到了着重的阐发。朱子说，

"天地之道，可一言而尽，不过曰诚而已。不二，所以诚也。诚故不息，而生物之多，有莫知其所以然者……故能各极所盛，而有下文生物之功……天、地、山、川此四条，皆以发明由其不二不息以致盛大而能生物之意。"（《中庸章句》）由此，这"盛大而能生物"，并因其生意而贯通天道、人道，道心、人心的"诚"则成为天理的本质属性，"诚是理"（《朱子语类·卷一四○》），而这本质属性即是审美的属性。正如朱子提到"诚"与"诗"的关联，"诚是在思上发出。诗人之思，皆情性也。情性本出于正，岂有假伪得来底！思，便是情性；无邪，便是正。以此观之，诗三百篇皆出于情性之正。"（《朱子语类·卷二三》）显然，根据《诗集传》的区分，朱子并不认为"诗三百"皆出于情性之正，而是在这里使用了更加绝对的语气，强调"诚"的境界与前述得情性之正的诗歌境界的同根同源，二者都因与天地人心的相通相融而展现出深层精神价值与美学境界。这也是为什么在《中庸》论"至诚无息"这章结尾，朱子又回到《诗集传》的阐释，用同样的引语抒发至诚至美的哲学理想，同时也是美学追求："程子曰：'天道不已，文王纯于天道，亦不已。纯则无二无杂，不已则无间断先后。'"在这里，正如孟子所说："万物皆备于我矣。反身而诚，乐莫大焉。"（《孟子·尽心上》）至诚之道使得人与天、心与理、知与物都实现了内外的完美契应，由此传递出万物各适其性的审美体验，在"可以赞天地之化育""可以与天地参"的至诚之美中感受生命的愉悦和审美的乐趣。

正如朱子所言《中庸》的结构，"其书始言一理，中散为万事，末复合为一理"（《中庸章句》），朱子整体的"四书"阐释、以及经学阐释、乃全盘思想体系的建构也都是在这样的结构框架下进行的。在这样的结构中，要阐明"始言一理，中散为万事"的道理自不是难事，理一分殊、未发已发、心统性情等各种哲学论述也都使用着这样的思维方式。只是要实现由分殊的万物复合为一理，这中间便存在着天与人、心与理、情与性、物与知、道心与人心、已发与未发之间难以弥合的鸿沟。正如李春青所指出的，朱熹无法超越这理论的困境，而是使用了体用论的思维模式，使其理论体系至少在形式上更加完备细密。"他认为世上万事万物有体必有用，有用必有体。体隐微难见，是超验之物，所以沿用以寻体就成为朱熹之学的基本理路。"①在此基础上笔者认为，在沿用以寻体的过程中，朱子实际使用了审美的思路，以对"充实之谓美"，"美在其中，而畅于四支，发于事业，美之至也"的审美境界的追求结构了他的经学阐释，让人心和道心在实际是对美学境界的哲学描述中得到融合。

值得注意的是，无论在其经学阐释还是诗歌创作中，朱子所追求的美学境界基于天地人心的相通而展开，着意体现在合天人之道的统摄下万事万物的生意盎然、生生不息，本质是对生命的存在体验的探讨，由此而不同于对文学艺术之美的追求。前者是对大化之间本真的生命状态的呈现，类似于庄子所说"天地有大美而不言"，而后者则是对个人情感和审美体验的表达。二者虽有相通之处，但后者却只是对前者极为有限的一种呈现方式而已。在朱子的阐释体系中，对生命的存在体验即是对天地之大美的体验，也就是在宇宙秩序的引导下对"至诚""至善"的和谐境界的追求。这里的"诚"与"善"早已超越了一般意义上的伦理道德，成为本体意义上救赎理性的感性力量。

三、《仪礼经传通解》对乐舞的重建

对情感宣泄以至丧志的顾虑以及在根本上诗与思深层的逻辑冲突导致朱熹一生虽爱写诗却常怀戒惧警醒，一直在创作中努力探索如何呈现真正实现了道心人心相弥合的审美境界。如前所述，这根本上是由诗与思的逻辑冲突造成的。中国传统的诗歌写作由《诗经》发源，历经魏晋汉唐的发展演变，已经具有了自身特有的情感表达逻辑，其感知和表达模式是复杂且深受传统影响的，这与朱熹的哲学阐释思路有着极大的冲突。而对于同为艺术创作、情感表达的乐舞，朱熹便坦然表现出愉悦酣畅的向往与严谨理性的深入格致，这显然与我们所发现的朱熹不论在生活中、在创作中还是在经学阐释中对审美体验的着意追求是相契合的。更深一步考察朱子在"六经"之学中用力最多的《仪礼经传通解》，其中涉及乐舞思想的主要有

---

① 李春青. 宋学与宋代文学观念［M］. 北京：北京师范大学出版社，2001：223-227.

六篇文章，不难发现他们从阐释思路、阐释特点和核心内容等方面全局勾勒出朱子经学阐释中的乐舞思想及其重建《乐经》的宏大愿景，同时帮助我们进一步了解朱熹以贯通天人为旨归的经学阐释突出的审美特征。

（一）朱熹对待乐舞的情感态度

与朱子对待诗文写作戒惧警醒、踟蹰节制的态度大为不同，对于乐舞，向来严谨理智并且强调为学工夫的朱熹其实是饶有兴致且充满向往的。这首先便体现在朱子诗歌涉及与乐舞相关的描绘中。

1.诗意的表达

尽管多次强调写诗丧志、多次发誓不再作诗，[①] 朱子对于写诗吟唱乐舞之乐，或者对于一切适合配乐演唱的歌谣写作却是毫无克制，恣意悠游吟咏于山水乐舞之间。朱子早年拟古诗中便有"邯郸多名姬，素艳凌朝华。妖歌掩齐右，缓舞倾阳阿。徘徊起梁尘，绰繺纷衣罗"的妖娆华丽的乐舞场景的描写，向往欣赏之情可见一斑；[②] 对于李白月下独酌、载歌载舞的欢欣与孤寂，朱熹也颇有共鸣，感怀之际写下"欲向阶前舞凌乱，手持杯酒为谁倾"[③] 的句子；遇见满目风光，朱熹则更是歌舞之兴起，借着曾点"风乎舞雩，咏而归"的典故来表达自己"触目风光不易裁，此间何似舞雩台"[④] 的高昂兴致；更不用说朱子与张栻同游南岳期间，以及在归途中与弟子门人一路作诗吟唱、兴致之高，留下诸多例如"浊酒三杯豪气发，朗吟飞下祝融峰"[⑤] 之类沉浸于乐舞之中的记载；即使是在淳熙年间斋居修习、

---

① 单从朱子诗作的题目，便可清晰看出朱熹至少两次坚定表示要彻底停止诗歌写作。可参见朱子诗作《顷以多言害道绝不作诗两日读大学诚意章有感至日之朝起书此以自箴盖不得已而有言》《题二阕后自是不复作矣》。［宋］朱熹. 朱子全书（第二十册）［M］. 上海：上海古籍出版社，合肥：安徽教育出版社，2002：283、391.

② ［宋］朱熹. 文集（卷一）//［宋］朱熹. 朱子全书（第二十册）［M］. 上海：上海古籍出版社，合肥：安徽教育出版社，2002：225.

③ ［宋］朱熹. 文集（卷一）//［宋］朱熹. 朱子全书（第二十册）［M］. 上海：上海古籍出版社，合肥：安徽教育出版社，2002：225.

④ ［宋］朱熹. 文集（卷二）//［宋］朱熹. 朱子全书（第二十册）［M］. 上海：上海古籍出版社，合肥：安徽教育出版社，2002：286.

⑤ ［宋］朱熹. 文集（卷五）//［宋］朱熹. 朱子全书（第二十册）［M］. 上海：上海古籍出版社，合肥：安徽教育出版社，2002：386.

授徒讲学之际也时刻心怀"舞雩千载事，历历在今朝"之感概与憧憬。①

尤其到了朱子后期跧伏武夷山中，建武夷精舍读书著述，同时传经讲道使之成为宋代洙泗弦歌之地，其乐舞情怀更是在诗作中展现得淋漓尽致。这突出体现在朱子在此期间写作的为数甚多的民谣乐府诗歌当中。且不说朱子在武夷精舍建成之前便写有《云谷二十六咏》《武夷七咏》等颇具民谣意味的诗歌来吟咏各地名胜景物，在淳熙十年（1183 年）武夷精舍建成之后，朱子的民谣式写作风格和琴歌酒赋的山水之乐便更为集中地体现出来。例如为纪念武夷精舍的建成，朱子特意做《武夷精舍杂咏》组诗十二首，以轻松愉悦的笔调歌咏精舍附近"晦明昏旦之异候，风烟草木之殊态，以至于人物之相羊，猿鸟之吟啸，则有一日之间恍惚万变而不可穷者"，弦歌之际，丝毫没有之前诗歌写作欲言又止的矛盾纠结。组诗第一篇，朱熹便用第一句概括自己过去的人生："琴书四十年，岁作山中客"。一方面将琴与书共同描绘为自己人生的主调，突出对音乐的喜爱，另一方面将此刻的自己定义为武夷山中的客人，隐约传达出自己将以访客的身份尽情欣赏山间美景，在琴与书的陪伴下逍遥度日，而不是沉浸在书斋中做天道性命的哲学思考。组诗的最后一首也以"千岩猿鹤友，愁绝棹歌声"做结，将武夷山间的风烟草木和鸟兽之声一并融入来自"山中客"的和谐自然的棹歌之声中。②除此之外，朱熹一生写诗最高峰的代表作《武夷棹歌》也是创作于这一时期，可谓典型的乐府民歌。正如《朱子大传》作者束景南所说，"这十首武夷棹歌采用从一曲到九曲的写法，正是典型的民歌乐府风貌，隐然从民家的船歌渔唱融化而来，但另一方面又显然是深受欧阳修有名的《鼓子词》的启发……《武夷棹歌》从一曲写到九曲，与《鼓子词》从正月写到十二月有异曲同工之妙，渗透着浓郁的民歌鼓词的审美意趣。"③可见，乐舞情怀实际在朱子潜心著述、讲学论道的理学家生活中占据了相的比重。怪不得根据束景南的整理，诗人韩元吉在为朱熹作的《武夷精舍

---

①［宋］朱熹. 文集（卷三）//［宋］朱熹. 朱子全书（第二十册）［M］. 上海：上海古籍出版社，合肥：安徽教育出版社，2002：315.

②［宋］朱熹. 文集（卷九）//［宋］朱熹. 朱子全书（第二十册）［M］. 上海：上海古籍出版社，合肥：安徽教育出版社，2002：521.

③束景南. 朱子大传［M］. 上海：复旦大学出版社，2016：434、435.

记》中这样描述朱子这一时期弦歌不绝的生活："讲书肄业，琴歌酒赋，莫不在是。"①

2. 理性的格致

诗歌创作之外，朱熹也多次在语类、书信和其他文章中理性地表达了他对乐舞的喜爱，以及鲜为人知的对乐律精深的研究和精准的把握。

首先，朱子对乐律的钻研、思考与情有独钟在他对好友蔡季通《律吕新书》的评价中体现得十分明确。朱子在为该书所写的序言开篇说：

> 古乐之亡久矣，然秦汉之间去周未远，其器与声犹有存者，故其道虽不行于当时，而其为法犹未有异论也。逮于东汉之末以接西晋之初，则已浸多说矣，历魏、周、齐、隋、唐、五季，论者愈多而法愈不定。爰及我朝，功成治定，理宜有作，建隆、皇佑、元丰之间，盖亦三致意焉。而和胡、阮、李、范、马、刘、杨诸贤之议，终不能以相一也，而况于崇、宣之季，奸谀之会，黩涅之余，而能有以语夫天地之和哉……然学士大夫因仍简陋，遂无复以钟律为意者，则已甚矣。②

可见，朱熹对于古乐的历史发展与当代流传现状都有着相当的关注，同时有着清晰的全局观念和问题意识。朱子在此领域浓郁的兴趣和探索精神可见一斑。在此基础上，与重建理学"道统"的气魄相似，朱子希望在纷繁复杂的乐律论说现状中正本清源、重建古乐传统的雄心壮志也清晰地体现出来。实际上在此之后的《仪礼经传通解》中，朱子也确实自创《钟律》《钟律义》《诗乐》《礼乐》《乐制》等篇，试图为后世之作乐者立法。后文将进一步讨论。除此之外，朱子对历代乐论细节的钻研也在这篇序言中体现出来，鲜明地展示出他细致精微的格物精神。他接下来对蔡季通这样夸赞道：

---

① 束景南. 朱子大传 [M]. 上海：复旦大学出版社，2016：432.

② [宋]朱熹. 文集（卷七十六）·律吕新书序 // [宋]朱熹. 朱子全书（第二十四册）[M]. 上海：上海古籍出版社，合肥：安徽教育出版社，2002：3668、3669. 此节后引《律吕新书序》皆出此版本，只随文注明篇名。

其言虽多出于近世之所未讲，而实无一字不本于古人已试之成法。盖若黄钟围径之数，则汉斛之积分可考。寸以九分为法，则淮南、太史、小司马之说可推。五声二变之数，变律半声之例，则杜氏之通典具焉。变宫、变徵之不得为调，则孔氏之礼疏因亦可见。至于先求声气之元，而因律以生尺，则尤所谓卓然者，而亦班班杂见于两汉之志、蔡邕之说，与夫国朝会要以及程子、张子之言。(《律吕新书序》)

这显然不是一般性的溢美之词，而是在深入细读此书的基础上将其与古今以来所有相关著作相比照而得出的提纲挈领而又具体翔实的判断。这样的判断，不通读古今、不经过深入的格致是不可能得出来的。正如朱熹对蔡著的评价，"旁搜远取，巨细不捐""超然远览，爬梳剔抉，参互考寻""推原本根，比次条理，管括机要，阐究精微"，作为老师的朱熹更是如此，才能对蔡著做出这般更为高屋建瓴的评价。而朱熹对于乐律的浓厚兴趣也一定不亚于他的学生，才有可能在一般读者"往往未及终篇，辄已欠伸思睡"的情况下仍然"熟复数过，而谨得旨意之仿佛"(《律吕新书序》)。除此之外，朱熹与蔡季通还有许多关于乐律的深入探讨，散见于《文集·卷四十四》与蔡季通的十四封书信当中，充分体现出朱子在此领域的精辟见解，在此不做展开。①

其次，朱熹的理性格致也体现在他自己对抚琴会友的爱好、钻研琴律说以及以琴论乐当中。

朱子抚琴的记载并不多见。《语类》仅有一处朱子自谦提到"某旧学琴，且乱弹"(《朱子语类》)；文集中有《赠周道士序》一篇，提到"清江道士周君抱琴来访，属余有功衰之戚，不得听其抑按"②。除此之外，关于朱子弹琴的直接记载，文字寥寥。但也正是因为朱子弹琴，所以对琴律

---

① 参见［宋］朱熹. 文集（卷四十四）·答蔡季通 //［宋］朱熹. 朱子全书（第二十二册）［M］. 上海：上海古籍出版社，合肥：安徽教育出版社，2002：1988–2008. 另外钱穆在论述朱子格物游艺之学一篇中也注意到了这则材料，尤其提到其"关于一弦五声及一弦一声又旋宫五降之说。"参见钱穆. 朱子新学案（第五册）·朱子格物游艺之学［M］. 北京：九州出版社，2011：375.

②［宋］朱熹. 文集（卷七十六）//［宋］朱熹. 朱子全书（第二十四册）［M］. 上海：上海古籍出版社，合肥：安徽教育出版社，2002：3665.

有着细致的体会。如前所述，对好友也是弟子的蔡季通所著《律吕新书》，朱熹给予了极高的赞许，然对其演奏，朱熹却忍不住表示遗憾："季通一出，饱观江湖表里形势，不为无补……其律书法度甚精，近世诸儒皆莫能及。但吹律未谐，归来更须细寻订耳。"① 若无躬亲体会，便不会从这个角度给予评价。

在实操的基础上，朱子对琴律严谨深入的格致精神在其文集《琴律说》一篇中展现得淋漓尽致。该文长达五千多字，分为本论、定律和调弦三大部分，配以详细数据和图表，深入讨论专业的技术理论问题。根据音乐学领域对其为数不多的研究，"《琴律说》全文中涉及的律学问题包括：古琴以徽分区的问题、两种五声结构的应用、角声二律说、候气法在琴上的应用等五个问题。"② 进一步说，朱子"用三分损益法讨论徽、声、律之间的相应关系；用三分损益法计算并规定七弦散声顺序；对弦上高、中、低三个音区的掐段率划分和有效音位的统计；对声音的审美原则立足于弦振动效应；从散声的自然之音和中徽的关系申论君臣关系，以一弦三宫之左阳右阴位（即散声、七徽、四徽）象征亲贤臣、远小人的治国道理。"除此之外，后面还有两篇独立的小文《定律》和《调弦》进行操作层面的描述，"前者是以沈括《梦溪笔谈》记载的琵琶以'合'字定黄钟，俗字谱字与十二律吕的对应，谈论黄钟音高问题；后者是古琴调弦方法步骤"。③ 其探讨之细致精微，充分体现出朱子谙熟古琴、精通音律，在此领域进行了相当深入的研究。在此基础上，朱子还在答吴元士的书信中以琴论乐，对乐律"以琴考之"，以"琴之纲领"讨论乐之纲领，将"今之所谓琴者"与"古乐之全明"进行对比，对"古黄钟宫调""中吕宫调""旋宫诸调""十徽、十一徽"等问题进行了细致的讨论。讨论中又反复涉及今声与古乐之正变问题，以及对苏东坡以今之所变为古之郑卫观点的赞同。④

① ［宋］朱熹. 文集（卷四十六）·答詹元善 //［宋］朱熹. 朱子全书（第二十二册）［M］. 上海：上海古籍出版社，合肥：安徽教育出版社，2002：2137.

② 吴云云. 朱熹《琴律说》的律学研究［J］. 大众文艺（理论），2009（01）：174、175.

③ 李玫. 《琴律说》文本解读——兼及常见的校勘错误［J］. 音乐研究，2008（05）：79-89.

④ ［宋］朱熹. 文集（卷六十三）·答吴元士 //［宋］朱熹. 朱子全书（第二十三册）［M］. 上海：上海古籍出版社，合肥：安徽教育出版社，2002：3081-3085.

兼具诗意的表达与理性的格致，具有如此强烈之乐舞情怀的朱子形象不由得让人感到诧异，同时也启发我们进一步进入朱熹的理学与经学阐释体系，来考察其是否具有一以贯之的审美特质。

（二）《钟律》与《钟律义》音律体系的建立

在朱熹的经学阐释中，对于乐舞思想，所涉最多的便是在朱子晚年亲自主持编纂的一部礼制方面的鸿篇巨制《仪礼经传通解》当中。这是朱子的绝笔之作，也是他在"六经"学中着力最多的部分。其中与乐舞相关的讨论主要集中在《钟律》《钟律义》《诗乐》《礼乐记》《乐制》《乐记》六篇。尤为重要的是，《通解》中关于各类礼制的篇目大部分本于《仪礼》和《礼记》，属于对传世文献的整理、编纂和注疏，而涉及乐舞思想的这几篇，除《集注》部分的《乐记》直接来源于《礼记·乐记》外，由于《乐经》的亡逸，其他篇目无一不为朱子根据自己所设定的结构和阐释方向、杂取各家与乐舞相关的论述自创而来。这一方面说明了朱子对乐舞传统及其功能的重视，另一方面也使得这些篇目成为研究朱子经学中乐舞思想最有价值的材料。

首先，《钟律》与《钟律义》二篇杂取自《周礼》《吕氏春秋》《史记》《淮南子》《汉书》《后汉书》《通典》《管子》《国语》等书，以及前文提到的蔡元定《律吕新书》和《声律辨》，可谓集音律方面古书与同时代人研究之大成。细读之下不难发现，朱熹在这两篇中借助散见于各类著作的零散的前人研究，试图在技术层面系统地建立完整而规范的音律体系。具体来说，朱熹非常深入细致地探讨了五声十二律等音调产生的数理特质，同时将数学、律吕、天文、历法在根本原理上关联起来，再将各系统内具体的呈现形式一一对应起来，可以说使用了"理一分殊"的哲学思路，在生成论的意义上为乐律体制的确立和之后乐律社会功能的讨论建立了稳固的合法性。

《钟律》

在结构上，朱熹在《钟律》开篇便引黄帝"取竹于嶰溪之谷""以为黄钟之宫"的传说作为音律自然神秘同时又颇具权威性的起源，在此基础上展开对六律六吕、五声八音的演绎，突出其"凤凰之鸣""大乐之和"的至美性质，并以"律吕相生图"简明又详细地建构了音律与阴阳辰位之间的关系，使之具有深厚的生成论基础。在接下来的经文编排和阐释中，朱熹通过长短计算依次详细解释了"十二律阴阳辰位相生次第""五声五行之象清浊高下之次""五声相生损益先后之次""变宫变徵""十二律正变倍半之法"以及"旋宫八十四声"等内容，细致深入，让人感慨朱子格物之至。例如详解"十二律阴阳辰位相生次第"，朱子一方面尽举前人之说的共同点来论证"音始于宫，穷于角；数始于一，终于十，成于三；气始于冬至，周而复生"的整体逻辑，另一方面又细致地将前人说法不一之处整理出来，深入格致，通过重算乐器的长短仔细校订每一律的音准，并以表格形式将各家差异详细列出，以其严谨更进一步确证了十二音律与阴阳辰位的相生关系。这为之后的意义论证打下了深厚的基础。

除开论证的细致深入，朱子的经文阐释还很重视结合实操，体现出他对基于数理推演的乐律实用性的重视。例如对于《通典》所论正变倍半之法，朱子根据实际情况进行了详细考证，将杜佑说法中独具建树之处、遗漏之处、烦冗无用之处和疏略不周之处一一指出，并用表格形式将十二律之下五声的正变一一清晰列出。对丁经文中"又上下相生，以至仲吕，皆以相生所得之律寸数半之，以为子声之律"，虽整体逻辑与朱子无异，但朱子对其具体的计算和使用全不赞同，并且严谨地论证道，"蕤宾以下、仲吕上生之所不及，故无变律，而唯黄、太、姑、林、南应有之。计正变通十八律，各有半声，为三十六声，其间又有八声，虽有而无所用，实计二十八声而已。杜氏又言变律上下相生，以至仲吕，则是又当增十二声，而合为四十八声，似太过而无所用也……既欠八声，且无变律，则其法又太疏略，而用有不周矣，览者详之"①。可见，对于音律，朱子比杜佑有着更多实操层面的了解，所以有兴趣和能力深入考察，指出杜说为求全而不顾实际之处，并从实际使用角度将前人错漏一一校正。

《钟律义》

在乐律与阴阳辰位相生的根源上，以及在实际使用效果上进行严密的计算和铺垫之后，朱子在接下来的《钟律义》一篇博取《管子》《国语》《史记》《汉书·艺文志》诸篇，从音乐与身体、音乐与教化、音乐与五行、音乐与君臣关系等方面详细论述音乐的社会功能，逻辑连贯而严密，把音乐和人的身体构造、情绪感受、阴阳五行、天文历法一一对应起来，一方面为乐立法，一方面将乐律体系完整地整合到理想社会结构的根本层面，与礼的制度相配合，深入而周密地实现孔子制礼复乐的社会理想。

具体来说，在总论部分，朱子主要援引《管子》《史记》和《汉书》，只加简单注释，借权威典籍为自己立言，也借此提出自己论乐的整体结构。首先，借太史公之论，论述音乐与身体、情感和品质的关联与递进关系体现："音乐者，所以动荡血脉，通流精神，而和正心也。故宫动脾而和正圣，商动肺而和正义，角动肝而和正仁，徵动心而和正礼，羽动肾而和正智。故闻宫音者，使人温舒而广大；闻商音者，使人方正而好义；闻角音者，使人恻隐而爱人；闻徵音者，使人乐善而好施；闻羽音者，使人整齐而好礼。"再进一步说，借《汉书》之言，音乐与五行、品质、行为、社会结构以及整个阴阳大化具有严整的对应关系："协之五行，则角为木，五常为仁，五事为貌。商为金，为义，为言。徵为火，为礼，为视。羽为水，为智，为听。宫为土，为信，为思。以君、臣、民、事、物言之，则宫为君，商为臣，角为民，徵为事，羽为物。唱和有象，故言君臣位事之体也。五声之本，生于黄钟之律。九寸为宫，或损或益，以定商、角、徵、羽。九六相生，阴阳之应也。"由此，借由朱熹的编排整理和全局建构，音乐具

---

① ［宋］朱熹. 通解（卷十三）·钟律 // ［宋］朱熹. 朱子全书（第二册）［M］. 上海：上海古籍出版社，合肥：安徽教育出版社，2002：484–501.

有了本体意义上的重要地位和在社会层面的重大价值。

《汉书》十志的特点本就是"详赡"，内容十分丰富而详尽，而朱子的阐发则更胜于此。在接下来的"五声之义"中，朱子便名正言顺地进一步对各音深入阐发。例如对于黄钟之音，朱子便详细从黄钟之名、黄钟之数、黄钟之法，以及黄钟与阴阳之气的对应规律，黄钟之于阴阳大化之间价值的各个方面——阐述，最终突出其"遍养六气、九德之本"的根本意义。对于黄钟之下的其他音律，朱子也都按照这一结构进行阐发。从名到数到法，最终归结为意义价值，逻辑严密的乐律阐释突出体现了朱子在音乐体系建构和价值阐释方面的体大虑周，更足以看出他在《仪礼经传通解》这项规模宏大的"制礼作乐"工程中对音乐极高的重视和推崇，就其所述的本体价值来看甚至是乐大于礼的。①

（三）《诗乐》与《礼乐记》对古乐重建的理论探索

在《钟律》和《钟律义》二篇的翔实论证基础上，朱子对乐舞所涉核心问题和具体功能的展开阐发主要体现在接下来的《诗乐》《礼乐记》以及"集注"部分的《乐制》《乐记》当中。前两篇主要讨论两个核心问题：古乐重建的可能性和重建乐舞体制的重要意义。后两篇则从不同角度分别阐述乐舞的社会角色和功能：《乐制》一篇从天地相生、万物化成的起源上来讲乐舞体制的形成及其分门别类的具体功能；《乐记》一篇则深入人心层面发掘乐舞的内在意义，及其在一些重要历史记载中发挥的重要作用。每一篇都严格考证、逻辑自洽、独立成篇，但也可以和前述《钟律》结合起来，从不同方面和层层递进的次序上共同组成朱子乐舞思想的整体。

《诗乐》

《诗乐》一篇的主体部分来自宋代音乐学者赵彦肃所著《唐开元风雅

---

① ［宋］朱熹. 通解（卷十三）·钟律义 // ［宋］朱熹. 朱子全书（第二册）［M］. 上海：上海古籍出版社，合肥：安徽教育出版社，2002：501-515.

十二诗谱》，意在列举和讨论当代人对《诗经》乐舞的重建。文章完整引录了赵著对于《小雅》与《国风》部分共十二首诗的乐曲原貌的重建，同时也提出自己的质疑和思考供后人探讨："古声亡灭已久，不知当时工师何所考而为此也。窃疑古乐有唱有叹，唱者发歌句也，和者继其声也。诗词之外，应更有叠字散声以叹发其趣，故汉、晋之间，旧曲既失其传，则其词虽存而世莫能补，为此故也。若但如此谱直以一声叶一字，则古诗篇篇可歌，无复乐崩之叹矣，夫岂然哉！又其以清声为调，似亦非古法"。朱子之见，比专攻乐律的赵彦肃有过之而无不及。但无论如何，朱子对重建古乐的尝试是肯定的，认为即使不够确切，也可以大致见出"声歌之仿佛"，以供"知乐者"追忆如《礼记》中所描述"十有三年，学乐，诵诗，舞勺，成童舞象。二十而冠，舞大夏"的理想传统。①

《礼乐记》

《礼乐记》以传统礼制为参照，进一步讨论重建古代乐舞传统的重要意义。篇幅不长，却密集地涉及很多重要问题，可谓通论礼乐之大旨：礼乐制度与朱子哲学中的天理人欲密切相关，对于"灭天理而穷人欲"的社会问题，只有制礼作乐，以"礼节民心，乐和民声"才能解决；礼乐是"王道备""民治行"得以实现的不可或缺的组成部分；由于礼乐的表达是由内而外的，所以如果"乐达""礼行"，便能呈现出"四海之内合敬同爱"的社会状况；对于礼乐实质需要细致辨别，"干戚之舞，非备乐也；孰亨而祀，非达礼也"，只有文德兼备、尽善尽美，才能成为制礼作乐的王者；当然也提出对过犹不及的警惕，"乐，人之所好也，害在淫侉。礼，人之所勤也，害在倦略"；礼乐与天地、阴阳、动静之理是对应的，乐法天、礼法地，"礼乐之道上至于天，下委于地，则其间无所不之"，所以如果礼乐之道发挥得好，则"天地将为之昭然明也"。礼乐之盛大功绩，已阐明无疑。

①［宋］朱熹. 通解（卷十四）·诗乐 //［宋］朱熹. 朱子全书（第二册）［M］. 上海：上海古籍出版社，合肥：安徽教育出版社，2002：516-527.

　　除此之外，整篇论述也暗含着对礼乐关系的区别阐释。第一，礼与乐为求同存异的关系。"乐者为同，礼者为异"。乐起到"协好恶"的作用，所以可使民声和谐。礼起到"别贵贱"的作用，所以可使人各安其位，节制人心之欲望。两者互相配合，起到"合情饰貌"的作用。第二，礼与乐为内外关系。"乐由中出，和在心也。礼自外作，敬在貌也。"乐是内在情感，礼是外在规范，所以"致乐以治心"，致礼则"庄敬""严威"。第三，礼与乐有高下或者至少是先后关系。朱子节取《礼记·乐记》"仁近于乐，义近于礼。乐者敦和，率神而从天；礼者别宜，居鬼而从地。故圣人作乐以应天，制礼以配地。礼乐明备，天地官矣；天尊地卑，君臣定矣；卑高已陈，贵贱位矣"，说明礼乐之间略有高下之别。朱子节取"礼主其减，乐主其盈"一段，并解释说"礼主其减，人所倦也；乐主其盈，人所欢也"，也说明在社会治理的具体表现上，乐还是更为根本的。第四，正是因为乐比礼更为深入人心也更占主导地位，礼也由此而承担对乐的节制。朱子引《礼记》中饮酒而至狱讼的故事为例，说明礼的节制作用，所以"先王有大事，必有礼以哀之；有大福，必有礼以乐之。哀乐之分，皆以礼终"，由此才能达到"俱趋立于中，不销不放"的理想状态。①

　　由此，我们也为第一部分所论诗、乐与理学哲学中天理、性情、人欲的关系，以及朱子对待同为情感表达的乐舞与诗歌态度的截然不同找到了答案。首先，在朱子经学阐释中，与诗甚至是礼相比，乐都具有更为根本的哲学意义。乐"率神而从天"，通过圣人之作而体现天地之大德，其本质"敦和"而与人心之仁德的品质相适应，由此具有至高的本体价值，显然与作为个人情感表达的诗歌创作不在同一意义层面上。而对于"乐盈而不反则放"，情之所发，流而丧志的情况，在朱子看来则是自然受到礼的节制的，所谓"先王之制礼乐，人为之节：衰麻哭泣，所以节丧纪也"。其次，从朱子对乐律在技术层面的考证辨析和朱子所述当时少见而经不起推敲考据的对诗乐的重建状况，我们可以看出当时人们对音律的了解还很粗浅，音乐的发展还远未成熟。正如朱子在《乞修三礼劄子》中所说，"律

　　① [宋] 朱熹. 通解（卷十四）·礼乐记 // [宋] 朱熹. 朱子全书（第二册）[M]. 上海：上海古籍出版社，合肥：安徽教育出版社，2002：527-533.

尺短长，声音清浊，学士大夫莫有知其说者，而不知其为阙也"。① 所以与已经广为流行的写诗唱酬比起来，创作乐曲并到达"盈而不反"这一极端的情况应为少见，而写诗则已发展到将有"下劣诗魔入其肺腑之间"的泛滥地步了。可见，朱子纠结于写诗而恣意于乐舞，是与其重视礼乐的哲学体系和当时的社会语境直接相关的。

（四）《乐制》与《乐记》重现声乐之和的本体意义

最后，《集传集注》中的《乐制》与《乐记》二篇，虽为未经审订的草稿本，但仍为朱子亲力编纂并附于《通解》之后，并不减其学术研究价值。朱子在《劄子》中也提到，"而钟律之制，则士友间亦有得其遗意者，窃欲更加参考，别为一书，以补六艺之阙，而亦未能具也"。在这一重建《乐经》以补六艺之阙的宏伟理想中，《乐制》和《乐记》两篇无论从单篇内容还是对乐舞整体经学体系的贡献来说都是不容忽视的。前述《钟律》二篇"言律吕相生、长短均调"，可谓重建乐舞体系的技术基础；而前述《诗乐》《礼乐记》二篇讨论重建古乐的可能性和重大意义，可谓重建乐舞体系的理论基础；《乐制》和《乐记》二篇则分别从内外两个方向将重建上古乐舞体系以承载天地之大德、重现上古声乐之和的重要意义勾勒出来。

《乐制》从外部体制入手，秉着天地相生、化成万物以及天人契应的阐释思路，详细地将六律、六同、五声、八音、六舞与阴阳、动静、四时、性情、祭祀乃至具体的事件场景对应起来，系统地对乐舞进行全盘重建。其重建主要具有这样几大特点：

第一，大刀阔斧进行取舍，杂取各书不同篇目和段落以合成己意，重在体系建设而并不着意于深入思辨。例如该篇引《周礼·大宗伯》中的句子为总论，意在突出乐舞于天地之大德之间的本体性意义，而实际这并非《大宗伯》一篇之主旨，朱子只是截取了该篇在介绍"大宗伯"这一官职职能、繁述各类礼仪时简单提到的乐的句子而已。朱子在此基础上加以解

---

① ［宋］朱熹. 通解（卷十四）·礼乐记 // ［宋］朱熹. 朱子全书（第二册）［M］. 上海：上海古籍出版社，合肥：安徽教育出版社，2002：25.

说申发，把礼乐放在更为根本的天地、阴阳、动静、性情的框架中，为整篇文章奠定了体系化的基调。再例如篇中节取《大司乐》，铺陈乐舞之合天地人神的阔大格局，而去掉了不够集中的枝节性描述。比如朱子并没有选取《大司乐》开篇概括大司乐职责以及"乐德""乐语""乐舞"种类的句子以免分散，而是直接从"六律、六同、五音、八声、六舞"开始，直入建立"乐制"之主题，然后以天人相生为核心，将"乐制"深入到祭、享、祀等各种根本的社会功能层面。之后又果断剪去具体罗列乐在祭祀、战争、灾祸等重大事件中的使用传统的部分，开始讨论舞蹈，将乐与舞直接并置对举，着意于其"乐制"体系的完整性。与此同时，在整篇论述中罕见如前所述对礼乐关系的细致辨析，或者对乐舞关系的深入思考，全篇意在纲目建设无疑。

第二，在援引前人论述以确立纲目的同时，朱子加入了许多自己的阐释以为补充，使其"乐制"体系更为丰富完善。例如在解释六乐"六变而致象物及天神"时朱子说"象物，有象在天，所谓四灵者。天地之神，四灵之知，非德至和则不至"，在注疏基础上用"德至和"的理想境界进一步深化了"致象物及天神"的意涵。再例如对于《周礼》中提到大蜡之祭时乐曲的组成，即"凡乐：圜钟为宫，黄钟为角，大簇为徵，姑洗为羽；雷鼓雷鼗，孤竹之管，云和之琴瑟，云门之舞。冬日至，於地上之圜丘奏之。若乐六变，则天神皆降可得而礼矣"等三段，朱子在注解时详细地从阴阳、星宿、辰位、动静等根本层面对这一套大祭之乐的形成进行了分析，包括其是如何根据阴阳辰位规律从十二律中选取而来，以及"祭尚柔，商坚刚"所以"此乐无商"的原因等，更进一步突出了这套大祭乐舞来源之深厚，及其对于天地、鬼神、社稷、宗庙的根本意义。还例如对于原文中一笔概括的"以钟鼓奏九夏"之乐，朱子不仅具体解释了"九夏"每一首乐曲的使用场景，比如"王出入奏《王夏》，尸出入奏《肆夏》，牲出入奏《昭夏》"等，还详细考证了各类典籍中对这些篇名的讨论，提出这些乐曲名实际皆为《诗经》中已经跟随着"乐崩"而消失的《颂》诗篇名的可能性，更进一步加深了"九夏"的历史渊源和权威性。总之，杂取前人之外，朱子在这一篇中所投入的阐释笔墨和精力可以说远胜于前述任何一篇。

第三，朱子在解构本篇时特别重视对舞蹈系统的重建，以及乐、舞作为整体所共同发挥的社会作用，而不像前几篇重文本考据而忽视了因缺乏载体而难以传承的舞蹈样式。例如对《周礼·大司乐》，朱子摈弃前后文大段关于"乐事""乐仪"的详细论述而独取居中一句对舞蹈的概略描述，"凡舞：有帗舞，有羽舞，有皇舞，有旄舞，有干舞，有人舞"，意在将舞乐对举，兼顾乐舞体系的完整性。朱子也完整引用了《周礼注疏》中郑玄之注对这几种舞蹈进行详细阐释。除此之外，朱子还从《左传》《荀子》中找出与舞蹈相关的记载，详细讨论，力求较为完整地重建其形制和意义。在《左传》中，朱子取出"鲁隐公问羽数于众仲"一段，重申舞蹈表演天子八佾、诸侯六佾、大夫四佾、士二佾的形制规格，强调舞蹈应该对"八音八风"起到"节其制而叙其情"的作用。而对这一功能的继续展开则来自对《荀子》的引用，"声乐之象：鼓大丽，钟统实，磬廉制，竽笙箫和，筦籥发猛，埙篪翁博，瑟易良，琴妇好，歌清尽，舞天道兼……曷以和舞之意？曰：目不自见，耳不自闻也，然而治俯仰、诎信、进退、迟速莫不廉制，尽筋骨之力以要钟鼓拊会之节，而靡有悖逆者，众积譙譙乎！"这意味着在朱子看来，首先，舞蹈与各类乐器、演唱相映生辉，是声乐相合之盛大气象的重要组成部分；其次，舞蹈在传承体现天道建制方面具有重要价值；第三，舞蹈者尽筋骨之力去迎合钟鼓的节奏，充分将音乐中所蕴含的情感意向用具体而真挚的形式表现出来。由此，乐舞的整体性在朱子经学阐释中体现无疑。[①]

《乐制》一篇杂取诸家、结构严整、面面俱到，颇有重建上古乐舞体制之全貌以为世人立法的格局气象，而最后一篇《乐记》则主要从内在心性情感角度入手，在人心的层面讨论乐的起源，既而讨论音乐与心性情感的关系，然后延伸到社会治理与政治等方面内容。从论述方式上看，这一篇与《乐制》从不同角度互相发明补充，进一步完善了朱子对于乐舞思想的经学阐释，但从具体内容上看，该篇基本与《礼记·乐记》论乐的部分完全重合，只是在后半部分增加引用了其他著作对历代乐者的讨论。

---

① ［宋］朱熹. 集注（卷二十七）·乐制 // ［宋］朱熹. 朱子全书（第三册）［M］. 上海：上海古籍出版社，合肥：安徽教育出版社，2002：966–983.

再加上其整篇注解以对字词的解释为主，少有文义阐发，只是在前半部分零星嵌入朱子理学中性理等概念，与原文意义并无重大出入，不再详述。

　　由此我们完整了解到乐舞在朱熹经学阐释中的重要意义。它虽然与心性性情有所关联，却远不是在个人诗歌创作层面个体化的情感表达，更不至于成为"灭却天理、无所不害"之"欲"。在朱子的经学阐释结构中，乐舞与天地大化、道心人心都是同源、相生的，具有承载天地之大德的本体意义。乐舞体现着天人合一的整体格局，同时也在社会治理和生活的方方面面维系着稳定的社会结构。对于朱子，完善乐舞理论基础、重建完整的乐舞体系以重现上古声乐之和的盛况、以实现内外之道的浑然贯通可以说是他写作绝笔之书时的最大愿望，也是其毕生乐舞情怀的渊源所在。

第六节　诗为活物——明代诗学多元论阐释话语与诗无达诂

一

　　从整体而言，工商业的兴起，民间社会的活跃，启蒙思潮的涌动，士人讲学之风的盛行，如此等等，都使得明中叶以后整个社会的生活方式和思想动态呈现出多元化的路向。"当时的社会生活已经有了相当大的变化，种种迹象表明，在嘉靖以后，民间社会渐渐拥有较大的空间，市民生活风气也趋向多样化，伦理同一性的约束越来越小，而官方控制力也越来越松弛。随着城市、商业、交通以及印刷技术和造纸技术的发达，知识传播更加容易，也越来越超出官方意识形态允许的边界，士绅与市民所拥有的财富资源，也使得另外开辟思想表达和知识传播的渠道成为可能。"①无疑，所有这些带来的个体自主意识的觉醒和人的解放，只会进一步打开诸多言论的禁锢，给予一切接受行为更大的理解空间和诠释自由。

---

① 葛兆光. 中国思想史（第二卷）[M]. 上海：复旦大学出版社，2001：300.

当然，给明代诗学解释多元论输送思想营养、提供精神动因的还要首推王阳明心学。众所周知，王学的源头有二，一是先秦孟子的性善论和良知良能说，一是南宋陆九渊的所谓"宇宙便是吾心，吾心便是宇宙"的主观唯心论。不过，也有学者认为王学其实就是对宋代理学的赓续和修正，是由朱子那里转手而来的，唐君毅先生说："阳明之学，归宗近陆象山，然实由朱子之学发展而出。"①无论如何，王阳明强调心外无理、心外无物、心外无事，主张通过"致良知"的途径充分发掘人心固有的灵明与真知，这一核心思想与孟子、陆象山和朱子都有扯不断的内在联系。《孟子·尽心上》云："万物皆备于我矣。反身而诚，乐莫大焉。"朱子释此云："此言理之本然也。大则君臣父子，小则事物细致，其当然之理，无一不具于性分之内也。言反诸身，而所备之理，皆如恶恶臭、好好色之实然，则其行之不待勉强而无不利矣，其为乐孰大于是。"②受"万物皆备于我"的启示，王阳明就此将孟子的"万物"和朱子的"理"全部归诸人的主观精神世界，认为世间万理，一切德性"都只在此心，心即理也。此心无私欲之蔽，即是天理，不须外面添一分"③。人心既然是万理具足，万物皆备，"不须外面添一分"，那么"良知"也必然在其中。不仅如此，王阳明还将良知作为心之本体，他说：

> 知是心之本体，心自然会知：见父自然知孝，见兄自然知弟，见孺子入井自然知恻隐，此便是良知，不假外求。若良知之发，更无私意障碍，即所谓"充其恻隐之心，而仁不可胜用矣"。④

良知"不假外求"，一切道德规范、伦理原则皆完好地自备自足于纯明澄澈之心。这样一来，主体之心就可以成为最高最好的评判标准，人们

---

① 唐君毅. 阳明学与朱子学 // 张其昀等. 阳明学论文集［M］. 台北：华岗出版有限公司，1972：47-56.

②［宋］朱熹. 四书章句集注［M］. 北京：中华书局，1983：350.

③［明］王阳明著，谢廷杰辑. 王阳明全集（上册）·传习录上［M］. 北京：中央编译出版社，2014：2.

④［明］王阳明著，谢廷杰辑. 王阳明全集（上册）·传习录上［M］. 北京：中央编译出版社，2014：6.

完全可用一己之心所葆有的良知来评价外在的事物，包括儒家经典和圣贤思想，而不需要再以权威的阐释作参照。在阐释学看来，主体心性的高扬必然使接受者的阐释信心倍增，使得接受者总是从自我视域去观照一切历史流传物，不再轻易依赖权威和他者的理解。本来，"从哲学思想来看，尽管王阳明夸大了主观能动性，甚至推到了极端，但是由于其思想中包含着向程朱理学挑战的意味，在宋以后'是朱非陆'的三百年中，忽然让人觉得权威性的程朱理学也并不是不可触动的。"[①]因此，尽管有人批评王阳明心学不纯，有人说王氏过分夸张了人的主观精神的作用，还有人认为王学在道德实践的可操作性上先天阙失，但是，在阐释学多元主义看来，王学毕竟充分尊重了人的主观能动作用，延续了宋以来的怀疑主义思潮，挑战了既有的思想权威，拓宽了明代言论空间的包容度，给理解与阐释行为树立了一个以自我为中心的终极准则。对此，葛兆光先生的归结十分到位："无论我们如何评价王学，我相信，至少明代中后期王学在士人心目中的盛行，给中国的知识、思想和信仰世界带来的，是一种自由的风气，一方面，由于人们趋向于怀疑主义的思路，原来一统的意识形态被各种怀疑态度瓦解，思想世界出现了前所未有的裂缝，知识阶层逐渐建构了相当宽松的言论空间，另一方面，由于陆王之学更加尊重心灵的最终裁判权，所谓'东海西海心同理同'，则使人们趋向普遍主义真理观，又为一个新的多元思想世界提供了基础。"[②]

二

按照学术界的共识，中国文化史上一共出现过三次人的觉醒，第一次发生于春秋战国，这是人的群体意识的觉醒；第二次发生于魏晋六朝，这是人的个体意识的觉醒；第三次人的觉醒出现于明中叶以后，这是人的自

---

① 韩强. 竭尽心性——重读王阳明［M］. 成都：四川人民出版社，1997：导言11.
② 葛兆光. 中国思想史（第二卷）［M］. 上海：复旦大学出版社，2001：323、324.

主意识的觉醒。表现在文艺上，就是文学解放时代的来临。①但是，明代文艺解放思潮的形成却来之不易。众所周知，有明一代复古潮流汹涌，历时长久，对作者和接受者的创新与求变意识构成了很大的框束。《明史·文苑传序》云："李梦阳、何景明倡言复古，文自西京、诗自中唐而下一切吐弃。"《明史·李梦阳传》又有："倡言文必秦汉，诗必盛唐，非是者弗道。"而给予复古主义迎头痛击，使人从秦汉、盛唐的窠臼中脱身而出的，首推公安三袁的"性灵"说。成复旺先生认为，公安派的"性灵"是争取文艺解放的一面旗帜，是明后期文艺的灵魂。"人的个体意识的觉醒和文的自觉孕育了'性灵'的诞生，个体人的自主意识的觉醒和文的解放带来了'性灵'的高扬。"②其实，无论是创作还是接受，推崇一元化只会导致作品的单一和思想的沉寂，唯有多样化的评判标准和审美旨趣才可能促进艺术的繁荣和意义的丰赡。因此，"变"以及由变带来的多元形态是健康的文学批评关注的永恒主题。公安派也不例外。"他们提出了通变与创新的要求，有力地抨击了当时文坛上复古倒退、墨守成规的观念与剽窃陈言、摹拟滥调的风气。"③袁宏道说：

> 盖诗文至近代而卑极矣！文则必欲准于秦汉，诗则必欲准于盛唐。剽袭模拟，影响步趋。见人有一语不相肖者，则共指以为夜狐外道。曾不知文准秦汉矣，秦汉人曷尝字字学六经钦！诗准盛唐矣，盛唐人曷尝字字学汉魏钦！秦汉而学六经，岂复有秦汉之文？盛唐而学汉魏，岂复有盛唐之诗？唯夫代有升降，而法不相沿，各极其变，各穷其趣，所以可贵，原不可以优劣论也。④

"代有升降，法不相沿，各极其变，各穷其趣，所以可贵"道出了一

---

① 参见成复旺. 走向自然生命——中国文化精神的再生［M］. 北京：中国人民大学出版社，2004：153–159.

② 参见成复旺. 走向自然生命——中国文化精神的再生［M］. 北京：中国人民大学出版社，2004：157.

③ 王运熙、顾易生主编. 中国文学批评史新编（下册）［M］. 上海：复旦大学出版社，2001：50.

④［明］袁宏道. 序小修诗 // 郭绍虞主编. 中国历代文论选（第三册）［M］. 上海：上海古籍出版社，2001：211.

切艺术发展及其审美的真谛。所以，袁宏道在《序小修诗》中提出的"独抒性灵，不拘格套。非从自己胸臆流出，不肯下笔"便成为久传不衰的文论名言。表面看来，公安派的性灵说只针对文学创作而言，与文学的接受和理解似乎没有什么关系。但是，把作家从复古和成规中解放出来，以求变和创新为文学旨归，不可能对批评家和读者的理解与阐释活动没有启示与影响。毕竟，接受者在实际生活中占了多数，人的自主意识的觉醒首先应当是接受者的自主意识的觉醒，这同时意味着他们的理解与阐释活动必然要从自我出发，以满足自我审美需要为宗旨，重构作者意图和文本本旨不再是理解与阐释的唯一目的。同样，文的解放也不仅仅表示作文的解放，观文和文自身的解放也是其中应有之义。在求变与创新这一点上，创作与接受从来都是相通的，一紧俱紧，一松俱松。

晚明竟陵派丰富的多元论解释思想可以作为有力的印证。竟陵派的文学批评观念即是承袭公安派的崇尚性灵，反对模仿而来。"竟陵派与公安派由于面临共同的论敌前后七子，以及某些文学主张的相近，加之两派在地域上都处于楚地，互相过从较多，这使他们互相的关系与其他文学流派相比，显得较为密切。"[1] 正是因为受到公安三袁勇于创新、不因袭旧说的思想影响，加之自身傲岸不俗的个性，才使得竟陵派的领袖人物钟惺写出了"我国古代表述阐释自由理论的最重要的一篇文章"[2]——《诗论》。我们先来看《诗论》中可与"《诗》无达诂"话语相提并论的"《诗》为活物"说：

> 《诗》，活物也。游、夏以后，自汉至宋，无不说《诗》者。不必皆有当于《诗》，而皆可以说《诗》。其皆可以说《诗》者，即在不必皆有当于《诗》之中。非说《诗》者之能如是，而《诗》之为物不能不如是也……且读孔子及其弟子之所引《诗》，列国盟会聘享之所赋《诗》，与韩氏之所传者，其事其文其义，不有与《诗》之本事本文本义绝不相蒙，而引之、赋之、传之者乎？既引之，既赋之，既

① 邬国平. 竟陵派与明代文学批评［M］. 上海：上海古籍出版社，2004：38.
② 邬国平. 竟陵派与明代文学批评［M］. 上海：上海古籍出版社，2004：81.

传之，又觉与《诗》之事、之文、之义未尝不合也。其何故也？夫《诗》，取断章者也。断之于彼，而无损于此。此无所予，而彼取之。说《诗》者盈天下，达于后世，屡迁数变，而《诗》不知，而《诗》固已明矣，而《诗》固已行矣。今或是汉儒而非宋，是宋而非汉，非汉与宋而是己说，则是其意以为《诗》之指归，尽于汉与宋与己说也。岂不隘且固哉？……夫以予一人心目，而前后已不可强同矣。后之视今，犹今之视前，何不能新之有？盖《诗》之为物能使人至此，而予亦不自知，乃欲使宋之不异于汉，汉之不异于游、夏，游、夏之说《诗》不异于作《诗》者，不几于刻舟而守株乎！故说《诗》者散为万，而《诗》之体自一，执其一而《诗》之用且万。噫！此《诗》之所以为经也。①

这是一篇堪称中国古代诗学解释多元论最完整而严谨的论说文，与今人的相关论述相比毫不逊色。开篇的"《诗》为活物"是全文的总论点和作者探讨的重心，即《诗》本身所具有的祈向多元理解与阐释的内在规定性。接下来，为了充分阐明《诗》的活性特征和开放性的客观属性，钟惺首先以史为据，指出了从先秦至汉宋，说《诗》者"不必皆有当于《诗》"和大量赋诗、引诗而与《诗》之本事本文本义不相合的历史事实。尤其可贵的是，钟惺从理论上点明了《诗》文本具有无尽的派生性和无限的阐释性的根源所在——"断之于彼，而无损于此。此无所予，而彼取之"。随着论述的进一步深入，钟惺已经开始意识到我们今天所谓的理解的历史性问题：同一个人的前后解读"已不可强同"，更何况后代读者对于前代文本的接受。因此，欲使宋人的说《诗》同于汉，汉同于先秦，而所有人的理解又都与作者的原意吻合，这无异于"刻舟而守株"！最后，也是最深刻而精彩的一笔，钟惺用精炼而到位的分析为他的"《诗》为活物"说下了定义——"说《诗》者散为万而《诗》之体自一，执其一而《诗》之用且万"。这里的"一"是实指而"万"是虚指，强调了《诗》文本所内

---

① ［明］钟惺著，李先耕等标校. 隐秀轩集·卷二十三·诗论［M］. 上海：上海古籍出版社，1992：391–393.

蕴的月映万川的本质，即意义的不确定性和无穷的再生性；对于读者而言，只要明白了《诗》的这一理解与阐释的特质，就可以将"一"化作"万"用，这正是为什么诗歌解释必然意味着"诗无达诂"的多元取向的根本原因。实际上，对"《诗》为活物"品味得越多，我们越是能感觉到它与董氏"《诗》无达诂"的千丝万缕的联系，就像刘明今先生所言："钟惺这段话是对'《诗》无达诂'说的最直接、最明白的解说，而且使之具有泛化的意义"①显然，若"《诗》无达诂"就是"诗无达诂"，那么"《诗》为活物"又何尝不是"诗为活物"呢？

事实上，在竟陵派的两员主将钟惺和谭元春合力编选的《古诗归》和《唐诗归》中，二人不仅通过选、评相结合的方式集中阐发了自己的诗歌创作主张，而且也亲自践行着他们的诗歌接受理念。钟惺说："灯烛笔墨之下，虽古人未免听命……此虽选古人诗，实自著一书。"②谭元春也说："故知选书者非后人选古人书，而后人自著书之道也。"③由于诗文本在钟、谭眼里就是一个个可以为我所用的活物，编选者完全依据自己的理解和需要，对前人诗作任意选编和评注，这实则与自己著书作诗没有什么差别。更重要的是，在这种"选诗即著述"、让作者听命于接受者的安排的观念和实践里，我们能够强烈地感受到接受者地位的凸显，接受者的能动性和创造性的张扬。

三

如果说宋代是以诗话的著述形式彰显各自对诗歌的不同鉴赏与理解，那么明代学人则将自己的独到感悟与阐释落实到具体的诗歌评点实践中。从南宋刘辰翁这个"中国第一位杰出的评点大师"开始，中国古代的诗歌评点就始终践行着"诗无达诂"的多元阐释原则，并逐渐形成了与古典诗

①刘明今. 中国古代文学理论体系：方法论［M］. 上海：复旦大学出版社，2000：451.
②［明］钟惺著，李先耕等标校. 隐秀轩集·与蔡敬夫（之二）［M］. 上海：上海古籍出版社，1992：469.
③［明］谭元春著，陈杏珍点校. 谭元春集·古文澜编序［M］. 上海：上海古籍出版社，1998：601.

歌的含蓄风格相一致的点评特色——语言精简，点到即止；鄙薄训释，重在自悟。譬如刘氏在韦应物《西北有高楼》诗后评道："别是清丽，超凡入圣，可望而不可即者。"于杜诗《蜀相》又批云："全首如此，一字一泪矣。"至于诗作如何可望而不可即，又为何一字一泪，全赖读者个人心开悟解。今人孙琴安先生在其专著《中国评点文学史》中认为刘辰翁的诗歌评点"不仅大胆，而且十分自由，没有固定的格式。对于一首诗，他可以凭自己的心得和体会，随意而批，发表自己的见解……他几乎从来不注意一首诗的创作背景，也不会去考察这首诗具体的写作时间和地点，他只是凭自己的文学嗅觉，凭着自己对这首诗的主观感受和直接观感，写出自己的意见，作出自己的判断。因此，他的评点有着极大的主观性。"① 然而，正因为这种主观色彩很浓，且注重抒发己见的评点风格，才使得评点文学的魅力大增，读者不仅能够见到不同的解诗观点，还能从中体会到评点者鲜活生动的情性。

明季是中国评点文学全面繁荣和空前发展的时期。在诗评上，尤以竟陵派的钟惺、谭元春最为著名②，其诗歌评点风格直接沿袭辰翁而来。《钦定四库全书总目》提要评价钟、谭合编之《诗归》云："大旨以纤诡幽渺为宗，点逗一二新隽字句，矜为玄妙。又力排选诗惜群之说，于连篇之诗随意割裂。"③可以说，在批语之简省、用字之蕴藉、评点之神秘、寄意之深远上，钟、谭较辰翁有过之而无不及。在《唐诗归》中，二人使用了大量诸如"解不得、无迹可寻、其妙难言、说不出、自见自悟"等评语，进一步将深入、细致的理解与阐释权利交予读者。这一方面与晚明禅宗"拈花微笑"的示法方式的影响有关，另一方面也与明末心学对主体心性的推崇、对主体心解能力的信赖不无关系。当然，最直接的，可能与竟陵派的文学主张息息相关。毕竟，性灵所包蕴的诗之味、诗之情、诗之真、诗之神等

---

① 孙琴安. 中国评点文学史［M］. 上海：上海社会科学院出版社，1999：58、68.

②《明史·钟惺传》云："自宏道矫王、李之弊，倡以清真，惺复矫其弊，变而为幽深孤峭。与同里谭元春评选唐人之诗为《唐诗归》，又评选隋以前诗为《古诗归》。钟、谭之名满天下，谓之竟陵体。"清人陈衍《石遗室诗话·卷下》亦云："钟敬伯、谭友夏共选《古诗归》、《唐诗归》，风行一时。"

③［清］纪昀等撰. 钦定四库全书总目·卷一百九十三集部四十六［M］. 北京：中华书局，1997：2706.

是不易且不宜用语言说尽的。譬如评王维《酬张少府》"君问穷通理，渔歌入浦深"，钟云"透悟，说不出"，而谭云"绝妙"。评王昌龄《出塞》，钟云："龙标七言绝，妙在全不说出，读未毕，而言外目前，可思可见矣。然终亦说不出。"诸如此类，不胜枚举。按照谭元春的说法，这些极富启发性和神秘性的评语都是钟、谭二人精心斟酌而出，绝非故弄玄虚、随手而成："法不前定，以笔所至为法；趣不强括，以诣所安为趣；词不准古，以情所迫为词；才不由天，以念所冥为才……虽一字之耀目，一言之从心，必审其轻重深浅而安置之。"①除了评点方式和评语表述的个性化外，更重要的是，从阐释学着眼，"他们两人的诗歌评点不仅有着独特的艺术眼光，而且的确有着不少新的精神风貌。那些很古老、很烂熟的诗篇，经过他们的评点，的确能焕发出不少新的生机，得到不少新的含意，露出不少新的容颜。"②能够不断丰富诗作的意义内涵，加长诗作的意义链条，而不是仅在诗人的意旨上原地踏步，这才是诗学阐释学的价值所在。

　　要论增加诗歌意义的信息容量，使诗文本的已有之义、应有之义和可有之义都"一无所遁"，还要数明末评点文学的全能大师金圣叹。金氏的诗评与钟、谭点到即止的作风大相径庭，已具备现代意义上的文本诠释的模样。"明代人评诗，一般都言简意赅，讲究精炼，不喜欢唠叨啰唆，金圣叹评诗则一反明人旧习，他不管精炼与否，只知道把自己的感想或体会说出来，有多少就说多少，从不躲躲闪闪，遮遮掩掩，有时甚至横加发挥，游离在外，至末尾才收拢回来。"③譬如金圣叹评杜诗《郑驸马宴洞中》的前四句"主家阴洞细烟雾，留客夏簟青琅玕。春酒杯浓琥珀薄，冰浆碗碧玛瑙寒"：

　　　　从来男子折节好贤，必由闺房拔钗沽酒之德为多。故先生本叼潜曜之宴，而反殷殷致叹于临晋之贤也。看他一出手便大书"主家"二字，妙，妙！夫闺中有牝鸡之声者，其堂前岂有凤凰之辉哉！然则谁

　　①［明］谭元春. 诗归序 // 吴调公主编. 竟陵派钟惺谭元春选集［M］. 武汉：湖北人民出版社，1993：348.
　　②孙琴安. 中国评点文学史［M］. 上海：上海社会科学院出版社，1999：130.
　　③孙琴安. 中国评点文学史［M］. 上海：上海社会科学院出版社，1999：190.

谓郑家，即是主家，此固其所，初并不为公主必加于驸马也。洞入烟雾，写开宴之地也。簟如琅玕，写置宴之席也。所以不即写宴而必于宴前先写之者，见是日之极致敬爱，而不在餔啜也。三四承之，亦知极写杯之与碗，言此皆其重器，寻常不轻示人者也。三四句法，言春酒清空，今以杯色浓故，遂如琥珀而薄。冰浆雪澹，今以碗色碧故，遂如玛瑙而寒。皆极写主家重器，不写酒与浆也。看先生不唯不写餔啜，乃至不写其器之为金为玉。①

　　类似这种四句一解，动辄几百上千字的评点，在《杜诗解》中俯拾皆是，正如孙琴安先生所言："他一旦评说一首诗，总是有头有尾，认认真真，决不会只说上半不说下半，或是三言二语草草了事……我们甚至可以这样说，自有诗歌评点以来，像金圣叹这样对一首诗的艺术性、语义阐释能不厌其烦地详加评说，真是极为少见的。"②在阐释学看来，对文本的详尽理解与诠释至少蕴含着如下几种阐释学旨趣：其一，可能出现超出作者原意之外的理解与阐释，这些意义本是文本"应有之义"，必须通过地毯式的条分缕析才会现身，就像清人赵时揖在《贯华堂评选杜诗序》中说的："乃先生意之所及，实有老杜意之所不能及。"其二，可能出现不同于他人的独到见解，这些文本的"可有之义"常常就闪烁于长篇大论的诠释之中。钟来因先生说："金圣叹不肯因袭前人，拾人牙慧。他不解则已，每解必全力以赴，发前人之所未发，道常人之所未道。深刻独到之解，随处可见。"③此言甚是。其三，可能出现比作者本人对自己诗作的认识更好的理解，这些理解其实是诗作的"已有之义"，但诗人却不一定都能充分意识到，只有借助不留余地的详尽发掘，阐释者才能实现比诗人更多、更深因而也更好地理解。正如金昌评价《杜诗解》所云："余尝反复杜少陵诗，而知有唐迄今，非少陵不能作，非唱经不能批也。大抵少陵胸中具有百千万亿漩陀罗尼三昧，唱经亦如之。乃其所为批者，非但刳心抉髓，悉妙义之闳深，

①［清］金圣叹著，钟来因整理. 杜诗解·卷一［M］. 上海：上海古籍出版社，1984：31.
②孙琴安. 中国评点文学史［M］. 上海：上海社会科学院出版社，1999：192.
③［清］金圣叹著，钟来因整理. 杜诗解·前言［M］. 上海：上海古籍出版社，1984：4.

正复祛伪存真，得天机之剞劂。"①可以想见，即使少陵转世，也未必能有比圣叹这样更深更好的理解。即使有人批评金圣叹的评点好意气用事，有较浓的情绪色彩，总是"夺他人之酒杯，浇自己之垒块"②，但这恰是中国诗学阐释学的风格所在。毕竟我们理解与阐释的对象是充满非理性特征的诗歌，那种纯粹抽象思辨式的理性诠解，固然更为条理深刻，却丧失了诗歌评点的感性魅力，也不可能揭示诗之所以为诗的生命感与美感。

四

　　在上述提出"《诗》为活物"这一著名话语的《诗论》一文里，钟惺还说："汉儒说《诗》据《小序》，每一诗必欲指一人一事实之。考亭（朱熹）儒者，虚而慎，宁无其人其事，而不敢传疑，故尽废《小序》不用。"③由此可见宋欧阳修、朱熹的疑《序》废《序》风气对明人的影响。我们注意到，明代学人也开始全面反思《诗》的文本性质，而且多从接受视域去探析《诗》对于读者多元理解与阐释的作用。如果说朱熹还只是主张"以《诗》解《诗》"而不要"以《序》解《诗》"，那么到明人这里已经普遍有了"以诗解《诗》"的文学解释意识。事实上，明代比较显赫的诗学解释多元论话语很多都是在对《诗》的接受特征的认识中生成的，"《诗》为活物"说就是从文本属性的角度指出了"说《诗》者不必皆有当于《诗》"的客观规定性。关于"《诗》为活物"，周裕锴认为："所谓'活物'，是将《诗经》看作一个灵活多变的开放性文本，一个具有派生能力和再生能力的文本，它超越了僵死的意义，在不断的理解与解释中获得新的生命。"④邬国平则指出："竟陵派的《诗》为'活物'论在我国文学批评史上占有重要的地位，它代表了古代文学鉴赏批评理论的一个新的历史高

　　①［清］金圣叹著，钟来因整理．杜诗解·叙第四才子书［M］．上海：上海古籍出版社，1984：1.

　　②［明］李贽．焚书·续焚书·卷三［M］．北京：中华书局，1975：97.

　　③［明］钟惺著，李先耕等标校．隐秀轩集·卷二三·诗论［M］．上海：上海古籍出版社，1992：392.

　　④周裕锴．中国古代阐释学研究［M］．上海：上海人民出版社，2003：316.

度。"① 如此，"《诗》为活物"说的阐释学内涵和历史地位皆有所厘定。我们再来看明代其他人对《诗》的接受与理解特质的深刻体认。

明人何良俊说："余尝谓《诗经》与诸经不同，故读《诗》者亦当与读诸经不同。盖诗人托物引喻，其辞微，其旨远，故有言在于此而意属于彼者，不可以文拘泥也……盖引伸触类，维人所用。"② 何良俊的"《诗》维人所用"说显然是从《诗》与诸经的比较中得出的结论，而"托物引喻、辞微旨远、言在此而意在彼"等正是诗歌文本与其他经典的不同之处。钟惺认为《诗》之所以是"活物"，根本原因在于它能够"执其一而用且万"，其实，决定读者可以由"一义"而生发"万义"的客观因素就是何良俊所说的这些文学文本的特有属性。易言之，诗歌语言的隐喻性、诗歌意象的多义性、诗歌文本的空白与未定性等，使得处于不同心境的人都可以从中得到精神慰藉和满足，也使得有不同需要的人都能够从中找到适合自己的意义。不仅如此，明人还充分认识到《诗》的"维人所用"性并不意味着诗旨、诗义就像堆在仓库里的货品一样任人来取，而是必须由读者自悟而得。诗论家杨慎说：

> 三百篇皆约情合性而归之道德也。然未尝有道德字也，未尝有道德性情句也。二南者，修身齐家其旨也，然其言琴瑟钟鼓，荇菜茉莒，夭桃秾李，雀角鼠牙，何尝有修身齐家字耶？皆意在言外，使人自悟。至于变风变雅，尤其含蓄，言之者无罪，闻之者足以戒。③

杨慎的"《诗》使人自悟"说与诗文本的两个极致美学追求——含蓄和意在言外有关。应该说，愈是"不着一字，尽得风流"的含蓄之作，愈是能够激活读者二度创作的潜力；愈是有"韵外之致、言外之旨、象外之象、味外之味"的佳构，愈是能够调动读者的能动性和创生力，从而使诗歌具有不可穷尽的阐释性。与何良俊和杨慎的见解大同小异，明人徐儆弦

---

① 邬国平. 中国古代接受文学与理论［M］. 哈尔滨：黑龙江人民出版社，2005：200.

② ［明］何良俊撰. 四友斋丛说·卷一［M］. 上海：上海古籍出版社，1983：5.

③ ［明］杨慎. 升庵诗话·卷十一·诗史 // 丁福保辑. 历代诗话续编（中）［M］. 北京：中华书局，1983：868.

也有"《诗》随触而自得"论：

> 《诗》言皆稽实待虚之言，苟读者有所感发，随所玩习，皆可有
> 得。不必读《陟岵》而后可言事亲，读《四牡》而后可言事君也。如
> 王子击好《晨风》而慈父感悟，裴安祖讲《鹿鸣》而兄弟同食，《晨
> 风》、《鹿鸣》亦岂父子兄弟之诗耶？李和伯于《衡门》悟处世，于
> 《甫田》识进学，可为学诗之法。读者随触而能自得，思过半矣。①

值得注意的是，强调"随所玩习，皆可有得"和"随触而能自得"已
经开始将关注的重心从文本转到读者。概言之，丰富多样的理解与阐释一
方面取决于《诗》文本具备可供生发的空间和开放性结构，另一方面也与
读者参与再创造的权力和能力直接相关，明代学人对此都有深入的探讨和
认识。在《待轩诗记》卷首，明人张次仲还引袁坤仪语云："《诗》之为
道，正言若反，寓言十九。咏一物之微而指陈其大，赋目前之美而寓意甚
远。美言若怼，怨言若慕，诲言若愬，讽言若誉。同一概叹之词而美刺各
异，同一嘉乐之语而欢恨迥殊。"这几乎将诗歌可以激发不同理解的语言特
征列举殆尽。又引明人徐元扈语云："古人文词，逐一圆满，不待后人注
脚，诸经皆然。至于读《诗》，全要领其不言之旨。若一切粘皮带骨，全
非诗理。不了此义，未可与言《诗》。"②由此可见明代学人对《诗》的接
受意蕴已有全面而充足的体认。也许，诗论家王世懋的"说《诗》者人自
为说"论可以作为明季《诗》学阐释学的精神总结，他说：

> 《诗》四始之体，惟《颂》专为郊庙颂述功德而作。其它率因触
> 物比类，宣其性情，恍惚游衍，往往无定，以故说《诗》者，人自为
> 说。若孟轲荀卿之徒，及汉韩婴刘向等，或因事传会，或旁解曲引，
> 而春秋时王公大夫赋诗，以昭俭汰，亦各以其意为之，盖《诗》之来

---

① ［明］张次仲. 待轩诗记·学诗小笺总论引语 // ［清］纪昀，［清］永瑢等编纂. 景印文渊阁
四库全书（第八十二册）［M］. 台湾：台湾商务印书馆，1986：31.

② ［明］张次仲. 待轩诗记·学诗小笺总论引语 // ［清］纪昀，［清］永瑢等编纂. 景印文渊阁
四库全书（第八十二册）［M］. 台湾：台湾商务印书馆，1986：30、31.

固如此。①

已经追溯到春秋赋诗、引诗以"断章取义、诗以合意"为用诗原则的传统，看来自古"说《诗》者人自为说"已是解《诗》的既定事实，无需多论。实际上，明人的说《诗》思想和话语就是一般诗学阐释学的解诗思想和话语，因为明季《诗》早已被作为真正的文学之诗看待，学人只不过借助《诗》的权威来阐发他们的解诗理念。与晚明高倡性灵、自由评点的风气相呼应，这些说《诗》的思想进一步助长了明代诗学阐释学的多元祈向。当"《诗》为活物、《诗》维人所用、《诗》使人自悟、《诗》随触而自得、说《诗》者人自为说"都可以变为适用于一般诗歌的话语，那么"《诗》无达诂"在明人眼里自然就是"诗无达诂"了。

第七节　从"文本阐释"到"自我阐释"
——王阳明经典阐释学思想与实践

儒学的基本言说方式是阐释，孔子的"述而不作"说已经为后世儒家做出了选择。先秦儒家通过阐释两周贵族的"王官之学"而建立儒学，两汉以后的儒家通过阐释经过先秦儒家整理和阐释过的"王官之学"建立经学，从而形成了被后世称为"汉学"的经典阐释传统，并且一直延绵不绝，直到以"二程"、朱熹为代表的、被后世称为"宋学"的新的阐释模式出现，这才有了"汉学""宋学"两种阐释模式并驾齐驱的局面。②"汉学""宋学"之所以成为两种不同的经典阐释模式，根本上乃是因为二者有着不同的阐释目的："汉学"旨在追问经典文本之"真"，"宋学"旨在发明经典

---

① ［明］王世懋. 艺圃撷余 // ［清］何文焕辑. 历代诗话［M］. 北京：中华书局，2004：774.
② 在清儒所谓"汉学"与"两汉经学"并非可以互换的概念，盖"两汉经学"是大一统政治格局中的主流意识形态，是士人阶层和君主集团协商的产物，有着强烈的政治性与功用性。"汉学"则主要是指一种以章句训诂为基本手段的经典阐释方法。同样，"宋学"也不等于"宋代儒学""道学""宋明理学"等。

文本之"用"，可谓大异其趣。宋代儒者志向高、气魄大，一流人物都有成圣成贤的自我期许，原来那种"我注六经"式的"汉学"阐释已经无法满足他们的需要，于是就有以探讨"心性义理"为基本旨趣的"宋学"应时而生了。如果说章句训诂之学或云传注之学力求按照文本固有的语言逻辑复现经典意义，那么"发明本心"的心性之学则力求依据阐释者自身本自具足的心性逻辑重构经典意义；如果说前者可以称之为"文本阐释"，那么后者就可以称之为"自我阐释"。然而如果细加推就，则所谓"文本阐释"并非真的完全"复现"文本固有意义，在这里依然存在阐释者的"创造性"理解因素。正因为如此，对同一部经典的传注，不同人就有着迥然不同的结果。我们只是就整体倾向与主观意愿上看，此种阐释是指向作者原意或文本本义的。"自我阐释"也并非不顾经典文本的任意言说，只是不那么严格地顺着文本给出的逻辑言说而更多地加进了自我理解而已。"文本阐释"是对文本已经说出来但由于年代久远或文字表述的原因还不够清晰明白的意义的阐释；"自我阐释"是对文本没有说出来，但根据阐释者所秉持的某种逻辑似乎有可能说出来的意义的阐释。因此，对于"自我阐释"来说，作为阐释对象的经典文本起到的是激发的作用——激发起阐释者之"本心"。

由北宋中叶以至于明末清初，"道学"或云"理学"在中国思想界的影响和地位与日俱增，最终成为主流。整体来看，无论是所谓"北宋五子"之学还是紫阳、湖湘之学，抑或是象山、阳明之学，根本目的都是"学作圣人"——自己作圣人，也教别人作圣人。换言之，追问经典文本的本义或圣人原意并不是他们的目的，他们是要借助于古代经典来达到自我修养和自我提升的目的。但是在"宋明理学"的内部又存在着不同的阐释路径，换言之，目的虽然一致，但如何实现目的的方式却存在很大差异。这种差异在王阳明与朱熹之间得到了最集中的体现。简单说来，朱熹的"自我阐释"建立在"文本阐释"的基础上，借用余英时先生评价章学诚的话来说，叫作"尊德性中的道问学"[①]；王阳明的"自我阐释"则超越于"文本阐释"

---

① 余英时. 论戴震与章学诚：清代中期学术思想史研究［M］. 北京：生活·读书·新知三联书店，2000：75.

之上，是统摄了"道问学"的"尊德性"。在王阳明这里，无论是读书解经还是人伦日用，一概被纳之于"致良知"和"实行合一"的"自我阐释"之下，"知"即是"行"，"行"即是"知"，所谓体用不二，显微无间，了无间隔。

在儒家经典阐释史上，孟子是"自我阐释"的先驱者，王阳明是完成者。孟子的"心之官则思。思则得之，不思则不得"（《孟子·告子上》）之说开启了儒学"发明本心""存心养性"之先河，陆象山的"心即理"、王阳明的"性即理""致良知"之说则使"自我阐释"成为中国古代经典阐释学之最高形式。从孟子到王阳明，形成了儒学中最具有主体精神的、最接近于弗洛姆所谓"人道主义伦理学"的思想脉络。[①]

一、王阳明面临的问题及其经典阐释学思想之形成

在王阳明的时代，儒学已经发展演变了近两千年之久，其生命力之强举世罕有其匹，然其积弊之深亦为必然之事。就明代而言，在王阳明生活的弘治、正德年间，当年魅力无限、活力无限的程朱理学已经成为禁锢人们思想的桎梏和读书人猎取功名的工具，其原有的那种活泼的主体精神已然渺不可见了，是一个万马齐喑，了无生气、邪说横行的时代，是令人窒息的时代：

> 自程、朱诸大儒没而师友之道遂亡，《六经》分裂于训诂，支离芜蔓于辞章业举之习，圣学几于息矣。[②]
> 呜呼！《六经》之学，其不明于世，非一朝一夕之故矣。尚功利，崇邪说，是谓乱经；习训诂，传记诵，没溺于浅闻小见以涂天下之耳目，是谓侮经；侈淫辞，竞诡辩，饰奸心，盗行逐世，垄断而自以为

---

① 埃里希·弗洛姆在《心理分析与宗教》一书中提出"人道主义宗教"和"权威主义宗教"的区分；在《自为的人》一书中提出"人道主义伦理学"与"权威主义伦理学"之区分。"权威主义"带有强迫、硬性规定的意思；人道主义则是指自由自觉的自我选择。

② ［明］王阳明著，谢廷杰辑. 王阳明全集（上册）·别三子序［M］. 北京：中央编译出版社，2014：208.

通经，是谓贼经。若是者，是并其所谓记籍者而割裂弃毁之矣，宁复知所以为尊经也乎！①

　　这一现象令王阳明痛心疾首，而如何重新为日益知识化、教条化的儒学注入生命力，打破人人说假话、空话的现状就成为王阳明一生之追求。他所念兹在兹的问题就是如何打破这种"乱经""侮经""贼经"局面，他建立起来的阳明心学确实把儒学提升到一个新的高度，从义理方面看是如此的，从言说方式方面看同样是如此。他的经典阐释学思想也据此而形成。

　　就言说方式来说，我们完全有理由把儒学理解为一种"经典阐释学"，因为从孔子开始，对经典的阐释就是儒学建构自己意义系统的基本手段。而且，儒学除了传、说、论、注、笺、疏、章句、衍义等多种形式的经典阐释实践之外，还有极为丰富的阐释思想与成熟的阐释方法。从历史看，在儒家经典阐释学中，"文本阐释"长期居于主流地位，即使是在以"自我阐释"为主的"道学"出现之后，"文本阐释"也还是有着很大影响。程颐和朱熹所理解的"格物致知"之说就包含着对经典的文本阐释。在他们看来，阅读和阐释经典文本正是"格物致知"的重要方式。这种情况到了陆象山才出现根本性变化，在他的思想中，"本心"成为核心概念，"格物致知"之说被摒弃，不仅一切学问的最终目的是"发明本心"，而且治学的手段也是"发明本心"，那么什么是"本心"呢？他说：

　　　　道塞宇宙，非有所隐遁，在天曰阴阳，在地曰柔刚，在人曰仁义。故仁义者，人之本心也。②

　　　　恻隐，仁之端也，羞恶，义之端也，辞让，礼之端也，是非，智之端也。此即是本心。③

可见陆象山所说的"本心"也就是孟子"求放心"之"心"，"心之

---

　　①［明］王阳明著，谢廷杰辑．王阳明全集（上册）·稽山书院尊经阁记［M］．北京：中央编译出版社，2014：234、235.
　　②［宋］陆象山著，钟哲点校．陆九渊集［M］．北京：中华书局，1980：9.
　　③［宋］陆象山著，钟哲点校．陆九渊集［M］．北京：中华书局，1980：478.

官则思"之"心"，亦即仁义礼智之"四端"，这是人之所以为人的依据，是世上一切善的本原。在孟子看来，一切学问都是为了把被物欲遮蔽的"心"找回来，这就是"求放心"，也就是"存心养性"。孟子这一思想在由秦汉及隋唐五代的一千多年中影响甚微，只是到了北宋中叶，理学兴起，才重新受到儒林普遍关注。但是在"北宋五子"和朱熹那里，"心"固然重要，却始终有一个与之势均力敌的概念存在，这就是"理"或"天理"。尽管"二程"、朱熹都试图将"心"与"理"统一起来，但始终难以做到圆融无碍。程朱理学话语系统中的"心"是内在的，"理"是外在的，通过"格物致知""居敬穷理"的工夫，人的内在之"心"可以把握万事万物外在之"理"，最终方可达到内外统一。陆象山把"心"与"理"的界限彻底消除，在他这里"心"就是"理"，二者浑然一体。所谓"人皆有是心，心皆具是理，心即理也。"①"心即理"是个响亮的口号，标志着陆象山倡导的"心学"与程朱理学的根本分歧。基于此，他们对经典阐释也就有着不同的理解。象山云：

> 大抵读书，诂训既通之后，但平心读之，不必强加揣量，则无非浸灌、培益、鞭策、磨励之功。或有未通晓处，姑缺之无害。且以其明白昭晰者日加涵泳，则自然日充日明，后日本原深厚，则向来未晓者将亦有涣然冰释者矣。②

这就是说，阅读和阐释经典的重点不在于通晓文本意义，而是为了涵泳自家心性，久而久之，能够发明本心，则文本中一切未明之义都自然明了了。相反，如果像传统的传注之学那样，文本意义越是晦涩难明，就越是"强探力索"，那就是"徒耗其精神"的愚蠢之举了。

王阳明是在陆象山的基础上来思考经典阐释问题的。他进一步强化了"心"的主宰作用，不仅把"道""天理""圣人"一概统摄于"心"之中，而且认为天地万物也都是心造之物；不仅接受了象山"心即理"思想，而

---

① ［宋］陆象山著，钟哲点校. 陆九渊集［M］. 北京：中华书局，1980：149.
② ［宋］陆象山著，钟哲点校. 陆九渊集［M］. 北京：中华书局，1980：92.

且进一步提出"性即理"以及"心外无理""心外无物"之说。因此对他来说经典也就变得更不那么重要了：

> 《五经》，圣人之学具焉。然自其已闻者而言之，其于道也，亦筌与糟粕耳。窃尝怪夫世之儒者求鱼于筌，而谓糟粕之为醪也。夫谓糟粕之为醪，犹近也，糟粕之中而醪存。求鱼于筌，则筌与鱼远矣……观吾之说而不得其心，以为是亦筌与糟粕也，从而求鱼与醪焉，则失之矣。①

这段话看上去似乎是重复《庄子》"得鱼忘筌"之喻，其实不然。在《庄子》那里是通过指出"道"的不可言说性和语言的局限性，从而说明"道"的神秘莫测、玄奥幽眇。在王阳明这里则是借助于这个比喻说明无论是阅读经典还是阅读对经典的阐释，要点都在于"得其心"，否则就会像把"鱼"和"筌"混为一谈那样愚蠢可笑。王阳明这一论说是有明确的针对性的，他所面对的一是汉唐以来的以章句训诂为基本手段的经典阐释传统，把追求经典文本之本义作为最高目标；二是宋明理学中的二元论和客观知识论倾向，认为《五经》之中包含着"道""天理"，可以通过阐释经典得到。

这里实际上涉及"文"与"道"的关系这一中国文论史上的古老话题。一般来说，古代儒者普遍认为"文"是传道的工具，周敦颐的"文以载道"之说是有代表性的。其他诸如"文以明道""文以贯道""文与道俱""文道合一"等说法固然有内在差异，但总体观之都是坚持"道"可以通过"文"而得以传达。人们可以通过"文"的中介获得"道"。然而在王阳明这里这种观点被超越了——"道"并不在"文"之中，在"文"中求道就像在"筌"中求鱼一样可笑。请看下面的对话：

> 问：看书不能明如何？先生曰：此只是在文义上穿求，故不明。

---

① ［明］王阳明著，谢廷杰辑. 王阳明全集（中册）·五经臆说序［M］. 北京：中央编译出版社，2014：765.

如此，又不如为旧时学问，他到看得多，解得去。只是他为学虽极解得明晓，亦终身无得，须于心体上用功。凡明不得，行不去，须反在自心上体当即可通。盖《四书》、《五经》不过说这心体，这心体即所谓道，心体明即是道明，更无二。此是为学头脑处。①

王阳明把"道"归为"心体"，否定了其为外在于人的自在之物的可能性，它只能存在于人的心体之中，是"心"的一种当下状态，因此只能靠在自家"心体"上用功才能得到它。所谓"得到"并不是像得到某个东西或道理那样占有它，而是自己成为它，也就是为其所占有。这是阳明学的关键之点。所谓"心体"也就是孟子"心之官则思"之"心"，他决定人的选择，是"先立其大者"的那个判断者和决定者，是能思之主体。用牟宗三先生的话说则是"此本心如不为见闻（耳目之官）所拘蔽，自能体天下之物而不遗而为其体。此是一绝对普遍的本体。心即是体，故曰心体。此是主观地、存在地言之，由其体物不遗而见其为体。"②对于这个"心体"显然是无法在"文义"中寻觅的，只有当下体认方能使之呈现。因此经典的意义并不在于"载"或"传"或"贯"那个"道"，而在于通过讲述具体事件或设置某种情境激发阅读者和阐释者在自家心里呈现出这个"道"。"道"就是那种纯一无伪的当下心体。如此一来，周敦颐的"文以载道"之说，甚至朱熹的"文道合一"之说就被超越了。看上去王阳明此论确实有近于"不立文字，以心传心"的禅家思想，但深入体察，则并不违背儒家宗旨。

按照王阳明的逻辑，包括"道""天理"在内的整个世界的一切存在物都无法离开"心"而存在，有"心"然后有世界，有万物。天之高是因为有"心"去"仰他高"；地之深是因为有"心"去"俯他深"③。如果把这个"心"理解为"意向性"之先验主体，我们肯定会觉得王阳明就是中

---

① ［明］王阳明著，谢廷杰辑·王阳明全集（上册）·传习录上［M］. 北京：中央编译出版社，2014：14.

② 牟宗三. 心体与性体（上册）［M］. 上海：上海古籍出版社，1999：478.

③ ［明］王阳明著，谢廷杰辑. 王阳明全集（上册）·传习录下［M］. 北京：中央编译出版社，2014：117.

国的胡塞尔。但稍加分析就不难发现，王阳明与胡塞尔完全是在不同意义层面讨论问题的，尽管二者确实存在着深刻的一致性，但是他们赖以言说的问题域是截然不同的。简单言之，胡塞尔是在认识论意义上讨论意向性与世界的关系的，要解决的是西方传统的"主客体对立模式"的思维方式所导致的一系列问题；王阳明是在价值论意义上讨论"心"与"物"的关系问题的，所要解决的是如何使儒学真正发挥其淑世作用的问题，是如何改变世上流行的说一套、做一套的"知""行"分离的问题。对于二者的根本性差异，我们只要深入了解了王阳明"致良知"与"知行合一"等观点的真正意义就很清楚了。

二、"致良知"与经典阐释

"良知"是孟子提出的概念，是指"不学而知"的本能，但不是一般的本能，而是道德本能，具体说就是"四端"。孟子讲性善，认为"仁义礼智"这些最基本的道德能力是人人具足且生而有之的。但这些"善端"很微妙、脆弱，很容易被物欲所遮蔽，即《大禹谟》所谓"人心惟危，道心惟微"，因此需要人自觉呵护，这便是"存其心，养其性"。孟子学说的全部逻辑均由此展开。王阳明的"致良知"之说基本上就是在孟子的逻辑框架中展开的。从字面上看，"致良知"并没有什么深奥之处，就是"使自己达到良知状态"或者"使自己的良知呈现"的意思。牟宗三说："故阳明之良知，以今语释之，可说即是那能够自己去形成一内在的道德决断之超越的、实体性的、本体论的'智的觉情'。"① 结合牟先生上下文的论述，所谓"智的觉情"是指一种处于当下情感体验中的道德判断力。陈来教授认为王阳明的"良知"就是孟子的"四端"，并且特别突出其中的"是非之心"，差不多是把"良知"归结为"是非之心"了，因此在王阳明这里，"良知是每个人先验的是非准则"②。这都是很精辟的见解，确实把握住了阳明"良知"概念的要点所在。王阳明通过对"良知"的重新标举和阐

① 牟宗三. 心体与性体（下册）［M］. 上海：上海古籍出版社，1999：254.
② 陈来. 有无之境：王阳明哲学的精神［M］. 北京：人民出版社，1991：167.

发，使日益知识化、教条化的儒学重新焕发朝气，而从经典阐释学的角度看，则王阳明的"致良知"说也具有划时代意义。请看他对经典阐释的理解：

> 凡看经书，要在致吾之良知，取其有益于学而已。则千经万典，颠倒纵横，皆为我之所用。一涉拘执比拟，则反为所缚。虽或特见妙诣，开发之益一时不无，而意必之见流注潜伏，盖有反为良知之障蔽而不自知觉者矣。①

阳明的意思是经典阐释的意义乃在于启发人本有之良知，而不在于使人陷于文本逻辑而不能自拔。盖以往的经典阐释往往务求弄清楚经典文本之意义，阐释者致力于梳理文本的逻辑轨迹与意义线索，看其是否圆融自洽，是否有过于前人之见，而忘记了阐释目的之所在，在阳明看来，这就是"拘执比拟，则反为所缚"，不独不能使"良知"呈现，反而成为其障蔽。这就与人们阅读经典的初衷南辕北辙了。这里阳明的观点十分明确：经典阐释的根本目的不在于弄清楚文本本义，也不在于挖掘其背后隐含的深层意义与关联，而是为了"发明本心"或"致良知"，因此，阐释的基本路径也就不是传注训诂，而是"自得"。他说："大抵训释字义，亦只是得其大概。若其精微奥蕴，在人思而自得，非言语所能喻。后人多有泥文著相，专在字眼上穿求，却是心从法华转也。"②文字训释只是经典阐释的入门而已，真正有意义的阐释则不假外求，全凭自得。"自得"一词出自《孟子·离娄上》："君子深造之以道，欲其自得之也。"意思是使自己心里固有的东西显现出来。那么在经典阐释中如何才能做到"自得"呢？这就需要更具体的方法——体认和涵泳。换言之，"体认"和"涵泳"乃是"自得"即"发明本心"，亦即"致良知"的基本方法。阳明论"体认"云：

---

① ［明］王阳明著，谢廷杰辑. 王阳明全集（上册）·答季明德［M］. 北京：中央编译出版社，2014：197.

② ［明］王阳明著，谢廷杰辑. 王阳明全集（上册）·与黄勉之·二［M］. 北京：中央编译出版社，2014：180.

为学之要，只在着实操存，密切体认，自己身心上理会。切忌轻自表曝，引惹外人辩论，枉费酬应，分却向里工夫。①

可知所谓"体认"就是"自己身心上理会"，是"向里工夫"，用今天的话说，就是自己全身心投入其中，使情感体验与理性认知熔于一炉。在阳明看来，对于"良知"或者"天理"只有如此"体认"方能真正把握。这里的关键在于，不是自己认识到或理解了它，而是自己进入它之中，成为它，换言之，不是自己占有"天理"和"良知"，而是自己被"天理"和"良知"所占有：

圣人气象自是圣人的，我从何处识认？若不就自己良知上真切体认，如以无星之称而权轻重，未开之镜而照妍媸，真所谓以小人之腹而度君子之心矣。圣人气象何由认得？自己良知原与圣人一般。若体认得自己良知明白，即圣人气象不在圣人而在我矣。②

"圣人气象"或"孔颜乐处"是道学家一心向往的人格境界，道学所谓"作圣之功"，其归趣正在于此。然而显而易见的是，传统章句训诂式的读经解经最多只能知道圣人有这种境界，至于这种境界究竟如何，那是根本无法确知的，更不用说达到了。因此只有通过切记体认，让自己达到这一人格境界，使圣人气象成为自己的气象，才算是真正了解了它。在这里，只有"达到"才能"了解"。因此对于"良知"的理解也就不能离开"体认"：

体认者，实有诸己之谓耳，非若世之想像讲说者之为也。近时同志，莫不知以良知为说，然亦未见有能实体认之者，是以尚未免于疑惑。盖有谓良知不足以尽天下之理，而必假于穷索以增益之者。又以

---

① ［明］王阳明著，谢廷杰辑. 王阳明全集（上册）·答窦文卿［M］. 北京：中央编译出版社，2014：126.
② ［明］王阳明著，谢廷杰辑. 王阳明全集（上册）·启问道通书［M］. 北京：中央编译出版社，2014：56.

为徒致良知未必能合于天理，须以良知讲求其所谓天理者，而执之以为一定之则，然后可以率由而无弊。是其为说非实加体认之功，而真有以见夫良知者，则亦莫能辩其言之似是而非也。①

与"圣人气象""孔颜乐处"一样，"良知"根本上也不是认知的对象，无法通过"想像讲说"来理解。"近时同志"的错误就在于试图通过推究义理、辨析同异来理解"良知"的含义，殊不知"良知"根本就不是一种知识论意义上的存在，站在外面看永远也不会真正知道它是什么，唯有"切记体认"，进入其中，达于其境，方能真正领略其奥妙。比"体认"更形象的说法是"涵泳"，这是宋明儒者常常挂在嘴边的词语。所谓"涵泳"，本义是深潜于水中游泳，引申的意义是全身心沉浸其中，切切实实、全方位地感受和体察。

综上所述，如果说程朱理学的经典阐释是指向"天理"的，那么阳明心学的经典阐释则是指向"良知"的；如果说"天理"还带有某种外在性，包含着那些不以人的意志为转移的客观规律，那么"良知"则全然是人的内在性存在，是人的本然天性。那么人们还是难免要进一步追问，此"良知"究为何物？它是不是等于或近于康德实践哲学中那个能够自我立法的"先验自我"？让我们来看看王阳明的说法：

良知不由见闻而有，而见闻莫非良知之用。故良知不滞于见闻，而亦不离于见闻。孔子云：吾有知乎哉？无知也。良知之外，别无知矣。故致良知是学问大头脑，是圣人教人第一义。今云专求之见闻之末，则是失却头脑，而已落在第二义矣。近时同志中，盖已莫不知有致良知之说，然其工夫尚多鹘突者，正是欠此一问。大抵学问功夫只要主意头脑是当，若主意头脑专以致良知为事，则凡多闻多见，莫非致良知之功。盖日用之间，见闻酬酢，虽千头万绪，莫非良知之发用流行，除却见闻酬酢，亦无良知可致矣，故只是一事。若日致其良知

---

① ［明］王阳明著，谢廷杰辑. 王阳明全集（上册）·与马子莘［M］. 北京：中央编译出版社，2014：201.

而求之见闻，则语意之间未免为二。此与专之见闻之末者虽稍不同，其为未得精一之旨，则一而已。①

此"良知"并非见闻之知，倘若试图在见闻之知中寻觅"良知"，那是找不到的。但是"良知"又并非离开人们日常见闻之知而存于别处的另一种"知"，而是就寓于见闻之知中。就其体言之，一切的知无非"良知"，此外别无他知；就其发用言之，则见闻之知均系之于某具体事物，千差万别，层出不穷，难以数计。这就是说，"良知"不是任何一种具体的"知"，而是"知"之"体"。"见闻之知"固然均为"良知"之发用，但却无法从"见闻之知"中寻找"良知"。在王阳明看来，传统的经典阐释，无论是经古文学的文字训释还是经今文学的发掘微言大义，都是在"专求之见闻之末"，与儒学"致良知"之旨背道而驰，均非"圣人教人第一义"之学问。那么，既然"良知"是"体"而非"用"，是否是如老庄的"道"那样神妙难测的东西呢？或者类似于西方古典哲学中"理念""唯一实体""绝对精神"之类的精神实体呢？答案同样是否定的，王阳明的"良知"其实不过是人们人伦日用中自然而然形成的常识与共识而已，或者说，就是人们后天习得，为社会认可的伦理准则。我们来看下面的对话：

> 有一属官，因久听讲先生之学，曰：此学甚好。只是簿书讼狱繁难，不得为学。先生闻之曰：我何尝教尔离了簿书讼狱，悬空去讲学？尔既有官司之事，便从官司的事上为学，才是真格物。如问一词讼，不可因其应对无状，起个怒心；不可因他言语圆转，生个喜心；不可恶其嘱托，加意治之；不可因其请求，屈意从之；不可因自己事务烦冗，随意苟且断之；不可因旁人潜毁罗织，随人意思处之。这许多意思皆私，只尔自知，须精细省察克治，惟恐此心有一毫偏倚，枉人是非，这便是格物致知。簿书讼狱之间，无非实学。若离了事物为

---

① [明] 王阳明著，谢廷杰辑. 王阳明全集（上册）·答欧阳崇一 [M]. 北京：中央编译出版社，2014：67、68.

学，却是着空。①

　　王阳明这里的"真格物"与朱熹所理解的"格物"不同，不是对外在事物的了解与认知，而是对自家心理状态的监控与调整，即是"致良知"之义②。在王阳明看来，"格物"或"致良知"或"体认天理"等都是一个意思，就是在内心里恪守一个原则，能够在日常生活中处处不偏不倚、中道而行。"致良知"不是一种独立的修行工夫，而是在具体的日常事物中时时处处践履。"良知"是对是非善恶的判断力，可以在临事时保持公正态度从而做出恰当判断。而"怒心""喜心""加意""屈意""随意"等皆为私心私欲，是人们做出正确判断和决定的障碍。因此克服这些私心私欲公正断案，就是真正的"格物"，也就是"致良知"了。治狱断案是如此，其他任何事情无不如此。"良知"究竟从何而来？它不是什么神秘之物，只能是内化为潜意识的共识和公理，可以使人不加思考地做出恰当的判断，并决定其行为方式。这些共识和公理并不是某个可以高度概括的抽象原则，而是无数个具体道德准则，人们长期浸润其中，久而久之，内化为某种类似于"心理定势"的潜意识，当人做事时，它就会自发发挥作用。人们需要做的就是时时提醒自己不要让私欲遮蔽这种内在化了的共识和公理，这也就是"致良知"。据说冯友兰先生和熊十力先生关于何为"良知"曾经有过一次有趣的交锋，冯先生说"良知"是一种"设定"，熊先生听后勃然大怒，说"良知"是"呈现"，怎能是"设定"！无论真假，这段简短的对话显示出中西哲学的某种根本性差异。把"良知"理解为"呈现"是真正弄懂了阳明心学的人才能够得出来的见解。"呈现"什么？当然不是什么"先验主体"，也不是什么有善无恶、纯一无伪的所谓"性"，只能是那种内在化为潜意识的共识和公理。因此所谓"致良知"根本言之，也就是"公天下之心以观天下之理"的意思③，也就是"廓然大公，物来顺

　　① ［明］王阳明著．谢廷杰辑．王阳明全集（上册）·传习录下［M］．北京：中央编译出版社，2014：89.
　　② 例如王阳明尝说："故区区专说致良知，随时就事上致其良知，便是格物。"（［明］王阳明著，谢廷杰辑．王阳明全集（上册）·传习录中［M］．北京：中央编译出版社，2014：79.）
　　③ ［明］王阳明著，谢廷杰辑．王阳明全集（上册）·朱子晚年定论［M］．北京：中央编译出版社，2014：123.

应"的意思①。

儒学根本上就是教人如何做人的学问，到了明代中叶，这门学问已经传承两千年之久，其基本人伦准则早已深入人心，成为无需讨论的常识和公理，礼义廉耻、孝悌忠信之类的道德准则，即使不识字的农民、工匠也都耳熟能详并成为他们日常恪守的行为规范。王阳明的"致良知"之说就是在这样的历史语境中提出来的。其实只是要人们时时刻刻遵循这些人人皆知的人伦规范做事而已。所以他说：

> 夫良知者，即所谓是非之心，人皆有之，不待学而有，不待虑而得者也。人孰无是良知乎？独有不能致之耳。自圣人以至于愚人，自一人之心，以达于四海之远，自千古之前以至于万代之后，无有不同。是良知也者，是所谓天下之大本也。致是良知而行，则所谓天下之达道也。天地以位，万物以育，将富贵贫贱，患难夷狄，无所入而弗自得也矣。②

显然，王阳明提出"致良知"之说必定是在儒家伦理早已深入人心的历史语境中才是可能的。从学理上讲，阳明心学可谓至易至简，较之"北宋五子"那种"浑然与物同体""民胞物与"的人格境界似乎远有未及，但是从实践角度来看，则王阳明这种时时刻刻依据共识与公理做事的"致良知"的工夫是很有现实意义的。过去人们常常说宋儒"陈义过高"，实际上鲜有至之者，言之在理。那种"闲来无事不从容，睡觉东窗日已红"的超迈境界和"于静中觉物皆有春意"的仁爱心怀都是"圣人气象"之流露，绝非为名缰利索束缚的芸芸众生所能梦见。此种人格高度或许只有少数有"慧根"之人才能达到。王阳明有见于此，其"致良知"之说实际上是为一般人提出的，用老百姓最简单的日常用语来说，所谓"致良知"其

---

①［明］王阳明著，谢廷杰辑. 王阳明全集（上册）·传习录下［M］. 北京：中央编译出版社，2014：93.

②［明］王阳明著，谢廷杰辑. 王阳明全集（上册）·书朱守乾卷［M］. 北京：中央编译出版社，2014：256.

实就是"凭良心做事"的意思①。可见"致良知"并无高深的学理与复杂的修炼过程，只要当下自觉就行了。因此王阳明说："凡工夫只是要简易真切，愈真切，愈简易，愈简易，愈真切。"②

从经典阐释的角度看，王阳明的"致良知"可以说是最典型的"自我阐释"——解读经典文本不是为了寻找微言大义，而是为了使自己本自具足的"良知"得以呈现。因此阳明反对那种泥于文义的章句训诂式阐释方式："只致良知，虽千经万典，异端曲学，如执权衡，天下轻重莫逃焉，更不必支分句析，以知解接人也。"③显然，王阳明是为了打破儒学经典阐释传统中日益知识化、工具化倾向，重新激发起儒学原有的主体精神，在这个意义上说，阳明心学的确是儒学之正宗，实得思孟学派之嫡传。

三、"知行合一"的阐释学意义

从整体上看，阳明心学不是义理之学，即不是求知的学问，这是一种实实在在的求用之学。因此作为其核心思想的"致良知"并不指向学理而是指向行动。所谓"知行合一"并非与"致良知"并列的另一种学说，而是"致良知"的另一种说法，或者准确地说，是"致良知"的另一面。我们还是来看看王阳明的说法：

> 知之真切笃实处，即是行；行之明觉精察处，即是知。知行工夫本不可离，只为后世学者分作两截用功，失却知行本体，故有合一并进之说。真知即所以为行，不行不足谓之知，即如来书所云知食乃食等说可见，前已略言之矣。此虽吃紧救弊而发，然知行之体本来如是，

---

① 阳明心学的重要特点之一就是简易明了，根本上就是要求人们按照通行的道德准则做好人。他曾说，不仅《诗三百》可以概括为"思无邪"，并且《四书五经》都包含在这三个字之中了。

② ［明］王阳明著，谢廷杰辑．王阳明全集（上册）·寄安福诸同志［M］．北京：中央编译出版社，2014：205.

③ ［明］王阳明著，谢廷杰辑．王阳明全集（中册）·五经臆说［M］．北京：中央编译出版社，2014：854.

非以己意抑扬其间，姑为是说以苟一时之效者也。①

真正的"知"等于"行"，真正的"行"等于"知"，二者原本就是一件事，只是从不同角度看而已。阳明崇尚易简之学，善于抓住关键和根本之点，有所谈论往往明快直截，一语中的。"知行合一"四个字高度概括了孔孟以降千百年儒学之要旨。儒学是为人世间立规矩的学问，也就是教人如何做人的学问：君如何做个君，臣如何做个臣，父如何做个父，子如何做个子。这就是孔子和荀子"正名"之说的主旨。在儒家看来，一旦这套规矩为包括君主在内的世人所接受，就万事大吉，天下太平了。从这个角度来看，自汉以降，历代经学苦苦探寻字音字义、名物度数，讲师承，分门户，或以经典为文辞之材料，科举之工具，都严重背离了原始儒学之初衷。王阳明正是出于对这种现象的深恶痛绝，标举"知行合一"口号，以此来救时救弊，挽救儒学，对于儒学来说，王阳明之功甚至堪比其先秦的那几位缔造者。"知行合一"的前提是这里的"知"必须是"德性之知"而非"闻见之知"。用今天的话说就是，这个"知"是道德论意义上的"知"而非认识论意义上的"知"。"知"意味着某种"呈现"，也就是"存在"。王阳明说：

> 今人学问，只因知行分作两件，故有一念发动，虽是不善，然却未曾行，便不去禁止。我今说个知行合一，正要人晓得一念发动处，便即是行了。发动处有不善，就将这不善的念克倒了。②

"一念发动"之所以是"行"是因为对于道德行为而言，动机或意图具有重要意义，它已经是"行"的组成部分了。从更深层次上说，"一念发动处"也就是"良知"之呈现处，不仅"知善知恶"，而且在"为善去恶"了。这是一切道德行为的根本之点，因此，"知行合一"与"致良知"

---

① ［明］王阳明著，谢廷杰辑．王阳明全集（上册）·传习录中［M］．北京：中央编译出版社，2014：40.

② ［明］王阳明著，谢廷杰辑．王阳明全集（上册）·传习录下［M］．北京：中央编译出版社，2014：91.

是一而二，二而一的。牟宗三先生说："阳明言'致'字，直接地是'向前推致'底意思，等于孟子所谓'扩充'。'致良知'是把良知之天理或良知所觉之是非善恶不让它为私欲所间隔而充分地把它呈现出来以使之见于行事，即成道德行为。"① 可谓知言之论。

从经典阐释的角度来看，"知行合一"四个字可以看作是王阳明解读一切经典文本的基本原则，换言之，王阳明对经典文本的阐释总是从"知"与"行"的统一性入手的。让我们来分析下面这段对话：

> 爱问：先生以博文为约礼功夫，深思之未能得，略请开示。先生曰：礼字即是理字。理之发见可见者谓之文，文之隐微不可见者谓之理，只是一物。约礼只是要此心纯是一个天理。要此心纯是天理，须就理之发见处用功。如发见于事亲时，就在事亲上学存此天理；发见于事君时，就在事君上学存此天理；发见于处富贵贫贱时，就在处富贵贫贱上学存此天理；发见于处患难、夷狄时，就在处患难、夷狄上学存此天理。至于作止语默，无处不然，随他发见处，即就那上面学个存天理。这便是博学之于文，便是约礼的功夫。博文即是惟精，约礼即是惟一。②

"博学于文，约之以礼，亦可以弗畔矣夫！"是《论语·雍也》中的话，朱熹注云："君子学欲其博，故于文无不考；守欲其要，故其动必以礼。如此，则可以不背于道矣。"又引程子曰："博学于文而不约之以礼，必至于汗漫。博学矣，又能守礼而由于规矩，则亦可以不畔道矣。"③ 朱熹和程颐的解释都是"随文解义"，应该是符合《论语》字面意思的。王阳明的阐释则不同，他把"礼"训为"理"，把"文"与"礼"的横向关系置换为"文"与"理"的纵向关系，如此"文"与"礼"便被统一起来了。

① 牟宗三. 牟宗三先生全集（第八册）·从陆象山到刘蕺山［M］. 台北：联经出版事业公司，2003：188.

② ［明］王阳明著，谢廷杰辑. 王阳明全集（上册）·传习录上［M］. 北京：中央编译出版社，2014：7.

③ ［宋］朱熹. 四书集注［M］. 长沙：岳麓书社，1987：130.

在程朱那里，"文"是"文"，"礼"是"礼"，前者指经典文本，后者指礼仪形式，是不同的两件事。而在王阳明这里，此二者都成了"致良知"和"知行合一"的具体表现了。这种阐释虽然与《论语》原文字面意思不尽吻合，但逻辑上亦可贯通，并不与之相悖。王阳明从"知行合一"宗旨出发，对宋儒常常论及的"尊德性"与"道问学"之说也有全新的阐释：

> 先生曰：道问学即所以尊德性也。晦翁言，子静以尊德性诲人，某教人岂不是道问学处多了些子？是分尊德性、道问学作两件。且如今讲习讨论，下许多工夫，无非只是存此心，不失其德性而已。岂有尊德性只空空去尊，更不去问学？问学只是空空去问学，更与德性无关涉？如此则不知今之所以讲习讨论者，更学何事？问致广大二句。曰：尽精微即所以致广大也，道中庸即所以极高明也。盖心之本体自是广大底，人不能尽精微，则便为私欲所蔽，有不胜其小者矣。故能细微曲折，无所不尽，则私意不足以蔽之，自无许多障碍遮隔处，如何广大不致？又问：精微还是念虑之精微，是事理之精微？曰：念虑之精微，即事理之精微也。①

"尊德性而道问学"出自《中庸》，原文是："故君子尊德性而道问学，致广大而尽精微，极高明而道中庸。温故而知新，敦厚以崇礼。"，郑玄注云："德性，谓性至诚者。道，犹由也。问学，学诚者也。"②朱熹注云："尊者，恭敬奉持之意。德性者，吾所受于天之正理。道，由也。温，犹燖温之温，谓故学之矣，复时习之也。敦，加厚也。尊德性，所以存心而极乎道体之大也。道问学，所以致知而尽乎道体之细也。二者修德凝道之大端也。"③综合汉儒、宋儒之注可知，所谓"尊德性而道问学"就是说通过

---

①［明］王阳明著，谢廷杰辑. 王阳明全集（上册）·传习录下［M］. 北京：中央编译出版社，2014：115.

②［汉］郑玄注，［唐］孔颖达疏. 礼记正义［M］. 北京：北京大学出版社，1999：1455、1456.

③［宋］朱熹. 四书集注［M］. 长沙：岳麓书社，1987：50-55.

学习关于"道"或"诚"的知识而获致高尚品德的意思。① 无论是汉儒还是宋儒，都把"道问学"与"尊德性"视为二事，前者是路径，后者是目的。但到了王阳明这里，在"知行合一"的阐释框架之下，二者被理解为一件事。仔细体会，王阳明的见解实为不刊之论！在道德修养或人格自我提升的意义上说，"道问学"与"尊德性"确实无法分拆，学即是修，修即是学，不是先学了然后再去修。正如阳明所言，知了就是行了，知而不能行，实际就是不知。恰如"如好好色，如恶恶臭"一样，"好"与"见"实为一体，"恶"与"闻"不为二事，并非先看见了再生个心去"好"，先闻到了，再生个心去"恶"。② 在这里并没有先后之别。"知行合一"作为阅读和阐释经典文本的一个重要原则，其价值就在于打破停留在"文义"层面的经典阐释传统，把阐释变为一种切切实实的实践行为，从而改变当时士林中言行不一、伪道学盛行的状态。

余论：王阳明与经典阐释的实践性问题

综上所述，王阳明的"致良知"与"知行合一"说所给出的经典阐释框架集中彰显了阐释的实践性问题。在西方，无论是古代的法律阐释学、语文阐释学还是 19 世纪出现的一般阐释学，就其自我理解而言，都是旨在解决如何才能避免误解而准确地理解文本原义的问题。也就是说，阐释属于"认识"范畴而不属于"实践"范畴。但在伽达默尔的哲学阐释学那里情况发生了变化，由于他是在更根本的意义上，即存在论意义上考察阐释问题的，因此阐释本身的"应用"问题被顺理成章地提了出来。伽达默尔指出：

> 如果我们反复思考一下，我们将达到这样一种观点，即在理解中总是有某种这样的事情出现，即把要理解的文本应用于解释者的目前

---

① 《中庸》中的"诚"即指"道"而言，所谓"诚者，天之道也"。

② ［明］王阳明著，谢廷杰辑. 王阳明全集（上册）·传习录上［M］. 北京：中央编译出版社，2014：3、4.

境况。这样，我们似乎不得不超出浪漫主义诠释学而向前迈出一步，我们不仅把理解和解释，而且也把应用认为是一个统一的过程的组成要素。①

这里的意思是说，理解和解释的过程同时也是"应用"的过程，而所谓"应用"就是把所理解的文本意义用之于阐释者的目前状况。伽达默尔分析了传统的法律阐释学和神学阐释学，结果发现，"理解在这里总已经是一种应用。"②不管是法律文本，还是传教文本，一旦它们被阐释，也就一方面被理解，一方面发挥着其特有的作用，从而使阐释过程成为一个包含着理解、解释和应用三种基本要素的事件。其他的一切文本阐释也都是如此，伽达默尔举例说："如果不理解原文的本来意义，并且在自己的再现和解释中不表现这种意义，那么没有人能演一出戏剧、朗诵一首诗歌或演奏一曲音乐。"③意思是说，一个表演者既要理解其所要表演的文本意义，还要表现这种意义，而表现就意味着应用。简言之，应用不外在于或者后于阐释过程，而是就在这个过程之中，阐释不仅是"知"（理解）的过程，而且还是"行"（应用）的过程。由此可见，伽达默尔关于阐释学之"应用"的观点与王阳明的"知行合一"经典阐释原则确实存在相近之处。

在中国，就其主流来说，两千多年的经学阐释传统也同样是要弄清楚经典文本究竟说了什么，有什么微言大义。至于阐释的"用"，那是另外一个问题，不属于阐释本身。在王阳明看来，这是把"知"和"行"分为两截了。离开了"行"的"知"和离开了"知"的"行"都是有悖于儒家真精神的，换言之，真正的儒学是无法将二者分开的。请看下面的对话：

> 门人问曰："知行如何得合一？且如《中庸》言博学之，又说个笃行之，分明知行是两件。"先生曰："博学只是事事学存此天理，笃行只是学之不已之意。"又问："《易》学以聚之，又言仁以行之，此

---

① ［德］伽达默尔著，洪汉鼎译. 真理与方法［M］. 北京：商务印书馆，2010：435、436.
② ［德］伽达默尔著，洪汉鼎译. 真理与方法［M］. 北京：商务印书馆，2010：437.
③ ［德］伽达默尔著，洪汉鼎译. 真理与方法［M］. 北京：商务印书馆，2010：439.

是如何？"先生曰："也是如此。事事去学存此天理，则此心更无放失时，故曰学以聚之。然常常学存此天理，更无私欲间断，此即是此心不息处，故曰仁以行之。"又问："孔子言知及之，仁不能守之，知行却是两个了。"先生曰："说及之已是行了，但不能常常行，已为私欲间断，便是仁不能守。"①

　　这里门人的"问"不可谓不尖锐，王阳明的回答虽然看上去似乎有些牵强，未必完全符合先贤们的意思，但从儒学的基本精神言之，他坚持从"知行合一"的角度对《中庸》和孔子的话予以重新阐释，在逻辑上完全是可以自洽的。对于真正的儒学来说，实践性始终是第一位的，对于恪守儒学真谛的经典阐释学来说，实践性也是第一位的。程朱理学是对日益教条化、知识化的儒学的反拨，为之注入生命活力；阳明心学则是对日益教条化、知识化的程朱理学的再反拨，同样也为之注入生命力。在这一对知识化倾向反拨再反驳的过程中，儒学的言说方式也呈现出不断从自我阐释到文本阐释，又从文本阐释回归自我阐释的循环过程。

―――――――――――

①［明］王阳明著，谢廷杰辑. 王阳明全集（上册）·传习录下［M］. 北京：中央编译出版社，2014：3、4.

第

五

章

清代学术转型
对阐释思想
之影响

第一节　诗无定解——清代诗学多元论阐释话语与诗无达诂

经学历经元明的积衰时期，至清季又迎来"经学复盛时代"，用清皮锡瑞的话就是："经学自两汉后，越千余年，至国朝而复盛。"① 所谓"复盛"，是指清代经学开始全面向汉学回归，返经汲古，宋明理学空谈义理、六经注我的阐释方法遭到鄙弃。钱大昕说："尝谓六经者，圣人之言。因其言以求其义，则必自训诂始。谓训诂之外别有义理，如桑门以不立文字为最上乘者，非吾儒之学也。"② 钱氏的这段话集中体现了清代学术的主要取向，即远离宋明心学和禅学之空疏玄虚，重回汉学训诂考据之途，注重因言求义，无征不信，以重构圣贤立言本义为旨归。但是，有清一代，经学阐释学却出现了一个很有意思的现象，一方面，清儒大讲"圣人之道，在六经而已矣"③，主张"凡立一义，必凭证据；无证据而以臆度者，在所必摒"④，所有努力的宗旨似乎都致力于恢复六经中本有的圣人之道。另一方面，他们又特别关注《诗》在六经中的特殊性，强调对《诗》的理解与阐释不能沿用对其他经典的阐释方法，甚至明确指出对《诗》的多元理解都有其存在的合理性和有效性，这一点我们可以从下面将要梳理的清代诸多"《诗》无定解"的阐释思想和话语里找到依据，《四库全书总目》提要也很有说服力："诸经之中，惟《诗》文义易明，亦惟《诗》辨争最甚。盖诗无达诂，各随所主之门户，均有一说之可通也。"⑤ 在全面还原圣贤元意和经典本旨的考据之风中，为什么单独允许"《诗》无达诂"的局面存在？

---

① [清] 皮锡瑞. 经学历史 [M]. 北京：中华书局，1959：295.
② [清] 钱大昕. 潜研堂文集·卷二十四·臧玉林经义杂识序 // 王云五主编. 四部丛刊正编（第八十九册）[M]. 台湾：台湾商务印书馆，1979：219.
③ [清] 崔述撰著，顾颉刚编订. 崔东壁遗书·考信录提要（卷上）[M]. 上海：上海古籍出版社，1983：10.
④ 梁启超撰. 清代学术概论 [M]. 上海：上海古籍出版社，2005：40.
⑤ [清] 纪昀等撰. 钦定四库全书总目·卷十六经部十六 [M]. 北京：中华书局，1997：213.

可以认为，这是历代阐释学对《诗》的文学特质逐步深入认识的结果，也是宋明以来类似"《诗》为活物"这样的《诗》学阐释话语影响的结果。换言之，《诗》到了清代，"经"的身份虽然健在，但"诗"的性质更是不言而喻的共识。明乎此，我们就不难理解清代经学阐释上的"大一统"和《诗》学解释上的"多元化"所构成的两极化趋势。

总体来看，"清代诗学比起前代更重视读者的再创造活动。他们的理论，无论在广度上还是深度上，都有新的开拓和创造。造成这一现象的原因，一是诗体的不断成熟，使人们的认识更为深刻；一是宋明以来学术风尚影响的必然结果。此外，清代经学的发达，也起了推波助澜的作用。"①由于导致清代诗学多元阐释思想异常发达的背景因素繁多而复杂，加上清代诗学多元理解话语又非常丰富，故而我们只能将主要笔墨集中于对后者的梳理整合，而对前者只在论述中作点到为止的涉及。

——一——

仿佛是对晚明的"《诗》为活物、《诗》为人所用、《诗》随触而自得、《诗》使人自悟、说《诗》者人自为说"等《诗》学阐释思想和话语的接续与回应，清季学人在解《诗》的多元导向上迈出的步子更大，而且，不约而同地，他们的话语表述都与"《诗》无达诂"保持着相近的语言结构，似乎是有意加入到一个以"《诗》无达诂"为纲领和标志的《诗》学多元阐释的话语系统中。仅是在"《诗》无定解"这样一个比"《诗》无达诂"的阐释学意趣更为凸显的表述形式上，清人就反复申说而不厌其烦。清季常州学派的代表人物廖平在《论诗序》一文里说过："一《诗》也，或以为古作，或以为时人；或以为男子，或以为妇女；或以为美，或以为刺；或以为法言巽语，或以为淫词艳曲。人各为说，家自为政。群经之中，纷争聚讼，迄无定解，莫此为甚。"这实际上指出了《诗》在群经之中最无定解的历史事实。可以说，一部解《诗》史，就是一部"人各为说，家

---

① 孙立．"诗无达诂"与中国古代学术史的关系［J］．学术研究，1993（1）：144．

自为政"的纷争史。也许，对于《诗》学阐释学而言，没有什么比直面并接受这样一部纷争史更重要了。应该充分认识到，"迄无定解"不是《诗》的某种阙失，而恰是它的文本特征和解释学价值所在。乾嘉学者卢文弨的一段"《诗》无定解"说堪称中国《诗》学阐释史上的经典之论：

> 夫《诗》有意中之情，亦有言外之旨。读《诗》者有因诗人之情而忽触夫己之情；亦有己之情本不同乎诗人之情，而远者忽近焉，离者忽合焉。《诗》无定形，读《诗》者亦无定解。试观公卿所赠答、经传所援引，各有取义，而不必尽符乎本旨，则三百篇犹夫三千也。《外传》所称，亦曷有异哉！①

如此有理有据、逻辑谨严的论述在中国诗学阐释学理论中不可多得。在文本方面，《诗》的言外之旨由于没有任何可以考量和把握的标准，因而是最容易导致见仁见智理解的诗歌文本特性；在读者方面，诗人的情意可以激发读者相似的心理活动，但二者绝不可能完全雷同和重合，更何况读者的情意中必然会有不同于诗人情意的内涵；在接受的事实上，春秋赋诗、引诗以及历代解《诗》实践本身就是一部"各有取义，不必尽符乎本旨"的阐释史。实际上，就像卢氏所言，仅仅是因为"《诗》无定形"，就注定了"《诗》无定解"这个唯一的结局。清人秦瀛也有与此近似的说法："余尝谓《诗》无定体，言《诗》亦无定解。读诗者以己之性情通诗人之性情，即以诗人之性情通己之性情，而千载以下之人，恍然与千载以上之人相晤对。"②可以推论，清人的"《诗》无定解"就是对董子"《诗》无达诂"的力挺，我们完全可以视之为"《诗》无达诂"的同类变体，这样的变体话语我们在下面的阐述中还要涉及很多。

兴盛于近代的常州学派在经学阐释思想上直接祖述西汉的今文经学，它的代表人物在治经的态度和方法上很多就发轫于董仲舒。李兆洛提出的

---

① ［清］卢文弨著，王文锦点校. 抱经堂文集·卷三·校本韩诗外传序［M］. 北京：中华书局，1990：28.

② ［清］秦瀛. 小岘山人文集·卷三·诗测序（续修四库全书第一千四百六十五册）［M］. 上海：上海古籍出版社，2002：133.

"《诗》随人所诂"就是径直从董氏"《诗》无达诂"变化而来，二者完全可以同等置换：

> 董子曰："《易》无达占，《诗》无达诂，《春秋》无达辞。"盖《易》因人为占，《诗》随人所诂，《春秋》因事立文，随文成辞，皆非可持固必之见，执成例以求之也。故《左氏传》曰："赋诗断章，予取所求。"孟子曰："以意逆志，是谓得之。"《诗》自毛、郑以来，说者众矣，或主《小序》，或主毛、郑，或两有所不主，而自以其意说之。大抵皆随其人性情学力之所至，以自验其浅深高下。各有得也，亦各有失也……以断章、逆志之义求之，则何情之不可通，亦何情之不可平，而必执一人之意见以概众人之心哉？①

　　这段话可以当作中国阐释学多元主义的总论和宣言。值得注意的是，李氏虽然强调了一切理解与阐释因为人的"性情学力"的不同，因而所得有"浅深高下"之别，但是，他的立论依据却暗含着"从变从义"的指向。《春秋》赋诗断章固然给予了接受者极大的权利和自由，却有过度阐释之嫌；孟子"以意逆志"可以保证阐释的合理性和有效性，却又有束缚读者的创造力之虞。因此，只有将二者结合起来，"以断章、逆志之义求之"，则文本的情意可以尽显，而读者的情意也能够藉此舒展。显而易见，李氏的论述重心还是在最后一句上。可以说，任何觊觎"执一人之意见以概众人之心"的一元独霸行为都只能以失败而告终，只要想一想人心的丰富性和创生性，我们就必须承认"《诗》随人所诂"的必然性。在清代乾嘉考据学一统天下，文字狱事件接连不断的严冬气候中，李氏的一句振聋发聩的反问"而必执一人之意见以概众人之心哉"的确像春风一样，给我们吹来了些许言论自由的气息。

　　毋庸置疑，以上强调读者对《诗》文本的多元阐释权力与能力的思想和话语可以直接适用于普通诗学阐释学。在这方面，清代诗论家薛雪还有"诗文无定价"之说，可与"诗无定解"相提并论：

---

① ［清］李兆洛. 养一斋集·卷四·诗经申义序［M］. 北京：中华书局，1936：52.

诗文无定价，一则眼力不齐，嗜好各别；一则阿私所好，爱而忘丑。或心知，或亲串，必将其声价逢人说项，极口揄扬。美则牵合归之；疵则宛转掩之。谈诗论文，开口便以其人为标准，他人纵有杰作，必索一瘢以诋之。后生立脚不定，无不被其所惑。①

与清初贺裳的"文章声价自定，嗜好终是难齐"②一样，人的审美趣味的差异性被看作是导致审美理解和文学批评多样性的重要原因。除此之外，薛雪还提到了"眼力不齐、阿私所好"等审美主体的主观因素对文学理解与阐释的多元化取向的影响。更难得的是，他还否定了那种谈诗论文只以一人为标准的接受现象。众所周知，这种一元化的评价标准，只会扼杀文艺创作和批评"百花齐放、百家争鸣"的繁荣局面。如果所有的作品及其诠释都只能向一人看齐，以一人去规范和衡量全部，历史证明，这必然是艺术创作和批评的灾难。

二

清批评家对读者权利的重视主要体现在他们普遍努力将读者的释义与作者的意图区分开，强调读者的理解与阐释不以作者的所谓原意为圭臬，不受作者寄寓于文本中的情意所框束。在这方面，清人可谓新见迭出，高论频现。我们先来看著名诗论家王夫之的"各以情得、各以情遇"论：

"诗可以兴，可以观，可以群，可以怨。"尽矣。辨汉、魏、唐、宋之雅俗得失以此，读《三百篇》者必此也。"可以"云者，随所以而皆可也。于所兴而可观，其兴也深；于所观而可兴，其观也审；以其群者而怨，怨愈不忘；以其怨者而群，群乃益挚。出于四情之外，

---

① [清] 薛雪. 一瓢诗话 // 丁福保辑. 清诗话（下册）［M］. 上海：上海古籍出版社，1978：687.

② [清] 贺裳. 载酒园诗话 // 郭绍虞编选. 清诗话续编（上）［M］. 上海：上海古籍出版社，1983：265.

以生起四情；游于四情之中，情无所窒。作者用一致之思，读者各以其情而自得。故《关雎》，兴也；康王晏朝，而即为冰鉴。"訏谟定命，远犹辰告。"观也；谢安欣赏，而增其退心。人情之游也无涯，而各以其情遇，斯所贵于有诗。①

对于诗之所以为诗的价值所在，王氏此论实乃一语中的。概言之，从阐释学角度看，诗的魅力即在于读者能够对同一文本作兴观群怨的不同阐释。如果一首诗，只能对其作或兴或观的一种诠解，则诗必然在读者那里变得索然寡味矣。《关雎》本是一首由"兴"而颂美后妃之德的诗歌，却可以此"观"周康王荒疏朝政；《大雅·抑》中的"訏谟定命，远犹辰告"原是指将国家的方针大事及时告知天下，然而在《世说新语·文学》中，东晋谢安却认为此句"偏有雅人深致"②，可借此有所寄托，这是由观而兴。总之，之所以对一首诗可以作兴观群怨的多种理解与阐释，就在于读者能够不受作者"一致之思"的规约，从而"各以其情自得、各以其情遇"。"情"是诗歌的本体，读者的"此情"是作者创作时的"彼意"所不能预先设定的，而诗中之情也是任何刻舟、守株的呆板之法所不能获其万一的。惟以情会情，乃得解诗之妙谛。清代常州词派的代表人物谭献在说词方式上也有与王氏相似的论述：

> 又其为体，固不必与庄语也，而后侧出其言，旁通其情，触类以感，充类以尽；甚且作者之用心未必然，而读者之用心何必不然；言思拟议之穷，而喜怒哀乐之相发，向之未有得于诗者，今遂有得于词。③

① [明] 王夫之. 姜斋诗话 // [清] 丁福保辑. 清诗话（上册）[M]. 上海：上海古籍出版社，1978：3.
② 据《世说新语》载："谢公因子弟集聚，问《毛诗》何句最佳？遏（谢玄）称曰：'昔我往矣，杨柳依依；今我来思，雨雪霏霏。'公曰：'訏谟定命，远犹辰告。'谓此句偏有雅人深致。"余嘉锡笺疏. 世说新语笺疏 [M]. 北京：中华书局，1983：235.
③ [清] 谭献著，朱坎校点. 复堂词话 [M]. 北京：人民文学出版社，1959：19.

在中国诗学阐释学理论中，像谭献这样提出"作者未必然，读者何必不然"论，很明确地将作者之用心与读者之用心截然分开的并不多见。表面上看，作者创作诗词有自己的意图，而读者的释义活动往往也多从自我理解出发，二者相交的部分确实不多。但实际上，造成"种瓜得豆、种豆得瓜"的阐释结果的人却是作者自身。这是因为诗词皆为意象化的语言，作者弃庄语而兴象，几乎全凭"象"来传情达意，而"象"在传情达意上的模糊性、多义性、隐喻性和象征性使得读者很难捕获作者所寄寓的用心，且"象"又极易导致读者联类引譬，触类以感，无限生发。所以，真正善解人意的作者从自己开始创作的那一刻起，就不再祈望知音出现，特别是对于诗词的理解与阐释，纯粹意义上的知音是不可能的。清代诗论大家袁枚的"说诗者不必尽合于作者"论也与谭献所言一样直接：

> 作诗者，以诗传；说诗者，以说传。传者，传其说之是，而不必其尽合于作者也。如谓说诗之心，即作诗之心，则建安、大历有年谱可稽，有姓氏可考，后之人犹不能以字句之迹，追作者之心，矧《三百篇》哉？不仅是也，人有兴会标举，景物呈触，偶然成诗，及时移地改，虽复冥心追溯，求其前所以为诗之故而不得，况以数千年之后，依傍传疏，左支右吾，而遽谓吾说已定，后之人不可复有所发明，是大惑已。①

袁枚的论述合情合理，条理清晰，颇类今人逻辑严谨的论文。首先，有年谱可稽、姓氏可考者，后人尚难"追作者之心"。对于《三百篇》这样年代久远、作者不明的经典，就更难说清作者之意如何；其次，诗歌大多是在诗人灵感顿现时瞬间而成，过后就连自己"求其前所以为诗之故而不得"，何况解诗者？其实写诗往往是关乎性情趣味的事，并非都有什么宏大主题潜隐其中；再者，诗歌的意义之链是由历代读者的不同阐释组成的，链接愈多，说明诗歌的意义愈丰厚。那些自以为重现了作者之志的人

---

① ［清］袁枚. 小仓山房文集·卷二十八·程绵庄诗说序［M］. 上海：上海古籍出版社，1988：1765.

不允许别人"复有所发明",当然"是大惑已"。实际上,作者之志本身就难以准确界定,它不是铁板钉钉的一块,就像袁枚自己所言:"来札所讲'诗言志'三字,历举李、杜、放翁之志,是矣,然亦不可太拘。诗人有终身之志,有一日之志,有诗外之志,有偶然兴到、流连光景、即事成诗之志,志字不可看杀也。"①如果诗人之志尚有如此多种,因而"不可看杀",那些对诗人之志一味考据征信的人岂不显得迂腐?清人吴雷发就对此讽刺道:

> 诗贵寓意之说,人多不得其解。其为庸钝人无论已;即名士论古人诗,往往考其为何年之作,居何地而作,遂搜索其年、其地之事,穿凿附会,谓某句指某人,某句指某事。是束缚古人,苟非为其人、其事而作,便不得成一句矣。且在是年只许说是年话,居此地只许说此地话;亦幸而为古人,世远事湮,但能以意度之耳。若今人所处之时与地,昭然在目,必欲执其诗而一一皆合,其尚可逃耶?难乎免矣。②

看来,受孟子"知人论世"说的影响,以实事求是的精神和训诂考证的方法去索解作者之原旨与诗之本事本义的大有人在。这种实证主义的态度用之于经学文本和历史文本自然是求之不得,但若用之于以审美为特质的文学作品则不得要领。当然,孟子的"以意逆志"和"知人论世"对于保证阐释的合理性还是很有必要的,但归根结底,理解与阐释是由在场的读者来完成的,读者的意见才具有实际效果。如果强求读者的所有意见都必须与作者的时事、背景与经历一一印证吻合,则理解与阐释就意味着只能发出作者一人的声音,恐怕这也非作者的心愿。相比之下,清人刘子春的"作者之意岂能必读者之意"说要公允而辩证得多:

> 诗之为义,亦微矣哉!《三百》而降,《骚》得其旨,而词不及

---

① [清]袁枚. 小仓山房尺牍卷十·再答李少鹤书 [M]. 长沙:湖南文艺出版社,1987.

② [清]吴雷发. 说诗菅蒯 // 丁福保辑. 清诗话 [M]. 上海:上海古籍出版社,1978:903.

其自然。再变而"河梁"赠答，延及魏、晋、六朝。三变至唐而格始定，长短俳偶，古体今体，式斯备矣。后世诗话，原本品诗之意而为之者。虽然作者之意，岂能必读者之意，而悉解之，解而得与解而不得，则姑听于读者之意见，不必深求之也。孟氏尚友为言，诵诗读书，必论及其世。呜呼！此定论矣！然则作者之意，在一时一事，时事在当代，又不必尽人而合之也。以我之意，推求古人之意，而欲其一一尽合，亦不可必得之数矣。言其所能得者，而缺其所不能得者，古人可作，未必不心许之。则且举古人之世而兼论之，所谓微者，不且显而彰乎？①

应该说，所有的阐释向度，包括多元主义，最终都要回归到"从变从义"上方为正果。"知人论世"固然"从义"，但失之于单一与僵化；"诗无达诂"追求"从变"，却又有过度阐释之嫌。因此，只有像刘氏所言，在坚持"作者之意岂能必读者之意"的前提下，一方面要顾及作者的意图，适当参考作品诞生的时事背景，一方面也要充分尊重读者的意见，尽力捍卫不同意见并生共存的多元局面。唯如此，诗学阐释学的理论才不至于因为偏颇而遭人鄙薄。甚至，考虑到诗歌文本的特殊规定性，我们还要坚守以多元主义作为中国诗学阐释学的基本阐释向度，希冀以此与中国经学阐释学的客观阐释构成互补性的张力。事实上，通过以上论述，我们已经能够感受到清代诗学阐释学与乾嘉考据学所构成的这种张力的存在。

三

在清代诗学阐释学理论中，与董氏"诗无达诂"话语在形式和内容上最为接近的应该是王夫之提出的"诗无达志"说。值得一提的是，王氏此说和董氏的"诗无达诂"出场语境一样，都并非刻意为理论而立论，而是

---

① [清] 刘子春. 石园诗话序 // 郭绍虞编选. 清诗话续编 [M]. 上海：上海古籍出版社，1983：1736.

在具体的文本阐释实践中自然而然地随口道出。王夫之评唐代诗人杨巨源的《长安春游》一诗云："只平叙去，可以广通诸情，故曰'诗无达志'。汉人自黄初以降，此风绝矣。"①后学普遍将关注的重心放在后两句上，殊不知王氏的"广通诸情"与"诗无达志"却是因前面的"只平叙去"而出。原来，在船山诗学体系中，"平"是他极为重视的一个诗歌语体特征。他常以"平远、平情、平缓、平适、平直、平淡"等术语来论诗，譬如他评曹丕《芙蓉池作》诗云："平。只此'平'之一字，遂空千古。"评张协《杂诗》云："愈平则愈不可方物，读前一句真不知后一句，及读后一句方知前句之生。此犹天之寒暑，物之生成，故曰化工之笔。"②总之，"'平'是王夫之诗学的一个重要原则。受钟嵘等人的启发，王夫之始终强调，作为抒情语体，诗贵平和忌浮躁，贵从容忌迫促，贵含蓄忌直露，贵自然忌做作。'平'在很大程度上意味着平和、从容、含蓄和自然。"③从阐释学视域观照，越是具备"平"的语体风格的诗歌，由于其情不太激越，其意不太饱满，其味不太浓烈，其境不太坐实，故而给读者留下了驰骋想象的空间，自由联想的余地。从文本角度看，"解读自由的实现不完全取决于读者，还与作品是否能被自由地解读有关，并不是所有文学作品可被解读的自由度都是无差别、相等的。因此，解读能否自由实际上也是一个与创作相联系的问题。"④无疑，"只平叙去"的文学文本可供读者阐解的自由度较大，读者能够进行创造性生发的张力也较充沛，因为这类文本"广通诸情"，每一个读者都能从中找到满足自我审美目的和精神需要的东西，就像王夫之在评《古诗十九首》所云："《十九首》该情一切，群、怨俱宜，诗教良然，不以言著。"⑤如果一首诗蕴藏的情意能该备一切，这样的诗作无

---

①［明］王夫之．唐诗评选·卷四∥［明］王夫之著，船山全书编辑委员会编．船山全书（第十四册）［M］．长沙：岳麓书社，1996：1116．杨巨源《长安春游》诗："凤城春报曲江头，上客年年是胜游。日暖云山当广陌，天清丝管在高楼。茏葱树色分仙阁，缥缈花香泛御沟。桂壁朱门新邸第，汉家恩泽问鄷侯。"

②［明］王夫之．古诗评选·卷四∥船山全书（第十四册）［M］．长沙：岳麓书社，1996：661、706．

③崔海峰．王夫之诗学范畴论［M］．北京：中国社会科学出版社，2006：202．

④邬国平．中国古代接受文学与理论［M］．哈尔滨：黑龙江人民出版社，2005：228．

⑤［明］王夫之．古诗评选·卷四∥［明］王夫之著，船山全书编辑委员会编．船山全书（第十四册）［M］．长沙：岳麓书社，1996：644．

疑具有最大的阐释学价值，最丰厚的阐释学旨趣。杨巨源的《长安春游》诗就是王夫之所谓的"广通诸情、该情一切"的佳作，全诗意象迭出，情景交融，语体平和，表意深婉，令人回味悠长。这样的诗本身就是"无达志"的，如何释解全由读者完成，显然，不同心境、性情、趣尚的读者最终所得也是"无达志"的。

本质上，王氏的"诗无达志"和董子的"诗无达诂"都是对诗歌文本的阐释学属性的体认，相比之下，王夫之结合自己的解诗个案，对诗文本可以激发读者多元理解取向的接受特征的认识要更为深刻一些，这是中国诗学阐释学理论在历经千年的发展后，在清代所呈现出的全面成熟的表征。不仅如此，王夫之还将"诗无达志"的解诗理念落实到自己的诗歌评点中，这使得他的诗歌点评能够不为陈见所囿，新意迭出。"由于王夫之学问渊博，思想敏锐，经史子集，无不通晓，又精通诗学，故评诗居高临下，有他人不可企及处。其评语不拘一格，有话则长，无话则短。虽偶有偏激之处，但有胆有识，有见地，不拘谨，放得开，有大家风度。"①

关于文本创作对读者接受的指向与规约，清人的探讨还体现在词学领域。清季常州词派的周济有"无寄托"说："初学词求有寄托，有寄托则表里相宣，斐然成章。既成格调，求无寄托，无寄托则指事类情，仁者见仁，知者见知。"②真正优秀的作者并不是只考虑一己之情意的抒发，他还要顾及自己的创作对读者接受产生的积极影响。"有寄托"的文本使人强烈地感受到作者情意的存在，因而阅读的过程就是被作者情意所包裹并不断向着这些情意靠拢的过程。这种情况下，读者往往被作者浓厚的"寄托"所浸染和役使，不太可能作出创造性的阐发与新见。然而，如果作者能够将自己的意图与诗词中的意象同化，如盐入水，了无痕迹，这种看上去"无寄托"的文本才是为读者而写的，可以使读者的理解与阐释不受约束的文本。换言之，"无寄托"的作品既无立意显赫的议论，亦无不可遏止的激情，一切都从意象中平淡而出，往往具有更强的再生性和派生力。由于没有了作者情意的明显牵引，读者的理解与阐释也就必然呈现出

---

① 孙琴安. 中国评点文学史 [M]. 上海：上海社会科学院出版社，1999：226.

② [清] 周济著，朱坎校点. 介存斋论词杂著 [M]. 北京：人民文学出版社，1959：4.

见仁见智的多元化态势——与王夫之的"诗无达志"一样，周济的"无寄托"论再一次彰显了清季学人对文本创作与读者阐释间的直接关联的深刻认识。

也可以说，对于诗人而言，要使读者得到超出自己创作意图之外的更多的收获，还有一个"善作"的问题；对于读者而言，要不为诗人的意旨所框束，能够从文本中发现或发明出属于自己的理解，也有一个"善读"的问题。这正是清代诗论家叶矫然提出的"善作善读"论："诗有为而作，自有所指，然不可拘于所指，要使人临文而思，掩卷而叹，恍然相遇于语言文字之外，是为善作；读诗自当寻作者所指，然不必拘某句是指某事，某句是指某物，当于断续迷离之处，而得其精神要妙，是为善读。"①不难看出，清季学人判断作者是否"善作"、文本是否优秀，一个重要的评判视角和标准就是读者的接受，确切地说，就是看作者的创作能否调动读者积极参与文本再创造的能动性。显而易见，在清人眼里，平淡含蓄之作、"广通诸情"之作、"无达志"之作、"无寄托"之作、使人"临文而思"之作，都是优秀的诗作。清人接受意识和多元理解意识之清晰，于此可见一斑。

清代学者劳孝舆在讨论春秋赋诗现象时提出了著名的"人无定诗，诗无定指"论，这同样涉及文本创作与读者接受的关系：

> 风诗之变，多春秋间人所作，而列国名卿皆作赋才也。然作者不名，述者不作，何欤？盖当时只有诗，无诗人。古人所作，今人可援为己诗；彼人之诗，此人可赓为自作。期于言志而已。人无定诗，诗无定指，以故可名不名，不作而作也。②

实际上，近代以前，中国古人在很长一段历史时期内都没有明确的作者意识，尤其是文艺作品，创作者只是"期于言志而已"，丝毫没有我

---

①［清］叶矫然. 龙性堂诗话初集 // 郭绍虞编选. 清诗话续编（上）［M］. 上海：上海古籍出版社，1983：946.

②［清］劳孝舆著，毛庆耆点校. 春秋诗话·卷一［M］. 广州：广东高等教育出版社，1996：1.

们今天的著作权观念，这从中国古代大量的伪托之作即可看出。早期的《三百篇》更是"人无定诗"，由于诗文本的特殊属性，又造成"诗无定指"。创作者与接受者都是以诗来满足自己的审美冲动和精神需要，仅此而已。清代《诗经》学家方玉润也表达了同样的看法，他反对孔子删《诗》说，谓孔子之前"诗三百"已成定形，"然则《三百》之编果何始也？大抵古人载籍多不著撰人姓氏，《书》虽断自唐虞，而著书之人无传焉，《诗》纵博采列国，而作诗之人亦无闻焉。《诗》《书》作者名且不著，况编纂乎？"① 若作诗之人"无闻"，人确无定诗，以此逻辑推理，所谓"知人论世"就纯属无稽之谈，作者意图自然也不存在，读诗者也根本不用煞费苦心地去发掘文本中蕴含的作者原旨，甚至"古人所作，今人可援为己诗；彼人之诗，此人可赓为自作"。倘如此，西方阐释学的名言"一切理解本质上都是自我理解"倒是真的被应验了。

综上所述，有清一代，是中国诗学阐释学多元主义思想和理论最为深刻与繁盛的时代，汉代董仲舒的"诗无达诂"话语在这个时代受到了前所未有的重视和仿效，我们既可以视之为中国诗学阐释学多元论从萌芽、形成、发展直至成熟的自然结果，也可以视之为对清代乾嘉考据学的一大反动。无论如何，有一点可以肯定，清季诗学阐释学在作者、读者与文本三方面所表现出的极为坚定的多元论取向，再一次证明中国诗学阐释学的基本阐释向度应该是多元主义。与此同时，众多与"诗无达诂"近似的诗学阐释学话语的涌现，也再一次让我们自信地将"诗无达诂"作为中国诗学阐释学多元主义理论的纲领、原则、主线和代表。

---

① ［清］方玉润著，李先耕点校. 诗经原始（上）［M］. 北京：中华书局，1986：自序2.

第二节 对章句训诂与心性义理的双重超越
——章学诚经典阐释学思想探微

　　章学诚眼中的中国传统学术，在经历了汉唐经学、宋明理学以及清初以来风头正盛的考据之学的发展演变之后，已经面临着极大的危机。无论是汉学的章句训诂、名物度数之学，还是宋学的心性义理之学，抑或是宋学内部的"尊德性"与"道问学"两种学问路向，似乎都未能符合他的学术标准，更不用说儒学之外的词章之学了。即使是源远流长，成果丰硕的史传传统，在他看来也是问题重重。基于对传统学术如此考量，章学诚试图建构一种超越前人的新学术，这就是"史学"。这种"史学"不是史书的编纂实践，亦非史书编纂体例、方法的总结，而是一种追问古代典籍"所以言"的学问，是揭示意义的学问，对此我们称之为"经典阐释学"。

　　从根本上说，儒学旨趣不出二端：一为社会价值秩序之确立，二为道德人格之自我完善。因此，儒学原本是一种"求用"而非"求知"的学问。然而由于儒学并非一种凭空建立的"元理论"，而是通过对记载着古代政典的文献，即"六经"的文本阐释而形成的，因而就有了经典的"本义"与圣人的"原意"等问题，于是在是非善恶的价值判断之外也就出现了有关"真假"的知识性问题。其结果就使得儒学势必分为二途：一是直接阐发意义的"求用"之学，二是辨别真假的"求知"之学，这就构成了儒学内部种种分歧与紧张关系的根源。宋儒的"德性之知"与"闻见之知"之差异的根源在此，清儒心目中的"汉学"与"宋学"之分界点亦在此。"宋学"对古代典籍的阐释注重观其大意，阐发义理，进而落实于躬行实践；"汉学"则注重章句训诂，名物度数，务求辨明其字词、名称之确指。因此"宋学"似"虚"而"实"，汉学似"实"而"虚"；宋学主要是一种"六经注我"式的学问，这里只有有效无效、是非善恶的问题而无真假之别；汉学则是一种"我注六经"的学问，判明"真伪"乃是其首要任务。但是需要明了的是，"汉学"的这种"真假"判断不是指向外在世界的，而是指向阐释对象，即古代典籍的。可以说这是"价值论"范围内的"认识论"问题，是意义哲学中的客观知识论问题。这与西方哲学中主体与客体关系维度中显现出来的"真假"问题是不能相提并论的。因此，儒学也追问真相，只不过所追问的不是主观认识与客观实际相符合的那种真相，而是古代典籍中的词语及各种器物名称之确解。套用狄尔泰的表述方式，我们大体上可以说，对古代典籍的文字、版本之真相的探求方式是证明或者说明，对古代典籍之意义的探求方式则是理解或阐释。

因此从意义探求角度看，中国古代的儒学发展史可以被看作是一种经典阐释学形成演变的历史。① 阐释乃是儒学的基本言说方式。孔、孟、荀所代表的先秦儒家建立儒学话语系统主要是通过对两周王室各类政治文献的阐释来完成的，正是通过他们持续不断的阐释使这些文献被经典化，最终成为"六经"或"五经"。两汉以后的儒学就是在先秦儒家的基础上对这些经典不断地进行再阐释。在这一过程中，早期的某些阐释渐渐获得权威性而上升为"经"，本身也成了被阐释的对象。"十三经"中的《春秋三传》《论语》《孟子》《尔雅》以及"毛传""郑笺"等都是如此。渐渐就形成了"经""传"（注）"疏"不断累积叠加的意义衍生系统。可以说，在儒学意义的不断衍生过程中，阐释是基本方式。由于历史语境的变化，出于不同的现实需求，儒生们经典阐释的动机存在差异，他们取于经典的意义也大不相同，于是就出现了阐释方式上的不同选择，汉学与宋学的分野便由此形成。在清代以前，由汉及唐儒学阐释学以"汉学"为其主流，以章句训诂为基本言说方式，主要是寻找对经义的正解；由宋及明则以"宋学"为主流，以阐发心性义理为主要言说方式，目的是寻求成圣成贤的修身门径。看上去这两种学问路径相差甚远：汉学"实"而"宋学""虚"，汉学沉潜而"宋学"高明，汉学形而下而宋学形而上。但实际上都属于同一个儒家经典阐释学系统，只是侧重点不同而已。这里有一点有必要说明一下：清儒所说的"汉学"，其与作为汉代经学之"汉学"

① 这里的"经典阐释学"是指中国古代以儒学为代表的阐释传统而言，是在比较宽泛的意义上使用的，不是西方文化语境中严格意义上的"阐释学"。本书在论述中国古代阐释传统时，为了行文方便，常常会借用"阐释学"概念。

有关联，但绝不能等量齐观。盖汉代经学根本上乃是一种意识形态话语建构，旨在规范君权，为大一统的汉代社会制定价值秩序，即使是清儒所服膺的"许郑之学"也并非仅仅停留在文字训诂层面，而是有着更深层的政治诉求。清儒所倡导的"汉学"则主要是指考据之学，通过音韵训诂而明字义，通过版本校勘而辨真伪，尽管他们也标榜"先明字义而后明经义"，但实际上对儒家经典文本的主旨、大意以及社会功能几乎了无措意。

明代后期盛极一时的阳明心学属于宋学一系。王阳明的逻辑是很清晰的：儒学根本上是教人做人的学问，其要旨乃在于人的自我警戒与自我提升，完全是一种自省自律的功夫。因此只要明白了做人的基本原则与奋斗目标，即孟子所谓"先立其大者"，剩下来的就是道德实践问题了，花费无限心血去"格物致知""读书穷理"都是无益而有害的。他的所谓"致良知"和"知行合一"都是这个意思。平心而论，王阳明无疑是抓住了儒学的根本，因而王学的出现完全是符合儒家自身的内在逻辑的。他要求人们躬行实践，在具体的人伦物理中实现儒学真谛，目的是避免和矫正汉唐以来愈演愈烈的儒学知识化和玄学化倾向以及"伪道学"现象的泛滥。然而到了王学末流那里却走向了束书不观、空谈心性的凌空蹈虚之路，既无人格理想，也无事功建树，甚而连书本知识也没有了，这与阳明的初衷刚好南辕北辙。因此随着王学的广泛传播，作为对王学末流的某种反拨，在明代晚期就已经出现了一种重实用、重知识、重考证的学术倾向[1]，而到了清代的康乾时期，在士林之中反对空谈心性，倡导朴实之学的风气就蔚为大观了。一时之间，所谓"休宁、高邮之学"成为衡量学术高下之准则，几乎到了非考据不足以言学的程度。儒学的知识化已经成为不可阻挡的趋势。与章学诚同时期或稍早一些的学界重量级人物，如毛奇龄、阎若璩、朱筠、惠栋、戴震、汪中、钱大昕、王鸣盛、王念孙、段玉裁、汪中等，

① 关于清代考据学在明末清初的源头，胡适称之为"'反玄学'的革命"或"'反玄学'的运动"（姜义华主编. 胡适学术论集（下册）·戴东原的哲学［M］. 北京：中华书局，1991：995.）；梁启超称之为"清学的'黎明运动'"（梁启超. 清代学术概论［M］. 上海：上海古籍出版社. 1998：9.）；钱穆则谓"清初学风尽出东林"。（钱穆. 中国近三百年学术史（上册）［M］. 北京：中华书局，1997：22.）；余英时则称之为"儒家智识主义的兴起"。（余英时. 论戴震与章学诚［M］. 北京：三联书店，1000：18.）

都以考据名世。此外，也有少数人热衷于词章之学，如章学诚深恶痛绝的袁枚就是代表。当然，在彼时士林中，更多的恐怕还是一心一意专做八股时文，专注于举业的人，这批人游离于学术之外，不在讨论范围。

在这样的文化语境中，那些有高远志向的儒家学人如章学诚者，所面对的问题是：传承两千年的儒学向何处去？究竟何为学问？应该如何做学问？是不是除了考据之外就再无学问可言了？是随波逐流谈考据，还是另辟蹊径，开创出一条新的学问路径？在下面的讨论中，我们将从学理逻辑层面对章学诚"史学"思想及其阐释学意义进行阐述。

一、章学诚的选择

面对上述问题，章学诚干冒天下之大不韪，做出了既有别于汉学，又不同于宋学的选择。如果说按照《易传》"形而上者谓之道，形而下者谓之器"的说法，把宋学理解为追问"道"（心性义理）的"形而上"之学，把汉学理解为追问"器"（音韵训诂与名物度数）的"形而下"之学，那么章学诚选择的就是异于二者的"形而中"之学，他感兴趣的既不是宋儒的心性义理，也不是同时代人趋之若鹜的字义训诂或名物考证，更不是自娱娱人的诗词歌赋，而是标举"道器合一"的"史学"。在章学诚这里，"史学"有着特殊的含义，不能等同于经史子集四部分类意义上的史家之学或史传之学。其"史学"之提出主要有赖于他对古代典籍如下几个方面的深刻理解：

其一，"六经皆史"的深层意蕴。"六经皆史"是章学诚最为人所知的观点，尽管在他之前的王阳明、李卓吾都有过相近的说法，但都远没有形成他这样大的影响，原因很简单，在王阳明、李卓吾那里只是一时的洞见，并未以此作为一以贯之的治学路径，而在章学诚这里，"史学"是他看待一切问题的基本视角，而且在他看来，一切学问，包括经学在内根本上都是史学，都只有在"史学"的视域中才有意义。他说：

> 六经皆史也。古人不著书，古人未尝离事而言理，六经皆先王之

政典也……若夫六经，皆先王得位行道，经纬世宙之迹，而非托于空言。(《文史通义·内篇一·易教上》)①

　　愚之所见，以为盈天地间，凡涉著作之林，皆是史学，《六经》特圣人取此六种之史以垂训者耳。子集诸家，其源皆出于史，末流忘所自出，自生分别，故于天地之间，别为一种不可收拾、不可部次之物，不得不分四种门户矣。(《外篇三·报孙渊如书》)

　　在这里，章学诚表达了三层意思，一是说三代时期除史书之外别无著作，一切记载全部都是先王之政典，绝无离开具体事物来谈论"义理"或者"道"者。二是说后世之著述，自诸子百家以下，都是源于古代史书。三是说正因为世上一切著作都是或者都源于史书，所以史学就是一切学问之根本，离开史学就意味着陷于空言。那么，把经书看作史书究竟有何学术史的意义呢？在两汉的"经学时代"，"五经"不仅是儒生们的进身之阶，而且还是君主官僚政治中被普遍遵循的法典。所谓"以《禹贡》治河，以《洪范》察变，以《春秋》决狱，以《三百五篇》当谏书"②之说并非夸大其词。自两晋以降，经史子集四部分类并不仅仅是书目类别的划分，而且还是一个价值序列。"经"作为古代圣人之道的载体有着至高无上的地位，刘勰说"经也者，恒久之至道，不刊之鸿教也。故象天地，效鬼神，参物序，制人纪，洞性灵之奥区，极文章之骨髓者也。"(《文心雕龙·宗经》) 这也是历代儒者的共识。相比之下，"史"的地位就逊色多了。那么章学诚把"经"等同于"史"是否是为了贬低"经"的地位来提升"史"的地位呢？笔者认为不能如此理解这一问题，因为章学诚根本就不是在经、史、子、集的等级序列中来考察"史"的地位问题的。他的"六经皆史"说的深层意蕴是：以往的儒学，无论汉学还是宋学，都走错了路，只有回归"史学"才是唯一正确的学问之途。他不厌其烦地强调，三代以前，古代圣贤们从来不离器而言道，所以原本就没有"经""史"之类的

----

　　① 章学诚《文史通义》的引文均取自仓修良教授编辑的《文史通义新编》(上海古籍出版社1993年版)。以下仅注篇名。

　　② [清]皮锡瑞，周予同注释. 经学历史 [M]. 北京：中华书局，2004：56.

分别，更没有私人著述，所有典籍文献都是对"先王"政治措施和典章制度的记录，由于职守不同，所记载的内容也就不一样，这就有了后世所谓"六经"的分别。就其均为对事实的记载而言，这些文献都是后世所谓的"史"。而在古人那里既没有"经""史"之分，更没有高下之别。三代以后，古代圣贤与典章制度都成为往事，留下来的只有记载着这些往事的文献，出于对古代圣贤与典章制度的向往，以孔子为代表的儒家把文献经典化了，把它们理解为"载道之具"，于是才有了"经"。以往人们之所以特别重视"经"正是因为把"经"看作"道"的载体，而"道"似乎是一种可以独立于先王政典的存在。而在章学诚看来，"道"只能是存在于先王的政治行为和典章制度之中，他对那个被神化了的、超越于具体事物之上的"道"是持否定态度的。因此"六经皆史"说的关键之点并不是为了重新排列经史子集的价值等级序列，而是要指出一条儒家学术的新路径。

其二，"即器言道"的言说路径。"道"既然不是抽象存在，对它也就不能做抽象言说。只有结合具体事务来言道才是有意义的。对"道"这种理解也正是章学诚主张"史学"的重要基础。他说：

> 《易》曰："形而上者谓之道，形而下者谓之器。"道不离器，犹影不离形。后世服夫子之教者自《六经》，以谓《六经》载道之书也，而不知《六经》皆器也……三代以前，《诗》、《书》、"六艺"，未尝不以教人，非如后世尊奉六经，别为儒学一门，而专称为载道之书者。盖以学者所习，不出官司典守，国家政教；而其为用，亦不出于人伦日用之常。是以但见其为不得不然之事耳，未尝别见所载之道也。（《内篇二·原道中》）

这就是说，从来就没有一种可以离开具体事物（器）而独立存在的"道"，在三代之时，被后世尊为经典的那些书籍不过是当时政治事件的记录和人们日常生活中遵守的行为准则、规范，并非高深的学问。后来天下大乱，礼崩乐坏，官失其守，政教相分，于是孔子出来整理古代典籍，述而不作，提倡"克己复礼"。孔子有所言说，都是针对具体事务的，从来没有离器而言道。后世儒者不懂得"道不离器"的道理，以为有那么一个可以独立存在的"道"隐含于"六经"之中，只有通过探赜索隐的功夫才能把它揭示出来，而一旦找到了这个"道"一切就都迎刃而解了。他们"离器而言道"，把"六经"视为"载道之书"，试图从书本中找出"道"来，这在章学诚看来完全是本末倒置的做法。在章学诚心目中，两汉经学以章句训诂对"道"的探寻固然是缘木求鱼之举，宋明理学凭借心性义理的逻辑辨析来求"道"也无异于水中捞月。唯有实实在在，即器言道的"史学"才是学问之正途。在章学诚这里，所谓道器不分、即器言道不仅强调"道"的具体性，更是彰显"道"的当下性。用余英时先生的话说，章学诚的"道"是"活的现在"而非"古典的过去"。①

其三，周公的"集大成"与孔子的"有德无位"。章学诚一而再再而三地强调周公的"集大成""道器合一"和孔子的"有德无位"，把孔子的学说定位为"学周公而已矣"(《内篇二·原道上》)，这绝非偶然，这是他对中国历史和儒学发展史的一个洞见，也是他提出"史学"思想的另一个重要基础。可以不夸张地说，章学诚揭示了一个为历代儒者没有发现或者视而不见的真相——从孔子以降，千百年中儒家士人的一种困境，即目的与手段之间的错位，亦即"无位"之人而欲行"有位"之事。这是以儒家为代表的中国古代知识阶层所共有的一种实际的境遇，这种境遇决定了中国古代主流学术的走向与特征。对此可略作描述：

孔子代表的士人阶层是原有社会秩序崩坏的产物，他们是被抛入乱世之中的有反思能力的知识阶层，来自现实的刺激和召唤使他们最强烈的兴趣指向社会政治、伦理一面，他们骨子里的企盼是恢复社会秩序，而且他们自认为这是自己的历史使命。孔子如此，其他诸子思想家莫不如此。但历史只赋予了他们治国平天下的崇高理想与强烈动机，却没有赋予他们这种能力。他们既无政治权力，又无经济实力，只是有各种各样关于社会政治与伦理的构想而已。儒家的政治理想是"三代之治"，特别是西周的礼乐制度。在孔子的时代这种制度已经崩坏了，犯上作乱和僭越已经成为普遍现象，先王的政教典章仅仅成了书本上的记载。于是孔子等一批儒家士

———————————

① 余英时. 论戴震与章学诚［M］. 北京：三联书店，2005：56.

人就试图通过把这些书本经典化，通过整理、研究和宣传经典来达到改造社会现状的目的，使社会从无序走向有序。用文化建构（删述六经）的方式企图实现制度建设的理想，这就出现了手段与目的之间的矛盾。孔子本人明白这个道理，所以他希望尽可能地让儒学落到实处而不尚空谈，正如章学诚所说："夫子述六经以训后世，亦谓先圣先王之道不可见，六经即其器之可见者也。后人不见先王，当据可守之器而思不可见之道。故表章先王政教，与夫官司典守以示人，而不自著为说，以致离器言道也。夫子自述《春秋》之所以作，则云：'我欲托之空言，不如见诸行事之深切著明。'则政教典章，人伦日用之外，更无别出著述之道，亦已明矣。"（《内篇二·原道中》）然而孔子毕竟还是无法解决这个矛盾，只能浩叹："道不行乘桴浮于海，从我者，其由与！"（《论语·公冶长》）"朝闻道，夕死可矣！"（《里仁》）孔子的后学们则希望通过神化孔子和儒家经典来实现改造社会的政治目的，但无论他们如何抬高孔子的身价，把他描述为"素王""圣人"，大讲特讲"孔子成《春秋》而乱臣贼子惧"（《孟子·滕文公下》），"新周，故宋，以《春秋》当新王"（何休《春秋公羊传解诂》）之类神道设教的大话，却同样无法解决这种手段与目的之间的矛盾。在章学诚看来，这一矛盾原本是无法解决的，因为这是历史的必然，用他的话说就是"其后治学既分，不能合一，天也。"（《内篇二·原道中》）对秦汉之后的儒家来说，"先王之政典"变而为书本知识，帝王们又把这些书本知识变成了维护统治和笼络知识阶层的手段，久而久之，在儒家的眼中，那些典籍也就知识化、工具化了。他们离开了社会现实而言道，实际上已经把"道"理解为某种可以独立存在的神秘实体，这就与孔子"删述六经"的初衷南辕北辙了。从章学诚"史学"的角度看，无论是高谈性命之理的宋学，还是汲汲于音韵训诂的汉学，都不足以论道；既不能求真，更不能致用，完全是无用的学问。章学诚有鉴于此，于是提出"史学"之说以救其弊。行文至此，我们有必要指出，章学诚固然揭示了一个千百年中儒家一直不肯直接面对的真相，即"有德无位"的尴尬处境。但不可否认的是，他对以孔子为代表的儒家士人试图借助于"空言"而实现制衡君权的苦心孤诣缺乏了解之同情。盖那些时时以"修齐治平"为己任的儒家士人何尝不知道自己是"有德无位"呢？他们对"道"的阐扬，对"心性义理之学"的推重，根本上都是旨在限制现实权力。因为他们知道，只有把"道"推到至高无上的境地，甚至使之带上某些神秘色彩，才会对以君主为代表的政治权力构成有效的规范与引领，在权力高度集中的君主专制政体之下，对于有社会责任感与历史使命感的儒家士人来说，这实在是不得已而为之的办法。所谓"以神道设教"正是这意思。章学诚似乎没有思考到这一层，他试图通过建立自己的"史学"系统，从而超出宋儒"心性义理之学"的范畴，时人的"训诂考据之学"以及历代士人们的词章之学之上。

那么章学诚所谓的"史学"究竟是怎样一种学问呢？

二、章学诚"史学"要旨

章学诚所说的"史学"并不是一般意义上的史传之学，而是他心目中"学问"的最高形式。在他看来，三代以下，"史学"早已形存而实亡了："三代以下，撰述有定名而记注无成法。夫记注无成法，则取材也难；撰述有定名，则成书也易。成书易，则文胜质矣；取材难，则伪乱真矣。伪乱真而文胜质，史学不亡而亡矣。良史之才，间世一出，补偏救弊，愈且不支。非后人学识不如前人，《周官》之法亡，而《尚书》之教绝，其势不得不然也。"（《内篇一·书教上》）又云："史不成家，而事文皆晦，而犹拘守成法，以谓其书固祖马而宗班也，而史学之失传也久矣！"（《内篇一·书教下》）由此可知，在章学诚的心目中，《周礼》和《尚书》乃是"史学"之典范，其基本特征是没有"成法"，但内容真实、文辞质朴。

然而仅仅是内容真实和文辞质朴还远不足以概括"史学"的价值，在章学诚看来，史学更重要的意义在于它因"切于人事"而有经世致用之功。其云："朱陆异同，干戈门户，千古桎梏之府，亦千古荆棘之林也。究其所以纷纶，则惟腾空言而不切于人事耳。知史学之本于《春秋》，知《春秋》之将以经世，则知性命无可空言，而讲学者必有事事，不特无门户可持，亦且无以持门户矣……史学所以经世，固非空言著述也。且如六经，同出于孔子，先儒以为其功莫大于《春秋》，正以切合当时人事耳。后之言著述者，舍今而求古，舍人事而言性天，则吾不得而知之矣。学者不知斯义，不足言史学也。"(《内篇二·浙东学术》)经世致用乃是"史学"之根本，而"切于人事"、不事空言则是经世致用之不二法门。相比之下，三代以后士林中渐次兴起的义理之学、词章之学、训诂之学，均非儒学之正途，因为它们或醉心于玄虚之理，或沉浸于浮华之辞，或拘泥于字音词义，都远离当时之人事，是纯粹的无用之学。这样的史学标准，自《春秋》之后，除了司马迁、班固之外，唯有郑樵的《史通》庶几近之：

> 至于辞章家舒其文辞，记诵家精其考核，其于史学，似乎小有所补；而循流忘源，不知大体，用功愈勤，而识解所至，亦去古愈远而愈无所当。郑樵生千载而后，慨然有见于古人著述之源，而知作者之旨，不徒以词采为文，考据为学也。于是遂欲匡正史迁，益以博雅；贬损班固，讥其因袭；而独取三千年来遗文故册，运以别识心裁。盖承通史家风，而自为经纬，成一家言者也。(《内篇四·申郑》)

词章之学与考据之学对史学的意义最多只是"小有所补"而已，其失在"不知大体"，忘了史学之根本，只是在细枝末节上耗费功夫。史学的根本何在呢？就是像郑樵的《通典》那样，一是把握"古人著述之源"，即了解史学著述产生演变的历史，知其所从来。用今天的话说，就是明了学术史之渊源流变。二是了解"作者之旨"，即明了古代典籍之作者所欲表达的思想，知其著述之本意。郑樵有此二者，故而对司马迁、班固这样的史学大家亦能补其不足，纠其谬误，显示出独到见识，遂能自成一家之言。从这段评价郑樵的话中我们可以看出，章学诚的"史学"之核心乃是对往代之典籍有一种卓越的判断力。仅仅限于文献材料的搜罗爬梳、汇集编纂，在章学诚的眼里根本算不得是学问："今之博雅君子，疲精劳神于经传子史，而终身无得于学者，正坐宗仰王氏，而误执求知之功力，以为学即在是尔。学与功力，实相似而不同。学不可以骤几，人当致攻乎功力则可耳。指功力以谓学，是犹指秫黍以谓酒也。"(《内篇二·博约中》)宋儒王应麟（字伯厚）是有名的文献整理与考据大家，其《困学纪闻》遍考经、史典籍及历代诗文，补苴罅漏，纠谬抉疑，显示出极为广博的学识，为后世特别是清儒所推重。然而在章学诚看来，王应麟只能算是有"功力"而不能算是有"学问"。因为他缺乏郑樵那样的"别识心裁"，他的书只能算是"纂辑"而不能算是"著述"。由此可知，章学诚眼中的"学问"就是"史学"，而"史学"绝非材料编排、史实堆积，而是要体现史家的真知灼见。换言之，对于一个真正的学者来说，最为重要的不是"才"与"学"，而是"识"与"德"。那么究竟什么是"识"与"德"呢？对此章学诚有非常丰富而详审的论述，现择其要录之：

> 夫史有三长，才、学、识也……夫识生于心也，才出于气也；学也者，凝心以养气，炼识而成其才者也。(《内篇二·文德》)
>
> 义理存乎识，辞章存乎才，征实存乎学，刘子玄所以有三长难兼之论也。(《内篇四·说林》)
>
> 学问文章，聪明才辨，不足以持世；所以持世者，存乎识也。所贵乎识者，非特能持风尚之偏而已也，知其所偏之中，亦有不得而废者焉。(《内篇四·说林》)
>
> 夫才须学也，学贵识也。才而不学，是为小慧。小慧无识，是为不才。(《内篇五·妇学》)
>
> 考订主于学，辞章主于才，义理主于识，人当自辨其所长矣。记性积而成学，作性扩而成才，悟性达而为识，虽童蒙可与入德，又知斯道之不远人矣。(《外篇三·答沈枫墀论学》)

从这几则引文中可以看出，所谓"才"，是指才性气质，所谓"学"是指知识积累，而"识"则是指理解力和判断力。"才"是天生的，非学而能者；"学"是后天的，可以日积而成；"识"则既有赖先天禀赋，又需要后天积累，是一种基于"才"与"学"之上的特殊能力。文章的美丑取决于"才"之高下；考证的真伪有赖于"学"之多寡；至于能否讲论道理，阐扬大义，则完全系之于"识"之有无了。因此在章学诚的"史学"思想中，"识"具有重要地位。郑樵之所以为他所推重，不在于他的"才"与"学"，而在于他的"别识心裁"。他本人的志向既不是做文章家，又不是做考据家，而是做阐扬义理的史家。有必要指出的是，这里的"义理"与宋儒的"义理之学"是不同的。盖宋儒的"义理之学"是一种关于心性、诚敬、天人、理气等概念的逻辑演绎，在章学诚眼里就是"空言"，是"离器而言道"。而他所主张的"义理"则是与人事史实、典章制度相契合的道理，是"即器而言道"。他有一段话颇可玩味：

> 孔子作《春秋》，盖曰其事则齐桓晋文，其文则史，其义则孔子自谓有取乎尔。夫事即后世考据家之所尚也，文即后世词章家之所重也。然夫子所取，不在彼而在此。则史家著述之道，岂可不求义意所归乎？自迁、固而后，史家既无别识心裁，所求者徒在其事其文。惟郑樵稍有志乎求义，而缀学之徒，嚣然起而争之。然则充其所论，即一切科举之文词，胥吏之簿籍，其明白无疵，确实有据，转觉贤于迁、固远矣。(《内篇四·申郑》)

这是很重要的一段话，是章学诚"史学"思想之核心所在。这里表达了两层意思：一是说作为"史学"之本源的《春秋》含有"事""文""义"三个层面的内容。后世考据家继承了其"事"的层面，文章家继承其"文"的层面，然而这都是不重要的。孔子有取于《春秋》的既非其"事"，更非其"文"，而是其"义"。这原本是《孟子·离娄下》中表达的观点，在这里章学诚引用孟子的话是为了强调他所理解的"史学"的主旨乃在"义意所归"。第二层意思是说，自《史记》《汉书》以下，除了郑樵《通志》之外，史家或溺于文辞，或泥于考据，均未能继承前辈传统，究其原因乃在于缺乏"别识心裁"。由此可知，在章学诚的心目中，"识"或"别识心裁"何等重要！当然，这并不意味着章学诚轻视"事"与"文"，"文"是历史叙事，"事"是历史叙事之对象，离却二者，"史学"便无从说起。只是相对而言，"识"更居于核心位置而已。

"才""学""识"原是唐代刘知几在《史通》中提出的史家的三种基本能力，但在章学诚看来，刘知几对三者的理解都过于肤浅了，他所理解的"学"只是"记诵"，"才"只是"辞采"，而"识"只是"于记诵之间，知所抉择"而已，此"非良史之才、学、识也。"那么什么才是章学诚所理解的"才、学、识"呢？他说："史所贵者义也，而所具者事也，所凭者文也……非识无以断其义，非才无以善其文，非学无以练其事。"(《内篇五·史德》）这就是说，"才"表现为处理文章写作与文字表达方面的恰如其分，并非一味追求辞采的华美；"学"表现为对大量史料的甄别选择能力，而并非仅仅是记录；至于"识"，即他所谓"史识"，则是史家一种从前人的历史叙事中看出别人看不到的意义的洞察力，这是"史学"中最重要的能力。

章学诚看重的所谓"识"或"史识"与人的天分有一定关系，但并不完全是天生的能力，而是与人的后天修养直接相关，这种修养便是"史德"。"史德"是章学诚提出的一个重要史学概念，其云："论史才史学而不论史德，论文情文心而不论文性，前人自有缺义。"（《内篇三·质性》）又说："能具史识者，必知史德。德者何？谓著书者之心术也。"（《内篇三·质性》）可见所谓"史德"就是治史学时所具备的符合某种标准的"心术"，对于"史识"而言，"史德"是作为前提性条件而存在的。那么什么样的"心术"才算符合标准的呢？"心术"是章学诚常常使用的概念，例如对于戴东原的字义训诂、名物度数方面的学问他一向推重，对其《论性》《原善》诸文之于儒学义理的阐发也认为颇有超出宋儒之处，但却多次指出他为学之心术不正，故其学也就无法达到更高境界，特别是对章氏标举的"史学"懵然无知。那么究竟是什么是章学诚心目中的"心术"呢？我们还是来看看他如何使用这个概念的。他说："戴君学问，深见古人大体，不愧一代巨儒，而心术未醇，颇为近日学者之患，故余作《朱陆》篇正之。"（《内篇二·书〈朱陆篇〉后》）从该篇文字之上下文来看，戴震"心术未醇"主要表现在太过狂妄，目空一切，过于"自尊所业"，扬才露己，故而不能实事求是评价别人。其学出于朱熹"道问学"一脉，却为了抬高自己而贬低朱子，此其一。其次，矜才好名之习也是"心术不正"的重要表现，因为"好名之甚，必坏心术。"（《外篇三·家书七》）"盖人心不同如其面，故务实者，不能尽人而称善焉。好名之人，则务揣人情之所向，不必出于中之所谓诚然也，且好名者，必趋一时之风尚也。风尚循环，如春兰秋菊之互相变易，而不相袭也。人生其间，才质所优，不必适与之合也。好名者，则必屈曲以徇之，故于心术多不可问也……学问之道，与人无忮忌，而名之所关，忮忌有所必至也。学问之道，与世无矫揉，而名之所在，矫揉有所必然也。故好名者，德之贼也。"（《内篇三·针名》）只要是把"名"作为治学的目的和动力，其人之学问就必然因逐名而变味。第三，最重要的，对于一个史家而言，心术不正不仅仅是个人品行问题，而且关涉到史书所含之义理与史书之功能问题，在好名之心、忮忌与矫揉之情的作用下写出来的文字必然"害义而违道"，遗害百代。

按照章学诚的逻辑，"史识"是能否在史料中洞见意义的基本能力，因此是史学之核心。但"史识"乃基于"史德"而成，并非生而有之。而"史德"则表现为"心术之正"。"心术"者何？谓史家撰写史书时之性情倾向与动机也。章学诚从个人写作的心理体验出发认识到在写作之时，"气"与"情"的重要性："凡文不足以动人，所以动人者，气也；凡文不足以入人，所以入人者，情也。气积而文昌，情深而文挚；气昌而情挚，天下之至文也。"（《内篇五·史德》）这里的"气"与"情"对于作者之"心术"有着直接的决定作用。盖"气"与"情"虽然对"文"是否能够打动人、影响人具有重要意义，但二者本身却是"中性"的，既可以是正面的、积极的，也可以是负面的，消极的，这里有"天"和"人"（近于理学的"天理"和"人欲"）的区别：所谓"天"就是公正的、合理的，所谓"人"就是出于一己之私的、偏狭的。因此"人欲"居于主导地位时，"气能违理以自用"，"情能汩性以自恣"，从而导致"心术"失其正，缺乏"史德"，也就不能正确判断历史事件与人物。因此，欲建立真正之"史学"，需要先培养"史识"，欲获得"史识"，先要锻炼"史德"，欲锻炼成"史德"，先要正其"心术"，欲正其"心术"，先要"平其气"而"正其情"。"气平""情正"然后"心术"正，"心术"正而后"史德"成，"史德"成然后可以言"史识"。可见"气平""情正"以及直接相关联的"心术正"乃是"史德""史识"形成之关键。

那么"气平""情正"或曰"心术正"的标准是什么？这就是"公"。章学诚所谓"公"既含有"公正""合理"之义，又含有"客观""真实"之义，可以说是客观性与正当性之统一。他说："古人之言，所以为公也，未尝矜于文辞，而私据为己有也。志期于道，言以明志，文以足言。其道果明于天下，而所志无不申，不必其言之果为我有也。"（《内篇四·言公上》）"不知言公之旨，而欲自私自利以为功，大道隐而心术不可复问矣。"（《内篇四·言公中》）又："夫六艺为文字之权舆，《论语》为圣言之荟萃，创新述故，未尝有所庸心，盖取足以明道而立教，而圣作明述，未尝分居立言之功也。故曰：古人之言，所以为公也，未尝矜其文辞，而私据为己有也。"(《内篇四·言公上》)古人有所言说为公而不为私，今人反是，著述成为谋私的手段。在这里章学诚又揭示了一个历史事实：古代著述一律为一种公共言说而非私人话语。不惟"六经"如此，诸子百家莫不如此。即使有从民间搜集起来的表达个人情感的民歌民谣也一律会被阐释为某种公共话语，《国风》和《小雅》中的许多作品都是如此。

纵观章学诚的一生著述，除了主持编纂一些方志之外，并没有司马迁、班固、欧阳修、司马光那样的史书著作，他的贡献主要是在关于文史基本问题和研究方法的深刻思考方面。观其志向，他并不是要在经史子集四部之中占有一席之地，也不仅是要与彼时盛极一时的考据之学争一日之短长。如果认为章学诚"史学"的提出仅仅是基于当时考据之风的压迫，欲发出自己的声音，那就过于贬低他远大的学术志趣了。他的名言"辨章学术，考镜源流"是什么意思？那是要梳理反思往古来今的学术脉络，揭示其成败得失。因此他一生致力于建立的所谓"史学"，根本上乃是通过"辨章学术，考镜源流"的工作，进而在传统的四部分类以及义理、词章、考据三种学术脉络之上开拓出一条新的学术道路，从而为穷途末路，面临崩溃的传统学问，包括经学，甚至整个儒学在内寻找再生之路。正是出于这样高远的目标，章学诚提出了一套阐释学思想，包括为什么要进行阐释，阐释什么，如何阐释等等方面，成为中国古代阐释学思想之集大成者。章学诚的学问就其主体而言，不是义理之学，不是词章之学，更不是考据之学，他倡导的"史学"实为不同于传统经学的经典阐释之学。余英时先生认为章学诚与戴震同属于儒家"智识主义"潮流，所不同的是东原的最后依据在"六经"，而实斋则在历史。[①]余先生用"智识主义"来概括明末清初儒学发展趋势毫无疑问是准确的判断，但是对东原与实斋二人学术差异的理解似乎一定程度上遮蔽了章学诚的独创性与学术史意义，因为他的"史学"并非与"经"并列的"史"，而是超越于经史子集之上的另一种新的学术道路。

---

① 余英时. 论戴震与章学诚［M］. 北京：三联书店，2005：48.

三、章学诚"史学"思想之阐释学意义

如果从比较宽泛的意义上说，中国古代确实存在着一种渊源流长的经典阐释学。[①]孔子的"述而不作"，孟子的"说诗"、荀子的"辩说"都是对古代遗留典籍的阐释或再阐释，其中包含的关于阐释的目的、方法、评价标准等问题的反思都属于阐释学范畴。儒学如此，其他诸子之学同样如此，各有各的阐释学统序。就儒学两千余年的发展演变而言，某种意义上就可视为一部经典阐释学的历史。但是并不是儒学范围内的所有言说都可以看作是阐释学。例如章学诚所批评的那种"考据之学"就不是阐释学，因为这种学问仅仅以辨明字义对错、版本优劣、书籍真伪为目的，并不涉及意义问题。"词章之学"重在布局谋篇、锻词炼句、韵文偶语上下功夫，虽然涉及意义，却也不是对经典的阐释。以程朱陆王为代表的"义理之学"虽然属于经学阐释学范畴，但是往往"离器而言道"，有近于"作"，用今天的话说叫作"过度阐释"，同样不是章学诚所认可的学问路径。章学诚所选择的则是"阐释"之路。他认为古代儒学典籍的意义是靠阐释才得以彰显的："昔夫子之作《春秋》也，笔削既具，复以微言大义，口授其徒；'三传'之作，因得各据闻见，推阐经蕴，于是《春秋》以明。"（《内篇五·史注》）因此通过阐释而传承儒学精神也是他的学术志趣之所在："撰述文辞，欲以阐古圣之心也，而溺光采者，如玩好之弄矣。"（《内篇二·原道下》）又说："至于内得诸心，上通于道，古人精微由我而阐，后学津逮自我而开，将以有功斯世而不欲苟以名传，则犹未也。"（《外篇三·与朱沧湄中翰论学书》）那么，章学诚的"史学"阐释学究竟是怎样一种学问呢？

阐释学方法、路径总是与阐释的目的直接相关的。为什么要阐释？当然是为了揭示意义。离开了意义也就无所谓阐释。然而"意义"是多层面的，有显隐深浅之别。阐释的对象是指那种"深藏不露"的意义。假如意

[①] 有学者为严谨起见，不在广义上使用"中国古代阐释学"这个概念，代之以"中国阐释传统"，这是很有道理的。如傅永军教授《论中国经典诠释传统现代转型的路径选择》（《哲学研究》2020年第1期）就是如此。

义是文本已经说出来的，一望而知，一切的阐释就是多余的。所以章学诚说："才雄者健于属文，矜其艳于云霞，岂非道体之发挥？而擅于文者，终身苦心焦思以构之，不思文之何所用也？言义理者似能思矣，而不知义理虚悬而无薄，则义理亦无当于道矣。此皆知其然，而不知所以然也。程子曰：'凡事思所以然，天下第一学问。'人亦盍求所以然者思之乎？"（《内篇二·原学下》）"知其然"者是已经说出来的道理或已经如此的现象，是无须阐释的。需要阐释的是"所以然"，即决定着说出来的道理或已然如此的现象背后之原因。在章学诚看来，真正的学问就是要追求"所以然"。如果以"名实"关系言之，则最高境界是"忘名而务实"，即直接抓住根本去践行，不必考虑"名"的意义，这是只有"生而知之"的圣人才可以做到的。最低的境界是"循名而忘实"，即滞留在话语层面而忘记了根本之所在，词章之学和考据之学均属此类。中间的境界则是"因名之所在，而思其所以然，则知当务而可自勉矣。"（《内篇三·黠陋》）也就是根据典籍所言而究其所以言，从而明了自己所当为。如此看来，章学诚的"史学"既不是考据之学，也不是义理之学，所以然而是一种中国式的经典阐释学，这一判断应该是可以成立的。

章学诚的经典阐释学目的是要从古代典籍中寻觅其意义。对他而言，这个意义就是上面所说的文本背后隐含的"所以然"。需要强调的是，对"所以然"的追问与揭示乃是章学诚阐释学思想的独特性之一，对传统儒学来说，对圣人经典能够"知其然"已经是难能可贵了，很少有人会进一步追问其"所以然"。正是基于如此追问，章学诚对"道"的理解也就不同于传统儒学：

> 故道者，非圣人智力之所能为，皆其事势自然，渐形渐著，不得已而出之，故曰"天"也……道者，万事万物之所以然，而非万事万物之当然也。人可得而见者，则其当然而已矣。（《内篇二·原道上》）

这里的"道"并不是神秘之物，也不是圣人的发明，它是使事物如此这般的那个缘由。人们可以看到的是事物的如此这般，而使事物如此这般的原因则是人们看不到的，这不能看到的东西就是"道"。由此可知，章学诚所说的"道"就是自然而然的道理，在强调"道"的万事万物本自具足这一点上，有近于老庄的自然之道。所不同的是，老庄之道就是指万事万物之自在性、本然性本身，所以说"道法自然"。章学诚的"道"则是指那个使此物成为此物的道理和原因，并不等于事物本身的存在样态，而且主要是就人伦日用而非自然事物而言的。那么"道"是如何为人所知的呢？他说：

> 道有自然，圣人有不得不然，其事同乎？曰：不同。道无所为而自然，圣人有所见而不得不然也。故言圣人体道可也，言圣人与道同体不可也。圣人有所见，故不得不然；众人无所见，则不知其然而然。孰为近道？曰：不知其然而然，即道也。非无所见也，不可见也。不得不然者，圣人所以合乎道，非可即以为道也。圣人求道，道无可见，即众人之不知其然而然，圣人所藉以见道者也。故不知其然而然，一阴一阳之迹也。学于圣人，斯为贤人；学于贤人，斯为君子；学于众人，斯为圣人。非众可学也，求道必于一阴一阳之迹也。（《内篇二•原道上》）

圣人虽然不能创造"道"，却可以了解"道"，从而使自己的行为合乎"道"。在这一点上章学诚继承了荀子以下历代儒家的说法，圣人是"道"的发现者、传承者。然而在这里章学诚进而指出，圣人之所以可以了解"道"合乎"道"乃是由于他能够"学于众人"。即"道"不在别处，就在百姓的日常生活之中。那么这是不是说儒家历代相传的"六经"之类是毫无用处的，只要观察百姓日常生活，从中寻觅大道就可以了呢？章学诚显然不是这意思，他反对的是把儒学玄学化、知识化，从而失去了其实践品格。儒家经典与过去的百姓日用、典章制度直接相关，是往圣对"道"的体察，对后世依然有着重要指导意义，但后世有识之士则须把古代典籍所蕴含之"道"与当下现实的百姓日用结合起来才行，因为历史是变化的。正因为有见于此，章学诚才不遗余力地批评"离器而言道"的做法：

　　夫子述六经以训后世，亦谓先圣先王之道不可见，六经即其器之可见者也。后人不见先王，当据可守之器而思不可见之道。故表章先王政教，与夫官司典守以示人，而不自著为说，以致离器言道也。夫子自述《春秋》之所以作，则云："我欲托之空言，不如见诸行事之深切著明。"则政教典章，人伦日用之外，更无别出著述之道，亦已明矣……其后治学既分，不能合一，天也。官司守一时之掌故，经师传授受之章句，亦事之出于不得不然者也。然而历代相传，不废儒业，为其所守先王之道也。而儒家者流，守其六籍，以谓是特载道之书耳。夫天下岂有离器言道，离形存影者哉！彼舍天下事物、人伦日用，而守六籍以言道，则固不可与言夫道矣。(《内篇二·原道中》)

　　这段话极为重要，不仅表明了章学诚对"道"的深刻理解，而且阐明了他的阐释学的基本原则。这里表达的意思有这样两层：一是说"道""器"不可分，"道"乃"器"之"道"，"器"乃"道"之"器"。"道""器"不分原本是儒家基本观点，"二程"有"器亦道，道亦器"①之说，朱熹也说"可见底是器，不可见底是道。理是道，物是器。"②然而，不可否认的是，从《易传》"形而上者谓之道，形而下者谓之器"开始，即隐含着尊"道"而贬"器"的倾向，到了程朱后学那里更是普遍地扬"道"而抑"器"，仅仅把"器"视为工具，把"六经"视为"载道之器"。同时出现的另一个极端是无视"道"之存在，泥于"器"中不能自拔，把名物训诂视为学问之全部，清代考据学就是如此。显然这两种情形都是章学诚所无法接受的。二是说，"六经"与"道"的关系是若即若离的。　一方面，"先王政教"与"官司典守"已然不在，人们所能见到的只有记载着这些内容的文献材料。孔子之所以"述而不作"，目的是让后人能够根据这些可以看得见的"器"来思考先王那不可见的"道"，所要避免的是"托诸空言""离器而言道"。另一方面，由于"治学相分，不能合一"乃是无可奈何的必然之事，故而后世儒家又不得不把"六经"视为载道之书而

---

　①［宋］程颢、［宋］程颐著，王孝鱼点校. 二程集［M］. 北京：中华书局，1981：4.

　②［宋］朱熹. 朱子语类（第二册）［M］. 北京：中华书局，1985：579.

世代相传。于是出现了"守六籍以言道",即"离器言道"的现象。如此言道之结果只能是"不知道而道存,见谓道而道亡。"论者越是自以为把握到"道",则离"道"愈远。"道"成为书本知识,人们纷纷于书本之中探赜索隐,并著书立说以求道,不惟诸子百家各道其道,儒家内部也各人有各人之道,于是"道"就成为私有之物,成为人们追名逐利之手段。原因很简单,根本就没有一种可以独立存在的,或者存在于书本之中的,亘古不变的"道"。那么处于"政教分离""治学分离"时代的儒者如何才能摆脱这一困境呢?章学诚所倡导的"史学"阐释学给出的办法主要有两个,一是引入阐释的历史性视角,二是引入判断与评价的公共性标准。

历史性视角是章学诚"史学"阐释学超越传统经学阐释学的高明之处。儒学在孔、孟、荀那里原本是有历史性视角的,只是到了"经学时代"之后,经生们争先恐后地神化儒家经典和圣贤,渐渐把儒学教条化了,因此失去了历史的眼光。而在章学诚眼里,一切都处于历史变化之中,无论是典章制度还是日常生活,即使为儒者推崇备至的"六经"也是历史的产物。他的这种历史性视角首先表现在他的"时会"观念上:

> 周公以天纵生知之圣,而适当积古留传道法大备之时,是以经纶制作,集千古之大成,则亦时会使然,非周公之圣智能使之然也。盖自古圣人,皆学于众人之不知其然而然,而周公又遍阅于自古圣人之不得不然,而知其然也。周公固天纵生知之圣矣,此非周公智力所能也,时会使然也。譬如春夏秋冬,各主一时,而冬令告一岁之成.亦其时会使然,而非冬令胜于三时也。故创制显庸之圣,千古所同也。集大成者,周公所独也。时会适当然而然,周公亦不自知其然也。……孔子有德无位,即无从得制作之权,不得列于一成,安有大成可集乎?非孔子之圣,逊于周公也,时会使然也。(《内篇二·原道上》)

这段短短的文字中,"时会"一词出现了五次之多,周公制礼作乐,集夏商以来礼乐文化之大成,并非仅凭个人智慧,乃是"时会"使然;孔子不能成为像周公那样的集大成者,不是他智慧不如周公,同样是"时会"使然。用现在的眼光来看,这里所谓"时会",就是指那种不以个人意志为转移的各种条件之汇聚，亦近于恩格斯所谓"无数个力的平行四边形之合力"说，以及阿尔都塞的多元决定与结构因果观。各种社会政治、经济、文化因素与言说主体的现实需求相互碰撞、相互融汇，构成一种无可遏止的强大力量，这就是所谓"历史的必然要求"，刚好顺应并代表了这一历史必然要求的人，也就成为划时代的历史人物。具体到周公和孔子，"时会"主要是指各种具体社会政治、文化诸因素。周公成为上古礼乐文化的集大成者，是夏商以来积累的各种礼仪文化与周代贵族等级制的现实需要相结合的产物；孔子成为儒学创始人，是在现实中被严重破坏的周代贵族礼乐文化传统与士人阶层现实关怀相结合的产物，都是"时会"使然，是对"历史的必然要求"的回应。章学诚从历史的眼光来看待古代典籍，也就自然而然地破除了罩在"六经"上的神圣光环，真正把"六经皆史"的观点落到了实处：

"上古结绳而治，后世圣人易之以书契，百官以治，万民以察。"夫文字之用，为治为察，古人未尝取以为著述也；以文字为著述，起于官师之分职，治教之分途也。夫子曰："予欲无言。"欲无言者，不能不有所言也。孟子曰："予岂好辨哉？予不得已也。"后世载笔之士，作为文章，将以信今而传后，其亦尚念欲无言之旨，与夫不得已之情，庶几哉！言出于我，而所以为言者，初非由我也。夫道备于六经，义蕴之匿于前者，章句训诂足以发明之。事变之出于后者，六经不能言，固贵约六经之旨，而随时撰述以究大道也。"太上立德，其次立功，其次立言"，立言与功德相准，盖必有所需而后从而给之，有所郁而后从而宣之，有所弊而后从而救之，而非徒夸声音采色，以为一己之名也。(《内篇二·原道下》)

文字和著述都是历史的产物，原本都与社会治理有着直接关系，这是符合历史发展实际的。官师分职、治教二途乃是著述的直接原因也是历史的事实。孔、孟、荀等先秦儒家思想家的志向是改造现实政治，著述对他们来说或是无可奈何的不得已选择，这也是符合实际的看法。因此，"六经"不过是古代圣贤的政治经验而已，丝毫没有神秘色彩，也不是至高无上的神圣之物。对于后世而言，"六经"讲到过的道理，可以通过注疏阐释来揭示，而许多新出现的社会问题，"六经"不可能涉及，那就需要后来之人参照"六经"的精神著书立说加以阐发。因此，一切的著述都要像"六经"那样从现实需要出发，以解决现实需求为目的，不能把著述当作个人追名逐利的资本。章学诚从历史视角对"六经"和著述的理解是符合历史实际的。他的不足之处在于没有认识到个人的精神需求也是历史的必然要求，借助于著述表情达意，超越于政教伦理之上，同样是"时会"使之然。

　　章学诚用这种历史性视角审视古今学术发展，发现学术"风气"或"风尚"之于人们学术判断的负面影响：

　　　　君子之学，贵辟风气而不贵趋风气也。盖既曰风气，无论所主是非，皆已演成流习，而谐众以为低昂，不复有性情之自得矣。(《外篇一（淮南子洪保》辨》)

　　　　历观古今学术，循环衰盛，互为其端；以一时风尚言之，有所近者必有所偏，亦其势也。学者祈向，囿于时之所趋，莫不殚精竭智，攻索不遗余力，自以所得远过前人，圣人复生，不可易矣；及其风衰习变，后人又以时之所尚追议前人，未尝不如前人之视古昔。(《外篇三·与朱沧湄中翰论学书》)

　　学术亦如社会现实，无时无刻不处于发展演变之中，因此关于学术的评价标准也随时而变。学者们处于某种时代风尚之中，难免为时风所左右，在学术判断上有所偏好，符合时风者就大加赞赏，背离时风者则肆意贬低。如此循环往复，已成常态。而在章学诚看来，如此为时风左右的学术不是真正的"自得之学"，而是为名利驱使的伪学术。真正的学术，即"君子之学"贵在开辟学术风尚而不是随波逐流。只有真正的"豪杰之士"才能够做到"自得师于古人，取其意之所诚然而中实有所不得已者，力求其至，所谓君子求诸己也。世之所重而非吾意所期与，虽大如泰山，不遑顾也；世之所忽而苟为吾意之所期与，虽细如秋毫，不敢略也。趋向专，故成功也易；毁誉淡，故自得也深。即其天质之良，而悬古人之近己者以为准，勿忘勿助，久之自有会心焉，所谓途辙不同而同期于道也。"(《外篇三·与朱沧湄中翰论学书》)做学问不能赶时髦，不能陷于名缰利锁之中，要坚守自己的独立性，一往无前，唯道是求。

然而人人都自认为是在"求道"，什么才是衡量的标准呢？为解决这个问题，章学诚提出了自己的"公共性标准"，这就是"公"或"公是"之说：

> 天下有公是，成于众人之不知其然而然也，圣人莫能异也。贤智之士，深求其故，而信其然；庸愚未尝有知，而亦安于然。而负其才者，耻与庸愚同其然也，则故矫其说以谓不然。譬如善割烹者，甘旨得人同嗜，不知味者，未尝不以谓甘也。今耻与不知味者同嗜好，则必吸糟弃酸，去脍炙而寻蓁藋，乃可异于庸俗矣。语云："后世苟不公，至今无圣贤。"万世取信者，夫子一人而已矣。夫子之可以取信，又从何人定之哉？公是之不容有违也。(《内篇三·贬异》)

在这里章学诚敏锐地论及阐释学的一个重要问题，即阐释的公共性问题。对于往代人物与典籍，人人都可以阐释，阐释的结果必然言人人殊，莫衷一是。那么怎样的阐释才是合理的呢？在章学诚看来这取决于"公是"。笔者认为，所谓"公是"接近于张江先生在《公共阐释论纲》一文中提出的"公共理性"[①]，是关于阐释之是非对错的评价标准。阐释是一种公共性行为，这是毫无疑问的。任何阐释都必须存在于一个"阐释的共同体"之中，纯粹个人的、离开任何阐释共同体而进行的"阐释"只能是喃喃自语而不是真正意义上的阐释。在特定的阐释共同体中总是存在着关于阐释结果的评价标准，这就是"公共理性"，它使得阐释行为获得规范。但是"公共理性"并不一定是一套复杂的原则或明确的规定，它常常表现为在阐释共同体中在长时期里形成的"常识"与"共识"。当然，这里的"常识"和"共识"不是日常生活中的经验，而是学术史流变中那些为人们所共同认同的东西。例如什么样的学术见解是站得住的，什么样的是站

---

① 张江. 公共阐释论纲 [J]. 学术研究，2017（6）：2.

不住的；什么样的学术是深刻的，什么样的是浅薄的；什么样的见解是富于创见的，什么样的是因袭旧说的，等等。章学诚举例说："昔者每怪毛西河氏无端撰《尚书古文冤辞》，恃其才雄学富，言之成理，究不足以为公是也……盖阎氏之书，深沉博奥，用力精坚，实能制伪古文之死命；虽以毛西河之强辞雄辩，不能夺人心之公"（《外篇一·〈淮南子洪保〉辨》）就是说，尽管毛奇龄学问广博，看上去也说得头头是道，但是验之于"阐释共同体"的"常识"与"共识"，阎若璩对《古文尚书》的辨伪是无法动摇的，因为《古文尚书》之伪不是阎百诗一个人判定的，而是为阐释共同体中的"公是"或"人心之公"所共同判定的。在这里，"公是"判定阎百诗《尚书古文疏证》乃有效阐释，而毛西河为《伪古文尚书》辩护的《古文尚书冤辞》为无效阐释。

除了"历史性视角"与"公共性视角"之外，章学诚的"史学阐释学"最重要的贡献是关于"阐释学循环"的处理方式。"阐释学循环"是一种普遍现象，人们只要阅读文本、理解事物，就会遇到这个问题，所不同的是处理方式。从某种意义上说，"汉学"与"宋学"的差异，宋学内部之程朱理学与陆王心学的差异都根源于对"阐释学循环"的处理方式上的不同。"汉学"主张读书先识字，明字义然后明经义，把音韵训诂作为研究经学的入手处，这从道理上讲是没有问题的，问题是大多"汉学"家沉浸其中不能自拔，终生于字音字义之中夹缠不清，至于"经义"则根本无暇顾及。"宋学"中所谓"尊德性"一派则走向另一个极端，不仅对字音字义、名物度数之类不屑一顾，即使是对经义也失去了追问的兴趣，他们孜孜以求的乃是人格境界上的自我提升，即所谓成圣成贤。章学诚则对这两种倾向都不认同，他提出"粗通大义"或"观其大意"的读书法，可谓中国古代经典阐释学的第三条路径。我们看他的说法：

> 六书小学，古人童蒙所业，原非奇异。世远失传，非专门名家，具兼人之资，竭毕生之力，莫由得其统贯。然犹此纠彼议，不能画一，后进之士，将何所适从乎？或曰：联文而后成辞，属辞而后著义，六书不明，《五经》不可得而诵也。然则数千年来，诸儒尚无定论，数千年人不得诵《五经》乎？故生当古学失传之后，六书、七音，天性自

有所长，则当以专门为业；否则粗通大义而不凿，转可不甚谬乎古人，而《五经》显指，未尝遂云霾而日食也。(《外篇二·〈说文字原〉课本书后》)

清代汉学家大都秉承戴东原"从字义明经义""训诂明然后经义明"的治学路径，于音韵训诂之学不遗余力，然而终其一生，字义或许"明"了不少，经义却是不知为何物了。在章学诚看来，这无疑是弃本逐末的做法，文字以及名物之学不应成为了解经义的入门功夫，而应该成为专门之学。至于对经义的了解则是"粗通大义"即可。这是极为通达的见解，也是对当时主流学术之弊的有力针砭。而从学术史上看，其意义在于提出一种经典阐释学的有效方法。这里的关键在于学术的目的，如果把音韵训诂作为毕生的事业那是无可厚非甚至值得尊重的；如果是要阐扬经义，经世致用，使古代经典有益于当代，那"粗通大义"就足够了，无须花费很多时间和精力于个别字音字义之上。显然章学诚表达的是一种儒学内部的学科分类意识，是对"尊德性"与"道问学"两派治学路径的进一步发展。所不同的是，"宋学"中的"尊德性"与"道问学"乃是居敬穷理、修身养性的两种方式，目的是相同的。而章学诚的"专门之学"与"粗通大义"则是完全不同的两种学问，一者"求真"，一者"求用"，判然有别。余英时先生认为章学诚乃是"道问学中的尊德性"[①]，言之有理，但似乎尚不够准确。盖宋儒与清儒的根本差别并不在一为"尊德性"，一为"道问学"。二者根本差异在于"宋学"乃是"作圣之功"，是心性的自我拷问与人格的自我提升，目的是超越凡俗之功名利禄，达到精神上的完满自足。"尊德性"与"道问学"只是"作圣之功"的两种方式而已，是殊途而同归的。清儒的"汉学"乃是"求真之学"，是对古代典籍的考据、甄别与辨伪，目的是呈现古代典籍之本来面目，不仅没有超越名利的动机，而且不少人把学识广博、资料丰富、考据精审也当作获取名利的资本。如此来说，清儒的"汉学"不惟与宋儒的"尊德性"相背离，而且与宋儒的"道问学"不能同日而语。因此余英时先生认为，清代学术总体上是走"道问

---

① 余英时. 论戴震与章学诚 [M]. 北京：三联书店，2005：75.

学"之路，而章实斋乃有所不同，是"道问学中的尊德性"，是似是而非的。而且，章实斋也并无"尊德性"之追求，与那些清代考据学家相比，他只是重视对传统典籍之意义的阐发而已。总体观之，章实斋与他的前辈乡贤王充倒是颇有些相近之处，他们都处身下僚，向往庙堂之上的尊贵与风流；都是饱学之士，却看不惯自己时代的主流学术风气；都希望开创出一条新的学术道路，等等。因此，章实斋"史学阐释学"的主要旨趣确实是在求真而非求用。但与考据之学所不同的是，他的所求之真不是事实之真而是意义之真，是追问"是什么"背后的"为什么"，因此是真正意义上的阐释学。纯粹的考据之学，或者为考据而考据的学问，是他所不能认同的："而今之学者，以谓天下之道，在乎较量名数之异同，辨别音训之当否，如斯而已矣。是何异观坐井之天，测坳堂之水，而遂欲穷六合之运度，量四海之波涛，以谓可尽哉？"(《内篇四·答客问下》)然而另一面，对于宋学的"尊德性"，他也同样持怀疑态度："记诵之学，文辞之才，不能不以斯道为宗主，而市且弄者之纷纷忘所自也。宋儒起而争之，以谓是皆溺于器而不知道也。夫溺于器而不知道者，亦即器而示之以道，斯可矣；而其弊也，则欲使人舍器而言道。"(《内篇二原道下》))从根本上看，他对宋儒那种成圣成贤的理想是持怀疑态度的。他要做的学问乃是于古代典籍、史实的梳理中揭示其意义。所以当有人说他的学问有近于刘知几之《史通》时，他矢口否认，认为论者"不知刘言史法，吾言史意。"(《外篇三《家书二》)所谓"史意"，综合其所论，应是指史实中蕴含的意义，以及古代典籍不得不如此言说之缘由。章学诚的学术追求不是要像司马迁、班固那样写出一部名垂千古的良史，而是要对历代典籍所蕴含的内在理路加以阐释，也就是他所谓"史学义例"。在他看来，以往治史、论史者，无论是"史纂、史考、史例"之类，还是"史选、史评"之属，从未有言及"史学义例"者，这是他的独创性之所在。他虽然从来没有为"史学义例"下过定义，但我们知道这是他的"史学"的基本原则，其主旨不外乎"经世致用""切于人事"以及对以往及同时代学人之词章之学、义理之学、考据之学的吸纳。

总之，"史学"是章学诚所要建构的一种古往今来从未有过的新学问，对此我们称之为"史学阐释学"。这是中国古代学术经过千百年发展变化之后而孕育出来的新的学术路向，虽然在当时受到冷落，但现代以来却备受推崇，由此亦可知其超前性与学术史价值。从许多现代学者身上，我们可以看到这种"史学阐释学"的印记。

第

六

章

中西交汇中的
新阐释传统
之形成

第一节 "五四"前后关于文学阐释方式的几种尝试

　　"五四"前后的文学研究曾经对何为文学、文学的构成、基本特征、历史演变以及文学研究方法等问题产生过浓厚兴趣，现代学人关于这些问题的思考对于我们今天的文学研究依然具有重要启发意义，因为其中许多问题我们今天依然面对着。诸如刘师培的《文章源始》与《论文杂记》、章太炎的《文学总略》与《论式》、姚永朴的《文学研究法》、王国维的《文学小言》与《人间词话》、刘永济、朱希祖各自的《文学论》、杨鸿烈的《中国诗学大纲》、朱光潜的《诗论》等著述，都广泛涉及文学的方方面面，其中很多话题现在还在谈论着，有的甚至还成为一时的热点。前辈学人这些著述对于今日的文学研究而言具有奠基的意义，但是从学科分类角度看，它们既不同于一般的文学史研究，也有别于后来从西方引进的具有形而上学色彩的"文学理论"，如何为之命名呢？由于这些著述基本上涉及对具体文学现象的审视视角与理解方式，因此称之为具有更大涵摄性的"文学阐释"或许更恰当一些。我们现在进行文学阐释所使用的概念、术语和方法不是自古就有的，也不是纯粹从西方拿来的，它们正是这批现代学人开创的文学阐释传统的产物。然而毋庸讳言的是，尽管已经经过了一个世纪的发展，但当下中国的文学阐释依然处于一种身份的危机之中，既缺乏主体性，更没有清晰的自我意识。对于"五四"以来逐渐形成的现代学术传统的自觉继承也还远远不够。鉴于这种情况，笔者认为，回到现代文学阐释形成之初，看现代学人在寻找中国文学阐释路径过程中的得与失，对于今日中国当代文学阐释学的建构而言，应该是大有裨益的。

一、以传统资源为基础的文学阐释

　　对于"五四"前后的一代学人而言，无比丰富的传统文化既是一笔巨大的财富，又是一个沉重的包袱，或者更确切地说，对有些人而言是一笔巨大的财富，对另一些人来说则是无比沉重的包袱。正如宋儒面对佛学的兴盛，试图通过建构儒学的心性之学与之抗衡一样，面对着西学东渐这一时代潮流，清末民初也有一些学人自然而然地希望通过激活传统文化资源来建构足以与西方文学观念、文学研究方法并驾齐驱的中国式的文学阐释学。这方面的代表人物是刘师培、章太炎、黄侃和姚永朴等人。他们身后各有一个古老而强大的文学传统为依托：从昭明太子到清中期阮元的"选学"传统、从"唐宋八大家"到清代桐城派的古文传统、从东汉的许、郑之学到乾嘉学派的小学传统以及刘勰、钟嵘开启的诗文评传统。

刘师培（1884—1919）的《文章源始》一文写于1905年，初刊于《国粹学报》第1期。该文专门讨论什么是"文"或"文章"的问题，其核心主张是"偶文韵语"者方可称"文"。这种见解乃是继承了其前辈乡贤阮元的观点。阮元所作《文言说》认为《周易》的《文言传》乃孔子所作，"孔子以用韵比偶之法，错综其言而自名曰'文'。"因此，后人也应该以"用韵比偶"者谓之文，而那些不讲押韵与对偶的所谓"古文"则不得谓之文①。阮元此论乃是"选学派"对当时大兴于世的桐城派古文理论的反拨。刘师培在阮元基础上作《文章源始》《广阮氏文言说》《文说》等文，进一步申说"韵语""偶文""藻绘""文饰"对于文章的重要意义，旨在突显文学的审美特征："是则文也者，乃经史诸子之外，别为一体者也。"② 可以说，刘师培所代表的乃是一种中国式的"唯美主义"文学观，可以视为对清末民初仍然有着很大势力的古文理论的反拨。今天看来，他的这种观点明显地是片面狭隘的，甚至让人感觉有些匪夷所思，但认真思考一下就会发现，也有其合理性与启发意义。中国古代对"文"或"文章"的理解与西方近代以来的文学观相去甚远。在文人趣味获得主导地位的魏晋六朝时期乃至唐代中叶，"韵文偶语"曾长期占据着文坛主导地位，因影响所及，几乎所有的文体都讲究文辞声韵之美，诗赋与骈文尤甚。后来古文运动兴起，方才打破了这一趋势，但无论官方还是民间，那些特别郑重庄严的文

---

① ［清］阮元. 文言说 // 舒芜等编. 中国近代文论选（上册）［M］. 北京：人民文学出版社，1959：101.

② 刘师培著，陈引驰编校. 刘师培中古文学论集·文章源始［M］. 北京：中国社会科学出版社，1997：215.

件还是主要使用骈偶之文。由此看来，刘师培对"韵文偶语"的强调自有其文学史的依据，因而他的观点对于古代文学文本的阐释也就具有重要参考价值。

对于刘师培的见解章太炎（1868—1936）不能认同，针对其《文章源始》作《文学总略》以辩驳之。太炎先生秉承"以训诂名物以求义理"的乾嘉学派治学原则，认为做学问要先识字，对文字训诂之学极为重视，他的文学阐释路径同样以文字训诂为入手处。在该文中，章太炎提出了自己关于"文"和"文学"的著名定义："文学者，以有文字著于竹帛，故谓之文。论其法式，谓之文学。"①在太炎先生看来，不仅有句读的文字可以称为"文"，就是不可以句读的，例如图表谱牒的文字，也同样可以称为"文"。至于"文学"，那是指"文之学"，亦即关于"文"之"作法"与"体式"的学问。如此看来，章太炎对"文"与"文学"的理解不独与西方文学观念截然不同，就是与中国古代大多数文章家的观点也相去甚远。既不同于"选学"派，也不同于"古文"家。但验之于中国古代"文"之历史，则太炎先生此文可以提醒我们在研究中国文学史的时候必须充分意识到研究对象的独特性，决不能用西方的文学观念与研究方法简单比附与搬用。汉字在构型、声韵、音调、字义等方面都极具复杂性和极鲜明的特点，对古代诗词歌赋、散文、韵文的表现方式与风格特征都有着重要影响，在一定程度上决定着人们的审美趣味，因此对文字的高度关注始终应是研究中国文学史，特别是上古文学史不可或缺的一个方面。太炎先生的《文学总略》和《论式》等文章看上去似乎甚是陈腐，乃至于后来的文学研究者少有提及，实际上蕴含着远没有被充分认识的深远意义。

《文心雕龙札记》是黄侃从1914年起在北京大学讲授中国文学史与辞章学的讲义，1927年由北京文化学社初版，1962年中华书局再版。黄侃的文学思想主要保存在这部书中。黄侃尝师从章太炎和刘师培，其文学阐释路径乃试图调和两位老师，因此《文心雕龙札记》一书乃是选学派与朴学派文学主张的综合，但黄侃又能并取二派之长而超越之。《原道》为《文心雕龙》首篇，其所"原"之"道"究为何道？历来众说纷纭。言儒家之

---

①章太炎. 国故论衡［M］. 北京：商务印书馆，2010：73.

道者有之，言道家之道者有之，言二者综合者亦有之。黄侃对此篇的理解与阐发集中体现了他的文学阐释思路，其可论者有三：

其一，何为道？观黄侃所论，此道既非儒家之道，亦非道家之道，更非佛释之道或三者兼容之道，其乃自然之道耳。然此自然又非老庄之自然。盖老庄之自然乃道之存在样态，非实存之物，实为万事万物本然自在性。而刘勰所论之道则仅指文章形成之缘由，即所谓"盖人有心思，即有言语，既有言语，即有文章，言语以表心思，文章以代语言，惟圣人为能尽文之妙，所谓道者，如此而已。"①可知在黄侃看来，《原道》篇之"道"并无高深意涵，只是讲文章之作乃本乎自然而然之理而已。此说或许最近刘勰本意。刘勰固然受儒家思想浸润甚深，亦尝出入二氏之学，但其作《文心雕龙》一书并无阐扬儒道释思想之意，只是欲寻觅为文之奥秘。其以"道"言文，实有张扬文章重要性之目的。故论者不宜过分纠缠其"道"究竟为儒家之道、道家之道抑或佛释之道。当然，细读《原道》篇，我们可以看出，"道"除了文章自然生成之理的含义外，有时也含有天地万物之理的意思。刘勰把文章之道与万物自然之道相提并论，旨在说明文章的产生亦如万物产生一样乃是自然而然之事，并非一干文人闲极无聊之产物。在古人眼中，凡是自然而然而非人力所为者往往就具有某种神圣性，这种神圣性正是刘勰想要的。对"道"的这种理解构成了黄侃文学阐释学思想的基点。

其二，驳"文以载道"说。清末民初文学研究三大流派中，桐城派一度影响甚大。曾任京师大学堂总教习的吴汝纶及执教于北京大学的姚永朴、姚永概为其代表人物。桐城派标举"文统""道统"，服膺程朱理学。姚永朴仿效《文心雕龙》著《文学研究法》一书，可谓集桐城派文学主张之大成，于继续阐发"言有物""言有序"及"义理、词章、考据"的基本观念外，也坚持"文以载道"之说。黄侃在这里对"文以载道"说的驳难即是针对桐城派而发的。黄侃通过对"道"的两种定义来设置一个两难境地：如果把"道"理解为"万物之所由然"，那么这是文章之公理，凡为文者莫不如此，故而无须特意标榜；如果把"道"理解为一家之道，则世上万

---

① 黄侃. 文心雕龙札记［M］. 上海：上海古籍出版社，2006：1.

事万理，文章若以一理为道就显得太过狭隘了。① 如此则"文以载道"之说，不攻自破。从黄侃的论述中可以看出，他对桐城派恪守传统观念，在新时代来临之际依然标榜儒家之道的主张是持批判态度的。

其三，调和章、刘。《原道》篇释《易传》之"文言"为"言之文也，天地之心哉"。黄侃由此引发出对章、刘两位老师相关争论的评说。"选学派"坚持认为有韵之文方得称"文"，其他散体，或为"直言之言"，或为"论难之语"，皆不得称"文"。阮元《文言说》《书梁昭明太子文选序后》《与友人论古文书》等、刘师培《广阮氏文言说》《文章源始》等均倡此说。"朴学派"代表人物章太炎对"选学派"之说提出针锋相对的批评，认为不仅有句读者为"文"，无句读者亦可称"文"。两派关于"文"的解释，一者过于狭窄，一者过于宽泛。然而都于古有征，言之成理。面对两位老师截然相反的两种看法，黄侃以《文心雕龙》为据，提出了自己的阐释。他认为，"文"的范围是可大可小的，并非一成不变。就其大者言之，"则凡书以文字，著之竹帛者，皆谓之文"②，这显然是有取于章太炎之说；若就其中者言之，"则凡有句读者皆为文，不论其文饰与否"，这是介于两位老师之间的观点。若就其小者言之，则文章初始之时，为了便于记诵与流传，多用韵文偶句，后来为文者讲究修饰润色，都是合情合理的主张。对"选学派"的观点亦有所接受。③ 在这里黄侃显然是调和了"选学派"与"朴学派"两种主张。但调和并非他的目的，他是要提出自己的文章观。其云："然则拓其疆宇，则文无所不包，揆其本原，则文实有专美。特雕饰逾甚，则质日以漓，浅陋是崇，则文失其本。又况文辞之事，章采为要，尽去既不可法，太过亦足招讥，必也酌文质之宜而不偏，尽奇偶之变而不滞，复古以定则，裕学以立言，文章之宗，其在此乎？"④ 这便是《文心雕龙》倡导的衔华佩实、文质兼备的文章观。应该说，黄侃的观点较之其两位老师是更为通达合理的，即使在百年后的今天也还是不刊之论。

① 黄侃. 文心雕龙札记［M］. 上海：上海古籍出版社，2006：1、2.
② 黄侃. 文心雕龙札记［M］. 上海：上海古籍出版社，2006：6.
③ 黄侃. 文心雕龙札记［M］. 上海：上海古籍出版社，2006：6.
④ 黄侃. 文心雕龙札记［M］. 上海：上海古籍出版社，2006：6.

姚永朴（1861—1939）是中国文学史上"古文家"的现代传人、"桐城派"的代表人物。其《文学研究法》编写于 1914 年，1916 年 5 月由商务印书馆初版。凤凰出版社（原江苏古籍出版社）2009 年出版有许结讲评版。这是一部仿照《文心雕龙》体例，专门讲述中国传统文章学的著作，分四卷，共二十五篇，结合自先秦至清代诸重要文论家思想，从不同角度阐述并丰富了桐城派文学主张，特别是在文体学方面有深入细致的梳理与辨析。姚氏此书出版不久，选学派的代表人物刘师培所著《中国中古文学史讲义》一书随之问世，全面阐发了选学派的文学思想，若将此二书一并读之，可谓相映成趣。对于文学的产生、演变以及功能等基本问题，姚永朴都有自己的独到理解。其要如下：

其一，文学何由而作。作者列举《尚书》之"诗言志"、《毛诗序》"在心为志，发言为诗"乃至朱熹《诗集传序》"人生而静，天之性也；感于物而动，性之欲也……"诸古代儒者之说，以说明由知觉而声音而言语而文字的文学形成顺序。其所强调的是文学生成的自然性与必然性。所谓自然性是强调非人有意为之，所谓必然性是强调非人力可以阻止。文学亦如天地万物之形成，乃是自然而然的事情。显而易见，姚氏此说，与刘勰之《原道》一脉相承。又引扬雄"心画心声"及徐干、孔颖达、韩愈、程颐诸人之说，说明人用声音为天地万物命名，又以文字标其义，文字相缀而成句，句之联属而成篇的文学产生逻辑脉络，进一步说明尽管文学生成有其自然性与必然性，但又必须通过人的主观创作方可实现，除了为万物命名之外，还要遣词造句、布局谋篇。从整体之宏观角度看，文学如天地万物一样，其生成演变不以人的意志为转移；而从具体微观角度看，则文章写作，从动机之萌发、立意之确定直至修改润色而定篇，无不显示着作者有意识的积极筹划。姚氏此论，可以说较为全面地概括了中国古代文学发生思想，而且也已经具有了一定的现代意识。

其二，文字书写及传播方式的演变与文学之关系。姚氏征引古代典籍以阐述古代文字之"六书"以及古文、大篆、小篆、隶书、草书、八分、楷书等书体渐次生成演变的过程，总结出文字"古少而今多、古繁而今简"的规律。进而又分析了古代书写方式由简牍、缣帛而至于纸的过程以及印刷方式由唐宋之墨版到明代之活字的演变，从而得出"古拙而今巧"的结论。接着作者提出了一个很尖锐的问题：以文字古少而今多、古繁而今简，书写印刷古拙而今巧的演变趋势而论，"则今日宜文学发达，远迈古初"，即文学发展应该呈现"进化"的趋势，然而实际情形却并非如此。那是什么原因呢？姚氏给出了如下解释：一者古代文章简略，今世文章繁缛，因此古人容易掌握文字表达，而今人则"非竭毕生之力，不能得其涯涘。故古者以同而易，今以歧而难"①。二者今日缮写印刷远较古人方便，古人凡著于竹帛者皆精而又精、众所宗仰之书，今日则"坊市贾客，亦皆著书镂版"②，因此书籍虽多到汗牛充栋，精品却是很难寻觅。今日观之，姚氏所论文字演变轨迹与规律，无疑符合实际。其所言今日文学不能"远迈古初"则显然受到中国传统的"文化退化论"的影响。其实先秦之文未必高于两汉，唐宋之文未必逊于魏晋，文学发展很难以进化、退化论之，不同时代，各胜擅场；不同文体，各领风骚而已。

其三，文学的功用性。姚氏把文学提高到"国之所借以立"的高度，认为文学可使人知国之所从来，可激发一国之人普遍的爱国精神，可使一国文化传统得以传诸后世而不坠。所以如果想要进行教育普及，非文学不可；想要使教育蕴含一种民族文化精神，亦非文学不可。此论与梁启超对小说功能的高度重视有相近之处，都可以视为一种具有现代意识的"文学救国论"，其与曹丕的"经国之大业，不朽之盛事"之说有着完全不同的文化内涵。

总体上看，从刘师培到姚永朴，此派学人在文学阐释路径方面有许多精辟见解。但他们基本上都是在运用中国古代的概念、逻辑和文学价值观在谈论问题，明显具有"以古释古"的特点。

二、以西方文学观念为准则的文学阐释

"五四"新文化运动的主要内容之一就是引进西方文化、批判传统文化。这在建构中国现代文学阐释学的尝试中也表现得极为明显：许多学人

---

① 姚永朴著，许结讲评. 文学研究法［M］. 南京：凤凰出版社，2009：7.
② 姚永朴著，许结讲评. 文学研究法［M］. 南京：凤凰出版社，2009：7.

用一种进化论的眼光看待文学批评与文学研究，认为中国传统的诗文评是不成熟的、不科学的，只有引进西方的"科学的"文学观念、文学研究方法才是正路。在这里，"中西"关系被置换为"进步与落后"的关系，"中西文学阐释"被置换为"科学的"与"非科学的"文学阐释。换言之，那种来自西方的自然科学和社会科学的评判标准被直接挪用到中国文学阐释学的建构上来了。在这方面有代表性的是朱希祖和杨鸿烈。

朱希祖（1879—1944）的《文学论》一文发表在 1919 年《北京大学月刊》第 1 卷第 1 号上。文章开宗明义地指出：中国学者谈论文学常常以语言文字为基准，所以总是纠缠于骈体散体的论争、文章修辞方面的论争，而对于文学最根本的问题，即文学之所以为文学的独特性质缺乏深入讨论。他的这篇文章就是要解决文学的这一根本问题。从这里我们不难看出，在朱希祖心目中，乃师太炎先生及刘师培等老派学人关于文学的见解正是他所欲批判与超越的对象。因此在讨论"文学须有独立之资格"这一问题时，他认为太炎先生把一切著于竹帛者，不管是有句读文，还是无句读文，一概称之为文学，尽管于古有征，但毕竟不合时宜。因为这样一来，中国除了文学就再没有其他学问了。所以朱希祖认为中国也应效法西方，让"文学"成为一独立学科，如此方可避免文学"长为政治诸学科之附庸"的地位。在他看来，只有具有独立性的文学才能得到充分发展并发挥其对于人的独特的解放作用。

一般说来，清末民初时期在西学的刺激下，中国学人都承认文学的重要性，但大家的旨归却颇有不同。梁启超 1902 年便发表《论小说与群治之关系》，对小说的社会功能予以空前强调，但他与稍后的鲁迅等一样都看中了文学改造社会的功能。刘师培、章太炎于 1905 年、1906 年先后发表《文章源始》《文学总略》等文章，旨在梳理中国固有的文学统序，建立纯然中国式的文章学或文学阐释学。陈独秀、胡适于"五四"前夕高举"文学革命"大旗，乃是以进化论的眼光审视文学，根本上是反对中国传统的旧文化，倡导西方的新文化。朱希祖则有异于上述诸公之论。他的目的在于建立现代中国的"纯文学"。在这一点上，朱希祖与王国维的观点很接近。后者在《文学小言》《论哲学家与美术家之天职》等文章中都表达了"文学独立"的思想。如果说刘师培是要建立纯粹中国式的"纯文学"标准，那么王国维和朱希祖则是要在西方文学观的基础上建立现代的"纯文学"标准。

朱希祖的"纯文学"思路是这样的：中国传统的文学观，从刘勰到章太炎，都着眼于"文章法式"，即文学的"外事"（即形式），而对文学之"内事"（即思想情感）则并不看重。从文学"内事"角度看，文学应该"以情为主，以美为归"，而且宜通俗易懂。根据这样的标准，他引进"纯文学"的概念。"纯文学"这一概念是日本学者的提法，来自康德以后的西方美学传统和浪漫主义文学观。在中国现代学界，最早引入"纯文学"概念的或是王国维。在发表于 1906 年的《论哲学家与美术家之天职》一文中，王氏首次使用了"纯文学"和"纯粹美术"的概念。稍后鲁迅于 1908 年发表的《摩罗诗力说》中也使用了"纯文学"概念。然而论述最为详备者当属朱希祖的这篇《文学论》。朱希祖是从日本学者太田善男所著《文学概论》中接受"纯文学"这个概念的。太田善男把历史、哲学之属称为"主知文"，把诗歌等称为"主情文"；"主知文"为"杂文学"，"主情文"为"纯文学"。朱希祖把中国固有的诗赋、词曲、小说、杂文之类归为"纯文学"。太田善男把"纯文学"分为"律文诗"和"散文诗"两大类，又各进一步细分为"主观""客观""主客观"三类。朱希祖根据太田善男的分类，把中国古代已有的诗赋分别归入"客观之律文诗"（叙事诗）与"主观之律文诗"（抒情诗），把"乐府戏曲及有韵语之小说"归入"主客观之律文诗剧诗"，把散文诗及近诗之杂文归为"客观之散文诗"（叙事文）与"主观之散文诗（抒情文），一般散体小说则归于"主客观之散文诗"。如此一来，一种融汇了中、西、日的新的纯文学观便产生了。在现代文学理论与文学批评史上，朱希祖具有代表性：中国现代文学观念与评价标准差不多正是在这样的三方融合中产生出来的。然而，朱希祖虽然倡言"文学独立"与"纯文学"，却并非主张"为艺术而艺术"，其根本之旨归依然在于文学的社会功能。他接受了胡适与陈独秀等人的文学观，明确反对那种自作高深、孤芳自赏的贵族文学，反对中国传统文学观念轻视戏曲与小说的倾向，主张今日之文学家应该充分利用戏曲、小说对社会大众巨大的感染力量，"得以最浅近之语言输最高美之情感，此可以鼓动一世而为感化大同之利器也。"① 可见朱希祖的"纯文学"并非不食人间烟火的"为艺术而艺术"，它不仅通俗易懂，为大众所喜爱，而且具有改造社会的重要功能。

在文章最后，朱希祖认为"文学须有美妙之精神"。他的逻辑是这样的：文学以感动人为主，能感动的人越多，作品就越好，而文学之所以能够感动人，乃"美妙之精神为之也"。所谓"美妙之精神"，在他这里是指尼采的"超人主义"、托尔斯泰的"人道主义"之类对人类产生重大影响的思想学说。可见朱希祖所倡导的文学评价标准是纯粹西化的，受到了以康德、歌德、席勒为代表的近代浪漫主义美学与人道主义精神的重要影响，但他所赖以检验这些文学评价标准的则是中国的文学经验，其目的亦在于改造中国的社会现实。他的问题是，既然阐释对象为中国文学经验，则中国固有之阐释方法就不能完全无视。纯然以来自西方的文学标准和阐释方法来考量中国文学经验则难免有圆凿方枘之弊。

杨鸿烈（1903—1977）的《中国诗学大纲》写作于 1924 年，1928 年由上海商务印书馆出版。全书共九章，分别探讨中国诗的定义、起源、分类、组合元素、作法、功能及演进过程，是中国现代较早的一部试图以西方诗学观念为标准概括中国诗歌基本原理的著作。其要点如下：

第一，诗有没有"原理"？作者首句举出胡适的说法："所谓的文学原理不过是些批评家弄出来的把戏，而批评家都是做不出好东西来，要是听了他们的话去鉴赏文家作品，就上了大当"。对此作者提出了不同看法："我们很可以用客观科学的方法来分析一般诗的组合成分，因其成分性质的不同可以区分她的种类，更可因此追究诗人在人的心理上的要求和历史上的起源的时代。然后诗在我们情志方面的影响和功效如何，我们借此就可以判断诗的真实的价值。"② 其所列举的这些方面也就是他所理解的"诗学原理"。这一讨论诗学原理的观点和视角显然是来自西方学术思想的影响，因为在中国传统学术话语中并没有"原理"这样的概念。从"原理"出发来考察中国古代诗学应该说是中国文学阐释方式中一个具有重要意义的现

---

① 朱希祖著，周文玖编. 朱希祖文存［M］. 上海：上海古籍出版社，2006：52.
② 杨鸿烈. 中国诗学大纲［M］. 台北：台湾商务印书馆，1970：3.

象。一方面这意味着西学之于中国文学阐释的影响已经不仅仅停留在"新学语"的引入以及关于"文学"的观念层面，更及于思维方式了。另一方面，在这里作者明确指出"诗学原理"可以用"客观的科学方法"分析出来，这就意味着他试图借助于以主客体二分为基本模式的西方认识论方法来重构中国诗学思想，这就触及到一个中国古代文论研究的至今依然存在的根本性问题：摆脱了传统的感悟式、直觉体验式的诗文评言说模式，用现代西方学术话语和思维模式重建起来的古代文论还是不是真正的古代文论？换言之，面对古代文论这样的"历史流传物"，究竟怎样的阐释方式才是恰当的？诸如"以古释古""以今释古""以西释中""中西融汇"之类的提法，各自具有怎样的可能性与合理性？如果说王国维的《红楼梦评论》和《人间词话》在批评实践上已然提出了这些问题，那么杨鸿烈就是把这些问题置于理论的平台上来予以审视。

第二，中国有没有诗学原理？作者以亚里士多德、朗加纳斯以降的欧洲的诗学为参照考察中国古代诗学，其结论是中国有诗学原理，只不过与欧洲相比显得比较零碎，不成系统。在列举了《虞书》《论语》《礼记》、汉儒说《诗》、钟嵘、刘勰直至清代诸家的相关见解之后，他着重阐述了严羽的《沧浪诗话》与叶燮的《原诗》。在作者看来这两部诗话是对中国古代"诗学原理"最全面的阐述。《沧浪诗话》中的"诗辨"相当于"通论"，"诗体"相当于"诗的分类"，"诗法"相当于"诗的作法和修辞"。这些恰好都是西方关于"诗学原理"著作中的主要组成部分。也就是说，《沧浪诗话》是近于西方学术关于"原理"的要求的，因此他认为这部诗话在千余年间差不多是"首屈一指"的了。《原诗》则被作者认为是在清诗话中"无能出其右者"的关于诗学原理的著作。其关于诗歌内容"事""情""理"三原素的概括以及历史上诗的起源及演变的描述正符合作者心目中的"诗学原理"，故而受到他的激赏："看他这'一一剖析而缕分之，兼综而条贯之'两句话，竟和我在本章开头所说构成诗的原理的历程一样……更可证明中国之有'诗学原理'不是附会之辞。"[1]

第三，如何研究中国古代诗学？通过以上论述，在作者看来，"诗有原

---

[1] 杨鸿烈. 中国诗学大纲［M］. 台北：台湾商务印书馆，1970：22.

理"和"中国有诗学原理"都是不成问题的。但是这并不意味着中国古代诗学是完美的，其尚不足以与欧洲的诗学相媲美。因此作者主张"所以我们现时绝对的要把欧美的诗学书里所有的一般'诗学原理'拿来做说明或整理我们中国丰富的诗的材料的根据。"[①] 如此则作者最终亮出了自己文学阐释方式的基本原则，那就是用欧美诗学中提出的"诗学原理"来整理评价中国古代诗学的丰富材料。毫无疑问，这样的文学阐释难免削足适履之弊，是不利于揭示阐释对象的丰富性的。

此派观点的核心是借用西方的"科学"方法来整理、阐释中国固有的文学现象，是一种"以西释中"的学术立场，这在当下的学界依然具有普遍性。

三、以兼取中西为特征的文学阐释

对于有些现代学人来说，汗牛充栋的线装书带来的是文化自信心。在这种自信心的支撑下，他们可以平视一切外来文化：既不过高推崇，也不有意贬低，而是平等对待。在他们眼中，文化学术、文学艺术都是人类共同财富，并不是用来分优劣、比高下的。学无新旧，学无中西是他们秉持的基本立场，故他们有所言说必定古今中西兼容并蓄，凡有利于表达自己独到见解者均撷取之，既不以西律中，亦非以古释古。"西"与"古"都是他们可资利用的资源，目的乃在于建构中国现代的文学阐释学。王国维、刘永济、朱光潜、宗白华等是这类学人的代表。

王国维（1877—1927）的《文学小言》最初发表于 1906 年 12 月《教育世界》139 号上。这是一篇中国文学阐释学的早期著述，与刘师培、章太炎、姚永朴以及朱希祖、杨鸿烈等在中西抉择上有明显的不同倾向，在王国维这里非常鲜明地显示出在中国传统文学思想与西方文学观念之间融合与重组的努力。这主要表现在下列几个方面：一是对文学基本性质的理解。传统诗文评历来主张诗文为载道之具，承担着淑世化俗的重大责任，因此尽管六朝以后的文人热衷于"弄花草，嘲风月"的诗文，但每言及诗文之功用，则大都

---

① 杨鸿烈. 中国诗学大纲［M］. 台北：台湾商务印书馆，1970：28.

以世道人心为说。王国维年轻时尝苦读西方哲学与文学，受到康德美学和德国浪漫主义文学观的重要影响，在文学的基本性质与功用问题上彻底摆脱了中国传统的教化思想，特别强调文学的独特性、无功利性。在这篇《文学小言》里，他开宗明义地提出了文学与哲学不能"以利禄劝"的独特品格。在他看来，真正的哲学是以真理为鹄的的，而文学则是"游戏的事业"，二者都必须远离利禄而后可。他认为以文学为谋生手段的"职业的文学家"是不值得尊敬的，只有那种"为文学而生活"的"专门之文学家"才能创作出真正的文学作品来。这种维护文学纯洁性与独特性的观点在中国现代文论史上具有重要意义，这是一种观念的更新，是一种纯文学的理念，对于现代中国文学阐释学评价标准的形成具有重要规范作用。

二是在文学观念中引进二元对立思维。中国传统诗文评价系统从来不讲主客体二分。在天人合一思维的笼罩下，古人谈诗论文总是运用"体认"的方法，是物我一体的。受到西方哲学与美学的影响，王国维引进了主客体二元对立思维模式，这对于中国现代文学理论与批评的发展具有重要影响。景与情原是中国文论中的固有概念，六朝以降，历代皆有论及，尤以明代谢榛之《四溟诗话》、明末清初王船山之《姜斋诗话》所论精到详备。然而，中国古人眼中的景与情并非西人的思维主客体，其景乃是情之景，其情乃是景之情，二者"妙合无垠"，不可分拆。在王国维这里虽然用了"景""情"这对中国诗文评中的基本词语，但其含义显然已经与古人相去甚远了。他说："文学中有二原质焉：曰景，曰情。前者以描写自然及人生之事实为主，后者则吾人对此种事实之精神的态度也。故前者客观的，后者主观的也；前者知识的，后者感情的也。自一方面言之，则必吾人之胸中洞然无物，而后其观物也深，而其体物也切；即客观的知识，实与主观的情感为反比例。"[①]这里的"景"与"情"就截然二橛了。这显然与那个主张"一切景语皆情语"（《人间词话》）的王国维自相矛盾了。在清末民初的学术界，这种情形并不罕见，因为西学刚刚引进，那些国学根基深厚的学人应接不暇，虽有趋新之心，但一时难以融会贯通，故难免新学旧知

---

① 王国维著，姚淦铭、王燕编. 王国维文集（上卷）·文学小言［M］. 北京：中国文史出版社，2007：17.

相龃龉。这种情形即使在主张"全盘西化"的胡适之、鲁迅那里也不难见到。王国维受西学影响，引进主客二元对立的思维模式，是具有标志性的。因为以天人合一、物我一体为基本思维方式的乃是中国传统诗文评，而运用主客体二元对立思维方式的则是作为现代学术的中国文学阐释学。二者的根本差异正在此思维方式之差异。王国维可以说是试图用西方二元对立思维方式改变中国文学批评的早期代表，其创新性在此，其局限性亦在此。

另外，在《文学小言》中王国维还用较大篇幅谈论了对文学"天才"的认识。其所言说表面上看是用中国的例子来诠释康德的思想，实际上依然是在中西相通处立论的。康德在《判断力批判》中把艺术分为"美的艺术"和"快适的艺术"，前者诉诸人的情感，后者只能引起感官的快感；前者是真正的艺术，而真正的艺术需要天才。天才最显著的特征是独创性、典范性、自然性、艺术性。王国维依据天才的这些特征来衡量，拈出屈原、陶渊明、杜甫、苏轼四人为中国古代最伟大的文学天才。他们最突出的特点首先是"感自己之感，言自己之言"，也就是康德说的"独创性"，至于宋玉、景差等人则是"感他人之所感，言他人之所言"了，因此不是天才诗人。这是借助于西方审美标准来评价中国古代诗人的早期尝试，具有重要示范意义。这里的关键在于，其所选用的康德关于"天才"之"独创性"标准是符合中国传统诗文评的价值标准的，在此意义上这同样是一种"中西融合"的文学阐释。

刘永济（1887—1966）的《文学论》1922年由长沙湘鄂印刷公司出版，后多次印行。作者自述其撰写原则云：

> 昔刘彦和有言："不述先哲之诰，无益后生之虑。"今兹所述，窃取斯义。其有参稽外籍，比附旧说者，以见翰藻之事，时地虽囿，心理玄同，未可是彼非此也。间亦自忘谫陋，妄下己意。以期引申哲诰，黜其曲解，免夫士衡之讥，而远师彦和之意云尔。①

由此可知，总结中国古代文学传统之经验是其立说基础，以西方观点与中国固有思想相互参照是其立说之基本路径，而不存中西古今畛域之见，

① 刘永济. 文学论［M］. 北京：中华书局，2010：4.

平等看待中西学术是其立说之基本立场。对作者而言，无论古今中西，都是他借鉴的思想资源，并无高下优劣之分。他所要做的是对这些资源加以整合融会，然后自出机杼，断以己意，提出属于自己的文学观。他的《文学论》是一部了不起的著作，是中国现代文学理论、文学阐释学的奠基之作。其主要观点莫不参酌中西而成说，现分述如下：

其一，文学的基本特质。刘永济认为，人类一切学术均出于宗教。这是因为宗教有起疑、求真、感乐、慰苦、解纷等功能，后来宗教的起疑、求真功能发展出哲学科学，而感乐、慰苦功能则发展出文学艺术。因此，感乐和慰苦既是文学艺术的两大特性，也是文学艺术的基本功能和产生的原因："质言之，文学由此二特性而成，还以供此二特性之用耳。"① 在具体讨论何为文学、文学的广义与狭义、文学的功用、文学的定义等基本问题时，均兼取中西资料以为理论依据，并无入主出奴、厚此薄彼之弊。例如他对文学的定义："概括言之，则文学者，乃作者具先觉之才，慨然于人类之幸福有所供献，而以精妙之法表现之，使人类自入于温柔敦厚之域之事也。"② 这显然是中西融汇的产物。在此种对文学基本认识的基础上，作者对"文学分类""文学工具""文学与艺术""文学与人生"等具体问题的论述均是如此。

其二，兼取中西阐释路径之学理依据。刘永济力图兼顾中西文学阐释学思想的产生是建立在他对人类文化发展演变规律的把握之上的，有着深厚学理依据，他说："大凡一种民族生存于世界既久，又不甚与他民族相接触，则其文化自具一种特性。及其与他民族接触之时，其固有之文化必与新来之文化始而彼此抵牾，继而各有消长，终而互相影响而融合为一。"③ 这是关于人类文化发展的清醒认知，尤其符合中国文化发展之历史实际。在"五四"前后，少数激进人士颇有主张"全盘西化"者，视中国传统文化如敝屣；也有少数抱歉守阙者，以西方文化为洪水猛兽，相比之下，刘永济的见解是公允而近理的。此后近百年的中国现代文学阐释学的发展亦如

---

① 刘永济. 文学论［M］. 北京：中华书局，2010：8.
② 刘永济. 文学论［M］. 北京：中华书局，2010：20.
③ 刘永济. 文学论［M］. 北京：中华书局，2010：96.

整个社会文化的发展一样，实际上正是"固有之文化必与新来之文化""各有消长，终而互相影响而融合为一"的过程。因此，中国现代文学阐释学与整个中国现代文化一样，既非古代文化自然演变的结果，亦非外来文化的移植，而是一种中外两大文化传统相互激荡、相互融汇的产物。这是一个漫长的过程，自清末民初以来，举凡政治、经济、文学艺术与其他社会人文领域无不带有这种相互激荡、相互融汇的鲜明印记。

其三，文学阐释的文化视角。近数十年以来，在西方后现代主义思潮中产生的形形色色的"文化理论"以及随着大众文化的兴盛而出现的"文化研究"的影响下，在文学阐释方面"文化诗学""文学文化学"等从社会文化角度解释文学现象的方法与视角颇有声势，而刘永济先生早在"五四"时期已经提出了相近的主张。他说："文学者，民族精神之所表现，文化之总相也，故尝因文化之特性而异。今欲研究我国文学，不可不知我国文化之特性，故文化之研究至为重要。"① 这种见解对我们在现代文学阐释学基础上建构当代文学阐释学具有重要参考价值。

四、结语

"五四"的一代学人在文学阐释路径方面的尝试对我们今天的文学阐释学建构有什么借鉴意义呢？概括起来至少有如下几点：

首先，通过对"五四"前后三派学人文学观念的分析我们不难发现，从文化学术的发展沿革角度看，我们处身于其中的传统就是"五四"学人所开创的传统，我们所思考的问题、思考问题所采用的方式以及呈现这些思考的话语形态与他们是息息相通、一脉相承的，他们百年前提出的许多问题至今依然存在着。因此我们的学术研究应该自觉地继承"五四"传统，解决他们提出的问题，在他们的基础上"接着说"。

其次，在对待中国传统文学思想与文学阐释方法方面现代学人积累了许多成功的经验，也有失败的教训，这些对我们同样弥足珍贵。章太炎对

① 刘永济. 文学论［M］. 北京：中华书局，2010：98.

文字的高度重视、刘师培对韵律的特别强调以及姚永朴对古代文体特征的分析对我们今天的古代文学研究具有不容置疑的启发意义。如何利用古代资源发展当代的文学阐释学至今依然是需要解决的难题。章、刘、姚等往往被视为保守、落后思想的代表，实际上他们同样站在现代的立场上寻求建构一种新的文学阐释路径。与他人不同的是，他们更加重视对古代资源的利用，他们所提出的阐释路径主要是针对中国古代文学现象的，并不试图建构一种具有普适性的"文学理论"。例如姚永朴《文学研究法》的"运会"一章，结合社会状况、帝王好尚、学术流变来阐述文学演变之由，是对刘勰《文心雕龙》"时序"篇的发挥，颇多真确之见。此类见解，不独对于我们研究中国古代文学大有裨益，对现当代文学的研究亦颇有借鉴价值。但是他们的尝试也清楚地说明一个道理，那种试图以中国古代文论传统为主体建构当代文学阐释学的思路无疑是缺乏可行性的。

再次，在对待西方文化学术的态度方面现代学人也提供了非常值得参考的经验，尤其是提出了许多值得思考的问题。朱希祖、杨鸿烈等人当年的许多观点给我们良多思考，例如我们是否必须借助于来自西方的"诗学原理"才能有效地整理和研究中国古代的诗学材料？作为学术研究，"保持自己的特色"究竟意味着什么？这是必要的吗？又如，研究古代文论如何才能显现其对今日而言的价值和意义？其恰当的路径究竟是在传统认识论意义上的"追问真相"，还是在现代阐释学意义上的"建构"？在今天看来，他们在探讨这些问题时是有着明显失误的。这说明，完全无视研究对象的独特性，运用西方的学术观点、研究方法来梳理、阐释中国古代文学现象，显然是有问题的。

最后，融会贯通、兼取中西是今日文学阐释学建构的恰当选择。如果说王国维当年在保守势力十分强大的历史语境中提出"学无中西""学无新旧"之说或许有为引进西方文化学术寻求合法性的意味，那么我们今天坚持这样的观点则应该是真正学术研究的正确立场。王国维、刘永济等人的文学阐释思想及其实践雄辩地说明这一观点的正确性。在他们眼中一切学术，无论中西古今，都是其进一步研究问题的思想资源，是前提和基础，他们所致力的是使中西古今文学观中那些有价值的因素融为一体，进而建构起非中非西、非古非今的新的学术传统。这正是鲁迅倡导的"取今复古，别立新宗"的学术精神。这是学术研究之正途，是今日学者应该继承并发扬光大的。

第二节　近代以来中国阐释学初探

自清末民初至 20 世纪五六十年代以来，中国学者在中西文化的碰撞交融中探索阐释之道。章太炎和王国维等人率先结合中西思想阐释中国古典文学，其后以胡适、顾颉刚、李镜池为代表的"古史辨"派，以郭沫若、翦伯赞、侯外庐为代表的马克思主义唯物史观下的阐释，以方东美、唐君毅、徐复观为代表的新儒家阐释等相继涌现，涵盖文史哲各个领域，为中国现代阐释学的建构做了诸多颇具价值的尝试和积累。

一、从章太炎到王国维的文学阐释

自清末民初开始，西学引入中国，中国学者面临着西方文化强势入侵、中国传统文化日益衰败的时代困境。在此背景下，一些学者主张全盘西化而抛弃中国传统，相反一些学者固守中国传统，持文化保守主义，还有一些学者秉持学无中西的文化立场，以平等的眼光看待中西文化，将中西文化共同作为阐释的资源，在中西文化的交流与融合中推动中国阐释学的现代化进程。章太炎、王国维、刘永济、姚永朴等人便是汇通中西的代表，他们结合中西思想阐释中国古典文学，为中国阐释学的现代化发展做了一系列开创性的尝试和积累，为中国阐释学的建构开辟了新的道路。

章太炎

章太炎（1869—1936）是标志着古文学结束、近代国学兴起的代表人物，他的文学阐释具有鲜明的处于转型时期的过渡特征。一方面，他坚守民族主义立场，以文字训诂入手，对中国古典文学作出基于文学观的多方位阐释，颇具复古主义色彩；另一方面，他以近代知识分子的新思维引西入中，将西方近代科学知识运用于中国传统文学的阐释，走向了不同于传统阐释的近代化阐释道路。

（一）基于文学观的多方阐释

章太炎的文学观以文字为本，他提出："文学者，以有文字著于竹帛，故谓之文。论其法式，谓之文学。"[①] 章太炎以文字作为衡量文学的根本标准，反对以文辞的华美、句读、感情等要素界定文学，可见其文学定义的广泛性。出于以文字为本的文学观，章太炎提倡以小学阐释文学："文辞的本根，全在文字，唐代以前，文人都通小学，所以文章优美，能动感情。两宋以后，小学渐衰，一切名词术语，都是乱搅乱用，也没有丝毫可以动人之处。"[②] 在章太炎看来，小学是决定文辞的关键，提倡小学，则文辞恰当，能更为准确地表情达意；若小学衰，则文辞也不成个样子。因此章太炎也多以小学即文字训诂、音韵等方法阐释中国传统文学。如他以文字训诂之学对《周易》八卦卦名进行阐发，在解释乾卦时，他据《说文解字》："乾，上出也"，从"倝"声，而"倝"意为"日始出，光倝倝也"，"倝"语转为晧、暤、昦，"昦"意为"元气昦昦，春为昦天"，"昦"多用来指"天"，故"乾为天"。章太炎以训诂考据的方法进行八卦释名，丰富了《周易》阐释学的研究视角。在对《庄子》的阐释中章太炎也以小学为基本方法，对其中的关键字词进行字形、字义、音韵方面的训释。如阐释《逍遥游》"大浸稽天而不溺"中的"稽"时，先指出"稽"与"诣"通假，同从旨声，继而引《说文解字》的释义："诣，候、至也"，由此证明"稽"释为"至"的原因。值得注意的是，章太炎的文学阐释并不拘泥于小学、考据之学，也多进行义理的阐发。

---

① 章太炎. 国故论衡·文学总略［M］. 上海：上海古籍出版社，2003：49.
② 章念驰编订. 章太炎讲演集·东京留学生欢迎会演说辞［M］. 石家庄：河北人民出版社，2004：8.

　　虽然章太炎秉持的是广义的文学观，以文字为文学的根本属性，但这并不妨碍他对文学的分类和对文体的具体要求。他将"文"分为"成句读文"和"不成句读文"，"不成句读文"包括表谱、簿录、演草、地图等，不能达到"启人思"的效果；"成句读文"可谓之文辞，分为有韵文和无韵文，且"文辞之用，各有体要"。即不同的文体有各自的规范，标准不一。要做到文合体要，就意味着形式要合乎内容，有韵与无韵、骈文与散文的应用都要依据文体的规范、内容的需求。若简单叙述一事则用散文，如《仪礼》《春秋》；若叙多人多事，则多用骈体，如《周礼》《易经》。他进一步提出文能合格谓之"雅"，将文体规范与雅俗问题联系起来。以公牍为例："公牍既以便俗，则上准格令，下适时语，无屈奇之称号，无表象之言词，斯为雅矣。"①公牍这种文体的要求是便俗致用，清楚明白、切合实际地讲述说理，既不浮夸求奇，也不含糊庸俗，如此便做到了"雅"。不同的文体对"雅"的要求也各异，"诗、赋、箴、铭、哀诔、词、曲之属，固以宣情达意为归，抑扬婉转，是其职也。"②对于诗赋一类的文体，做到表情达意便做到了"雅"。由此，章太炎提倡"修辞立其诚"与"发情止义"的诗文创作要求。一方面，文学创作要发于情，抒发自己不得不抒发的真情实感，而非华丽的辞藻堆砌；另一方面，文学创作也要合乎文体规范，遵循法度。章太炎以此标准评价与阐释作家作品，认为桐城派的文章、王渔洋的诗只做到了止乎义，并不是发乎情，因而让人觉得无味无趣；侯方域、魏叔子、黄梨洲、王船山的文章虽是有感而发，却无法度……按此标准，章太炎最推崇魏晋的诗文，他的文学阐释也带有复古主义色彩。他认为魏晋诸家的诗文"其气可以抗浮云，其诚可以比金石，终之上念国政，下悲小己，与十五国风同流"③。魏晋诗文发自真情，既有自身生命之感叹，又有心怀国家之抱负。章太炎对魏晋诗歌的评价体现了他对文学的现实主义精神和政治功用的重视。出于资产阶级革命派的政治立场，章太炎主张文学发挥其政治宣传与教育作用，提倡有助于激励人心、促进革命的

---

① 章太炎. 章太炎的白话文（附录）·文学论略［M］. 贵阳：贵州教育出版社，2001：138.
② 章太炎. 章太炎的白话文（附录）·文学论略［M］. 贵阳：贵州教育出版社，2001：139.
③ 章太炎. 国故论衡·诗辩［M］. 上海：上海古籍出版社，2003：88、89.

"雷霆之声"。这类作品往往具有慷慨激昂、雄浑悲壮之美，如《大风歌》《垓下歌》以及苏武、李陵等人的诗歌，既有作家本人的生活与生命感慨，又有心系国家的悲壮之情。章太炎对此给予高度评价，并肯定优秀传统文学的复兴对民族振兴的积极作用。

（二）引入西方近代科学知识

章太炎处于中西文化激烈碰撞的时代背景下，虽然他主张文学复古，坚定文学阐释的民族立场，但他并不排斥西学，他积极借鉴西方近代科学的相关思想阐释中国文学，促进了文学阐释的近现代转型。他对西学的接受分为前后两个时期，前期他以达尔文的生物进化论和斯宾塞的社会学为主要学习对象，他的《菌说》《訄书》等著作就融合了西方进化论和社会学思想；后期他主要学习与改造以康德哲学为代表的德国哲学。章太炎对西学并不是全盘接受，而是选择性地吸收与借鉴，将其与中国传统文学的阐释结合在一起。章太炎以西方的"平等"思想阐释庄子的"齐物"思想，他指出："《齐物》者，一往平等之谈，详其实义，非独等视有情，无所优劣，盖离言说相，离名字相，离心缘相，毕竟平等，乃合《齐物》之义。"①他认为庄子的平等观超越了之前人和人、人和禽兽平等的局限，实现了人和物的平等，且庄子的平等观体现了真正的平等，即去除是非之心，承认不平等是平等的起源，主张万物顺应自然的发展。章太炎以西学新观念阐释庄子思想，形成了与传统阐释显著的区别。章太炎还以进化论思想阐释《庄子》，如"青宁生程，程生马，马生人，人又反入于机，万物皆出于机，皆入于机"，章太炎将"青宁"释为微生物，将"马"释为空气，认为其体现了古代朴素的进化论思想。此外，章太炎还以近代科学思想阐释《周易》等中国传统文献，也对天命关系、宗教等问题予以近代新思想的阐释，具有鲜明的时代性和融合性特征。

总之，章太炎将西方自然科学与中国古典文学阐释相结合，开辟了文

---

① 章炳麟著，上海人民出版社编. 章太炎全集（六）·齐物论释［M］. 上海：上海人民出版社，1984：20.

学阐释的新思路，推动了文学阐释的现代化。章太炎引进西方思想的前提是坚守民族主义立场，肯定中国传统文化自身的价值，在此基础上对传统进行近现代的转换，以便构建具有中国特色的现代化阐释道路。

王国维

王国维处于中西思想文化交汇的时代节点，他在接受西方文化的学习后，以现代化的崭新眼光阐释中国古典文学。王国维在坚守和挖掘中国传统文论资源的基础上，以平等开阔的视野寻求中西方文化的共通性，借鉴与融合西方哲学美学思想和方法，对中国古典文学作出新的阐释，由此推动了中国阐释学的现代化发展。他在《〈红楼梦〉评论》《人间词话》《宋元戏曲史》等著作中以现代化的阐释方法和视野发掘《红楼梦》、中国古典诗词、戏曲的新内涵，这些著作也是他兼取中西、中西化合的代表。

（一）西方哲学美学方法——《〈红楼梦〉评论》

王国维是最早一批学习西方并将西学运用到中国文学研究的学者。他汲取西方现代知识，主要是康德、叔本华、尼采等人的哲学和美学思想，开拓了中国古典文学研究的新视野。其中最为突出的是他以西方哲学美学方法对《红楼梦》的阐释。在1904年发表的《〈红楼梦〉评论》中，王国维批驳了以考证阐释《红楼梦》的方法，认为流行的"述他人之事"和"作者自写其生平"的两种说法都是不当的，因"美术之所写者，非个人之性质，而人类全体之性质也"的考证之法将人类全体的性质置于个人事实之下，进而作历史的研究，忽略了文学艺术的特性。王国维从哲学和美学角度出发，结合叔本华的哲学美学思想，阐释《红楼梦》中的人生本质、悲剧、解脱等问题，为《红楼梦》开启了一条以西释中、中西结合的阐释之路。王国维对《红楼梦》的阐释主要集中在两个问题上，一是关于《红楼梦》的主题思想即《红楼梦》的伦理学价值，二是关于《红楼梦》的悲剧问题即《红楼梦》的美学价值。王国维指出，生活的本质就在于欲望，而只有"美术"才能解除欲望带来的苦痛，因其"超然于利害之外"。《红楼梦》的精神便在于摆脱欲望的解脱之道，这也是其伦理学价值所在。此外，王国维依据叔本华的悲剧思想，提出《红楼梦》是"彻头彻尾之悲剧"的观点。他认为中国传统戏曲小说都带有乐天色彩，因此结局大多欢乐圆满，如《牡丹亭》的返魂、《长生殿》的重圆，而只有《红楼梦》真正具有厌世解脱的精神且描写宇宙人生之事，因此《红楼梦》是一部真正的悲剧。王国维借鉴西方哲学和美学思想阐释《红楼梦》无疑拓宽了其阐释视野，将文学阐释带入了新的境界。但同时值得思考的是，王国维以西方悲剧理论来衡量中国古典文学作品是否忽略了中国自身的精神传统与悲剧意识？中国的悲剧是否应有别于西方悲剧概念的特征？王国维以西方哲学美学理论为基础的阐释具有尝试性、开拓性，同时也具有些许牵强之处，甚至带有"强制阐释"的倾向。

（二）兼取中西——《人间词话》

相较于《〈红楼梦〉评论》以西释中的阐释模式，王国维在 1908 年创作的《人间词话》可谓是突破了西方理论的桎梏，回归中国传统，将中国传统文论话语与西方文论思想相结合，从而实现中西化合。正如叶嘉莹所言："《人间词话》则是他脱弃了西方理论之拘限以后的作品，他所致力于的乃是运用自己的思想见解，尝试将某些西方思想中之重要概念融汇到中国旧有的传统批评中来。"[①]一方面，王国维吸收康德、叔本华和尼采等人的哲学和美学思想，如他汲取康德优美和崇高的美学思想，提出"优美"与"宏壮"两种不同的境界；他引用尼采的血书论阐释李煜的词，谓其"真所谓以血书者也"。另一方面，王国维虽受到西学影响，但他的阐释仍立足于中国传统文化本身，是中国传统文论的延续，如他以"气象"评李白之诗、以"骨秀"评韦端己之词、以"神秀"评李重光之词……"气象""骨""神"等都是中国传统文论范畴；他还引用严羽《沧浪诗话》的"兴趣"说和王世祯的"神韵"说等传统诗论，在其基础上阐发自己的"境界"说。可见王国维对诗词的品评与阐释是兼取中西理论且以中国传

---

① 叶嘉莹. 王国维及其文学批评［M］. 石家庄：河北教育出版社，1997：185、186.

统为本的现代化尝试。

具体来看，王国维在《人间词话》中以"境界"为核心对大量诗词予以阐释，在中西融合的尝试中表现出了多种具有借鉴价值的阐释思路和范式。首先是他的"境界"说。王国维在《人间词话》的开篇便提出："词以境界为最上"，将境界作为评判词的优劣的标准。继而在对境界的分类与解释中展开对各代诗词的阐释，包括造境和写境、有我之境和无我之境、大境界和小境界、三种境界等，并以此品评具体的诗词，将各代各派的诗词都纳入"境界"这一核心范畴下进行阐释。其次是对创作主体人格的强调，肯定作家的人格和作品的风格具有一致性。王国维指出"一切境界，无不为诗人设"，强调创作主体作为源头的重要性，并提出了对创作主体人格的要求，从人格的角度阐释诗词。他认为词人要怀有"赤子之心"，表现真性情，如李煜，阅世浅而性情真。除了表现"真"，王国维认为词人还要具有高尚的人格，没有高尚伟大的人格就没有高尚伟大的作品。他指出屈原、陶渊明、杜甫、苏轼即使没有文学上的成就，他们的人格亦能名垂千古，苏轼和辛弃疾豪旷的词风也正与他们广阔的胸襟相关。最后是引进二元对立思维。"天人合一"素来是中国传统的思维方式，传统阐释也一向以物我合一、主客交融为基本特征。王国维受西学的影响，将二元对立的思维方式引入中国文学阐释，认为"景"和"情"是文学的二原质，将"景"和"情"分而论之。"景"是客观的、知识的，"情"是主观的、感情的，二者成反比例关系，即客观的知识越少，体物越深。王国维主客体二元对立的阐释方法是对传统的物我一体阐释思维的挑战。

总之，王国维在汲取中西方理论资源的基础上展开对中国古典文学的新阐释，树立了中西方平等交流与融合的典范，为近现代阐释学的发展做出了开创性的贡献，他的许多阐释思想仍对当代有重要的影响。

二、"古史辨"派的文学阐释

"古史辨"派是中国 20 世纪 20 年代兴起的以"疑古辨伪"为主要特征的学术流派，以顾颉刚、胡适、钱玄同等为主要代表。其影响超越了史学范围，涉及文学领域。自 1923 年顾颉刚发表《与钱玄同论古史书》，正式提出"层累地造成的中国古史"说，引发了史学界关于古史的热烈且持久的论战，到1926年集结成《古史辨》第一册一书，标志着"古史辨"派逐渐形成。其后从1926年到1941年间，讨论持续不断，并被陆续编纂成七册书，包含了350篇文章，共325万余字，可见"古史辨"运动的盛行一时。

"古史辨"运动的兴起有其特定的时代背景，一方面，胡适、顾颉刚等人受到西方科学主义精神的影响，吸收西方先进的思想观念，用现代化视野和精神推翻迷信与附会之说；另一方面，他们吸收自宋代以来就逐渐形成的"疑古辨伪"的精神以及清代乾嘉学派考据的方法，再加上新文化运动"民主"与"科学"思潮的兴盛，推动他们打破传统的束缚，解构经典阐释学，以新的思想和方法阐释经典。"古史辨"派主张以大胆的怀疑精神重新审视经典，以历史的眼光和追根溯源的考证重新解读经典，推动了现代意义上阐释学的建立，其研究方法对我们今日的文学阐释仍有启发与借鉴价值。但值得注意的是，"古史辨"派的思想方法存在矫枉过正的弊端，出现了疑古过甚、过度阐释等问题。

胡适

胡适（1891—1962）是古史辨派创立时期的主要成员之一，他提出的"整理国故"和"疑古辨伪"的思想主张对古史辨派的形成和发展起了重要的推动作用。更为重要的是，胡适在其思想的指引下形成的科学实证、历史演变、作者研究等阐释方法，对当时乃至今日的文学阐释都有重要的启迪与引领作用。胡适本人十分推崇方法尤其是科学方法的应用，他在自传《我的歧路》中提到："我这几年的言论文字，只是一种实验主义的态度在各方面的应用。我的唯一的目的是要提倡一种新的思想方法，要提倡一种注重事实、服从证验的思想方法。古文学的推翻，白话文学的提倡，哲学史的研究，《水浒》《红楼梦》的考证，一个'了'字或'们'字的历史，都只是这一个目的。"[①]胡适运用这种科学实证的方法对中国经典的

---

① 胡适著，欧阳哲生编. 胡适文集（第三集）·我的歧路［M］. 北京：北京大学出版社，1998：365、366.

文学作品如《诗经》《红楼梦》《水浒传》等作出大胆又严谨的阐发。胡适思想与方法的形成深受西方近代科学精神与方法的影响，如赫胥黎的存疑主义、杜威的实验主义、达尔文的进化论等。由此胡适在中国清代朴学等传统治学精神的基础上作出新的阐释，形成了极具科学与怀疑精神的阐释思路与方法，为中国文学提供了重要的阐释学资源。

（一）"大胆的假设，小心的求证"的科学实证法

胡适在《介绍我自己的思想》中曾说："我的思想受两个人的影响最大：一个是赫胥黎，一个是杜威先生。赫胥黎教我怎样怀疑，教我不信任一切没有充分证据的东西。杜威先生教我怎样思想，教我处处顾到当前的问题，教我把一切学说理想都看作待证的假设，教我处处顾到思想的结果。这两个人使我明了科学方法的性质与功用。"[1] 胡适在赫胥黎的"存疑主义"和杜威的"实验主义"的影响下，逐渐形成了自己"大胆的假设，小心的求证"的科学实证法，并将这种方法运用于对中国古代经典作品的解读上，尤其体现在他对《诗经》的阐释中。

胡适在 1925 年的一次演讲中曾提到关于《诗经》研究方法的问题，指出了《诗经》研究的两条路径：一是训诂，二是解题。训诂即"用小心的精密的科学的方法，来做一种新的训诂功夫，对于《诗经》的文字和文法上都从新下注解。"[2] 解题即"大胆地推翻二千年来积下来的附会的见解，完全用社会学、历史的、文学的眼光从新给每一首诗下个解释"[3]，这正是"大胆的假设，小心的求证"的方法在《诗经》阐释上的运用。首先胡适认为要在《诗经》字词句上进行细致严密的考证，胡适于 1911 年创作的《诗经'言'字解》对于"言"字的考证，以"从经入手，以经解经，参考互证"的方法，归纳出"言"字在《诗经》中的三种含义。此外，胡适还考证过《诗经》中的"于""青""以"等字。除了科学的训诂，胡适

---

① 胡适. 胡适全集（第四卷）［M］. 合肥：安徽教育出版社，2003：658.
② 胡适. 胡适文集（第十二集）［M］. 北京：北京大学出版社，1998：14.
③ 胡适著，欧阳哲生编. 胡适文集（第十二集）［M］. 北京：北京大学出版社，1998：14.

对《诗经》的许多诗篇都做了全新的阐释，大胆推翻了传统的主流阐释。如《关雎》篇的主旨，《毛诗序》将其阐释为"后妃之德也"，胡适则认为这是一首求爱诗；再如《葛覃》篇的主旨，《诗集传》阐释为"后妃所自作"，胡适提出新解"描写女工人放假急忙要归的情景"，此阐释虽大胆新颖，却忽视了社会历史背景，难以让人信服，有过度阐释的倾向。

胡适一方面搜集大量的历史文献，进行精密的考证，另一方面大胆怀疑，以主观的推测赋予传统文献以新的解读，提供了两条截然不同又相辅相成的阐释思路。

（二）历史演变法

胡适受到达尔文进化论思想的影响，提出了"历史演变法"的阐释方法，并将之运用到对《水浒传》《三国演义》《诗经》等作品的解读中。"历史演变法"即用历史演进的考证方法阐释文学作品，用历史的方法研究古代小说的生成和发展。在1920年的《〈水浒传〉考证》这篇文章中，胡适首次用历史演进的方法阐释《水浒传》，经过他大量的考证，提出"《水浒传》乃是从南宋初年（12世纪初）到明朝中叶（15世纪末）这四百年的'梁山泊故事'的结晶。"[①] 认为《水浒》的故事是宋、元、明人发挥宿怨的地方，《水浒》随历史的演进被赋予不同的故事情节与主旨。此外，胡适还以历史演进的观念提出"琐碎细节"的添加正是文学进步的表现，由此提出《水浒》优于《史记》和《宣和遗事》。胡适以同样的方法对《三国演义》和《西游记》进行考证，提出其都是经过几百年的积累才成书的。

胡适用历史的眼光阐释《诗经》，认为《诗经》经过长期的流传与演变，早已丧失本来面目，被奉为经典，胡适主张还原《诗经》"古代歌谣的合集"的本来面目。此外，胡适通过对《诗经》学从汉代到清代的考证，认为《诗经》学一直在向前发展，体现了着眼于历史演进的考证方法。这种阐释方法着眼于文学作品在历史进程中的生成与演变，重视对文本本身

---

① 胡适著，李小龙编. 中国旧小说考证［M］. 北京：商务印书馆，2014：23.

的考证。胡适提供了一种大有裨益的阐释方法。

（三）作者研究法

除了上述两种阐释方法，胡适还开辟了一条"作者研究"的阐释路线。胡适在阐释《红楼梦》时，将重心放在对曹雪芹身世和家世的考证上，采取"作者研究"的阐释方法，得出《红楼梦》是曹雪芹的自传、贾宝玉就是曹雪芹的结论。他也因此被称为"曹学"与"新红学"的奠基人。

胡适在 1921 年的《红楼梦考证》改定稿中，指出要打破关于《红楼梦》的种种牵强附会之学，而要根据可靠的材料考证书的作者、时代、本子等问题，并从"著者"这一问题入手，从袁枚的《随园诗话》曹练亭"其子雪芹撰《红楼梦》一书"中得知曹雪芹是曹寅之子，后由《昭代名人尺牍小传》《扬州画舫录》《有怀堂文稿》《丙辰札记》《陈鹏年传》《江南通志》《四库全书提要》《雪桥诗话》《八旗人诗抄》等，考证曹雪芹本人的身世和家世，并提出《红楼梦》是曹雪芹的自叙，证据如下：一是《红楼梦》开端写道"将真事隐去，而借'通灵'说此《石头记》一书也"；二是《红楼梦》第一回说道"按自己的事体情理""半世亲见亲闻"；三是第十六回提到的甄家接驾四次一事正与曹寅接驾四次相吻合；四是将荣国府与曹家的世系对比，贾宝玉便是曹雪芹；五是曹雪芹的历史与他家的历史正和书中贾宝玉的流落与贾家的衰败相一致。由此胡适得出关于著者的六条结论，其中一点便是"《红楼梦》是一部隐去真事的自叙：里面的甄、贾两宝玉，即是曹雪芹自己的化身；甄、贾两府即是当日曹家的影子。"①胡适的作者研究法大大提高了作者在文学阐释中的地位。

---

① 胡适. 红楼梦考证［M］. 北京：北京出版社，2015：10-12.

顾颉刚

顾颉刚（1893—1980）是古史辨运动的核心人物，他的思想与方法深受老师胡适先生的影响，以疑古的态度和考证的方法为核心，并在自身思考与研究的基础上逐渐形成了独特的研究方法。1923 年顾颉刚在《与钱玄同先生论古史书》一文中大胆提出"层累地造成的中国古史"说，包含三方面的内容：时代愈后，传说的古史期愈长；时代愈后，传说中的中心人物愈放愈大；我们在这上即不能知道某一件事的真确的状况，但可以知道某一件事在传说中的最早的状况。[①] 在此史观的影响下，顾颉刚主张破除经典阐释学的束缚，还原典籍的本来面目，以科学的历史的眼光重新审视文本，并引入多学科的研究方法，在比较和互证中进行现代的、多维度的阐释。

（一）去经典化阐释，回归文本

以顾颉刚为首的古史辨派以"疑古辨伪"为主要旗帜，以还原真实历史为目的，因此在文学阐释方面也主张追根溯源，还原作品的本来面目，回归文本作阐释。顾颉刚称"今日所以能彻底的辩论古史，全是没有崇拜圣人观念之故。"[②] 即主张破除对传统、经典、权威的迷信。在《古史辨》第三册的《自序》中他也指出："于《易》，则破坏其伏羲、神农的圣经的地位而建设其卜筮的地位，于《诗》，则破坏其文武周公的圣经的地位而建设其乐歌的地位。"[③] 即要恢复《易》作为卜筮之书和《诗》作为乐歌的本来面目，对《易》和《诗》作去经典化阐释。如此，顾颉刚采取先破后立的阐释模式，首先是打破古书的神圣地位，冲破传统阐释学的藩篱，进而恢复其本来客观面目，以科学的方法和求真的态度重新阐释《诗经》

[①] 顾颉刚. 古史辨（第一册）·与钱玄同论古史书［M］. 上海：上海古籍出版社，1982：63.

[②] 顾潮编著. 顾颉刚年谱［M］. 北京：中国社会科学出版社，1993：101.

[③] 顾颉刚. 古史辨（第三册）·古史辨·自序［M］. 上海：上海古籍出版社，1982：1.

《尚书》《周易》等文献。

以《诗经》为例，《诗经》经由历代的阐释，以经解诗成为《诗经》阐释的基本范式。自"孔子删《诗》说"到汉儒以"美刺"说诗，《诗经》的经典化地位不断确立与巩固。《诗经》的阐发被限定在政教的范围内。顾颉刚试图把《诗经》从这种神圣地位和约束的阐释中解放出来。一方面，顾颉刚批判传统《诗经》学对《诗经》本意的歪曲，否认孔子删诗说，破除汉儒把《诗经》当作"经"而非"诗"的传统经学观念，主张打破《毛诗序》的牢笼，以文学的眼光阐释《诗经》；另一方面，顾颉刚主张恢复《诗经》的本来面目，还原其民间歌谣的性质，回到其产生的特定历史背景，进而探究其文学艺术价值。顾颉刚的去经典化阐释方法不仅打破了传统阐释学的观念，解构了经典权威，直接面向文本，更促进了文本的开放性和阐释的多样化。

（二）多学科的考证法

在去经典化阐释的基础上，顾颉刚以考据为主，引入社会学、民俗学、人类学、文化学等多学科的思维与方法，对传统文献进行跨学科的解读，以还原文献的本来面目，为文学阐释打开了新的视野。最为典型的案例便是顾颉刚从民俗学和社会学的角度阐释《诗经》。首先，顾颉刚认为《诗经》所收录的全是乐歌。胡适曾提出《诗经》是一部歌谣总集的观点，顾颉刚在《从〈诗经〉中整理出歌谣的意见》和《论〈诗经〉所录全为乐歌》等文中对诗经的性质作了更为确当详细的考证与解释，从春秋时的徒歌、《诗经》本身、汉代以来的乐府、古代流传下来的无名氏诗篇四个方面论述《诗经》所录全为乐歌。并以民间歌谣作为比较材料，还原被曲解的《诗经》的本意。如《毛师传》将"关关雎鸠，在河之洲"解释为"挚而有别"，顾颉刚则认为这只是个比兴，与儒家思想无关，他引用苏州的歌谣来证明：

> 萤火虫，弹弹开，千金小姐嫁秀才。
> 南瓜棚，着地生，外公外婆叫我亲外甥。

一朝迷露（雾）间朝霜，姑娘房中懒梳妆。①

前后两句在思想内容上毫不相关，只是起开头、押韵的作用；顾颉刚还以苏州民歌阐释《野有死麕》，认为末几句并无拒绝之意，只是普通的情诗，与"礼"等圣贤之理无关。因此顾颉刚指出以民间歌谣作对比解释《诗经》，可以破除附会的旧解，还原其本来面目。此外，顾颉刚以古文字学和古文法学等方法研究《尚书》，也为《尚书》创造了新的阐释思路。顾颉刚引入多学科的方法重新审视与考证传统文献，不仅是去经典化阐释思路的延伸，也为比较研究、学科交叉研究开拓了新的视野。

（三）诗史互证法

"诗史互证"的阐释方法由来已久，虽不是顾颉刚的独创，但他在"层累地造成的中国古史"观的指引下，将历史演进的观念与看故事的眼光融入其中，对"诗史互证"法作了新的阐发与应用。

一方面，顾颉刚用《诗经》验证历史。顾颉刚将《诗经》从汉到今的研究分为三期，分别为汉、宋、现在，"第三期是现在我们把历史观念和伦理的观念分开了，我们读《诗经》时并不希望自己在这部古书上增进道德，而只想在这部古书里增进自己的历史智识。"②可见，顾颉刚十分重视《诗经》的历史价值，将《诗经》作为史料进行研究，甚至想做一部《诗经》中的古史。如他在《与钱玄同论古史书》一文中就大量引用《诗经》各篇材料，且由此触发了他对"禹"的研究以及"层累说"的诞生。另一方面，顾颉刚用历史验证《诗经》。顾颉刚的创新之处在于他在历史演进的观念和"层累的造成的古史观"的指导下，注重《诗经》和史料的演变，不仅对史料进行真伪考辨，也要追根溯源，同时将阐释置于特定的历史背景下，将文学性和历史性融合起来。

---

① 顾颉刚著，钱小柏编. 顾颉刚民俗学论集［M］. 上海：上海文艺出版社，1998：21、22.
② 顾颉刚. 古史辨（第三册）·顾颉刚重刻诗疑序［M］. 上海：上海古籍出版社，1982：410.

李镜池

李镜池（1902—1975）曾师从顾颉刚，是古史辨派代表人物之一，也是古史辨派中唯一一位终生专注于易学研究的学者。他的易学研究始于古史辨运动兴起与强势的 20 世纪二三十年代，在古史辨疑古辨伪、思想解放的潮流下，李镜池既吸收前人的易学研究成果，又不盲从经典权威，秉持大胆怀疑与科学求真的态度探索《周易》，提出了一系列新颖独到的问题与观点，对易学研究做出了历史性的贡献。在此过程中，李镜池不仅提供了对《周易》成书时代、作者、内容、性质等问题的具体观点，更于其中呈现了极具价值的易学方法论。李镜池也强调研究方法的重要性："关键是在于用什么观点和方法去研究它，观点方法正确，就可以理解，就可以看到它的价值。观点方法不正确，如封建社会士大夫把它作为宣传伦理礼教的工具，那就永远不能理解……"[①]李镜池在古史辨派科学实证的方法论和历史演变的思想的影响下，打破传统的易学阐释模式，采取历史唯物主义方法、经传分观、轻卦画等方法和态度解读卦爻辞，试图还原《周易》的本来面目。

（一）历史唯物主义的方法

李镜池主张以历史唯物主义的方法研究《周易》，因为《周易》中的卦爻辞很多都是当时社会生活、重大历史事件的记录，所以想要读懂《周易》就必须要联系当时的社会背景，采取历史的方法，以历史唯物主义理论为指导，把《周易》放到特定的历史条件下理解与阐释。他认为历代的很多解易者只是按照自己时代的要求为《周易》注解，甚至借此进行伦理道德宣传，根本不符合原意，致使《周易》的本来面目被掩盖得越来越深。李镜池以历史唯物主义的方法阐释卦爻辞，如《归妹·上六》爻辞"女承筐，无实，士刲羊，无血。无攸利。"《小象传》以爻位说将其解释为"上

---

① 李镜池.《周易》简论［J］. 华南师院学报（哲学社会科学版），1980（4）：76.

六无实，承虚筐也。"李镜池则引入《仪礼》和《少年馈食礼》的相关记载，判断当时的习俗和制度，认为妇女的奉筐里没有东西，宰羊无血说明这不是现实，而是梦境，此爻与恶梦相对应。除此之外，《周易通义》中还有大量联系历史史实解读卦爻辞的例子，李镜池打破了传统易学以义理解易、象数解易的模式，联系历史史实，还原《周易》记载的真实情况，为易学阐释学提供了一种更为客观求实的阐释方法。

（二）经传分观

传统易学遵循"以传解经"的阐释路径，将《易传》视为对《易经》本意的阐释，将《易传》的解释视为权威，又在对《易传》的阐释中加入自身时代的思想，致使离《易经》的本意越来越远。在李镜池看来，经与传虽有联系，但二者有着本质的区别。区别之一在于二者的成书年代不同，因此二者所反映的时代观念和思想也是不同的；区别之二在于经和传的性质不同，《易经》是占筮之书，而《易传》是哲学之书，二者的思想具有差异性。因此李镜池认为不能根据《易传》阐释《易经》，"不要以为'传'所说的就是'经'所本有"①。他主张将经和传分离，把它们放到各自的时代理解它们各自的思想，探究《易经》的本意。李镜池对卦爻辞的阐释脱离了《易传》和传统易学阐释的束缚，采用考据、历史等方法，对《周易》作出新的阐发。如对于乾卦卦辞"元亨利贞"的阐释，《文言传》将其阐释为"善之长、嘉之会、义之和、事之干"，即四种美德。而李镜池认为"元亨利贞"为卜筮用语，将"元"释为"大"，将"亨"释为"亨通"，将"利"释为"利于"，将"贞"释为"卜问"。可见，李镜池在阐释卦爻辞时抛开了《易传》的影响，经传分观，走向不同于"以传解经"的阐释路径。

---

① 李镜池. 周易探源［M］. 北京：中华书局，1978：159.

（三）轻卦画

与历史唯物主义和经传分观的方法相一致的是李镜池对于卦画的排斥。李镜池认为卦不过是一种符号，与卦爻辞的内容并无联系，"但我以为或许是用著草做占卜时偶然的发明……这些图式之构成，起初是没有意义的。"[①]卦画也不过是编纂者将散漫的筮辞归聚为整体而用的一种方法，与编纂字典所用的干支字母一样。由此，卦画与卦爻辞之间并无内容上的关联，且性质不同。李镜池认为《易传》以爻位对应封建伦理等级关系尽是胡谈，这与他经传分观的思想相贯通。所以李镜池认为在阐释卦爻辞时要撇开卦象不谈，而要从卦爻辞本身的内容入手，联系当时的时代进行还原阐释。李镜池将卦爻辞按内容分类，在《周易探源》中将其分为物质生产、社会生活和科学知识，在《周易通义》中又将其细分为专业、政治、军事战争、行旅、家庭、行为修养等专卦。李镜池按卦爻辞所讲内容以及历史史实进行阐释，如大畜、小畜，李镜池认为这两卦说的是农业、畜牧业的生产，从农业生产的角度对各爻阐释，而《易传》则从卦位、卦德来阐释，这两卦被释为蓄德和养贤，蒙蔽了卦爻辞的本意。

除胡适、顾颉刚、李镜池等人外，钱玄同、钱穆、吕思勉、罗根泽、童书业、高亨等人也积极参与了这场学术运动，为《周易》《诗经》《尚书》《老子》《论语》等文献的阐释贡献了方法论意义上的新见。总的来说，"古史辨"派在中西方思想交流融合的背景下以疑古精神破除迷信和权威，引进西方现代化的方法对文学经典进行再阐释，致力于揭开作品的真实面目，并于此过程中提供了多种具有现代性特征的阐释思路和方法。在取得独特成就与影响的同时，"古史辨"派也不可避免地受到时代局限性的影响，存在种种不足之处。他们秉持"宁可疑而过，不可信而过"的态度，武断地否定了许多有价值的文献与成果，对文献的阐释也存在大量狭隘与荒谬之处。因此我们要辩证地看待"古史辨"派阐释的得失，以推动当代阐释学的建设。

---

① 李镜池. 周易探源［M］. 北京：中华书局，1978：63.

三、马克思主义唯物史观下的阐释学

马克思主义自 19 世纪末、20 世纪初传入中国，并于十月革命后开始广泛传播。李大钊最早将马克思主义引入史学领域，于 20 世纪 20 年代开始致力于阐释并传播唯物史观，开拓了历史研究的马克思主义方向。20 世纪三四十年代涌现了第一批马克思主义史学家，他们在唯物史观的指导下，将马克思主义理论与中国历史的具体问题研究相结合，形成了马克思主义史学研究的诸多成果。最具代表性的便是中国马克思主义史学"五大家"：郭沫若、范文澜、翦伯赞、吕振羽和侯外庐。他们不仅在史学领域贯彻唯物史观的立场和方法，且将其与文学研究相结合。在唯物史观的指导下，马克思主义者注重从社会历史发展的角度阐释文学作品，将作品置于特定的历史背景中，肯定客观现实生活对文学的决定作用，同时以文学能反作用于社会的观念对文学的史料价值、社会价值进行挖掘，采取辩证的方法，以群众观点作为重要的阐释标准，为中国古典文献的阐释提供了以唯物史观为基础的方法论。虽然他们都坚持马克思主义立场和方法，具有学术共性，但五人在具体方法与观点上又不尽相同，有各自的特性。在文学阐释领域，郭沫若、翦伯赞、侯外庐的阐释方法和标准更具代表性和开创性。

郭沫若

郭沫若（1892—1978）是中国马克思主义史学的开拓者，也是将马克思主义唯物史观运用到中国古典文学阐释的先行者。在 1927 年第一次国内革命战争失败后，学术界关于中国社会的性质、历史以及马克思主义的合理性等问题展开了激烈的论战，针对一些人鼓吹中国历史上没有真正意义上的奴隶社会、中国国情特殊、马克思主义不适合中国等论调，郭沫若以马克思主义理论研究中国古代社会，从《诗经》《周易》《尚书》等中国传统文献入手，对其进行唯物史观的分析。在马克思主义唯物史观的指导下，郭沫若从社会历史发展的角度将文献置于特定的历史背景之中，结合多种学科方法对文献进行严密、多方位的考据，并以人民的标准和社会的价值等尺度对文献进行解读与评判，将唯物史观与中国传统文学研究相结合，为中国古典文献的阐释提供了开创性的方法和思路。

（一）回溯时代背景的社会史方法

郭沫若在马克思主义唯物史观的指导下，主张将文学作品放置于特定的时代背景中去考察与解读。依据马克思主义唯物史观的基本观点，社会存在决定社会意识，文学作为社会意识正是对社会现实的反映。因此郭沫若的文学阐释注重挖掘作品产生的时代背景，从社会发展的角度把握作品内涵。从这个意义上说，文学作品也具有史料价值和社会价值，它在一定程度上记载社会历史，也以它的能动性和创造性影响社会。正如郭沫若所说的："文学是社会现象的经过创造过程的反映；反过来，社会要受到文学的创造性的影响而被塑造。"[①] 由此，郭沫若一方面将文学看作时代的产物，还原作品产生的时代背景进行阐发；另一方面郭沫若充分挖掘文学作品的史料价值和社会价值，以诗证史，强调文艺的政治作用。

郭沫若在《中国古代社会研究》一书中阐释《周易》时，以"《周易》时代的社会生活"为题，通过分析表现现实生活的文句揭开它"神秘的衣裳"，即让《易经》自己讲《易经》。郭沫若从生活基础、社会结构、精神生产三个方面展开对《周易》还原式的分析与阐发，并得出《易经》"是由原始公社社会变成奴隶制时的社会的产物"[②] 的结论。同样，郭沫若在阐释《诗经》时也从社会历史的角度探究其内涵，通过对诸多篇章所反映出的农业、宗教等状况的考察，判定《诗经》是由原始公社制转向奴隶制再转向封建制时代的产物，这也为历史研究提供了新的观点，做到了文学研究和史学研究的融合与互进。正因文学的时代性和现实性，郭沫若强调文学的社会价值和政治功用，以是否促进社会政治的发展为重要的文学价值判断标准。

---

① 文学与社会［N］. 文汇报，1956–10–1.
② 郭沫若著，郭沫若著作编辑出版委员会编. 郭沫若全集·历史编（第一卷）·中国古代社会研究［M］. 北京：人民出版社，1982：69.

（二）学科融合基础上的文献考证

既然郭沫若将中国古典文学作品当作重要的史料来源，那么材料的真实性和原初性就成为了不可避免要研究的内容。正如他本人所说："材料不真，时代不明，拢统地研究下去，所得的结果，难道还能够正确吗？"[①] 于是在此后的研究中，郭沫若遵循唯物史观的指导原则，秉持客观求实的态度并结合多种方法、融合多种学科开展对文献的考订，并在此基础上阐释文学作品。

首先是对字词的考证，他采取训诂学、音韵学、文字学等考据方法对字词进行词源学的探究。如《胡笳十八拍》的"拍"字，历来有不同的解释，如"节拍""拍弹"等，郭沫若认为这与当时胡汉民族融合的历史背景有关，并推断"拍"是古匈奴语。经过郭沫若自身对音韵、训诂的研究以及向包尔汉和冯家昇的请教，他得出"拍"字是古匈奴语"首"字译音的结论。其次是对文献版本的考证，打破了版本迷信。郭沫若认为古籍在各代的流传过程中会出现部分遗失和误抄的问题，因此他主张活用材料，重视对古籍的校订。他将出土文献和传世文献相结合，采用考古学、文献学等多学科的方法对作家身世、作品年代与版本等问题进行了严密科学的考证，取得了显著的成就。最后是郭沫若对医学知识的引入。他曾在日本修习医学，掌握丰富的医学知识。他擅于以医学阐释文学作品，如《红楼梦》第二十五回"魇魔法姊弟逢五鬼"中，赵姨娘与马道婆施法害贾宝玉和王熙凤，郭沫若对这一情节以医学知识加以阐释，"王熙凤和贾宝玉实际上得了斑疹伤寒，是通过接触秦钟或水月庵的智能儿感染上的"[②]。给这一为后人所诟病的迷信情节以科学合理的阐释。郭沫若多学科交叉的考证法不仅为具体的文献字词、版本等问题作了解答，更为文学阐释树立了科学求真的态度，提供了更为丰富和综合的阐释方法。

---

① 郭沫若. 海涛集·我是中国人［M］. 上海：新文艺出版社，1951：118.
② 郭沫若.《红楼梦》第二十五回的一种解释［J］. 文艺月报，1957（3）：13-18.

（三）人民本位的阐释标准

在唯物史观的指导下，顾颉刚的文学阐释以人民本位为基本立场，以群众观点为重要评判标准。"今天衡定任何事物的是非善恶的标准，便是人民立场——要立在人民的地位上衡量一切。我们要坚决这人民立场，严格地把握着人民本位的态度。举凡有利于人民的便是善，有害于人民的便是恶。"[1]以人民为本位的立场在他的阐释中主要体现在两点：一是对文学作品中被压迫被剥削的劳苦大众的分析，表达出同情的态度，为人民发声。如他分析《诗经·七月》等作品时，描绘农夫一年四季每天的生活，认为农夫处于被压榨剥削的奴隶地位，不仅要干农活，还要做工事、供徭役，而贵族则是榨取阶级，以人民为本位的阐释发展为对于阶级的分析。二是郭沫若以人民的立场评价作家与作品的好坏。如他坚持尊儒反墨的主张，他认为儒家以"仁"为核心，以"仁者爱人"为主张，是以人民为本位的，值得肯定；而墨家极端专制，仍将人民当作奴隶，以君主为本位，不民主，反人性。郭沫若还以人民的立场肯定屈原、苏涣等人的反映人民疾苦的作品。此外，本着人民本位的立场，郭沫若大力提倡民间文学，肯定民间文学对中国文学的推动作用。

总之，郭沫若以马克思主义唯物史观的方法，为中国古典文学的阐释提供了多种有价值的方法与标准。但其中也存在一些不合理之处，如对社会价值的夸大而相较之下对艺术价值的忽视，对民间文学的重视而相较之下对主流文学的忽略，以阶级分析作家作品而造成的偏失……局限性和偏颇性不会掩盖郭沫若文学阐释的创造性和伟大成就。在他的开创下，翦伯赞、侯外庐等人也步入唯物史观阐释之路。

翦伯赞

翦伯赞（1898—1968）是著名的马克思主义史学家，在 20 世纪三四十

---

① 郭沫若：坚定人民的立场［N］. 解放日报，1946-7-23.

年代马克思主义史学的建设中做出了巨大贡献。他的《历史哲学教程》
（1938）、《中国史纲》（1943）等著作以马克思主义基本立场和方法研究中
国历史，宣扬唯物史观。翦伯赞除了历史研究，在文学阐释上也是造诣颇
深，他以历史唯物主义的方法对中国传统小说、戏剧等进行历史主义的、
现代意义上的阐释，为中国阐释学的建设提供了具有时代特色的资源，对
当下的阐释学发展仍有启发意义。

（一）唯物史观下的经济分析

依据唯物史观的基本观点，经济基础决定上层建筑，经济在社会发展
中起着决定性的作用。在唯物史观的指导下，翦伯赞十分重视社会经济对
文化发展的决定作用，将社会经济的发展状况纳入阐释之中。最典型的便
是翦伯赞以唯物史观对《红楼梦》主题思想的阐释。在《论十八世纪上
半期中国社会经济的性质——兼论〈红楼梦〉中所反映的社会经济情况》
（1955）中，他批驳了胡适抽离社会背景的唯心主义阐释，主张将《红楼
梦》置于 18 世纪上半期社会经济的背景下阐释。他从土地集中与阶级分
化、农业生产、手工业生产、商业与商业资本的活动这四个方面考察当时
社会经济的性质，认为当时经济内部已存在资本主义萌芽，于是出现了新
的社会矛盾，即"代表萌芽状态的资本主义因素的新的市民和封建地主阶
级及其政府之间的矛盾"[1]。在此种社会背景下，侯外庐认为曹雪芹作为封建
地主阶级，他创作《红楼梦》的主题便是一个走向没落的封建贵族地主家
庭，但又在大观园之外安置了 18 世纪上半期中国社会的全部历史，且在新
的经济发展状况下，《红楼梦》又在一定程度上反映了正在成长的新市民
的要求。翦伯赞以经济、阶级等视角对于作家作品的解读，是对唯物史观
的贯彻，也有助于充分发掘作品的思想价值和社会历史价值。

---

[1] 翦伯赞. 论十八世纪上半期中国社会经济的性质——兼论《红楼梦》中所反映的社会经济情况
[J]. 北京大学学报，1955（2）：3-8.

（二）历史主义方法论

出于历史学家的身份，翦伯赞在对文学作品的研究中突出强调文学的史料价值。他指出："为了要使中国的历史获得更具体更准确的说明，我们就必须从中国的文献中进行史料之广泛地搜集，从正史中，从正史以外之诸史中，从史部以外之群书中去发掘史料、提炼史料。"[①]文学作品的史料价值主要体现在两点，一是文学作品是对当时社会生活的反映，虽夹杂着作者的主观意识，但这种意识本身也是对客观现实的侧面反映，如《三国演义》作为历史演义小说与正史具有一定差别，但这种差别正反映了其在民间流传的面貌。二是与史籍相比，文学作品无意中保存了一些史料，这种非功利、无意识展现的史实更具真实性；而史籍的写作则抱着记载史实的主观目的，因而会使史实遭到不同程度的加工或歪曲。所以翦伯赞重视发掘文学作品的史料价值，以文证史。如他以《儒林外史》为依据考证古代科举、官职等制度，结合戏剧梳理南朝的历史等。证史的过程也是对文学作品进行历史的解读的过程。除此之外，翦伯赞不仅以文证史，也以历史史实对文学作品进行解读和评价，如他认为马致远的《汉宫秋》有悖于历史史实，将民族友好的历史事件改写成屈辱的事件，抹杀了其历史意义与价值。因此翦伯赞提出历史剧等历史题材的作品应在尊重历史本质的基础上进行艺术加工，做到艺术真实与历史真实的统一。由此可见翦伯赞文学阐释中的历史主义态度和原则。

（三）文学的社会功用

依据历史唯物主义的观点，社会存在决定社会意识，且社会意识具有能动的反作用。翦伯赞在马克思主义思想的指导下，既将文学作品置于特定的社会历史背景中去考察，也充分发挥文学的社会功用，即在特定的政治局势下，对文学的阐释带有一定的政治目的性。最典型的是他在《桃花扇底看南朝》一文中对国民党的讽刺。在抗战期间，国民党实行专制独裁

---

① 翦伯赞. 翦伯赞全集（第三卷）［M］. 石家庄：河北教育出版社，2008：298.

的统治且限制言论自由，在这种政治环境中，翦伯赞借用对《桃花扇》的阐释影射国民党当局。他在文中指出，《桃花扇》之所以能在清代文字狱的背景下存活下来，是作者妙用文字的结果，即作者采取隐晦的方式谈论国家兴亡的问题。可见，在特定的时代背景下，翦伯赞的文学阐释与政治相联，充分发挥文学阐释的社会功用。

翦伯赞的文学阐释遵循马克思主义唯物史观的基本原则，在探寻作品所处时代的社会经济条件下展开对作品历史主义的阐释，并发掘文学作品的史料价值和社会功能，形成了颇具时代特色的阐释范式。但是翦伯赞的阐释存在过度关注文学为历史研究服务、为政治服务的倾向，从而对文学本身的艺术特性和美学价值有一定程度的忽略。

侯外庐

侯外庐（1903—1987）是继吕振羽、翦伯赞、范文澜之后著名的马克思主义史学家，也是中国化马克思主义史学的重要奠基人。他于20世纪三四十年代在史学领域取得了突出成就，陆续出版《中国古典社会史论》（1943）、《中国古代思想学说史》（1944）、《中国近代思想学说史》（1945）等著作，作了大量开创性的研究。在侯外庐的史学研究中，他坚持马克思主义的基本原则和方法，以马克思辩证唯物主义阐发中国传统思想和历史，为中国思想史和社会史作了系统的梳理与独到的阐释。在这其中，我们可以发现侯外庐那具有马克思主义色彩同时又极具个人特色的阐释道路。

（一）历史唯物主义方法

侯外庐坚持历史唯物主义论，主张将文学和思想置于广阔的社会历史中考察，先探寻作家作品所处的时代，在时代背景中进行考据和阐释。如他将鲁迅置于中国革命和社会转型的特殊历史背景下，关注其革命精神。他屡次提到不要以现代人的眼光、以现代科学知识去看待古人和古文献。如在对墨学的阐释中，侯外庐就对不考虑历史背景的抽象化阐释作了批驳：

"如果研究尚贤，仅仅看取一般的贤能类概念，至多不过能达到费尔巴哈的人类的绝对类概念哲学，没有跳出抽象的形式逻辑。"① 这也是他与郭沫若的分歧之处，郭沫若认为墨学以"明鬼"为核心思想，是君主利用人民的愚昧进行统治的手段，是不科学、不民主的，而侯外庐则认为郭沫若的阐释没有考虑到当时的社会背景，他提出墨子所说的鬼神不是精神主宰，而是一种平等的方法和尺度，百姓处于和王公大人平等的量度之中，因此是富于民主精神的。

虽然郭侯二人都以马克思主义为指导思想，但二人的阐释观点多有不同。其一在于二人关于中国古代社会性质的认识不同，郭沫若认为中国历史符合人类社会发展的一般规律，中国同样经历了从原始社会到奴隶社会再到封建社会的演变，因此他将阐释也置于此种背景下；而侯外庐认为中国有其独特的发展路径，中国古代以"亚细亚生产方式"为主导，与西方"革命"的路线不同，中国是"维新"的。正因二人都以唯物史观为指导，所以对于历史的不同观点也影响了二人对相关作品的阐释。其二是郭沫若的阐释涉向政治更深，为现实服务的目标更强烈，希冀借学术研究达到对现实的批判与指导，而侯外庐的学术研究与阐释更具独立性，反对有损历史真实的理想化阐释。

（二）唯物辩证法

马克思主义辩证法承认世界的普遍联系和永恒发展，以矛盾的观点为核心。侯外庐将唯物辩证法运用到文学阐释中，采取一分为二、矛盾分析等方法，力求做到阐释的客观、辩证与全面。

在对墨学的阐释中，侯外庐指出既要看到墨学保守的一面，也要看到其进步的一面。侯外庐认为墨学确实存在宗教性等传统思想的残余，但这在中国思想史上具有普遍性："我们在中外古代学说中，没有能够找到一个头尾皆扫清传统思想的。"② 他从墨学的保守性中发掘进步意义，指出墨学中

---

① 侯外庐. 中国古代社会史 [M]. 上海：联合发行所，1949：259、260.
② 侯外庐. 中国古代思想学说史 [M]. 长沙：岳麓书社，2010：129.

的宗教思想将宗教中的权力平等化，相较于西周贵族专权的宗教思想有了本质上的进步。可见，侯外庐对墨学进行了辩证化的阐释。侯外庐还以矛盾分析法阐释荀子的思想，指出荀子的思想体系存在方法论和历史观的内在矛盾，即唯物的方法论和唯心的历史观；侯外庐认为屈原思想也存在世界观和方法论之间的矛盾，身处过渡时代的屈原既同情人民，为人民发声，又留恋于没落的公族制，屈原的诗歌正反映了这些具体的历史矛盾。侯外庐以唯物辩证法对许多作品和思想作了客观全面的阐释，看到其具体历史背景下的复杂性、局限性与进步性，为许多作品开拓了新的阐释路径。

（三）纵向比较与横向类比

侯外庐的阐释具有开放性的特征，他既在中国范围内进行纵向比较，又在世界视野中进行横向类比。如在阐释荀学时，侯外庐就将荀子与其他诸子进行时代与具体学说的对比，指出荀子时代与孔墨时代、孟庄时代的不同，比较荀子与老庄学派对"天""道"等理解的异同，在比较的方法中发掘荀学独特的社会背景和思想特征。就世界视野而言，侯外庐突破传统的阐释视野局限，放眼世界，具备现代性特征和开拓精神。如他本人所说："我常注意从世界史的总范围去考察以及从各个时期中外历史的比较中去探索中国社会发展的特点，自信不是削足适履。"[①] 如他将中国"变风变雅"的西周王朝衰落的背景类比希腊悲剧的文化环境、将宋明理学与西欧的宗教神学类比、将韩非子思想与亚当·斯密的《国富论》进行类比、将荀子的性恶论类比霍布斯关于人性的论述……类比的方法使得侯外庐的阐释更具丰富性与开放性。但其中也不乏机械类比之例，如他将明清市民阶层的解放运动与西欧资产阶级的启蒙思想运动相类比，忽略阶级背景，只是截取某些相类似的思想片段，不具备全面性与合理性，遮蔽了中国思想的特别之处。

侯外庐的阐释具备鲜明的马克思主义思想特征，他以唯物史观为指导，应用历史主义、唯物辩证法、比较和类比等阐释方法，对中国传统文

---

① 侯外庐. 韧的追求［M］. 北京：生活·读书·新知三联书店，1985：263.

学和思想作了马克思主义式的阐述。与同时代的马克思主义阐释者相比，侯外庐既坚持马克思主义基本原则和方法，以客观的、辩证的态度还原历史真相，又不拘泥于传统，对文本与思想作开创性的阐释，启发了后世的阐释者。

四、新儒家阐释

新儒家是产生于 20 世纪 20 年代并持续发展至今的一个重要学术派别，它产生于西方文化强势涌入中国、一部分学者主张全盘西化而全部抛弃中国传统的时代背景下。面对中国传统文化的发展危机，新儒家学者主张回归中国传统文化，力图恢复儒家传统的本体地位，并在此基础上吸纳西学，以平等的态度展开与西学的对话，进而实现中国传统文化的现代转化，既返本开新又贯通中西。学界一般将新儒家的发展划分为三代：第一代是 20 年代至 40 年代，以梁漱溟、熊十力、冯友兰等人为代表的大陆新儒家；50 年代至 70 年代为第二代港台新儒家，以牟宗三、方东美、唐君毅、徐复观等人为代表；从 80 年代至今是第三代海外新儒家，代表学者有成中英、刘述先、杜维明等人。他们的思想一脉相承又不断超越，总的来看他们以复兴儒学为己任，推崇儒家心性之学，坚守人文精神，弘扬生命美学。他们的思想从中国传统文化中来，反过来又指导对中国传统思想文化的阐释，形成了具有时代意义的多种阐释方法和标准。本书主要探究方东美、唐君毅、徐复观的阐释思想，发掘其对当代的借鉴意义。

方东美

方东美（1899—1977）自幼接受儒学熏陶，上大学后学习与研究西方哲学，抗战后又转向中国哲学的研究，引西入中，贯通中西。他的哲学思想是以生命哲学为本体，将中西生命哲学与机体主义哲学相融合的产物。在对中国哲学的研究过程中，他对中国传统思想文化提出了哲学视域下的独到见解，并于其中体现了生命本体论、机体主义等阐释方法，为中国的阐释学建设提供了重要的理论与实践资源。

（一）生命本体论

生命问题是许多新儒家学者都关注的重点问题，但方东美将生命置于本体的地位，并注重从生命的角度对中国文艺进行阐释，可谓独树一帜。他的阐释思路和方法建立在他的生命哲学体系的基础上，认为"任何思想的体系是生命精神的发泄"①，由此他以生命为本体对中国传统思想和经典作了别具一格的阐发。

方东美的生命本体论思想既受到西方柏格森等人的生命哲学思想的影响，又融合了他对中国传统哲学思想尤其是儒家思想的独到理解，是中西文化碰撞的产物。在方东美看来，宇宙是普遍生命流行的境界，而宇宙的精神就在于普遍生命的流行变化，他称之为"生生之德"。他在《生命情调与美感》中将古希腊、近代欧洲、中国的美感进行对比，指出三者美感的不同在于生命情调的不同，而生命情调的不同则在于民族所托身的宇宙的不同。可见，方东美不仅以生命为本体阐释中国乃至世界的文学艺术，而且将生命与宇宙联系在一起，强调人与物的"广大和谐"，体现天人合一的传统思想。在此种思想的指导下，方东美广泛运用生命本体论进行文艺阐释，认为中国古典文学富于生命精神。一方面，创作者与天地万物主客相融，以艺术心灵钩深致远，表达自己的内在生命力量，关怀人类乃至自然万物的生命；另一方面，作品本身也是一个生命体，充满盎然活力与自由精神。就中国古典文学来看，方东美认为《周易》和《尚书》是真正能代表儒家经典思想的文献，《周易》彰显了创生之道，其中"天地之大德曰生，生生之谓易"关于生命的看法，正是古代生命哲学的体现，"生生之德"正是源自方东美对《周易》思想的理解与概括，反过来他也以此阐释《周易》等经典文献。此外，中国古代诗歌大多抒发生命之悲欢，杜甫等诗人更是以仁爱之心关怀天下众生，体现强烈的生命意识。不仅中国古典文学，而且中国古代的音乐和绘画都表现着生命之美，方东美将生命

---

① 方东美. 方东美先生演讲集［M］. 台北：黎明文化事业股份有限公司，1984：79.

之美在文艺阐释中的地位提到了前所未有的高度。

（二）机体主义方法

　　方东美"机体主义"的方法论主要借鉴了英国哲学家怀特海的机体哲学思想。怀特海"机体主义"思想的基本观点为：世界是一个有机整体，且内部各因素之间相互联系，不断活动，世界因此构成一个持续创造与进化的有机整体。方东美创造性地选择怀特海的思想与中国传统思想文化相结合，借"机体主义"阐释中国思想，"是故中国哲学精神之颂扬，恒以重重统贯之整体为中心，可藉机体主义而阐明之"①。方东美的"机体主义"方法反对孤立的、机械的、封闭的、静止的思想系统，而主张着眼全貌、统摄万有、旁通统贯，这种阐释方法意在消除"二分法"的局限，以贯通的思维阐释中国传统文化。这正与方东美的生命本体论思想相契合，他将人和宇宙看成上下贯通的有机整体，基于生命本体构建了生生和谐的机体主义方法论，并以这种旁通统贯、兼容并包的机体主义方法阐释中国古代思想文化，尤其体现在他对儒释道会通的揭示上。方东美虽属现代新儒家一派，但他并不主张"独尊儒术"，认为儒家思想并不能代表全部的中国思想，而肯定儒释道各家的特点和共通性。他归纳出儒释道三家在精神上的三点共通之处：旁通统贯论、道论和人格超升论。他以机体主义的方法整体性地论述了儒释道的共通以及他们对中国思想文化的影响。由此他阐释宋儒"道统"论时，批判其狭隘武断的卫道观，认为其没有全面地看到经学流变过程中的诸多影响因素，从而导致对佛家和道家的反对。他从经学流变的过程中揭示儒释道的会通，主张以"学统"代替"道统"，做到兼容并包、通古今之变。机体主义的阐释方法代表了开放性、整体性、包容性、历史性的思维。

　　总的来看，方东美的生命本体论与机体主义的阐释方法立足于中国传统文化本身，又创造性地借鉴了柏格森、怀特海等西方哲学家的思想和方

---

　　① 方东美著，刘梦溪主编. 方东美卷·中国哲学之精神及其发展（上）[M]. 石家庄：河北教育出版社，1996：27.

法，构建了自己基于生命本体的、广大和谐的机体主义思想系统，为中国阐释学的发展开拓了新的阐释视野和空间。

唐君毅

唐君毅（1909—1978）是新儒家第二代的重要代表人物之一，曾受业于方东美先生。在中国传统文化遭受文化保守主义与西方文化冲击的时代危机下，唐君毅对中国文化的发展提出了自己的主张。他以道德为本体，致力于弘扬与重建传统儒家文化的人文精神，贯通中外，主张"返本开新"，对中国传统文化精神价值的发掘与指明中国文化的发展道路等问题做出了重要的贡献。其中体现出的以道德为本体和以人文精神为尺度的阐释方法和标准是十分有价值的阐释学资源。

（一）道德本体论

唐君毅以道德为本体阐释文艺活动和作品，致力于弘扬儒学尤其是宋明儒家的道德心性之学，并在中西比较的开放视野下发掘中国文艺的独特之处。他指出"一切文化活动之所以能存在，皆依于道德自我，为之支持。一切文化活动，皆不自觉的，或超自觉，表现道德价值"。[①]唐君毅将文化活动归为道德自我表现的结果，将道德价值视为文化活动的普遍和根本价值，以道德价值作为阐释的重要标准。

唐君毅在《文化意识与道德理性》一书中对文学艺术的美与道德问题展开了详细的论述。他不否认文学艺术的求美目的，但也指出求美本身也要依托于道德心灵，表现道德价值，即做到美与善的统一。因此唐君毅以美和道德意义为标准衡量艺术价值，将诗歌颂赞箴铭视为艺术中的最高者，认为其形式和意义兼备且融合；只有内容而无意义的则属中等，如建筑、音乐、舞蹈等只具备形式美；最低等便是重在表述意义而纯美价值较低的

---

① 唐君毅. 文化意识与道德理性［M］. 北京：中国社会科学出版社，2005：6.

散文、小说、戏剧等文学。此外，唐君毅认为中国文学历来崇尚表现伦理道德精神，甚至自然景物都被赋予了情感和人格精神，他由此总结出中国文学的几个相关特点：一是相较于男女恋情，中国文学多抒写父子、兄弟等伦理关系之爱；二是中国文学多表现朋友、夫妇的生死离别之情，送别、思念、悼亡等主题的文学作品不胜枚举；三是与西方歌颂英雄人物相比，中国文学崇尚歌赞圣贤与豪侠之士，实质上是对中国传统道德精神的颂扬；四是中国文学多忧国忧民之作，这是出自作者个人的道德意识、对同胞与国家的大爱，如杜甫、屈原等人的作品。因此唐君毅十分重视作品道德价值的挖掘，号召体会其中的伦理之情、古人的心灵情思，进而发现其中的诸多价值。正是出于对道德价值的关注与重视，唐君毅在评价文学作品时也多依据道德标准，如他认为杜甫和李白虽然都关注现实社会的不足，但杜甫却有悲天悯人之怀，关注的是人类之善，而李白则有些"玩世不恭"，且他注意的是人类之恶。由此可见，唐君毅将道德价值在作品阐释中置于十分重要的位置。此外，在阐释中国悲剧作品时，唐君毅也从道德方面阐发了中国悲剧的特点：相较于西方悲剧中激烈的矛盾冲突、主角的悲惨结局，中国的悲剧作品多以大团圆的结局收尾，超越了悲剧意识，这也是出于道德教化的需要，给读者以"善有善报"的积极引导，也是儒家仁爱精神的体现。可见，唐君毅的文学阐释是以道德为本体的。

（二）人文精神

唐君毅以人文精神作为阐释中国传统思想文化的重要视角和方法，其建立在道德本体的基础之上，以德性为中心而形成对人及文化的尊重与关注，反对人的物化。唐君毅先从人文思想的角度进行说明："所谓人文的思想，即指对于人性、人伦、人道、人格、人之文化及其历史之存在与其价值，愿意全幅加以肯定尊重，不有意加以忽略，更决不加以抹杀曲解，以免人同于人以外、人以下之自然物等的思想。"[①]并提出非人文、超人文、次人文、反人文等概念，进而说明人文精神的内涵，即在上述几种人文思想

①唐君毅. 中国人文精神之发展［M］. 桂林：广西师范大学出版社，2005：2.

相互发生关系的发展历程中，显示出一种人类的精神的向往，这种精神就是人文精神。

唐君毅以人文精神阐释中国传统思想，并在中西人文精神的比照中发掘中国人文精神的独特性以及重建之路。唐君毅认为中国文化历来以人文为中心，早在殷周之际的文化中就已蕴含着丰富的人文精神，而真正自觉了解与抒发中国人文精神意义的，是以孔子为代表的先秦儒家思想，"由孔子至秦的时期，即可称为中国人文思想之自觉的形成时期"①。他认为孔子一生都致力于重建以人文为中心的中国文化，注重人及人的德行。孟子继承与深化了孔子的人文思想，他的"性善论"为人文思想提供了人性基础。唐君毅对先秦儒家学派的人文思想给予了高度的赞扬。与此同时，唐君毅以人文精神的尺度阐释了其他先秦诸子的思想，他认为墨子的思想是次人文的，因为墨子虽承认人民的经济生活、政治组织、道德、和平的重要性，却忽略了儒家所重的礼乐、孝悌等，未能对人文进行全面的认识；而庄子的思想则是超人文的，因其超脱于现实、轻视人文。唐君毅认为人文思想直到宋明理学又实现了新的超越，宋儒在先秦儒家"太极"概念基础上提出了"人极"的概念，并提出"存天理，灭人欲"的要求，是对儒家人文精神的进一步发展。除了对中国传统思想中的人文精神进行梳理与阐释，唐君毅还将中西方的人文精神进行对照，在平等的眼光下系统地阐发了中西方人文精神各自的特点与优长。并由此提出中国人文精神重建的方法，即既要肯定中国自身的人文精神，立足于中国传统文化，也要发现相较于西方精神的不足之处，以平等的眼光融贯中西，吸纳精华，实现中国人文精神的重建与超越。

总体而言，唐君毅的道德本体和人文精神的阐释方法和标准是在充分肯定中国传统文化和精神的价值基础之上，借鉴与融合西方现代思想与方法，返本开新。不仅为处于当时文化危机背景下的中国文化指明了道路，也为此时中国文化及文学阐释的建设提供了借鉴意义。

---

① 唐君毅. 中国人文精神之发展［M］. 桂林：广西师范大学出版社，2005：2.

徐复观

徐复观（1903—1982）作为新儒家第二代的代表人物之一，其贡献主要在于思想史的研究，与此同时他也是新儒家中真正致力于文学艺术研究的重要代表。他的《中国文学精神》《中国艺术精神》《中国文学论集》等著作，对中国文艺进行了专门且独到的研究。他在思想史和文学艺术的研究过程中，提出了自己关于阐释学的独到思想，试图超越时代的局限，回归中国本土和文学文本，提出了"追体验"的阐释学方法，是中国阐释学建构的重要资源。也为当下中国阐释学存在的强制阐释、"失语症"等问题的解决提供了些许启示。

（一）批判考据训诂学

徐复观认为中国现代学术将考据学作为重要甚至根本的研究方法，夸大了训诂考据的重要性，而忽略了人文科学与自然科学的区别，忽视了"解释"与"主观性"在人文科学研究中的必然性，为此他全面地批判了将考据训诂作为人文学科研究根本方法的治学风气。他认为"今人所谈的科学方法，应用到文史方面，实际还未跳出清人考据的范围一步，其不足以治思想史。"[①]就文学阐释而言，考据训诂学往往只能做到局部的、静态的、片面的理解，而常常脱离文学作品的时代性、整体性与艺术性，只发挥其史料价值。他在《中国文学精神》中说道："有的人，对于一个问题搜集了许多周边的材料，却不肯对基本材料—作者的作品—用力。有的人，对基本材料做了若干文献上的工作，却不肯进一步向文学自身去用力。"[②]徐复观在此明确指出了考据训诂的缺陷，即考据训诂只是在文学的外面研究文学，而没有真正进入文学的世界。由此也就不可形成对作品原意的理解，更不会有创造性的阐发，徐复观提倡对文学进行整体的理解。

在对红学考据的批判中，徐复观更详细地论证了考据学的弊端。他指

---

① 徐复观. 中国思想史论集［M］. 上海：上海书店出版社，2004：3.
② 徐复观. 中国文学精神［M］. 上海：上海书店出版社，2004：1.

出红学考据派混淆了历史和文学的界限，有关红楼梦及曹雪芹家世的考证属于历史研究的范围，虽然对《红楼梦》的研究有所帮助，但并不是其核心。红学考据派一方面忽视了文学区别于历史的想象性的特征，将文学作品的虚构当成历史史实研究，不具有科学性；另一方面红学考据派以考据代替欣赏，无视《红楼梦》作为文学作品的艺术性和审美性，将文学研究中的体验性排除在外，缺乏对文学作品本身的欣赏。由此，在对考据学的批判中，徐复观提出想象和体验在文学研究中的重要性，提出了"追体验"的阐释方法。

（二）中西对话，以中释中

"五四"以来，各种西方现代化思潮和理论传入中国，越来越多的学者也致力于运用西方的方法阐释中国传统文化，甚至出现"全盘西化"的思潮，以西方的阐释标准衡定中国文学。身处此背景下的徐复观，一方面主动学习西方的文艺理论，在中西比较的语境中对中国传统文艺做出现代化的阐发，承认西方文学理论的涌入在开拓阐释视野、增强现代意识方面的积极意义。另一方面，他反对将中国传统文化的研究全部纳入西方的模式。针对生搬硬套西方理论和方法的现象，徐复观指出西方的理论不能代替对中国传统文艺本身的特性研究，照搬西方理论的结果是中国文学的独特魅力被遮蔽，而使中国文学成为西方理论的注脚而已。徐复观指出中西文化既有共性，也有各自的特性，并认为对中国文化个性的考察才是研究的前提，他说："今日要论定中国文化在世界文化中之地位，与其从和西方文化有相同的地方去看，不如从与其不同的地方去看。"① 由此，徐复观反对简单机械的以西释中模式，而是将西方理论作为参照，在中国文化的历史语境中做出符合原意的阐释。以对孔子的思想阐释为例，徐复观从中西思想的差异入手，认为西方思想遵循逻各斯中心主义的演绎逻辑，以抽象思辨的历程用语言表述出来。而中国思想来自具体的生活实践，强调知行合一，因此阐释孔子的思想时，要紧扣《论语》，回到当时的历史语境中

---

① 徐复观. 儒家政治思想与民主自由人权［M］. 台北：台湾学生书局，1988：56.

获得具体感受，以显示孔子及其思想的本来面目。正如他所说："我读《论语》，常常是在他生命的转化中所自然流露出的'平凡中的伟大'的语言上受到感动。西方一套一套的形而上学，面对着孔子由生命转化中所流露出的语默云为，我不感到有多大意义。"①

徐复观的中西对话及以中释中的阐释立场肯定了中国文化自身的独特性，将中国文化置于和西方平等的位置上，对中国文学做出了符合原意与中国特色的阐释。那么如何实现此种阐释？徐复观进一步提出了"追体验"的阐释方法。

（三）"追体验"的阐释方法

在指出上述阐释方法和模式的缺陷后，徐复观提出了"追体验"的阐释方法来研究中国文艺。在阐释《锦瑟》时，他说到他并不以格套或范式解释《锦瑟》，进一步指出读者和作者在感情和理解方面既有相通性，也存在差距，所以读者要反复理解作品，"在不断的体会、欣赏中，作品会把我们导向更广更深的意境里面去，这便是读者与作者，在立体世界中的距离，不断地在缩小，最后可能站在与作者相同的水平，相同的情境，以创作此诗时的心来读它，此之谓'追体验'。"②"追体验"的阐释方法首先要求阐释者真正进入作品，而不是单纯的考据或强硬的套用。进入作品就必须克服个人的成见，对作品持有"敬"的态度，而不是以"前见"对作品妄下定论。"敬"即承认作品原初意蕴的存在，还原历史语境，"顺着前人的思想去思想"，如此才能进入作品，与作者对话。作品凝聚着作者的生命体悟与情感，因此在解读作品时也要以敬畏之心与生命的体验进入作品的形象世界，感受作者的情感，以反复的琢磨来尝试与作者进行精神上的交流。但徐复观也指出，"追体验"是一个需要努力的过程，因为读者与作者总会存在精神上的差距，作品的内涵与作者的情感也不是轻易就能理解的，这就需要读者在尊重作品原意的基础上，不断地去体会与思考，不

① 徐复观. 中国思想史论集·三版代序［M］. 北京：九州出版社，2014：19.

② 徐复观. 中国文学论集［M］. 北京：九州出版社，2014：232.

断缩小与作者的差距。在此过程中，读者也获得了自我精神上的提升。由此可见，"追体验"作为一种阅读与阐释的方法，体现了一个动态、深入的过程。以对《锦瑟》的阐释为例，徐复观认为，如果不细读，很容易断定此诗为爱情诗，但如果细细体会，便能发现此诗的多层意蕴：美与良善纯洁、悲与回肠荡气、生命隐曲和难言的苦痛。对作品不断深入理解与阐释的过程也是对作者的精神与情感不断靠近的过程，同时也使自身的精神不断得到陶冶。

徐复观的文学阐释力图突破时代的局限，在当时考据学和西学盛行的境况下，主张文学本体、中国本体，以"追体验"的阐释方法不断靠近作品原意、作者精神，这对当时乃至现在的文学阐释都具有极具价值的启发意义。

总之，新儒家以中国传统文化为主体吸纳西方思想和方法的精华，赋予了传统现代化的生命力。在对传统思想文化的阐释中，他们在思想和方法上呈现出了一致性，如对生命、心性、道德、人文精神的重视，对保守主义、意味考据、全盘西化的反对，突出了主体的个体生命和体验在阐释中的地位。新儒家的阐释对我们树立中国传统文化的自信、建立中国特色的阐释学、处理中西文化关系、解决"失语症"等问题提供了极具价值的经验。

第三节　七十年来文学阐释模式的嬗变及其关联

在特定历史语境中文学阐释者看待文学的态度、视角以及解读方法具有一定普遍性，由于这种普遍性来自于共同的传统以及相近的社会状况与政治文化诸因素的影响，所以它也正体现着一种历史性。基于这种普遍性与历史性，不同的时代、历史时期或者文化语境就会形成不同的文学阐释模式，而任何一种文学阐释模式都必然会具有复杂的文化与历史的关联性，往往会成为某个时期思想文化之表征。这就意味着，通过对某种文学阐释模式及其关联因素的考察，我们就可以了解更有普遍性的思想文化状况。

由于与文学阐释模式具有最为直接关联性的是特定时期的文学理论话语形态，因此，我们通过对某种文学阐释模式的考察，就可以从一个角度窥见一个时期里文学理论的大体状况，而文学阐释模式的嬗变也自然就成为文学理论演变轨迹的标志物。

一、"技术阐释模式"之得失

1976 年 10 月 6 日"四人帮"被粉碎。1977 年 8 月 18 日通过的《中国共产党第十一次全国代表大会关于政治报告的决议》宣告了"文化大革命"的结束与"新时期"的开始。1978 年 3 月 18 日—31 日"全国科学大会"在北京召开。会上中国科学院院长郭沫若做题为《科学的春天》的书面发言，自此之后的若干年内，"科学的春天"都是一句激人奋进的响亮口号，反映了那个时候人们对科学精神的渴望。1978 年 5 月 11 日《光明日报》刊登评论员文章《实践是检验真理的唯一标准》，《人民日报》《文汇报》翌日转载，一场关于"真理标准"的大讨论拉开序幕。这场讨论也反映了那个时候人们对虚假宣传的憎恶与对真理的渴求。1979 年 10 月 30 日—11 月 16 日，中国文学艺术工作者第四次代表大会在北京举行。邓小平代表中央致祝辞。明确指出了党的文艺指导方针从"文艺为政治服务"向"文艺为工农兵服务"的重大调整。1980 年 8 月 4 日—15 日"全国文艺理论学术研讨会"在江西庐山召开，近三百人参会，这是新中国成立之后规模最大的一次文学理论学术研讨会。会上重点讨论了"文艺与政治的关系"问题。这是当时文艺理论研究领域关于文艺与政治之关系问题的理论反思，有着深远的意义，此后相当长的一个时期里，究竟如何摆布文艺与政治的关系，一直是文学理论界争论不休的问题。此期文学理论界普遍标举"审美"，以之为文学的本质或基本特征，其隐含的意义正是不愿意让文学继续充当政治斗争的工具。

虽然反对"资产阶级自由化"的声音一直不绝于耳，但思想解放一直是 20 世纪 80 年代前期中国思想文化领域的主旋律，知识人的主体精神得到空前挺立，影响所及，文学阐释也呈现出多元并置的格局。在众声喧哗之中，"求真""祛蔽""恢复本来面目"成为文学研究领域的普遍追求，对文学独特性、自律性的高度重视也同样是这一追求的表现。如此则在"求真"的诉求中又有两个向度：一是追问文学的"审美本质"，目的是还文学本来面目，使之从"工具"的附属位置上挣脱出来，二是追问文学的客观性，试图彻底搞清楚文学创作、文本构成以及接受过程中的种种奥秘。这两种阐释路向就成为 20 世纪 80 年代文学阐释的二重变奏。总之，在那个从上到下都倡导思想解放的年代，文学理论是以"自律"和"求真"为基本指向的。

从文学阐释模式的角度看，应该说，对文学"审美本质"的追问并不是从特定理论出发的，属于"经验阐释"范畴，当时论者只是希望从文学经验出发来理解文学，让文学作为文学而存在。但由于这一问题本身的复杂性与历史关联性，随着讨论的深入展开，就不可避免地与人性、人的自由、异化等问题勾连起来，从而成为人文主义思潮的重要组成部分，因而也就在客观上超出了"求真"的范围。这种以追问文学的"审美本质""审美特性"或"审美规律"为指归的阐释模式在 20 世纪 80 年代前期占据着文学阐释的主导地位，直到 90 年代初期，随着后现代主义思想的广泛影响以及大众文化与文化研究的兴起，才渐渐消歇下来，成为只有少数人流连忘返的精神家园。应该说这种以"审美"为核心的文学阐释并不是完全没有理论渊源，可以说它是康德、席勒为代表的德国浪漫主义美学的某种现代传承。但是由于当时的阐释者中基本上没有哪个人是真正从康德的理论出发的，而主要是基于一种阅读经验和对文学的理想化诉求而形成认识，所以我们不认为这是一种观念阐释模式。那些真正对康德美学有深入研究的人反而并不主张文学的"审美本质"或"审美特性"，例如 70 年代末就出版了《批判哲学的批判》的李泽厚似乎从来没有主张过"文学的审美本质"或"审美特性"之类。也许正是因为这种阐释模式缺乏深厚的理论支撑与方法上的可操作性，所以整个 80 年代运用这种模式进行文学阐释的虽然非常普遍，但很成功的案例却很少见，大多数都流为一般鉴赏性解读，缺乏文学阐释所应有的深度。只有钱中文提出的"审美意识形态"说包含某种理论张力，具有一定学术探讨的价值。

与以追求"审美特性"为目的的经验阐释缺乏方法论支撑构成鲜明对

照的是一种特别强调方法的文学阐释模式。先是系统论、信息论、控制论等"老三论"和耗散结构论、协同论、突变论等"新三论"大受青睐，接着便是精神分析主义心理学、认知心理学、格式塔心理学甚至脑神经科学的观点和方法被广泛运用。当时，许多学者居然把这些来自于自然科学的方法当作解开文学奥秘的法宝来使用。对于这种阐释模式，我们可以称之为"技术阐释模式"。在这方面以使用系统论方法研究《阿Q正传》而闻名学界的林兴宅的观点最有代表性：

> 系统科学"三论"是与电子计算机相伴生的。随着电脑的普及，"三论"所确立的新的思维方式也会逐步普及。传统思维方式总是把计量排除在外，文学研究更是如此。对作家作品的评价，对文学发展的描述，对其他文学现象的研究，都是停留在定性的分析上。但是客观事物都是质和量的统一，因此原则上都可以进行定量分析，都可以用数学语言描述，而且只有借助定量分析，才能使研究精确化和工程化。实际上，文学研究也是可以引进定量分析方法的，比如，用计算机来辨识文学作品的风格，用计算机来预测和控制文学作品的社会效果，这些在现阶段就可以做到。①

这种见解在电脑远未能普遍进入中国人家庭的20世纪80年代初期无疑是极具超前性的。在那个被称为"科学的春天"的年代，人们急于弄清真相，还文学以本来面目，就像19世纪科学主义大行其道的时代一样，自然科学的方法被认为具有普遍意义是很自然的事情。在当时学者们看来，科学方法的价值就在于可以把说不清楚的东西说清楚。在这方面林兴宅的阐释实践也最具有代表性。他运用系统论、信息论方法对《阿Q正传》和"文学艺术的魅力"的解读，也确实给人耳目一新之感。《阿Q正传》是一部蕴涵丰富的小说，其主旨究竟何在历来众说纷纭。林兴宅运用"系统质""功能质"等概念把复杂、矛盾甚至对立的阿Q性格特征全部纳入一个严密的整体结构之中，使之各安其位，从而显示出系统论方法的强大概

---

① 林兴宅. 科技革命的启示［J］. 文学评论，1984（6）：8、9.

括力，确实给人良多启发。"文学艺术的魅力"也是公认的说不清楚的文学现象，林兴宅运用系统论和信息论的方法，把艺术魅力的诸种构成因素和形成机制置于一个由作品与读者构成的二元框架结构之中，清晰地划分出它们各自的位置与层次，从而使这个说不清楚的现象清楚地呈现出来。林兴宅的这两篇文章在当时给人的印象极为深刻，似乎是在众多盲人摸象之后，终于有一位明眼人描绘出了大象的整体形象，让人豁然开朗。后来人们才渐渐明白，这个整体的"大象"其实不过是把众多盲人摸到的各个部分组合在一起而已。

　　文艺心理学在 20 世纪 80 年代成为显学，也同样是科学主义思潮的产物。从 50 年代起形成的观念阐释模式使人们渐渐习惯了从宏观的意识形态层面上解读文学作品，对于文学创作、文本构成、文学接受中的内在机制缺乏兴趣。80 年代前期，随着各种各样的西方心理学理论、脑神经科学的引进，学界似乎发现了解开文艺活动根本奥秘的钥匙，于是不仅创伤经验、情绪记忆、心理定势、情感、直觉、知觉、想象这些与文艺活动关系密切的心理学词语被广泛使用，而且属于脑神经科学的脑半球、脑垂体、边缘系统、情绪中枢等概念也进入了文学研究领域。似乎存在着一个公式可以计算出文学作品的审美特性，一旦找到这个公式就万事大吉了。但如果所有的文学问题可以用这种"技术阐释"彻底解决，那么以后的文学研究者干什么？

　　这种主要来自于自然科学领域的"技术阐释"究竟能否真正解释文学问题呢？显然是否定的。19 世纪后期西方学界对人文科学与自然科学的疆界划分并非没有原因，而狄尔泰等人的阐释学思想也正代表了人文学界对自然科学方法的拒斥心态。但是换个角度看，20 世纪 80 年代的科学主义思潮并非毫无意义。除了它实际上是以一种特殊方式参与了当时的思想解放运动这一"大用"之外，其重技术、重量化的研究方法也颇有值得借鉴之处。特别是文艺学心理学从作家的童年经验、精神创伤、匮乏心理、情绪记忆、心理定势、人格结构、无意识等方面对文学作品进行解读，确实开启了文学阐释的新领域，从而发掘出蕴涵于文本中的新的意义。另外，文艺心理学对创作动机、审美心境、情感、想象、直觉、知觉等文艺活动中各种具体心理因素的深入研究也具有重要学术价值。但由于文学艺术本身是极为复杂的社会文学现象，不仅涉及个体心理和精神，而且关联着社会、历史、政治、伦理、宗教等方方面面，这就要求文学艺术的阐释也必然是多向度的，理论上说是具有无限可能性的，任何一种阐释都无法穷尽地揭示出阐释对象的全部意义。因此到了 20 世纪 90 年代，随着学界"语言转向"与"文化转向"的相继登场，"三论"与文艺心理学研究也就悄然退场了。

　　20 世纪 90 年代继承了具有科学主义倾向的"文学阐释"主要是结构主义符号学或者叙事学。结构主义与系统论虽然各自有着理论渊源，但二者之间却存在诸多一致性，特别是都注重事物内部诸因素之间的关系。或许可以说，结构也是一种系统，系统也存在着内在结构。因此结构主义文学阐释也具有一定的科学主义倾向，这种方法既不是"经验阐释"，也不同于"观念阐释"，所以我们称之为"技术阐释"。1985 年弗雷德里克·詹姆逊在北京大学的系列讲演中曾运用格雷马斯的"符号矩阵"解读《聊斋志异》中的《鸲鹆》，为中国学界借用结构主义叙事学方法阐释作品做了示范。90 年代以后运用这一方法阐释文学文本的论文、论著大量涌现，成为一时热点。这种阐释可以把文本构成因素以及各种因素之间的关系清晰呈现出来，让人们看到文学文本的内在构造，从而对文本有更深入的了解，这是"经验阐释"和"观念阐释"都做不到的。但是这种"技术阐释"只对文本结构或者关系感兴趣，不去追问文本结构与社会历史诸因素之间的复杂关联，因此应该只是作为更具有思想深度的文学阐释的基础，是一种尚处于未完成状态的文本解读。

二、"新时期"鲁迅研究之阐释模式剖析

　　在 20 世纪 80 年代还存在着与"技术阐释"完全不同，并且影响要深远得多的另一种文学阐释，它依然属于"观念阐释模式"，但与五六十年代"观念阐释模式"不同，在某种程度上可以说正是对这种阐释模式的突破。这方面最有代表性的是王富仁和汪晖的鲁迅研究。与主张文学的"审美本质"或"审美特性"的理论观念和运用新老"三论"或心理学方法

解读文学经典的阐释相比，王富仁和汪晖的鲁迅研究更富有思想的深刻性与文化厚重感。王、汪二人的鲁迅研究，乃基于一种文化观念是一种文化阐释，正是在这个意义上说，他们的研究依然属于"观念阐释模式"。二人所依赖的文化观念与 80 年代中国思想文化的整体演变息息相关，特别是和所谓"向内转"的文化思潮直接相关。在 80 年代初的中国文学理论与批评领域，随着政治的退场，人和人性走向了中心的位置。"文学是人学"的口号重新受到肯定和张扬，李泽厚的《批判哲学的批判——康德述评》（1979）关于"人性"与人的"主体性"的论述引发了文学理论与批评界的关注，刘再复的长文《论文学的主体性》（《文学评论》1985 年第 6 期、1986 年第 1 期）在学界引起巨大反响。一时之间关注人性、人的内心世界、人的精神自由成为一种趋势，这就是所谓"向内转"。在思想资源上，尼采、弗洛伊德成为当时影响最大的西方学者。王富仁的鲁迅研究正是在这样的文化语境中展开的。

王富仁是新中国最早培养的文学博士之一，他的重要论文、也是他博士论文的一部分——《中国反封建思想革命的镜子——论〈呐喊〉〈彷徨〉的思想意义》不仅在鲁迅研究领域，而且在当时整个文学界都产生了极大的震撼作用。这篇文章中王富仁开宗明义地亮出了自己的核心观点：

> 《呐喊》和《彷徨》的独特思想意义何在呢？我认为，它们首先是当时中国"沉默的国民魂灵"及鲁迅探索改造这种魂灵的方法和途径的艺术记录。假若说它们是中国革命的镜子的话，那么，它们首先应当是中国思想革命的一面镜子。[①]

王富仁做出这一判断是基于对鲁迅小说创作的特定历史语境的判断，他认为这一语境的特点为："它是中国政治革命运动的低潮期和间歇期，是中国思想革命运动的活跃期和高潮期。"[②]在王富仁看来，以往的主流阐释都把鲁迅小说理解为"革命的镜子"，在这种阐释框架中，小说中的许多内

[①] 王富仁. 中国反封建思想革命的镜子——论《呐喊》《彷徨》的思想意义［J］. 中国现代文学研究丛刊，1983（1）：1.

[②] 王富仁. 中国反封建思想革命的镜子——论《呐喊》《彷徨》的思想意义［J］. 中国现代文学研究丛刊，1983（1）：2.

容无法得到合理解释。他认为鲁迅自己深刻认识到辛亥革命之所以失败关键在于这场政治革命缺乏思想革命的基础，不像欧洲的资产阶级革命总是先以思想启蒙为先导，政治革命只是其自然而然的结果。鲁迅真正伟大的地方不在于讴歌政治革命，而在于深刻呈现出这场革命必然失败的原因：

> 在阿 Q 关于"革命"后情景的得意遐想里，埋伏着革命的大危机、大灾难。因为他的那幅图画，是用封建等级观念描绘出来的。鲁迅向我们说明，在这种观念支配下的"革命"，将会用新的封建等级制，代替旧的封建等级制，其结果只能是封建社会的改朝换代。①

这样的判断是符合鲁迅小说的内在逻辑的。鲁迅小说无疑具有强烈批判精神，但他基本上不去直接评判现实政治和政治人物，而是始终关注下层民众和知识分子。曾有论者认为这是鲁迅的不足之处。但在王富仁看来，这恰恰是鲁迅的伟大之处、深刻之处。因为鲁迅深刻意识到无论如何激进的思想运动和政治变革，只要不是建立在与之相应的广大民众的思想认同的基础之上，就难免于夏瑜的命运。对于这个道理，即使现在也不是谁都能够理解的。在此基础上，王富仁对鲁迅小说的阐释就有了前所未有的深度：

> 在《孔乙己》中，似乎存在着两个互相平行的主题：一是由科举制度对孔乙己的思想毒害，揭露科举制度的罪恶；二是由咸亨酒店的酒客对孔乙己的残酷戏谑，表现封建关系的残酷本质。实际上，这两者都统一于一个更根本的主题意义，即暴露封建等级观念的极端残酷性。孔乙己穷到无以为生的地步，仍不肯脱下长衫，他轻视劳动，轻视劳动人民，其思想根源都是封建的等级观念。封建科举制度对他的思想毒害，集中表现在这种思想观念上。与此同时，周围人对他进行残酷戏谑的根本原因，在于他没有在科举竞争中成为幸运者，在于他实际沦

---

① 王富仁. 中国反封建思想革命的镜子——论《呐喊》《彷徨》的思想意义 [J]. 中国现代文学研究丛刊，1983（1）：15.

落到了比他们更低的社会等级上，在于他的言行与他的实际卑贱地位的极端不协调性。一句话，在于他们以封建等级观念衡人待物的结果。正是这种观念，将似乎对立的双方——孔乙己和周围群众——在思想性质上联系了起来，把两个似乎平行的主题扭结在了一起。孔乙己，在内外两面上，都是这种观念的牺牲品。①

这是关于《孔乙己》精辟而有深度的阐释。鲁迅清楚地意识到在虚伪的仁义道德外衣之下的严酷的封建等级制是一切不平等的真正根源，同时也是中国社会最难以治愈的顽疾，严重的等级观念不仅是统治阶级视为命根子的东西，而且是深深植根于广大民众灵魂深处的集体无意识，所以在几乎所有的小说中鲁迅都将批评的锋芒指向这里。这种一以贯之的批判指向使鲁迅成为现代以来最深刻、最伟大的文学家。对鲁迅这种深刻性的精准把握使王富仁成为新时期以来最有思想的文学批评家。封建礼教是阻滞中国现代化进程的巨大力量，而那种渗透在人们骨髓中的封建等级观念正是封建礼教的核心。这种观念是一座臭气熏天而又庞大无比的"奥吉亚斯牛圈"，不彻底清除它，一切革命、进步都只会流于形式，成为改朝换代的代名词。鲁迅清楚地了解这个道理并且用生动的描写和叙事将他的理解呈现出来，所以他是中国现代最深刻的文学家和思想家；王富仁敏锐地揭示了鲁迅的这种深刻性，所以他是鲁迅研究史上一座绕不过去的丰碑。

从阐释模式上看，王富仁的鲁迅研究还是属于"观念阐释"，他设定了鲁迅是"中国反封建思想革命的镜子"或"中国思想革命的一面镜子"这样的基本观念，接下来对鲁迅小说的全部阐释都是围绕这一预设观念展开的。这种阐释路径与冯雪峰把《水浒传》设定为描写农民起义的"封建社会的革命文学"，李希凡、蓝翎把《红楼梦》设定为"把封建官僚地主内部腐朽透顶的生活真实的暴露出来，表现出它必然崩溃的原因"的"伟大的现实主义作品"，然后展开阐释的路线看上去是十分相似的。所以我们认为王富仁鲁迅研究依然奉行的是"观念阐释模式"。他的研究表明，

① 王富仁. 中国反封建思想革命的镜子——论《呐喊》《彷徨》的思想意义［J］. 中国现代文学研究丛刊，1983（1）：14.

这种"观念阐释模式"并不必然地导致阐释的主观性而走向"强制阐释",这里的关键在于其所预设的"观念"与阐释对象是否具有契合性。冯雪峰对《水浒》的阐释,李希凡、蓝翎对《红楼梦》的阐释之所以选择这样的阐释模式与当时的主流意识形态话语建构直接相关,主观性更明显,虽然旨在求真,但还是带有"强制阐释"性质,在很大程度上遮蔽了阐释对象的复杂性与多义性。王富仁之所以选择这样的阐释模式当然与当时的思想解放运动相关,或许正是知识分子思想解放的强烈诉求启发了他发现鲁迅小说的思想革命意义。但更为重要的是,王富仁这种预设的观念与鲁迅小说有着更紧密的契合度,可以说他的阐释比此前任何阐释都更为切近鲁迅小说所蕴含的思想意义,他用这种预设观念有效地将鲁迅小说的方方面面有机地勾连为一个统一体,从而建构起了一个既符合小说内容,又显现他个人思想的意义统一体。这一切有得益于"五四"前后与 20 世纪 80 年代在文化语境上的深刻的历史关联性。在这个意义上说,王富仁鲁迅阐释的有效性是历史赋予的。

到了 20 世纪 80 年代后期,随着西方理论更进一步被广泛引进,文学理论界慢慢对某些西方思想开始真正接受和吸纳,已经不像 80 年代前期那样仅仅停留在译介和猎奇的层面了。尤其值得注意的是,后现代主义理论也是在 80 年代后期到 90 年代才真正开始对中国学界产生比较切实的影响的。除了在 80 年代中期已经产生很大影响的尼采、弗洛伊德和萨特之外,克尔凯郭尔、海德格尔、巴赫金、福柯、波普尔、普利高津等人的思想也开始受到普遍的重视。王富仁鲁迅研究中采用的阐释模式正是在这种文化语境中受到质疑的。这方面最有代表性也最有挑战性的是汪晖。在当时青年一代学人中,汪晖的思想无疑走在了前面,他的鲁迅阐释实践表明,他是较早对文学理论中存在的本质主义思想进行反思与超越的:

> 应当指出,在人类思想的发展中,一切统一的、大全的解释性理论或作为规范的意识形态体系,都必然地具有强制性,都必然地依附于宗教的或政治的权威。在这种意识形态中,独立个体不再能自由地思想,他必须而且只能按照这种意识形态的既定规范去解释他所面对的任何事物,因而解释的结论必然是先定的,是对权威意识形态的既

成观念的论证。思想，这个只能遨游于自由的宇宙的鹰，在一统观念的笼罩下失去了自由和独立性。它除了默默叹息还能做些什么呢？①

这是汪晖展开鲁迅研究的思想基础。其所针对的正是那种传统的"观念阐释模式"。在他看来，阐释者一旦受控于某种"大全的解释性理论"或"作为规范的意识形态体系"，其全部阐释都被规定，阐释者的个人创造性空间就不存在了，因此这样的阐释也就失去了真正的学术意义。他正是在这一思想基础上对王富仁的鲁迅研究展开批评的。在对王富仁"首先回到鲁迅那里去"的主张表示充分肯定之后，汪晖指出：

> 正是在王富仁最富于革命性的地方，我们发现他的思维模式没有得到真正的革命性的改造……王富仁的局限在于他的思维方法。我这里说的还不是他也是在未加科学分析的情况下直接沿用了旧体系的概念系统，从而在解析和逻辑推衍中必然会出现不精确以至武断的地方，我所说的思维方法的局限更主要地体现在他的决定论的思维模式和由这种决定论方法建立起来的完整体系之中。②

这里所批评的"思维模式"也就是我们所说的"观念阐释"，由于王富仁预先设定了"思想革命"这一观念，所以在他对鲁迅小说的全部阐释中，处处都在证明它的合理性，"'思想革命'的命题是他论述的起点，又是他的论述终点，甚至连艺术方法及技巧都由这一命题支配，又反过来说明了这个命题。"③汪晖确实是敏锐的，他看出了王富仁鲁迅小说研究所遵循的阐释模式与传统阐释模式的相同之处，这是符合实际的判断。基于这种判断，汪晖发现了王富仁鲁迅研究的局限："《镜子》一书的思维逻辑可以概括为：反封建思想革命是《呐喊》《彷徨》产生的历史时期的'本质'，鲁迅那时的思想追求和艺术追求最完整、最集中地（合于本质地）

---

① 汪晖. 鲁迅研究的历史批判［J］. 文学评论，1988（6）：5.
② 汪晖. 鲁迅研究的历史批判［J］. 文学评论，1988（6）：14.
③ 汪晖. 鲁迅研究的历史批判［J］. 文学评论，1988（6）：14.

体现了这个时代的本质需求，因而《呐喊》《彷徨》是中国反封建思想革命的一面镜子。这种思维逻辑把鲁迅小说仅仅看作是中国现代社会的认识论映象，并且把描述限制在与思想革命相联系的有限的现实与思想的范围内。"①这里确实准确地指出了王富仁忽视鲁迅思想与心灵的复杂性、矛盾性的不足。但问题在于，汪晖站在他的立场上对这种"观念阐释"持彻底否定的态度，因此对王富仁在这一旧的阐释模式下做出的对鲁迅的富于革命性的研究，以及这一研究的现实意义，如果不能说是视而不见，至少也是重视不够的。正所谓"一叶障目，不见泰山"。无论是"经验模式"还是"观念模式"，在那些视野开阔、功底深厚且有丰富的生活阅历的阐释者那里都会有独到的发现，从而成为有效阐释。否则的话，随着阐释模式的嬗变，以往的研究就变得一文不值了。在文学阐释中只有不同，没有高下。某种文学阐释实践能够成为有着相当多的人使用、流传相当长时间的固定模式，这本身就证明着它的合理性。一种阐释模式在具体实践中是否获得有效性，关键是这种阐释模式与阐释对象之间的契合程度。同样是"观念阐释模式"，冯雪峰评论的《水浒传》，李希凡、蓝翎评论的《红楼梦》都有一定契合度，所以他们的阐释都具有一定的学术价值，揭示了阐释对象某一方面的意义。但是毋庸置疑的是，他们预设观念与阐释对象之间差距过大，契合度不够高，所以总体上看不能说是有效阐释。同样是运用这种阐释模式，王富仁就不同了，他的预设观念与阐释对象之间高度契合，几乎所有《呐喊》《彷徨》中的小说都存在着王富仁所关注的"思想革命"问题，所以他的阐释就有很高的学术价值，是相当成功的文学阐释范例。这就意味着，"观念阐释模式"本身并不能决定阐释的有效与无效，关键看阐释者的预设观念是从作为阐释对象的文本中体认领悟到的，还是从文本之外而来。前者比较容易契合阐释对象，后者则容易流于"强制阐释"。

　　汪晖对王富仁的批评实际上是对一种传统的文学阐释模式的否定，那么他自己作为鲁迅研究专家，采用的是怎样一种阐释模式呢？这比较充分地体现在他 1988 年提交答辩的博士论文中，该论文后以《反抗绝望：鲁迅及其文学世界》为书名多次出版。

---

① 汪晖. 鲁迅研究的历史批判［J］. 文学评论，1988（6）：14.

　　毫无疑问，汪晖试图揭示出鲁迅的复杂性、个体性与具体性，他不满于以往的对鲁迅的阐释那种追求统一性、绝对性的做法。所以汪晖对鲁迅小说的解读都是从"矛盾"和"心理"两个层面上展开的："狂人的恐惧和发现→夏瑜的奋斗和悲哀→N先生的失望和愤激→吕纬甫的颓唐和自责→疯子的幽愤和决绝→魏连殳的孤独和复仇，以及《伤逝》在象征意义上表述的'新的生路自然还很多'……的绝处逢生的希望和彷徨，这是历史'中间物'在社会变迁过程中间断与不间断相统一的完整心理过程，它构成了《呐喊》《彷徨》的一条内在的情感线索。"① 鲁迅为什么能够把他的人物都写成这样的矛盾体呢？ 在汪晖看来，这是因为鲁迅意识到自己的"中间物"处境，因而具有一种明确的"中间物意识"，这种意识使他不仅把自己作为反映者，而且也把自己作为被反映者。换言之，鲁迅是作为一个"中间物"来反映同为"中间物"的彼时知识分子群体的。鲁迅的这种"中间物意识"是建立在承认自己的矛盾性、悖论性和过渡性基础上的。具体到狂人、夏瑜、N先生、吕纬甫、疯子、魏连殳以及《故乡》《祝福》《孤独者》等小说中的"我"等小说人物身上，作为"历史中间物"，他们表现为三个基本特点：一是与强烈的悲剧感相伴随的自我反观和自我否定；二是对"生""死"的关注，并将其提升到历史的高度来体验；三是建立在人类社会无穷进化的历史信念基础上的否定"黄金时代"的思想，或者说是以乐观主义为根本的"悲观主义"认识。② 基于这样的分析，汪晖致力于揭示的是他的个体性心理体验，他认为这正是鲁迅深刻的地方。他说："鲁迅的深刻之处和超越其他同时代作家的地方，不仅仅在于他对社会生活的认识深度，更在于他对作为个体的知识者的生存态度的严峻思考。如果说人道主义、个性主义和进化论表现了那个时代普遍的意识趋向，那么鲁迅把只有个体才能充分体现的冲突，如死亡、孤独、绝望、不安、惶惑、有罪感、恐惧，同他对社会文化问题的探索紧密地结合在一起。达到了同时代人难以企及的对个体生存的深刻把握。他那'反抗绝望'的人生哲学

---

　① 汪晖. 反抗绝望：鲁迅及其文学世界［M］. 北京：三联书店，2008：202、203.
　② 汪晖. 反抗绝望：鲁迅及其文学世界［M］. 北京：三联书店，2008：191–195.

所提供的已经不是一般的意识形态，而是面对'绝望'的人生态度。"①

　　这里简述的是汪晖在《反抗绝望鲁迅及其文学世界》一书中的主要观点。不难看出，在他这里，"中间物""历史中间物"和"中间物意识"无疑是关键词。那么究竟什么是"中间物"呢？这个说法来自鲁迅《写在〈坟〉的后面》一文，是在谈论白话文写作时说的，意思是在从文言文到白话文的转变过程中自己不过是个"中间物"，所以这里的"中间物"就是"过渡"的意思。显然汪晖赋予了这个提法更多的含义。这当然并非不可以，如果这个提法能够准确地标识出鲁迅和他所写的人物身上一个普遍性特征，那也是很有意义的。汪晖的"阐释模式"并未真的突破了王富仁所代表的"观念模式"。从"鲁迅是中国革命的镜子"到"鲁迅是中国革命思想的镜子"再到"鲁迅的中间物意识"三者之间存在着内在的一致性。换言之，汪晖所操练的依然是一种他自己试图摒弃的"观念阐释模式"。何以见得呢？我们来看汪晖的阐释逻辑：鲁迅是一个"历史的中间物"，并且清醒地意识到这一点，于是在小说中呈现了自己"中间物意识"；由于作为"中间物"的知识分子是传统与现代之间的转折点，因而他们身上必然存在着各种各样的矛盾、对立、自我否定、孤独、焦虑乃至绝望。总之，鲁迅小说中的一切复杂性与矛盾性一概来源于他的"中间物意识"，这是典型的"观念阐释模式"。这里的预设观念就是"中间物"和"中间物意识"，同样是试图用某种统一性来解读鲁迅作品。所谓"矛盾性""复杂性""悲剧性""自我否定""绝望"不过是这种统一性的具体内涵。对于汪晖的鲁迅研究，日本学者丸山昇的评价是有道理的：

　　　　汪晖的不少见解我都赞成而且佩服，但作为"鲁迅研究的历史批判"，他只偏重于原理的检视，却淡漠了史的考察。他激烈地批评了文革后"新时期"的鲁迅研究，甚至连差不多为同代人的王富仁也不例外。汪晖认为这些人都未从以往意识形态的束缚中解放出来。联系时下中国意识形态的格局，反观汪晖对这种意识形态的评说，总可以看到或浓或淡的"意识形态"色彩。应该说，汪晖对鲁迅研究历史的

①汪晖. 鲁迅研究的历史批判［J］. 文学评论，1988（6）：14.

怀疑乃至于否定，是可以理解的。但是，到底怎样才能把握问题的实质呢？坦率地说，在外国研究者看来，汪晖的研究无疑仍需要继续深化和充实。①

丸山昇主要是从"意识形态"角度发现汪晖与王富仁等新时期鲁迅研究者的一致性的，这种一致性主要是根源于阐释模式的相同。这种情形类似于费尔巴哈对黑格尔的颠覆性批判，他的批判是敏锐而深刻的，判定黑格尔的哲学实质是一种"思辨神学"，与基督教神学存在着内在精神的一致性。费尔巴哈大声疾呼要建立人的哲学，呼唤"饱饮人血"的理性，但他的具体哲学建构却依然是在谈论抽象的人，并未能把人从异化状态还原为具体的人。这原因就在于费尔巴哈虽然看到了黑格尔的问题，但他的哲学却依然采用的是思辨哲学的旧模式，因此无法真正有所突破。但这并不意味着汪晖的鲁迅阐释是毫无意义的，事实上，他关注鲁迅的"中间物意识"，深入揭示鲁迅和他的人物内心世界的复杂状况等，这都是对鲁迅研究的重要贡献，开辟了鲁迅研究新领域，拓展了人们的视野。正是在这个意义上，可以说汪晖和王富仁分别代表了新时期鲁迅研究的两个阶段。但说到阐释模式，则二者并无根本区别。

在鲁迅研究的历史上，汪晖也同样是"中间物"。他清醒地意识到传统阐释模式的局限性所在，试图寻找新的阐释路径，从而有所突破，但是并没有很好地实现这一突破。由于他预先设定了阐释对象的"中间物"身份以及心理冲突、矛盾、复杂性、悖论性、孤独、绝望等个体性、具体性特征，这些特征也就不再真正具体的、活生生的存在，而是也成了一种观念或抽象的符号。所以在《反抗绝望》中确实也有大量引文和例证，但都是在为这些观念和抽象符号寻找例证，而不是从文本细读中归纳总结出来的结果。丸山昇批评汪晖"只偏重于原理的检视，却淡漠了史的考察"，在我看来就包含着对他的这种"观念阐释"的不满。通观全书，逻辑推理、宏观论证远远多于文本分析。这正是"观念阐释"的共同特征。在俞平伯的《红楼梦研究》中是看不到这种情况的。那么为什么在一定程度上接受了后现代主义思想影响的汪晖能够认识到"观念阐释模式"的局限和问题

①［日］丸山昇著，潘世圣译. 汪晖《鲁迅研究的历史批判》寄语［J］. 上海鲁迅研究，1991（2）：201.

所在，却依然会重蹈覆辙呢？关键就在于他的"中间物"身份，对于后结构主义和解构主义只知其理而不得其用。那些真正奉行解构、反本质主义阐释策略的人一般不会表示反对统一性、绝对性，他们只是在具体的文本阐释中体现出这样的倾向来。我们说汪晖是"中间物"，主要是从阐释模式角度上看的。他是从传统的"观念阐释"到后现代主义语境中的"理论阐释"两种阐释模式的"中间物"。总之，汪晖的鲁迅阐释在一定程度上接受了精神分析主义、存在主义和后现代主义影响，这些影响使他改变了对阐释对象的维度与层次的关注，并没有改变他的阐释模式本身。汪晖与王富仁的鲁迅阐释是在同一种阐释模式是下对鲁迅小说不同方面与层次的意义的揭示，他们各有各的价值，不可相互替代。

第四节　接受美学中国化的三十年

　　接受美学在中国的传播和接受的历程虽只有 30 年上下，却已经有了"历时"层面的分期问题，如陈文忠就把从 1983 年至 2003 年 20 年的接受史研究历程分为"80 年代初接受美学的引进和消化、接受史研究的酝酿和尝试，和 90 年代以来接受史研究的多元发展"三个阶段；[①] 樊宝英将"中国古代文论有关接受过程的研究"分为三个阶段："第一，移植阶段。从 80 年代初到 80 年代中期""第二，尝试阶段。从 80 年代中期到 90 年代初期""第三，系统讨论阶段。"时间是 90 年代以后。[②] 共时方面，朱立元分别从文学本体论、文学作品论、文学认识论、文学创作论等多个角度构架了接受美学研究的理论体系；[③] 陈文忠认为，国内研究者的接受史研究有四种模式，即"微观接受史模式""作家接受史模式""宏观接受史模式"和

---

　　① 陈文忠. 20年文学接受史研究回顾与思考［J］. 安徽师范大学学报，2003（5）.
　　② 樊宝英. 近20年接受美学与中国古代文论研究综述［J］. 三峡大学学报（人文社会科学版），2002（6）.
　　③ 朱立元. 接受美学导论［M］. 合肥：安徽教育出版社，2004.

"创作影响史模式"，①樊宝英则分别从"作品的角度""作者的角度""读者的角度"介绍了中国古代文论学界对接受美学的吸收和应用。②

应该说，接受美学在从译介、理论探研再到接受批评的过程中，确实有一种前后相继的阶段性特征。但目前来看，这几个阶段并没有严格的时间断限。一方面，接受美学在中国的译介早在 1983 年就开始了，但时至今日，接受美学及与之密切相关的重要文献翻译工作仍还未完成。另一方面，很多学者在译介接受美学之初，就针对其理论指向做了反思。如张隆溪在《诗无达诂》③中第一次提到接受美学时，便结合西方解释学，将之与中国传统诗学作了比较。可见，接受美学的研究者从甫一接触接受美学时，就开始了理论和实践的尝试。

一、西方接受美学原典和理论的译介

如上所述，接受美学诞生于 20 世纪 60 年代，直到 80 年代才在中国进入移植、传播的阶段。

1983 年，冯汉津将意大利学者弗兰科·梅雷加利（Franco Meregalli）的《论文学接收》④译成中文，发表在《文艺理论研究》1983 年第 3 期，这一般认为是接受美学在国内最早的传播。同年张隆溪的《诗无达诂》和张黎《关于"接受美学"的笔记》等文章⑤陆续发表，自此，接受美学理论开始为国内学界所知，开始了接受美学"中国化"的历程。

细观以上三篇文章，其侧重点各有不同。如前引《论文学接收》原载于法国《比较文学杂志》1980 年第 2 期，作者梅雷加利则是威尼斯大学名誉教授，该文并非全面阐释接受理论，而是在作者—作品—接收者的整体构架中介绍了接受美学的基本理论。文章篇幅简短，流于浅显，点到为止。

---

① 陈文忠. 20年文学接受史研究回顾与思考［J］. 安徽师范大学学报，2003（05）.
② 樊宝英. 近20年接受美学与中国古代文论研究综述［J］. 三峡大学学报（人文社会科学版），2002（6）.
③ 张隆溪. 诗无达诂［J］. 文艺研究，1983（4）.
④ 弗兰科·梅雷加利著，冯汉津译. 论文学接收［J］. 文艺理论研究，1983（3）.
⑤ 张隆溪. 诗无达诂［J］. 文艺研究，1983（4）.

因此，该译文未能系统地介绍接受美学。张黎的《关于"接受美学"的笔记》则从历时维度，把接受美学作为一个新的"方法论"介绍到中国学界。与前文相比，张黎的"笔记"为接受美学理出了一个更为清晰的学理脉络，从20世纪六七十年代美国"新批评"的衰落和西德"问题批评"学派的解体谈起，再从尧斯的"挑战"过渡到东德学界对接受美学的理解和生发，并由瑙曼等人的理论展开，介绍了接受美学的基本理论。总的看来，该文对尧斯、伊泽尔所谈不多，理论重心依然围绕着马克思主义文论，着眼点相对传统。而张隆溪的《诗无达诂》却能够准确地将接受美学诸范畴纳入西方哲学解释学传统，并摘引中国古代文论与之对应，将接受美学的理论本质自然呈现出来。

虽然以上三篇论文侧重各有不同，没有系统而完整地翻译、铺论接受美学理论，却是最早将接受美学介绍到国内学界的文章，其中张隆溪以阐释学的学理笼贯接受美学理论，对之后学界的影响很大。值得注意的是，张黎提到："这篇笔记故意回避了某些特殊的'接受美学'术语，例如尧斯专用的 Erwartungs-horizont，瑙乌曼专用的 Rezeptionsvorgabe，以及普遍采用的 Adressat 等，这些特殊的美学范畴的翻译，只有随着对这门学科的深入认识才能解决，望文生义的翻译和解释，往往会造成谬种流传的后果，无助于对这门学科的探讨。"[1]可见，接受美学的译介从一开始就受到了相当严肃的对待。

1984年始，对接受美学的译介持续展开。其中包括张隆溪的《仁者见仁，智者见智——关于阐释学与接受美学·现代西方文论略览》（1984）、张黎的《接受美学——一种新兴的文学研究方法》（1984）[2]、罗悌伦译联邦德国学者 G. 格林《接受美学简介》（1985）[3]、章国锋的《国外一种新兴的文学理论——接受美学》（1985）[4]、吴元迈的《苏联的"艺术接受"探

---

① 张黎. 关于"接受美学"的笔记［J］. 文学评论，1983（6）.
② 张隆溪. 仁者见仁，智者见智——关于阐释学与接受美学·现代西方文论略览［J］. 读书，1984（3）.
③ G. 格林著，罗悌伦译. 接受美学简介［J］. 文艺理论研究，1985（2）.
④ 章国锋. 国外一种新兴的文学理论——接受美学［J］. 文艺研究，1985（4）.

索》（1986）^①等。其中，张隆溪的《仁者见仁，智者见智》在中西比较的视野中分别介绍了哲学解释学、接受美学和读者反应批评，并将这三种学说统贯在解释学的学理脉络当中，文中强调："在比较之中使（中西）两种不同的文学批评理论互相补充而更为充实完备，那样得出的结果必将是更为理想的。"^②张隆溪应是国内最早明确提出中国古代文学传统与接受美学理论之比较研究的学术价值的，这一提法影响之深远，甚至可说是"开风气之先"。张黎的文章依然是"笔记"的深化和延续，且依然以东德的接受美学为研究重点。罗悌伦译的《接受美学简介》是国内第二篇接受美学译文，此文虽为格林《接受美学研究概论》的摘编译文，但一方面，尧斯、伊泽尔的重要理论和范畴都得到系统介绍，包括文本理论、解说和评价的理论以及理想的读者理论等；另一方面，同时期关于接受美学的重要论争也得到了介绍。总体来看，此文对接受美学的探讨比较深入，视域较广，是一篇比较深入译介接受美学的文章。而章国锋的《国外一种新兴的文学理论——接受美学》在接受美学的译介上又进一步，较完整地介绍了尧斯、伊泽尔的开创性论著和接受理论的主要观点，包括尧斯的《文学史作为文学科学的挑战》和伊泽尔的《文本的召唤结构》。尧斯和伊泽尔的两文都被收入莱纳·瓦尔宁编的《接受美学》威廉·芬克出版社，1975 中。在该书被译成中文之前，章文首次译介了尧斯的"挑战"中的"七个论点"以及伊泽尔的文本"召唤结构"的基本观点。紧接着，吴元迈的《苏联的"艺术接受"探索》"第一次从信息论出发考察了人的精神活动的复杂领域——艺术接受和艺术创作的问题。"^③此文主要围绕苏联的艺术接受研究，重点谈了梅拉赫、赫拉普钦科和鲍列夫等苏联学者的接受探索，提出苏联的艺术接受研究"在艺术接受的实质、作品和读者的关系等一系列问题上的论述"与学界一般认为的接受美学有很大差异，而这在之后接受美学在中国的传播历程中也可以得到证实。

总体来看，以上成果在最初三篇开创性译介的基础上继续展开，视野

---

①吴元迈. 苏联的"艺术接受"探索［J］. 文学评论，1986（1）

②张隆溪. 仁者见仁，智者见智——关于阐释学与接受美学·现代西方文论略览［J］. 读书，1984（3）.

③吴元迈. 苏联的"艺术接受"探索，文学评论［J］. 1986（01）.

广阔，在 20 世纪 80 年代的"方法论热潮"中产生过不小的影响。不过，对接受美学诸多重要经典著作的译介还基本是零，这导致了接受美学在早期的传播中只是以理论纲目的形式存在，不时可以看到其他美学理论的影子，冲淡了接受美学理论本身的意义和价值。

1987 年，周宁、金元浦翻译的第一部接受美学译著《接受美学与接受理论》出版。《接受美学与接受理论》实际包含 H. R. 尧斯的《走向接受美学》和 R. C. 霍拉勃的《接受理论》两部著作。前者收录了尧斯提出接受美学的纲领之后的几篇重要文章，既包括了前面说到的"挑战"一文，还有《艺术史和实用主义历史》《类型理论与中世纪文学》《歌德的〈浮士德〉与瓦莱里的〈浮士德〉：论问题与回答的解释学》《阅读视野嬗变中的诗歌本文：以波德莱尔的诗"烦厌（Ⅱ）"为例》四篇文章，较全面呈现了尧斯接受理论的主要观点及理论实践。其中，前两篇文章第一次阐述了尧斯对于接受史建构的理想，对之后的接受美学理论发展起到了一定的启示作用。他提出："有必要发展出一种新的文学类型理论，其研究领域处于个体性与群体性之间、文学的艺术特征与它的直接目的或社会特征之间的地带。"[1]两篇文章试图建立一个阐释范型，也可算是尧斯在接受批评上比较早的尝试。其中"阅读视野嬗变中的诗歌本文"一文，可算是比较早将伽达默尔解释学的理解（intelligere）、阐释（interpretare）和应用（applicare）三个转瞬即逝的进程改造为文学接受的方法论的实验。第二部著作《接受理论》由加州大学伯克利分校教授 R. C. 霍拉勃作于 1984 年。该作先从批评史上的范式变革谈起，梳理了接受美学的"影响与先驱"，重点介绍了俄国形式主义文本理论、罗曼·英伽登的现象学理论、布拉格结构主义理论、伽达默尔的哲学阐释学和文学社会学诸流派。第四部分介绍了围绕着接受美学先后发生的几次论争。第五部分分别考察了接受理论的四个主要内容：文本、读者、阐释和文学史，将接受美学的论争扩展到了罗兰·巴特和雅克·德里达等后现代理论家和斯坦利·费史、哈罗德·布鲁姆等北

① H. R. 尧斯. 阅读视野嬗变中的诗歌本文：以波德莱尔的诗"烦厌（Ⅱ）"为例. ［德］H. R. 尧斯，［美］R. C. 霍拉勃. 周宁、金元浦译 // 接受美学与接受理论［M］. 沈阳：辽宁人民出版社：176–177.

美批评家，尤其是"读者反应批评"。这是第一部比较完整地、从历时的维度上阐述接受理论的专著，这一解读范式十分经典，影响巨大，此后国内一些关于接受美学的研究著作，都可见到这部书的影子。在"方法论热"逐渐积淀下来的 80 年代末，这样一部重量级译著的出现，标志着接受美学的译介已渐入佳境，同时也标志着接受美学的理论探研可以日益深入。

20 世纪 80 年代末，在《接受美学与接受理论》之后，还有几部重要译著出版，分别是刘小枫选编的《接受美学译文集》（1989）、张廷琛选编的《接受理论》（1989）、刘峰、袁宪军等人译美国学者简·霍普金斯编著的《读者反应批评》（1989）。值得注意的是，以上几部译著多为论文集，其中收入了一些比较重要的文章，如伊泽尔的《文本的召唤结构》《文本与读者的相互作用》、瑙曼的《从历史、社会角度看文学接受》和尧斯的《接受美学与文学交流》，等等。在《相互作用》中，伊泽尔比较系统地阐述了他的文本交流理论，而《文本的召唤结构》一文，更是奠定其接受美学"双星"地位的重要篇章。尧斯的《接受美学与文学交流》一文谈了其文本—读者的交流论立场，如其在文中所云："它（按：接受美学）将文学史界定为涵盖作者、作品和读者三个行为者的过程，或者说一个创作和接受之间以文学交流为媒介的辩证运动过程。接受概念在这里同时包括收受（或适应）和交流两重意义。"① 此文最初大约发表于 1980 年，几年后便在国内得到翻译和传播。与《挑战》相比，以上各篇在国内译介的"效率"大大提高，很多重要论文译介的"及时性"日益显明，可见接受美学"共同体"在国内日渐形成规模，又进一步推动了接受美学在国内的译介。

20 世纪 90 年代初，还有两部专著被译出，分别为伊泽尔的《阅读活动：审美响应理论》和尧斯的《审美经验与文学解释学》。

伊泽尔的《阅读活动》至少有三个译本，其中霍桂桓、李宝彦译本出版时间最早（1988），而金元浦、周宁译本和金慧敏、张云鹏、张颖、易晓明译本均出版于 1991 年。这部著作是伊泽尔接受美学理论体系中最重要、最有代表性的系统总结。与伊泽尔在 1972 年出版的《隐含的读者：从班扬到贝克特长篇小说的交流结构》相比，《阅读活动》获得了更热烈的

---

① 张廷琛. 接受理论［M］. 成都：四川文艺出版社，1989：194.

响应，尤其在北美学术界。这是因为，前者更多侧重于具体方法论层面的分析，后者则侧重于具体理论体系的建构。伊泽尔在创作本书时已经经历了激烈辩驳和深刻思考，在回应辩难和整理思路的过程中，从一个更宏阔的视野下从新梳理了他的审美响应理论。该书首先对审美响应理论的基本原理和基本范畴做出概要性介绍；第二部分谈了文学文本的功能主义模型：剧目和策略，对接受美学视域中本文存在论做了介绍。第三部分谈的是阅读现象学，着重谈的是阅读过程中发生的意义理解和意象建构，其中，"游移视点"是一个重要的范畴；第四部分分析了文本与读者之间的交流结构，其中包括了著名的"空白"理论和"否定"理论。这部著作的重要性有二：其一，起到矫正国内一些对伊泽尔响应美学理论"并无多少创新"的"偏见"观点，对于伊泽尔接受美学在国内的译介起到一定助推作用；其二，在今天来看，伊泽尔的《阅读活动》可以视为其美学观点发展历程中的一处较大转折点。所以，《阅读活动》的译出，对国内理解和应用伊泽尔接受美学理论有着直接的理论意义。

尧斯的《审美经验与文学解释学》最早由朱立元译出（作家出版社，1993），书名为《审美经验论》；另一译本由顾建光、顾静宇、张乐天译出（上海人民出版社，2006），书名为《审美经验与文学解释学》。目前国内可见的译著只是原著的上部，最初发表于1977年，90年代初已在学界产生了很大反响。下部发表于1982年，主要讨论文本阅读过程中的问答逻辑及其在理解、解释历史经验中的运用问题，截止目前，还没未见中文译本。该书既是尧斯对接受美学理论的一个系统总结，也是他对接受美学方法论的一次深刻反思。在该书中，尧斯尝试突破之前接受批评的方法论过于繁琐和在理论上与其接受史的提法不能融于一体的局限，以审美经验的研究为切入点，分别讨论关于审美实践以及它在创作、感受和净化这三个基本范畴中的历史表现、关于作为这三个功能特有的基本态度的审美快感和关于审美经验和日常现实世界中其他意义领域之间的关联等几个问题，力图建构一个具体化的接受美学交流范式，同时也相应吸收了当代学者阿多诺"否定辩证法"的认同原则、伽达默尔的解释学理论，并将它们作为其书中方法论的前提。因此，该书的写作既是尧斯自我反思的产物，也是激烈辩驳、博采众长的结果。

以上便是接受美学"原典"的基本译介情况。此后，又有众多重量级论文集编译出版，如由程锡麟等译拉尔夫·科恩主编的《文学理论的未来》（中国社会科学出版社，1993），该书中收入伊泽尔的《走向文学人类学》及尧斯的《我的祸福史或：文学研究中的一场范例变化》，均是20世纪90年代两位学者对自己理论的进一步反思，也标志着两人的方法论更多地关注双向交流的理论范型。再如朱立元、李钧等主编的《二十世纪西方文论选》，也收入了两人以及赫施、费史等人的文章。除了译文，还有相当多的通论性质的著作也涉及接受美学，如胡经之、王岳川主编的《文艺美学方法论》（北京大学出版社，1994）、特里·伊格尔顿的《文学理论导论》（外语教学与研究出版社）、朱立元、陆扬、张德兴等著的《西方美学思想史》（上海人民出版社，2009）等。

二、国内接受美学的理论研究

国内对于接受理论本身的研究是伴随着接受美学的译介展开的。张隆溪、张黎、章国锋等在最早译介接受美学理论的时候，已经开始了自觉的理论诠释，如张隆溪举出中国古代"诗无达诂""见仁见智"的传统言意观与西方阐释学、接受反应理论相映成趣。[1] 大约同时，钱锺书也在《谈艺录》中将"诗无达诂"与"接受美学"互为阐释，此为接受理论与中国传统文论正式进行比较的首篇文章。此后，很多学者都循此路径开始寻找和阐发接受美学与中国传统文论的契合点，如董运庭举出中国古典美学的"玩味"说进行比较[2]；叶嘉莹也以中国词学领域中的"境界说"为阐发对象，依托西方阐释学、现象学阐释了王国维三境界说超越原词意义而为人广泛接受的原因，后收入论文集《中国词学的现代观》（岳麓书社，1990）；程伟礼的《谈谈接受美学及其哲学基础》则较早梳理了接受美学

---

① 张隆溪. 诗无达诂［J］. 文艺研究，1983（4）.
② 董运庭. 中国古典美学的"玩味"说与西方接受美学［J］. 四川师范大学学报（社会科学版），1986（5）.

与哲学阐释学、发生认识论的渊源关系 ①；殷杰、樊宝英的《中国诗论的接受意韵》从作品审美特性、读者接受过程和读者审美期待视野三个方面系统比较了中国传统诗论和接受理论，标志着接受理论研究开始从单个理论、学说之间的对比映衬，扩展到以接受美学学理思路为研究路径将传统文论与之加以比较②；此后接受美学的研究便走向传统文论与接受理论进一步融合的道路，如孙立的《"诗无达诂"论》(《文学遗产》，1992 年 06)、紫地的《中国古代的文学鉴赏接受论》(《北京大学学报》，1994 年 1 期) 都从历史的视角入手，研究或介绍了中国古代的文论思想接受或文学活动接受的发展过程。

除以上诸多成果，还有一些学者二十多年来一直密切关注、研究接受美学，其成果在接受美学研究领域产生了深远影响。如 20 世纪 90 年代和 21 世纪初出版的樊宝英、辛刚国的《中国古代文学的创作与接受》(石油大学出版社，1997)、邓新华的《中国古代接受诗学》，进一步深化了接受理论与传统文论研究的融合；再如龙协涛，从《中西读解理论的历史嬗变与特点》(《文学评论》，1993 年第 2 期)《文学读解与美的再创造》到《文学阅读学》，建构了一个以读者为中心的读解鉴赏理论体系；张思齐的《中国接受美学导论》以接受美学统观中国古代文论，立意寥远；尚学锋、过常宝、郭英德几位合著的《中国古典文学接受史》按照时间的线索，系统地梳理了中国古代文学历史进程中的接受现象和接受行为，又基本上总括了各个时期与接受理论相关的文学认识，纲举目张而又简洁易了，"较好地反映了古典文学接受的民族特点，该书为重写文学史确立了一个范例"。③

在接受美学理论的建构上影响最大的应该是朱立元和金元浦两位。他们很早就参与了接受美学文献的译介，也很早就提出了接受美学中国化的理论构想。朱立元在 20 世纪 80 年代末、90 年代初发表了一系列论文，包括《试论接受美学对中国文学史研究的启示》《论文学的多元价值系统》

---

① 程伟礼. 谈谈接受美学及其哲学基础［J］. 社会科学，1986（1）.
② 殷杰，樊宝英. 中国诗论的接受意蕴［J］. 华中师范大学学报（哲学社会科学版），1992（3）.
③ 樊宝英. 近20年接受美学与中国古代文论研究综述［J］. 三峡大学学报（人文社会科学版），2002（6）.

《从审美意象到语言文字——试论作家的意象—语符思维》等，并在 1989
年出版《接受美学》，又于 2004 年出版《接受美学导论》，针对接受美学
的各层次问题提出了一个宏阔而又具体的理论框架。在《试论接受美学对
中国文学史研究的启示》① 一文中，他更加明确提出吸纳接受美学的有利因
素，从"效果史"这一新角度拓宽文学史研究的视野，更深刻全面地认识
和总结文学发展的特殊规律的学科发展构想。因此，朱立元一直致力于在
"总体文学史"的宏观视野中建构一个接受美学的理论体系。在这个体系
中，他针对接受美学的一系列重要范畴，如"期待视野""召唤结构""潜
在的读者"等都提出了自己的主张，且从社会历史批评的基点出发，探讨
了文学价值论的问题，并由此确立了一个"效果史"研究的思路。与朱立
元相比，金元浦则是"从当代解释学的'语言论转向'角度来解释、阐
释和研究接受反应文论。"因此，金元浦经过对接受反应文论的追本溯源，
发现接受美学的理论核心在于"主体—主体"的对话交流关系，"研究文
学的主体间性的含义及其本质规定性，才可能为中国当代批评理论的思考
打开另一扇窗户。"此外，"认真细致地进行阅读活动的微观研究"，对于
"阐释的循环"和意义的"空白"与"未定性"给予特别的关注，也都在
金元浦的理论构想之内。②

在很多重量级学者的努力下，新世纪接受美学的理论探讨越发精醇，
众多接受理论方面的专著结集出版，如邬国平的《中国古代接受文学与理
论》从读者接受视野的角度比较了中国古代文论与接受美学；邵子华的
《对话诗学——文学阅读与阐释的新视野》抓住接受理论与阐释学"对话
性"的本质，多角度地阐发了文学阅读与阐释中的对话现象，见解独到；
申迎丽的《理解与接受中意义的建构——文学翻译中"误读"现象研究》
从翻译过程中的阐释现象入手，深入地挖掘了"误读"与"意义建构"的
关系，是接受美学在英译领域的一次创新应用；刘月新的《解释学视野中
的文学活动研究》采取了阐释学的方法，以文学创作、文学文本、文学接
受为线索，对文学的基本问题进行了较全面的探讨。而武汉大学则于 2005

---

① 朱立元、杨明. 试论接受美学对中国文学史研究的启示 [J]. 复旦学报（社会科学版），1989（4）.
② 金元浦. 接受反应文论 [M]. 济南：山东教育出版社，1998：406–413.

年初成立了中国文学传播与接受研究中心，并承担了题为《中国文学传播与接受研究》的"211"工程重点项目，目前已经出版三辑《文学传播与接受论丛》，旨在通过中国文学的传播与接受这一"在世界范围内的双向互动过程"的研究，使得"中国古代文学、中国现当代文学、世界文学和文艺学"这四个学科"自然地融合贯穿起来"。在这套论丛中，王兆鹏、张荣翼、尚永亮、於可训、陈国恩等分别提出了接受与传播论的新见，对学术界是一个巨大的促进。①

三、国内接受美学的批评实践研究

在接受研究的学术阵营中，理论的探研与接受批评的实践研究常常是一体两面、相反相成的。不论尧斯还是伊泽尔，在阐发自己的理论同时，都必须借助于对一些接受现象的阐析来支持自己的观点。如伊泽尔曾在《阅读活动：审美响应理论》一书的前言中说过："为了使本书不陷入完全抽象的议论，许多理论观念是通过例子来说明的，而且，实际上有些观点的含义通过例子得到了展开。"② 而尧斯也在"挑战"发表之后，陆续发表了《类型理论与中世纪文学》《歌德的〈浮士德〉与瓦莱里的〈浮士德〉：论问题与回答的解释学》以及《阅读视野嬗变中的诗歌本文：以波德莱尔的诗"烦厌（Ⅱ）"为例》等，即使后来的《审美经验与文学解释学》也依然是一种指向批评实践的尝试。可见，在伊泽尔、尧斯等接受美学代表人物看来，接受批评是接受理论具体化的尝试，而且也是通过接受批评实践推演和融化先前建构的形而上的接受理论和接受观点。

在国内，文学研究队伍本就已经形成浩大规模，在文学批评研究方面，尤其是中国古代文学批评研究领域，也已打下扎实的基础而且拥有颇丰成果。因此，早在20世纪80年代中期"方法论热潮"方兴未艾之际，自觉运用接受理论来观照中国文学诸现象的工作就已经开始。如前引张隆溪的

---

① 邬国平. 中国古代接受文学与理论［M］. 哈尔滨：黑龙江人民出版社，2005.
② ［联邦德国］W.伊泽尔著，霍桂桓李宝彦译，杨照明校. 审美过程研究［M］. 北京：人民大学出版社，1988：4.

《仁者见仁，智者见智》等文便援引了相当数量的中国古代文学批评为例；董运庭的《中国古典美学的"玩味"说与西方接受美学》也以中国古代的"玩味"现象为例，在批评实践的层面上介绍了接受理论与中国古代文学批评的契合；李延的《从接受美学看〈金瓶梅〉研究》更是以接受美学为参照系，重点谈了《金瓶梅》的文学创造诸问题。[①] 不过，接受美学的批评实践的兴盛主要始于 90 年代，并且与接受美学的译介和理论探研互为印证，呈现出蔚为大观的研究局面。陈文忠指出，在《接受美学与接受理论》一书中译本出版之后，中国的接受史研究进入了一个理论自觉和全面展开的时期，主要体现在如下几个方面：首先，论文标题开始明确标示出接受美学和接受史的立场；其次，研究范围遍及古代文学和现代文学各重要领域和重点对象；再次，大部头的学术专著的出版，标志着接受实践作为一种学术方法，已经渐趋成熟；最后，很多研究者结合中国文学的接受传统，对接受史的学术基础、学术性质、学术价值及研究方法等问题，提出了自己的见解。[②] 这一概括，很能说明近年来接受批评研究的进展概况。在具体阐述三十年接受批评历程之前，还有几个问题需要加以厘定。

首先，中西接受批评的界定。在西方，文学批评已成为一个成熟的学科体系，其存在形态常常体现出鲜明的思潮性特征，前后起伏的呼应性和相关性较强，而且其阐述形式多偏向于叙述性。与西方相对，中国古代文学批评比较重象、重体验、讲直观，阐述特点表现为体用不二和循环论证。如此，接受美学在西方批评界常常以论战的形式存在，具体的接受批评现象往往与西方诸多理论家过从甚密。而严格意义上的中国文学接受批评虽然是在西方接受美学思潮的直接推动下发展起来的，却甚少参与到西方理论界的论战中，具体研究中所涉及的理论多为读解理论、哲学阐释学和文学现象学等。不过，并不是说中国接受批评不具备思潮性特征。中国文学接受批评，往往与中国文学传统理论渊源颇深，其所力图阐明的也往往是中国古代文论的元范畴。因此，中国文学接受批评的研究兴趣主要在于中国文学，尤其是中国古代文学史料的梳理和阐述。其次，中国文学接受批

---

① 李延. 从接受美学看《金瓶梅》研究 [J]. 上海师范大学学报（哲学社会科学版），1988（4）.

② 陈文忠. 20年文学接受史研究回顾与思考 [J]. 安徽师范大学学报（人文社会科学版），2003（05）.

评的主要分类，从学科领域来看，中国文学接受批评并不只限于中国文学研究，外国文学素材在中国的接受研究与中国文学接受研究均在中国文学接受批评之列。如学界一般把研究领域属于西方文学的高中甫《歌德接受史 1773—1945》认为是较早以"接受史"为题的接受批评著作。从研究对象来看，中国文学接受批评主要有两个研究方向，其一为接受史的梳理与建构。从接受美学在中国的理论探研情况来看，国内学术界对中国文学接受史的建构提出了大量具有建设性意义的观点，如朱立元、杨明的《试论接受美学对中国文学史研究的启示》便是较早探讨中国文学接受史建构的文章；而陈文忠的《中国古典诗歌接受史研究》、朱立元的《接受美学导论》、金元浦的《接受反应文论》和邓新华的《中国古代接受诗学史》等重要著作都对此问题做出了探讨。从目前的接受研究情况来看，学界也比较注重对中国文学接受史的梳理。其二为接受现象的阐析。与接受史研究相比，这一研究方向才更接近接受批评，这类研究的关注重心往往在某一特定接受群体对经典的接受与阐释。其中，所谓"影响与接受""接受与传播"和"接受与阐释"亦为几个重要的子课题，在下面的成果列表中将会有所体现。不过，总的来看，具体的接受现象研究依然以史的研究方法为主，纯粹的文本分析或读解研究并不多。最后，时间断限的问题。2002年，正是接受美学传入中国二十周年。2003 年前后，相继有述评性质的著论出现，概括总结了前二十年接受美学在国内的学习和传播，如金元浦《接受反应文论》中便有专章介绍接受美学的"中国化"；再如前引陈文忠的《20 年文学接受史研究回顾与思考》，以及樊宝英的《近 20 年接受美学与中国古代义论研究综述》等，均作了比较细致深入的统计和述论。因此，以此为基础，本书将更多侧重于补充说明最近十年接受批评成果这一工作。

与接受美学在国内的译介和理论探研相比，"接受批评实践"的研究成果最为丰厚，队伍也最为庞大，首先，体现在研究范围广。接受批评实践遍布文学、艺术学、哲学、教育学等各领域的诸多学科，其中既有正统的外国文学、中国古代文学、现当代文学的接受研究，譬如高中甫的《歌德接受史 1773—1945》、李剑峰的《元前陶渊明接受史》以及钱理群先生的《远行以后——鲁迅接受史的一种描述》；也有翻译实践、艺术设计、教育教学以及新闻传播等诸多文化领域的接受实践研究，譬如李艳的《20世纪〈老子〉的英语译介及其在美国文学中的接受变异研究》。除此之外，还包括了相当一批并没有借鉴和引用接受理论，却明显地从读者角度出发，重点考察、梳理了经典作品的阐释、效应和接受史而又同属于"传统学术话题和学术方法的自然延续"，如罗宗强《李杜优劣论之历史回顾》。

其次，体现在成果数量多。据陈文忠统计，从20世纪80年代初至2003年，仅接受史方面的论文就已经达到300篇左右，而"以'接受史'为书名、或自觉从接受美学出发的接受史论著"，则达到了14部：刘宏彬《〈红楼梦〉接受美学论》；高中甫《歌德接受史（1773—1945）》；金丝燕《文学接受与文化过滤——中国对法国象征主义诗歌的接受》；矶部彰《西游记接受史研究》；王卫平《接受美学与中国现代文学》；何香久《〈金瓶梅〉传播史话》；陈文忠《中国古典诗歌接受史研究》；马以鑫《中国现代文学接受史》；杨文雄《李白诗歌接受史》；尚学锋、过常宝、郭英德《中国古典文学接受史》；尚永亮《庄骚传播接受史综论》；蔡振念《杜诗唐宋接受史》；藤井省三《鲁迅〈故乡〉阅读史》；李剑锋《元前陶渊明接受史》。此外，陈文忠先生指出，胡邦炜的《红楼祭——20世纪中国一个奇特文化现象之破译》（四川人民出版社，1998）"实质上是一部《红楼梦》的'断代接受史'"，江弱水编专题接受文本集《〈断章〉取义》（安徽教育出版社，1999）"既有自身价值，也为深入研究卞之琳这篇名作的接受史提供了基础"。以上可算是接受美学"中国化"二十年历程的初步统计结果。而从2003至2010年，专著方面的积累速度更远超此前二十年，论文数量也成倍数增长。

以专著为例，据笔者不完全统计，从2003至2010年，与接受批评密切相关的专著出版了40余部（未统计台湾省），见下表：

序号	作者	书名	出版社	出版时间
1	钱理群	远行以后：鲁迅接受史的一种描述	贵州教育出版社	2004.4
2	刘学锴	李商隐诗歌接受史	安徽大学出版社	2004.8

续表

序号	作者	书名	出版社	出版时间
3	曾军	接受的复调：中国巴赫金接受史研究	广西师范大学出版社	2004.6
4	朱丽霞	清代辛稼轩接受史	齐鲁书社	2005.1
5	王玫	建安文学接受史论	上海古籍出版社	2005.7
6	李剑峰	陶渊明及其诗文渊源研究	山东大学出版社	2005.10
7	邬国平	中国古代接受文学与理论	黑龙江人民出版社	2005.11
8	马金科	朝鲜诗学对中国江西诗派的接受	民族出版社	2006.5
9	李冬红	《花间集》接受史论稿	齐鲁书社	2006.6
10	刘中文	唐代陶渊明接受研究	中国社会科学出版社	2006.7
11	高日晖、洪雁	水浒传接受史	齐鲁书社	2006.7
12	查清华	明代唐诗接受史	上海古籍出版社	2006.7
13	佘正松、周晓琳主编	《诗经》的接受与影响	上海古籍出版社	2006.7
14	吴波	明清小说创作与接受研究	湖南人民出版社	2006.10
15	张春泉	论接受心理与修辞表达	中国社会科学出版社	2007.1
16	李根亮	《红楼梦》的传播与接受	黑龙江人民出版社	2007.3
17	米彦青	清代李商隐诗歌接受史稿	中华书局	2007.7
18	许钧、宋学智	20世纪法国文学在中国的译介与接受	湖北教育出版社	2007.10
19	杨柳	汉晋文学中的《庄子》接受	巴蜀书社	2007.11

续表

序号	作者	书名	出版社	出版时间
20	曾利君	魔幻现实主义在中国的影响与接受	中国社会科学出版社	2007.12
21	申迎丽	理解与接受中意义的构建	上海译文出版社	2008.1
22	陈文忠	文学美学与接受史研究	安徽人民出版社	2008.4
23	伏涤修	《西厢记》接受史研究	黄山书社	2008.6
24	赵山林	中国戏曲传播接受史	上海人民出版社	2008.8
25	陈斌	明代中古诗歌接受与批评研究	上海三联书店	2009.3
26	柯卓英	唐代的文学传播研究	中国社会科学出版社	2009.5
27	陈庆祝	九十年代中国文论转型：接受研究的视角	中央编译出版社	2009.7
28	陈国恩、庄桂成、雍青	俄苏文学在中国的传播与接受	中国社会科学出版社	2009.8
29	赵毅	修辞接受论	山东文艺出版社	2009.9
30	邱美琼	黄庭坚诗歌传播与接受研究	江西人民出版社	2009.9
31	冯黎明	走向全球化：论西方现代文论在当代中国文学理论界的传播与影响	中国社会科学出版社	2009.9
32	张璟	苏词接受史研究	光明日报出版社	2009.10
33	李艳	20世纪《老子》的英语译介及其在美国文学中的接受变异研究	湖北人民出版社	2009.10
34	杨柳	20世纪西方翻译理论在中国的接受史	上海外语教育出版社	2009.12
35	张静	元好问诗歌接受史	中国社会出版社	2010.1

序号	作者	书名	出版社	出版时间
36	查金萍	宋代韩愈文学接受研究	安徽大学出版社	2010.3
37	朱周斌	怀疑中的接受：张恨水小说中的现代日常生活	广西师范大学出版社	2010.6
38	龙泉明、陈国恩、赵小琪、方长安，等	跨文化的传播与接受：20世纪中国文学与外国文学的关系	人民文学出版社	2010.7
39	徐菊	经典的嬗变：《简·爱》在中国的接受史研究	上海文艺出版社	2010.9
40	陈水云编	唐宋词在明末清初的传播与接受	中国社会科学出版社	2010.10
41	赵小琪、张晶、余坪	当代中国台港澳小说在内地的传播与接受	中国社会科学出版社	2010.10
42	王红霞	宋代李白接受史	上海古籍出版社	2010.10
43	尚永亮等	中唐元和诗歌传播接受史的文化学考察	武汉大学出版社	2010.11

　　除专著之外，以"接受"为题的研究生学位论文也在几年间骤然增多。在 2003 年之前，国内有关接受史研究、接受批评研究的硕士学位论文屈指可数，博士学位论文则只有福建师范大学王玫的《建安文学接受史研究》（2002）一篇。而从 2003 至 2010 年，在中国知网上可以检索到的各个领域、从各个视角以"接受"为题的博士学位论文共 82 篇，其中与文学、文化或语言学接受有关的博士学位论文共 49 篇，政治教育接受研究 3 篇。硕士学位论文的数量更为惊人，据中国知网的统计，以"接受"为题的硕士学位论文达到了 875 篇。从学科角度看，此题视域内，"中国文学"学科硕士学位论文 246 篇、"外国语言文字"140 篇、"文艺理论"82 篇、"中国语言

文字"62 篇、"中等教育"51 篇、"高等教育"18 篇、"戏剧电影与电视艺术"25 篇。近十年间，仅以"接受史"为题的哲学社会科学期刊论文就达到了 99 篇，以"接受研究"为题的论文有 52 篇，而以"接受美学"为题者更达到了 559 篇。

由此可见，接受美学在国内的应用已经很具规模。这当然一部分缘于近期文学史研究中拓宽选题的必要，但更重要的原因是此前接受美学的理论积淀已经颇有成效。在前述众多成果中，有些是多年思考探索的结晶。如陈文忠、王玫等早在 20 世纪 80 年代就对接受美学中国化问题提出了自己的见解。陈文忠先生于 1985 年即发表《读者大众与文学作品的创造》，呼应了当时在国内正方兴未艾的接受美学的译介。在 1998 年，陈文忠先生又出版了《中国古典诗歌接受史研究》，对中国古代文学接受史研究，实际上也是接受美学理论在中国古代文学史研究中的应用问题作了系统的梳理，而且在前言中就已指明了实践性的研究思路："旨在通过不同种类、不同性质作品接受史的考察，揭示接受史研究的多种方法、途径和多样的可能性；既是具体作品接受史的微观研究，又重在接受史研究理论方法的总结概括。"[①] 王玫先生在 1992 年发表的《古典文学与接受美学随想》一文，已对接受史研究提出了初步的构想。而《建安文学接受史论》一书的出版，使王玫先生的构想付诸实践。在该书导论中，王玫先生对接受史的建构提出了更具体的想法："文学史建构应该是更全面、更科学的文学历史，既要注意文学的社会性，更要重视文学自身的特性，从人的主体意识出发，去勾画文学的历史进程，而不是将文学史写成一部社会发展史或阶级斗争史，或是作家作品的排比罗列。方法的运用上，可以多样的、自成体系的，既可以引用西方的理论方法，也可以吸收传统方法的精华，宏观微观相结合，纵向横向相联系。宇宙自然本是一个和谐的整体，文学既然是宇宙自然人生的写照，文学史写作没有理由不成为反映整个人类精神发展的大文学史。"[②] 这些早期有关接受美学理论与实践的构想既为后来大规模批评的展开提供了丰厚养料，而且在相当意义上推进了接受美学在中国的本土化进程。

---

① 陈文忠. 中国古典诗歌接受史研究 [M]. 合肥：安徽大学出版社，1998：7.
② 王玫. 建安文学接受史论 [M]. 上海：上海古籍出版社，2005：7.

总的说来，在接受美学"中国化"的历程中，有这样几个总的趋势，即研究队伍越来越壮大，研究范围越来越宽广，理论的探研越来越深入，在研究过程中越来越重视理论与实践的结合。与西方文艺美学各种新理论相比，接受研究流行既久，不论在西方文论界、东欧文论界、美国文论界，还是在中国，都呈现出比较强劲的生命力，它体现在如下几方面。首先，个案研究越来越受重视。在国内，接受美学刚刚引起学界重视之时，便有学者自觉地以接受理论为鉴来反观中国传统文学史研究。但接受实践的真正展开，还是在 90 年代后，而在新世纪则蔚然成大观之势，一众学者、学子开始把精力投入到具体的接受现象研究，为接受美学在中国的研究和应用提供了极为丰富的养料。其次，各种研究手段和相关理论不断注入到接受研究中来，使得接受美学中国化越来越具可操作性。如王玫、朱丽霞先生都自觉地将数据统计的研究手段引入到接受研究中来，使得接受、传播研究更具体、更有说服力；尚永亮、王兆鹏先生则大量借鉴传播学理论，建构了一个接受与传播研究的阵地；陈文忠先生经过多年思考，将接受美学纳入到整体文学史的立体构架中，全方位地梳理了中国文学史研究。而朱立元、龙协涛、金元浦等先生则站在大量文献基础之上，努力建构一个适应中国文化土壤的接受反应、接受读解理论，影响更为深远。再次，接受美学在中国不断生根、发芽的过程中，人们对接受美学的认识也不仅限于受"读者中心论"的触动而"转变视角"，而是越发地注意接受美学的理论背景和逻辑构架，越来越注意到接受美学形而上学的理论依据。人们逐步看到，接受美学的理论实质绝非简单的"读者中心论"，它既有着深厚的理论背景，其自身也是一个不断更新、不断发展的理论体系。其实，早在张隆溪先生发表《诗无达诂》《仁者见仁，智者见智》等文章时，已经理清了一条从阐释学到接受美学的思路历程，并以中国古代的批评理论与之印证。但是，在之后的接受批评实践过程中，自觉地把阐释学、现象学乃至体验论美学理论纳入到接受史研究或者接受批评研究的情况依然不多见，直到最近几年间，很多新的接受实践研究成果才更多地体现了理论的自觉，同接受理论研究者的思路有了更多的契合。

第五节　中国当代阐释学四十年

接受美学或者说接受理论的应用早已不仅仅局限于对于以"读者为中心"的文学批评的关注，其对于作品与读者关系的强调本身与阐释学的发展历程有着千丝万缕的关联。正如张隆溪所说："德国的阐释学和接受美学把作品与读者的关系放在文学研究的首要地位来考察，充分承认读者对作品意义和审美价值的创造性作用。但是，这种理论并没有把读者看成意义和价值唯一的创造者，却把文本结构视为最初的出发点。"[①]这是从哲学阐释和接受美学的共同点来论述，实际上，已经有将接受美学等同于"文学阐释学"的说法，即可以理解为哲学阐释在文学领域中的运用生发。

然而就研究对象来看，阐释学所面向的不仅仅是文学的领域，尤其是自海德格尔以来的存在主义阐释，已经将阐释行为作为一种认识论上的本体性活动。而就其理论发展来看，也有对于阐释环节中作者、作品、读者的不同侧重，类似施莱尔马赫对于文本本意的探寻、赫什的客观批评理论等都不同于接受美学仅对读者阐释活动的强调。纵观近四十年来阐释学在中国的接受研究，其总体趋势是在不同学科领域形成了越来越多的阐释理论，同时也着重于探讨建立本土性的中国当代阐释学，在这个过程中其对古代文学资源的阐发、对经典诠释思想的整合，在某种意义上来说也暗合了近十年来接受美学在国内的批评实践。从阐释学到接受美学，实现阐释学中国化的路径和具体实践方法无疑在某种程度上来说是相互贯通的，结合具体的文学批评实践，当下中国阐释学的理论体系建构也将纳入接受美学的中国化过程当中。

从译介、模仿、运用再到本土传统资源下的理论建构，"中国诠释学"的相关研究已走过了至少四十年的历程，当下也越来越成为一种新的学术

---

① 张隆溪. 仁者见仁，智者见智——关于阐释学与接受美学·现代西方文论略览［J］. 读书，1984（3）.

思潮，这里自 20 世纪 80 年代将其分为几个主要的阶段：首先是从 80 年代到 21 世纪初，这一阶段主要集中于对西方阐释理论和相关著作的翻译、介绍及对西方诠释思想的总结评述，同时也已有一批先行者提出了一些理论性的构建，以成中英的本体诠释学为热点和重点。第二阶段从 2000 年以后的 10 年除了有集中性的研究专著，主要表现为各种阐释类型的出现，如"经典诠释学"和"马克思主义诠释学"以及以儒学阐释为代表的经典阐释专题。第三阶段大概从 2010 年至今是对于经典阐释研究的进一步深化，这一时期的不同阐释类型都有着不同程度的深化探索，同时系统性、理论性的建构意识也越来越强，并呈现出一定的理论趋向。而自 2014 年张江的"强制阐释"提出以后，当代中国阐释学体系建构的整体趋向也愈加明显，围绕着他的"中国阐释学"提出的一系列思想和阐释理论，在学术界引发了一场讨论的热潮，而由他提出的"强制阐释"现象、"阐释的公共理性"、"阐释 II"等概念也启发了相关学者新的思考。同时，当下的阐释学研究表现为一种学科建立的迫切性，有关"文学阐释学"的相关概念和学科建设构想也越来越被提上日程。

一、从译介到自主性研究

（一）诠释学的译介

20 世纪 80 年代后期以后，文学界普遍处于对"后现代"文艺理论的接受时期，西方 20 世纪后半期以来的各种文艺理论被介绍到中国，从后结构主义、解构主义、后殖民主义、女性主义到新历史主义，由以文本、作品为研究中心转移到读者、具体的文学问题成为整体研究思潮，这一背景下，国内的阐释学译介也随之兴起。因而大致从 80 年代后期到 21 世纪初的阐释学的相关译介首先主要集中于各种名著选集、文论选、文论史以及相关研究丛书中，也有对个别阐释学者的单独翻译和研究，主要集中于对伽达默尔的阐释学思想理论研究，同时有个别海外学者也已经从中西方哲学比较的角度提出了具有较大影响力的阐释理论。

对于国外阐释学的关注大约集中于 80 年代中期。1986 年,《哲学译丛》第 3 期发表《德国哲学解释学专辑》,集中整理了海德格尔、伽达默尔、哈贝马斯、利科尔等阐释学代表性人物的译文。此后,相关学者也开始集中翻译和介绍一些西方阐释学的代表性文章并发表自己的评论。

首先,阐释学的相关译文和介绍文章散见于文学理论著作中,按时间顺序主要有:蒋孔阳主编的《二十世纪西方美学名著选 下》中的释义学美学部分;周宪、罗务恒、戴耘编写的《当代西方艺术文化学》中的美学与阐释学部分;朱立元、张德兴撰写的《现代西方美学流派评述》中的《伽达默尔解释学美学评述》;胡经之、张首映主编的《西方二十世纪文论选 3 卷 读者系统》中对海德格尔、尧斯、赫什等人作品的收录;朱立元的《接受美学》对于"从海德格尔到伽达默尔的阐释学"的介绍;李兴武《当代西方美学思潮评述》中的"伽达默尔的美学思想"部分;胡经之、王岳川主编的《文艺学美学方法论》中的《解释学研究法》;金元浦的《文学解释学 文学的审美阐释与意义生成》等。此后还有 2000 年以来刘小枫、陈少明主编的《经典与解释》系列丛书中的"西方传统"系列译文也有较大的影响。

从上述理论书籍中的评译倾向也可以看出,对于个别阐释学者的著作翻译,哲学阐释学的代表伽达默尔是译介的重点。其中最具影响力的译本为洪汉鼎翻译的《真理与方法》,同时 2001 年洪汉鼎主编的《理解与解释 诠释学经典文选》收录了德国阿斯特的《诠释学》、德国狄尔泰《诠释学的起源》、法国利科尔《存在与诠释学》、美国《无镜的哲学》等 20 多篇文章,丰富了国内的阐释学研究资源,他此后也一直致力于诠释学的相关翻译和研究。此外,还有较早的王才勇翻译的《真理与方法》版本、针对伽达默尔否定文本意义确定性的探讨的《解释的有效性》(赫施著),以及其他一些相关著作《赞美理论 伽达默尔选集》(夏镇平译,1988)、《伽达默尔论黑格尔》(张志伟译,1992)、《伽达默尔论柏拉图》(余纪元译,1992)、《文本与解释——伽达默尔哲学美学文选》(严平著,1995)、《伽达默尔集》(严平编选,1997)等。

关于其他相关阐释学学者的翻译版本亦有不少,像对海德格尔、狄尔泰、哈贝马斯、保罗·利科尔等人的译作都有数十种,其中影响较大的有

1987 年陈嘉映、王庆节翻译的海德格尔的《存在与时间》。值得一提的是，对被普遍认为是西方阐释学创始人施莱尔马赫的相关译作则相对匮乏。总体而言，这段时期是西方阐释学被翻译介绍到中国的集中时段，具体的相关翻译版本随着阐释学在国内的兴起也有多样的发展在对西方阐释原著翻译介绍的同时，已经有不少的评述文章和研究论文，一些海外学者也先行提出了自己的阐释学建构理念。

（二）自主性研究

上述提到的文论著作中已夹杂有作者对西方诠释思想的相关评述，而最早的较为系统的阐释学研究著作有张汝伦的《当代西方释义学——意义的探究》，在纵向上探讨了释义学的起源到古典释义学再到本体论转折、哲学释义学的兴起过程，横向上将释义学与现象学、接受美学、具体文学相结合，涉及到方法论和本体论的学科性质等。① 殷鼎的《理解的命运——解释学初论》主要探讨对理解的阐释、与传统和历史的关系，关注于"理解能否可能将作品或历史中原有的意蕴复现出来"的问题。②

潘德荣是从 20 世纪 90 年代开始对阐释学进行集中研究的学者，他发表的系列论文和著作在整理西方阐释学的同时对中国现代阐释学的重建有了具体探讨，如《当代诠释学的定义及其形成》《现代诠释学及其重建之我见——〈现代释义学原理及其合理重建质疑〉》《理解、解释与实践》等，同时 2000 年以后他还有许多相关著作，对于成中英本体诠释学有集中性的研究，更是提出了从"经典诠释学"到"德行诠释学"的理论建构。而最早开始对西方阐释学进行研究的主要是海外和港台学者，在这一时期，影响较大的主要是成中英的"本体诠释学"，其以中西哲学相贯通，以新儒学的视角迎来了较为广泛的讨论和相关研究。

1985 年，成中英在北京大学等高校的讲学中发表了其"本体诠释学"的基本构想。这一学说首先根植于以《周易》为代表的中国哲学思维，同

① 张汝伦. 意义的探究——当代西方释义学［M］. 沈阳：辽宁出版社，1986.
② 殷鼎. 理解的命运——解释学初论［M］. 北京：生活·读书·新知三联书店，1988.

时融合了其对于西方思维模式的体察以及对西方阐释学传统的借鉴。在中西方文化的思维冲突下，哲学阐释对于存在和本体性的思考使他看到了彼此融合的可能性，因而本质上来说，"本体诠释学"作为一种方法论与本体论的整合与互释，在 80 年代的新思潮下为中国哲学的合法性、中国传统文化与现代性的融合提供了思路，因而其也往往被视为"新儒学"的代表。

1986 年，成力和张春田分别在《哲学译丛》和《国内哲学动态》上发表了对于本体诠释学的相关介绍文章。而真正引发对于本体诠释学讨论高潮是在 90 年代。这一时期集中研究成中英的学者有李翔海、潘德荣等。1992 年，李翔海先对成中英就本体诠释学作了专访并发表了《本体诠释学与中国哲学的现代化和世界化》，次年又于《中国社会科学》期刊发表了《本体诠释学与西方当代诠释学》，由此使本体诠释学在 90 年代得到一定的重视。他在 1998 年出版的《寻求德性与理性的统一——成中英本体诠释学研究》通过对几代新儒学代表思想的比较与总结，挖掘了本体诠释学与新儒学的内在联系，"本体诠释学的理论创获，可以看作是现代新儒学发展的逻辑归结"[1]。潘德荣也早在 1993 年撰有《本体诠释学评介》两年后他在《中国社会科学》上发表了《本体诠释学与当代精神——与成中英教授对话》，着重提到了本体诠释学与新儒学的关系。值得一提的是，2000 年以后其与成中英等学者轮替编撰的《本体与诠释》系列专辑，其中收录了成中英、潘德荣、张立文、方克立、朱伯崑和洪汉鼎等学者对本体问题及阐释学涉及的美学、哲学等问题的探讨。

其他一些学者对于本体诠释学的研究集中于其"新儒学"思想及中国哲学的现代化问题。1991 年陈少明的《海外新儒学的新动向》(《广东社会科学》，1991 年第 2 期）已经将本体诠释学思想归为新儒学发展的一个方向，韩强的《成中英的新儒学思想——本体诠释学和中国传统文化的现代化》(《深圳大学学报》，1993 年第 3 期）从其本体诠释中提出的宇宙本体论、儒家心性论和道德观等内容思考本体诠释学对中国哲学的现代化重建意义。赵吉惠、刘东超的《中国哲学的重建——成中英新儒学述评》(《人

---

① 李翔海. 寻求德性与理性的统一——成中英本体诠释学研究［M］. 台北：台湾文史哲出版社，1998.

文杂志》，1993 年第 4 期）从中国新儒学的发展脉络和中国哲学重建的整体框架来评述本体诠释学，着重于本体诠释学对中国哲学的重建工作。同时这一时期也出现了相关的研究中心，例如 1995 年 10 月西安本体诠释学研究中心成立，1996 年安徽本体诠释学研究中心成立，并举办了相关的学术研讨会，本体诠释学的相关讨论和研究已经取得了一定的成果。

值得注意的是，虽然成中英的本体诠释学在 20 世纪 90 年代已经受到广泛关注，但他对于中国哲学和儒学的思考从未停止，本体诠释学作为对中国哲学和阐释学的重建也处于不断完善中。由此在 2000 年以后，成中英也提出了更多的想法，并继续深化了本体诠释的具体内涵和范畴。

除了"本体诠释学"，海外学者傅伟勋也提出了"创造的诠释学"，其基于对中国哲学的思维体认，结合大乘佛教的思想发展将阐释分为五个层面或步骤：（1）"实谓"层次——"原思想家（或原典）实际上说了什么？"；（2）"意谓"层次——"原思想家想要表达什么？"；（3）"蕴谓"层次——"原思想家可能要说什么？"；（4）"当谓层次"——"原思想家（本来）应当说什么？"；（5）"必谓"层次——"原思想家现在必须说出什么？"[①] 实质上也是注重从阐释的客观性到具体的实践意义，具有方法论的理论性质，对于中国化的阐释思路和方法有着实用借鉴意义。

相关的华人学者和港台学者也是诠释学中国化研究的先行者。主要的成果有张隆溪的英文专著《道与逻各斯》（*The Tao and the Logos*：*Literary Hermeneutics, Eastand West*）（美国杜克大学出版社，1992）[②]，已经注重在中西文化差异的背景下对中国经典阐释传统精神进行总体研究。台湾学者黄俊杰致力于孟子儒学研究，他的《孟子学研究丛刊·孟学思想史论卷 2》第一次有自觉意识地研究中国经典阐释传统。[③] 从孟子思想的阐释学史出发，他主张充分利用中国经典传统中丰富的注疏资源，建立一种"中国诠释学的类型学"。2000 年以后他也致力于儒学和整个东亚文明的研究，从史学角度研究整个东亚儒学的阐释发展历程，提出了"东亚诠释学"的概

---

① 傅伟勋. 创造的诠释学及其应用［J］. 时代与思潮，1990（2）.
② 中文版已由四川人民出版社于1998年出版，冯川译。
③ 黄俊杰. 孟学思想史论·卷2［M］. 台北：中央研究院中国文哲研究所筹备处，1997.

念。同样值得一提的是国内学者汤一介提出的"中国解释学"，从 1998 年以来他的《论创建中国解释学问题》《再论创建中国解释学问题》等多篇论文梳理了中国经典注释中的阐释模式，进而探讨建立中国阐释学的可能性，这也是最早有意识提出对于中国的阐释学体系的建立，此后得到了众多相关研究领域内学者的反响，2000 年后才正式掀起国内对于阐释学研究的热潮。从 20 世纪 90 年代开始，国内也有一部分学者如朱士群、俞吾金、潘德荣等开始关注马克思主义与阐释学的关系，朱士群提出"合理重建"马克思主义阐释学，俞吾金则将马克思的唯物史观和意识形态学说称之为"实践释义学"。虽然马克思主义中的理解观蕴含着释义学发展的借鉴成分，然而关于马克思主义的理解观是否就是阐释学的仍有一定的争议，主要表现为 2000 年以后对马克思主义阐释学研究的评述。

总体而言，这二十年来的阐释学研究首先发端于对西方阐释学尤其集中于以伽达默尔为代表的哲学阐释学翻译，早期相关的评述也多见于文论著作中。而对阐释学本身的研究则主要以海外学者成中英提出的"本体诠释学"为讨论主流，围绕本体论、阐释学来探讨新儒学和中国哲学的合法性。同时其他一些港台学者也有相关的理论创建，提出了基于中国哲学传统、经典诠释史的具体阐释方法。需要注意的是，许多学者的阐释思想和理论构建并不是断裂或闭合的，他们的一些构思虽然在 20 世纪八九十年代已经被提出和讨论，而在进入 21 世纪以后它们或者继续有着理论自身的完善，或者被吸收继承到新的阐释方法论中不断完善，因而在这一阶段的自主性研究本质上是一个基础性的、摸索性的理论探索。

二、传统阐释资源的整理

（一）宏观研究

2000 年以后是国内阐释学研究成果频出、研究力量逐渐壮大、研究方法和角度逐渐增多的时期。前二十年的诠释学研究积淀首先在世纪初表现为各种重要著作的出版，其中包含有中国诠释史的研究、对传统阐释资源整合乃至于对中国古典阐释的现代转型的探讨。同时随着一些专门研究阐释学学者的出现，国内的阐释学在延续前 20 年提出的阐释理论基础上，也出现了更多的阐释学类型，在各个领域、学科内也出现了阐释学理论的自主实践运用，其中主要表现为对中国经典文本的阐释和研究。

1. 著作汇集

最早研究中国经典阐释传统的是李清良的《中国阐释学》。这本书共分为《语境论》《时论》《理解根据论》《理解过程论》《阐释论》5 篇，立足于传统文化思维模式和阐释特征。该书开篇即提出"通过较为系统地清理中国文化中本有的阐释学理论，建立中国阐释学"[①]。在说明了中国阐释学建立的必要性和可能性后，引用大量材料总结出中国传统阐释的特点，并整理出"双重还原"的传统学术方法和"解喻结合"的古代阐释方式。这本书不仅首次系统性地有意识整理中国传统阐释资源，并且针对西方阐释学中的关于"阐释的相对性与确定性问题""作品原意""理解成见"等问题提出了独特性的见解。2007 年，李清良还撰有《熊十力陈寅恪钱锺书阐释思想研究》，针对熊十力、陈寅恪、钱锺书的阐释思想进行了对比、分析和总结，考察了这三位现代学者的阐释思想在文、史、哲领域内的融汇，在强调了现代学者对阐释传统研究的继承价值的同时，拓展了国内阐释学研究的视野。[②]

同样致力于对中国阐释传统研究的著作还有周裕锴的《中国古代阐释学研究》，通过"发掘"散见于经、史、子、集中的古代阐释理论、以现代化语言"阐释"古代阐释见解、"建构"富有中国特色的阐释网络、最后对诠释传统进行了客观性和扬弃性的评价。[③]该书同时借鉴了一些西方理论作为参照，以此更好地印证中国古代阐释理论，对于中国古代存在的一些阐释类型的总结也较为细致、全面。周光庆在《中国古典诠释学导论》中以庞大的结构详细梳理了中国古典阐释学的典型模式、在不同历史时期的具体表现以及主要的阐释体式，同时横向上从语言、心理、历史等不同

① 李清良. 中国阐释学 [M]. 长沙：湖南师范大学出版社，2001.
② 李清良. 熊十力陈寅恪钱锺书阐释思想研究 [M]. 北京：中华书局，2007.
③ 周裕锴. 中国古代阐释学研究 [M]. 上海：上海人民出版社，2003.

角度整理了古典阐释中涉及的阐释问题，其中展现了对于儒学阐释的个案研究的关注，此类研究者往往关注于对古典阐释、语言阐释模式的梳理、整合。①

2003 年，潘德荣的《文字·诠释·传统 中国诠释传统的现代转化》从中国传统的训诂学阐释出发，例举了具体的阐释方法论，在总结了成中英的"本体诠释学"、傅伟勋的"创造的诠释学"对中国阐释学的现代化诠释探索之后，落点于马克思主义与诠释学的现代化阐释思考。② 而景海峰的《中国哲学的现代诠释》和刘笑敢的《诠释与定向——中国哲学研究方法之探究》则从当下中国哲学的发展来关注阐释学的研究。前者在介绍总结了傅伟勋、成中英、黄俊杰、汤一介对建构中国阐释学的探索后对经典阐释史进行了划分，并认为要将古典阐释的"前阐释"时期与当下要建立的当代阐释学区分开来，当下的中国阐释学，需要的是不同于传统阐释模式的方法论和本体论的构建。③ 后者主要探讨中国古代思想得以承续的阐释方式，提出了"我注六经"和"六经注我"的两种阐释定向，将儒释道的经典阐释与发展现代理论相衔接，并有一些新的议题和想法：跨文本阐释、道家人文自然思想的生发、对于两种定向在当下的运用，等等。④ 关注于中国哲学发展中对传统阐释方式的思考，或者阐释学本体论的发展也是此后当代中国阐释学构建的重要议题，这一趋向在 2010 年以后表现得更为明显。

2. 建构类型

伴随着对西方阐释学思考和总结而来的是对中国有无阐释学或建构可能的探讨，即中国阐释学的合法性问题。无疑，中国历史文化中不乏丰富的经典阐释资源和哲学阐释传统，就这一点来说，或者从阐释现象的本体论意味来说，只要存在文本和理解的行为，便有阐释学理论的存在，持这一观点的学者如刘笑敢、黄俊杰、周裕锴、周光庆等人；而另一部分学者，例如汤一介、潘德荣、成中英、李清良等人认为，中国尚未有一种区别于西方阐释学的独立阐释理论体系，因而持这一部分观点的学者也往往致力

① 周光庆. 中国古典阐释学导论［M］. 北京：中华书局，2002.
② 潘德荣. 文字·诠释·传统——中国诠释传统的现代转化［M］. 上海：上海译文出版社，2003.
③ 景海峰. 中国哲学的现代诠释［M］. 北京：人民出版社，2004.
④ 刘笑敢. 诠释与定向——中国哲学研究方法之探究［M］. 北京：商务印书馆，2009.

于"中国阐释学"的创建，并提出了自己的阐释学理论建构方法。但无论是提出基于传统的"重建"和整合还是在中西诠释双向互动的过程中实现本土理论的建构，都离不开阐释的历史语境、中西比较语境。实际上，大部分学者也从 2000 年以后致力于现代中国阐释学的建构，除了前文提到的在 20 世纪 90 年代一些阐释类型，这里重点例举在 2000 年以后影响较大的"经典诠释学""马克思主义诠释学""东亚诠释学"等。

承续中国阐释学合法性和正名问题，魏长宝提出以"经典诠释学"替代"中国诠释学"。他在《经典诠释学与中国哲学研究的范式问题》中指出二者的区别：前者力图借用现代阐释理论研究传统经典阐释问题，具有"面对传统的问题意识"，后者的研究范围较广，本质上是一种根植于传统资源的现代阐释理论。但他认为实际上在"中国诠释学"构建中所做的具体工作实际上是"经典阐释"的。同时也要避免过于局限于具体经学阐释的研究和完全套用西方阐释理论的倾向，其目的还是期望能在中西阐释传统之间找到恰当的切入点及合适的理论维度。这一概念的提出也是针对当时经典阐释研究现象的一些不足："目前学界的经典诠释研究成果，主要集中于对中国诠释史上的代表人物的个案研究（如对郑玄、朱熹、戴震等）以及对中国诠释史的问题向度与研究框架的总体分析，对传统经学中丰富的诠释经验的系统整理、对各家各派的诠释方法的有效归纳以及对意蕴深长的诠释实践的深入反思基本上尚未提到学者们的研究日程。"[①]

2009 年，潘德荣提出了"从本体论诠释学到经典诠释"的理论构建。他的"经典诠释学"有着对西方阐释学的本体论研究和方法论研究路径对立的反思，进而寻求一种在中西阐释视野整合的背景下的中国阐释学，而对经典的研究则蕴含着寻求社会道德共同体的倾向。与魏长宝相比，他的"经典诠释学"有着更为具体的理论来源和理念阐发，即基于王阳明的心学理论和伽达默尔阐释学的对于理解的自我精神塑造性和"教化"的实践性的观点。[②] 此后他多次撰文沿着这一思路继续探讨"经典诠释学"中的"德行"问题，在《经典诠释与立德》中他首次阐发了"立德"应是创建

① 魏长宝. 经典诠释学与中国哲学研究的范式问题［J］. 哲学动态，2003（1）.
② 潘德荣. 从本体论诠释学到经典诠释学［J］. 河北学刊，2009（2）.

中国阐释学的根本宗旨，因而他提倡的"经典诠释学"某种意义上来说可以称为以德行、教化为核心的"德行诠释学"，这也正是他在对现代西方阐释学和中国阐释传统反思后探寻的阐释出路。[①]值得注意的是，对于"经典诠释学"这一概念向来有多种提法，早在20世纪90年代黄俊杰即将整个东亚的阐释学视为一种"经典诠释学"，余敦康也认为中国自先秦以来即有"经典诠释学"，而当下的"经典诠释学"在建立当代中国阐释学的需要下实际上已经等同于"中国诠释学"的说法，他们关注的都是如何实现传统阐释学的现代性转化及理论建构的问题，在本世纪也有洪汉鼎、景海峰、彭启福等学者就如何构建"经典诠释学"继续提出相关的建议。

另一研究热点是在20世纪90年代已经讨论过的马克思主义阐释学。普遍的观点和研究方向着力于马克思主义理解观的实践观点，认为马克思主义哲学有着内在的阐释学维度，而到了2000年以后，在延续实践这一内在维度继续深化马克思主义阐释学的构建之外，更多地是关于哲学阐释与马克思主义内在关系的探讨。实际上，由于这一议题的交叉学科性质，往往不可避免地会出现一定的理论偏向，即将马克思主义哲学阐释学化，或将阐释学仅作为一种理解之义渗透进整个马克思主义的具体实践研究，因而导致在马克思主义哲学与阐释学相结合的实际过程中难以有较大的理论突破。大致来说，这近十年的马克思主义阐释学研究一方面是理论重建的探索与具体中国化的实践运用，另一方面也一直存在着对于阐释学与马克思主义哲学间确定关系的质疑。

早在1993年，即朱士群提出马克思主义阐释学的"合理重建"后，潘德荣即对其理论提出了质疑：《现代诠释学及其重建之我见——〈现代释义学原理及其合理重建质疑〉》对阐释学的形态如"技艺诠释学""哲学诠释学""诠释哲学"进行了区分，并分析了马克思主义与阐释学对于理解的原则性区别，但同时他并不否认马克思主义自身的理解观，只是提倡"构建""创造"而不是"重建"[②]。在《回顾与反思：关于马克思主义诠释学

①潘德荣. 经典诠释与"立德"[J]. 安徽师范大学学报（人文社会科学版），2015（1）.
②潘德荣. 现代诠释学及其重建之我见——《现代释义学原理及其合理重建质疑》[J]. 哲学研究，1993（3）.

的探索》中潘德荣进一步提出把"语言与行为（实践）的相互诠释确定为马克思主义诠释学的基本原则"①。与此一脉相承的是彭启福提出的"实践—文本诠释学"，基于马克思主义实践的基本观点，在与文本的互动关系中构建新的阐释理论。就此观点他也有多篇论文进行补充和论证：如《实践、文本与诠释—关于建构马克思主义诠释学的几点思考》《"实践—文本"诠释学：一种马克思主义哲学研究的合理范式》《文本诠释中的限度与超越——兼论马克思文本诠释的方法论问题》等。基于西方现代阐释学即哲学诠释挖掘其与马克思主义的内在相通性，较早也有彭国华认为哲学阐释学的"主张在历史本体论的视域中，以生活实践为前提，以意识形态批判为方法论基础，从而实现历史哲学的现代转型。这与马克思主义哲学的旨趣是基本一致的。"②以及陈波在《马克思实践哲学的诠释学维度》中也认为当下的马克思主义阐释学应当在"存在论的、规范性的和批判性的诸本质环节中加以把握。"③

　　上述提出的一些理论构建基本是基于对马克思主义与哲学阐释关系的肯定以及对二者结合的合理探讨，同时也有一些较为保守的声音。例如王金福的两篇论文《不能把马克思主义哲学解释学化——评对马克思主义哲学的"实践诠释学"理解》（《理论学刊》，2007 年第 10 期）《马克思主义与解释学的三个关系问题》（《学习论坛》，2008 年第 8 期）着重区分"解释学的哲学化"和"哲学的解释学化"，并认为后者是一种哲学的退化，主张用马克思主义哲学指导阐释学的重建路径。理论实践方面则较为多样，有在马克思主义研究视野下对解释学进行重构的：陈海飞《论理解——马克思主义视野中的解释学重建》（苏州大学，博士学位论文，2004）；有研究西方文学理论中对马克思主义理解的，如李金辉《理解马克思：实践的解释学视域内》（黑龙江大学出版社，2009）；更多集中于利用诠释学的观点分析马克思主义的中国化历程，如王浩斌的《中国马克思主义解释学研

---

　　① 潘德荣. 回顾与反思：关于马克思主义诠释学的探索［J］. 安徽师范大学学报（人文社会科学版），2001（4）.

　　② 彭国华. 历史哲学的现代建构——关于哲学诠释学与马克思主义的一种比较［J］. 人文杂志，2000（6）.

　　③ 陈波. 马克思实践哲学的诠释学维度［J］. 四川大学学报（哲学社会科学版），2003（2）

究》（新华出版社，2008）、刘先春、李培锋的《马克思主义哲学中国化的诠释学路径解析》（《东南大学学报》，2009 年第 5 期）、熊艳的《从"诠释学"角度思考马克思主义中国化问题》（《南方论刊》，2010 年第 8 期）等，总体的研究还是集中于借用哲学阐释对马克思主义理解路径进行生发或是基于外围方向探讨阐释学与马克思主义之间的关联，缺乏对于马克思主义经典文本的独创性理论阐释。2010 年以后，对于马克思主义阐释学问题的研究趋于平淡，多是在哲学阐释学视野下对具体领域的实践阐发，这也和阐释学的关注领域有所转移有一定关系。

同样值得一提的还有黄俊杰在本世纪提出的"东亚诠释学"，即"东亚学术史上源远流长的经典注疏传统中所呈现的，具有东亚文化特质的诠释学"①。2000 年以来他联合多位中国台湾学者，致力于"东亚近世儒学中的经典诠释传统"课题的研究，形成了"儒学与东亚文明研究丛书"的系列成果。其从中国和以日本、朝鲜为主的东亚国家的儒学经典阐释史出发，并融合西方阐释传统进行构建，总结出三种阐释类型：作为解经者心路历程表述的阐释学、作为政治学的阐释学以及作为护教学的阐释学，并强调一种具有实践特性的阐释活动，达到"经世"的最终目的。黄俊杰开拓出的这一儒学阐释道路对儒学阐释、经典阐释的现代性发展起到了很好的推动、启示作用，他对儒学阐释的研究也成为中国阐释学研究领域内极具影响力的一支脉络，其作为"新儒学"的代表在这一时期对儒学的现代性发展做出了极大的贡献。此外这一时期的理论建构还有李幼蒸的"仁学诠释学"，以期实现一种基于孔孟学的伦理式范型；张立文的"和合诠释学"，即基于中国传统文化的"生生法""创新法"的阐释方法论等。

围绕中国阐释学的正名问题，在这十年内集中表现为多种阐释类型的出现，这体现出建构中国阐释学过程中现代性、本土性转变的自觉意识、反思意识。因而在对具体的文本阐释研究中也以经学经典阐释为主要研究对象，旨在整合传统经典中的阐释资源，同时儒释道三家的哲学思想史料也是主要的研究范畴，其中又尤以儒家经典阐释传统的成果最为丰富。

---

① 黄俊杰. 东亚儒学史的新视野［M］. 台北：台湾大学出版中心，2004：3.

（二）阐释专题

1. 儒学阐释

对于这一时期儒学阐释的研究，大致分为四个方面来总结，即整体的、历史的阐释的研究，个别儒学代表人物及派别阐释的研究，针对具体经学专著的阐释思想研究，以及其中蕴含的解经方法等阐释学导向的新的阐发。

首先梳理研究整体儒学阐释、整理经典阐释历史脉络的相关著作和早期的论文集：姜广辉主编的四卷本《中国经学思想史》认为，"对儒学经典的诠释，亦即是对中国历史传统的诠释"①。基于此，他较为全面地梳理了经学史上重要人物的诠释思想。中国台湾学者在儒学阐释研究上也有着较为丰富的成果，延续之前黄俊杰提出的"东亚新儒学"，以他为代表的一批学者投入到对于儒学阐释和新儒学建构的研究当中，主要体现在"儒学与东亚文明研究丛书"中，其中的论文集成果有李明辉的《儒家经典诠释方法》，分为理论与背景、先秦儒家与经典阐释、传统儒者解经方法及其现代转折三部分，收录了近14篇相关论文②；《中国经典诠释传统》系列分为三部：《通论篇》《儒学篇》及《文学与道家通论篇》；以及黄俊杰的《中日〈四书〉诠释传统初探》《东亚儒者的〈四书〉诠释》，收录了中国及日本学者对《四书》的阐释及对经典阐释理论的探讨。此外，刘小枫、陈少明的《经典与解释的张力》收录了有关儒家经典的历史形成、儒学阐释的不同时代划分、以及具体儒学代表人物著作中的阐释倾向等主题的论文，较为具有代表性③；陈昭英的《儒家美学与经典诠释》主要研究了先秦儒学中孔孟、荀子的阐释思想，同时也补充了朱熹、徐复观的儒学观点④；刘笑敢主编的前三部《中国哲学与文化》专辑——《反向格义与全球哲学》《注释、诠释还是创构？》《经典诠释之定向》立足于中国哲学与文化的研究，围绕中国哲学的注释、阐释以及创构等问题，提出对经典阐释中定向意识的重视，并收录了与此相关的系列论文，为诠释学研究提供了较为新颖的

① 姜广辉主编. 中国经学思想史［M］. 北京：中国社会科学出版社，2003.
② 李明辉编. 儒家经典诠释方法［M］. 上海：华东师范大学出版社，2008.
③ 李明辉. 儒家经典诠释方法［M］. 上海：华东师范大学出版社，2008.
④ 陈昭瑛. 儒家美学与经典诠释［M］. 台北：台湾大学出版中心，2005.

视角。

挖掘中国传统文化中具有诠释意味的理论资源，会发现其多集中于不同历史时期对于儒释道这三家主要的思想文化流派经典的解读、阐释中，因而中国的经典阐释表现出最为明显的形态是解经中的思想倾向，与此相关的论文也有不少集中于上述的论文集中，对于此，可以将这近十年的儒学阐释实践分为以下几个方面：

（1）特定历史时期的儒学阐释，多集中于先秦汉学、宋明理学、乾嘉汉学等历史上影响较大的经学流派。如周裕锴的《语言还原法——乾嘉学派的阐释学思想之一》，蔡方鹿的《论汉学、宋学经典诠释之不同》，郑吉雄的《论清儒经典诠释的拓展与限制》，曹克亮、郭婉绯《两汉经学与西方诠释学的比较》，朱汉民、张国骥《两宋的〈论语〉诠释与儒学重建》，马明策《经典诠释学中的两汉经学》，柳宏《清代〈论语〉诠释史论》等阐释史的研究。

（2）个别人物对儒学经典的阐释方法，主要集中于孔孟、朱子学。例如黄俊杰的著作《中国孟学诠释史论》、论文《孟子运用经典的脉络及其解经方法》，蔡方鹿的《朱熹经典诠释学之我见》。而蔡方鹿的《朱熹经学与中国经学》是首次系统评述朱熹经典阐释学在中国阐释学上的地位、作用的专著。李清良、郭瑞芳的《论朱熹对理解之蔽的认识——兼论中西阐释学理论的一项本质区别》，张汝伦的《朱子的释义学》，郑宗义的《论朱子对经典解释的看法》，李方泽的《重诠与开新——从经典诠释学视角看朱熹对〈大学〉文本的解读》，刘述先的《"朱熹对四书与易经的诠释"重探》，刘笑敢的《挣扎游走于两种定向之间——以朱熹〈论语集注〉为例》。其他历史人物的阐释思想的研究有陈立胜的《王阳明"四句教"的三次辩难及其诠释学义蕴》、陈昭瑛的《"通"与"儒"：荀子的通变观与经典诠释问题》、刘国民的博士学位论文《董仲舒的经学诠释及天的哲学》等。

（3）具体经典专著的阐释史研究，主要集中于对《四书》《五经》的诠释传统探析。关于《四书》的整体研究早在前述黄俊杰的东亚儒学研究的系列著作中已详细论述过，其余一些著作如刘瑾辉的《清代〈孟子〉学研究》、唐明贵的《论语学史》和《宋代〈论语〉诠释研究》、周元侠的《朱熹的〈论语集注〉研究——兼论〈论语集注〉的解释学意义》等，论文如金春峰的《〈中庸章句〉的诠释思想及其方法论》、李方泽的《重诠与开新——从经典诠释学视角看朱熹对〈大学〉文本的解读》、林月惠的《刘蕺山对〈大学〉"格物"的诠释》等。对经学阐释的研究则更为繁杂，且这一部分历来是经典阐释的主要脉络，关于经书的具体范围也往往有所争议，其中有一部分已经包含于上述个别人物的经学思想研究中，这里主要列举一些具体文本阐释研究：尤炜的硕士学位论文《诠释学视角中的早期〈诗经〉研究史》、张宝三《〈诗经〉诠释传统中之"风雅正变"说研究》、李兆禄的博士论文《清前中期〈诗经〉文学诠释史论》、刘国民的专著《董仲舒的经学诠释及天的哲学》、林义正所著的《〈周易〉、〈春秋〉的诠释原理与应用》等。其中关于《易》学研究的有郑吉雄的专著《易图象与易诠释学》、杨儒宾的《〈易经〉与理学的分派》、林忠军的《从诠释学审视中国古代易学》《西方诠释视角分析〈易传〉交感与会通的诠释思想》《〈易传〉"唯变所适""见仁见知"的诠释原则》等。

（4）古代文论思想中的阐释学导向。在儒学阐释范围内，这部分大多散见于作为五经之一的诗学阐释中的阐释原则和理解路径，例如"以意逆志""诗无达诂""述而不作"等，偏重于具体的古代阐释方法。在这一时期内也出现了一些博士论文选题，例如杨红旗的《以意逆志命题诠释史论》及随后的专著《以意逆志与诠释伦理》、邓新华的《中国古代诗学解释学研究》，其中邓新华在古代诗学的接受和阐释方面也多有研究，如2003年的《论汉儒说〈诗〉的接受策略》、2005年的《"中国古代接受诗学史"述略》、2006年《论"象喻"的诗性阐释方式》等文章。李翔海的论文《从"述而不作"看中国经典诠释的理论特质》、吴伯曜的《孔子"兴观群怨"的诗学观与〈诗经〉意义的探索进路》等。

可以发现，实际上在这一时期内的儒学阐释的相关诠释方法和案例研究几乎已涵盖了整个经典阐释的研究。

2. 佛道诠释

佛道是中国哲学的传统流派，对于佛、道思想和相关经典的阐释也应属于经典阐释的研究范畴，然而这一阶段对佛道阐释的相关研究相对较少且较为集中。对道家的阐释研究大致可分为这几个方面：

（1）对《老子》《庄子》的阐释史研究。其中有几篇有关王弼、郭象对于《老子》的阐释思想及哲学思想的论文收录于杨儒宾主编的《中国经典诠释传统（三）文学与道家经典篇》论文集、刘笑敢主编的《中国哲学与文化 第2辑：注释、诠释、还是创构》中。刘笑敢的论文《从超越逍遥到足性逍遥之转化——兼论郭象〈庄子注〉之诠释方法》接续其提出的阐释的"两种定向"，尝试以"跨越性"和"融贯性"阐释分析从庄子的"超越的逍遥"到郭象"足性的逍遥"的阐释内在机制。[①]刘季冬的《经典文本的思想意蕴与诠释者的时代境遇——以王弼诠释〈老子〉为示例》强调了文本阐释中的思想意蕴和时代环境的密切关系对阐释行为的影响。[②]此外还有刘固盛的《北宋儒家学派的〈老子〉诠释与时代精神》、尹志华的《试析北宋〈老子〉注家对"无为"的诠释》分析了宋代儒者对老子思想的新阐释。

（2）作为中国传统哲学与西方哲学阐释学的互释研究。这一部分主要表现为在比较诗学的研究视域下对中西文化中的共同特质的探寻，张隆溪的《道与逻各斯》[③]和那薇的《道家与海德格尔相互诠释》[④]是21世纪初期影响较大的两部著作，前者"站在文化求同的理论立场上，以寻找跨东西文化的共同规律为主题，提出了中国文化中的逻各斯中心主义、文学阐释学传统、语言反讽、阐释多元主义等富有创见和独特的理论观点"[⑤]。后者主要分为三块内容：道家的生于陵而安于陵与海德格尔的在世界中存在、道家的万物与我为一与海德格尔天地神人的四化、道家的圣人在世与海德格尔的诸神在场，以新颖的视角将道家的生存观、宇宙观与海德格尔的存在主义相互对照。

（3）道家思想的现代性阐发和应用。其中包括对原典的现代性阐发以及跨领域应用，现代性阐发多表现为以诠释学原则对经典文本的具体诠释，如陈鼓应的《〈老子〉与〈周易〉经传思想脉络诠释》、臧要科的《"得

---

① 刘笑敢. 从超越逍遥到足性逍遥之转化——兼论郭象《庄子注》之诠释方法［J］. 中国哲学史，2006（3）.

② 刘季冬. 经典文本的思想意蕴与诠释者的时代境遇——以王弼诠释《老子》为示例［J］. 兰州学刊，2005（3）.

③ 张隆溪著，冯川译. 道与逻各斯［M］. 南京：江苏教育出版社，2006.

④ 那薇. 道家与海德格尔相互诠释［M］. 北京：商务印书馆，2004.

⑤ 杨扬.《道与逻各斯——东西方阐释学》研究书评［J］. 安徽文学（下半月），2009（9）.

意忘言"与"以注合经"——王弼文本诠释方法探析》、余卫国的《〈庄子〉"言意之辩"的本体论视阈和诠释学维度及其意义》。跨领域应用的范围则更为广泛，相当于对道家思想的现代性阐释实践，主要针对道家思想中蕴含的生命哲学意识、宇宙观、自然主义等运用到各种与之相关的学科，例如生态环境学、政治伦理学、教育学等。与佛学相关的阐释文章则更少，多数与宗教释义有关，内化于宗教系统范围内。专著有赖贤宗的《佛教诠释学》、杨维中的《经典诠释与中国佛学》；相关论文如陈芷烨的《现代新儒家对传统佛学的诠释与借鉴》，辛凉的《现代新儒学的佛学诠释——概论儒佛会通与现代新儒学的理论建构》，张含峰、董文芳、张霞的《老子之道与佛学空性的相互诠释》等。

除了对儒释道三家经典资源的阐释，从 2000 至 2010 年这十年间的阐释专题也广泛存在于其他文学文本的阐释实践中，例如丰富的诗歌阐释资源和接受研究，这一点放到后面一部分论说。同时还有不少具有跨学科领域内的阐释学研究，阐释学对于其他众多学科的渗透主要表现在建立一种自己学科的阐释学或是借用诠释理论解决实际问题，其中主要表现在法律和教育学领域内。可以说，进入 21 世纪的中国阐释学在理论和阐释实践方面的发展是稳步向前的。在理论上对于"经典诠释学"概念的明确体现了在经典阐释资源整合中视野的进一步扩大，对马克思主义阐释学的关注则强化着阐释学与中国哲学的互动交织；而以儒学阐释为主干的经典阐释的研究也已较为丰富。从宏观上的理论趋向来看，往后对于中国阐释学的理论探索仍将集中于如何将西方的阐释理论内化于丰富的中国传统文化资源中，同时也需要立于更加新鲜的视角实现中国诠释学的现代性转化。

三、经典阐释的深化

这一部分主要总结近十年以来的中国阐释学的研究现状，距西方阐释学传入中国已有近三四十年，此时国内的阐释学研究方向也更为丰富，从训诂学到经典阐释中的经学阐释、诗歌阐释、与哲学阐释密切相关的马克思主义阐释学等，阐释理论则有傅伟勋提出的"创造的诠释学"、成中英构建的"本体诠释学"、黄俊杰开创的儒学经典阐释学以及汤一介的"中国解释学"构想等。同时，经典阐释的研究道路也在继续，并在理论方面有了新的探索和转向。总的来说，近十年的中国阐释学研究，有关经典阐释的资源挖掘更加深入、成熟，有关阐释理论和路径的研究更加系统化，同时总体上也从具体的个案研究转向建立真正有效的中国阐释理论的探讨。具体的阐释实践类型集中于诗学、哲学和经学的阐释研究，而在理论方面则趋向于对中国诠释学的现代转型和理论深化的进一步探讨。

（一）理论趋向

关于经典阐释或者说中国阐释学近年来的理论趋向，总的来说是围绕着"现代转型"这一核心讨论范畴。要想建构真正属于自己的"中国诠释学"，首先就要解决如何在当下的视域关照传统的经典阐释，即"古今之变"的问题。2015 年，洪汉鼎和李清良对"如何理解和筹建中国现代阐释学"进行了对话与讨论：关于是否应该区分"古典阐释学"和"现代诠释学"、对于"现代中国"阐释学的定位、以及对于"中西之争"和"古今之争"的看法，这些问题也是当代中国阐释学的重要研究内容。李清良指出，"现在我们讲中国现代诠释学，就是要自觉地建立中华文明的现代诠释之道"，建立"中华文明的现代诠释之道"，就是要中西贯通、古今贯通，在本体论和方法论的结合之上建立中国的普遍阐释学。[①]

以潘德荣和傅永军为代表的学者主张用"经典诠释学"代替中国诠释学，潘德荣认为要立足于"本体论"和"方法论"之上对中国经典阐释进行系统性重构。景海峰的《中国经典诠释学建构的三个维度》提出了与西方阐释的对话、对传统资源的整合以及对思想义理的阐发三个建构维度。[②]傅永军对此亦有更多的看法，《中国经典诠释传统现代转型研究之检省》反省了过去学者在"经学注疏学到经学诠释学"转向中的过于注重方法论，

---

① 洪汉鼎，李清良. 如何理解和筹建中国现代诠释学［J］. 湖南大学学报（社会科学版），2015（5）.
② 景海峰. 中国经典诠释学建构的三个维度［J］. 天津社会科学，2017（1）.

没有真正融合和对话西方诠释学的现象，借鉴景海峰在经典诠释研究中的哲学思考的高度，"走向中国经典阐释学的存在论建构"。[①] 而对于中国阐释学现代转型的期望，针对三种阐释类型"技艺诠释学""诠释哲学"和"哲学诠释学"，傅永军最终提出，中国阐释学的建构应是在关注理解本体的"哲学诠释学"基础之上的普遍性话语整合。同样关于现代阐释学的存在论转向，亦有上文提到过的洪汉鼎、李清良等学者对于哲学阐释的探讨。

此外，在"视域融合"下探讨中西阐释的贯通和对话问题也是现代转型中的热点。洪汉鼎的《文本，经典与诠释——中西方经典诠释比较》从诠释学的三个基本概念出发，从"文本""经典"到"诠释"都不是固定性和规范性的意义，它们都是在历史的视域下不断流动、阐发和实践的过程，而这也正是"中西互解"应有的状态和意义。[②]

围绕着中西贯通、古今贯通、方法论诠释到存在论阐释，近十年以来经典阐释的现代转型已有了较为丰富而系统的探讨，各种新的阐释类型和理论也层出不穷，对于中国阐释学的建构也有了新的期望和构想。然而立足于现代性对阐释传统资源的整理方面仍有不足，同时随着对阐释本体的强调以及阐释学的跨学科性质，往往会出现以阐释为媒介的对于理解的创造性解读，涉及理解的效果和手段问题，阐释的界限问题也应受到关注。

（二）诠释类型

1. 诗学诠释

中国古典诗歌中向来孕育着丰富的阐释资源和方法原则，然而却也正因为诗学和诗歌阐释资源中的随性、零散的特性，更加说明了建立系统化、理论化的诗学阐释的必要。2010 年以后，基于"中国文学阐释学"的理论建构，关于诗学诠释的具体模式和理论方面有了更多的探讨。李有光 2010 年发表的《中国诗学解释学的构建与古代文论的现代转型》[③] 从现代转型的

① 傅永军. 中国经典诠释传统现代转型研究之检省［J］. 天津社会科学，2020（6）.

② 洪汉鼎. 文本，经典与诠释——中西方经典诠释比较［J］. 深圳大学学报（人文社会科学版），2015（2）.

③ 李有光. 中国诗学解释学的构建与古代文论的现代转型［J］. 中国中外文艺理论学会年刊，2010.

意义上指出了诗学阐释学构建的必要性和可能性，在中国诗学阐释学的体系建构方面，他认为要重视诗学与中国古代文论的关系、中西研究的互动并提出了具体的研究思路。同年的《祈向多元——中国诗学解释学基本阐释向度》①强调了古代诗学中多元性的阐释原则和理解维度。与此相呼应的是黄丹丹和吕肖奂在 2014 年发表的《中国古代诗歌阐释的同一性追求与多元化生成》，这篇论文从古代诗歌阐释中的追求本意入手，同时也指明了"见仁见智"的动态多元的文本意义，最终探讨了这种多元化阐释对于文本本意的重构意义。②对具体的诗学阐释命题和内部阐释方法的研究更是不胜枚举，具有一定的实践意义：例如"诗史互证"的诗歌阐释方法，"仁者见仁，知者见知"到"诗无达诂"的阐释原则，以及中国传统诗文评中"趣味阐释"的阐释方式等。相关论文如李有光《〈诗〉无达诂生成的历史境遇》《明代诗学"诗无达诂"多元解释思想和话语研究》《知者不言 言者不知——论道家语言哲学与中国诗学多元理解之关联》，李建盛的《作为一个诗学命题的"知人论世"说及其诠释学问题》《从"〈诗〉无达诂"到"诗无达诂"：一个诠释学问题的探讨》，金元浦的《从解释学看〈诗经〉的"圣"与"俗"》，邓新华的《"妙悟"与"活参"——佛禅思想影响下的诗学解释学原则》，等等。而最近几年，随着中国现代阐释学构建的热潮，也有学者开始讨论中国诗学阐释学模型的重构形态，例如韩经太从王国维的诗学模式入手，以"名句"呈现"境界"的诗学生成原理引发了人们对于中国诗学现代再阐释的思考。

2. 经学诠释

经学诠释向来是经典阐释的重要研究领域，这与我国经学文化中丰富的注疏资源和以训诂注解为主的阐释特点密不可分。最早的经学阐释关注的主要是技艺阐释学，相关学者如周光庆、王宁、卢国屏等，而后慢慢由技巧和文字本身转向阐释活动的存在层面上。当下的经学阐释在现代性转型下更加注重阐释资源背后的历史文化，不再仅关注于个别经典和人物的

---

① 李有光. 祈向多元——中国诗学解释学基本阐释向度论［J］. 海南师范大学学报（社会科学版），2010（2）.

② 黄丹丹，吕肖奂. 中国古代诗歌阐释的同一性追求与多元化生成［J］. 中州学刊，2014（6）.

阐释。

　　诸如儒家、道家经典的阐释历史和模式仍是近十年来经学研究的重点，与上一个十年略有不同的是这一阶段除了微观上对具体经典的解读和个别人物的众多研究，出现了更多从整体历史上梳理儒家阐释思想的专著。宏观的儒学研究专著例如康宇 2012 年的《儒家解释学的产生与发展》、2015 年的《儒家诠释学研究》、2016 年曹海东的《朱熹经典解释学范畴论要》、2017 年崔发展的《乾嘉汉学的解释学模式研究》、2018 年姜海军的《宋代经学诠释与思想演进》等，分别梳理了儒学阐释的发展历史和相关流派的阐释模式。景海峰向来关注儒学阐释的现代性转向，近年来也多次撰文从理论上探讨了儒学的经典阐释向度，他的《从经学到经学史——儒家经典诠释展开的一个视角》① 从历史的角度全面而系统性地论证了经学与儒学之间的关系，以经学史的视角来开展儒学阐释研究，更为当下经学阐释的发展拓宽了研究视野。此外，2018 年刘成纪的《中国古典阐释学的"河图洛书"模式》② 及 2020 年韩伟、李楠的《〈周易〉的阐释模式及其诗学面孔》③ 分别论述了《易经》"河图洛书"模式的阐释原型意义及《周易》的诗学阐释意义。《周易》作为一种阐释性的文本，其本身在历史阐释的过程中就蕴含了丰富的方法论启示。

　　另外还有从学科角度和理论转向出发展开的一些讨论。周光庆的《从训诂学的自觉看其诠释学特质》从训诂学的历史演进角度明确了其追求人文目标和社会效应的阐释特质④ 而他近年亦发表了众多研究传统阐释作品中阐释方法的文章，对方法论上的经学阐释研究有一定意义。杨乃乔提出经学阐释在经典阐释中的主脉地位，经学阐释不应仅仅局限于关注义学阐释，"诠释是主体借助对经典的理解与解释创造性地推动历史发展，以达向生命存在的理想，从而为诠释主体营造一方生存的境遇，诠释决然不是驻留在理解与解释的技艺论与方法论上，以期待对经典原初意义的追寻从而阻

---

① 景海峰. 从经学到经学史——儒家经典诠释展开的一个视角［J］. 学术月刊，2019（11）.

② 刘成纪. 中国古典阐释学的"河图洛书"模式［J］. 哲学研究，2018（3）.

③ 韩伟《周易》的阐释模式及其诗学面孔［J］. 北京社会科学，2020（10）.

④ 周光庆. 从训诂学的自觉看其诠释学特质［J］. 中国训诂学报（第三辑），2018.

断后人对经典的阅读。"①当下的经学研究也早已突破单单对于文本本意的探求，无论是从史学的角度还是从具体阐释模式出发，都在寻求一种阐释背后的文化内蕴和当下阐释学更好的发展。

3. 哲学诠释

"哲学阐释学"在西方主要指从海德格尔到伽达默尔为代表的哲学家们对于阐释存在意义的探寻，此时的阐释存在于主客体的对话关系中，而非传统阐释中对于文本本意的追问和误解的消除。而从中国现代阐释的转型意义上来说，"从上世纪70年代初至今，海内外学者不断尝试着借鉴西方诠释学理论来阐发中国传统思想的深层哲学意涵及其现代意义。其中，傅伟勋'创造的诠释学'、成中英'本体诠释学'、刘笑敢'定向诠释学'、黄俊杰'中国诠释学的三个面相'……皆可看作中国哲学研究者创建中国哲学诠释学之学术努力。"②中国哲学阐释的创建实质上也是中国哲学的系统化和"合法化"的过程，而因阐释活动本身的本体论意味，哲学阐释的相关研究也可看作一种当下经典阐释展开的向度，反过来，经典阐释也是中国哲学发展的重要研究方向。

哲学诠释与经典阐释有着密不可分的关系，这也是当下学者探讨建立现代阐释学的思考出路。景海峰早在《中国哲学的现代诠释》③中便提出了对这一问题的思考和主张，即通过吸收和借鉴西方现代阐释学来重构中国经典阐释系统。近年洪汉鼎在这一命题上有着深入的研究，针对阐释学和中国哲学的现代转型，他借伽达默尔的"视域融合"反思中国哲学的"古今""中西"之争，在《诠释学与中国经典诠释问题及未来》中亦强调"要发展中国的经典诠释就要强调从方法论到本体论的转向，强调理解的本质是我被事情本身所吸引而参与到里面。"④同样，李清良和张洪志在《经典诠释学对哲学诠释学之扬弃》中明确了经典阐释是建立在哲学阐释基础之上

① 杨乃乔. 是技艺学诠释学还是存在论诠释学——论中国诠释学的主脉：经学诠释学［J］. 天津社会科学，2010（2）.

② 王宝峰. "创造的诠释学"与未来中国哲学的创造［J］. 周易研究，2019（3）.

③ 景海峰. 中国哲学的现代诠释［M］. 北京：人民出版社，2004.

④ 洪汉鼎. 诠释学与中国经典诠释问题及未来［J］. 武汉大学学报（人文科学版），2012（4）.

的对实践论和本体论的结合。^①

实践理论方面，早年间傅伟勋创建的"创造的诠释学"和成中英的"本体诠释学"都是阐释学与哲学思想结合的奠基理论，在吸收西方哲学和阐释学的基础下对经典和传统哲学思想的阐释有着指导意义。成中英也在进一步完善和阐释着"本体诠释学"，并着重关注于中西哲学比较会通的视域，在 2013 年《论本体诠释学的四个核心范畴及其超融性》中提出"本体诠释学"的核心范畴和五个基本命题后，他继续拓展本体诠释学对中国哲学乃至世界哲学建构的推动性作用，如《诠释学中的存在接受性与意义创造性：从伽达默尔到本体诠释学》（2014）、《经典诠释的公理化方法与本体诠释学》（2017）、《"世界哲学"的本体诠释——中国哲学的世界性与世界化》（2020）等，同时有不少文章继续着对他们理论的阐发和实践上的应用。方法论上，周光庆的《先秦哲学诠释观念发生初探》从考察"先秦前哲学诠释活动"到"先秦哲学诠释活动"再到"哲学诠释观念的发生"来探讨中国经典哲学的阐释规律。^②另有在哲学领域内研究具体哲学阐释方法的文章，例如杜运辉、吕伟的《中国传统哲学现代诠释示例——以王阳明"南镇看花"心物关系为中心》，周可真的《中国哲学诠释方法——"同情之理解"的源流及其限制》，等等。

除了这些传统阐释类型和诠释角度，近年来随着理论的不断丰富和创新，出现了更多方法论上的阐释视角和方法。例如段吉方、顾明栋对于文本阐释的关注，其中顾明栋从中国传统阐释"优先关注文本阐释"的特点出发，在中西阐释对照的视域下着重梳理了孟子和庄子阐释思想中对于语言和文本的关注。文本是阐释的最初对象和载体，在诠释越来越关注普遍论和本体论意味的当下，构建"中国的文本诠释学"无疑是一个全新的切口。同样还有李春青对于"中国文学阐释学"的强调，这种阐释理论的构建实质上也是对阐释方法论和阐释实践的关注，伴随着近年来"实践阐释学"的提出，这些阐释理论标示着对于中国诠释学构建的现实性方法探索。

① 李清良，张洪志. 经典诠释学对哲学诠释学之扬弃［J］. 天津社会科学，2020（6）.
② 周光庆，刘兵. 先秦哲学诠释观念发生初探［J］. 江汉论坛，2015（8）.

第六节　中国当代阐释学建构

2014 年是中国阐释学研究的重要时间节点。这一年，张江发表了有关"强制阐释"的系列文章并开展了一系列相关讲座和讨论，提出建立真正的中国阐释学，就要力图避免阐释上的"前在立场"和文本外意图的发挥等问题。"强制阐释"一经提出，就引发了大量持久的讨论，相关的文章层出不穷，亦吸引了不少国际专家学者的关注。在此基础上，张江提出"本体阐释"和"公共阐释"，试图搭建通往阐释有效性的桥梁。而后，众多有关中国阐释学的理论构建和实践路径的课题、专辑层出不穷，相关的论坛召开和学术研究如火如荼：从理论模型的构建到古今中外阐释学的融合贯通、有关阐释界限和阐释共同体的讨论，以及基于文学阐释的众多阐释类型的进一步探究等，更加深化和拓展了中国阐释学的研究方向，启发了诸多方法论上的阐释路径的探寻。

（一）"强制阐释"及相关讨论

在"强制阐释"概念提出的初期，不少学者与张江展开了热烈的讨论和对话，主要是关于理论内部的一些争议及相关阐发，但同时这也更加促进了"强制阐释"理论的构建，并推动了关于阐释学更多议题的思考。2015 年，朱立元在与张江的数次书信往来中对"强制阐释"中的"立场"概念有所辨析，最早的《关于"强制阐释"概念的几点补充意见》中即对"前在立场"的概念问题发出疑问，提出文化研究背景下的阐释强制性的普遍性问题等。[①] 而后的《关于主观预设问题的再思考》（《学术研究》，2015 年第 4 期）以及《也说前见和立场》（《学术月刊》，2015 年第 5 期）通过相关举例说明前见的合理性，同时也从语义辨析上指出"立场"的意

---

① 朱立元. 关于"强制阐释"概念的几点补充意见——答张江先生［J］. 文艺研究，2015（1）.

义不确定性。同样的还有王宁对于"强制阐释"和"过度阐释"的理解，他认为在特定情况下后者的存在是有必要的，同时在另一篇文章中他也指出对"前见""立场""无意识""视域"等基本概念辨析的必要性。而周宪的《也说"强制阐释"——一个延伸性的回应，并答张江先生》（《文艺研究》，2015 年第 1 期）则颇具前瞻性地提出了关于阐释的固定意义和无限性的问题，通过梳理西方文论中的"本质论"和"建构论"提倡以一种兼容多元的研究态度，辩证性地看待"强制阐释"现象。对于这些问题，张江也都作出了相关的回应和进一步的解释，使得这一理论具有了更多的阐发空间。

可以看出，早期对于"强制阐释"理论充满了多种不同声音的理解评判甚至是质疑，主要围绕着"强制阐释"的概念和"前见"的合理性提出反驳。陆扬的《评强制阐释论》对这些声音进行了一定总结，并从文化语境和中西理论发展的趋势上客观评价了"强制阐释"的现象和其必然性，但在肯定张江"强制阐释论"对文学理论研究带来活力的同时，对"强制阐释"的批判前景持有保留态度。[①] 李春青从后殖民主义的"有限合理性"来进一步佐证强制阐释论，同时深入挖掘了"强制阐释"在中国文化语境中产生的原因[②]，提出要从中国古代文论中的"对话精神"中寻求"对文本与作者的尊重"，以此应对"强制阐释"的弊端[③]。他此后一直关注对于"文学阐释"的学科构建。2017 年，谭好哲对强制阐释论的系列研究意义作出了总结：对它引发的"元理论"性的问题、对西方文论的反思以及对"本体阐释"的探索意义表示肯定，同时提到了其中关于"预设立场"的争议和有关"本体阐释"概念问题的遗留。[④] 总体来说，从 2014 年强制阐释论横空出世以来，有关这一理论的思考、探讨和运用从未停止，相关的期刊专栏、会议讨论如火如荼，从国内到国际的数百篇文章，所涉及的内容总结来说有：对于"强制阐释论"内部的主观预设和前置立场等问题的

---

① 陆扬. 评强制阐释论 [J]. 文艺理论研究，2015（5）.

② 李春青. "强制阐释"与理论的"有限合理性" [J]. 文学评论，2015（3）.

③ 李春青. 文学阐释与对话精神 [J]. 文艺争鸣，2015（1）.

④ 谭好哲. "强制阐释论"系列研究的理论建构意义——兼就几个问题做进一步商讨 [J]. 文艺争鸣，2017（11）.

进一步探讨、其与"过度阐释"和"反对阐释"的对比区分、由这一问题引发的对于西方文论对中国影响的反思，以及在批判之后如何阐释和中国文论话语体系的构建问题。

近来，张江的又一篇文章《再论强制阐释》继续深入探讨了有关"强制阐释"中的阐释对象确定性、阐释期望和动机，以及建立整体意义上的阐释方法。[①] 在"强制阐释"提出的七年后，这篇论文也是对于过去种种疑问和讨论的进一步思考和回应，对于文中涉及的几个重要阐释问题，王宁延续之前的观点进一步思考"强制阐释的合法性"问题，并认为有"失败的强制阐释"被人遗忘，亦有"成功的强制阐释"成为"范式"；朱立元主要对于张文中运用的心理学理论依据提出了自己的补充；而关于"阐释对象的确定性"及"整体性阐释"，则有高楠从哲学角度出发对其中涉及的"本体论阐释学"和"主体论阐释学"的区分，以及李春青从文学阐释出发强调阐释对象的确定性应是"意义的建构"。总的来说，"强制阐释"论是在批判和反思西方文论和一些阐释现象背景下形成的理论体系，它的本质是一种对理论和现象的批判理论，在反对"强制阐释"后如何建立起阐释学新的方法论，张江借鉴自然科学思维模式进行了进一步的探索。

（二）阐释边界和公共理性

从 2017 至 2018 年，张江又相继发表了《"阐""诠"辨——阐释的公共性讨论之一》《"理""性"辨》《"解""释"辨》等系列论文，从字义的辨析入手，提出以"中国阐释学"代替"诠释学""解释学"等其他命名，着力于从本体论上为中国阐释学的建构规划出新的方向。张隆溪的《阐释的普遍性》从中西文论中共有的"阐释循环"出发，提出从视野上建立具有普遍性的、贯通中西的中国阐释理论。[②] 而 2020 年傅永军的《强制阐释、公共阐释与中国阐释学的创造性建构》更是总体分析和梳理了张江"中国阐释学"的学术构想和重要观点，指出了其对中国阐释学建构所

① 张江. 再论强制阐释［J］. 中国社会科学，2021（2）.
② 张隆溪. 阐释的普遍性［J］. 哲学研究，2018（3）.

具有的方法论意义。①

从 2017 年的《公共阐释论纲》到 2019 年的《论阐释的有限与无限——从 Ⅱ 到正态分布的说明》等系列文章，张江一直关注着公共阐释和阐释边界的理论问题，在否定和批判了"强制阐释"后如何建立新的阐释方法和阐释途径？这是张江在提出"中国阐释学"后探索当下阐释有效性的切实一步。其从哲学阐释学角度上，结合自然科学和人文科学对建构"公共理性"作出说明，部分学者对其文章中的遗留问题有了新的阐发，并将其运用到了具体阐释领域的实践上。

有关"公共阐释"的讨论首先亦集中于对这一阐释议题合理性的探讨。例如谷鹏飞在《"公共阐释"论》中挖掘出其"主体间性阐释""时间性阐释"以及"文本世界的创造性阐释"三大特征，从人文价值角度探寻"公共阐释"的意义，亦有不少文章就阐释的对象、阐释的多元化、公共阐释实现的具体路径等问题作了进一步讨论。②2019 年，《中外文化与文论》的第 1 期开设了《公共阐释专栏》，文章主要涉及"公共阐释"的范式意义、社会历史性质，并关注到了文学文本与文学批评中的"公共阐释"的特殊性。2020 年，《探索与争鸣》推出了 12 期"构建中国阐释学"的专辑板块，高楠、王宁、朱立元、周宪、李春青、程光炜、张任之等学者分别从不同角度和方向延续了张江的"公共阐释"，并提供了新的主题和思路。首先关于"公共理性"概念的理解有不同的阐发：周宪试图从"语言学转向"看待阐释的辩证性，并引入了库恩的"范式"来照应"公共理性"。而傅其林却对此进行了批驳，他认为仅从语言学角度理解"公共理性"是削弱、限定了其内涵，但肯定了其对"公共阐释"重新界定的意义。他此前的文章《公共阐释论的合法性辨析》从政治、哲学、历史、社会等视角切实指出了公共阐释论的限度，并进一步拓展了其理论论证和建构空间。③其次涉及张江对于阐释界限问题的论述，高楠、李春青分别从哲学高度和意义的二重性上进一步梳理了阐释的有限与无限的辩证性。王宁的《阐释

---

① 傅永军. 强制阐释、公共阐释与中国阐释学的创造性建构［J］. 山东师范大学学报（社会科学版），2020（5）.

② 谷鹏飞. "公共阐释"论［J］. 西北大学学报（哲学社会科学版），2018（1）.

③ 傅其林. 公共阐释论的合法性辨析［J］. 求是学刊，2019（1）.

的循环和悖论》进一步肯定了阐释悖论的意义和必要性，在肯定阐释界限的同时再次强调了过度阐释的力量和局限。朱立元则对张江提出的"精神科学"概念作出论辩，而对于其用自然科学方法来阐释人文学科的具体过程也提出了一定疑问。2020年，傅永军的《阐释有限与无限关系的形而上追问》则从哲学角度体察张江有关有效阐释的理论。他提出，这种阐释的边界性在存在论和认识论上有着巨大的张力，而实现有效阐释的可能性只能从具有"效果历史意识"的现象学中找寻。[①] 其余的一些文章大多涉及哲学阐释和跨学科的领域，而这也恰恰说明了"公共阐释"问题的普遍性特征。

"公共阐释"提出后，也为更多具体阐释学领域的研究注入了新鲜血液，人们开始思考构建有效阐释的途径和更多可能性，其中集中表现在具体文学文本的阐释领域：曾军、辛明尚谈及文学阐释的"公共性"在西方文论史发展趋势下的体现，提出在"文学之外"的视域下解决个体阐释与公共阐释的矛盾以及具体"有效阐释"的实现路径[②]；程光炜的《文学史研究的公共理性与有效阐释》例举了具体的文学批评实例及不同历史文化语境中的"公共理性"表现，认为对当代文学史研究来说，作者意图应是"公共理性"的前提[③]。就"公共阐释论"来关照文学经典的生成及传播，张同胜认为："文学经典的质性与阐释的公共性实质上是一体两面，本质上都是主流意识形态的变相和化身。"[④] 洪智纲以20世纪90年代个人化写作研究为例，对其固有参照目标的阐释有效性提出质疑，并指出阐释的边界"既包括作品本身，也包括附着于作品内外的诸多元素"[⑤]。公共性成为文学阐释发展过程中的重要议题，不少学者沿着这一阐释思路和方法，对于如何解决文学中的阐释界限问题、如何以新的阐释思路介入当下的文学史研究、文本研究有了新的回答，并逐渐有了新的创造性的阐释学建构。

---

① 傅永军. 阐释有限与无限关系的形而上追问 [J]. 社会科学辑刊，2020（6）.
② 曾军，辛明尚. 文学阐释的公共性及其问题域 [J]. 复旦学报（社会科学版），2018（6）.
③ 程光炜. 文学史研究的公共理性与有效阐释 [J]. 探索与争鸣，2020（6）.
④ 张同胜. 文学经典的质性与阐释的公共性 [J]. 鲁东大学学报（哲学社会科学版），2020（2）.
⑤ 洪治纲. 有效阐释的边界——以20世纪90年代的"个人化写作"研究为例 [J]. 探索与争鸣，2020（6）.

（三）新的启发和思路

傅永军曾提出六种中国阐释学的创造性建构，其中张江的"中国阐释学"是近几年讨论最为火热的一种，虽然"强制阐释"概念在提出的初始历经了众多争议和讨论，然而他在"中国阐释学"的建构过程中提出的"公共阐释""阐释的无限与有限"等议题无疑带来了更多的思考空间，从而为中国诠释学的"创造性建构"注入了更多新鲜的血液。当下的中国诠释学已越来越走向多元化的创造性建构，从而引发了更多对阐释理论类型的相关思考，这里主要列举一些其在文学领域内带来的阐释启发及当下新的阐释方法论思考。

从狭义上来说，阐释本就是对于文学文本的阐释，而文学阐释或者说阐释在文学领域内的方法论探索也是近年广泛讨论的热潮，研究文学中的阐释语境和理解、解释空间也是促进当代中国文论建设的切入点。早在2009年，邓新华的《创建"中国文学解释学"的若干前提性问题》[①]一文就在思考关于"中国文学解释学"的相关问题，其将文学解释学从经学解释学中区分出来，并探讨了如何处理"中"与"西"、"古"与"今"的问题，坚持在"现代阐释"原则下构建"中国文学解释学"。同时其他学者如金元浦、李咏吟等人也在早期关注着中国文学诠释学理论的建构问题。张江的"公共阐释"提出后，有学者基于此挖掘文学阐释中的"可公性""可约束性"等，特别是文学的经典化历程与"公共性"有着密不可分的联系，大多是基于文学文本的阐释学理论和阐释批评研究，也有学者将其作为一门全新的学科建设进行探索，其中卓今、李春青有着较多的论述。

卓今在2020年发表的《中国阐释学理论资源整理及现代性转换问题》就以宏观的视野整合梳理了本体论意义的中国阐释学的古代阐释资源，同时也明确地提出了当下阐释学建构普遍关注的问题：如何实现阐释资源的现代性转换和学科构建问题，并给出了框架性的研究方法建议。[②]涉及具体的文学阐释领域，2019年卓今发表《公共阐释对文学精神的推动和塑造》，

---

① 邓新华. 创建"中国文学解释学"的若干前提性问题［J］. 文学评论, 2009（6）.
② 卓今. 中国阐释学理论资源整理及现代性转换问题［J］. 社会科学辑刊, 2020（2）.

着力于从公共阐释对文学精神的意义建构出发，继而强调建立"主客体统一"的合法的公共阐释。① 然而对于"公共阐释"在文学领域中的具体界定，其并没有做很清晰的表达。在 2021 年的《文学阐释发凡》中，她明确提出："文学阐释学是阐释学的分支学科，作为一门新兴学科，目前在文论界还处于'开路破题'的阶段。要把文学阐释学说清楚是艰难的。"② 而这篇论文也主要从文学思维方式出发，借鉴康德的"实践理性"到"纯粹理性"，论述基于"交往理性"的共识达成对于文学阐释实现的意义。除此之外，她在另一篇文章也提出了文学阐释中"圈"与"破圈"的双重困境："文学阐释者要破'圈'，需要跨越经典的层级和分类，摒弃情感上因激情和魅力的吸引，淡漠利益上的优惠，将阐释主体的认知水平提升到纯粹理性。"③

李春青肯定了张江"中国当代阐释学"的创造性和实践性意义，承续他的"公共阐释"理念，他首先从古代文学的阐释活动中挖掘出其所具有的"阐释公共性"特征，即"某种社会文化思潮的文学表征"，而后又探讨了"文学评价标准的形成""文学的'区隔'功能等问题。"④ 他在 2019年发表的《论建构中国文学阐释学的必要性与可能性》⑤ 借鉴陈伯海和朱立安的相关研究，提出"古代阐释资源被激活"的阐释出路，注重其"意义建构式的阐释"。2021 年，《"中国文学阐释学"建构略谈》具体论述了"文学阐释学"的学术品格、建构过程等，主张整体性阐释的构建，进而在语境相关联的情况下揭示阐释对象的当下价值，这也是当下阐释路径与方法探索的总体趋势。⑥ 除此之外，他提出文学阐释特有的"趣味共同体"特性，对于文学阐释领域内公共性的建构和探寻具有启发性。整合"文学阐释学"的相关讨论，在将其作为一门具有方法论特性的独立学科来建构的同时又不局限于理论，"文学阐释学"作为一种阐释在文学具体领域内

---

① 卓今. 公共阐释对文学精神的推动和塑造［J］. 山东师范大学学报（人文社会科学版），2019（5）.
② 卓今. 文学阐释学发凡［J］. 南方文坛，2021（2）.
③ 卓今. 文学阐释学的"圈"问题及其双向困境［J］. 求索，2021（2）.
④ 李春青. 论中国古代文学共同体的形成机制及其阐释学意义［J］. 西北大学学报（哲学社会科学版），2018（1）.
⑤ 李春青. 论建构中国文学阐释学的必要性与可能性［J］. 美学与艺术评论，2019（2）.
⑥ 李春青. "中国文学阐释学"建构略谈［N］. 中国社会科学报，2021-2-1.

读者与文本关系的体现，本身就具有着强烈的实践品格、批评价值和意义，这与接受美学的中国化历程也是一脉相承的。他的一系列探索无疑更加丰富和拓展了当代中国阐释学的建构路径。

在经典资源阐释方面的研究，学者们同样关注经学文本中"公共性"实现的特质性。成祖明的《从"六经注我"到"我注六经"——现代经学阐释的限度与公共性展开》则从现代经学转型的历史视角上，认为从"六经注我"到"我注六经"的阐释循环实现了阐释公共性的展开。[①]而面向社会的公共性阐释，其作为一种社会科学方法论，也为中国现代经学和经典的阐释开启全新的时代。同样对于经学阐释的边界问题，刘成纪在他的论文《中国传统诗教如何达至公共阐释》中认为，《诗经》在中国的阐释和教化过程已成为一种"异质性"的公共阐释，传统诗教正是在强制阐释的过程中获得公共性，因而证明了公共阐释的理想性特质。[②]随后他的《阐释的无限及限界：以中国经学阐释学为例》也强调，公共阐释的建立应当被保留更多的未知和理想性，就中国的经典阐释而言，阐释的无限和有限在历史中未能达成公共理性的统一，而"在阐释学领域，共识的达成往往预示着阐释的终结，就此而言，它最好是一个永远悬于未来的方案"[③]。这也体现了对于阐释界限和公共性的不同观点和看法。

除了经学阐释之外，从文本阐释的角度构建中国阐释学也受到了公共阐释的启发。文本开放性与封闭性的矛盾本身就涉及阐释公共性的问题。2019年，段吉方立足于公共阐释论，继续探讨了文本阐释诗学的理论性建构。他认为，公共阐释论作为一种阐释的立场和观念，对于以文本作为阐释起点的当代中国阐释学建构有重大意义。[④]在《作为一种阐释美学的公共阐释论》中，段吉方和赵丹也提出了一种"强调在文本的封闭与开放的辩证存在中展现文本阐释的价值与意义"[⑤]的公共阐释美学。

① 成祖明. 从"六经注我"到"我注六经"——现代经学阐释的限度与公共性展开 [J]. 探索与争鸣，2020（9）.
② 刘成纪. 中国传统诗教如何达至公共阐释 [J]. 社会科学战线，2019（2）.
③ 刘成纪. 阐释的无限及限界：以中国经学阐释学为例 [J]. 探索与争鸣，2020（2）.
④ 段吉方. 走向当代的文本阐释诗学——公共阐释论与中国当代文本阐释诗学的理论建构 [J]. 中国社会科学院研究生院学报，2019（4）.
⑤ 赵丹，段吉方. 作为一种阐释的美学的公共阐释论 [J]. 学习与探索，2018（5）.

关于阐释理论，近来也有学者延续西方当代马克思主义阐释学而提出继续发展"实践阐释学"，这实质上也是对于理解与解释背后的社会历史、意识形态的强调。当下中国阐释学的建构已经进入一种方法论和类型论的全面性探讨阶段，总体来说，不论是文学阐释的建构、经学阐释还是文本阐释或其他类型阐释，始终离不开阐释对象、阐释理性、阐释边界以及公共合法性等议题。张江的"中国阐释学"理论都或多或少为其提供了新的开拓性可能，不论是肯定或对其进行实践性的探索，抑或是消极地看待其乌托邦特质，它都为当下经典诠释资源的整合提供了新的思路。但这种影响更多的不是推动一种新理论的创建，而是以这种开放性的阐释理念，创新性地整合这些资源对象，思考当代阐释的有效性，进而推动新时代的中国阐释学的建构和完善。

从对西方阐释学的介绍和研究到传统的经典阐释研究再到"中国阐释学"的创建，都是在寻找真正属于中国的阐释学的学科建构。面对追求哲学诠释学和阐释有效性、公共性的现代化转型，我国众多学者对于当下阐释学的构建已有各种不同类型、不同角度和不同体系的探索，各种与之相关的研究中心、刊物、议题等研究力量也在逐渐壮大。傅永军曾提出从"转型"到"建构"再到"发展"的中国阐释学三步走战略，当下关于转型和创造性建构的理论构想已然有了先声，即追求中西资源对照融合的、具有科学理性精神的、跨学科性质以及本体论性质的中国阐释学学术品格。然而在道路的探索中，如何实现中西方传统阐释资源的对话交融、现代价值观与经典资源对象的融合以及理论构建的具体形态等，在具体的方法论上仍是需要全面考量和解决的问题。同时由于我国传统文化的"非本质"性和开放实践性特点，基于经典阐释经验的阐释"有效性"的实现也有待更多的探索和研究。

后 记

西方阐释学在中国学界形成较为普遍的影响是 20 世纪 80 年代中期以后的事情，似乎是以尧斯和伊瑟尔代表的"接受美学"打前阵，伽达默尔的哲学阐释学继其踵，然后国内学者才追根溯源，相继关注到海德格尔、狄尔泰、施莱尔马赫等人的阐释学思想。三十多年来阐释学一直都有不少人在研究，涉及人文学科各个领域，与形形色色的后现代主义文化理论共同构成中国文学研究的重要理论基础与话语资源。所不同的是，正当解构主义、后结构主义、后殖民主义、女权主义等文化理论在中国学界的影响渐趋式微之时，阐释学却一枝独秀，成为少有的学术热点。近年来，"阐释学"或"文学阐释学"可以说是中国文学理论界一个名副其实的"热词"。这主要得益于中国社科院张江先生关于"强制阐释""公共阐释""阐释的有限与无限""意义的确定性与不确定性"以及关于中国古代阐释传统之"诠"与"阐"等一系列重要问题的论述。在关于这些问题的讨论过程中，学界对阐释学问题的理解可以说是空前深入而细密了。张江先生对中国阐释学研究可谓厥功至伟！

我本人对"阐释"特别是"文学阐释"的兴趣由来已久。2001 年曾发表过题为《走向阐释的文学理论》（《学术研究》2001 年第 7 期）的文章，主张对文学阐释的研究应该成为文学理论摆脱困境的重要途径。二十多年来我所从事的"文化诗学"的理论与实践研究实际上都是对"文学阐释"具体方法的探寻。在我看来，所谓"文化诗学"从来就不是什么纯粹的理论，它就是一种文学阐释的方法和路径。我在专著《文本与历史之间》中曾说过："我们借用'文化诗学'这个概念是为了倡导一种阐释方法。这种阐释方法简单说来就是将阐释对象置于更大的文化学术系统之中进行考察。"面对一种文学现象研究者应该如何进入其中？应该怎样透过表面信息探寻其背后的意义蕴含？应该如何揭示其在具体文化语境中的历史性与复杂关联性？这都是"文化诗学"题中应有之义，也是我所理解的"文学阐释学"的分内之事。

　　我和一些志趣相投的朋友于 2019 年申请成功题为"中国文学阐释学的中外话语资源、理论形态研究与文献整理"的国家社科基金重大项目。近年来我和课题组成员一直全力以赴展开研究，迄今为止已经发表了 30 多篇论文，涉及中国阐释传统的诸多方面。在这些论文的基础上我们编辑了这部书稿，作为重大课题的阶段性成果推出，希望得到学界的批评与反馈，以便对我们下一阶段的研究工作有所裨益。在书稿的编辑和整理过程中，四川外国语大学的袁晶副教授不辞辛苦，做了大量工作；山东教育出版社为本书的顺利出版花费了大量心血，在此一并表示诚挚感谢！

李春青

2024 年 2 月 5 日于北京京师园